Covers CATIA® V5R21

CATIA®

CORE TOOLS

COMPUTER-AIDED THREE-DIMENSIONAL INTERACTIVE APPLICATION

Covers CATIA® V5R21

CATIA®

CORE TOOLS | COMPUTER-AIDED THREE-DIMENSIONAL INTERACTIVE APPLICATION

Michel Michaud 저
김동주, 김정성, 김해나, 박지한, 백지은, 신미희, 육민숙 공역

McGraw-Hill Education Korea

McGraw-Hill Education Korea

CATIA® CORE TOOLS

1 2 3 4 5 6 7 8 9 10 MHE-KOREA 20 14

Original: CATIA® CORE TOOLS
By Michel Michaud
ISBN 978-0-07-170026-9

Korean ISBN: 978-89-6055-835-9 93560

Printed in Korea

CATIA® CORE TOOLS

발 행 일 2014년 2월 20일 1쇄 발행
저 자 Michel Michaud
역 자 김동주, 김정성, 김해나, 박지한, 백지은, 신미희, 육민숙
발 행 처 맥그로힐에듀케이션코리아 유한회사
주 소 서울시 마포구 동교로 18길 38, 2-3층(서교동, 지우빌딩)
전 화 (02) 325 - 2351
발 행 인 안젤린 포(ANGELINE POH)
등록번호 제 2013-000122호(2012.12.28)
판 매 처 지필미디어
문 의 (02) 362 - 4504
정 가 35,000원

작가에 대하여...

Michel Michaud

1989년부터 컴퓨터이용설계(CAD) 기술을 활용한 업무를 전담하는 공인된 설계 엔지니어입니다. 그는 캐나다 퀘백주 몬트리올에 위치한 Concordia University에서 CATIA®를 가르치고 있으며 ENA사 항공기 제조 부서에서도 수강생들을 가르치고 있습니다. 실무 경력으로는 IBM Canada, Pratt & Whitney Canada, Bombardier Aerospace사에서의 경험을 들 수 있습니다.

FORWARD

CATIA®는 컴퓨터를 이용하여 설계하고자 하는 형상을 정의할 수 있는 혁명적인 컴퓨터 설계 프로그램입니다. 이 프로그램은 사용자가 좀 더 빠르고 정확하게 복잡한 3차원 단품이나 조립 형상을 정의할 수 있도록 도와줍니다.

이 책은 이러한 CATIA®의 활용 능력을 공부하고자 하는 학생 또는 설계자들을 위한 좋은 책입니다.

Michel Michaud에게 그의 CATIA® 설계 능력 교육 저변 확대에 대한 헌신에 감사를 표합니다.

Francis Bernard

저자 머리말

1990년대 말, CATIA®를 활용할 수 있다는 이력은 많은 사람들에게 항공우주 산업분야로 취업할 수 있는 기회를 마련해 주었습니다. CATIA® V4는 1997년 École nationale d'aérotechnique (ÉNA) of Collège Édouard-Montpetit에 소개되었는데요. 그러나 그 당시에는 오직 UNIX 워크스테이션에서만 실행이 가능하였습니다. 더욱이 프로그램의 구조와 많은 약어의 사용 때문에 이 프로그램을 배우는 일 또한 매우 어려운 일이었습니다.

이후 V5는 Microsoft사의 Window NT 시스템에서 구동될 수 있도록 개발된 덕분에 많은 학교의 수업 과정으로 채택되었습니다. 2002년 ENS에서 V5로 전환되었을 당시, 필자와 동료들은 사용 자들이 프로그램을 배우는 데 도움이 될 만한 두 코스의 강의를 만들었고, 또한 활용을 위한 몇 개의 강의들을 추가적으로 만들었습니다.

그 이래로, 프로그램이 발전함에 맞춰 앞서 Surface Modeling, DMU Kinematics, Functional Tolerancing and Annotations, In Context, Parametric Modeling 등과 같은 기능들이 업데이트됨에 따라 코스 내용에도 추가되었습니다. 최근에는 Surface Reverse Engineering에 대해서도 추가된 바 있습니다. 저자는 Concordia University에서 이와 같은 교육 과정으로 강의를 하였는데, 그동안 경험과 연구를 통해 만든 코스 자료들을 실제 강의에 모두 활용해 볼 수 있는 기회가 되었습니다.

이 책은 어떤 별도의 필기나 사용설명서 없이 오직 예제를 통해 CATIA®를 익히도록 구성되었습니다. 이러한 예제들은 학생들이 이 프로그램의 수많은 기능들을 익힐 수 있도록 만들었으며, Pratt & Whitney Canada, Bombardier Aerospace와 같은 주변의 항공 관련 기업에서 직무 능력을 익히는 데 도움이 될 만한 기본적인 기능들을 함축적으로 포함하고 있습니다. 사실 이 프로그램의 무수히 많은 기능과 아이콘들을 모두 익히는 일은 어린 학생들에게 매우 어렵고 힘든 과정일 것입니다.

이 책은 필자의 강의의 대부분의 내용을 포함하고 있으며, 상세하게는 CATIA®의 Online Document, Training Courses 자료를 빌려 더 많은 부분을 다루었습니다. 더욱이 연구년 동안, 필자는 IBM, Bell Helicopter Textron, Pega Precision, Pratt & Whitney Canada, Bombardier Aerospace에서 일하였는데, 이 또한 이 책의 집필에 많은 도움이 되었습니다. 강의 중 학생들의 질의응답 역시 많은 참고가 되었습니다.

필자는 이 책이 학생들에게 이 프로그램을 익히는 데 수업 이외에 좋은 참고서가 되기를 바라며, 또한 특별한 부분에 대해 더 자세히 알고자 하는 경험 있는 디자이너들에게도 좋은 자료가 되기를 바랍니다. 독자들은 McGraw-Hill 웹사이트 www.mhprofessional.com/CATIA coretools를 통해 이 교재에 관련된 자료들을 다운받을 수 있습니다.

90개 이상의 워크벤치로 구성된 CATIA®는 Dassault Systems의 Product Lifecycle Management 툴, DELMIA®, SIMULIA®, ENVIA® 등과 같이 다양한 분야에서 사용될 수 있기 때문에 어떠한 책이나 저자도 모든 기능을 다루거나 아는 체하지 않습니다. 따라서, 이 책의 목적도 특별히 세분화하여 CATIA®를 처음 배우는 독자를 대상으로 기본적인 Solid Modeling부터 시작하여 Surface Modeling, Sheetmetal Design, DMU Kinematics, Knowledgeware 등과 같은 기능에 새로이 집중되어 있으며, 실무 전문가들과 그들의 프로그램 사용 경험을 공유하고자 합니다. 이런 특정한 부분에 집중된 과목들은 참고자료를 찾기 어렵기 때문에 이 책이 독자들에게 많은 도움이 되었으면 합니다.

마지막으로, Francis Bernard에게서 CATIA®의 발전사를 들어보도록 하겠습니다. 개발자의 소개는 CATIA® 프로그램 자체와 Dassault Systems 회사 발전의 획기적인 발전을 강조하고자 함에 있습니다. 또한 이 책을 통해 저자는 CATIA®의 다양한 기능을 익혀 실무에 많은 도움이 되기를 바랍니다.

Michel Michaud

감사의 글

이 책이 나올 수 있도록 집필 작업에 있어 직접 또는 간접적으로 도움을 주신 분들께 감사의 마음을 전합니다.

우선 인내와 이해와 격려를 아끼지 않은 나의 아내 Céline과 나의 가족에게 감사를 전합니다.

그리고 Édouard-Montpetit 대학에서 교육용 라이센스로 집필할 수 있도록 도움을 주었습니다.

Christiane Gosselin, MM. Serge Brasset, 그리고 Normand Guilbault, 특히 Daniéle Boulet과 Jean-Guy Chartrand는 집필 작업을 도와주었습니다.

Dassault Systém사는 CATIA®에 대한 책을 필자가 출간하도록 허락해 주었습니다.

Dassault Systém의 MM. Hervé Foucher, Engineering.com의 David Livingstone는 저의 자문 요청에 성실히 응답해 주었습니다.

Sandhya Gola와 Lisa McCoy는 교정 작업을 도와주었습니다.

Emmanuel Collard와 Patrick Grimberg는 저에게 CATIA의 아버지라 불리는 Francis Bernard를 만날 수 있는 기회를 만들어 주었습니다.

Francis Bernard는 CATIA®에 대한 훌륭한 생각과 그의 설계 소프트웨어의 개발 역사에 대한 리뷰를 통해 큰 감흥을 주었습니다.

Yvan Germain와 Creaform는 Reverse Engineering 파트에서 도움을 주었습니다.

Alice Michaud는 전문 용어에 대한 조언을 해주었습니다.

Duc Doan는 본문에 수학적인 내용 검증에 도움을 주었습니다.

Roch Lamarre는 도면작업에 도움을 주었습니다.

IBM, Bell Helicopter Textron, Pega Precision, Pratt & Whitney Canada, 그리고 Bombardier Aerospace의 동료들은 그들의 모델링 노하우를 공유해 주기도 하였습니다.

마지막으로 필자의 강의를 듣고 질문과 생각을 공유해 준 학생들에게 감사의 마음을 전합니다.

다시 한 번 모두에게 감사합니다.

Michel Michaud

DASSAULT SYSTEMS의 성공 스토리

지난 50년 동안, 60년대를 시작으로 전 세계는 극적인 변화를 겪었습니다. 바라던 대로 1차, 2차 세계대전 이후 길고 긴 오랜 평화의 기간이었습니다. 그리고 우리는 두 가지 중요한 발전을 이룩하였습니다.

- IT(Information Technology) 혁명은 프로페셔널 컴퓨팅뿐만이 아니라 PC, 소프트웨어, 커뮤니케이션을 포함한 개인 생활에 있어서도 믿지 못할 만큼 굉장한 변화를 가져왔습니다.
- 80년대 후기의 냉전을 끝으로 전 세계의 글로벌화는 서서히 나라 간의 장벽을 지우고 서로의 경제 장벽을 허물었으며, 다양한 문화의 혼합을 이루었습니다.

이에 덧붙여 저의 개인적인 변화에 대해 이야기하고자 합니다. 1967년 저는 Frence Aerospace University (Supaero)를 졸업하여, 세계에서 가장 창의적인 회사 Dassault Aviation에서 일할 수 있게 되었습니다. 이곳은 제게 세계 발전의 혜택을 받을 수 있는 최적의 장소였습니다.

저의 회사 생활은 마치 꿈과 같았습니다. Dassault Systèmes Company는 저에게 가장 유명한 설계 프로그램인 CATIA®의 아버지라고 불릴 수 있는 기회를 주었고, 지난 30년간 소프트웨어 산업에서 가장 성공적인 이야기의 창시자로서의 기회를 주었습니다.

그 이야기를 다음 장에서 개략적으로 전하고자 합니다.

Dassault Aviation

만약 여러분이 60년대 야심 있는 엔지니어였다면, Dassault Aviation Company의 디자인 사무실이 바로 여러분이 있어야 할 곳이었을 것입니다. 이곳에서 여러분은 연필, 종이, 제도판으로 어떻게 새로운 항공기를 디자인하는지 배우게 될 것이기 때문입니다.

그러나 새로 만들어진 "Advanced Studies Division" 부서에 합류하기를 더 추천합니다. 여기서는 엔지니어들이 이론적이고 실험적인 항공역학을 통해 비행기의 성능을 최적화합니다. 이런 부서에서라면 당신은 과학과 수학을 즐길 수 있어야 합니다.

60년대와 70년대 Dassault Aviation사의 활동은 굉장하였습니다. 우리는 공군을 위해 거의 매년 Mirage III, Mirage IV, Mirage V, Mirage G, Mirage F, Alpha Jet와 같은 군사용 비행기를 디자인하고 제작하였습니다. 최근의 활동과 비교해보면 이러한 성과가 얼마나 대단한 것이었는지를 알 수 있습니다. 냉전 당시 동부지방의 위협은 기술발전을 과시하기 위해, 혹은 대량생산을 위해 새로운 비행기를 매년 만들어 내기에 충분하였습니다. 요즘은 이러한 연구 개발 기간이 늘어나서 거의 반세기에 하나를 만드는 시대가 되었습니다. 또한 Dassault는 Falcon 10, Falcon 20, Commercial Mid-range, Twin Engines Jet(Mercure.)과 같은 혁신적인 Business Jets의 새 모델을 개발하였습니다. 이러한 상업용 제트기는 Dassault사에게 있어 현재의 Airbus사와 같은 상업용 시장에 입문할 수 있는 특별한 시도였습니다. 요즘은 군사용 시장의 축소로 인해 Dassault Aviation의 주요한 성공적인 비즈니스 분야는 Falcon Products 라인이 되었습니다.

비행기 제작의 최적화 미션은 가능한 낮은 가격에 빠르고 멀리 안전하게 비행하도록 만드

60년대 디자인 사무실

는 것입니다. 이러한 이유로 우리는 최첨단 기술과 혁신적인 계산 및 비행 성능 최적화 능력을 가지고 있어야 합니다. 그 결과 60년대 초 우리는 프랑스에서 처음으로 가장 대규모로 컴퓨터와 소프트웨어에 투자하는 회사였습니다. 1968년 1세대 IBM 컴퓨터 중앙처리장치를 연결한 두 대의 IBM 2250(유럽에서는 Interactive Graphic Terminal이라 불리는)을 설치하였습니다.

그러나 그 첫 번째 컴퓨터로는 어떠한 어플리케이션도 실행할 수 있는 소프트웨어가 없었습니다. 오직 기본적인 운영체제를 가진 커다란 하드웨어 장비였습니다. 우리는 어떻게 수학적인 계산을 하는지 알고, 일련의 수식들을 가지고 이론적 공기역학적 흐름을 예측할 수 있지만, 소프트웨어 개발에 관한 한 오직 매우 기본적인 지식만을 가지고 있었습니다. 그러므로 우리는 점차적으로 공기역학 전문가가 공기역학 문제를 풀기 위해서는 소프트웨어 프로그래머가 되어야 한다는 사실을 알게 되었습니다.

그 결과 우리는 또 다른 장벽에 부딪칩니다. 어떻게 비행기 형상을 정의하여야 컴퓨터의 공기역학 해석에 입력이 되는가? 어떻게 곡선과 곡면을 수학적으로 표현하여야 소프트웨어를 활용할 수 있는가? 여기에서 저는 임무를 발견하게 됩니다. 수학적 알고리즘의 발명, 날개 형상 및 곡면, 몸체 그리고 모든 비행기 표면과 같은 복잡한 모양을 정의하고, 관리하고, 사용하기 위한 컴퓨터 프로그램을 개발하는 것이었습니다. 이것이 CAD(Computer Aided Design) 시스템의 출현 배경입니다.

항공역학 분야의 필요에 의해 태어난 CAD 시스템은 제조 회사 내에 꼭 필요한 툴이 되었습니다. 70년대 초, 저는 공기역학 전문가들과 구조해석 전문가들, 마지막으로 디자인 팀을 위해 비행기 형상을 수학적으로 정의하는 팀을 이끌고 있었습니다. 모든 구조물과 부품들의 세부 항목들을 정의하는 업무의 예로 3차원상의 주요 비행 형상에서부터 2차원 도면 작업이 주

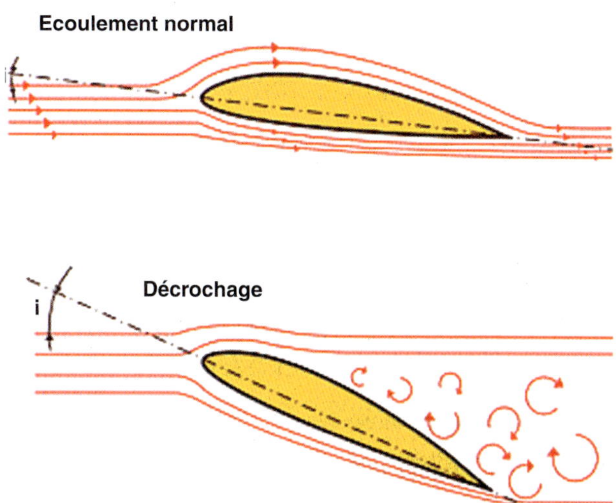

공기역학 해석

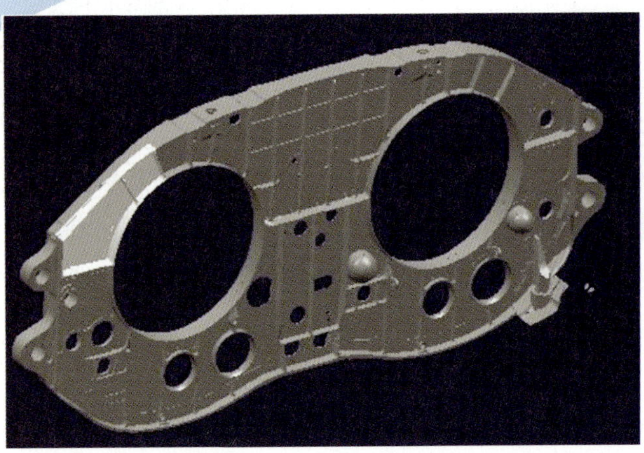

Solid Structural 부분

업무였습니다.

60년대 후반, 우리는 제조 공장에 첫 번째 Numerical Control(NC) 장비를 도입하였습니다. 이 기계들은 항공기의 가장 복잡한 구조 형상을 만들기 위해 두꺼운 고형의 알루미늄 덩어리를 깎는 데 사용되었습니다. 특히 군용기의 경우 가벼운 구조로 최고의 성능을 내는 것은 꼭 필요한 조건입니다. 우리는 복잡한 형상 모양의 CAD 정의로부터 기계 툴의 경로를 정의하고 정보를 다운받아 NC 기계를 운전하는 소프트웨어를 개발하였습니다. 이것이 Computer Aided Manufacturing(CAM)의 탄생 배경입니다.

같은 데이터를 토대로 한 CAD와 CAM의 통합은 CAD/CAM이라고 불립니다. 산업분야에 처음으로 디자인 및 제조공정에서 정확히 같은 형상 데이터를 표기 및 해석 오류 없이 디자인, 해석, 시뮬레이션, 제조에 사용할 수 있게 되었습니다.

70년대 초, CAD/CAM Solutions를 통해 표면 및 주요 구조적 부품들이 디자인, 최적화 및 제작된 첫 비행기는 Alphajet(군사용 훈련기)와 Mercure(상업용 비행기)입니다.

요약하면 1967년부터 1977년까지 민항기와 군사용 항공기 시장에 큰 영향력 있는 혁신적인 기업 환경에서 우리는 어떻게 하면 컴퓨터, Interactive Graphic Terminals와 수치적 제어 기계를 통해 기술적 혁신을 충분히 이용할 수 있는지 이해할 수 있었습니다. 우리는 새로운 방식의 디자인, 시뮬레이션, 그리고 제조 과정을 고안하였습니다. 더욱이 미국뿐 아니라 유럽에서도 대부분의 항공 산업이 CAD/CAM 분야를 이끄는 선두적인 위치를 차지하였습니다. 사실 가장 중요한 필수 요건은 전산 해석을 통해 비행기를 최적화하고 그 결과를 토대로 주요 구조적 부품을 깎는 데 수치적 제어 기계 사용에 이용하는 것에 있습니다.

지난 10여 년간, 저와 저희 팀은 3차원 CAD/CAM 전체를 다룰 수 있는 어플리케이션을 개발하였고, 우리는 점진적으로 이러한 소프트웨어를 이용하여 모든 항공기들을 디자인 및 제조하였습니다. 그러나 이 당시만 하더라도 이러한 소프트웨어들은 특정한 요구조건에 의해

Mercure

Alphajet

단계별로 만들어졌기 때문에 상대적으로 통합적인 설계 툴로는 미흡함이 있었습니다. 또한 그때까지만 해도 소프트웨어 사용이 매우 복잡하였습니다. 사실상 이는 컴퓨터와 그래픽 터미널이 너무 느려서 직관적인 실시간 유저 인터페이스를 구현할 수 없었기 때문에, 곡면 자르기 등과 같이 간단한 어플리케이션조차도 천공카드 시스템과 글자와 숫자로 이루어진 언어에 의존하였습니다.

그때만 하더라도 사용자 스스로 소프트웨어에 전문가가 되어야 하였습니다. 따라서 저희가 운영한 시스템 방식은 다음과 같습니다. 저희 팀이 소프트웨어를 개발하였고, 다른 부서의 엔지니어의 요청에 따라 사용되었습니다. 예를 들면 디자인 사무실의 설계자가 주어진 항공기의 날개 부분을 요청합니다. 그러면 우리 팀은 우리가 만든 컴퓨터 프로그램을 이용하여 요청한 날개를 만들고 그것을 드로잉 기계를 이용하여 종이로 옮겼습니다. 다시 말해 그 당시만 하더라도 3차원 CAD/CAM은 아직 내부 업무 과정에 완전히 통합되거나 이용되지 못하였습니다.

결국 디자인 및 제조 사이클을 많은 시간을 줄이기 위한 새로운 단계로 다른 부서의 비전문가들이 쉽게 3차원 CAD/CAM 소프트웨어를 이용할 수 있게 하는 것이었습니다. 예를 들어 위 경영자들은 새 항공기 모델의 디자인 및 제조 사이클 시간을 4배 정도 줄이고 싶어 하였습니다. 즉 가장 적합한 세부 디자인을 출시하기 전에 같은 항공기 모델 4개의 다른 형태의 실험이 가능하게 하는 것이었습니다.

1997년, 저희는 부서의 전폭적인 지지 아래 비전문가들도 쉽게 사용할 수 있도록 우리 소프트웨어의 통합 그래픽 인터페이스를 단일 시스템 구성 아래 모두 정의하기로 결정하였습니다. 지난 10년간 컴퓨터 기술은 상당히 많은 발전을 하였습니다. 지금 우리는 훨씬 좋은 중앙처리장치와 새로운 세대의 그래픽 터미널(IBM 3250)을 가지게 되었습니다. 오늘날의 PC와는 여전히 거리가 멀기는 하지만, 곡면 같은 3차원 성분의 실시간 처리 및 시각화가 가능하였습니다. 하지만 한 번에 많은 접속자가 접속할 경우 처리 시간이 매우 느릴 뿐 아니라 그래픽 터미널은 검은 바탕에 오직 하얀색 선만 시각화할 수 있었습니다. 하지만 여전히 이 또한 많은 기술의 발전이었습니다.

교재 관련 문의나 정보 교류는 역자의 동호회 및 아래의 이 메일을 통해 전달해 주시면 감사하겠습니다.

e-mail: mirineforyou@gmail.com

2013년 10월 역자 일동

목차

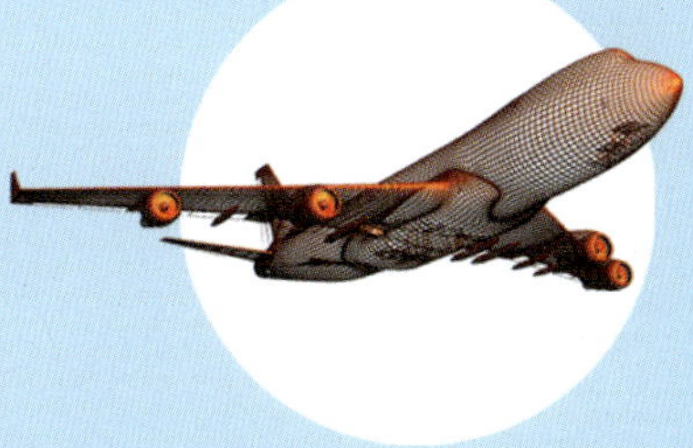

Chapter 1
CATIA® 시작하기

Sketching, 솔리드 모델링 및 자세한 CATIA®의 기능들을 설명하기 전에 사용자가 간단한 반복 작업과 개념들을 익히는 것이 CATIA®의 본격적인 사용에 앞서 매우 중요할 것입니다.

1장에서는 다음의 내용들을 다룰 것입니다.

- 프로그램 실행하기
- 기본 파일 포맷
- 화면 해상도
- 사용자 환경
- 기본 파일 관리
- 온라인 도큐먼트
- CATIA® 설정 파일(.CATSettings)
- 작업 특성
- 인체 공학

1.1 프로그램 실행하기

CATIA®는 다음과 같은 단계로 시작할 수 있습니다: Start ⇨ Program ⇨ CATIA P3 ⇨ CATIA P3V5R21 또는 그림 1-1과 같이 데스크탑에서 찾을 수 있는 CATIA® 아이콘을 더블클릭하면 됩니다.

주어진 환경에서 첫번째 CATIA® 시작은 스크린에 나타나는 데 어느 정도 시간이 걸립니다. 만약 데스크탑 아이콘이 사용되었다면, 두 번 이상은 더블클릭 하지 말아야 합니다. 그렇지 않으면 CATIA® 시작이 매우 느려질 수 있습니다.

같은 워킹 세션에 대해서 추후에 CATIA® 시작은 소프트웨어가 작동될 준비가 되어 첫 번째보다 매우 빨라질 것입니다.

만약 소프트웨어 설정이 아직 되지 않은 상태라면, 그림 1-2와 같이 Product Structure 파일(확장자 .CATProduct)이 스크린에 가장 먼저 뜰 것입니다. 이 파일의 기본 바탕화면 색깔은 3차원 모델 파일(확장자 .CATPart)과 마찬가지로 파란색 그라데이션이 들어간 팔레트로 위에는 어둡고 화면의 밑으로 갈수록 옅어지는 색깔입니다.

본 교재에서는 인쇄 및 해설을 위해 그림 1-3과 같이 배경을 하얀색으로 변경하겠습니다. 하지만 기본 디폴트 색깔인 어두운 파란색이 일하는 환경에서는 눈에 피로를 덜 주기 때문에 독자에게는 기본 색깔을 유지하기를 권장합니다.

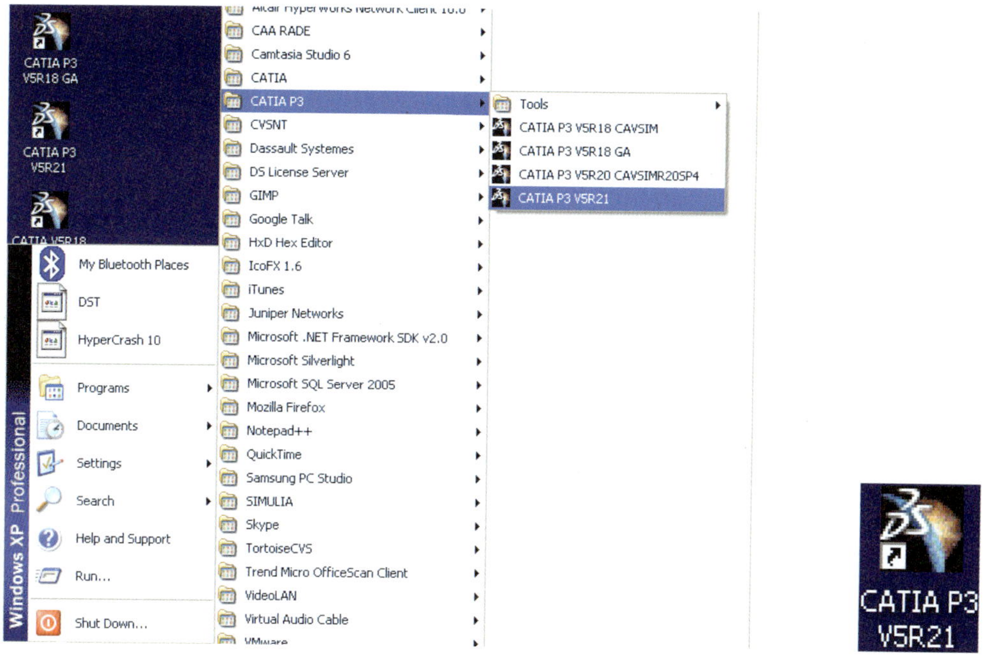

(a) Start 메뉴 실행 절차

(b) 데스크탑 CATIA® 아이콘

그림 1-1 CATIA® 실행하기

그림 1-2 Product Structure 파일: 파란색 배경

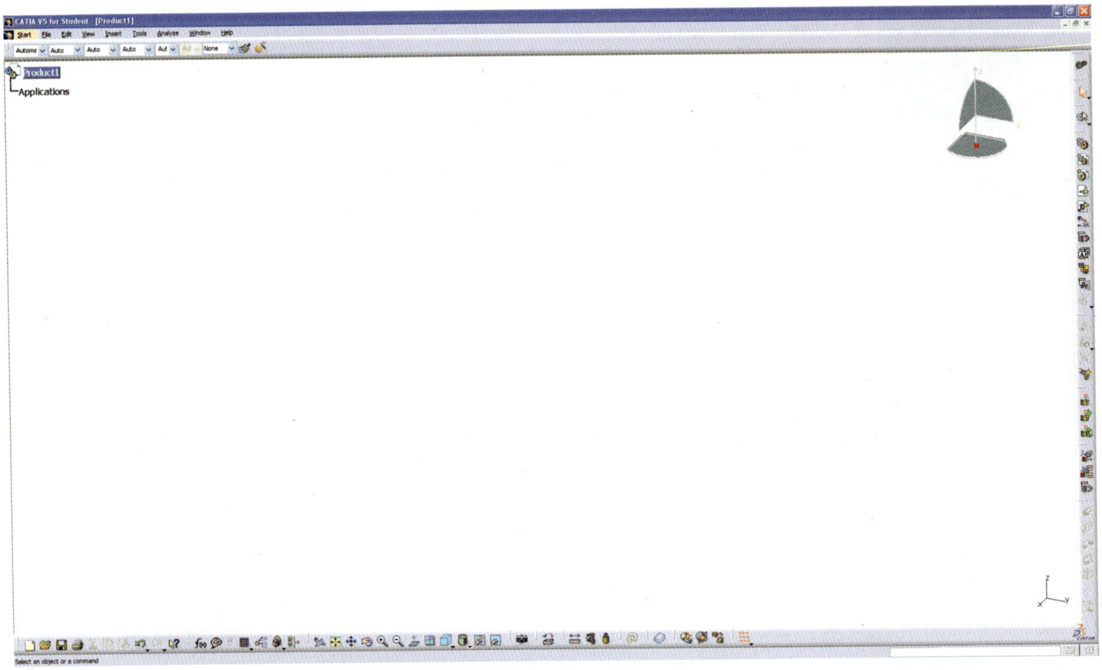

그림 1-3 Product Structure 파일: 하얀색 배경(배경색 변경)

1.2 기본 파일 포맷

몇몇 예제들은 이러한 기능들을 설명하기 위해 필요하기 때문에 CATIA® 기능 사용 설명에 앞서, 파일 인터페이스 및 어떤 방식으로 소프트웨어가 이러한 파일들을 다루는지를 먼저 설명하겠습니다.

이 책의 대부분의 예제들은 다음의 확장자를 가진 파일들을 사용할 것입니다.

- .CATPart File V5 모델 파일로서 3차원 데이터를 포함하고 있습니다(Wireframe, 서피스 그리고 솔리드)
- .CATProduct V5 포인터 파일로서 Assembly 안에 관계 정의를 포함하고 있습니다. 또한 Assembly 환경설정 및 Kinematics Mechanisms을 포함할 수도 있습니다.
- .CATDrawing V5 파일로서 2차원 뷰, 수치와 주석을 포함하고 있습니다.
- .MODEL V4 파일로서 3차원 형상 데이터와 도면 데이터를 포함하고 있습니다.

위에 파일 중 몇몇 파일은 그 파일 한 개만 포함할 수도 있으나, 대부분 위 파일들이 연결되어 있는 경우가 많습니다. 그렇기 때문에, 이러한 모든 파일들의 다른 관계들을 제각각 관리하기 위해서 어떻게 바르게 관리할 수 있는지를 배우는 것이 중요합니다. 추후 자세히 설명할 Save Management 명령어는 연결 관련 문제를 피할 수 있는 명령어 중에 하나입니다.

1.3 화면 해상도

독자가 사용하는 스크린의 사이즈에 따라, 아이콘의 사이즈 또한 바르게, 작게 혹은 크게 보여질 것입니다. CATIA®는 보통 활성화된 큰 아이콘을 형태를 가지고 있고, Icon Size Ratio 커서는 Customize 대화상자의 Options 탭에서 1.0으로 설정되어 있습니다(제2장을 참고). 독자가 이 설정을 변경할 수 있으나, 보통 이 변경은 풀다운 메뉴와 Toolbar까지 영향을 미칩니다. 가장 좋은 방법은 다른 화면 해상도로 테스트 해본 후 사용자의 편의에 따라 가장 좋은 것으로 선택하는 것입니다. 보통 기본설정 값은 1.0으로 Toolbar도 복잡하지 않고, 최대로 작업할 수 있는 화면을 얻을 수 있을 것입니다.

1.4 사용자 인터페이스

CATIA®의 인터페이스는 사용하는 파일 타입에 따라 다릅니다. CATIA® 인터페이스는 많은 기능들을 표시하는데, 그중 대부분이 인터페이스 설정에 상관 없이 표시됩니다. 때때로, 어떤 툴은 사용하고 있는 파일에서 표시할 필요가 없기 때문에, 사용할 수 없는 툴이 되기도 합니다.

CATIA®를 처음 실행하였을 때 나타나는 인터페이스 설정은 다음과 같은 대부분의 어플리케이션에서 사용됩니다. 그림 1-4에 보이듯이 Part Design, Assembly Design, Kinematics Analysis 등이 있습니다. 그림에서 마우스 커서가 인터페이스 맨 아래 아이콘 중 하나의 아이콘 위에 올려져 있는 것에 주목하십시오. 이것은 이 부분을 강조하기 위해 만들어진 화면으로, 마우스를 그곳에 올려두지 않으면 나타나지 않습니다.

❶ Document File Name

화면 맨 위에서 찾을 수 있으며, 이 정보는 문서 파일의 이름에 나타나는 이름과 같습니다. 모든 파일이 저장된 후에, 파일 확장자(이 경우 .CATProduct 파일) 추가를 위해 업데이트됩니다.

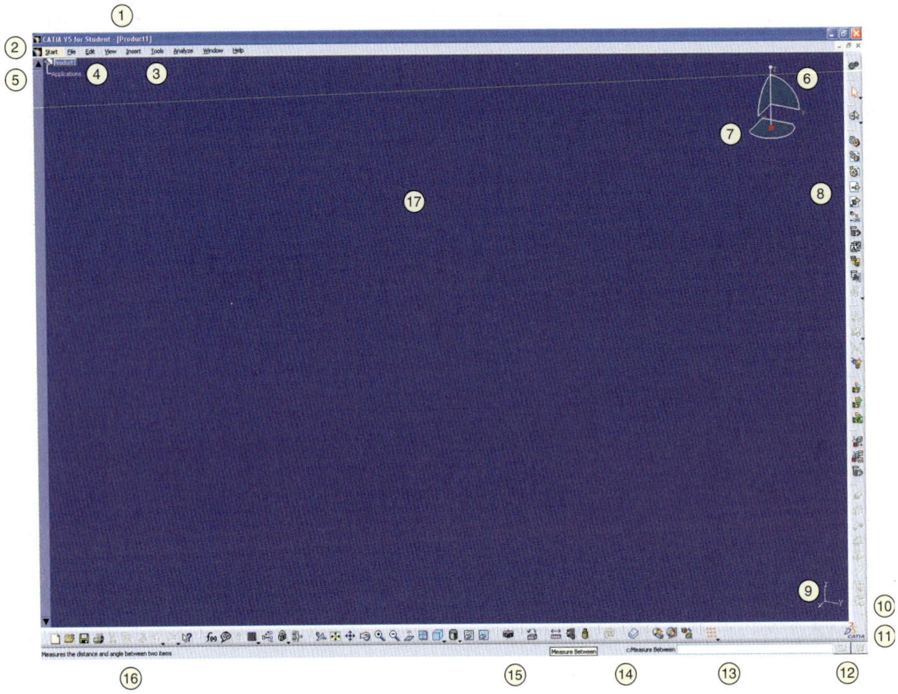

① Document file name
② Start menu
③ Pull-down menus
④ Product specification tree
⑤ Scroll box
⑥ Workbench toolbar
⑦ Compass
⑧ Workbench's toolbars
⑨ Orientation axis
⑩ Double chevrons
⑪ CATIA® hyperlink
⑫ Dialog box display button
⑬ Power input field
⑭ Command area
⑮ Tooltips
⑯ Current information area
⑰ Working area

그림 1-4 CATIA® 초기 사용자 인터페이스 화면

❷ Start Menu

여기서는 CATIA® 라이센스 인증을 통해 이용할 수 있는 모든 툴을 포함하고 있습니다. 이러한 도구들은 용도에 따라 Workbench라는 그룹으로 묶여 있습니다. 이 메뉴의 가장 윗부분은 CATIA® Solutions을 포함합니다. 두 번째 부분은 현재 일하고 있는 세션에서 열려 있는 모든 파일을 보여주는데, 활성화되어 있는 경우 앞에 체크마크가 표시 되어 있습니다. 세 번째 부분은 사용자가 최근에 이 소프트웨어를 통해 사용한 파일들을 보여주어 다시 쉽게 열 수 있도록 합니다. 마지막 부분은 어플리케이션을 닫고 일하고 있는 세션을 끝내는 Exit 명령어를 포함합니다. 그림 1-5는 Mechanical Design Solution의 사용 가능한 Workbench들을 보여주기 위해 확장되었습니다. Start 메뉴의 사용자 정의 방법은 제2장에서 다룰 것입니다.

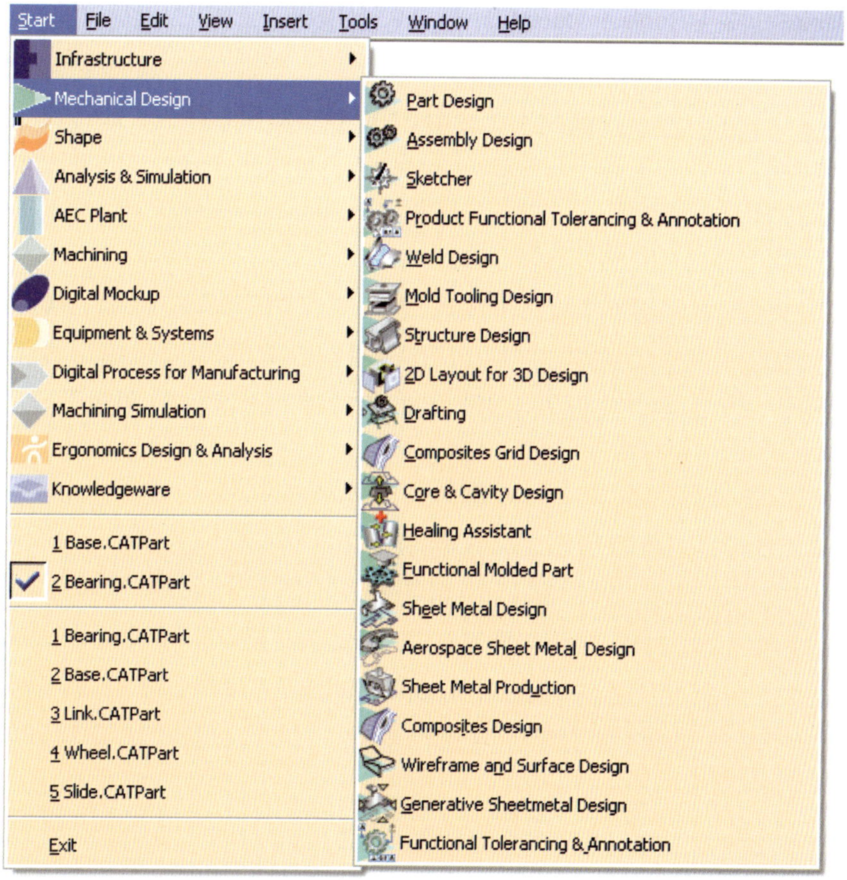

그림 1-5 시작 메뉴의 Solutions와 Workbench

③ Pull-down Menu

다른 많은 소프트웨어처럼, 풀다운 메뉴는 클릭하여 아래로 내려오는 메뉴를 말합니다. 여기서 기억할 것은 일부 명령의 경우 오직 풀다운 메뉴에서만 이용이 가능하고, 아이콘을 통해서는 사용이 불가능하다는 것입니다. 경우에 따라 이러한 방식이 편리한 경우도 있습니다.

④ Product Specification Tree

Specification Tree는 사용하는 파일에 따라 다른 기능들을 가지고 있습니다. Assembly 파일에서는 모든 Parts, Components, Sub Assemblies을 열 수 있고, Assembly는 Components 간에 링크를 함께 가지고 있습니다. 또한 화면상에 다른 Assembly 설정에서 정렬된 Parts들을 볼 수 있습니다.

3차원 모델링 파일에서, Part Specification Tree는 모든 기능을 순차적인 순서로 표시합니다. 모델 완성에 필요한 Pad, Hole, Fillet 등과 Wireframe 요소 구성에 필요한 Point,

Line, Curve, Plane 등 때론 Boolean Operation에 필요한 Body들, 그리고 위치와 그들 사이에 구속 정보 등입니다.

Drafting 파일에서는 작업하고 있는 화면에 직접 나타나는 것 대신에 독립된 창에 나타나는데, 이것은 모든 도면 파일을 포함하는 시트 및 각 시트에서 추출한 보기 화면을 포함합니다. Details Sheet가 있다면 이 안에 모든 2D Components 또한 포함하고 있습니다.

수치 제어(NC) Programming과 관련된 파일인 경우, 기계 가공 프로세스와 관련된 정보를 포함하고 있습니다. 유한 요소 해석과 관련된 파일은 요소, 클램핑, 로딩 등과 같은 형태와 관련된 정보를 포함하고 있습니다. 모든 경우에 따라 Specification Tree는 사용자에게 유용한 정보를 포함하고 있습니다.

어떤 형태의 Specification Tree든지 F3키 혹은 풀다운 메뉴 View의 Specification 옵션을 활성화 시킴으로써 숨기거나 보이도록 할 수 있습니다.

❺ Scroll Box

Parts, Products, drawings 등 어느 것을 위한 Specification Tree든지 간에 필요한 경우 스크린의 아무 곳에나 위치시킬 수 있습니다. Specification Tree가 꽤 긴 경우에, Specification Tree 부분이 화면에서 잘리게 되면 사용자의 편의를 위해 스크롤 박스가 나타납니다.

❻ Workbench Toolbar

각 Workbench는 독특한 아이콘의 형태로 구별될 수 있습니다. 사용자 편의에 따라 Workbench Toolbar 정의를 변경하고 나면, Workbench 간에 이동이 편리하게 할 수 있습니다. 2장에서 이러한 설정 방법을 설명할 것입니다.

❼ Compass

Compass는 주로 방향 참고용으로 사용되며, Assembly 환경 공간에서 Parts를 이동시킬 때, 혹은 Part 환경 공간에서 Body를 이동시킬 때도 사용 가능합니다. 나침반의 축은 X, Y, Z 폼에서 세로축을 사용하여 u/x, v/y, w/z 폼으로 전환할 수 있고, Compass가 Part의 한 면으로 이동되었을 때 폼을 대체할 수도 있습니다. 시트의 수직 뷰는 항상 같기 때문에 Drafting 환경에서는 Compass가 존재하지 않습니다.

❽ Workbench의 Toolbar

어떤 Workbench가 실행되었는지 따라 화면에 나타나는 Toolbar의 종류가 달라질 것입니다. 각 Workbench에서 사용 가능한 모든 Toolbar의 리스트는 풀다운 메뉴의 View에 Toolbars 옵션을 사용하거나, 화면에 나와 있는 아무 아이콘을 오른쪽 클릭하면 볼 수 있습니다. 사용자 혹은 CATIA® Administrator는 작업하는 환경의 표준화를 위해 Toolbar의 위치를 재조정할 수 있습니다. Toolbar를 움직이기 위해서는 그림 1-6에 나

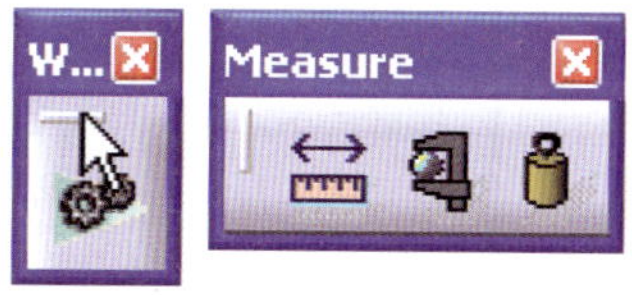

그림 1-6 Separator 표시

온 것과 같이 가로 혹은 세로의 볼록 튀어나온 부분을 클릭하고 드래그하여 새로운 위치에 옮기면 됩니다. Toolbar는 작업하는 부분에 겹쳐서 위치시키거나 주변에 위치시킬 수 있습니다. 하나 이상의 가로 혹은 세로로 된 Toolbar를 작업환경 주변에 쌓을 수 있습니다. 세로 Toolbar는 드래그하여 새로운 위치에 놓을 때 혹은 작업 환경 밖, 위나 아래 경계 부분에 둘 때 SHIFT 키를 이용하여 가로 Toolbar로 만들 수 있습니다.

마지막으로 그림 1-7에 보여진 것과 같이, 숨겨진 Sub Toolbar는 아이콘 아래에 작은 검은색의 아래를 향하는 화살표 모양을 클릭하면 나타납니다.

펼쳐진 Sub Toolbar를 통해 이용이 가능합니다. 마지막에 사용된 명령어에 의해 주 Toolbar에서 숨겨진 Toolbar는 항상 표시되기 때문에 덜 사용하는 명령어는 위치시키기 어렵습니다.

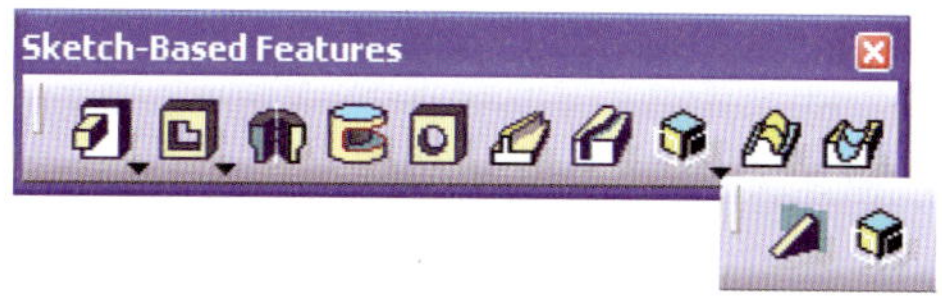

(a) 숨겨진 명령어 펼치기

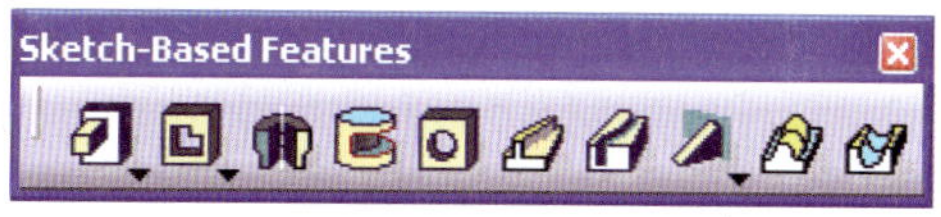

(b) 숨겨진 명령어 사용 후에 툴바 모습

그림 1-7 숨겨진 서브 툴바

⑨ 기준축

방향축은 작업환경을 위한 공간적 참조 요소로 이용됩니다. 또한 Specification Tree의 시각화 Properties를 활성화시키는 스위치 역할을 하기도 합니다. 이 축은 Drafting 환경에서는 나타나지 않지만, 주어진 시트의 각 뷰에서 수평 수직의 두 방향 축으로 대체됩니다.

그림 1-8 이중 화살 표시

⑩ 이중 화살 표시

CATIA® 인터페이스의 오른쪽 위, 왼쪽 아래, 오른쪽 아래 구석에 그림 1-8과 같은 ≫ 모양의 심볼이 있습니다. 이 표시는 사용자에게 Toolbar의 모든 명령이 화면에 나타나지 않는다는 것을 알려주는 표시입니다. Toolbar를 재위치시켜 모든 Toolbar가 보이게 되었을 때 이 심볼이 화면에서 사라지게 됩니다.

⑪ CATIA® Hyperlink

CATIA® 로고를 클릭하면 자동으로 사용자의 기본 인터넷 브라우저가 실행되고 Dassault Systems(3DS.com)와 IBM(IBM.com) 웹사이트로 연결되는 .html 파일이 표시됩니다. Dassault 웹사이트에서 어떤 관리자는 그림 1-9와 같이 열린 화면 아래에서 Dassault의 Certified Hardware 페이지에 접속할 수 있는 링크를 찾을 수 있습니다. 이 페이지는 때때로 변경될 수 있지만, 빠르게 변화하는 산업화 시대에 맞춰 정보를 업데

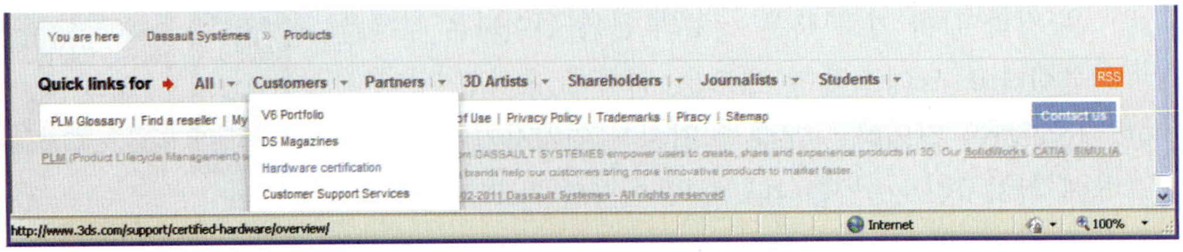

그림 1-9 Dassault's Certified Hardware 링크

이트하기 때문에, 시스템에 관한 정보와 소프트웨어의 최적화 사용을 위한 운영체제 시스템 요구 사항은 항상 찾을 수 있습니다.

⑫ 대화상자 표시 버튼

이 아이콘은 명령을 실행하여 대화상자를 열었을 때 활성화됩니다. 이 버튼은 대화상자를 닫지 않고 숨기거나 보여줄 때 사용됩니다.

⑬ Power Input Field

이 입력란은 사용자가 CATIA® 명령어를 수동으로 입력하여 명령을 실행할 수 있습니다. 대부분의 명령어가 아이콘을 통해서 사용 가능하지만, 아이콘을 찾는 데 드는 시간을 절약하기 위해 타이핑하여 명령어를 실행하는 방법을 아는 것도 사용자에게 흥미로울 수 있습니다. 예를 들어 만약 설계자가 Part Design Workbench를 사용할 때, Generative Shape Design Workbench에서 Axis이나 Intersection 명령이 필요할 때, 다음의 명령어들을 Power Input Field에 입력하면 됩니다: c:intersection, c:axis. 또한 Assembly 환경에서, 보이거나 숨기기를 위해 모든 평면 아이콘을 선택하고자 한다면 T:Plane, all을 입력하면 됩니다. 다른 명령어들도 사용 가능하며 추후 더 설명할 것입니다.

⑭ 명령어 영역

마우스 커서를 원하는 아이콘으로 움직이면 연관된 명령어 이름을 보여주면서 명령어 부분이 활성화됩니다.

⑮ Tooltips

Tooltips는 어떤 아이콘이 어떤 명령어로 식별되는지를 알고자 할 때 유용합니다. 이것은 마우스 커서를 아이콘 위에 얹힌 후 몇 초 만에 나타납니다. 만약 이것이 나타나지 않는다면 Customize 대화상자의 Option 탭을 통해 스위치가 활성화되었는지 확인할 수 있습니다.

⑯ Current Information 영역

Tooltips는 아이콘 종류를 구별하는 데 유용하지만, Current Information 부분에 나타나는 정보는 사용자가 운영 및 실행하는 데 도움을 줍니다.

⑰ 작업 영역

화면 중앙 부분이 Working Area입니다. 모든 모델링 소프트웨어처럼 이곳이 Geometry 요소들이 놓여질 환경입니다. 작업환경을 클릭하면 ESC 키를 이용하는 것과 같은 방식으로 전에 선택한 요소들을 선택해제 할 수 있습니다. 다시 말하면 선택해제를 위해서는 다른 요소를 클릭하지 말고 작업환경의 다른 아무 곳을 클릭하면 되는 것입니다. 마지막으로 작업 영역은 Part를 적절히 표시하기 위해 많은 뷰 포인트로 나눠질 수 있습니다.

1.5 기본 파일 관리

CATIA®를 실행하면 처음 열리는 빈 .CATProduct 파일 형식은 지금 시점에서 사용하지 않을 것이기 때문에, 화면 오른쪽 위 상단에 있는 Close 아이콘을 클릭하여 닫습니다.

이 섹션에서는 기본 파일 관리에 관해 설명할 것입니다. .CATProduct 파일 같은 포인터 파

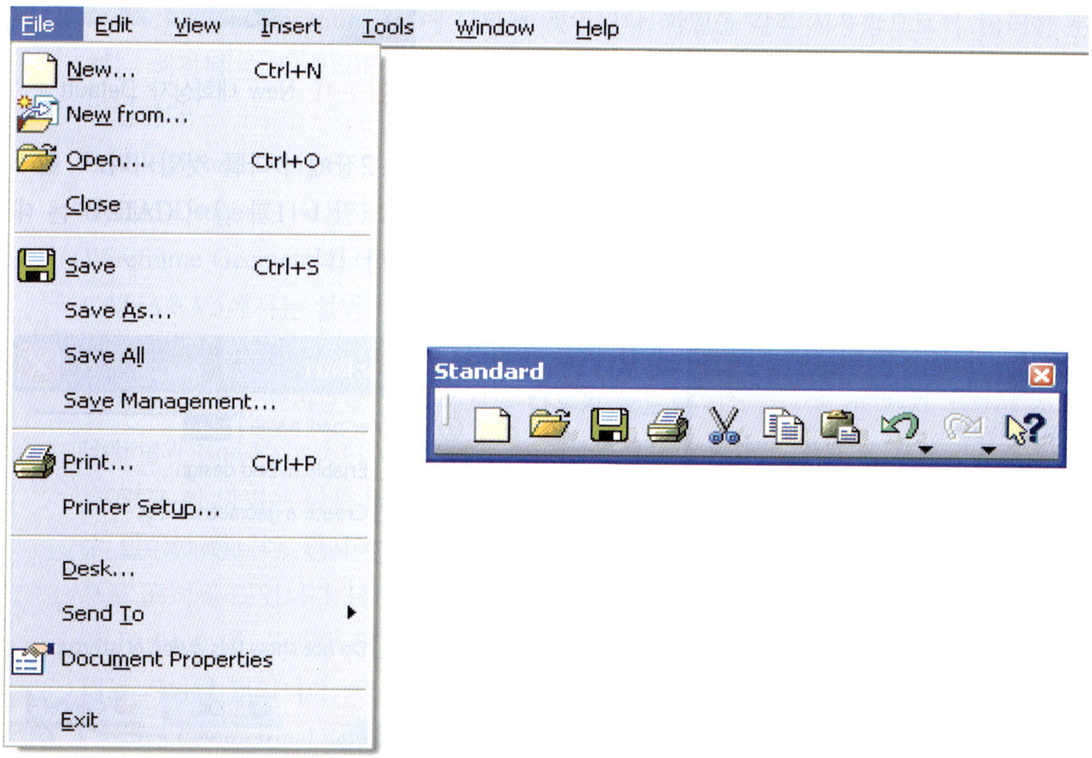

그림 1-10 File 풀다운 메뉴와 Standard 툴바

솔리드 요소는 Part상에서 서로 구별되는 구조에 위치하게 되는데요. Wireframe이나 Surface 요소들은 모두 Geometrical Set에 위치하게 되고 나머지 솔리드 요소들은 Body에 위치하게 됩니다.

디폴트 구조는 이러한 요소들을 저장하기 위해 Geometrical Set을 꼭 포함할 필요는 없습니다. 만약에 Geometrical Set이 없다면, Wireframe 요소가 만들어질 때 첫 번째 Geometrical Set이 만들어집니다. 만약 처음부터 Geometrical Set을 만들고 시작하기를 원한다면 이 스위치를 활성화할 수도 있지만, Part에 빈 Geometrical Set은 아무런 의미가 없습니다.

④ Do not show this dialog at startup

이 대화상자가 꽤 유용하기는 하지만 이 대화상자를 표시하기를 원치 않다면 비활성화시킬 수도 있습니다. 또한 다음 장에서 설명한 대로 Part Infrastructure 옵션에서 쉽게 재활성화될 수도 있습니다.

파일 열기

기존 파일을 여는 방법은 다음과 같이 여러 가지가 있습니다:

- 풀다운 메뉴 File에서 Open 옵션. 여러 파일이 저장된 후에 마지막으로 사용된 파일이 메뉴 리스트 가장 아래에 제시되어 있습니다.

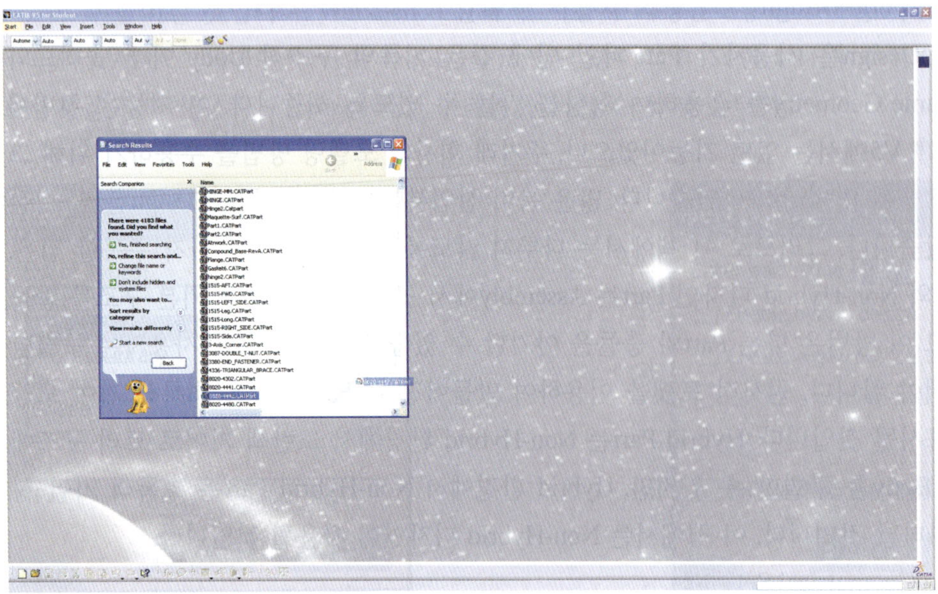

그림 1-14 끌어다 놓기

- Standard Toolbar에 Open 아이콘 사용
- 키보드로 CTRL-O 누르기
- 마우스로 끌어다 놓기

그림 1-14와 같이 CATIA® 세션이 시작되면 윈도우 익스플로러에서 Part를 선택하고 CATIA®로 끌어다 놓는 것이 가능합니다.

- CATIA® 파일 더블클릭 하기

  이 옵션은 CATIA® 파일을 여는 동시에 소프트웨어를 실행시키기 때문에 다른 소프트웨어 어플리케이션도 대개 공통으로 가지고 있는 실행 방법입니다. 그러나 이것은 CATIA®에 주요 문제가 될 수 있습니다. CATIA®는 사용자가 사용하고 있는 모델링, NC 프로그래밍, 해석, 또는 Tasks에 따라 다른 환경에 놓일 수 있습니다. 설치 구조 때문에 파일을 더블클릭했을 때 사용자 프로파일에 상관없이 바로 전에 사용하였던 같은 설정으로 소프트웨어를 실행시킵니다. 이것은 때때로 충돌을 일으켜 소프트웨어가 이상한 실행을 나타내기도 합니다.

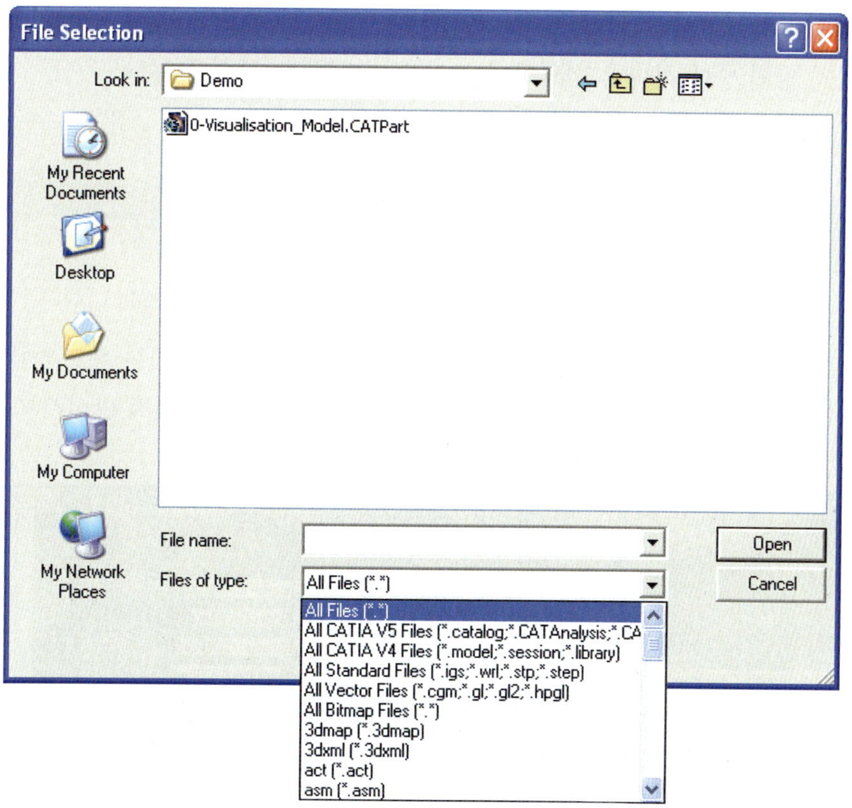

그림 1-15 파일 선택 대화상자

단일 사용자 환경에서 일어날 수 있는 문제는 작지만, 다수 사용자를 가진 환경에서는 이 옵션은 대부분 비활성화되어 있습니다. 이때 파일은 더블클릭하면 CATIA®를 우선 실행하고 파일을 불러오도록 사용자에게 경고 메시지가 나타나고 원하는 파일이 열립니다.

파일을 여는 위에 세 가지 방법 이용할 경우, CATIA®는 대화상자를 보여줍니다. 이 상자에는 일련의 필터가 있는데 주어진 파일 타입을 쉽게 찾을 수 있도록 합니다. 예를 들어 그림 1-15와 같이 .CATPart, .CATDrawing이 있습니다.

파일 저장하기

CATIA®는 다른 여러 종류의 형태로 파일이 저장될 수 있습니다. 파일은 저장할 때 종종 파일 간에 링크를 다루어야 할 때가 있기 때문에 파일 간 연결 구조에 대한 이해가 필요합니다. 그림 1-16을 참조하면, Desk 툴 Assembly 안에 파일 간에 기존에 존재하는 링크를 보여줍니다.

파일 저장하는 명령어는 Save, Save as…, Save, All, Save Management 등이 있고, 제7장 "Assembly Design"에서 다시 설명하도록 하겠습니다.

Save

아래와 같은 여러 가지 방법 중에 하나를 선택하여 파일을 저장할 수 있습니다.

- 풀다운 메뉴 File에 Save 옵션 사용
- Standard Toolbar에 Save 아이콘 사용
- 키보드에서 CTRL-S 키 누르기

나중에 매개 변수로 파일 이름을 새로 입력하고자 할 때, 생성된 파일은 그때에는 윈도우에서 사용 가능할 수 있지만, 결국 Unix 배경에 시스템으로 저장될 것이라는 것을 잊지 마십시오.

그림 1-16 Desk 툴 인터페이스

만약 윈도우 환경에서 파일 이름에 여러 단어를 위한 공백을 허용한다 할지라도 유닉스는 보통 공백을 ± 사인으로 변경될 것이기 때문에 파일을 읽는 데 어려울 뿐만 아니라 충돌을 일으킬 수도 있습니다. 이러한 충돌을 피하기 위해서는 다음과 같은 두 가지 방법을 선택하여 이용하는 방법이 있습니다. 공백 대신에 밑줄 표시를 사용하거나 한 단어로 만들되 다른 단어 시작 시 대문자를 이용하고 나머지는 소문자를 이용하는 방법이 있습니다. 이러한 방법을 이용하면 새 파일은 다음과 같이 My_FIRST_PART, My_First_part 또는 MyFirstPart와 같이 사용하여 유닉스 시스템으로 옮겼을 때 충돌을 피할 수 있습니다.

마지막으로 중요한 것은 파일 이름 첫 자에 마침표를 넣지 말아야 한다는 것입니다. 비록 독자 대부분이 알고 있으리라고 생각하지만, 한 예로 .25mm 볼트의 이름을 만들 때 유용하게 쓰일 수 있습니다(.25-20UNC_x 2.0_Hex_Bolt). 이와 같은 이름은 Assembly 구조상에서 충돌을 일으킬 것입니다. 따라서 0을 추가하여 0.25-20UNC_x 2.0_Hex_Bolt를 만들거나 Hex_Bolt_.25-20UNC_x 2.0과 같은 이름으로 바꾸어 주어야 합니다. 마침표를 절대 첫 자에 사용하지 않도록 주의하십시오.

Save As

Save As 명령어는 이미 저장된 파일을 다른 이름으로 다시 저장할 때 사용합니다. 만약 다른 .CATDrawing, .CATProduct 등과 같은 다른 어떤 파일과도 연결 고리가 없는 .CATPart 파일 저장에 쓴다면 아무런 문제도 없을 것입니다. 그러나, 만약 뷰가 이미 Part에서 추출되었거나, Save As를 이용하여 Assembly와 링크된 Part라면, 링크 관련 업데이트가 될 것입니다. 그림 1-17은 솔리드 모델이 다른 이름으로 저장되었을 때의 한 예입니다.

사용자에게 많은 파일 간에 주요 영향이 있을지도 모른다는 경고를 주기 위해, CATIA®는 그림 1-18과 같은 메시지를 보여줍니다. Save As 명령어가 사용자에게 이름을 수정하도록 할지라고, 예상치 못한 충돌을 막기 위해 Save Management 명령어를 사용하여야 합니다.

Save All

Save All 명령어는 시스템적으로 CATIA® 세션에서 열려있는 모든 파일을 한꺼번에 저장하게 합니다. 이름 수정 없이 진행되기 때문에 링크 관련 문제는 발생하지 않습니다.

Save Management

Save Management 명령어는 저장 중 파일 간에 모든 링크 관련 업데이트를 할 수 있도록 도와주는 명령어입니다. 그림 1-19에서 보여지듯이, 대화상자에서 Save를 이용하여 저장하고 Save As를 이용하여 이름 수정을 한 후, Propagate Directory를 이용하여 파일 경로 업데이트를 합니다. 또한 Reset을 이용하여 링크 수정 과정을 취소할 수 있습니다.

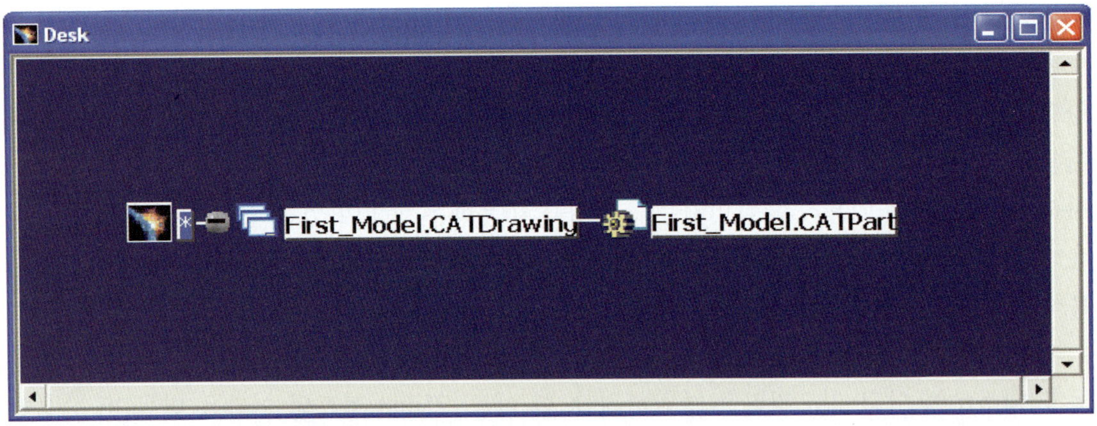

(a) 기존 화면

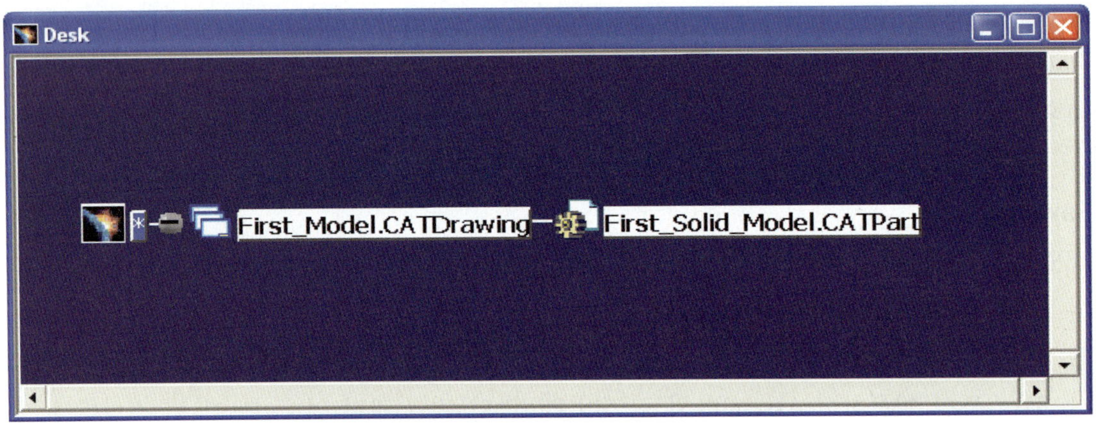

(b) 솔리드 모델이 Save As로 저장된 후에 모습

그림 1-17 파일 간 링크

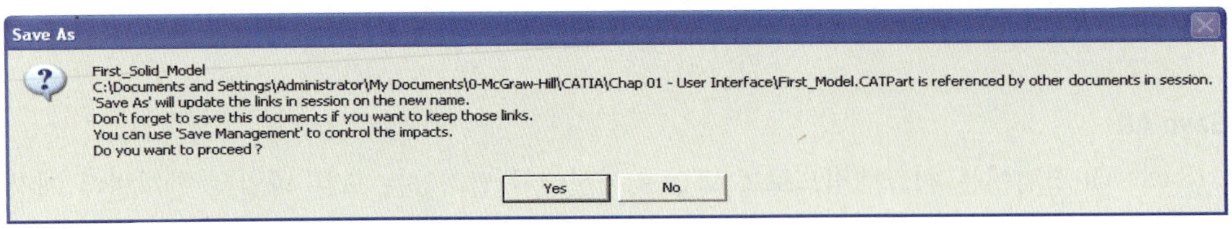

그림 1-18 Save As 관련 경고 메시지

예를 들어 두 개의 파일이 연결되자마자 Product와 그 아래 Part들은 Save Management의 도움으로 연결 문제가 해결될 것입니다. 운영 시스템 툴에 의해 남겨지거나 파일 이름 변경을 아무 시점에서 해서는 안 됩니다. Save Management는 작업 세션에서 열린 모든 파일을 보여 줍니다. 만약 많은 Assembly가 한 번에 열렸다면, 이 Assembly들에 연결된 모든 파일들이 대

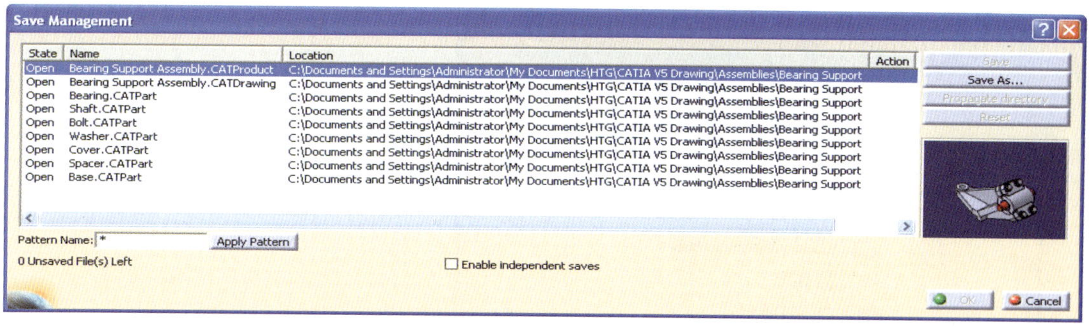

그림 1-19 Save Management 대화상자

화상자 안에 존재할 것입니다. 예를 들어 주어진 Product에 Operation 과정이 더해졌다면 Propagate Directory는 선택된 파일에만 영향을 줄 것입니다.

1.6 온라인 도큐먼트 사용하기

일반적 Help

CATIA® 온라인 도큐먼트는 거대한 양의 모든 이용 가능한 Workbench에 관한 정보를 가지고 있습니다. .html 포맷 형식의 문서는 CATIA® 명령어 관련 설명이 있으며 관련 섹션별 링크가 사용 가능하고 특정 과제 연습을 위해 예제 파일들 또한 CATIA® 세션에서 직접 열 수 있습니다.

Help(도움말)를 이용하기 위해서는 F1 키를 누르거나 그림 1-20과 같이 Help 풀다운 메뉴에서 CATIA® V5 Help 옵션을 선택할 수 있습니다.

맨 처음 Help를 사용할 때, 도움말 파일이 적절히 연결되지 않았다면 그림 1-21과 같이 CATIA®는 대화상자를 통해 사용자가 이 정보를 위치시킬 경로를 지정할 수 있도록 할 것입니다.

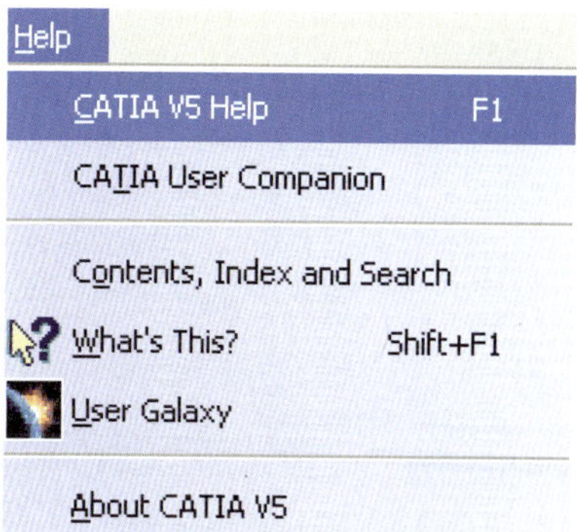

그림 1-20 Help 풀다운 메뉴: CATIA® V5 Help

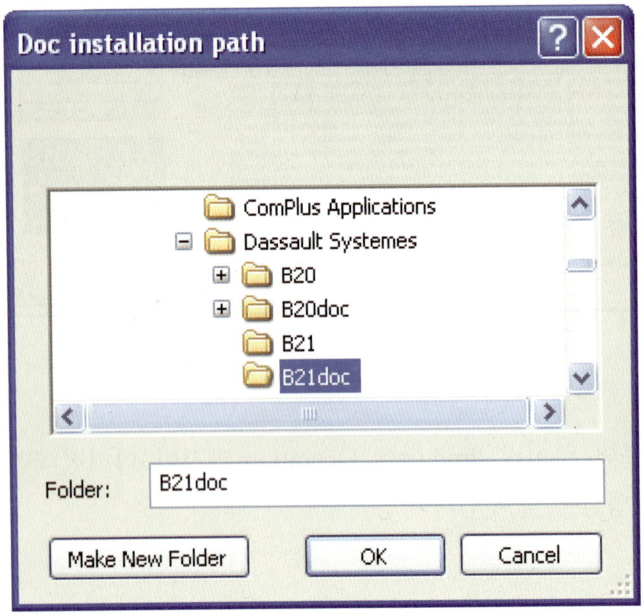

그림 1-21 Doc 설치 경로

경로가 지정되고 나면 CATIA®는 새로운 신청에 따라 모든 Help 파일을 검색할 것입니다. 도움말 검색 요청 후에 첫 번째 페이지의 모습이 변할 것이지만 레이아웃은 항상 같을 것입니다. 그림 1-22는 도움말 문서의 일반적인 전체 레이아웃 모습입니다.

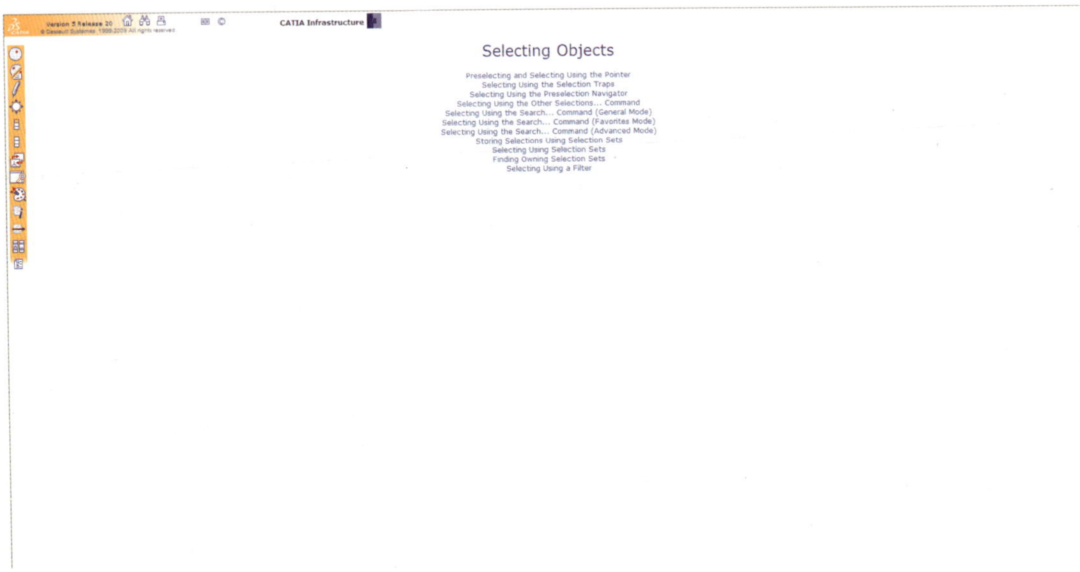

그림 1-22 도움말 파일 열기

그림 1-23 Workbench 홈페이지 아이콘

이 소프트웨어에서 이용 가능한 기능에 관한 정보를 얻고자 할 때, 가장 먼저 해야 할 것은 관련된 Workbench를 찾는 것입니다. 항상 Workbench 홈페이지는 도움말 페이지의 위에 작은 집 모양의 아이콘을 클릭하면 들어갈 수 있는데, 그림 1-23과 같이 모든 Workbench Family를 보여줍니다.

원하는 Workbench를 찾고자 할 때 그림 1-24와 같이 마우스 커서를 이동하여 솔루션 이름에 대보면 이름이 나타나는데, 원하는 이름의 Workbench를 확인한 후에 선택합니다.

이 모든 도움말 옵션 선택 과정 없이, 원하는 Workbench의 설명을 효과적으로 찾는 방법이 있습니다. 그림 1-25 표시된 아이템들에 관해 다음과 같은 설명을 참조하십시오.

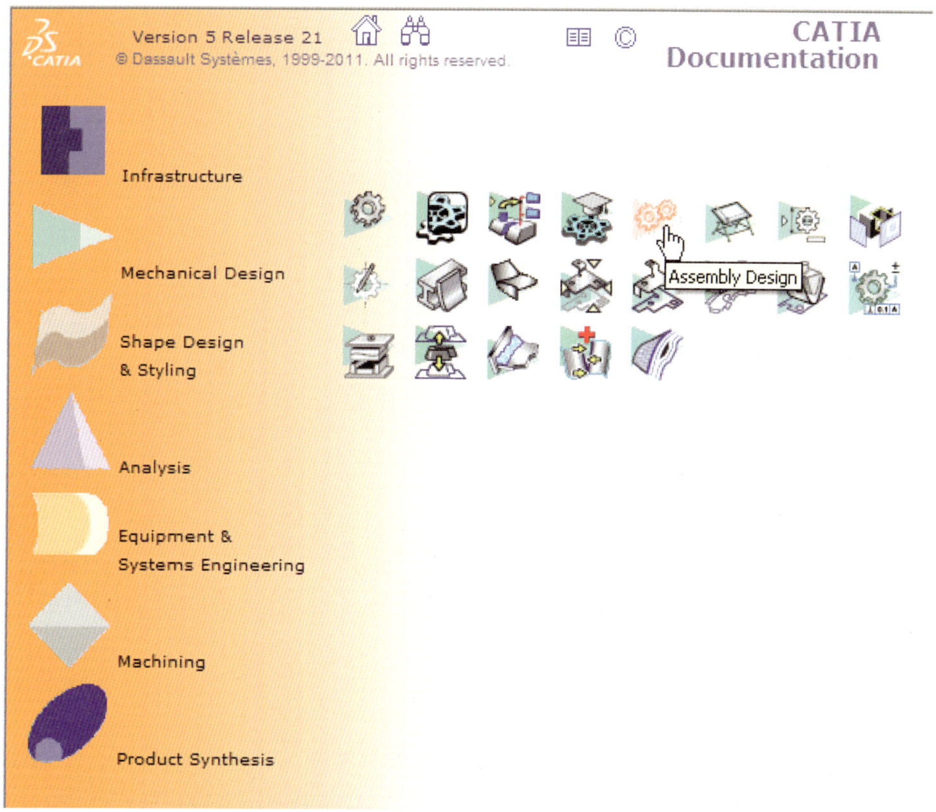

그림 1-24 Workbench 선택하기

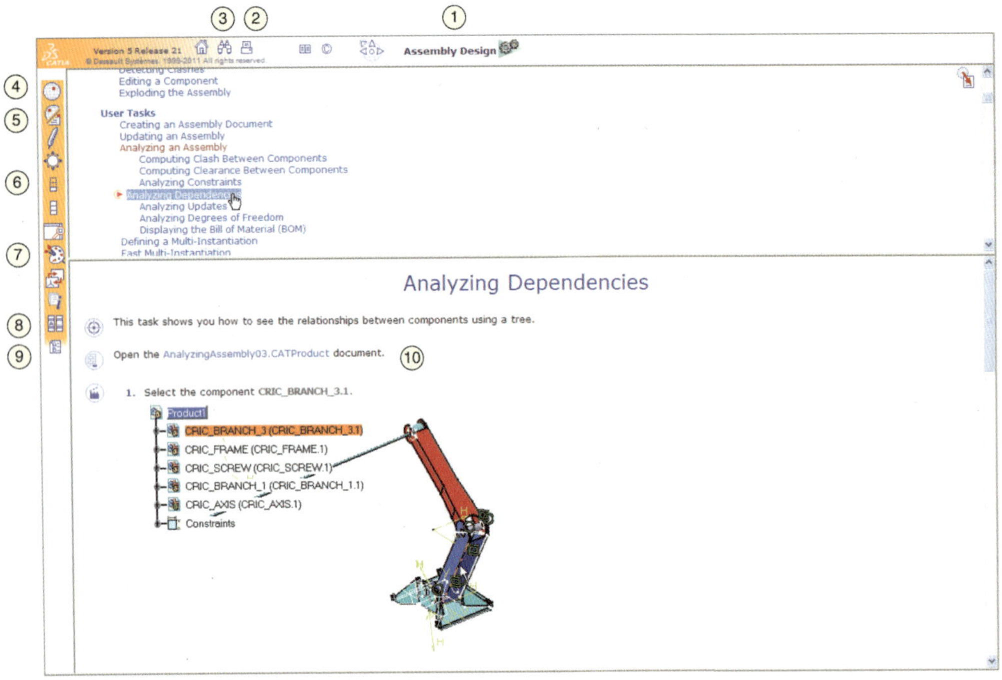

그림 1-25 문서 아이템 위치

❶ Workbench Identification

도움말에서 Workbench는 항상 페이지의 가운데 윗부분에 구별되어 있습니다.

❷ Print

이 아이콘은 선택된 주제를 다른 창에서 프린트 아이콘을 가지고 엽니다. 그러나 이 프린트 옵션은 선택된 모든 주제에 관해 프린트 하게 해줍니다. 때때로 빈 페이지가 끝에 있기도 하며, 이 부분을 없앨 수 있습니다. 그러므로 프린트 양을 줄이고자 할 때 이 점을 잊지 마십시오.

❸ Full-Text Search

이 옵션은 사용자가 키보드를 이용하여 관련된 정보를 찾도록 하여 줍니다. 모든 문서를 검색할 수도 있고, 찾고자 하는 솔루션에 딸린 문서 혹은 Product에 딸린 문서를 검색할 수도 있습니다.

❹ Site Map

이 옵션은 선택된 Workbench의 목차를 단일 창에서 보여줍니다. 이 테이블의 한 항목을 선택했을 때, 이 창의 내용으로 변경되고 back 버튼을 이용하여 다시 목차로 돌아갈 수 있습니다.

❺ Split View

이 옵션은 도움말 이용을 계속적으로 사용할 때 유용한데, 윈도우 위에 목차를 계속 보여주기 위해서 윈도우를 반으로 나누고, 아래쪽에는 선택된 아이템 내용을 보여줍니다. 검색 정보의 트래킹을 용이하게 해줍니다.

❻ What' s New?

이 옵션은 전 버전에 상대적으로 현재 CATIA® 버전에서 새로 개발된 부분에 집중합

(a) Workbench에 새로 추가된 부분이 없을 때

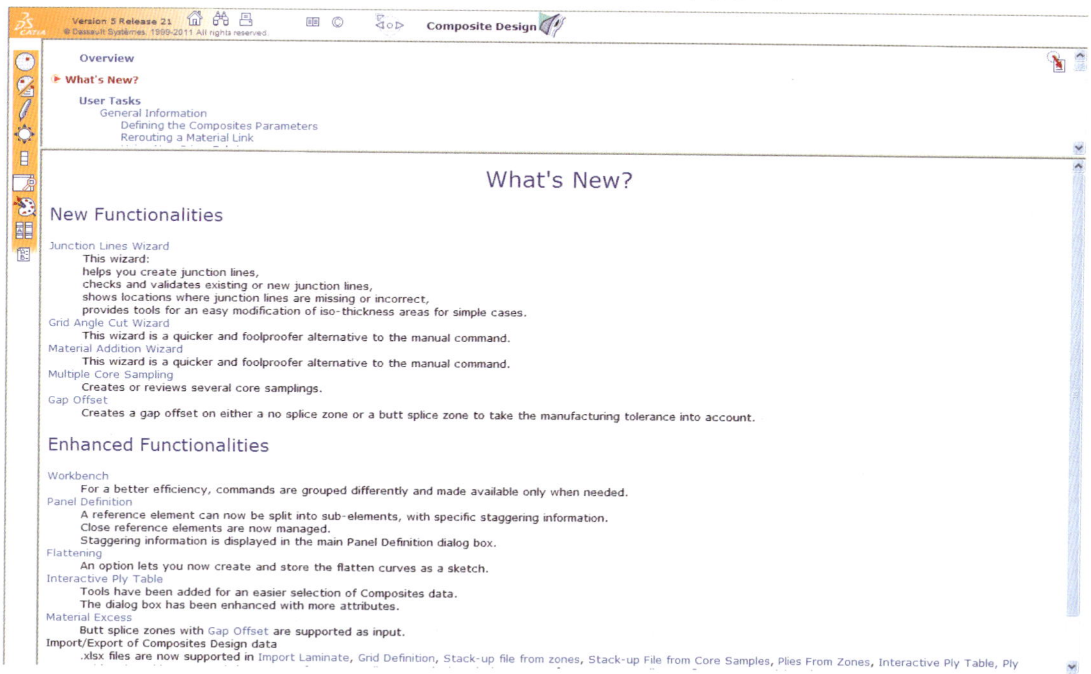

(b) 변경된 내용 목록

그림 1-26 What's New 특성

니다. 사용자가 이전 버전에서 새로운 버전으로 옮길 때, 프로그램에 어떤 변화들이 있는지 확인하기에 좋습니다. 만약 어떤 Workbench에 특별한 변화가 없다면 그림 1-26과 같이 사용자에게 메시지를 줄 것입니다. 하이퍼링크를 통해 변화와 관련된 문서로 이동이 가능합니다.

⑦ Workbench Description

이 옵션은 Workbench 안에서 다른 메뉴, Toolbar, 아이콘으로 가는 빠른 링크를 제공합니다.

⑧ Glossary

Workbench의 기술적 사전을 이용하고자 할 때 클릭합니다.

⑨ Index

이 옵션은 Workbench와 관련된 다양한 주제의 링크를 알파벳 순서로 제공합니다. 단축키 알파벳이 인덱스 페이지 위쪽에 있기 때문에 사용자가 원하는 주제로 가고자 할 때 전체 리스트를 스크롤 다운할 필요가 없습니다.

⑩ Hyperlink

Help 파일은 보통 사용자가 원하는 Operation 관련 특정 파일로 이동하기 위한 하이퍼링크를 포함하고 있습니다. 때문에 이러한 간단한 조작으로 컴퓨터를 이용한 트레이닝 세션을 절약할 수 있습니다.

WHAT'S THIS?

요약: Toolbar 아이콘에서 도움말을 제공합니다.

그림 1-27 What's This? 커서 모양

그림 1-28 What's This? 정보 상자

이 도움말 명령은 Standard Toolbar에서, 풀다운 메뉴의 Help 혹은 SHIFT-F1 키로 활성화될 수 있습니다. 그림 1-27과 같이 마우스로 원하는 아이콘에 클릭하면 마우스 커서 모양이 변하게 됩니다.

다른 아이콘을 클릭하면 그 아이콘의 사용 설명이 짧게 나온 관련 정보 상자가 열리고 그림 1-28과 같이 하이퍼링크 More info…를 통해 관련 도움말 파일로 이동할 수 있습니다.

1.7 CATIA® 설정 파일(.CATSettings)

.CATSettings 파일은 CATIA® 이용을 위한 사용자 지정 관련 모든 정보를 가지고 있습니다. 이 소프트웨어에서 옵션이 변경될 때마다 관련된 .CATSettings 파일도 따라서 업데이트됩니다.

예를 들어 이 파일들은 Mechanical Design와 NC Programming 같이 일하는 환경에 따라 꽤 다를 수 있습니다. 따라서 각 어플리케이션에 따라 적절하게 지정해야 합니다.

새로운 작업 세션을 시작하기 전에 파일의 변질 혹은 혼돈을 피하기 위해 많은 산업 기반들은 모든 .CATSettings 파일을 삭제하는 전용 명령어를 가지고 있습니다. 이런 식으로 소프트웨어는 이미 지정된 파일로부터 항상 같은 환경에서 일을 시작할 수 있게 합니다.

때때로 소프트웨어가 느려지거나 평소와 다르게 작동할 수도 있습니다. 이러한 경우 기존에 존재하는 CATIA®가 하던 일을 저장하고 새 파일을 열면 작업환경이 다시 새로 갱신될 수 있습니다. 만일 상황이 나아지지 않았다면 모든 .CATSetting 파일을 지우는 것이 두 번째 할 수 있는 대처입니다. CATIA® 관리자 설정에 따라 이 파일들은 다음 CATIA® 실행 시 다시 만들어질 것입니다. 만일 사용자가 다른 추가적인 사용자 지정을 했었다면, 이러한 설정은 지워졌기 때문에 백업 파일이 없다면 다시 지정해야 합니다.

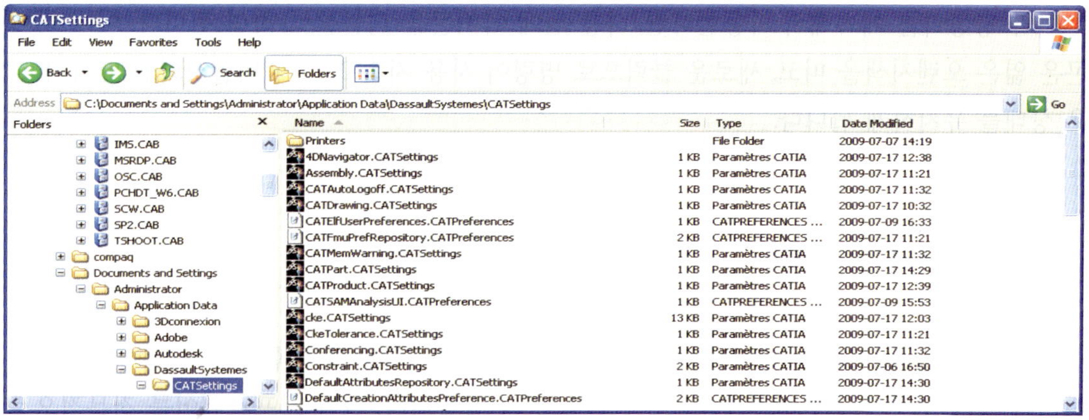

그림 1-29 .CATSettings 파일 위치

CATIA®는 국제 단위 표준(SI)에 따라 개발되었으며 보통 이러한 표준을 가지고 실행됩니다. 만일 English 단위 표준을 이용하고자 한다면 몇 가지 변경이 필요합니다. 또는 결과의 폼 방식을 바꾸고자 할 때에도 변경이 필요합니다.

설정 변경에는 어떠한 특별한 파일의 로딩이 필요하지 않습니다. 하지만 이 장에서 설명하고 있는 배경은 .CATProduct 파일이 실행되었을 때의 모습입니다. 설정은 항상 풀다운 메뉴의 Tools ⇨ Options… 를 통해 이용할 수 있습니다.

이 장에서는 아래와 같은 내용을 다룰 것입니다.

- 기본 매개 변수 및 옵션 설정
- 단위
- Sketch Grid
- Drafting 기본 설정
- 시작 메뉴 사용자 정의
- 언어 변경
- 아이콘 크기
- Graphic Properties Toolbar
- Toolbar 위치 재설정
- Toolbar 고정하기

2.1 기본 매개 변수 및 옵션 설정

CATIA®를 처음 설치하면, 소프트웨어를 실행할 때 Dassault Systems의 SI 단위로 기본설정이 되어 있습니다. 이 책의 모든 예제는 현재 실제 북미 항공산업 기준을 반영하고 있기 때문에 경우에 따라 단위 표기 방식이 SI가 아닌 영국식 표기 방식을 취할 수도 있습니다. 다음 페이지에서 변경할 모든 설정 방법은 독자로 하여금 이 책에서 제시하는 테스트 옵션과 같은 결과를 주도록 할 것입니다.

다음 단계를 이용하여 여러 종류의 설정 변경이 가능합니다 : Tools ⇨ Options… 그림 2-1 참조. 다른 설정은 CATIA® 관리자 모드로만 접근이 가능하며, 보통 회사 전체의 표준과 관련된 것들입니다.

처음 설정 옵션을 열고자 하면 조금 시간이 걸릴 수 있습니다. 소프트웨어 자체를 처음 실행하는 것과 마찬가지로 다음에 열 때는 훨씬 빨리 열릴 것입니다.

대화상자가 나타나면 그림 2-2에 보이는 바와 같이 도움말 파일 위치, 라이센스 등의

General 옵션 레벨을 보여줍니다.

첫 번째 그림은 사용자가 익숙해져야 할 모든 CATIA® 작동 반응에 관한 것입니다. 인터페이스에 두 개의 V 모양을 사용함으로써 때때로 대화상자 또는 스크린에서 완전히 보이지 않는 정보를 담고 있습니다. 사용자에게는 보이지 않지만 정확히 보면 이러한 옵션과 명령어들은 실제로 더 복잡한 형태인 것입니다. 그림 2-3은 숨겨진 탭을 포함한 대화상자를 보여주고 있습니다. 오른쪽 방향의 화살표가 이와 같은 사실을 사용자에게 알려주고 있습니다.

다른 비슷한 경우가 그림 2-4에 나와 있습니다. 이 경우 대화상자의 내용이 상자 아랫부분에 확장되어 있고, 스크롤 상자가 추가되어 사용자가 전체 내용을 확인할 수 있도록 합니다. 또한 어떤 대화상자는 More… 버튼으로 사용자에게 다른 옵션을 보여줍니다.

그림 2-1 옵션 실행하기

2.2 단위

첫 번째로 고려해야 할 설정 사항은 작업의 치수 단위입니다. CATIA®는 다른 여러 종류의 작업 단위 변수를 제공합니다. 어떻게 길이, 부피, 에너지 단위가 정의되었는가에 따라 SI 또는 영국식 변수 표기가 가능합니다.

주어진 치수와 관련된 단위로 변경하거나 매개변수 값을 변경하려면, 그림 2-5와 같이 General 그룹에 부속 그룹인 Parameters and Measure에서 Units 탭을 선택합니다.

그림 2-6과 같이, 길이(Length) 단위를 인치(Inch)로 변경하고자 한다면 Magnitudes 열에서 Length를 선택하고, 단위 화면 근처 아래 방향의 화살표를 클릭하면 사용 가능한 모든 단위를 볼 수 있습니다. 새 단위로 인치(Inch)를 선택하면 됩니다. SI 단위를 사용해야 하는 경우에는 이 값을 mm에서 변경하지 않습니다.

또한 유효 자릿수 변경을 위해 Decimal places used for read/write numbers를 4로 변경하여 정확한 수치와 허용오차를 수용할 수 있도록 합니다. 그림 2-7은 이 변수의 위치를 보여주고 그림 2-8은 이러한 변경이 어디서 확인할 수 있는지를 영국식 표기로 했을 때 몇 가지 예를

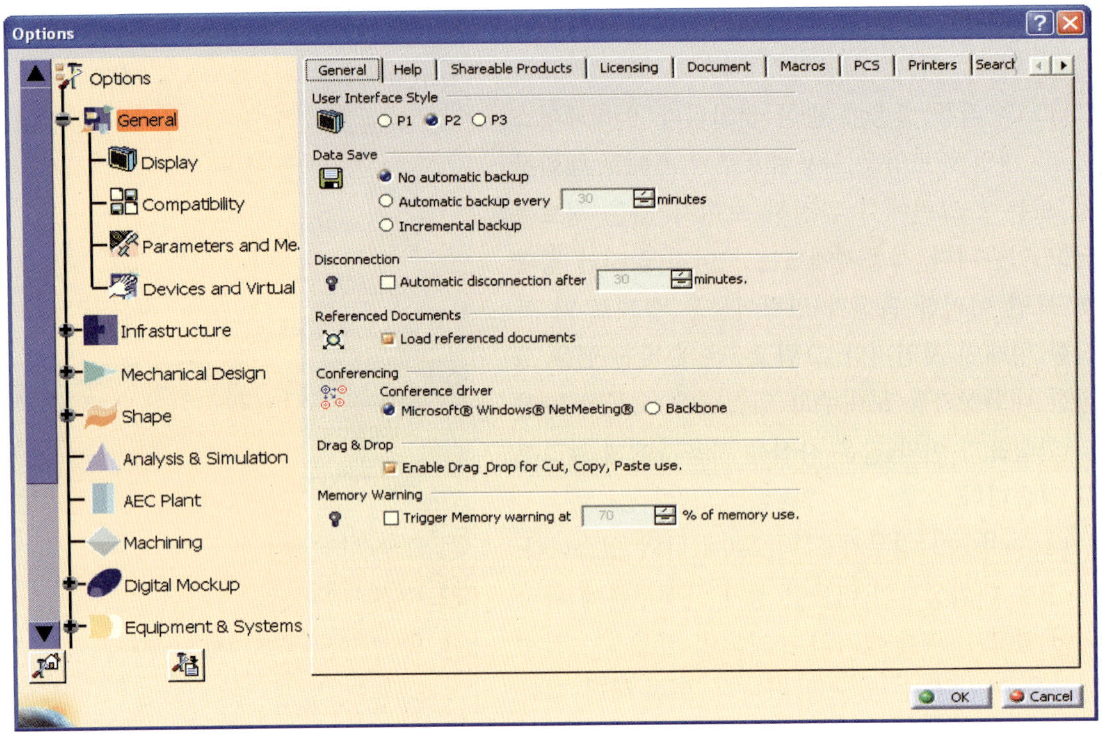

그림 2-2 Options 대화상자-General-General 탭

그림 2-3 숨겨진 탭

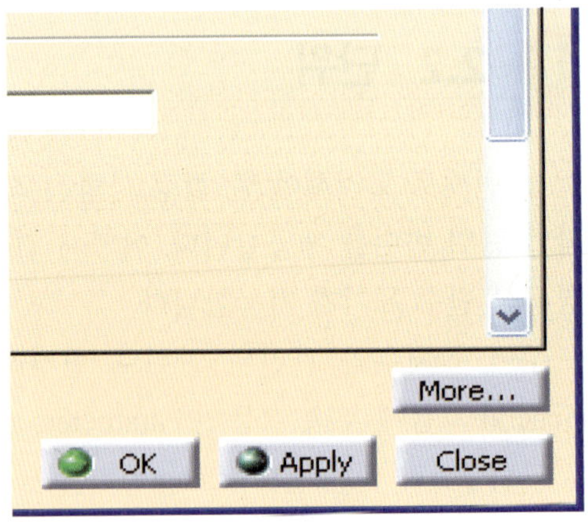

그림 2-4 커서, More… 버튼

보여주고 있습니다(Sketch의 수치 구속, 또는 Measure Item 툴 사용 시).

비슷한 순서로 Options 창에서 영국식 단위를 사용하기 위해, 표 2-1의 자릿수의 단위를 변경할 수 있습니다(SI 단위를 사용해야 하는 경우에는 이 값을 별도로 변경하지 않습니다).

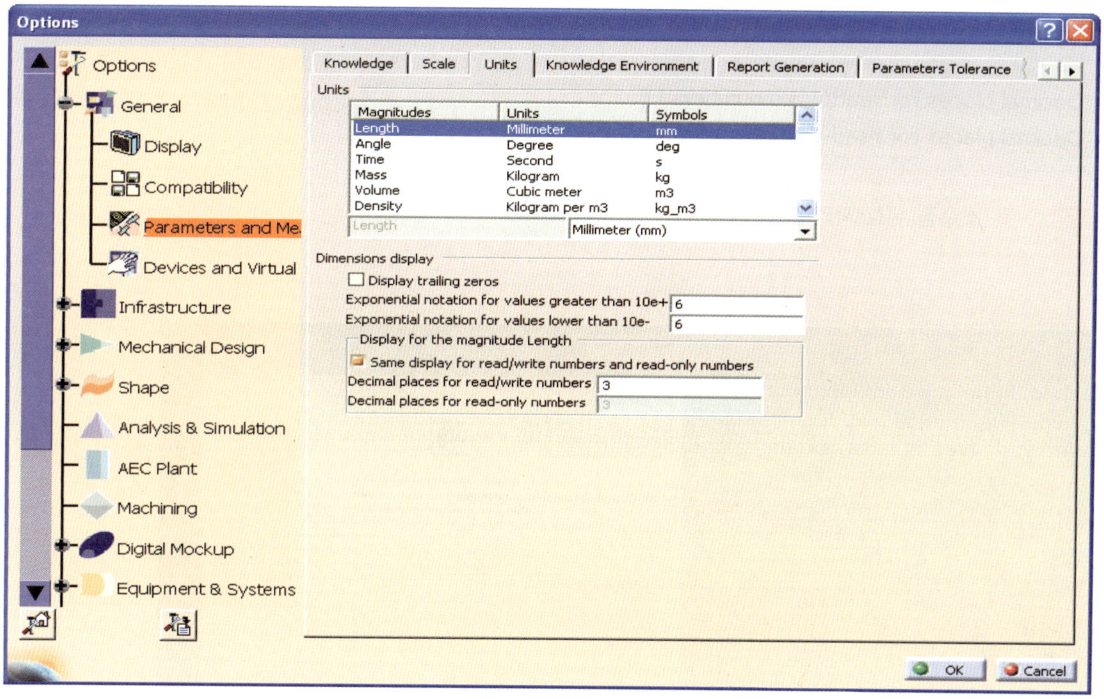

그림 2-5 Options 대화상자–매개변수 and Measure–Units 탭–Units

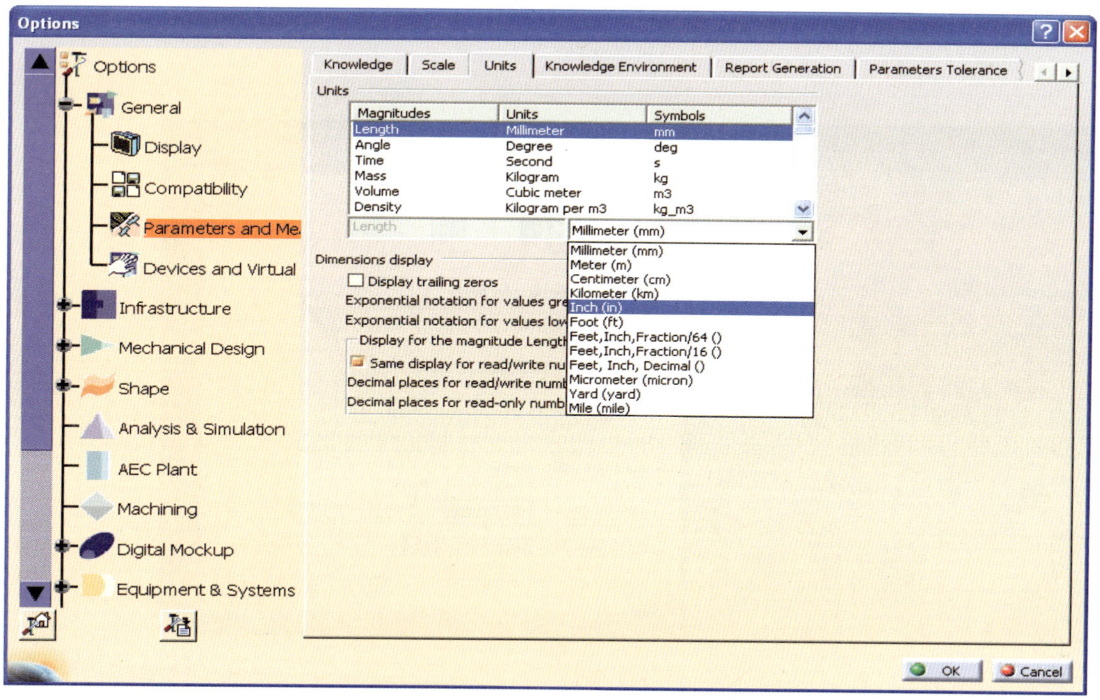

그림 2-6 길이 단위 변경하기(SI 단위를 사용해야 하는 경우에는 이 값을 별도로 변경하지 않습니다.)

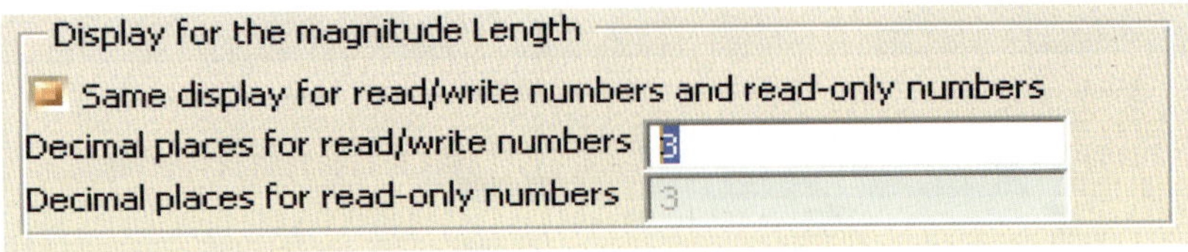

그림 2-7 소수점 유효 자리 변경

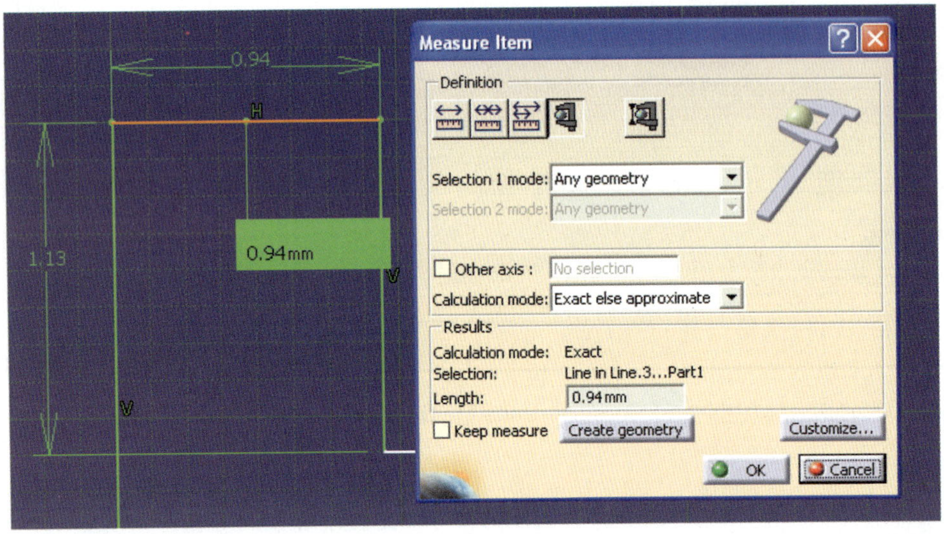

(a) 2개의 소수

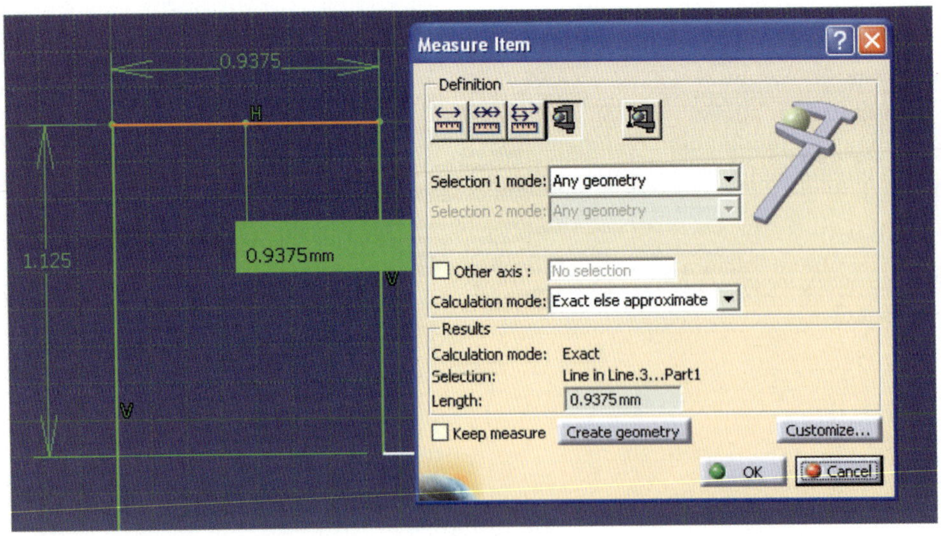

(b) 4개 소수

그림 2-8 영국식 단위 설정 시 유효 소수 자리 설정 예

표 2-1 단위와 자릿수

단위	S.I	English	English Decimals
Mass	*kg*	*lb*	4
Volume	m^3	in^3	4
Density	kg / m^3	lb / in^3	4
Area	m^2	in^2	4
Inertia	m^4	in^4	4
Moment	$N \times m$	$lbf \times in$	4
Pressure	$N \times m^2$	*psi*	4
Acceleration	m / s^2	ft / s^2	4
Velocity	m / s	ft / s	4
Linear feed rate	mm / mn	in / mn	4
Angular feed rate	$mm / turn$	$in / turn$	4
Linear spindle speed	m / mn	ft / mn	4
Angular spindle speed	$turn / mn$	$turn / mn$	4
Surface spindle speed	mm^2 / mn	in^2 / mn	4

2.3 Sketch Grid

단위 및 소수점 관련 설정이 끝나면, 보통 Mechanical Design 카테고리에 Sketch Workbench로 이동하는 것이 일반적입니다. 여기서는 Sketch 환경의 몇몇 설정 변경을 위한 오직 한 개의 탭을 가지고 있습니다.

특히 Sketch 툴을 사용할 때, 모든 사람이 Snap과 Grid 시스템에서 일하는 것을 좋아하지 않습니다. Snap 옵션으로 비록 정확한 수치를 정의할 수는 없지만, 다른 요소에 의해 영향 받는 수치를 최소로 참조하기 위해 격자를 켜놓고 일하는 것이 좋은 연습이 될 것입니다.

격자 무늬 기본 값은 그림 2-9와 같이 100mm와 10개의 Primary Spacing을 가집니다. 만들어질 모델 사이즈에 따라 이 설정은 변경해도 됩니다.

2.4 Drafting 기본 설정

만약에 영국식 단위 설정에서 일하기 위해 몇 가지 Drafting 디폴트 설정을 변경해 주어야 한다면 맨 처음 변경해야 할 것들은 그림 2-10과 같이 Grid의 Primary Spacing, Graduation,

Customize 대화상자에 CATIA® 관리자 혹은 경험 있는 사용자가 Toolbar의 위치 재조정을 할 수 있도록 Toolbar 탭을 가지고 있습니다. 이러한 기능은 지금 시점에서 설명하지는 않겠지만 만약 원하는 Toolbar를 찾을 수 없다면 그림 2-23과 같이 대화상자 오른쪽에 위치한 Restore Position 버튼을 클릭합니다.

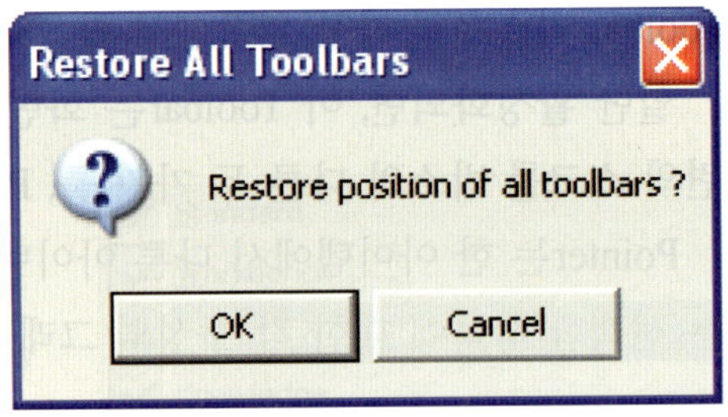

그림 2-24 Restore 확인

그림 2-24와 같이 마지막으로 취할 수 있는 조치는 모든 Toolbar의 위치를 맨 처음 위치로 초기화하는 것입니다.

2.10 Toolbar 잠그기

사용자의 요구에 맞게 Toolbar의 설정이 끝나면, 설정을 유지하기 위해 이 설정을 잠글 수 있습니다.

Lock Toolbar Position 스위치는 Customize 대화상자의 Options 탭에서 찾을 수 있습니다(그림 2-19 참조). 이 스위치를 선택하면 작업 지역에 위치한 모든 Toolbar의 위치가 고정되지만, 작업 영역 외에 있는 Toolbar들은 여전히 움직일 수 있습니다. 그러나 일단 고정되면 더 이상 쌓을 수 없게 됩니다.

이외에도 다른 많은 옵션들을 이용하여 전혀 다르게 작업환경을 변경할 수 있습니다. 몇몇 옵션은 사용자에게 이용 가능하고, 어떤 것들은 오직 CATIA® 관리자에게만 이용 가능합니다. 제3장에서 몇몇 Application 설명에서 필요 시 사용자 설정 지정에 대해 다시 설명할 것입니다. 이러한 설명 방법을 통해 주어진 어플리케이션과 관련된 설정을 직접 연결시킬 수 있을 것입니다.

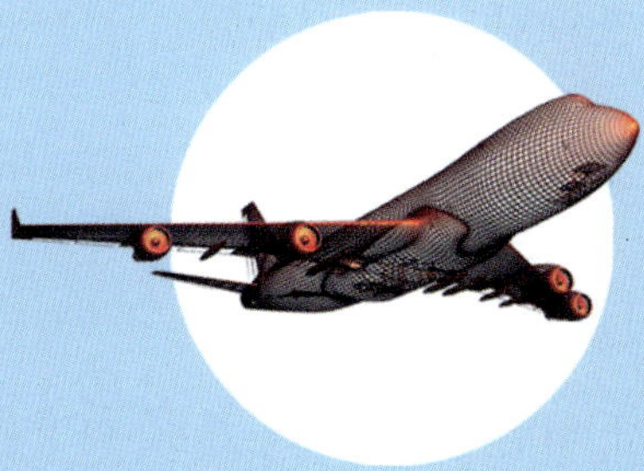

Chapter 3

Visualization 설정

Graphic 데이터를 다루기 위해서 CATIA®는 다양한 종류의 효과적인 Visualization 툴을 제공합니다. 이러한 다양한 툴을 익힘으로써, 사용자는 화면에 표현되는 Graphic 데이터를 빠르게 조작 및 위치시킬 수 있을 것입니다.

다음의 명령어 연습을 위해, www.mhprofessional.com/CATIAcoretools의 Example 폴더에서 두 개의 예제 파일을 다운받습니다(또는 역자의 카페 게시판을 참고 바랍니다.).

1. 2-Visualization_Model
2. 2-Visualizaion_Drawing

앞으로 사용자가 다른 다양한 형상을 쉽게 조작하기 위해서, 이번 장에서 다루게 될 다양한 주제들에 대해 숙지하여야 합니다. 3장에서 다룰 내용은 다음과 같습니다.

- 마우스 사용법
- Transformation Pad 사용
- View Toolbar
- View 풀다운 메뉴
- 사용자 지정 Toolbar
- Contextual 메뉴에서 Center Graph와 Reframe

3.1 마우스 사용

Visualization 툴의 장점을 모두 이용하기 위해서는 기본적으로 3버튼 마우스가 필요합니다. 하지만 휠 마우스 역시 사용하는 데에는 무리가 없을 것입니다.

보통 선택이나 Context Menu 사용은 다른 여타 소프트웨어와 비슷한 방법을 CATIA®에서도 사용하고 있지만, 몇 가지 버튼의 조합은 Visualization 옵션에 좀 더 많은 기능을 줄 수 있습니다(그림 3-1 참조).

- Pan: 가운데 휠 버튼을 누른 상태로 이미지를 움직이면 화면에서 이미지를 원하는 방향으로 옮길 수 있습니다. Pan을 이용하는 동안, 커서 모양은 동서남북 네 방향으로 향하는 화살표 모양을 유지합니다(그림 3-1(a) 참조).
- Rotate: 두 가지 비슷한 방법이 있습니다. 가운데 버튼을 누른 상태에서 오른쪽, 가운데, 혹은 왼쪽 버튼을 누르면 화면상에 3차원 Geometry 회전 표현이 가능합니다.

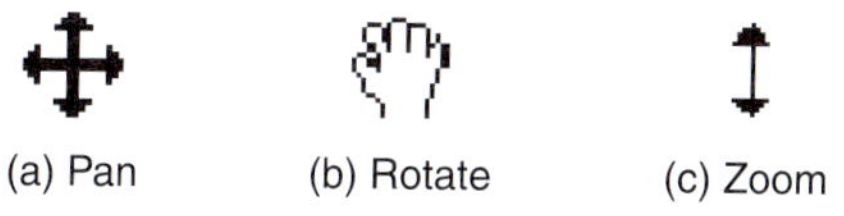

그림 3-1 마우스 커서 모양

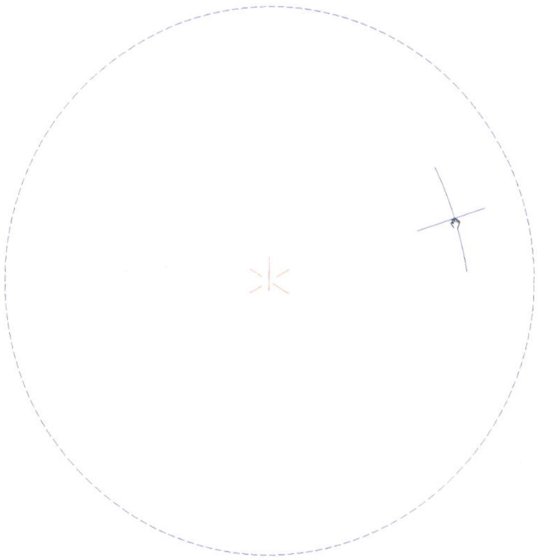

그림 3-2 회전 프레임

회전하는 동안 커서 모양은 그림 3-1(b)와 같습니다. 그림 3-2와 같이 회전 동작을 하는 동안에 회전 참조 프레임이 나타날 것입니다. 커다란 점선으로 된 원형은 십자선 위치에서 손모양의 커서로 잡힌 중심축(세 축 아이콘)으로부터 회전하는 구를 나타냅니다. 마우스 커서를 형상 위나 3차원 물체의 꼭짓점에 두고 마우스 가운데 버튼이나 스크롤 휠을 클릭하여 형상의 중심을 재위치시킬 수 있습니다. 그렇게 함으로써 형상을 원하는 곳으로 옮길 수 있고, 이제 활성화된 회전 중심은 현재 화면의 중심입니다.

- Zoom: Zoom 또한 두 가지 방법이 가능합니다. 가운데 버튼을 누르고 오른쪽을 클릭하거나 왼쪽 버튼을 클릭하여 마우스 커서를 아래위로 이동시키면 확대 및 축소를 할 수 있습니다. 그림 3-1(c)와 같이 Zoom할 때의 마우스 커서 모양은 아래위로 향하는 화살표 모양입니다.

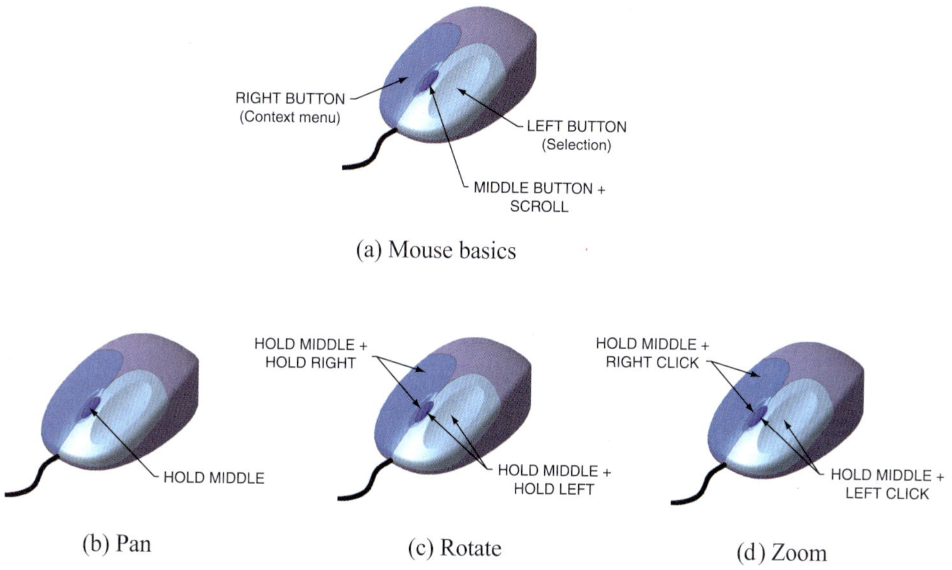

그림 3-3 기본 마우스 버튼 조작 방법

앞의 그림 3-3에 세 가지 마우스 조작 방법이 요약되어 있습니다.

- Scroll Wheel: 가운데 버튼 대신에 스크롤을 이용할 때, 스크롤 휠은 사용하는 문서 타입에 따라 다른 행동을 보여줍니다. Assembly 파일이나 Part에서는 화면 왼쪽에 있는 Specification Tree를 Pan 업 앤 다운 할 수 있게 해주고, 드로잉 파일에서는 드로잉 자체를 Pan 업 앤 다운 할 수 있게 해줍니다.

3.2 Transformation Pad 사용하기

Transformation Pad 활성화는 Pan, Rotate, Zoom Visualization 툴에 쉽게 접근할 수 있는 하나의 방법입니다. 이 패드는 스크린에 세개의 아이콘을 제공하는 데 이 아이콘을 클릭하면 관련된 기능 사용을 바로 이용할 수 있어서 사용자가 쉽게 사용 가능합니다.

이 세 개의 아이콘은 그룹으로 묶여 있고 스크린에 아래, 위, 왼쪽, 오른쪽에 위치시킬 수 있습니다. 동그란 아이콘은 회전과 관련이 있고, 정사각형은 Pan 관련, 직사각형은 Zoom 관련입니다. 그림 3-4에서와 같이 아이콘 그룹은 가로로 되어 있습니다.

Transformation Pad 아이콘을 활성화시키기 위해서는, Tools ⇨ Options를 이용하여 General 레벨 탭에서 Devices and Virtual Reality 옵션을 선택하고, Tablet Support 탭을 선택하여 Activate Transformation Pad 스위치를 클릭합니다(그림 3-5 참조). 오직 OK 버튼을 클릭하여 대화상자를 닫은 후에야 화면에 아이콘이 나타날 것입니다.

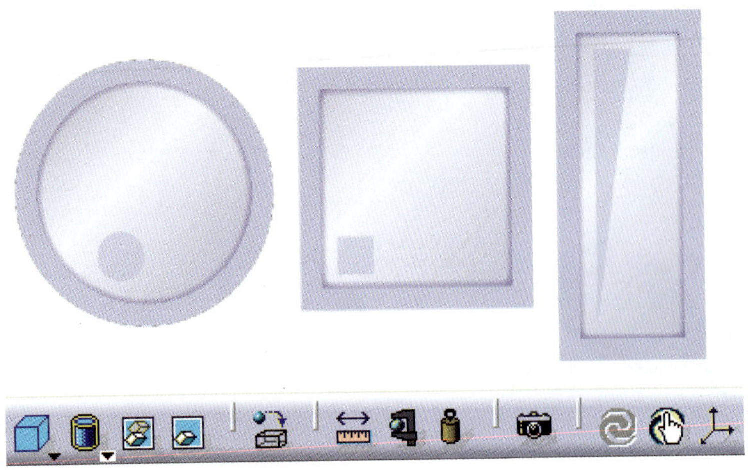

그림 3-4 Transformation Pad 스크린 아이콘

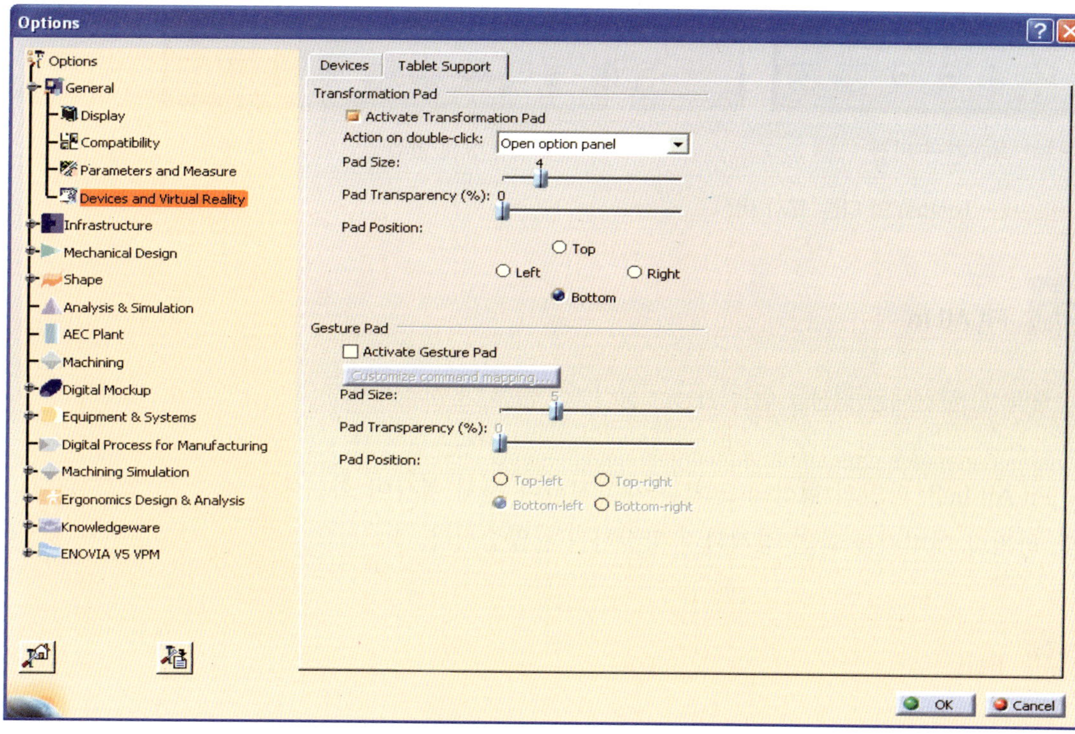

그림 3-5 Transformation Pad 옵션 대화상자

Transformation Pad에서 이용 가능한 옵션은 패드를 이동시키고, 패드 사이즈나 투명도를 조절합니다. 이러한 과정 후에 스크린에 세 개의 아이콘 중에 하나를 더블 클릭합니다: 옵션 패널을 열 수도 있지만 이미지 프레임을 재설정하는 것 또한 고려해볼 만합니다.

마지막으로 Gesture Pad를 활성화시키면 드로잉, 문서 또는 3차원 형상에 특별한 다른 소프트웨어를 사용하여 주석을 추가할 수 있습니다. Activate Gesture Pad를 클릭하면 화면에 아이콘을 추가할 수 있지만, 관련 장비 없이는 사용할 수 없는 것입니다.

3.3 View Toolbar

그림 3-6과 같이 View Toolbar는 다른 두 가지 버전이 있습니다. 3차원 관련 시각 효과를 표현할 일이 없기 때문에 간단한 버전은 .CATDrawing 환경에서 오직 사용 가능합니다. 상세 버전은 모든 곳에서 사용 가능합니다.

여기서는 두 경우 모두 쓸 수 있기 때문에, 간단한 버전의 Toolbar의 아이콘 설명부터 시작하겠습니다.

(a) 간편 버전 (b) 상세 버전

그림 3-6 Toolbar의 다른 표시 버전

Fit All In

요약: 모든 선택된 형상을 이용 가능한 공간에 가능한 한 채우기 위해 확대하거나 축소합니다.

Fit All In은 파일의 형상의 크기를 재조정하여 전체 형상이 화면에서 보일 수 있도록 합니다. 하지만 이미지를 화면 경계까지 확장하지는 않습니다.

Pan

요약: Pan은 화면에서 평행 이동하기 위한 용도로 사용합니다.
사용 순서: 평행 이동을 위해 드래그하십시오.

Pan은 화면에서 형상을 평행 이동하고자 할 경우에 사용합니다. 명령을 실행한 후에 원하는 방향으로 마우스를 누른 상태로 이동합니다. 아이콘을 더블 클릭하면 형상을 드래그하여 버튼을 놓을 때까지 원하는 방향으로 반복하여 이동시킬 수 있습니다

Zoom In

요약: 화면에서 형상을 확대하고자 할 때 사용합니다.

Zoom In은 자동적으로 40% 이상 이미지를 확대합니다. 두 번 확대하면 원래 그기에서 두 배 정도 커집니다.

Zoom Out

요약: 화면에서 형상을 축소하고자 할 때 사용합니다.

Zoom Out은 자동적으로 40% 이상만큼 축소합니다. 두 번 축소하면 원래 크기에서 두 배 정도 커집니다.

Hide/Show

요약: 형상을 작업화면에서 숨기거나 보여줍니다.
사용 순서: 명령을 실행 후 형상을 선택합니다.

Hide/Show 명령어는 요소를 숨기거나 보여줌으로써 사용자가 Show와 No Show의 두 가지 작업환경에서 작업할 수 있도록 도와줍니다. 또한 어떤 모델링 기능은 자동으로 작업 후 사용했던 형상에 No Show 환경을 보내, 작업 환경을 정리하여 줍니다. 숨겨진 형상은 그림 3-7에 보이는 것처럼 Specification Tree에서 다르게 나타납니다. 이처럼 숨겨진 형상은 다른 보이는 것들에 비해 아이콘이 흐릿하게 보입니다.

어떤 아이템을 보이게 하거나 숨길 때 작업 영역에서 선택하기보다는 Specification Tree에서 직접 대상을 선택하는 것이 좋은 연습이 될 수 있습니다. 몇몇 아이템은 화면에서 직접 선택할 경우 민감하기 때문에 숨길 때 참조하였던 것과 같은 형태로 찾지 않으면 되찾기 조금 복잡할 수 있습니다.

(a) Shown (b) Not Shown

그림 3-7 Specification Tree에 보이기 / 숨기기

Swap Visible Space

요약: Show와 No Show 공간 사이의 전환을 위해 사용합니다.

Swap Visible Space가 활성화되면 사용자로 하여금 보이는 공간에서 보이지 않는 환경으로 전환해 주거나, 반대의 경우로 전환해 줍니다. 두 환경을 구분하기 위해서 No-show 환경은 옅은 초록색 배경을 사용합니다(그림 3-8 참조).

Fly Mode

요약: Fly Mode 설정

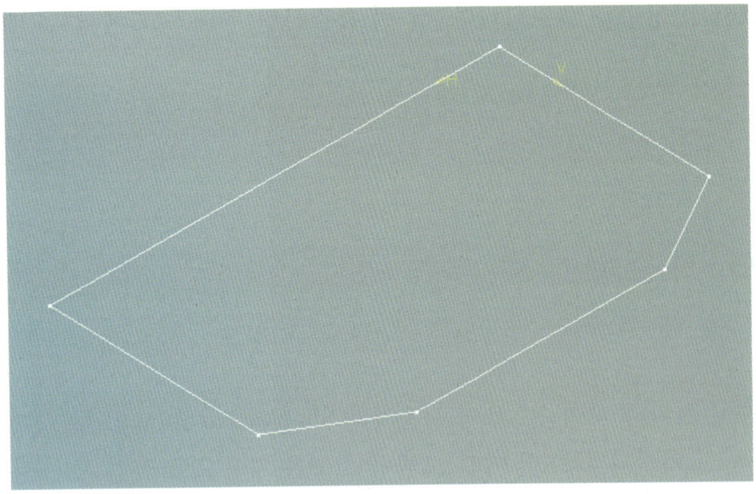

그림 3-8 No-Show 환경

Fly Mode는 형상들 사이를 동적으로 검토할 수 있게 하는 기능을 제공합니다. 이 Mode가 View Toolbar의 설정에 영향을 미치기 때문에, 다른 명령어의 설명 순서를 지키기 위해 자세한 사항은 이 섹션 후반에서 하겠습니다.

Rotate

요약: 형상을 화면상에서 회전하고자 할 경우에 사용합니다.

사용 순서: 명령을 실행한 후 화면을 드래그하여 물체를 회전시킵니다.

Rotate 명령은 화면에서 3차원 형상의 회전을 가능하게 해줍니다. 명령을 실행하고 마우스 왼쪽을 클릭한 상태로 드래그하면 원형 프레임이 화면에 나타나 이를 기준으로 형상이 회전하게 됩니다.

Normal View

요약: Part 형상의 지정한 면을 화면에 나란하게 보여줍니다.

사용 순서: 명령을 실행하고 수직으로 정의하기 위해 평면을 선택하여 주십시오.

Normal View는 선택된 물체의 면 또는 평면을 화면에 평행하게 보여줍니다. 명령어를 활성하고 원하는 면을 선택하면 Normal View를 이용할 수 있습니다. Sketch에서 이 명령어를 사용하면 화면과 평행하게 H축 방향으로(오른쪽으로 향하는), 그리고 수직은 V축 방향으로(화면의 위쪽 방향으로) Sketch Plane이 재조정됩니다. 일단 수직 방향을 잡은 후에 다시 이 명령어를 사용하면 수평축 방향만 반전되어 반대 방향을 볼 수 있게 됩니다.

Create Multi-View

요약: 화면을 분할하여 동시에 네 개의 View를 볼 수 있습니다.

Create Multi-View 아이콘을 클릭하면 작업 화면을 자동으로 같은 사이즈의 독립적인 네 개의 View로 나눠집니다. 디폴트 설정은 Isometric View와 세 개의 직교 좌표의 View로 나누어서 보여주며, 원하는 다른 View 방향을 변경할 수 있습니다.

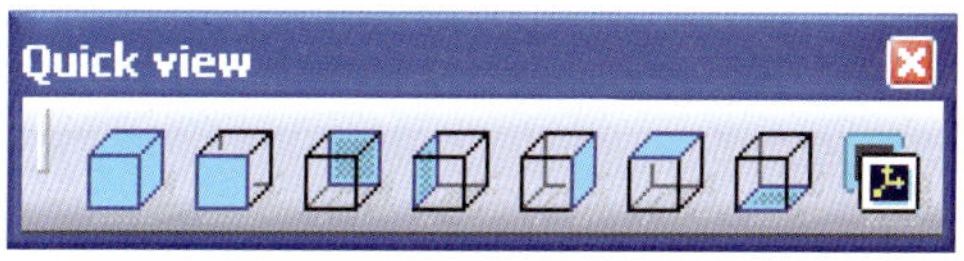

QUICK VIEW TOOLBAR

Quick View Toolbar는 기본적으로 숨겨져 있습니다. Toolbar를 열게 되면 그림 3-9와 같이 일곱 개의 미리 정해진 View 설정을 제공합니다(Isometric, Front, Back, Left, Right, Top, Bottom). 그림에서 3차원 부분은, 독자에게 명확한 View 참고를 위해 3차원 축을 추가한 것입니다. 그리고 주요 좌표계에 따른 Part의 방향이 위에 View에 영향을 미칠 것입니다.

Named Views

요약: 기본 View 및 사용자 지정 View 관리

Named Views를 이용해 미리 정해진 View를 이용할 수 있고 View 방향을 반대로 바꾸거나 주어진 View에 영향을 미치는 Properties를 변경할 수도 있습니다. 또한 사용자의 새로운 Viewpoint에 따라 새로운 View를 만들 수도 있습니다. 좋은 FT&A상에서 캡쳐를 얻고자 한다면 이 기능을 익히는 것이 좋습니다. 이 명령어를 이용하면 그림 3-10과 같이 모든 디폴트로 지정된 View 리스트를 가진 Named Views 대화상자가 나타납니다.

또한 원하는 View를 선택하면 Apply 버튼을 클릭하며 활성화시킬 수 있습니다. Reverse 버튼을 누르면 임시로 보는 방향을 뒤집을 수 있는데, 대화상자를 닫으면 원래의 방향으로 돌아옵니다. 그림 3-11에 표준 및 뒤집어진 Isometric View의 예가 있습니다.

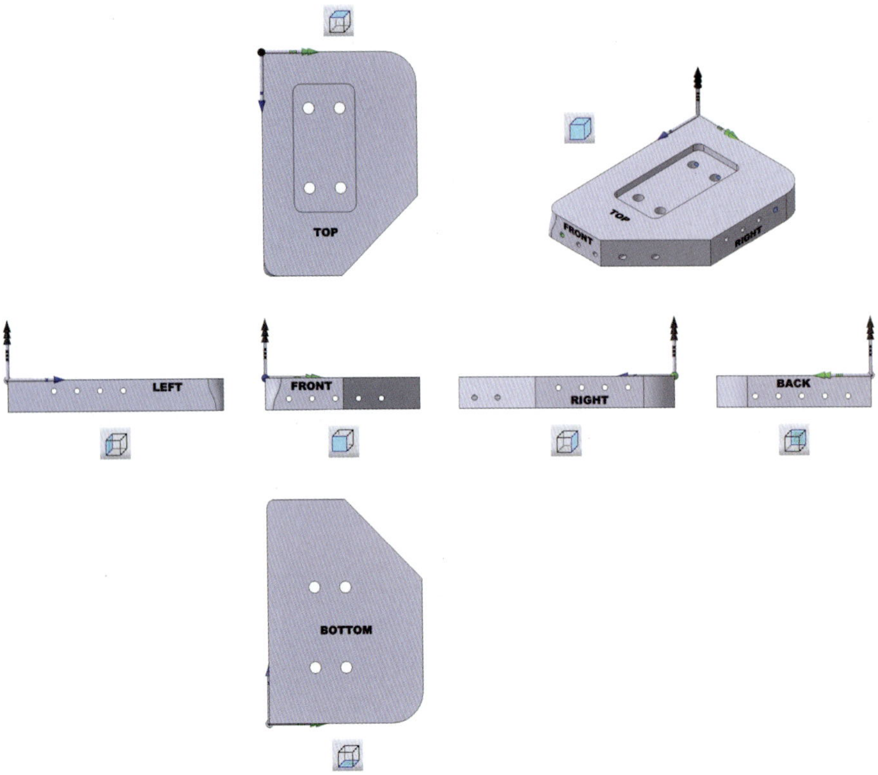

그림 3-9 Quick View Toolbar 예

View 관련 Properties를 변경하려면, 대화상자에서 원하는 View를 선택한 후 Properties 버튼을 클릭합니다. 그림 3-12와 같이 Views & Layout 대화상자가 나타날 것입니다. 대화상자에는 일곱 개의 미리 지정된 View와 장난감 자동차 형상 주변에 화살표들을 클릭하여 사용자가 원하는 View로 변형시킨 View 선택 영역과 View 방향 벡터 성분을 직접 입력할 수 있는 창이 나타납니다.

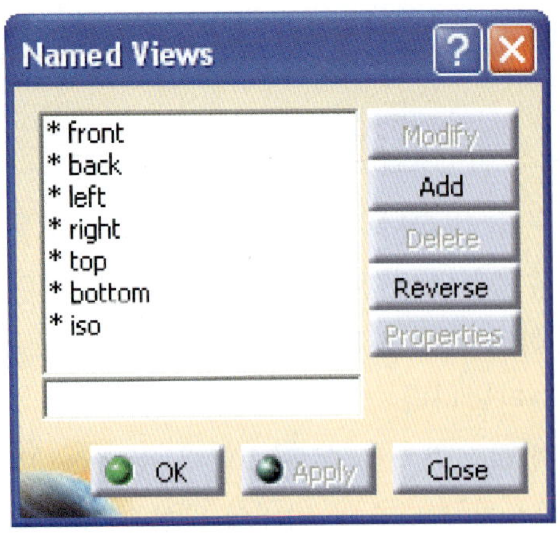

그림 3-10 Named Views 대화상자

Isometric 방향으로 정렬하는 간단한 방법은 다음과 같습니다. 새로운 축을 만들고 적절히 Part의 방향을 잡은 후에 대화상자에서 Select Axis 스위치를 선택합니다. 그런 다음 스위치가 아닌 편집상자를 클릭하고 새로 만들어진 축을 선택합니다. 성분의 보는 방향을 알아내는 방법 중에 하나입니다.

Isometric View는 어떠한 Viewpoint에서도 지정할 수 있지만, 지정된 다른 수직 좌표들과 논리적

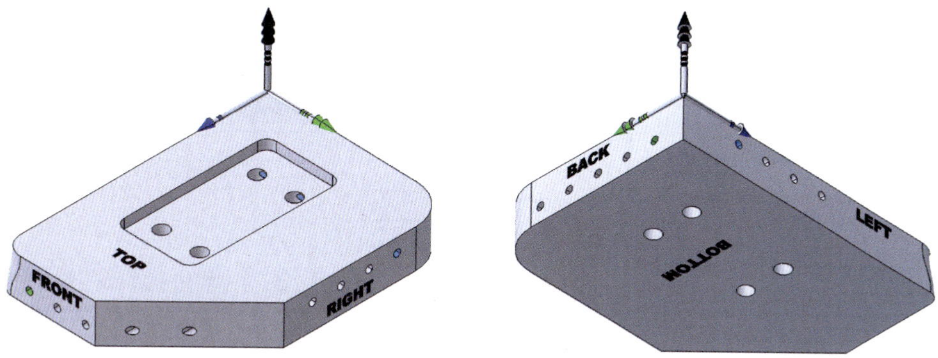

그림 3-11 기본 및 반대 방향 표시

관계가 꼭 존재해야 합니다. 만약 비논리적 관계가 정의되었다면, 그림 3-13과 같이 사용자에게 일관성이 없다는 뜻의 경고 메시지를 보냅니다.

리스트에 새로 만든 View를 추가하면 추가된 View 정보를 저장할 수 있습니다. 디폴트로 새로 추가된 View의 이름은 Camera이고 추후 수정이 가능합니다. 새 View의 Properties 설정 방법은 그림 3-14처럼 대화상자와는 다릅니다. 이러한 View를 가지고 Parallel View 혹은 Perspective View를 선택할 수 있습니다. 두 가지 경우 모두 View의 제한 요소들이 있으며, Parallel View는 Zoom 팩터를, Perspective View는 View Angle의 지정이 필요합니다.

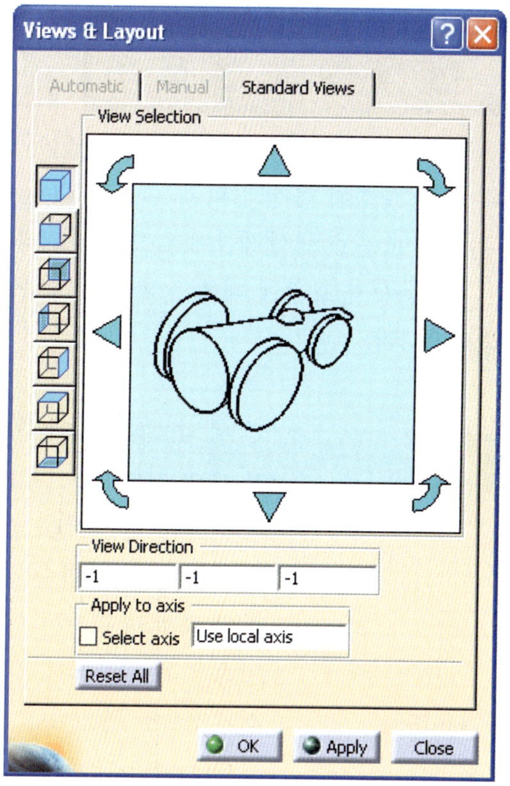

그림 3-12 Views & Layout 대화상자

Perspective View Mode가 활성화되면 모든 Part 부분이 영향을 받게 된다는 것을 잊지 마십시오. 기본 Parallel View Mode로 돌아오려면, View 풀다운 메뉴의 Render Style 옵션에서 Parallel Mode를 클릭합니다.

표준 산업 어플리케이션들이 Part 표현을 위해 3차원 환경으로 통합되고 있기 때문에, 대부분 사용자들이 얼마 지나지 않아 이 옵션을 사용할 것입니다. 전문적인 이미지를 생성할 때, 미리 완성된 상품의 모습을 볼 수 있기 때문에, 건축가뿐만 아니라 그래픽 및 산업 디자이너들은 이러한 View 설정에 매우 관심이 있을 것입니다.

그림 3-13 일관성 없는 설정 주의 메시지

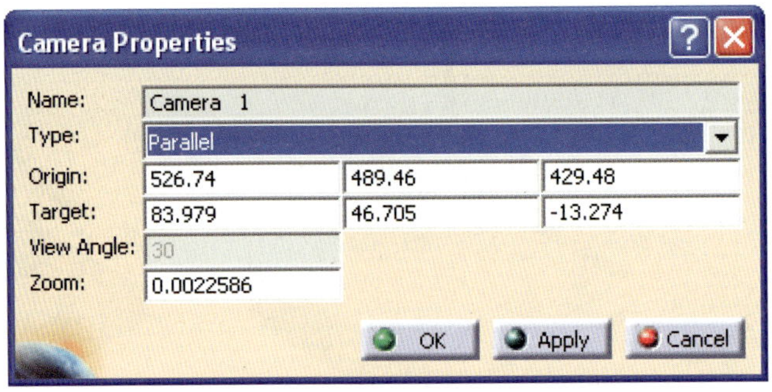

그림 3-14 Camera Properties 대화상자

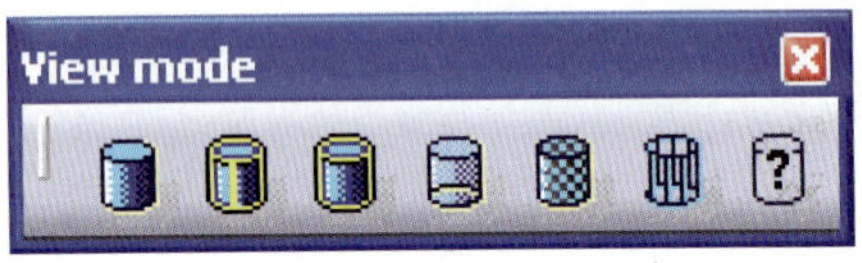

VIEW MODE TOOLBAR

View Mode Toolbar를 이용하여 화면에 3차원 물체의 View를 변경할 수 있습니다. 여섯 개의 미리 설정된 옵션과 다른 설정의 View를 사용자가 지정할 수 있도록 하는 옵션이 있습니다. 아래에 관련된 예제들이 있으니 참고하십시오.

각 Mode의 효과에 대해 정확히 이해하기 위해서는 관련 용어에 대해 먼저 정의하는 것이 중요합니다.

Edge: 두 면 요소(또는 평면)의 교차지점에 존재하는 곡선 혹은 선 요소입니다.

Smooth edge: 두 개의 탄젠트한 면 요소의 경계에서 찾을 수 있는 곡선 또는 선 요소입니다. 필렛 부근이나 실린더 혹은 구 모양처럼 닫힌 형상에서 부드러운 모서리를 찾을 수 있습니다. 사실 이 모서리 표시는 B-Rep와 같은 경계 표현 방법 표준과 관련이 있습니다. 다음 그림 3-15에 부드러운 모서리의 예가 있습니다.

Outline: 실루엣으로 곡선이나 형상의 범위를 정할 때 쓰는 선입니다. 이것은 보는 방향에 따라 다르게 보입니다. 그림 3-16에 Outline의 예가 있습니다.

Shading (SHD)

요약: Shading Mode로 형상을 출력합니다.

그림 3-17(a)와 같이 이 모드는 어떤 모서리의 강조 없이 Part를 보여주는 Mode입니다.

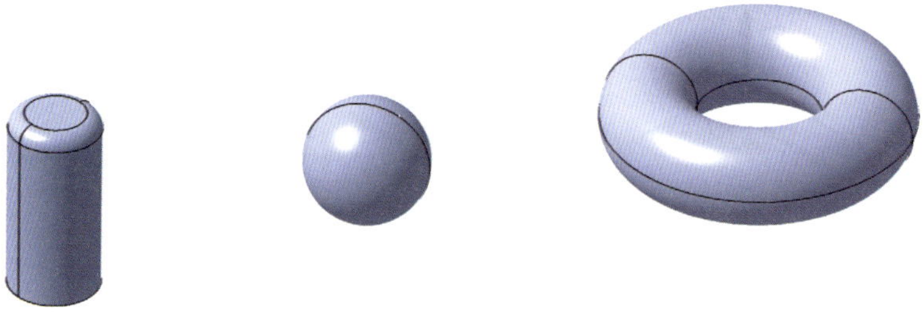

그림 3-15 Smooth-edged 표현

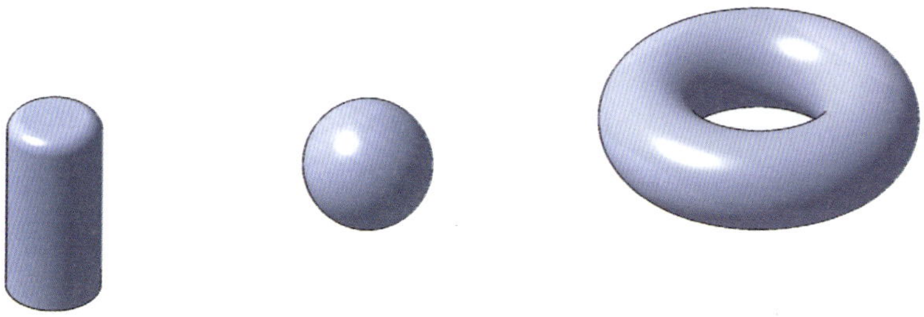

그림 3-16 Outline edge 표현

Shading with Edges

요약: Shading과 Edge를 출력하도록 Mode를 변경합니다.

그림 3-17(b)와 같이 Part에 뾰족하거나 부드러운 모서리를 강조하는 Mode입니다.

Shading with Edges Without Smooth Edges

요약: Shading과 날카로운 Edge만을 표시하도록 Mode를 변경합니다.

그림 3-17(c)와 같이 Part에서 날카로운 모서리만을 강조하는 Mode입니다.

Shading with Edges and Hidden Edges

요약: Shading과 형상의 숨은선들까지 표시하는 Mode입니다.

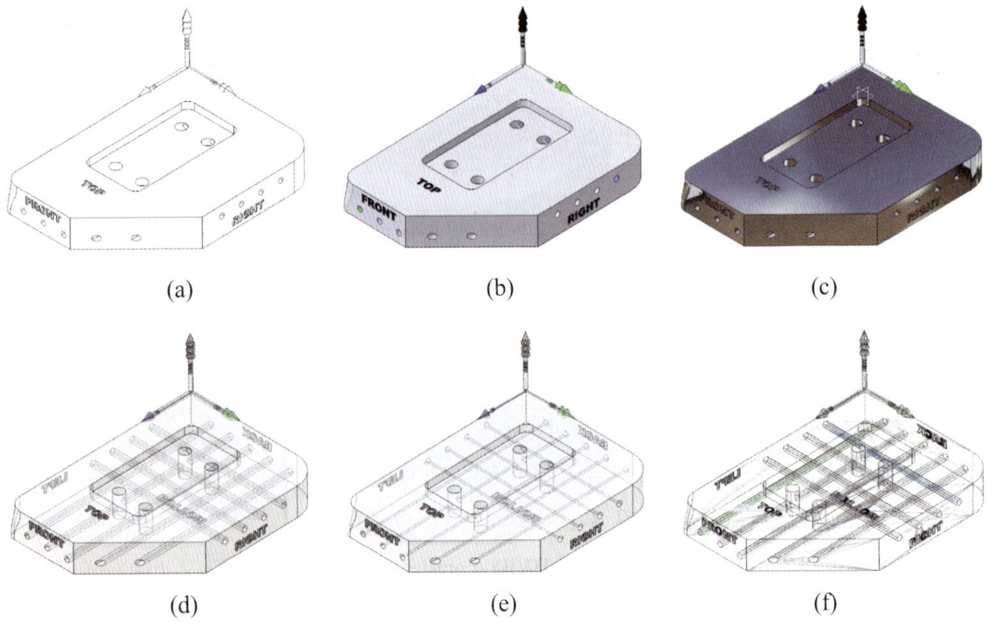

그림 3-19 View 설정 관련 예제들

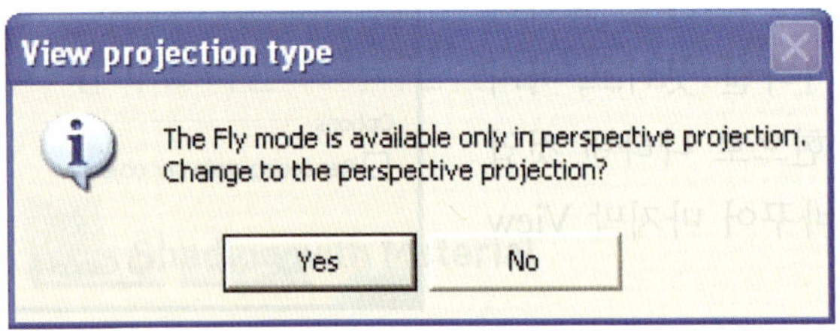

그림 3-20 Fly Mode에서 Perspective Mode 전환 확인

하는 툴입니다. 이 Mode는 사용자가 최소의 마우스 사용으로 형상 요소를 조정할 수 있도록 합니다. 이 툴을 잘 사용하기 위해서는 연습이 필요하지만 꽤 유용한 툴로써 익혀 두면 편리합니다.

이 Mode를 사용하고자 할 때, 만약 Perspective Projection Mode를 사용하고 있지 않다면, 그림 3-20과 같이 Parallel Mode에서 3차원 원근 표시 방식인 Projection Mode로 전환해 주어야 합니다.

Perspective Projection은 2차원 평면 환경에서 3차원 물체를 더 현실적으로 표현하기 위한 드로잉 테크닉입니다. 그림 3-21은 같은 Part의 Parallel 및 Perspective 표현입니다.

Perspective Mode가 활성화되면 모든 Part가 영향을 받게 될 것이라는 것을 명심하십시오. 디폴트 Parallel 화면으로 돌아오려면, 그림 3-22와 같이 View 풀다운 메뉴의 Render Style 옵

(a) Parallel Projection (b) Perspective Projection

그림 3-21 Parallel 및 Perspective Projection

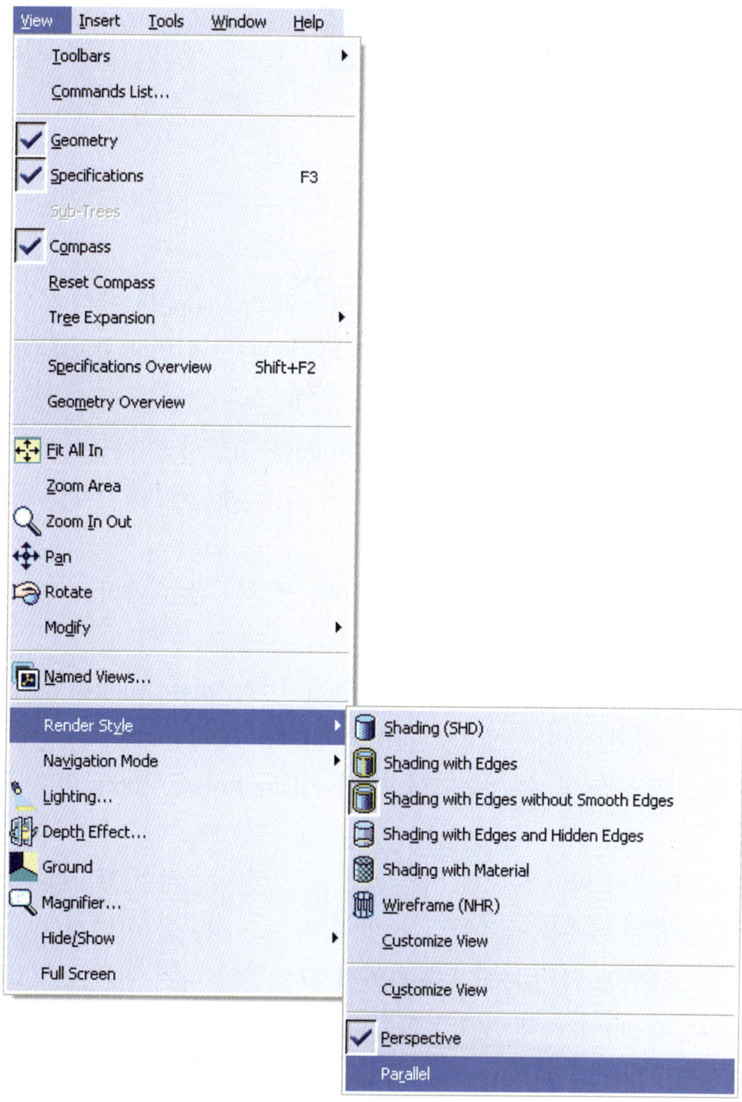

그림 3-22 Parallel/Perspective 활성화 스위치

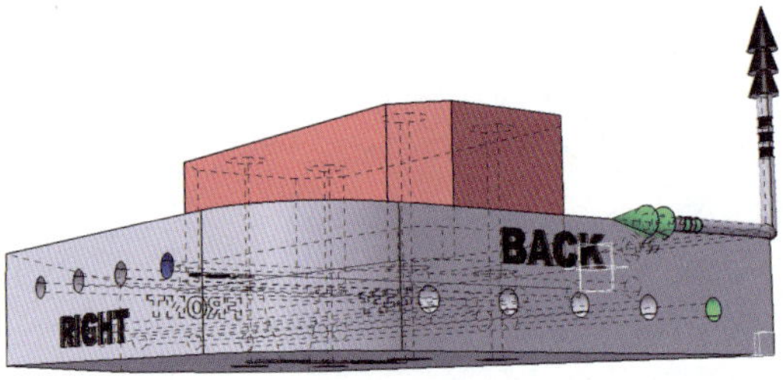

(a) Outside Geometry

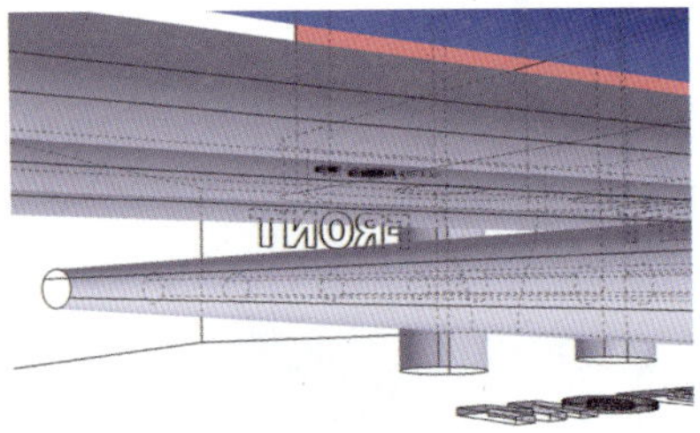

(b) Inside Geometry

그림 3-23 Perspective Projection 시각화 예시

그림 3-24 Fly Mode View Toolbar 구성

션에서 Parallel 스위치를 클릭해야 합니다.

또한 그림 3-23과 같이 원근 Projection Mode에서는 사용자가 3차원 Envelope의 안으로 들어가 볼 수 있다는 것을 기억하십시오. 형상의 안에 위치해 있을 때, 바깥 경계 면은 투명하게 변하고 안쪽 면은 본래의 색을 유지합니다.

그림 3-24와 같이 Fly Mode를 활성화시키고, 새 Projection Mode를 확인하면 자동적으로 View Toolbar 설정이 변경됩니다. 다른 것들은 앞서 설정 아이콘과 같기 때문에, 여기서는 다섯 개의 새로운 아이콘만 표시하였습니다.

표준 View Toolbar 설정에 나타난 아이콘들은 각 명령어의 사용 방법을 잘 요약하고 있습니다. 또한 마우스 버튼을 통해 모든 컨트롤이 가능합니다 .

Fly Mode는 가장 많은 스킬을 요구하는 가시화 툴입니다. 화면에서 Fly Mode Toolbar 설정이 가능할 때, 다른 종류의 동적 행동 옵션을 아이콘으로 활성화할 수도 있지만, 마우스 버튼을 사용하여도 이 툴에 대한 모든 컨트롤을 할 수 있습니다. 그러나 Pan, Rotate, Zoom 명령어는 여전히 동시에 사용 기능합니다.

시작하기 위해서는, Examine Mode에서 회선을 위한 버튼 과정과 같이 사용하면 됩니다. 가운데 버튼을 클릭하고 오른쪽 혹은 왼쪽 버튼을 클릭합니다. 만일 마우스 버튼을 이렇게 누르면서 마우스를 이 상태로 유지하고 있으면, Fly Mode가 활성화됩니다. 만약 다른 버튼을 누르고 마우스를 움직이면 Pan, Rotate, Zoom이 차례로 활성화됩니다. Zoom 명령어를 이용하여 마우스를 측면으로 움직이면 형상을 Zoom하는 동시에 회전시킬 수 있습니다.

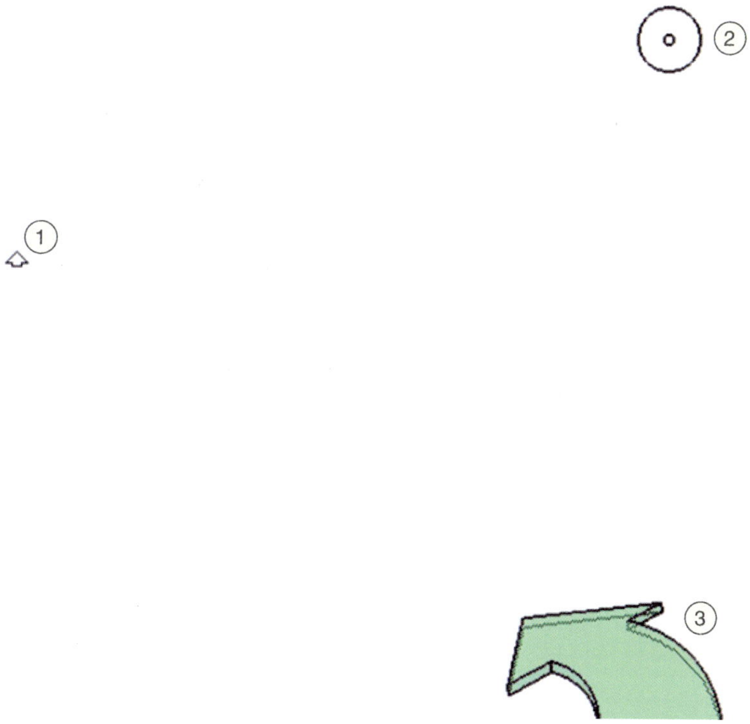

그림 3-25 Fly Mode 방향 도구

Fly Mode가 활성화되면 형상의 이동을 컨트롤할 수 있는 네 개의 아이콘이 나타납니다. 그림 3-25와 같이 앞/뒤로 표시하는 화살표, 가운데 View에서 원형의 타깃, 초록색 화살표와 바로 밑에 이동 속도를 표시하는 것이 있습니다.

❶ 앞/뒤를 표시하는 화살표 

형상의 이동 방향을 표시하는 아이콘입니다. 화살표가 위를 향하고 있으면 이동 방향이 앞쪽이고, 화살표가 아래를 향하고 있으면 이동 방향이 뒤쪽인 것을 나타냅니다. 이동 방향을 변경하려면, 마우스 오른쪽 혹은 왼쪽을 클릭합니다.

❷ 원형 타깃 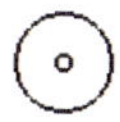

원형 타깃은 곧바로 가거나 왼쪽, 오른쪽, 아래위로 돌 때 참조로 사용됩니다. 지시 화살표시가 대상으로부터 멀수록 도는 정도가 큽니다.

❸ 방향지시 화살표 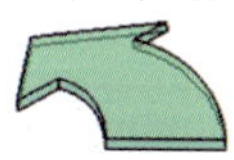

커다란 초록색 화살표는 사용자에게 형상을 가져온 방향을 알려줍니다. 이 모양은 지시 화살표의 방향에 맞게 변형되어 이동을 명확히 보여줍니다. 이 화살표의 길이 변화는 이동 속도를 반영한 것입니다.

④ 이동 속도 표시기 3.64

이동 속도 표시기는 방향지시 화살표 바로 아래에 위치하며 상대적 값입니다. 기본적으로 관찰자와 물체가 관찰된 위치 사이의 거리를 소프트웨어가 자동으로 계산한 값입니다. 이론적으로 처음 속도는 사용자가 가상으로 약 10초 만에 타깃에 닿을 수 있도록 합니다. 이 속도는 아이콘으로 표시된 명령어 또는 View 풀다운 메뉴를 통해서 빨라질 수 있습니다. 그러나 이 속도를 변경하는 가장 빠른 방법은 Page Up, Page Down 키를 이용하는 것입니다. Page Up은 속도를 빠르게 하고, Page Down 키는 느리게 합니다. 메뉴에서 아이콘을 클릭하거나 키보드를 이용하면 약 40% 정도씩 속도가 빨라지거나 느려집니다.

보통 마우스 조작에 익숙해지기 위해 낮은 속도에서 시작하는 것이 좋습니다. Visualization 및 Presentation 툴을 익히는 데 도움이 될 만한 많은 옵션이 있습니다.

그림 3-26과 같이 Options ⇨ General Display 아래의 Navigation 탭에서 Fly Mode 설

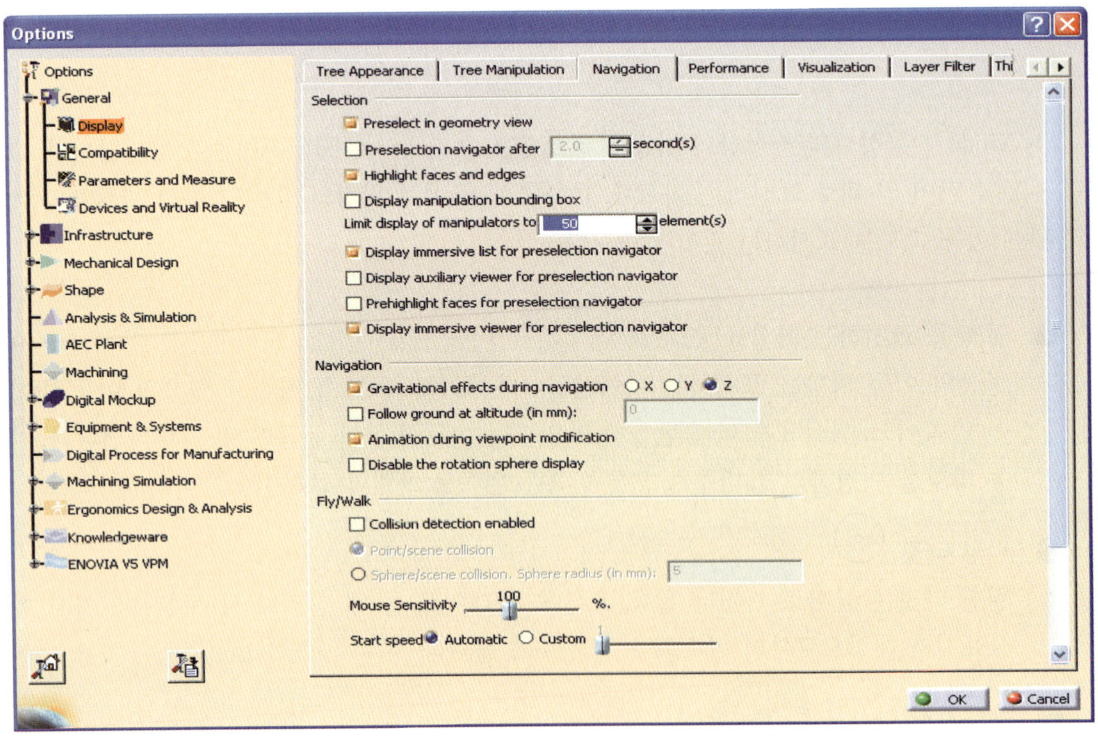

그림 3-26 Options 대화상자: Display-Navigation 탭

정이 가능합니다. Gravitational effects during navigation 체크상자를 체크하면 방향을 틀 때에 사용자에게 둑 같은 것을 제공합니다. 각 사용 시 Start Speed를 조정하면 같은 효과를 줄 수 있습니다. 또한 Collision detection enabled 체크상자를 체크하면 충돌이 발생했을 때 초록색 화살표가 빨간색으로 변하게 됩니다.

Examine Mode

요약: Examine Mode를 설정합니다.

이 옵션은 사용자에게 기본 가시화 Mode로 돌아가도록 하는 스위치 입니다: Examine.

Turn Head

요약: 고정된 위치에서 주변을 움직이면서 물체를 한 시점에서 마치 고개를 돌려 둘러보는 것과 같은 방식의 View를 제공합니다.
사용 순서: 명령을 실행한 후 마우스를 드래그하여 방향을 정의합니다.

이 옵션을 제대로 이용하기 위해서는 물체와 먼 거리에서 실행하는 것보다는 3차원 물체의 가운데 있는 것이 좋습니다. Turn Head 옵션을 사용하면 어떤 공간에서 관찰자 시점을 고정하고 화면에서 마우스 커서를 움직여서 주변을 돌아볼 수 있습니다. 이 명령어는 한 가지씩 수행하기 때문에 연속적인 작업이 불가능하므로, 이 명령어를 두 번 사용하고자 하면, 명령어가 활성화되어 있어야 합니다.

Fly Compared to Fly Mode

요약: 형상 위를 날아가는 듯한 View를 제공합니다.

Fly 명령어는 Fly Mode 명령어과 비슷하지만 더 적은 옵션을 가지고 있습니다. 이 옵션을 사용하려면 아이콘을 클릭한 후, 왼쪽 마우스 버튼을 누르고 마우스를 드래그하여 형상을 향해 움직입니다. 더 이상 형상 뒤쪽으로 물러서는 것은 불가능합니다. 왼쪽 버튼을 놓으면 명령어가 비활성화될 것입니다. 또한 더 이상 Page Up과 Page Down을 사용해 움직이는 속도를 증가하거나 감소시킬 수 없습니다.

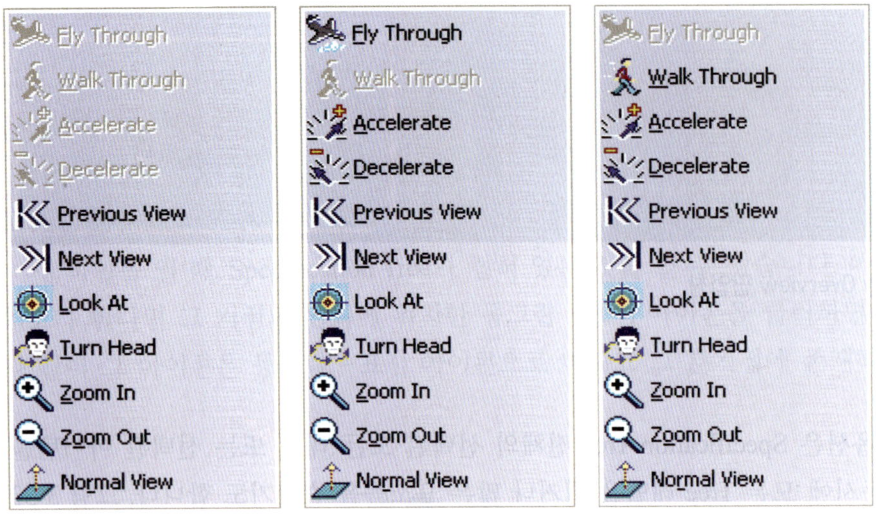

(a) Examine Mode (b) Fly Mode (c) Walk Mode

그림 3-36 View ⇨ Modify 확장 메뉴

ZOOM IN/OUT

이 옵션을 한 번 클릭하면 마우스 커서를 아래위로 이동하면서 Zoom할 수 있는 동적 옵션을 이용할 수 있습니다. 또한 이전에 설명했던 대로 마우스를 움직여도 가능한 기능입니다.

MODIFY

Modify 옵션은 확장된 메뉴를 보여줍니다. 이 새로운 메뉴는 활성화된 View Mode에 따라 다른 종류의 명령어를 제공합니다. 그림 3-36에 Examine, Fly, Walk의 예가 있습니다 .

Previous View

요약: 현재 화면을 이전 View로 되돌릴 때 사용합니다.

이 명령은 이전에 사용하였던 Viewpoint 및 Zoom Factor로 돌아갈 수 있도록 합니다.

Next View

요약: 현재 화면을 다음 View로 되돌릴 때 사용합니다.

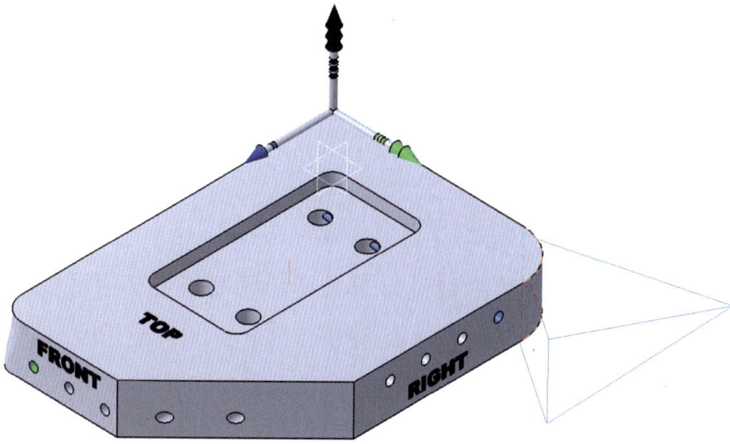

그림 3-37 Look At Viewing Pgramid

이 명령은 Previous View를 선택하기 앞서 사용하였던 Viewpoint 및 Zoom Factor로 돌아갈 수 있도록 합니다.

Look At

요약: Viewpoint로 원하는 특정한 위치로 대상을 바라보고자 할 때 사용합니다.
사용 순서: 보려는 위치로 드래그합니다.

Look At 명령을 이용하면 그림 3-37과 같이 Viewing 피라미드를 통해 지정된 방향으로 형상을 관찰할 수 있습니다. Parallel이나 Perspective 두 개의 Projection 모드에서 모두 사용 가능합니다.

Look At을 이용하려면 마우스 커서를 형상 위로 가져와 왼쪽 마우스 버튼을 누르고 가로로 혹은 세로로 드래그하여 원하는 Viewing 창의 사이즈를 결정합니다. 만일 마우스로 물체가 없는 작업 영역을 클릭하면 활성화되지 않을 것입니다. 이 Viewing 창은 Viewing 피라미드 형상을 바탕으로 만든 것입니다. 원하는 사이즈를 얻게 되면, 직교 방향으로의 이동은 피라미드 형상을 가운데 베이스를 기준으로 회전하게 할 것입니다. 사용자의 Viewpoint는 피라미드 형상 꼭대기 지점에 위치하여 있습니다. 마우스 버튼에서 손을 떼면, 형상은 새로운 Specification을 가지고 정렬됩니다. 마우스 클릭을 떼기 전에 한 방향으로 마우스 버튼을 움직이면 Zoom Area와 같은 효과를 냅니다. 또한 빨리 이 기능을 활성화하려면 SHIFT 키를 누르고 마우스 가운데 버튼을 누르는 방법도 있습니다.

Named Views

다섯 번째 섹션에서는 오직 한 개의 명령어에 대한 설명을 다룹니다. Named Views에 대한 설명은 앞의 섹션에서 이미 설명하였습니다.

RENDER STYLE

여섯 번째 섹션은 더 전문적인 Visualization과 기본 렌더링 툴에 관련된 명령어 그룹입니다.

Render Style은 그림 3-38과 같이 형상의 Viewing Mode를 확장된 메뉴에 나타난 여러 개의 옵션 중에 하나로 변경할 수 있게 합니다.

다른 옵션들은 이미 앞선 섹션에서 설명한 바 있습니다. 이 메뉴는 Perspective와 Perspective 방식의 Projection 활성화 스위치를 가지고 있습니다. 렌더링에 관한 기본 설명은 제6장에서 할 것입니다.

NAVIGATION MODE

Navigation Mode는 확장된 메뉴를 제공하는데, Perspective Projection Mode가 활성화되어 있지 않으면 메뉴의 첫 번째 Part는 사용 가능하지 않습니다. 그림 3-39와 같이 이 메뉴는 Examine에서 Fly 또는 Walk Mode, 자동 정렬 Mode를 전환하는 스위치 옵션과 Viewport 사용자 지정 툴을 가지고 있습니다.

이 메뉴에서만 Walk Mode가 활성화될 수 있습니다. 이 Mode를 활성화시키면, 그림 3-40와 같이 View Toolbar 설정이 Fly Mode의 환경과 비슷한 모양으로 바뀌게 됩니다.

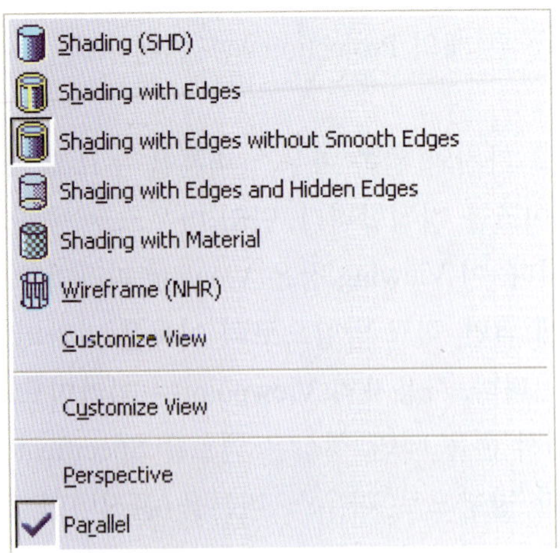

그림 3-38 Render 스타일 확장 메뉴

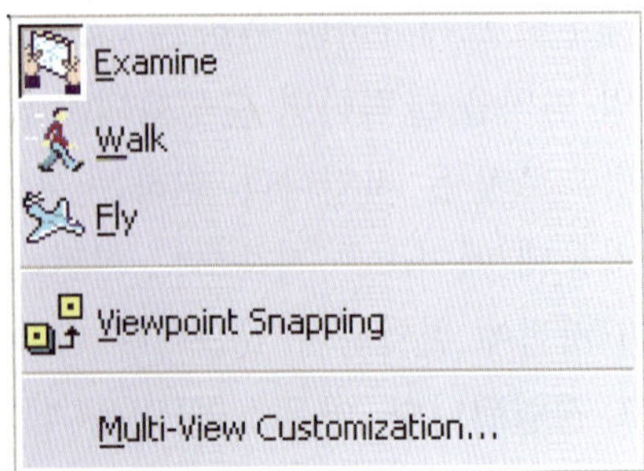

그림 3-39 View–Navigation Mode 확장 메뉴

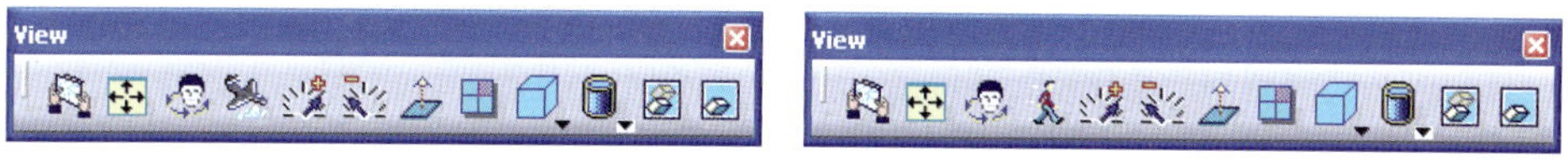

(a) Fly Mode 설정 툴 (b) Walk Mode 설정 툴

그림 3-40 Fly, Walk Mode View Toolbar 설정

Walk Mode

요약: 형상 안으로 걸어가는 것과 같은 View입니다.

Walk Mode는 활성화와 컨트롤을 위한 마우스 버튼 사용 방법과 키보드 사용이 같습니다. 차이점은 Viewing 면에서 사용자가 걸을 때, 왼쪽 오른쪽 버튼을 이용해 회전할 수 있다는 것입니다. 만일 Navigation Mode를 Walk에서 Examine으로 변경하려면, 기본 View Toolbar 설정에서 디폴트 옵션은 Fly Mode이기 때문에, View ⇨ Navigation Mode 메뉴에서 Walk Mode로 가야 합니다.

만약 Walk Mode 아이콘을 사용하였다면 Fly 아이콘 사용에서와 같이 뒤로 갈 수 없으며, 움직이는 속도를 조절할 수 없습니다.

Veiwpoint Snapping

요약: 자동으로 View를 Snap합니다.

이 옵션은 기본 직교 좌표 View 그리고 Isometric View를 자동적으로 정렬시켜줍니다. Part가 회전된 상태에서 명령어를 실행하면 CATIA®는 기본 View 중 하나의 View로 Part를 정렬할 것입니다. 그만두려면 메뉴에서 옵션을 해제해야 합니다.

MULTIVIEW CUSTOMIZATION

이 명령을 이용하면 화면에서 선택한 Viewpoint로 두 개 또는 네 개의 Viewport 구성을 만들 수 있습니다. 그림 3-41과 같이 여러 가지 생성 Mode를 제공하는 세 개의 탭을 가진 대화상자가 열립니다. 또한 이 명령어가 활성화되면 View Toolbar의 Create Multi-View 아이콘이 자동으로 활성화됩니다. 이것을 비활성화시키면 단일 Viewpoint 설정으로 돌아가게 됩니다. 어떤 설정 Mode이건 간에, 활성화시키기 위해서는 Viewpoint에 어느 지점이든지 클릭하여야 합니다.

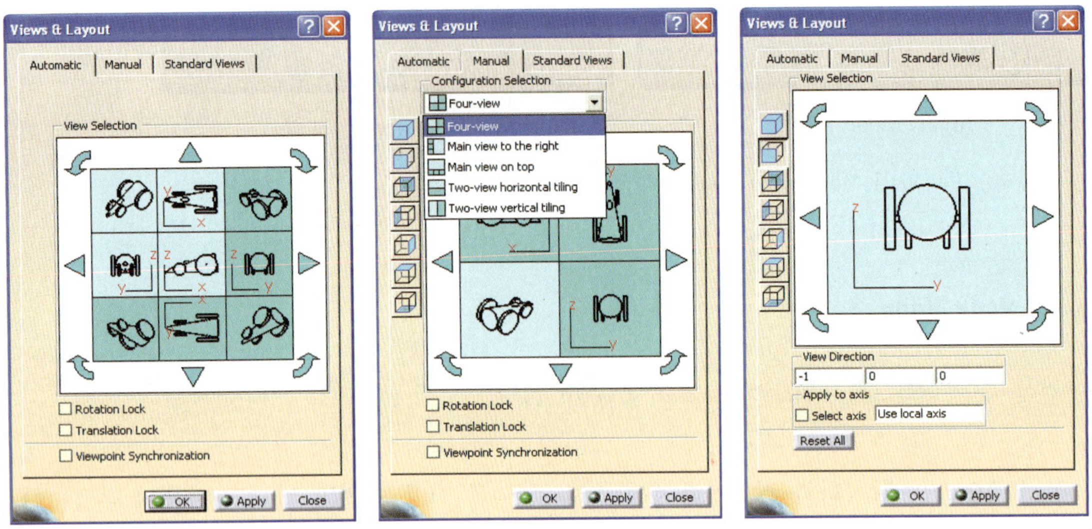

(a) Automatic (b) Manual (c) Standard

그림 3-41 Multiview 사용자 정의 대화상자

Automatic Tab

이 탭에서는 원하는 설정의 Isometric View의 Viewport를 클릭하면 네 개의 Viewport 그룹을 선택할 수 있습니다. 원하는 설정을 선택하면, 아홉 개의 Viewport 화면 주변에 위치한 직선 혹은 곡선의 화살표를 이용하여 모든 View를 90도씩 회전시킬 수 있습니다. 또한 Roatation Lock 또는 Translation Lock 스위치를 활성화하여, 회전이나 새로운 Viewport에서 직교 좌표 View를 보는 Pan을 못하게 할 수도 있습니다. 마지막으로 Viewpoint Synchronization 스위치로 모든 Viewport에서 같은 공간적 전환을 생성할 수 있습니다.

Manual Tab

이 탭에서는 그림 3-42와 같이 Viewport 설정을 원하는 만큼 만들 수 있습니다. Configuration Selection 풀다운 메뉴에서 다섯 가지의 설정이 가능합니다. 한 가지 설정을 선택하면, 각 설정과 View를 활성화시킬 수 있고, 그림 3-41(b)와 같이 대화상자 왼쪽에 있는 아이콘으로 원하는 Projection Vicw를 보이게 할 수 있습니다. 또한 네 개의 Viewport 주변에 있는 화살표들을 이용하여 90도씩 회전시킬 수도 있습니다. 또한 앞서 설명한 바와 같이 Rotation Lock 또는 Translation Lock 스위치를 활성화시키면, 회전이나 Pan의 사용을 비활성화시킬 수 있습니다. Viewpoint Synchronization 스위치를 이용하면 모든 Viewport에서 같은 공간적 전환을 생성할 수 있습니다.

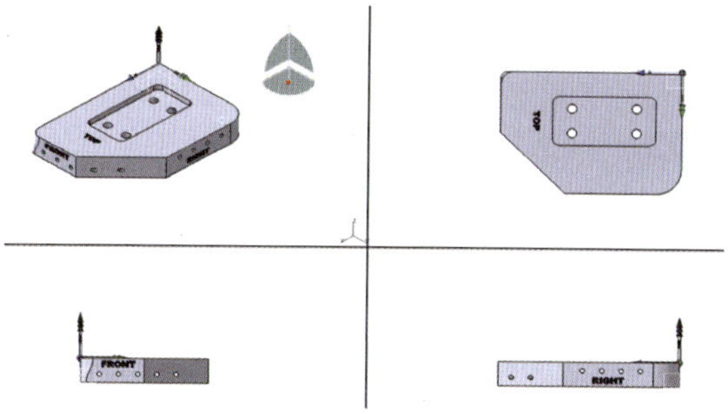

(a) 네 개의 View

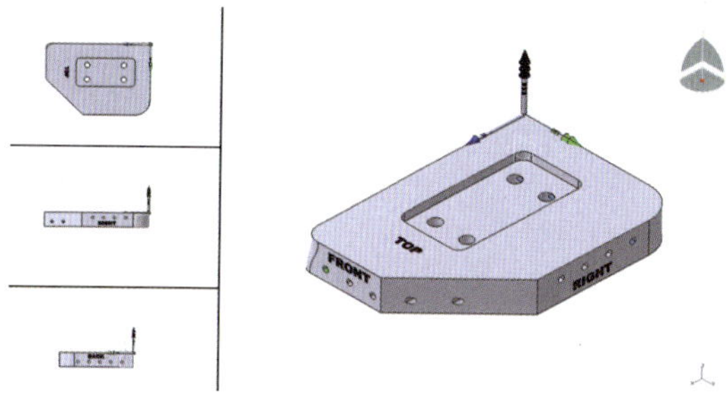

(b) 우측 Main View

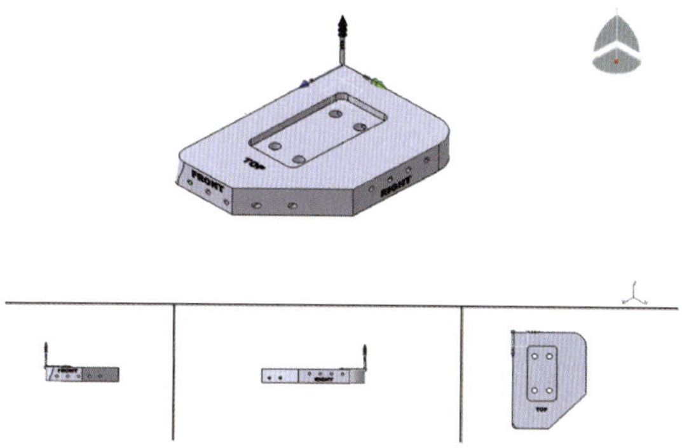

(c) 상단 Main View

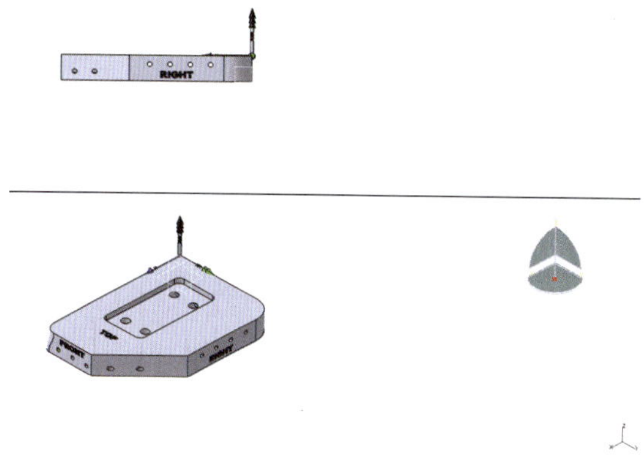

(d) 수평 방향으로 두 개의 View

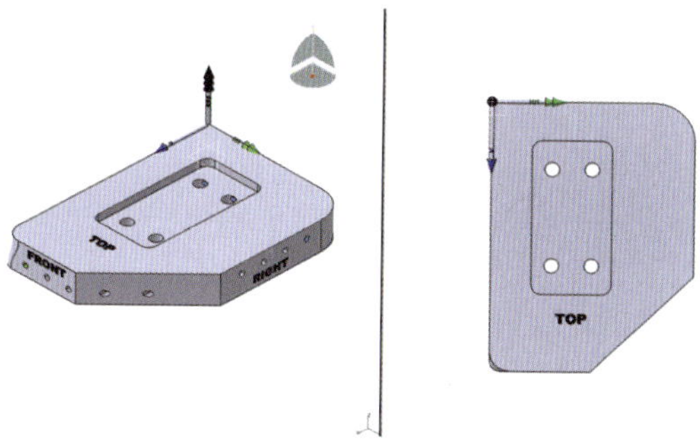

(e) 수직 방향으로 두 개의 View

그림 3-42 Viewport 설정

Standard Views Tab

이 탭은 Quick View Toolbar의 Named Views 옵션으로 사용자가 사용 가능하도록 만든 것입니다. 이 기능은 이전 섹션에서 설명하였습니다.

 Lighting

요약: 조명 요소를 이용하여 조명 효과를 정의합니다.

이 설정은 3차원 환경에서 조명 설정을 수정하도록 합니다. 팝업창에서 조명의 숫자와 타입을 설정할 수 있고, 그림 3-43과 같이 Ambient, Diffuse, Specular 설정을 할 수도 있습니다.

그림 3-44와 같이 여러 가지 다양한 타입의 라이트를 이용하여 다양한 시각 효과를 얻을 수 있습니다. 이미지 생성 전문가를 위해, 세 개의 점점 감소시키는 커서 컨트롤을 이용하여 빛 소스의 Ambient, Diffuse, Specular 설정을 할 수 있는데, 이들을 사용하면 거의 무한한 다른 종류의 결과를 얻을 수 있습니다.

그림 3-43 Light Source 대화상자

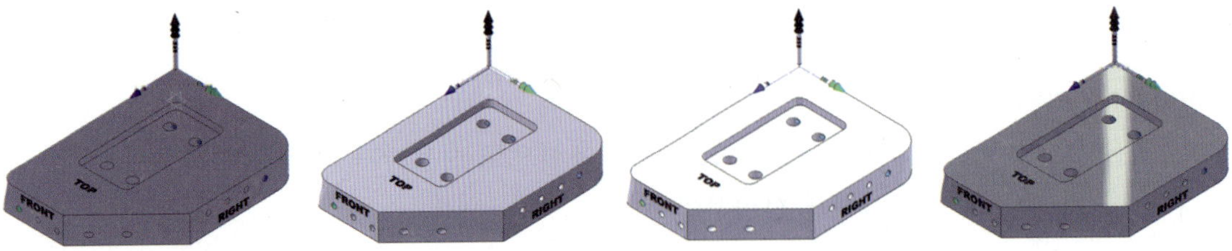

(a) No Light (b) Single Light (c) Two Lights (d) Neon Light

그림 3-44 조명 효과

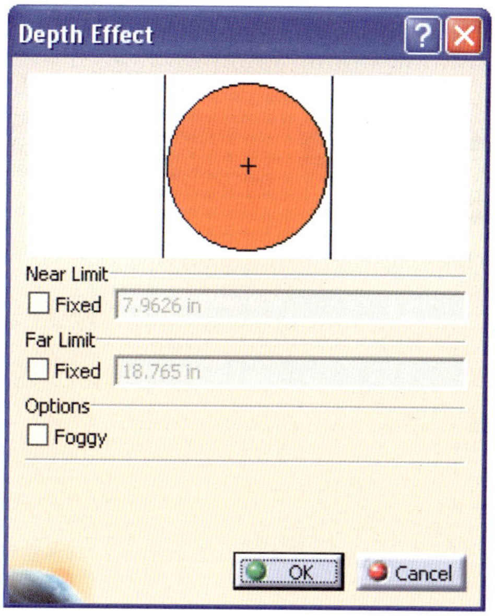

그림 3-45 Depth Effect 팝업창

Depth Effect

요약: 현재 View에서 형상에 지정한 깊이로 절단된 효과를 만듭니다.

이 명령을 실행하면, 현재 보이는 View에서 얼마간의 형상을 잘라내거나, 형상에 안개 낀 듯한 효과를 더하기 위해 형상 표시 방법을 수정할 수 있습니다.

이 명령어를 사용하면 그림 3-45와 같은 팝업창이 나타납니다.

이 창에서, 윗 부분은 커다란 오렌지색 3차원 형상을 나타내는 원형 형상이 자리하고 있습니다. 평면적으로 자르려면 두 개의 수직 라인을 클릭합니다. 자르려는 뒤쪽 부분을 위해 왼쪽 라인을 자르려는 형상의 좌측에 오른쪽 라인을 형상의 우측을 가로지르게 이동시킵니다. 선택한 라인을 새로운 위치에 놓자마자 형상은 업데이트됩니다. Near, Far Limit 수정 박스에서 숫자를 사용하여 미세한 정렬을 할 수 있습니다. 그러나 처음에는 수직 라인을 임의로 선택해야 합니다. 사용을 마치면 작업환경에서 이 두 개의 리밋이 활성화된 채로 유지할 것이기 때문에, 선택 해제를 해야 합니다. Zoom In 또는 Out을 하면 자동적으로 형상의 모습이 수정될 것입니다. 자를 수 있는 옵션 이외에, 대화상자의 단일 스위치를 이용해 Foggy Mode를 제공합니다. 그림 3-46에 위에 효과들을 적용한 예들이 있습니다. 마지막으로 이 툴은 스크린 캡처를 표현하기에는 좋지만, 이 View를 드로잉 View로 추출할 수는 없습니다.

(a) Normal (b) Foggy (c) Back clipping (d) Front clipping

그림 3-46 Depth 효과 표현

Ground

요약: 화면에 지면 효과를 생성합니다.

이 옵션은 그림 3-47과 같이 3차원 환경에서 타일 모양의 지면 효과를 생성하는 명령입니다.

Magnifier

요약: 현재 형상에서 일부 형상을 확대하여 볼 수 있는 View를 생성합니다.

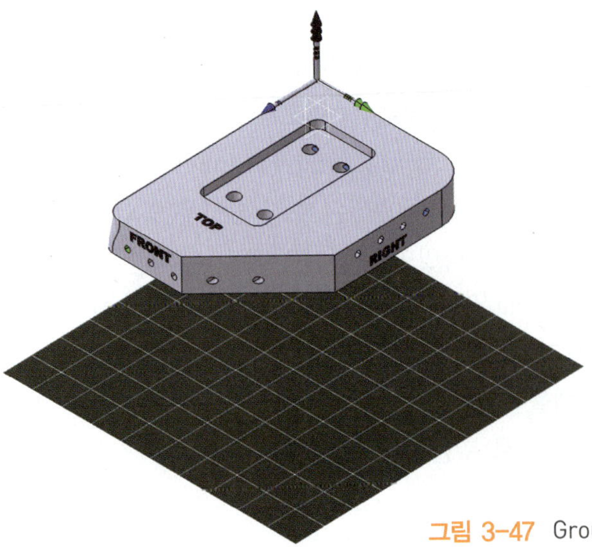

그림 3-47 Ground 표현

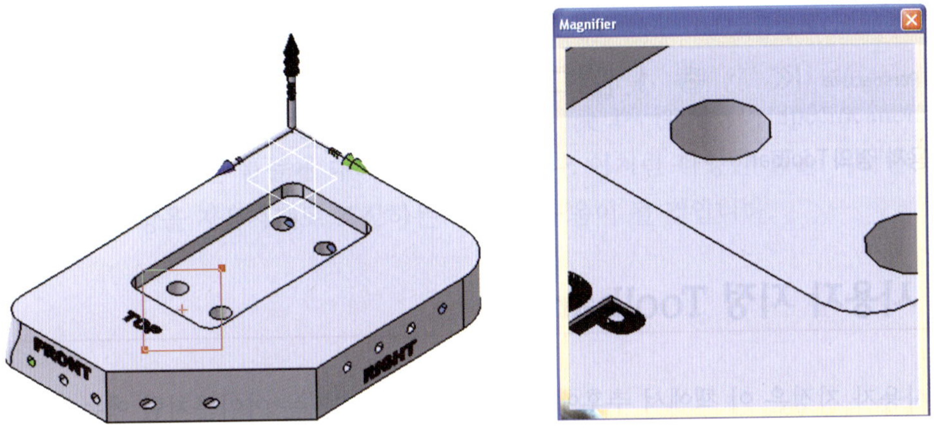

그림 3-48 Magnifier 팝업창

Magnifier 명령은 형상 영역에서 세부적인 Zoom을 얻기에 효과적인 툴입니다. 이 명령어를 활성화하면 팝업창이 열리고 그림 3-48과 같이 빨간색 프레임을 포함한 형상이 나타납니다. 프레임 사이즈는 두 개의 그립 중에서 한 개를 선택해서 늘리거나 줄일 수 있고, 프레임의 옆을 클릭하여 왼쪽 아래나 오른쪽 위 구석으로 옮길 수 있습니다.

HIDE/SHOW

이 명령어는 앞선 섹션에서 이미 설명하였으므로 중복 설명은 생략하겠습니다.

FULL SCREEN

이 옵션을 이용하면 그림 3-49와 같이 모든 Toolbar 및 작업 영역에 위치한 메뉴들을 제거하고 화면을 최대로 키울 수 있습니다. 기본 화면 크기로 돌아가려면, 작업 영역에서 오른쪽 클릭을 하고 Full Screen 스위치를 선택 해제합니다.

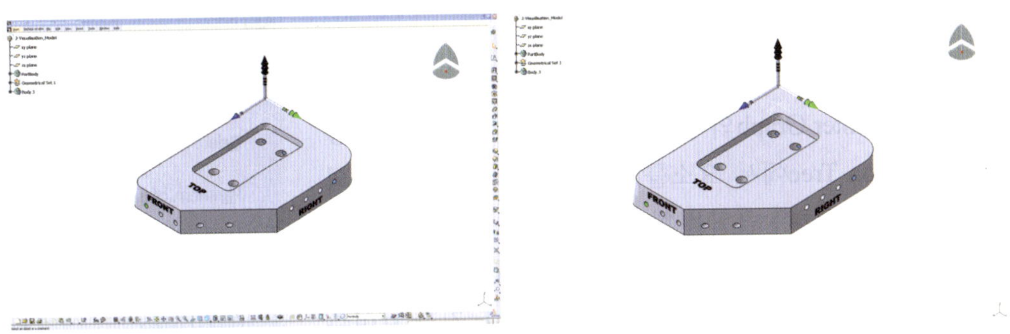

(a) Surrounding toolbars

(b) Full screen

그림 3-49 화면 표시

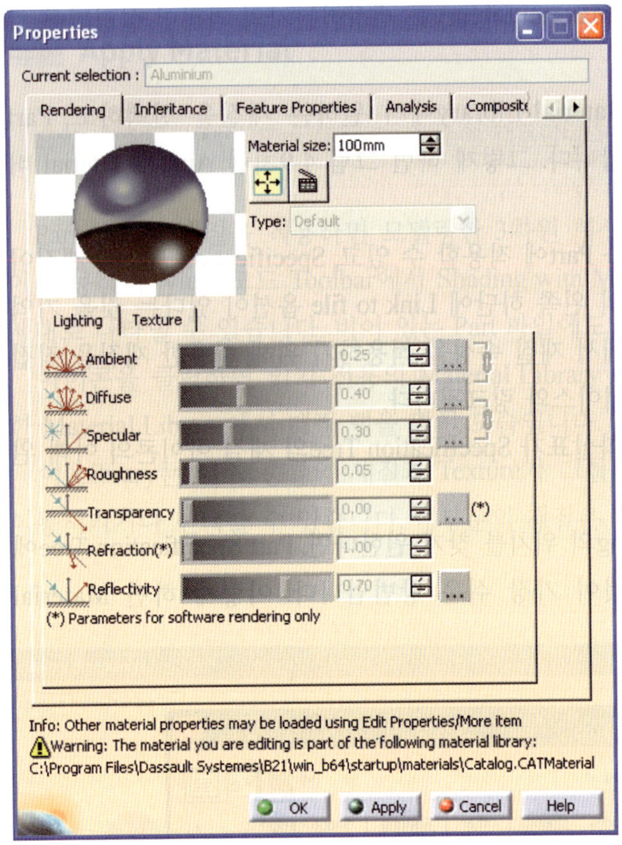

그림 4-11 재질의 속성 대화상자

Catalog 대화상자가 열리고 그림 4-11과 같이 파일 경로 또한 아래에서 찾을 수 있습니다. 일단 재질을 Part에 적용하고 나면 정확한 파일 경로를 지정하여 저장할 수 있습니다.

4.2 첫 번째 Sketch를 만들기 전에: Sketch 방법론

Part가 생성될 때 대부분 솔리드 생성은 그 기본이 되는 Sketch와 관련이 있습니다. Sketch는 한 개 또는 여러 개의 형상 요소를 포함할 수 있으며, 이들은 2차원 프로파일의 기준이 되는 평면 요소에 정의되어야 합니다. 기준면으로는 평면(Plane), Axis, 평평한 솔리드 면 또는 평평한 서피스 면 등이 사용 가능합니다.

Sketch를 만들 때, 화면 상에 작업을 돕도록 Grid를 사용할 수 있고 추가적으로 Snap 옵션을 사용하면 정확한 Snap 포인트를 잡을 수 있게 됩니다.

생성하고자 하는 형상에 따라, Sketch를 만들 때 Grid나 Snap 옵션이 항상 빠르고 유용한 방법이 아닐 수도 있습니다. 만일 필요할 경우 이러한 Grid 간격을 지정하여 사용할 수 있습니다. 그러나 만약 설계하려는 형상의 크기에 맞추어 Grid 간격이 자주 바뀌어야 한다고 생각한다면, 이것은 그림 4-12처럼 확대 또는 축소되는 화면 크기에 달려있기 때문에 Grid 간격을 매

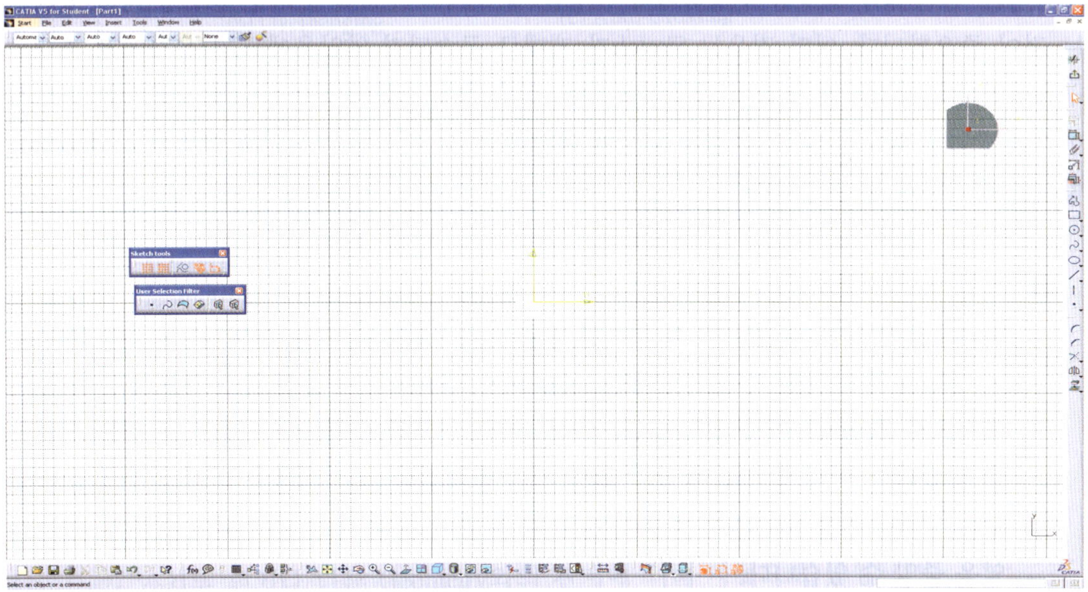

(a) Grid를 출력했을 때

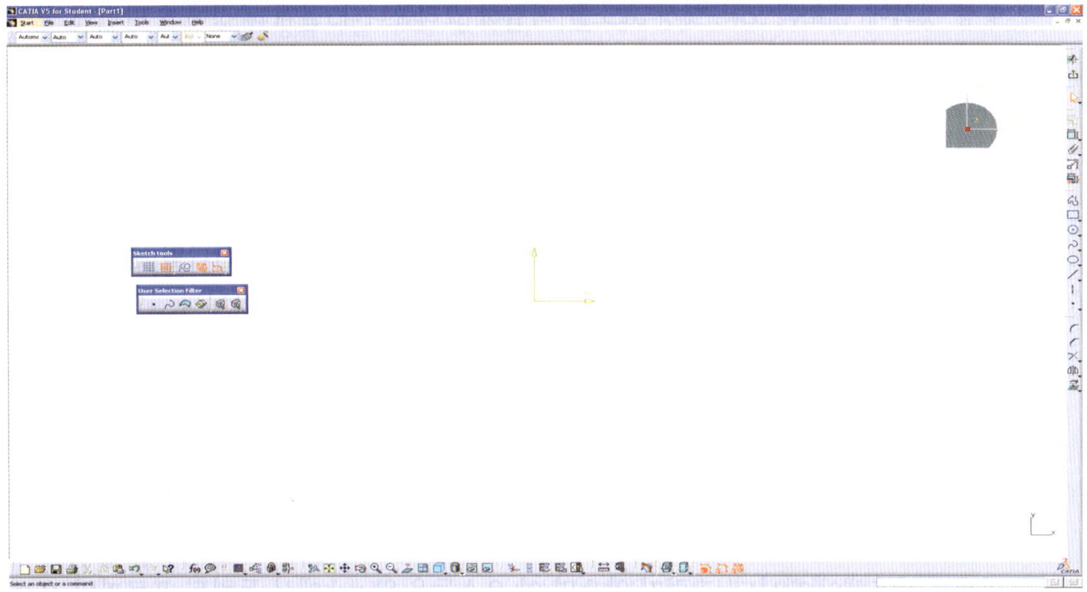

(b) Grid를 숨겼을 때

그림 4-12 Grid의 표시

역에서 이를 벗어나고자 할 경우 Exit Workbench 명령을 사용하게 될 것 입니다. 또는 Part Design과 같이 직접적으로 3차원 형상을 생성하는 Workbench를 실행하여도 됩니다. 3차원 환경으로 돌아오면 그림 4-18과 같이 Specification Tree에서 Update 표시 없이 업데이트가 완료된 Sketch를 볼 수 있습니다. 어떤 형상도 만들지 않고 3차원 환경으로 돌아오면 Sketch의 자취는 보이지 않겠지만, 다음에 CATIA®에서 생성되는 Sketch의 숫자는 더해질 것입니다.

4.4 기본 Sketch 도구

다른 종류의 명령에 대해 설명하기 전에, 대부분 Sketch의 각 명령들을 실행하면 자동적으로 Sketch Tools Toolbar가 확장되어 세부 옵션이 나타나게 된다는 것을 기억해두기 바랍니다.

그러므로 Sketch상에서 형상을 새로 만들거나 편집할 때 이 Toolbar에 주목해야 합니다. 이 Toolbar는 때때로 없어지는 경향이 있으므로, 1장에서 설명하였던 Toolbar의 위치를 원래의 위치로 되돌리는 방법을 꼭 알아두어야 합니다. 그림 4-19에서 이 기본 Toolbar를 확인할 수 있습니다. 이 Toolbar에 나타난 도구들은 ON/OFF 방식으로 사용합니다. 간단히 클릭만 하면 활성화할 수 있고 다시 한 번 클릭하면 해제할 수 있으며 활성화된 명령은 오렌지색으로 변합니다.

그림 4-19 기본 Sketch Tools 툴바

Grid

요약: Sketcher Grid를 보이게 하거나 숨기게 합니다.

이 명령은 Sketch 작업 환경에 Grid를 보이거나 숨기는 데 사용합니다. 옵션에서 Grid의 주요 간격과 Graduation 숫자 등의 설정을 할 수 있습니다. Allow Distortions 체크상자를 선택하면 일정하지 않은 설정도 할 수 있습니다.

Snap to Point

요약: Sketch상에서 포인터의 위치를 Grid 사이의 교차하는 곳만을 선택할 수 있게 합니다.

이 옵션은 포인터의 위치를 강제로 Grid 선의 교차하는 지점으로만 선택 정의가 가능하게 하며 Grid 옵션이 활성화된 상태에서만 사용이 가능합니다. SmartPicking 모드로 활성화될 수 있습니다.

 Construction/Standard Element

요약: Sketch Geometry 요소를 'Construction' 또는 'Standard' 요소로 전환합니다.

Sketch에서 형상을 만들 때 기본 값은 Standard 요소입니다. Standard 요소여야지만 3차원 형상을 만들 때 Geometry를 인식할 수 있습니다. 그러나 때로는 기하학, 수치적 구속 조건을 정의하는 데 도움이 될 만한 서포팅 형상을 3차원상에서는 인식되지 않지만 Sketch상에 만들어야 할 경우도 있습니다. 이런 경우에 서포팅 형상 요소는 Construction 요소로 변경되어야 합니다. 그림 4-20은 얇은 점선으로 표현되는 미리 만들어진 Hexagon의 폐곡선을 보여주고 있는데, 이것이 Construction 요소의 사용 예입니다(일부 형상 명령은 자동으로 이러한 Construction 요소와 Standard 요소가 조합하여 형상을 정의하게 됩니다).

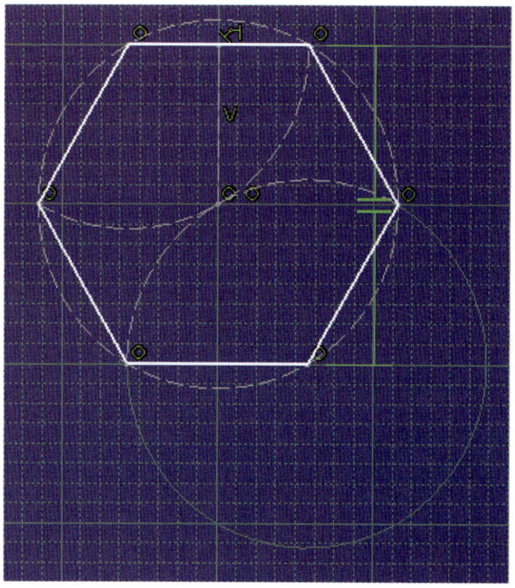

그림 4-20 Hexagon의 Construction 요소

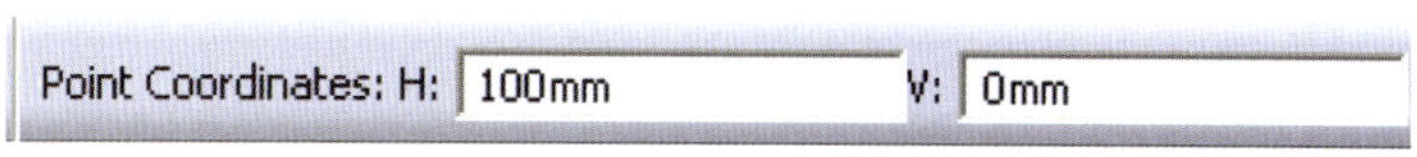

EDITION BOXES

Sketch Tools Toolbar는 실행한 명령에 따라 명령이 가지는 다른 확장 옵션 또는 Sub 옵션을 보이고, 그 옵션과 관련 있는 모든 편집상자를 보여주기 때문에, 모든 Sketch 명령어를 사용할

때 항상 Sketch Tools Toolbar를 확인하는 것은 중요합니다. 어떤 경우는, 이 상자에 가로세로 축의 포인트 좌표를 입력할 수 있고, 다른 경우는 주어진 요소의 미리 정의된 길이, 각도, 반지름 등을 제공하기도 합니다. 이 편집상자의 입력 값에 하나의 숫자를 입력하고 ENTER 키를 누르면 입력한 값을 확정하여 수치적 구속 조건을 만들고, 사용자에게 동적으로 다른 파라미터를 입력할 수 있도록 도와줍니다.

SMARTPICKING

SmartPicking은 Sketch에서 기본적인 구속 및 위치 선택에 도움을 주는 기능입니다. 이 옵션은 사용자가 좌표와 수치를 손쉽게 지정할 수 있게 하고, 작업 요소 간에 기하학 관계 및 구속을 정의하기 위해 존재하는 형상들과 연결, 구속 등을 도와줍니다. 이 기능을 잘 사용하면 기하학 구속 정의 및 형상을 그리는 데 시간을 절약할 수 있지만, 때로는 원하지 않는 기하학 구속 조건을 형상 사이에 만들어 시간을 낭비하기도 합니다.

SmartPicking은 그림 4-21에 나타난 옵션들을 제공합니다. SmartPicking은 형상을 만들 때에 편리한 도구이지만 때로는 임시로 비활성화시킬 수도 있습니다. 원하는 형상을 만들 때에 SHIFT 키를 누른 상태로 만들면 비활성화시킬 수 있습니다.

- 주요 V, H축과 형상 정렬하기

  Sketch에서 형상 생성 명령을 실행하면 커서는 V, H축과 정렬하게 되고 원점이 생성되어, 부분적으로 작업 영역 내에서 정렬할 수 있도록 표시됩니다. 그러면 같은 중심을 가진 두 개의 파란색 원 아이콘과 이 원들을 가로지르는 수평선의 모양을 가진 아이콘이 나타납니다.

  Sketch에 보이는 노란색의 V, H축은 기준 요소로 사용하는 것이 맞지만, 이 축 요소로 형상에 구속 조건을 주게 되면 경우에 따라 편집이 어려워지는 경우가 있으므로 이런 경우 Part가 가지는 기준면 요소를 형상 요소의 구속 조건으로 잡는 것을 권장합니다.
- 좌표, 길이, 반지름, 각도 확정하기

  Sketch Tools Toolbar의 편집상자에 원하는 숫자를 입력하여 미리 형상을 정의해줄 수 있습니다. 그런 다음 작업 환경 내에서 수치 변수를 확정 지을 수 있습니다.
- 수평, 수직 선 만들기

  좌표 축에 수평으로 또는 수직으로 선을 그릴 때에 자동으로 직교 좌표를 기준으로 하여 생성되고 파란색으로 변경됩니다.
- 형상 정렬하기

  작업 내에 어떤 부분이 형상 요소와 정렬하면, 그 형상 요소를 향하여 파란색으로 투영된 점선이 생깁니다.

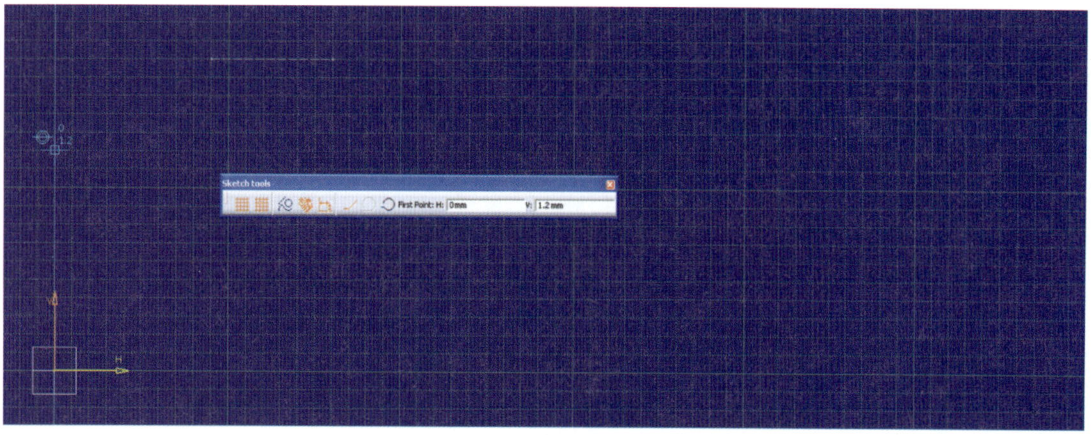

(a) V 축과 정렬하기

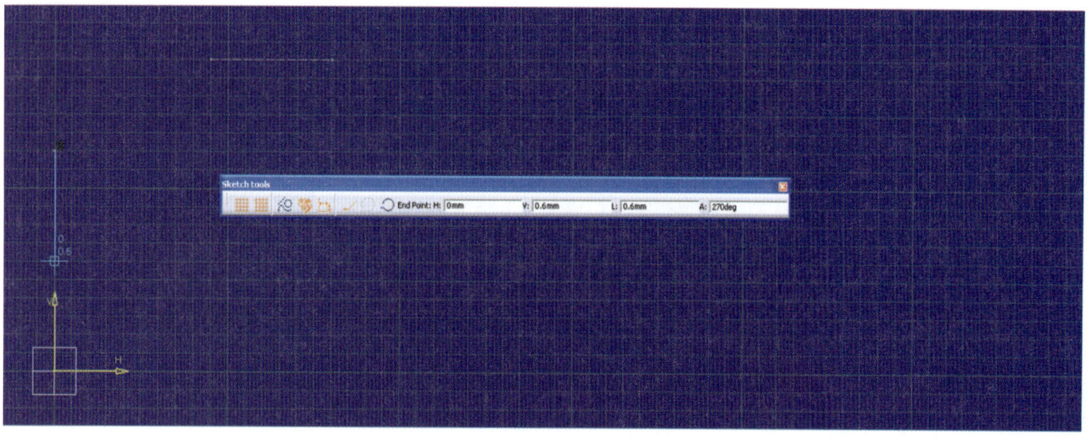

(b) 수직인 선 요소 생성하기

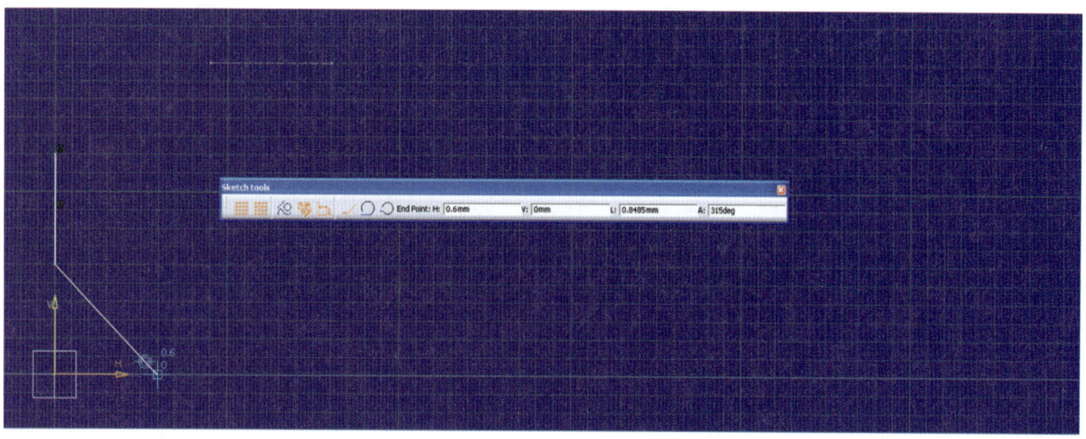

(c) H 축과 정렬하기

그림 4-21 SmartPicking 표현(계속)

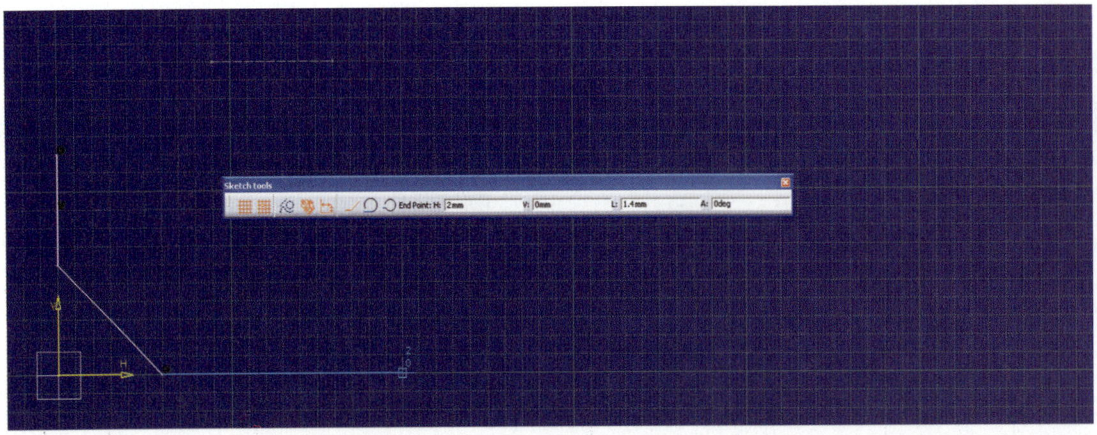

(d) 수평인 선 요소 생성하기

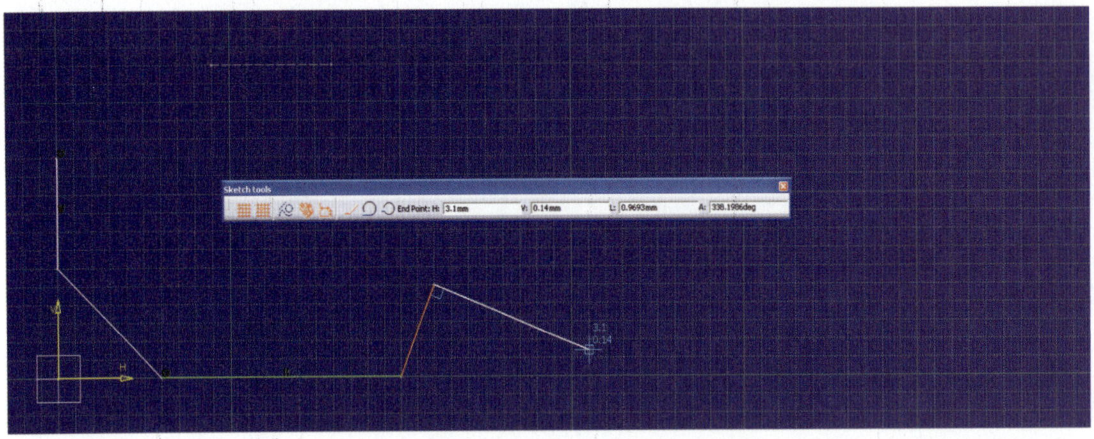

(e) 직교 상태로 선 생성하기

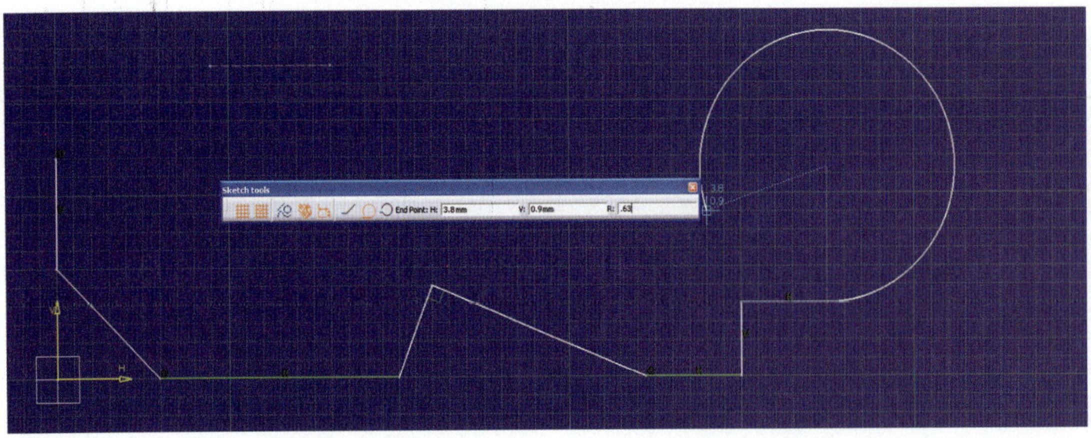

(f) 수치 변수 확정하기

그림 4-21 SmartPicking 표현 (계속)

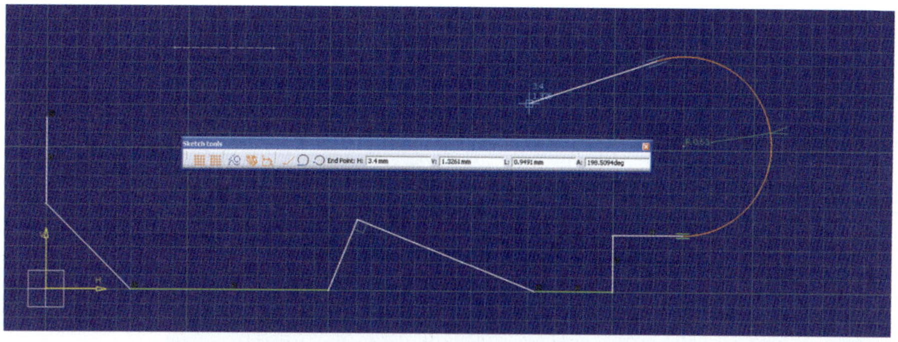

(g) 호와 접하는 상태로 선 요소 생성하기

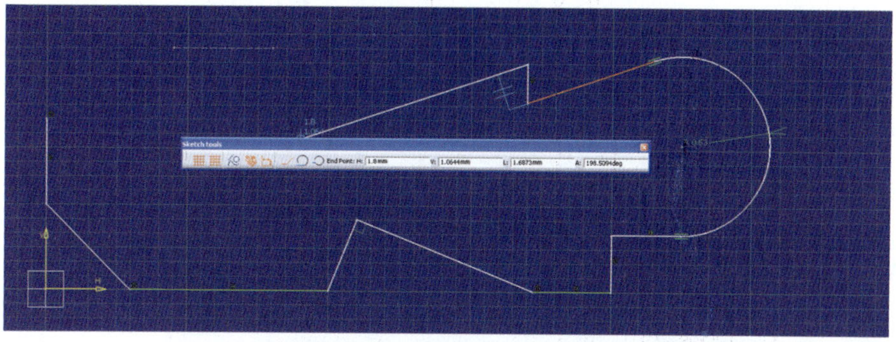

(h) 기존 형상과 평행인 상태로 선 생성하기

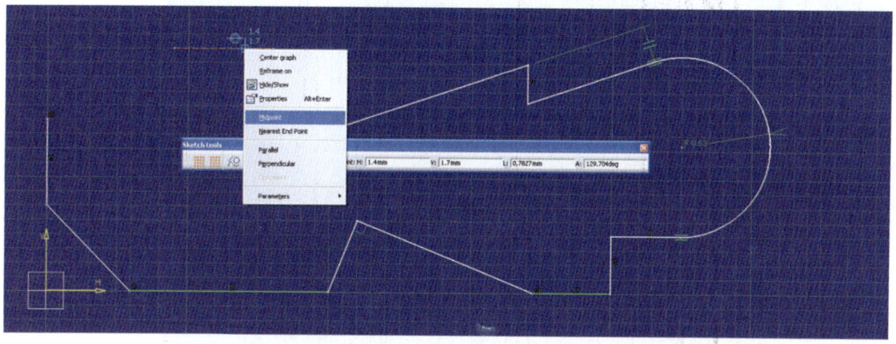

(i) Context 메뉴를 사용하여 중점 생성하기

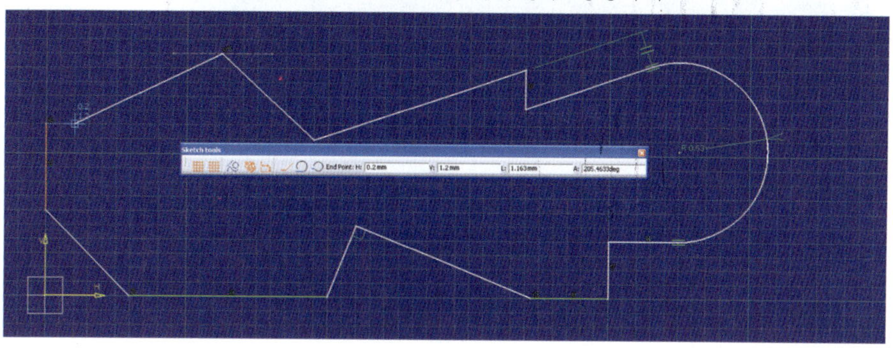

(j) 선의 끝점에 정렬하기

그림 4-21 SmartPicking 표현 (계속)

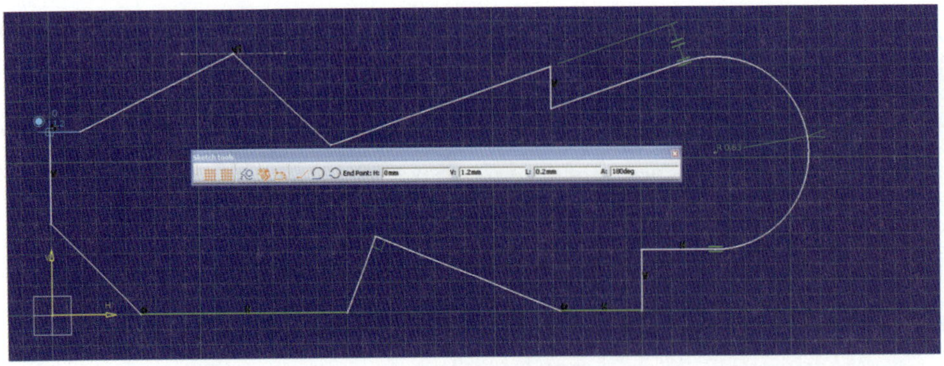

(k) 끝점 정의하기

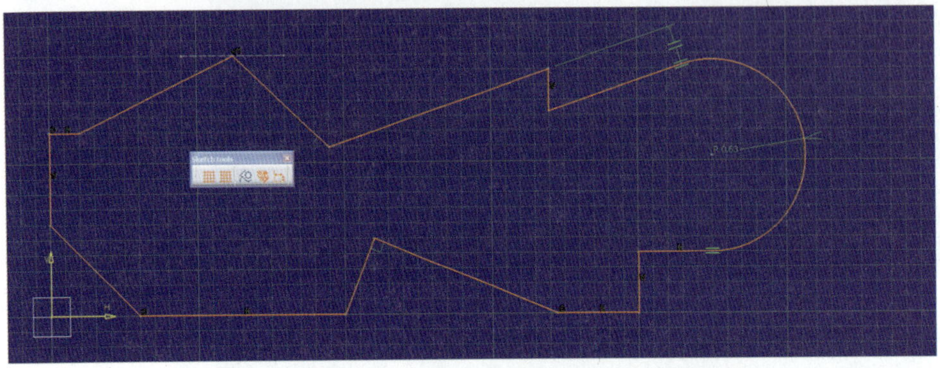

(l) 폐곡선 정의 후 선택된 형상

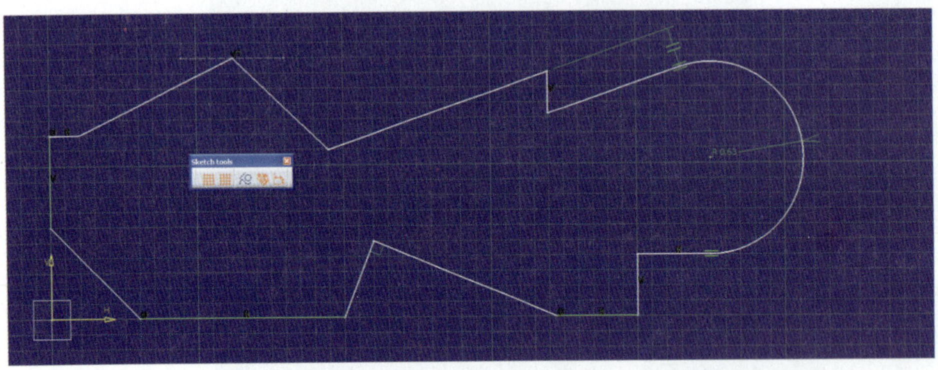

(m) 폐곡선 정의 후 선택 해제된 상태

그림 4-21 SmartPicking 표현

- 두 선 사이에 평행 또는 수직 구속 만들기

  새로운 선을 어떤 선과 거의 수평하게 또는 수직 관계로 만들 때 자동으로 이러한 관계가 잡히게 되고 파란색으로 수평 심볼 또는 수직 심볼 아이콘이 나타납니다.

- 선과 곡선 간에 접선 관계
  곡선을 만든 후 바로 직선을 만들려고 할 때, 새로 만드는 직선이 그전 곡선 끝의 호에서 접선 방향 근처로 만들어지면 접선 관계가 잡힐 수 있습니다.
- 선에 중심 또는 끝 포인트 잡기
  작업 내에 끝점을 이미 존재하는 직선 부분의 중간 점이나 끝점 위에 두면 기하학적 기준이 잡히게 되어 커다란 파란색 점과 동심원을 표현하는 아이콘이 보이게 됩니다.

Sketch를 만들 때 형상 요소를 만들거나 편집할 수 있는 여러 가지 종류의 명령이 사용 가능하고, 한 작업에 대해 다양한 방식으로 접근이 가능합니다. 이 섹션에서는 다음의 세 그룹의 명령어들에 대해 다루겠습니다:

- Profile Toolbar
- Operation Toolbar
- Transformation Toolbar

여기서는 각 도구의 오직 기본적인 명령어만 다루게 될 것입니다. 나머지 명령어는 제5장에서 다루도록 하겠습니다.

DRAWING 도구

Sketch에서 형상을 만들기 위한 다양한 종류의 명령어들이 존재합니다. 포인트, 선, 곡선과 미리 지정한 모양들을 만들어낼 수 있습니다. 이 명령을 편집할 수 있을 뿐 아니라, 사용자에 맞게 최적화하여 익히는 것이 중요합니다.

PROFILE TOOLBAR

Profile Toolbar는 여러 종류의 기학학 요소와 미리 정해진 폐곡선을 그리는 데 이용합니다. 이 명령은 그림 4-22와 같이 풀다운 메뉴의 Insert ⇨ Profile의 Sub Toolbar에서 찾을 수 있습니다.

 **Profile**

요약: 직선 또는 호 형상을 연계하여 다각형의 프로파일 형상을 만듭니다.

사용 순서: 프로파일의 시작 포인트를 지정한 후 원하는 형상에 맞추어 직선 또는 호 형상을 변환하며 형상을 그려 나갑니다.

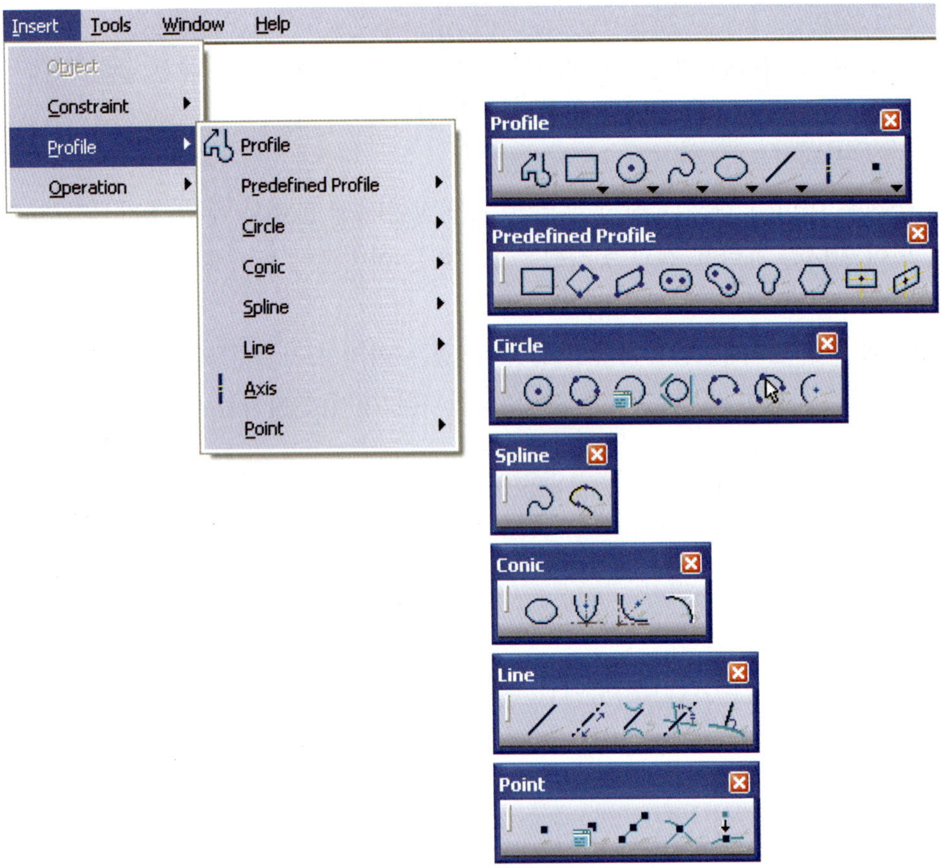

그림 4-22 Profile 명령들

프로파일 명령은 아마 Sketch 명령 중에서 형상을 정의하는 가장 효과적인 도구일 것입니다. 경험이 조금 있다면, 이 하나의 명령만으로도 매우 복잡하게 닫혀 있는 폐곡선을 만들어낼 수 있습니다. 하지만 이것을 최적으로 사용하고자 한다면 능숙하게 다룰 수 있을 만큼 연습이 필요합니다. 이 명령을 이용하면 이전에 이미 만든 형상에 대해 연속적인 직선 또는 탄젠트하거나 포인트로 이어지는 호 형상을 그릴 수 있습니다. 이 명령은 Line, Tangent Arc, Three Point Arc의 세 가지 Drawing 모드를 제공합니다.

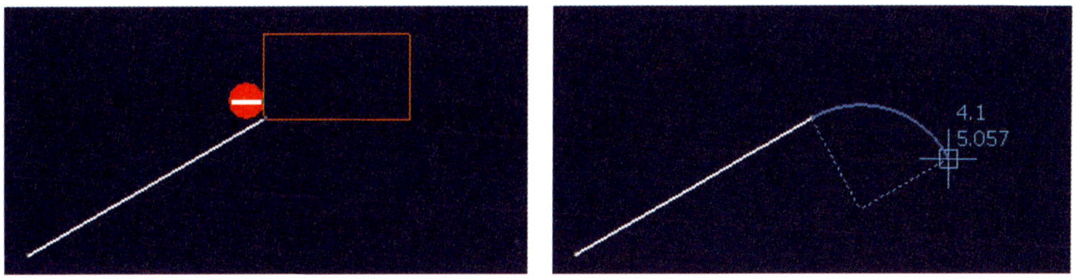

(a) 시작하기　　(b) 작업 과정

그림 4-23 접하는 호 만들기

 Sub Type: Line

요약: Profile에서 직선을 만듭니다.
사용 순서: 현재 선의 끝점을 선택합니다.

이 명령은 항상 선 모드에서 시작합니다. 여러 개의 포인트를 집으면 선택한 모든 포인트를 지나는 다각선 요소를 만들 수 있습니다.

 Sub Type: Tangent Arc

요약: Profile에서 전에 만들었던 직선이나 호에 대해 호 접선을 생성합니다. 또한 드래그하여 마우스를 놓으면 접선 호가 만들어집니다.
사용 순서: 현재 호 접선의 끝점에 생성하도록 클릭합니다.

Tangent Arc 옵션은 이 전에 이미 그려 놓은 요소를 기준으로 하기 때문에 처음부터 사용 가능하지 않습니다. 접선 호를 그리는 방법은 두 가지 옵션이 있습니다: 관련된 아이콘을 클릭하거나 마우스 왼쪽 버튼을 누른 상태에서 커서를 호의 수치로 이동해 크기를 조정하여 직접 만들 수 있습니다. 호가 생성되면 동적 빨간 직사각형이 그림 4-23과 같이 나타날 것입니다.

 Sub Type: Three-Point Arc

요약: 세 점을 선택하여 호를 만듭니다.

번째 Corner에 위치하고 두 번째 포인트는 사각형의 옆면의 크기와 방향을 결정합니다. 세 번째 포인트는 사각형의 크기를 마무리합니다. 이 결과, 평행하고 직각인 구속 조건으로 모양을 유지하는 닫힌 형상이 만들어집니다. 다른 방법으로는, 처음부터 Sketch 도구에 원하는 수치를 입력하고 사각형을 만들 수도 있습니다. 이때에 각도는 수평축으로부터 사각형의 첫 번째 옆면의 방향을 결정합니다.

Elongated Hole

요약: 연장된 Hole 형상을 생성합니다.

사용 순서:

명령을 실행한 후: 각 원의 중심과 중심 사이를 두 점을 통해서 정의합니다.

중심 사이를 정의한 후: 원의 반경을 정의합니다.

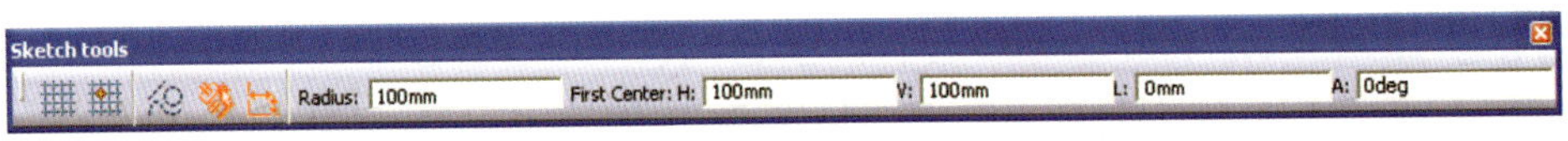

Elongated Hole 명령은 세 포인트를 이용하여 직선 방향으로 연장된 원 형상을 만들어 줍니다. 그림 4-27과 같이 처음 두 포인트들은 가운데에 위치하여 Hole의 축으로 사용되고, 세 번째 포인트는 원의 크기를 결정하는 데 쓰입니다. 또한 Sketch Tools Toolbar에서 원하는 수치를 입력하여 길이와 축 방향을 미리 결정할 수 있습니다.

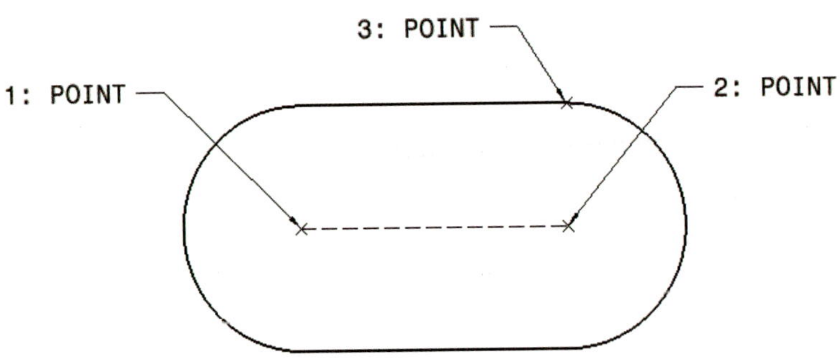

그림 4-27 Elongated Hole

Hexagon

요약: 원의 반경으로 정의되는 정육각형을 만듭니다.

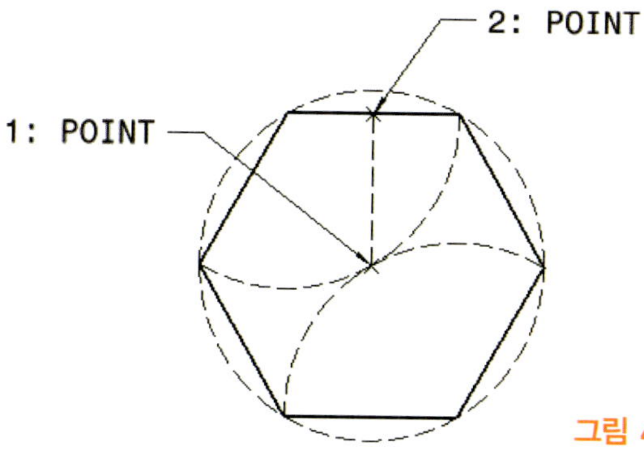

그림 4-28 Hexagon

사용 순서:

명령이 실행된 후: 육각형 중심을 정의하기 위해 중점을 정의합니다.

포인트를 선택한 후: 육각형의 크기를 정의하기 위해 포인트를 클릭합니다.

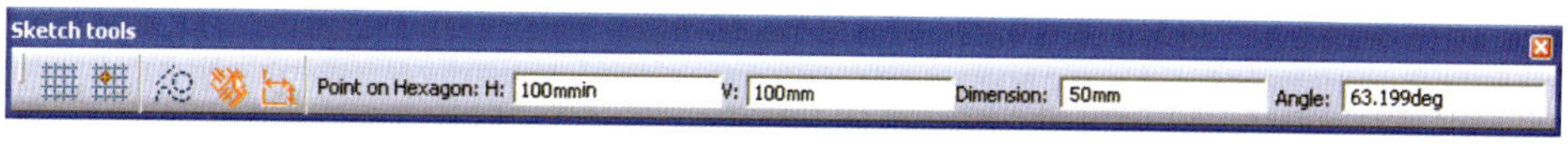

Hexagon 명령은 두 개의 점으로 정육각형을 만듭니다. 첫 번째 포인트는 육각형의 중심에 위치하고 두 번째 포인트는 그림 4-28과 같이 크기를 지정합니다. 또한 Sketch Tools Toolbar에서 각 모서리 사이에 길이값을 입력하여 Construction Line의 방향을 미리 지정하고 만들 수도 있습니다.

CIRCLE TOOLBAR

이 Toolbar는 여러 방식으로 원이나 호를 만드는 명령을 포함합니다.

Circle

요약: 두 포인트를 이용하여 원을 생성합니다.

사용 순서: 명령을 실행하면 원의 중심을 클릭 혹은 선택합니다. 그런 다음, 원의 반지름을 정의하는 점을 클릭합니다.

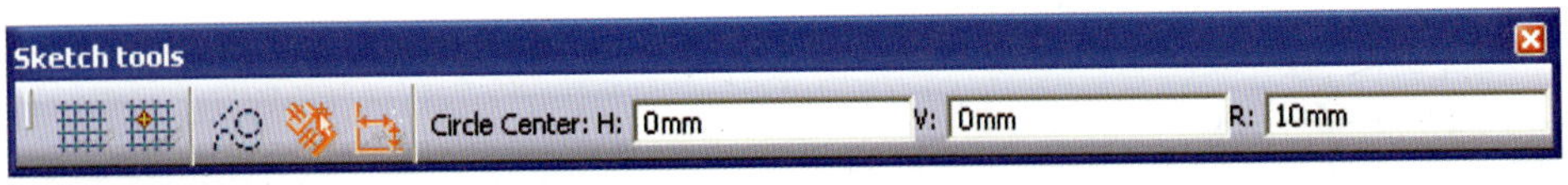

Circle 명령은 두 개의 포인트로 원을 그리는 도구입니다. 그림 4-29와 같이 첫 번째 포인트는 원 중심에 위치하며, 두 번째는 원의 크기를 결정합니다. 또한 Sketch Tools Toolbar에서 원의 반지름 값을 미리 지정하여 생성할 수도 있습니다.

Three-Point Circle

요약: 세 개의 포인트를 이용하여 원을 생성합니다.

사용 순서: 명령을 실행하면 원의 첫 번째 포인트를 선택하고, 원을 지나는 두 번째 포인트를 선택합니다. 마지막으로 원이 지나는 마지막 포인트를 선택합니다.

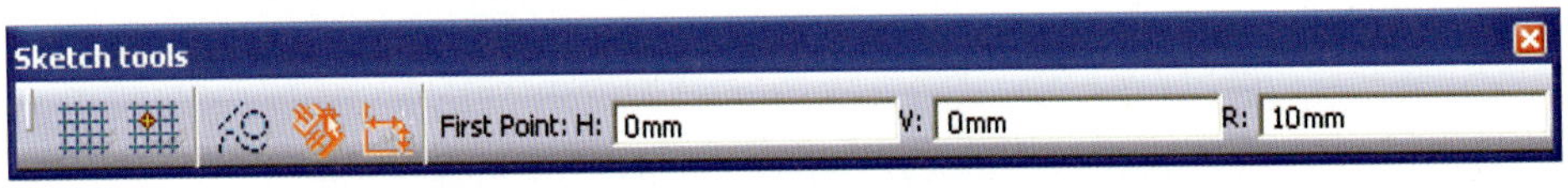

Three-Point Circle 명령은 사용자가 세 개의 포인트를 클릭하면 이 점들을 지나가도록 원을 정의합니다. 또한 Sketch Tools Toolbar에서 원의 반지름 값을 미리 지정하여 만들 수도 있는데, 두 번째 포인트를 사용자가 선택하려 할 때 작업 영역에 제한 요소로 작용할 것입니다. 이

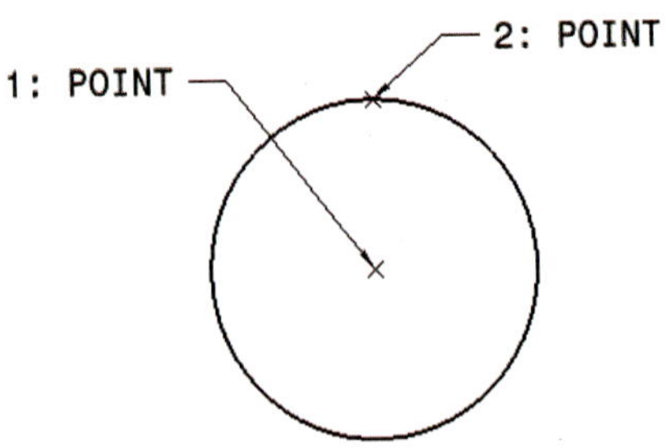

그림 4-29 Circle

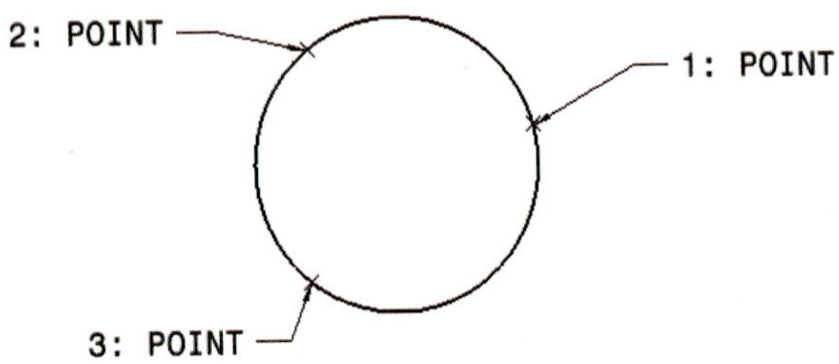

그림 4-30 Three-Point Circle

런 경우, 세 번째 포인트는 화면에 나타나는 호 안에서 선택해야 합니다.

그림 4-30에 Three-Point Circle이 나와 있습니다.

Tri-Tangent Circle

요약: 세 가지 형상 요소를 선택하여 세 개의 접선을 가진 원을 만듭니다.

사용 순서: 명령이 활성화되면, 접하는 원을 만들고자 하는 세 가지 요소를 순차적으로 선택합니다.

Tri-Tangent Circle 명령은 사용자가 세 가지 형상 요소를 선택하면, 그림 4-31과 같이 그 요소들에 접하는 원을 계산하여 줍니다. 이 명령은 선택 조건이 까다로워 선택한 세 가지 요소가 접하는 원 요소를 정의하지 못할 경우 에러 메시지가 나타납니다.

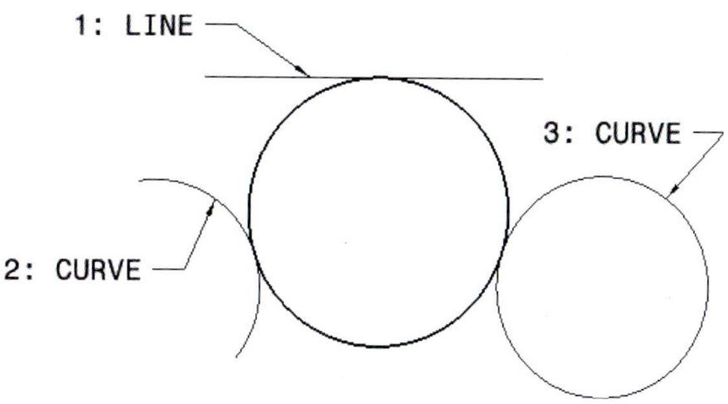

그림 4-31 Tri-Tangent Circle

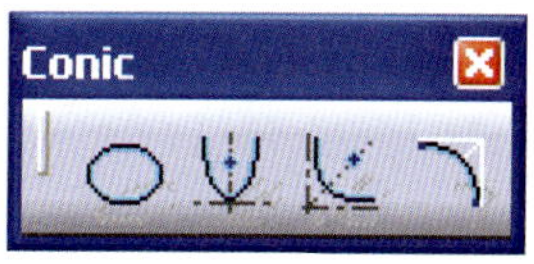

CONIC TOOLBAR

이 Toolbar는 여러 가지 원뿔 곡선 정의를 위한 명령을 가지고 있습니다.

Ellipse

요약: 세 개의 포인트를 통하여 타원을 만듭니다.

사용 순서: 명령을 실행하면 타원의 중심을 정의하고, 주축을 정의하고 타원의 방향을 정의합니다. 마지막으로, 타원 위의 포인트 한 점을 정의합니다.

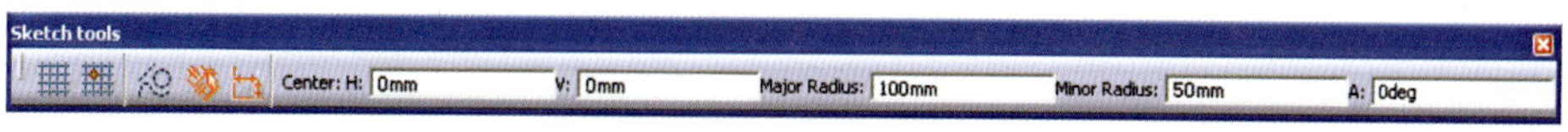

Ellipse 명령은 세 개의 점으로 타원을 정의합니다: 첫 번째 포인트는 타원의 중심에 위치하고, 두 번째 포인트는 주축의 크기를 결정하며, 마지막 포인트는 부축의 반지름의 크기를 결정합니다. 또한 Sketch Tools Toolbar에서 주축, 부축의 원하는 수치를 입력하여, 타원의 방향을 미리 지정, 생성할 수 있습니다. Vertical, Horizontal 주축은 타원을 생성한 후에 구속할 수 있습니다.

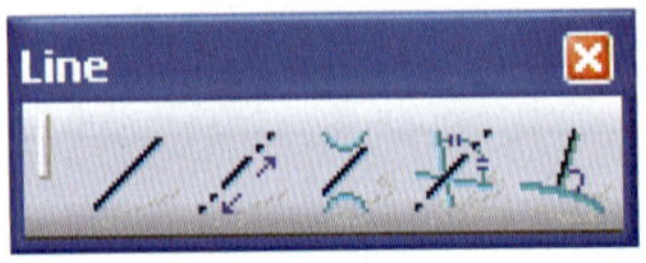

LINE TOOLBAR

이 Toolbar는 여러가지 방식으로 선 요소를 생성합니다.

Line

요약: 두 포인트를 선택하여 선을 생성합니다.

사용 순서: 명령이 활성화되면, 시작 포인트를 선택합니다. 그런 다음 끝점을 선택하여 정의합니다.

Line 명령은 직선을 지나는 두 점을 정의하여 선 요소를 생성합니다. Sketch Toolbar에서 직선 요소의 길이와 원하는 방향의 값을 미리 지정할 수 있습니다.

Sub Option: Symmetrical Extension

요약: 대칭적으로 확장된 선을 생성하게 합니다.

이 옵션을 활성화하면 클릭한 두 개의 포인트 사이의 거리에 두 배만큼 긴 선을 만들어 줍니다. 첫 번째 포인트는 요소의 중심이 되고, 두 번째 포인트는 끝점이 됩니다. 이 옵션은 두 번 클릭하여 비활성화시키기 전까지 활성화 모드를 유지할 것입니다.

Bi-Tangent Line

요약: 두 개의 요소를 이용하여 두 요소에 접하는 선을 만듭니다.

사용 순서: 이 명령을 실행하면 첫 번째 접할 요소를 선택하고 난 후 두 번째 접할 요소를 선택합니다.

Bi-Tangent Line은 두 개의 형상 요소에 접하는 직선을 그리는 명령입니다. 이 도구의 사용 결과는 사용자가 선택한 두 개의 형상 요소에 접하는 직선이 되며 선택한 두 형상 요소가 접할 수 있는 직선을 정의하지 못할 경우 직선은 만들어지지 못합니다.

 Bisecting Line

요약: 두 선 요소를 선택하여 두 선을 이등분하는 무한한 직선을 만듭니다.

사용 순서: 명령을 실행하고 나면, 이등분하기 위한 첫 번째 선 요소를 정의하고, 그런 다음 두 번째 선 요소를 선택합니다.

Bisecting Line 명령은 선택한 두 선 요소 사이를 이등분하는 무한한 선을 그리는 명령입니다. 이 두 선 요소는 반드시 서로 가로지를 필요는 없습니다. 만약에 평행한 두 선 요소를 선택한 경우 이 사이를 이등분하는 평행한 선 요소를 생성하게 됩니다.

 Axis

요약: 회전축이 되는 두 점을 잇는 축 요소를 생성합니다.

사용 순서: 명령을 실행하면 두 점을 클릭하여 축 요소를 정의합니다.

Axis 명령은 일반 선 표기가 아닌 중심선을 나타내는 선 표시 방식으로 정의됩니다. Axis는 회전체 솔리드를 만들 때 그 회전 중심 역할을 하는 축 요소로 사용합니다. 회전체 솔리드 생성 명령에서 자동적으로 Sketch에 그려놓은 축을 인식합니다. 3차원 회전체를 정의한 Sketch에 한 개 이상의 축 요소를 생성하면 이전 축 요소는 Construction 요소가 되고 새로 생성한 축 요소로 전환됩니다.

또 다른 흥미로운 Axis의 특징은, 그림 4-32와 같이 Axis를 기준으로 구속한 형상에 대해서는 Context 메뉴를 통하여 반지름 또는 지름으로 구속 형태를 바꾸어 줄 수 있습니다. 실제로 회전체 형상에 대한 Part를 다룰 때 보통은 반지름을 구속으로 이용하는 것이 바람직합니다.

POINT TOOLBAR

이 Toolbar는 여러 종류의 포인트 요소를 생성하는 명령들을 포함합니다.

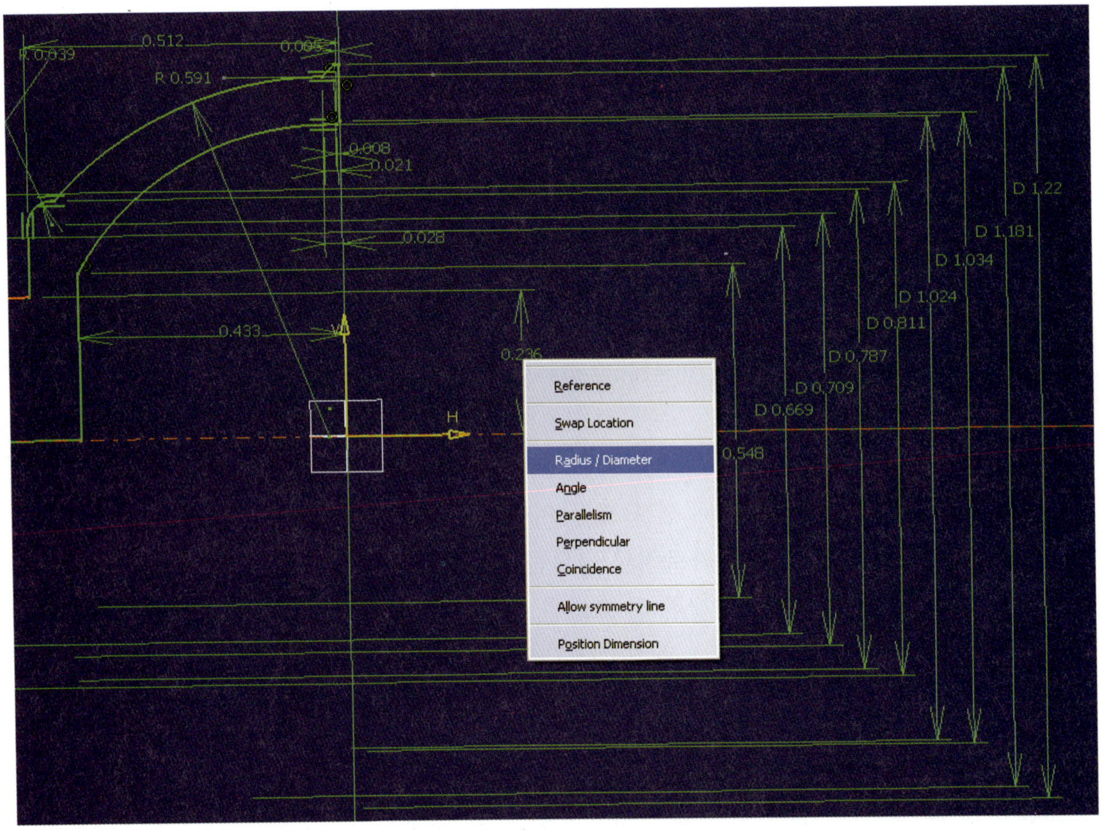

그림 4-32 Axis를 활용한 반지름 / 지름 구속 정의

Point by Clicking

요약: 원하는 지점을 클릭하여 포인트를 생성합니다.

사용 순서: 포인트를 생성하고자 하는 위치를 클릭합니다.

Point by Clicking 명령은 화면에서 사용자가 원하는 위치에 포인트를 생성합니다. Sketch Tools Toolbar에서 원하는 위치의 값을 입력하여 미리 지정할 수 있습니다.

Point by Using Coordinates

요약: 직교 좌표 또는 극 좌표 방식으로 포인트 좌표를 입력하여 포인트를 생성합니다. 필요시 기준 포인트를 활용할 수 있습니다.

사용 순서: 새 포인트의 상대적 좌표 값을 입력하는데, 필요시 기준 포인트를 지정해 사용할 수 있습니다.

Point by Using Coordinates는 포인트를 생성할 때 좌표 방식으로 정의 및 그것에 구속 조건을 동시에 생성합니다. 이 명령은 포인트를 정의하는 두 가지 모드가 가능합니다: 직교 좌표(H:, V: 기준), 극 좌표(반지름, 각도 기준). 그림 4-33을 참고하기 바랍니다. 극 좌표 모드는 각도 관련 구속 조건을 더하기 위해 Supporting Construction Line을 생성합니다. 다른 기준 포인트를 선택하지 않고 OK 버튼을 클릭하면 새 포인트가 Sketch의 원점을 기준으로 생성됩니다.

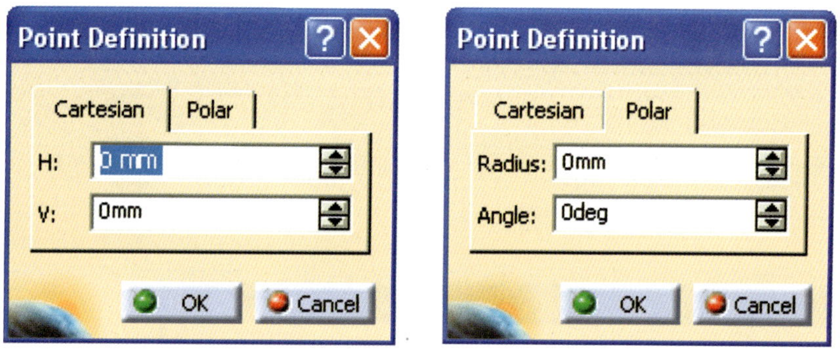

(a) 직교 좌표 (b) 극좌표

그림 4-33 좌표 방식을 이용한 Point

EDITING 도구

모든 기하학 요소가 부분적으로 그려질 필요는 없습니다. 새로운 요소를 만들고 수정, 이동, 회전, 복사 등을 할 수 있도록 하는 여러 종류의 편집 명령들이 있습니다.

OPERATION TOOLBAR

Operation Toolbar는 Sketch를 수정하기 위한 모든 편집 명령을 가지고 있습니다. 그림 4-34와 같이 이 도구들은 풀다운 메뉴 Insert의 Operation에서 찾을 수 있습니다.

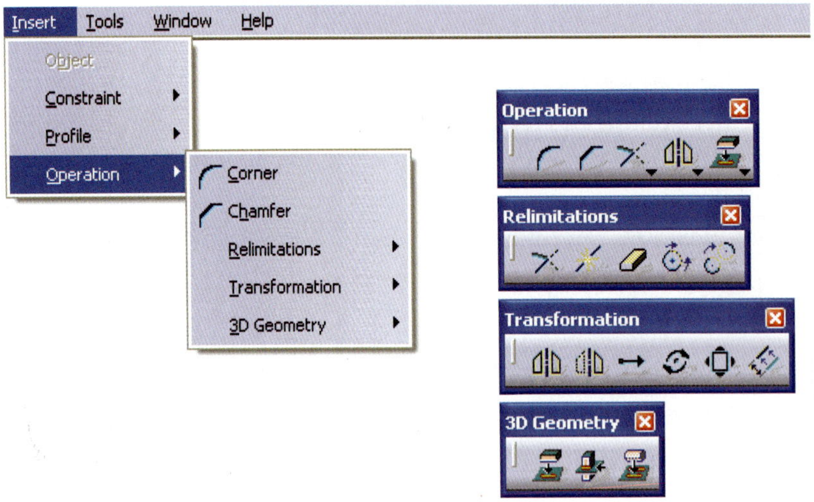

그림 4-34 Operation 도구들

 Corner

요약: 두 선 요소에 접하는 Corner를 생성합니다.

사용 순서: 명령을 실행하면 첫 번째 곡선 또는 포인트를 선택합니다. 그런 다음 두 번째 곡선을 선택하고, 클릭하여 Corner를 원하는 곳에 위치시킵니다.

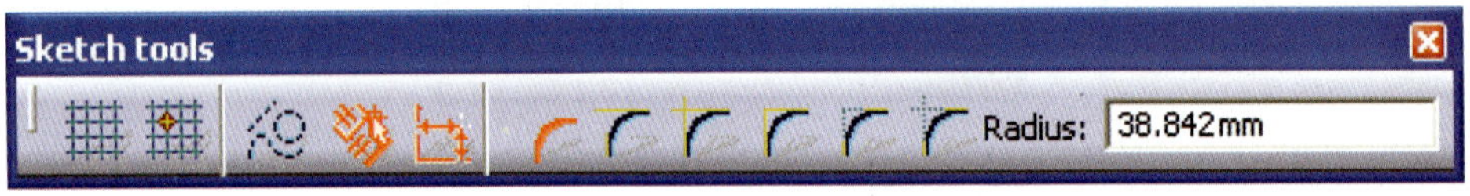

Corner 명령은 선이나 곡선 같은 두 선 요소 사이에 Fillet Corner를 생성합니다. 이 명령을 실행하면 Sketch Tools에서 기준이 되는 형상을 유지, 수정, Trim하는 다양한 방식을 사용할 수 있습니다. 항상 같은 값을 가지는 여러 곳의 Corner를 만들려면, 이 명령을 활성화하기 전에 Corner를 주고자 하는 형상의 모든 꼭짓점을 미리 선택합니다. Corner는 Radius 값을 정의하게 하는데, 편집상자에서 Sketch Tools Toolbar에 공통되는 R값을 입력할 수 있습니다. 이 결과 동일한 R값을 가지는 Fillet의 그룹이 생성되는데, 한 개의 Fillet이 이끌고 나머지는 이 Fillet에 모두 의존하고 있어 그림 4-35와 같이 f(x) 심볼로 구별됩니다. 이 Fillet의 값을 바꾸려면, 모든 Fillet을 대표하는 한 개의 값만 바꾸면 됩니다.

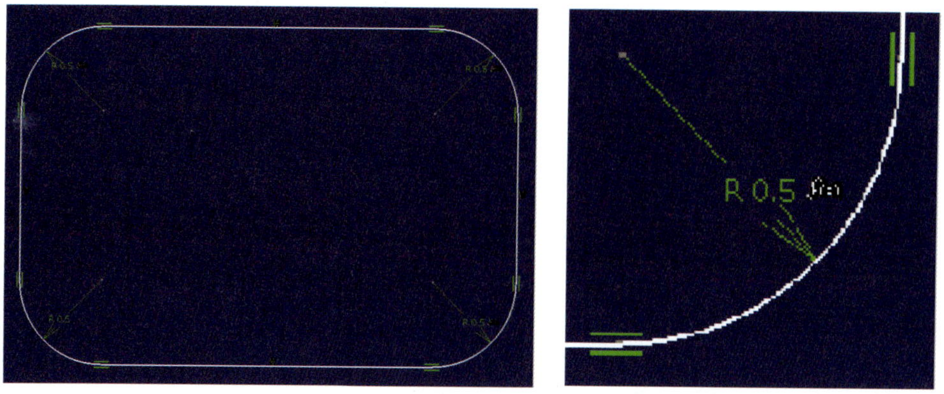

(a) 그룹화된 Corners　　(b) 다른 Corners 요소에 연결되 있는 Fillet

그림 4-35 여러 개의 링크된 Corner 만들기

Sub Type: Trim All Elements

요약: Corner 시 모든 요소를 Trim합니다.

이 옵션은 Corner할 때 Corner와 함께 그들의 접선 기준이 되는 형상 요소를 Trim합니다.

Sub Type: Trim First Element

요약: Corner 시 첫 번째 요소만을 Trim합니다.

이 옵션은 Corner에 접선 기준이 되는 오직 첫 번째 요소만 Trim하고 두 번째 것은 본래의 모양을 유지하게 합니다.

Sub Type: No Trim

요약: Corner 시 요소를 Trim하지 않습니다.

이 옵션은 어떤 기준이 되는 요소도 Trim하지 않고 Corner만을 생성합니다.

Sub Type: Standard Lines Trim

요약: Corner 시 두 요소를 교차점까지 Trim합니다.

이 옵션은 기준이 되는 요소를 그들의 교차점까지 Trim하고 기존 형상에 Corner를 생성합니다.

Sub Type: Construction Lines Trim

요약: Corner 시 두 요소를 교차점까지 Trim하여 Corner 시점에서 Break한 후 Construction Line을 만듭니다.

이 옵션은 기준이 되는 요소를 그들의 교차점에 대해 Trim하는데, Corner와 접하는 지점을 기준으로 선 요소를 Break하여 나머지 부분을 Construction Line으로 만들어 줍니다.

Sub Type: Construction Lines No Trim

요약: Corner 시 두 요소를 Corner 시점에서 Break한 후 Construction Line을 만듭니다.

이 옵션은 기준이 되는 요소와 그들의 교차점을 Trim하지 않고, Corner와 접하는 지점에서 Break하여 Construction Line으로 변경해 줍니다.

Chamfer

요약: Trim 작업을 포함 또는 제외하며 모따기 작업을 수행합니다.
사용 순서: 명령이 활성화되면, 두 선 요소가 교차하는 꼭짓점 또는 두 선 요소를 선택하여 모따기 합니다.

Chamfer 명령은 두 선 요소 사이를 모따기할 때 사용합니다. Chamfer가 보통은 직선 요소 사이를 작업하지만 곡선 사이에 사용될 수도 있습니다. 이 명령은 생성되는 결과는 다르지만 사용할 수 있는 서브 옵션은 Corner와 동일합니다. 여러 개의 Chamfer를 동시에 만들려면, 명령을 활성화하기 전에 Chamfer로 변경되기를 원하는 모든 꼭짓점을 미리 선택합니다. 이 결과 Sketch Tools Toolbar의 편집상자에 Angle, Length가 추가되어 공통으로 사용할 값을 입력할 수 있습니다. Corner와 비슷하게 Chamfer 그룹 또한 모든 Chamfer를 대표하는 Chamfer가 존재하고 다른 것들은 이 Chamfer에 의존하고 있어서 $f(x)$ 심볼로 쉽게 구분이 됩니다. 그림 4-36을 참고바랍니다. 모든 Chamfer의 값을 변경하려면, 대표하는 한 개의 숫자만 변경하면 됩니다.

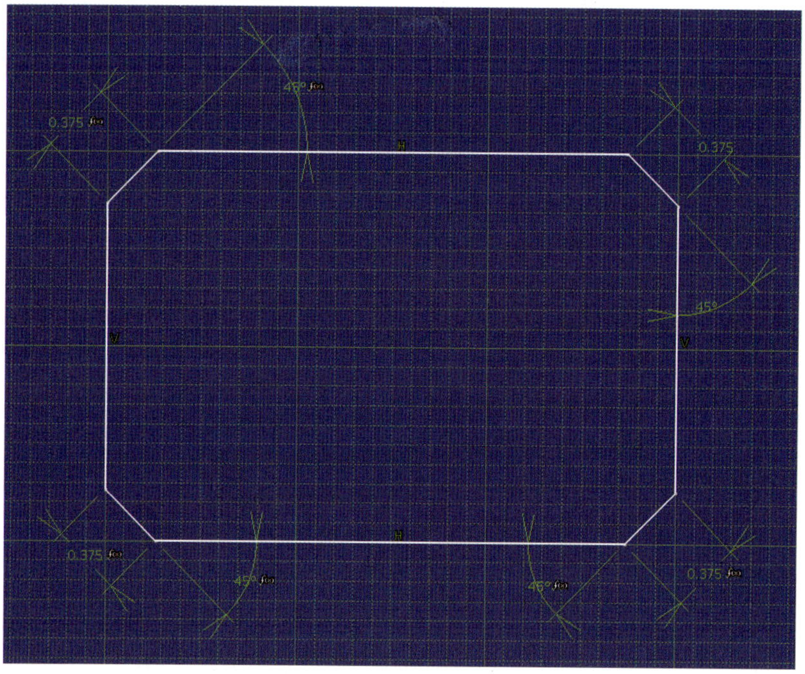

그림 4-36 여러 개의 링크된 Chamfer 만들기

Sub Type: Trim All Elements

요약: Chamfer 시 모든 요소를 Trim합니다.

이 옵션은 Chamfer할 때 Chamfer와 함께 그들의 접선 기준이 되는 형상 요소를 Trim합니다.

Sub Type: Trim First Element

요약: Chamfer 시 첫 번째 요소만을 Trim합니다.

이 옵션은 Chamfer에 접선 기준이 되는 오직 첫 번째 요소만 Trim하고 두 번째 것은 본래의 모양을 유지하게 합니다.

Sub Type: No Trim

요약: Chamfer 시 요소를 Trim하지 않습니다.

이 옵션은 어떤 기준이 되는 요소도 Trim하지 않고 Chamfer만을 생성합니다.

Sub Type: Standard Lines Trim

요약: Chamfer 시 두 요소를 교차점까지 Trim합니다.

이 옵션은 기준이 되는 요소를 그들의 교차점까지 Trim하고, 기존 형상에 Corner를 생성합니다.

Sub Type: Construction Lines Trim

요약: Chamfer 시 두 요소를 교차점까지 Trim하여 Corner 시점에서 Break한 후 Construction Line을 만듭니다.

이 옵션은 기준이 되는 요소를 그들의 교차점에 대해 Trim하는데, Chamfer와 접하는 지점을 기준으로 선 요소를 Break하여 나머지 부분을 Construction Line으로 만들어 줍니다.

Sub Type: Construction Lines No Trim

요약: Chamfer 시 두 요소를 Corner 시점에서 Break한 후 Construction Line을 만듭니다.

이 옵션은 기준이 되는 요소와 그들의 교차점을 Trim하지 않고, Chamfer와 접하는 지점에서 Break하여 Construction Line으로 변경해 줍니다.

Chamfer를 실행하면 Sketch Tools에서 다음과 같이 치수를 입력하는 방식을 변경할 수 있습니다.

Sub Option: Angle and Hypotenuse

요약: 모따기 형상을 각도와 빗변 치수로 정의합니다.

이 옵션은 첫 번째로 선택한 요소의 변과 각도 크기로 Chamfer 크기를 정의하게 합니다.

Sub Option: First and Second Length

요약: 모따기 형상을 빗변을 이루는 첫 번째, 두 번째 길이로 정의합니다.

이 옵션은 두 측변 크기로 Chamfer 크기를 정의하게 합니다.

Sub Option: Angle and First Length

요약: 모따기 형상을 각도와 첫 번째 변의 길이로 정의합니다.

이 옵션은 사용자가 옆변의 길이와 각도로 Chamfer 크기를 결정하도록 합니다.

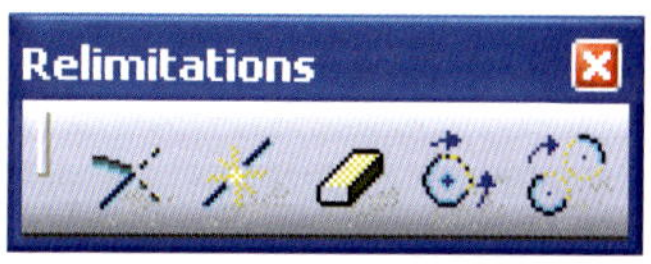

RELIMITATIONS TOOLBAR

Relimitation

요약: 선택한 선 또는 곡선 요소들을 Trim합니다.
사용 순서: 명령을 실행한 후 교차하는 지점을 기준으로 Trim하고자 하는 대상을 선택합니다.

Rotate

요약: 형상 요소를 회전 이동 또는 복사시킵니다.

사용 순서: 명령을 활성화시키고, 회전시킬 형상을 선택합니다. 그런 다음 회전 중심점을 클릭하고, 각도 지정을 위한 참조 선을 정의하기 위해 포인트를 선택합니다. 마지막으로 각도 정의를 위해 한 포인트를 선택합니다.

Rotate 명령은 선택한 요소를 기준점에 대해서 회전 또는 복사하게 합니다. 이 명령이 활성화되면, 그림 4-40과 같은 대화상자가 나타납니다. 오직 회전만 원한다면 회전 복사를 정의하는 Duplicate mode를 클릭 해제합니다. 요소를 복제하고자 한다면 Duplicate mode를 체크한 후 원하는 만큼 새로운 요소를 만들 수 있고, 이 형상과 관련된 모든 구속 조건을 같이 복제할 수 있습니다. 회전 각도는 화면에 포인트를 클릭하거나 입력상자에 값을 이용하여 정의할 수 있습니다.

그림 4-41은 Rotate 옵션에 따른 다른 결과를 보여주고 있습니다. Rotate할 때 Constraint Conservation 옵션을 켜지 않으면 형상 요소만을 복사하며 구속은 유지되지 않습니다. 이 옵션을 켜게 되면 회전 시 수치적 기하학 구속 조건을 모두 복사할 수 있습니다. 수평, 수직 구속 조건은 복사된 Construction Line과 평행 조건으로 해석되어 충돌이 생기지는 않습니다: 다만 회전 복사된 위치에서 H, V 아이콘이 오해를 일으킬 수도 있습니다.

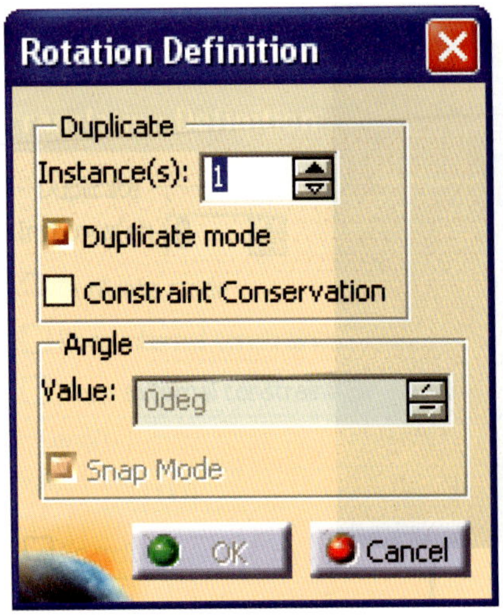

그림 4-40 Rotation Definition 대화상자

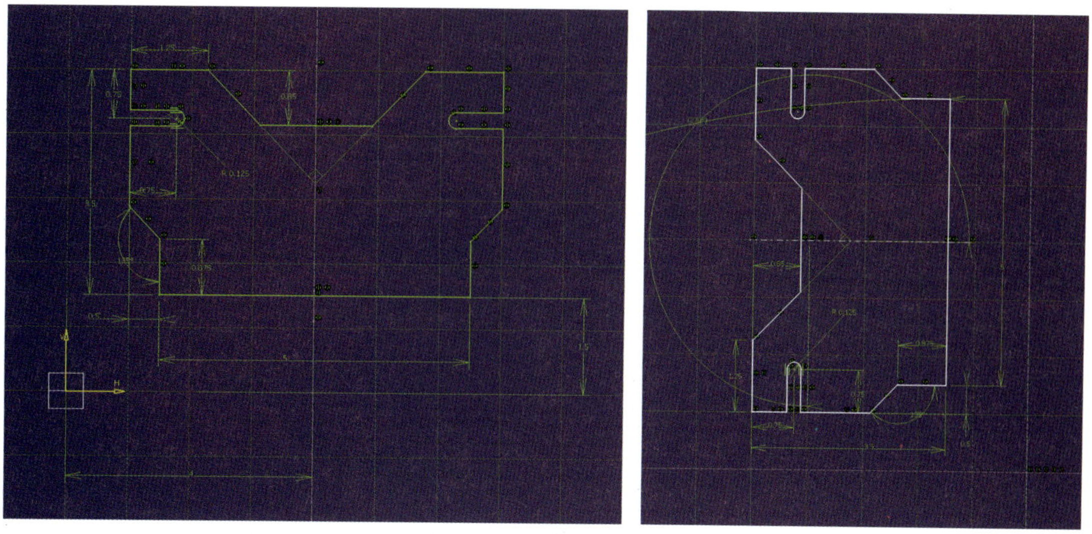

(a) 원본 요소

(b) 구속 조건을 유지할 때

그림 4-41 Rotate 도구 옵션

Scale

요약: 형상 요소를 확대 또는 축소 스케일 합니다.

사용 순서: 이 명령을 실행하면 스케일하고자 하는 형상을 선택하고, 스케일의 중심점을 선택합니다. 그런 다음 원하는 스케일 값을 지정하여 클릭 또는 선택을 합니다.

Scale 명령은 선택한 형상 요소의 크기를 확대 또는 축소 변경하는 기능으로 원본 형상을 변형하거나 복제합니다. 이 명령을 실행하면 그림 4-42와 같이 대화상자가 나타납니다. 복제 없이 Scale만 하고자 한다면 Duplicate mode 옵션을 해제합니다. 요소를 복제할 때는 Scale되는 오직 한 개만이 가능합니다. Scale할 때 구속 조건을 유지하고자 한다면, 기하학 구속 조건은 유지할 수 있지만, 선 또는 각도 관련 모든 수치적 구속 조건이 참조 값으로 변경되어 더 이상 형상을 대표하지 못하게 됩니다. 대칭 구속 조건은 스케일링 시 유지될 수 없습니다.

COMMON FUNCTIONALITIES

마지막으로 세 가지 명령 Translate, Rotate, Scale에 대해서 이 명령들은 길이나 각도, Scale 값에 대해서 증가량을 정수 단위뿐만 아니라 소수 단위로도 표현이 가능합니다. 다음 기능들은 Translate 명령으로 전체 세 가지 명령에 대한 설명을 대신하겠습니다.

원하는 거리 값을 결정하였다면 입력상자에 Value를 선택하고 그림 4-43과 같이 새로운 이

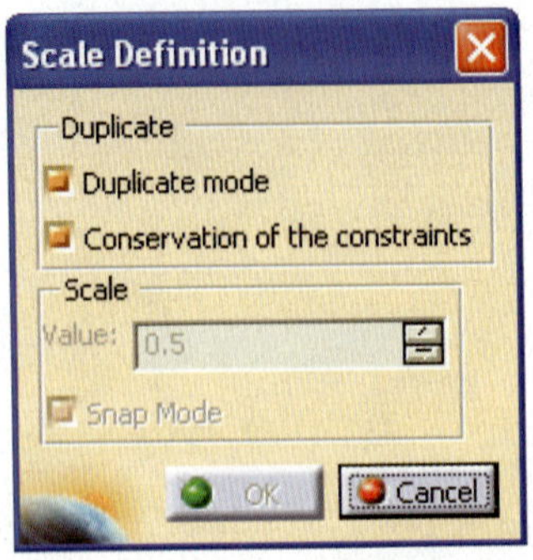

그림 4-42 Scaling Definition 대화상자

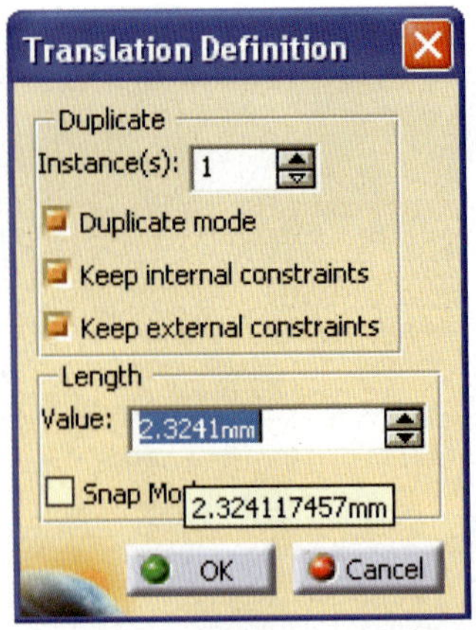

그림 4-43 Translate 이동 변위 잠그기

동 거리 값을 입력합니다. OK를 누르면 지정된 거리만큼 어떤 방향으로 형상을 이동시킬 수 있게 됩니다.

Snap Mode 옵션을 체크하면 이미 지정된 증가값만큼으로 증가량을 제한할 수 있습니다. 이 값을 변경하려면, 그림 4-44와 같이 Value의 오른쪽에 두 개의 화살표 위치에서 오른쪽 마우스를 클릭하면 Context 메뉴에서 Change Step을 찾을 수 있습니다.

Change Step Context 메뉴를 열면 현재 설정을 변경할 수 있고, 새로운 설정을 만들 수도 있습니다. Measure Between은 두 가지 다른 선택한 형상 사이에 거리값을 측정하여 그 값을 캡

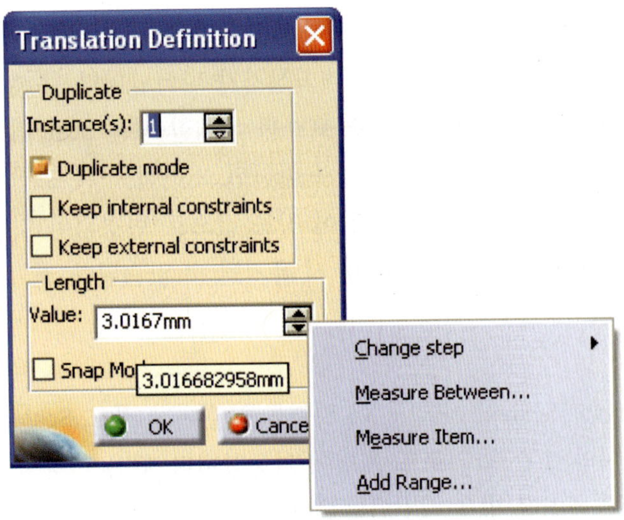

그림 4-44 Step 값 변경하기

처합니다. 반면 Measure Item은 값 입력을 위해 단일 선택 형상의 길이값을 취합니다. Add Range는 입력값의 위아래 제한값을 정의하게 합니다.

Offset

요약: Offset을 이용하여 형상을 일정 거리만큼 등간격으로 떨어트린 형상을 생성합니다.

사용 순서:

명령을 실행한 후: Offset 값으로 복제될 형상을 선택합니다.

Offset할 요소를 선택한 후: Offset될 위치를 선택하거나 Offset 값을 선택합니다.

Offset 명령은 선택한 형상을 낱개 또는 연속성 옵션에 따라 이어진 형상들을 등간격으로 오프셋하여 형상을 생성합니다. 오프셋으로 투영되는 형상을 Wireframe이나 솔리드 요소에 따라 결과는 다르게 나타납니다. 그림 4-45(a)와 같이 단일 Wireframe 요소를 오프셋하면 수치적 구속 조건을 새로운 요소 사이에 더하게 되고, 여러 개의 Wireframe 요소를 동시에 오프셋하면 그림 4-45(b)와 같이 어떤 구속 조건도 없이 새로운 요소들을 만듭니다. Sketch상에 Geometry가 아닌 솔리드의 모서리를 선택하여 오프셋을 하면 그림 4-45(c)와 같은 새로운 요소가 만들어집니다. 그림 4-45(d)와 같이 솔리드 면을 오프셋하거나 그림 4-45(e)와 같이 투영된 면의 폐곡선을 오프셋하면 흥미로운 결과를 얻을 수 있는데, 단일 폴리선 요소를 만들게 됩니다. 이 단일 요소는 단일 수치적 조건을 포함하고, 사용자가 쉽게 결과의 크기를 변경할 수 있게 합니다.

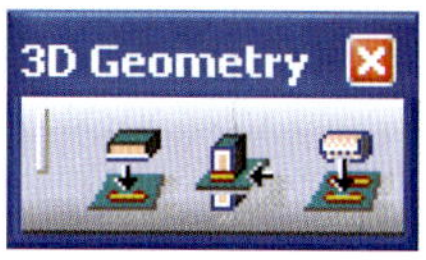

3D GEOMETRY TOOLBAR

3차원 형상으로부터 기준이 되는 Sketch 평면으로 투영되거나 교차되어 만들어진 2차원 요소는 기존 솔리드 Part와 링크를 유지하는 상태로 활용할 수 있다면 매우 유용하게 사용할 수 있습니다. 이렇게 투영되어 생성된 Wireframe 요소는 Sketch상에 노란색으로 나타나고 Sketch의 Specification Tree의 Use-Edges 부분에서 Marks로 구분됩니다.

솔리드 Part와 Wireframe 요소 간에 링크는 요소를 Isolate시킴으로써 끊어질 수 있습니다. 요소를 Isolate시키려면, 커서를 요소 위 혹은 Tree에서 요소의 항목에 위치시키고 마우스를 우클릭하여 Context 메뉴를 엽니다. 이 메뉴에서 관련 메뉴를 열면 링크를 끊는 Isolate 명령어를 찾을 수 있습니다. 다른 방법으로 그림 4-46과 같이 풀다운 메뉴에서 Insert 메뉴를 사용할 수 있습니다. Operation에서 3D Geometry 메뉴를 선택하면 Isolate 명령어를 찾을 수 있습니다. 하지만 이 경우는 Isolate시킬 요소를 선택하기 전에 명령이 활성화됩니다.

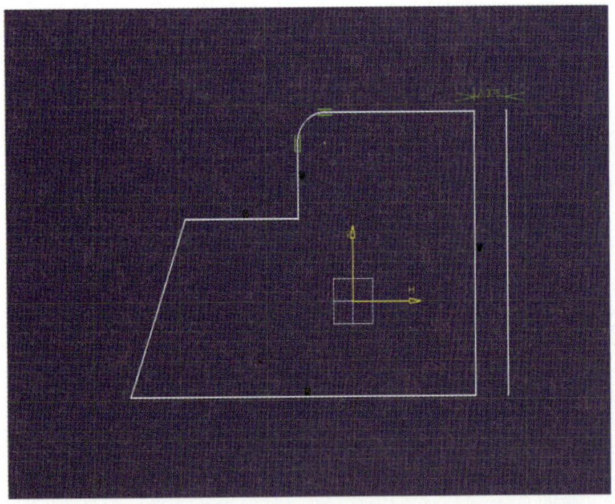

(a) 단일 요소 Offset하기

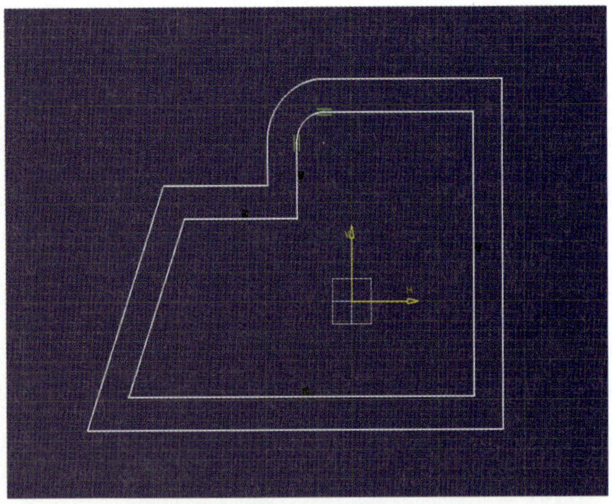

(b) 여러 요소 동시에 Offset하기

(c) 솔리드 모서리 Offset하기

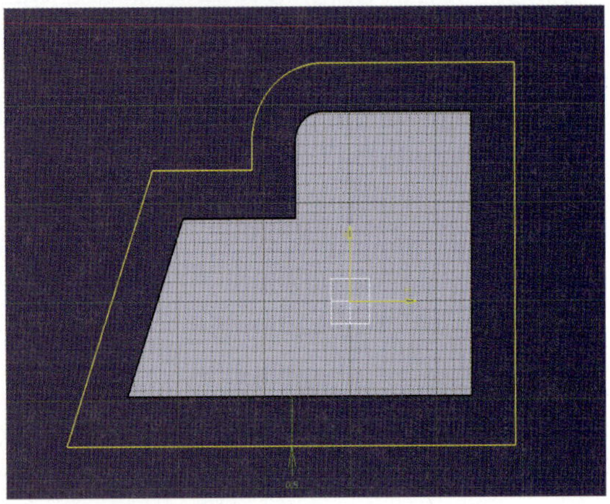

(d) 솔리드 면 요소 폐곡선 Offset하기

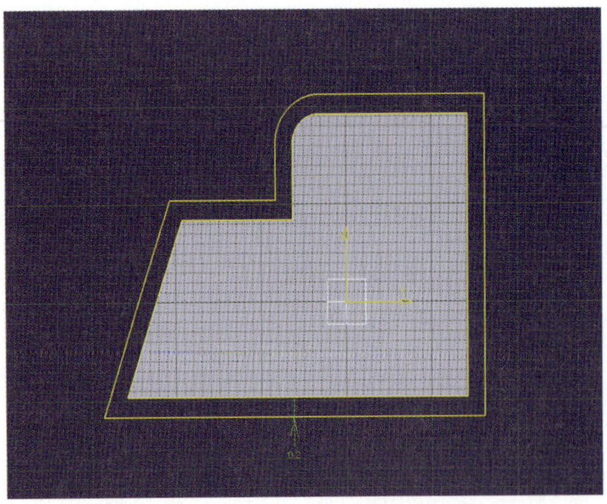

(d) 투영된 면 요소 폐곡선 Offset하기

그림 4-45 다양한 종류의 요소 Offset하기

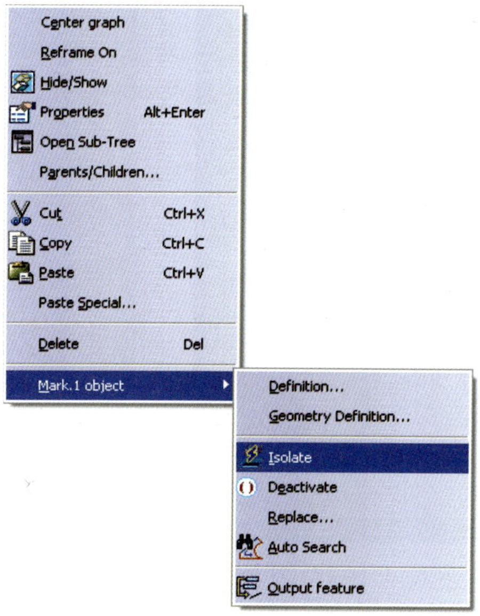

(a) Context 메뉴 사용하기

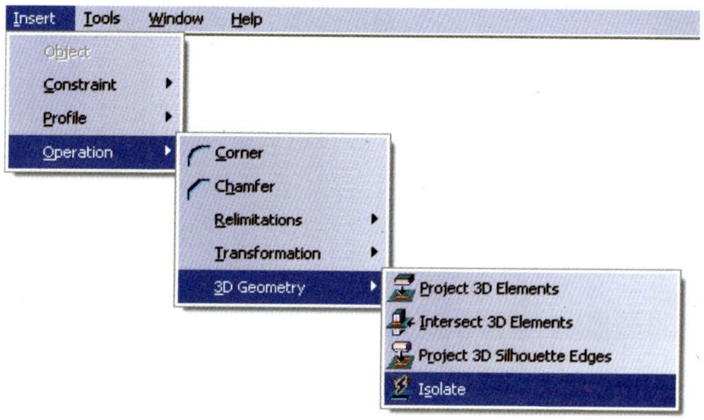

(b) Insert 풀다운 메뉴 사용하기

그림 4-46 생성한 요소 Isolate시키기

Project 3D Elements

요약: 3차원 요소를 Sketch 평면에 투영합니다.

사용 순서: 명령을 실행하고 Sketch 평면에 투영시키고자 하는 3차원 요소를 선택합니다.

이 명령을 사용하면 3차원 형상인 솔리드의 모서리나 면, 또는 서피스나 3차원 Wireframe 요소를 Sketch상에 투영하여 Geometry를 생성할 수 있습니다. Sketch로의 투영은 Sketch 평면으로 수직으로만 작용합니다. 만약 솔리드의 면이나 서피스 자체를 선택한다면, 투영 결과 만들어진 형상은 부분적으로 끊을 수 없고 닫혀 있는 하나의 폴리라인이 됩니다. 만일 각각 투영된 요소를 사용하여야 한다면, 투영시킬 때도 개별적으로 선택하는 것이 바람직합니다. 어떤 경우는 기준 형상을 먼저 선택하냐 나중에 선택하느냐에 따라 결과가 달라질 수도 있습니다. 예를 들어, 명령어를 실행하기 전 또는 후에 원통 형상 또는 잘린 콘 모양의 세로 면을 선택하면 투영 결과는 두 가지 다른 결과를 내놓게 됩니다: 그림 4-47과 같이 원통면 또는 원통면 위아래 모서리를 표현하는 선이 됩니다.

(a) 명령어를 먼저 선택한 경우　　(b) 실린더 면을 먼저 선택한 경우

그림 4-47 실린더 면 투영하기

Intersect 3D Elements

요약: Sketch 평면으로 3차원 요소가 교차하는 형상을 Geometry로 투영합니다.
사용 순서: 명령을 실행하고 Sketch 평면과 교차하고자 하는 3차원 요소를 선택합니다.

Sketch 평면과 임의의 각도로 교차하는 형상에 대해서 그 교차하는 모양을 Sketch로 투영하고자 할 경우에 사용합니다. 모서리나 Wireframe 요소가 Sketch 평면과 교차할 경우 그 결과는 점으로 표현됩니다. 교차하는 면은 선 또는 곡선으로 표현되고, 교차하는 완전한 Body는 Sketch 평면상에서 솔리드 형상의 완전한 단면을 표현하는 폴리라인으로 나타납니다.

Project 3D Silhouette Edges

요약: Sketch 평면으로 3차원 요소의 윤곽을 투영합니다.
사용 순서: Sketch 평면에 투영하고자 하는 3차원 형상의 윤곽면을 선택합니다.

윤곽 모서리는 솔리드 또는 서피스 요소의 날카로운 모서리가 없는 회전체 면으로부터 얻을 수 있습니다. 원통 또는 잘린 콘 형상을 선택한다면, 형상의 윤곽으로부터 양쪽으로 두 개의 독립적인 선 요소가 생성됩니다. 사용자는 어떤 링크도 깨지 않고 두 개 중에 한 개 부분을

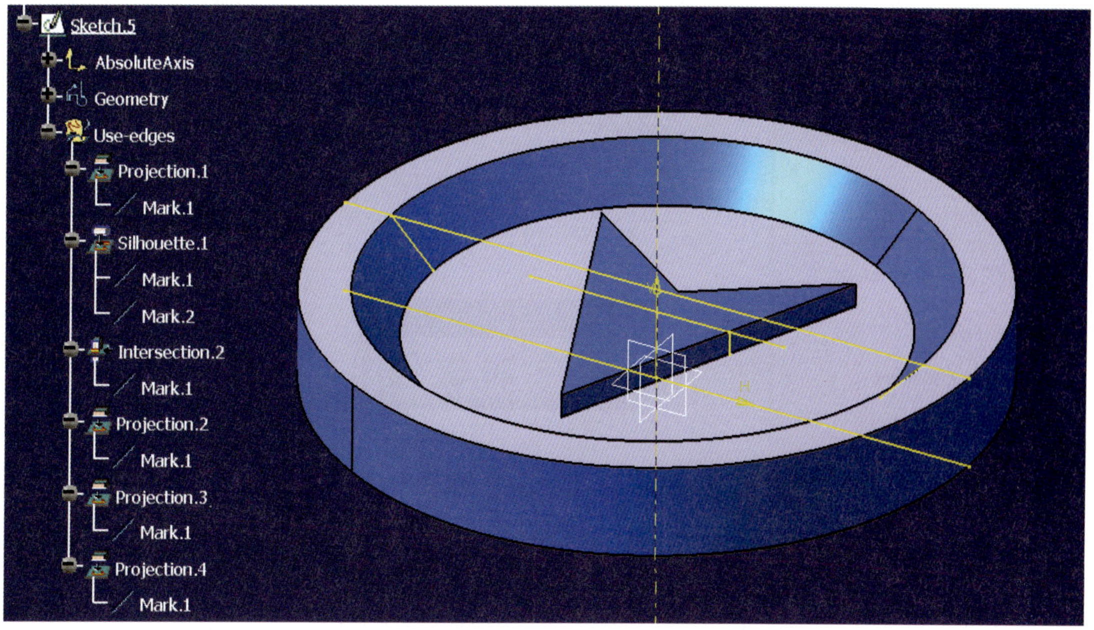

그림 4-48 3차원 형상으로부터 투영되어 얻은 Geometry(노란색)

지우거나 유지할 수 있습니다. 만일 원통 형상의 열린 면을 투영하였다면 Sketch에 투영하는 방향에 따라 오직 한 선만 결과로 나올 수 있습니다.

생성된 요소는 생성 후에도 선택된 상태를 유지하여 오렌지색을 유지하고 있다는 것을 기억하십시오. 마지막으로 어떤 투영된 결과 형상을 Sketch에서 오직 기준 요소로만 쓰고자 한다면, Construction Element로 변경이 가능합니다.

그림 4-48은 솔리드 형상의 중간에 위치한 Sketch 평면을 기준으로 형상을 투영한 결과를 보여줍니다.

4.5 Sketch 분석

Sketch를 분석하는 작업이 필수는 아니지만 특히 Sketch를 기반으로 작업할 때 유용하게 작용할 것입니다: 이 분석 작업은 솔리드 Modeling 시 나타날 수 있는 프로파일에 의한 형상 충돌 문제를 미리 방지할 수 있을 것입니다.

앞서 설명하였듯이 모든 형상 요소를 생성한 후에 Sketch를 분석해야 하는데, 빠뜨린 구속 조건을 찾기 위해 수행할 수 있습니다. 이러한 방법으로 열려 있거나 문제가 있는 프로파일 형상에 대해서 즉시 확인하고, Sketch의 다른 구속 조건에 영향을 미치지 않고 필요한 모든 기하

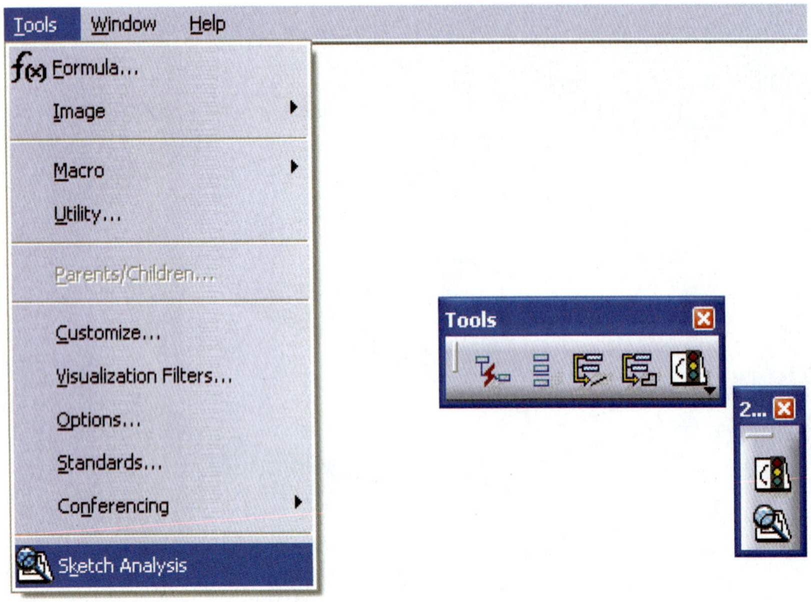

그림 4-49 Sketch Analysis 도구

학 수정을 할 수 있습니다. 비록 Iso-constrained된 Sketch-모든 형상 요소가 구속되어 있고, 두 개의 구속 조건이 형상과 원점 사이를 구속하고 있는 Sketch-가 솔리드 형상 생성에 꼭 필요하지는 않지만, 나중에 Part 수정 시 원하지 않는 수정을 피하기 위해서 모든 기하학 형상을 적절히 구속하는 것이 좋습니다. Iso-constrain된 Sketch인지 확인하는 빠르고 직접적인 방법은 모든 형상 요소가 Sketch에 초록색으로 나타나는지 확인하는 것입니다. 보다 완벽한 검증을 위한 특별한 방법도 있습니다. 그림 4-49처럼 풀다운 메뉴의 Tools의 2D Analysis Toolbar에서 Sketch 분석 명령을 사용할 수 있습니다. 이 명령은 Sketcher Workbench에서만 사용 가능합니다.

Sketch Solving Status

요약: Sketch 현재 구속 상태가 표시됩니다.
사용 순서: 좀 더 자세한 구속 상태 확인을 위해 Sketch Solving Status에 Sketch Anslysis 아이콘을 선택합니다.

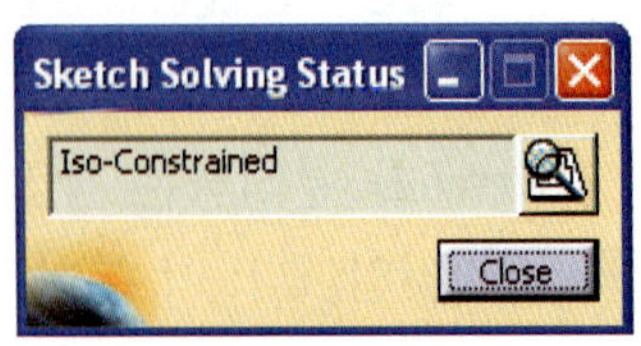

그림 4-50 Sketch Solving Status 메시지 상자

이 명령은 Sketch가 Iso-constrained인지 아닌지 확인해 줍니다. 이 명령은 그림 4-50과 같이 Sketch를 분석하고 Sketch의 상태를 특정한 메시지 상자에 표시합니다. 이 상자의 아이콘을 사용하여 Sketch 해석을 시작할 수 있습니다.

Sketch Analysis

요약: Sketch Analysis를 수행합니다.

사용 순서: 분석할 형상을 선택합니다.

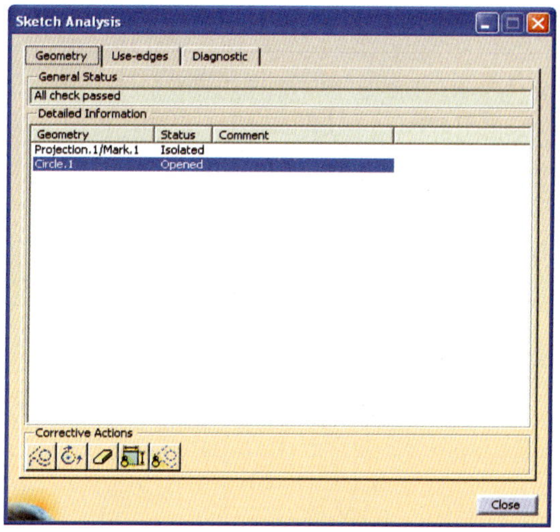

(a) Geometry Tab

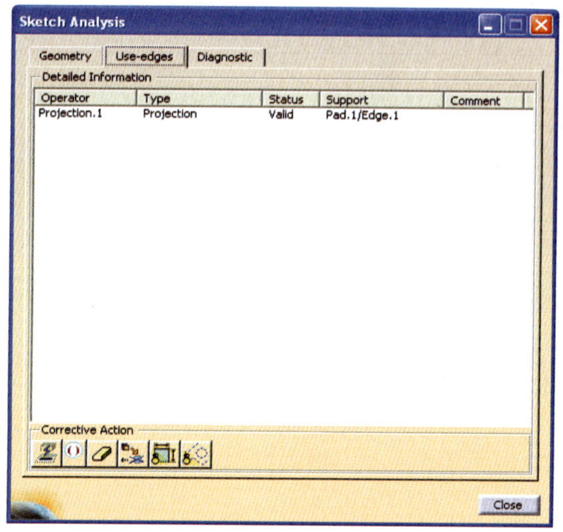

(b) Use-edges Tab

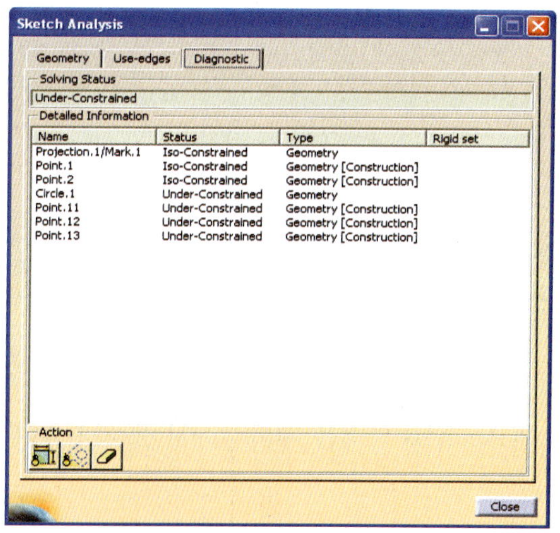

(c) Diagnostic Tab

그림 4-51 Sketch Analysis 대화상자

표 4-1 Sketch Geometry에 따른 전형적인 메시지

조건	일반적인 상태	Profile 상태
닫혀있는 단일 프로파일	문제없음	Implicit Profile – 닫힌 상태 #Curve(s)
닫혀있는 복수 프로파일	문제없음	각각의 프로파일: Implicit Profile – 닫힌 상태 #Curve(s)
서로 교차하며 닫혀있는 단일 프로파일	경고: Non-manifold Topology	Implicit Profile – 닫힌 상태 #Curve(s) – 경고: 스스로 교차되는 프로파일
열려있는 단일 프로파일 – 한곳만 열린 상태	문제없음	Implicit Profile – 열린 상태 #Curve(s) (End point distance = XXX): 값은 mm로 주어짐
한곳 이상이 열려있는 단일 프로파일	문제없음	각각의 프로파일: Implicit Profile – 열린 상태 #Curve(s) (End point distance = XXX): 값은 mm로 주어짐
한 개의 요소가 중복되어 프로파일 상에 중첩되어 있는 상태의 닫혀있는 단일 프로파일	경고: Non-manifold Topology	Implicit Profile – 열린 상태 #Curve(s) (End point distance = XXX): 값은 mm로 주어짐 Duplicated element 1 - Isolated Duplicated element 2 - Isolated
구속 안 된 포인트	문제없음	Point.X - Isolated
구속 안 된 선	문제없음	Line.X - Isolated
구속 안 된 호	문제없음	Circle.X - Isolated
구속 안 된 Spline	문제없음	Spline.X - Isolated

그림 4-51과 같이 Sketch Analysis 명령은 대화상자의 세 가지 다른 탭에 있는 분석 옵션을 제공합니다.

Geomertry 탭은 Sketch에 존재하는 하나 또는 여러 가지 프로파일의 상태를 표시합니다. 대부분 솔리드 형상을 생성하기 위해서는 닫힌 형상이 필요하며 어떤 경우는 열린 프로파일이 쓰이기도 합니다. 대부분 경우 프로파일은 Sketch에서 생성되어야 하는데, 만약 충돌하는 요소를 찾으면 관련 메시지를 화면에 보여줍니다. 표 4-1은 Geometry 탭에 나타나는 대표적인 메시지들을 표시하였습니다.

3차원 형상을 투영하거나 교차하는 형상이 Sketch에 존재할 때만 Use-Edges 탭에 이러한 정보를 표시합니다. 각각 기준이 되는 요소들에 대해서 Projection 또는 Intersection 형상 종류와 기준이 되는 Support 요소 또한 리스트되어 있습니다.

Diagnostic 탭은 ISO 또는 Under Constrained 상태의 Sketch의 구속 상태를 표시하고, Sketch에 존재하는 각 요소의 구속들을 리스트로 보여줍니다. Sketch가 Under Constrained 상태이면, 어떤 구속이 더 필요한지 표시하는 또 다른 방법이 될 수도 있습니다.

각 요소의 Type 정보는 어떤 요소가 프로파일의 부분인지, 어떤 요소가 Construction 참조 또는 Axis로 사용되었는지 등을 구분하는 데 사용됩니다.

그림 4-51처럼, 각각의 탭은 Sketch에서 좀 더 나은 시각화 및 충돌을 제거하기 위한 많은 명령을 제공합니다. 탭 메뉴들 사이에 몇 가지 같은 명령이 있는데, 여기서는 각각 설명하도록 하겠습니다.

Set in Construction Mode (Geometry 탭)

요약: 선택한 Geometry를 Construction 요소로 변환합니다.

Close Opened Profile (Geometry 탭)

요약: 선택한 열린 프로파일을 닫힌 상태로 만들어 줍니다.

Delete Geometry (Geometry, Use-Edges, Diagnostic 탭)

요약: 선택한 형상을 지웁니다.

Hide Constraints (Geometry, Use-Edges, Diagnostic 탭)

요약: 화면에서 구속 요소들을 숨깁니다.

Hide Construction Geometries (Geometry, Use-Edges, Diagnostic 탭)

요약: Construction 요소들을 숨깁니다.

표 4-3 기본 구속과 대체 가능한 구속들

선택한 요소	기본 구속	대체 가능한 구속
타원	타원의 장축	**Dim**: Semi_minor axis **Geo**: Horizontal-Vertical-Fix **Other**: Reference-Position Dimension
스플라인	두 번째 요소가 선택되어야 함	
포인트 + 선	포인트와 선 사이의 최단 거리	**Geo**: Midpoint-Coincidence **Other**: Reference-Swap Location
포인트 + 원	선택한 요소 사이의 최단 거리	**Dim**: Horizontal Measure Direction -Vertical Measure Direction
포인트 + 호	선택한 요소 사이의 최단 거리	**Geo**: Concentricity-Coincidence **Other**: Reference-Swap Location
선 + 원	선택한 요소 사이의 최단 거리	**Geo**: Tangency **Other**: Reference-Swap Location
두 개의 점	선택한 요소 사이의 최단 거리	**Dim**: Horizontal Measure Direction -Vertical Measure Direction **Geo**: Coincidence **Other**: Reference- Swap Location -Allow symmetry line- Position Dimension
서로 평행한 두 선	두 선 사이의 거리	**Dim**: Distance **Geo**: Parallelism- Perpendicular- Coincidence **Other**: Reference- Swap Location -Allow symmetry line- Position Dimension
서로 평행하지 않은 두 선	두 선 사이의 각도	**Dim**: Angle **Geo**: Parallelism- Perpendicular- Coincidence **Other**: Reference- Swap Location -Allow symmetry line- Position Dimension
두 개의 호	두 호 사이의 거리 (그림 4-60처럼 반드시 두 호 사이의 최단 거리가 아닐 수 있음)	**Dim**: Horizontal Measure Direction -Vertical Measure Direction **Geo**: Concentricity- Coincidence- Tangency
두 개의 원	선택한 두 원 사이의 최단 거리	**Other**: Reference- Swap Location -Allow symmetry line- Position Dimension
임의의 세 개의 요소	세 개의 요소를 동시에 선택하면 구속이 생성되지 않음	

선은 각도 구속 조건을 주며, 수치를 구속을 생성한 경우 값을 정의하기 위해 더블클릭하여 값을 수정합니다. 이 도구에서 흥미로운 점은, 수치적 구속 조건을 주더라도 오른쪽 클릭을 하여 Context 메뉴를 펼치면 수치적, 기하학 구속 조건 모두 생성할 수 있다는 것입니다. 그림 4-58은 두 개의 평행하지 않은 선을 선택한 후에 Context 메뉴를 펼친 모습입니다. 이 선택 사항에서는, 각도 구속 조건 변경과 관련하여 다양한 옵션을 제공합니다.

표 4-3에 여러가지 선택에 따라 사용 가능한 기본 및 다른 종류의 구속 조건을 설명하였습니다. 다른 종류의 옵션에 관한 설명은 다음과 같습니다.

DIMENSIONAL OPTIONS

- Angle: 거리 조건을 각도 구속 조건으로 정의합니다.
- Distance: 각도 조건을 거리 구속 조건으로 정의합니다.
- Diameter: 반지름 조건을 지름 구속 조건으로 정의합니다.
- Horizontal Measure Direction: 수치를 수평으로 투영합니다.
- Radius: 지름 구속을 반지름 구속 조건으로 정의합니다.
- Semi-minor Axis: 타원의 주요 축을 부축으로 정의합니다.
- Vertical Measure Direction: 수치를 수직으로 투영합니다.

GEOMETRICAL OPTIONS

- Coincidence: 기본 구속 조건을 일치하는 기하학 구속 조건으로 정의합니다.
- Concentricity: 기본 구속 조건을 동심원의 기하학 구속 조건으로 정의합니다.
- Fix: 기본 구속 조건을 고정시키는 기학학적 구속 조건으로 정의합니다. 선택한 개체는 자동으로 Iso-Constrained됩니다.
- Horizontal: 기본 구속 조건을 수평인 기하학 구속 조건으로 정의합니다.
- Midpoint: 선택한 포인트를 선의 가운데에 위치시키는 구속 조건을 생성합니다. 이 옵션으로 생성한 구속 조건은 동일 중심을 가지는 원이고 같은 거리를 유지하는 것은 아닙니다.
- Parallelism: 기본 구속 조건을 평행적 기하학 구속 조건으로 정의합니다. 평행적 구속 조건은 다른 과한 구속 조건 부과 없이 두 개의 수평, 수직 선에 추가하거나 거리 수직 조건으로 이미 연결되어 있는 선에 추가할 수 있습니다.
- Perpendicular: 기본 구속 조건을 직교하는 기하학 구속 조건으로 정의합니다.
- Tangency: 기본 구속 조건을 접하는 기하학 구속 조건으로 정의합니다.
- Vertical: 기본 구속 조건을 수직인 기하학 구속 조건으로 정의합니다.

OTHER OPTIONS

- Allow Symmetry Line: 이 옵션은 사용자가 세 번째 선 요소를 선택하고 이전에 선택한 두 개의 개체를 위한 대칭축으로 사용할 수 있게 합니다. 그런 다음 대칭 기하학 구속 조건이 만들어집니다.
- Position Dimension: 기본 옵션은 사용자가 Sketch에 위치 구속 조건을 위치시키도록 합니다.
- Reference: Sketch에 괄호를 포함하여 참조 숫자로 구속 조건을 재정의합니다. 그러나 형

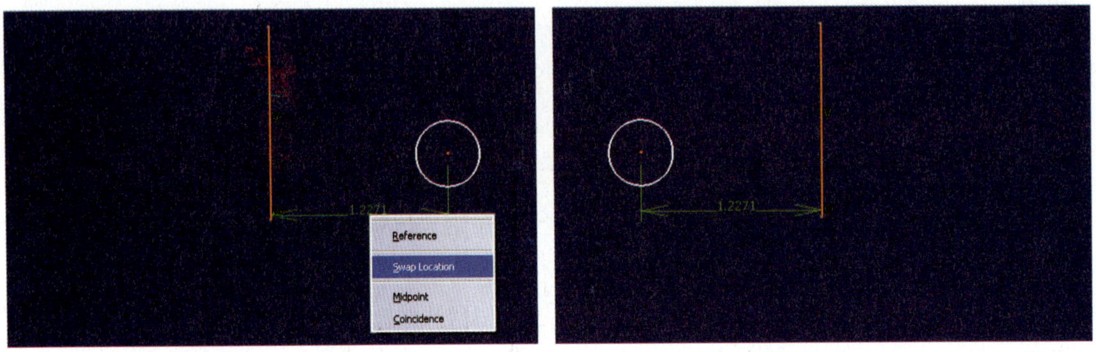

(a) 원본 (b) 교체한 결과

그림 4-59 위치를 교체하는 옵션

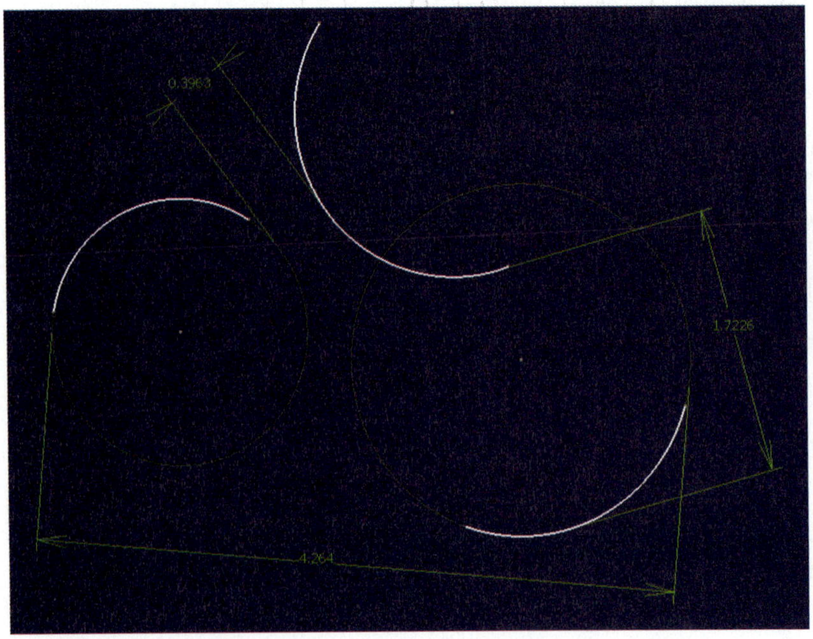

그림 4-60 호 설정에 따른 기본 수치적 구속 조건

상을 주도할 수는 없습니다.

- Swap Location: 그림 4-59와 같이 첫 번째 요소를, 선택한 두 번째 요소의 위치와 변경합니다.

표 4-3에서 언급하였듯이, 선택한 개체의 설정에 따라 제안된 기본 구속 조건은 다를 수 있습니다(그림 4-60을 참고). 어떤 경우는 가장 짧은 거리가 제안되지 않을 수도 있습니다.

Contact Constraint

요약: 접촉 구속 조건을 생성합니다.

사용 순서: 구속을 주고자 하는 요소를 선택하고, 접촉하고자 하는 다른 요소를 선택합니다.

이 명령은 선택된 두 개의 개체 사이에 접촉 구속을 생성하게 합니다. 전에 설명하였던 선택에 따라 일치, 동심원, 접선과 같은 구속 조건이 될 수 있습니다. 표 4-4는 여러가지 선택에 따른 구속 조건을 나타냅니다. 항상 첫 번째로 선택한 형상은 본래의 위치를 유지하고, 반면 두 번째 선택한 형상은 구속 조건에 따라 재위치될 것입니다.

구속을 분석할 때 알아야 할 사항

수치적, 기하학적 구속 조건은 Specification Tree에 속한 Sketch의 Constraints 그룹에 나타납니다. 그림 4-61에 몇 가지 경우들을 나타내었습니다:

- 가로, 세로 구속 조건은 Specification Tree에 나타나지 않습니다. 이 조건은 Parallelism 구속 조건으로 H, V축의 좌표계를 참조합니다.

표 4-4 Contact Constraints로 적용 가능한 구속들

선택한 요소	생성되는 구속
두 개의 포인트	Coincidence
두 개의 선	Coincidence
두 개의 원/호	Concentricity
두 개의 타원	Concentricity
두 개의 스플라인	Tangency
선과 포인트	Coincidence
선과 호/원/타원/스플라인	Tangency

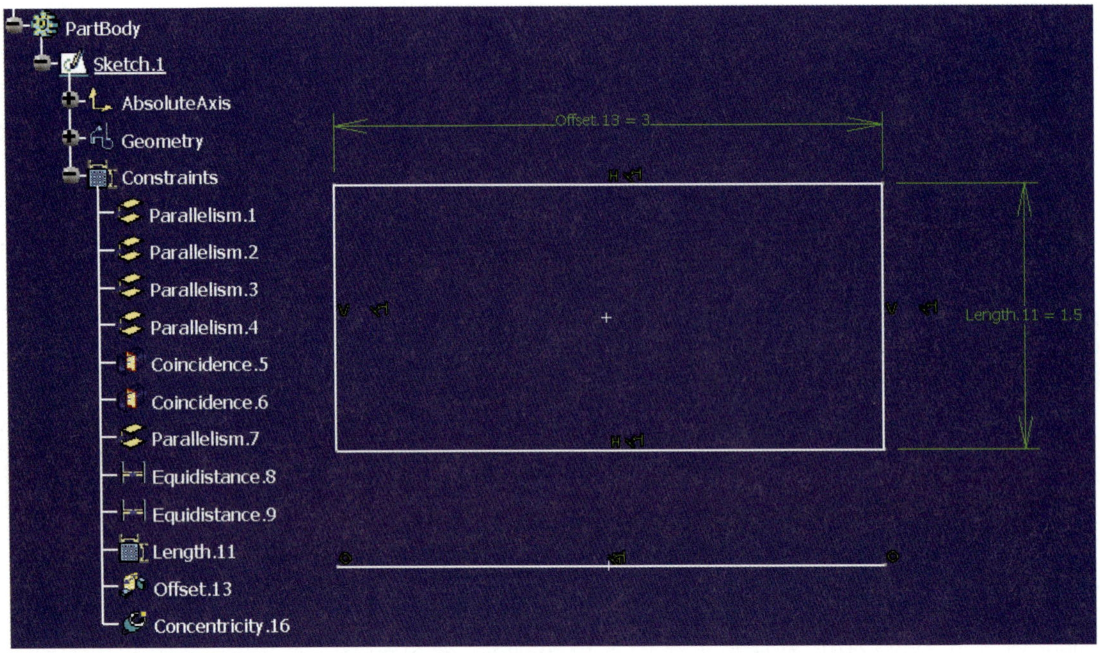

그림 4-61 Specification Tree에 나타난 구속 조건들

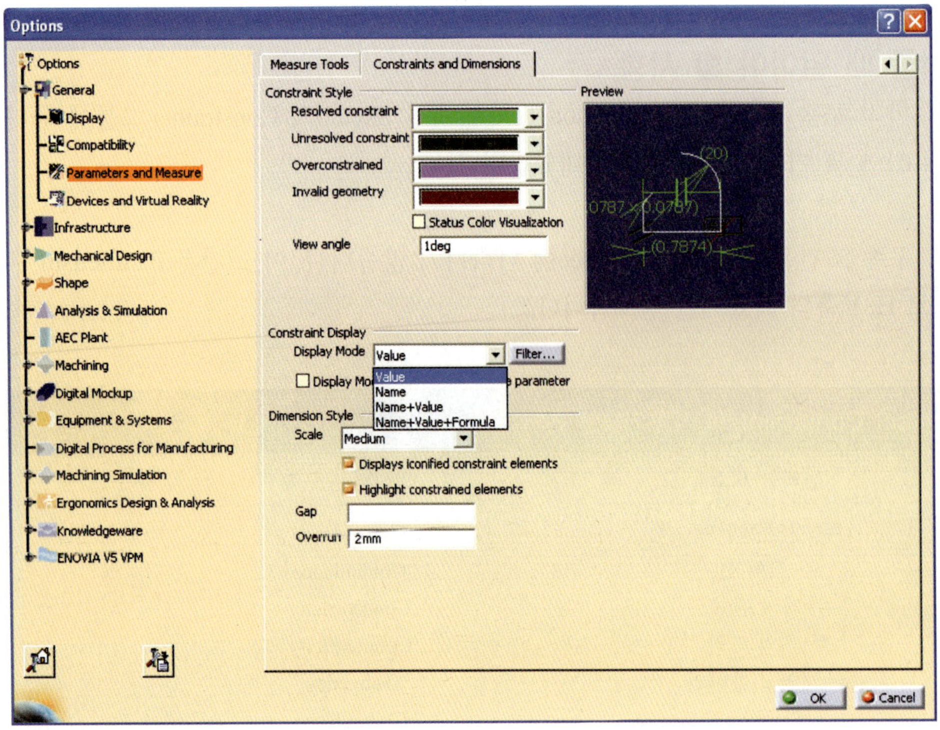

그림 4-62 Constraint Display 옵션

표 4-5 구속의 표시

구속	표시	
	Sketch	Specification Tree
Angle		Angle
Coincidence		Coincidence
Concentricity		Concentricity
Diameter	D 1.25	Radius
Distance	0.5	Offset
Equidiatance		Equidistance
Fix		Fixed
Horizontal		Parallelism
Length	0.5	Length
Midpoint		Concentricity
Parallelism		Parallelism
Radius	R 1.5	Radius
Symmetry		Symmetry
Tangency		Tangency
Vertical		Parallelism

- 선형 조건은 Length 또는 Offset으로 결정될 수 있습니다.
- Equidistant Point는 사각형의 가운데에 위치하거나 선의 Midpoint에 위치하는데, 그림에서 보는 바와 같이 생성 방법에 따라 동일 간격 또는 동심원으로 결정될 수 있습니다.

형상에서 구속 조건은 그들의 변수 이름을 사용하여 보여줄 수 있습니다. 그림 4-62와 같이

반지름, 지름 구속의 경우 Dimension 옵션에서 구속 종류를 바꿀수 있습니다. 각도 구속은 Angle Sector 옵션 중에 하나를 사용하여 수치 값의 위치를 변경할 수 있습니다.

모든 대화상자는 Reference 옵션을 가지고 있어서 괄호 안에 보이는 참고용 수치 구속 조건으로 변경할 수 있습니다. 만약 이 옵션을 사용하면 구속 대화상자 구속 값들이 회색으로 나타나는데 사용자에게 편집될 수 없다는 것을 알려주기 위함입니다. Reference 구속은 Constraint의 Context 메뉴에서 생성될 수 있는데, 그림 4-65와 같이 다른 수치 변화에 다른 어떤 수치 변화를 Sketch 부분에서 검사할 때 유용하게 쓰입니다. 참조 구속 생성 동안 Sketch는 잠시 Over Constrained 조건에 놓이게 되는데, 이러한 상태가 계속되지는 않을 것입니다.

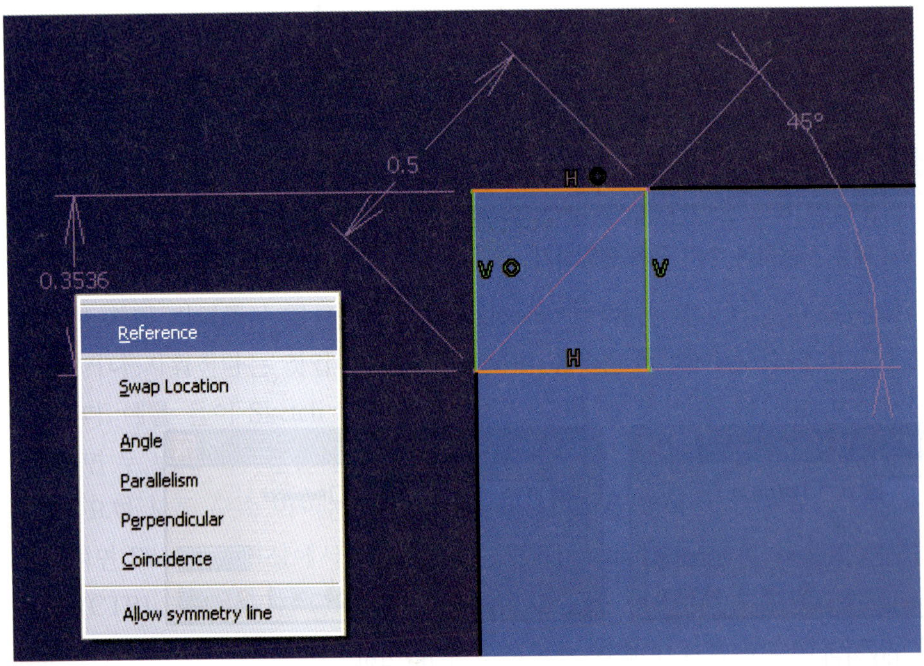

그림 4-65 참조 구속 생성

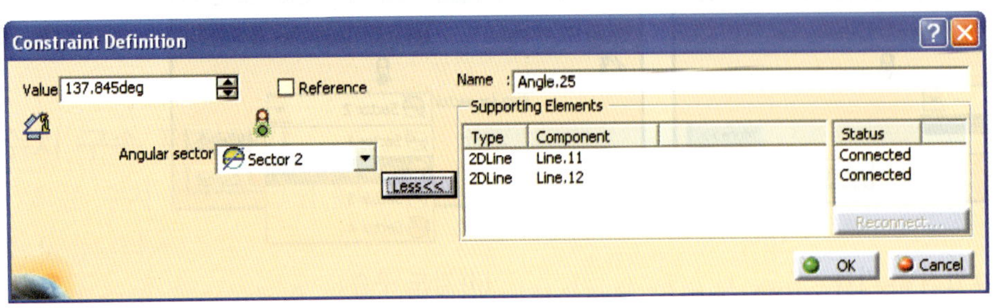

그림 4-66 확장된 대화상자-각도 구속

Reference 구속은 이 책의 나중에 설명할 매개변수 적용에 사용될 수 있습니다.

모든 상자는 구속 조건 이름과 연결된 개체들에 관한 좀 더 많은 정보를 보여주기 위해 확장될 수 있습니다. 그림 4-66은 Angle 구속 조건을 위한 정보를 보여주고 있습니다. Sketch를 완성하면 Pad, Revolving 등의 조작을 위해 Sketch를 나가야 합니다.

Exit Workbench

요약: Workbench를 벗어나고자 할 경우에 사용합니다.

이 명령은 사용자를 Sketch 외 다른 몇 가지 특별한 Workbench에서 벗어나고자 할 경우에 사용합니다.

많은 경우 기존 Sketch를 벗어날 때, 그림 4-67과 같이 형상은 이미 선택되었고 솔리드 형상을 만들 준비가 된 상태가 됩니다.

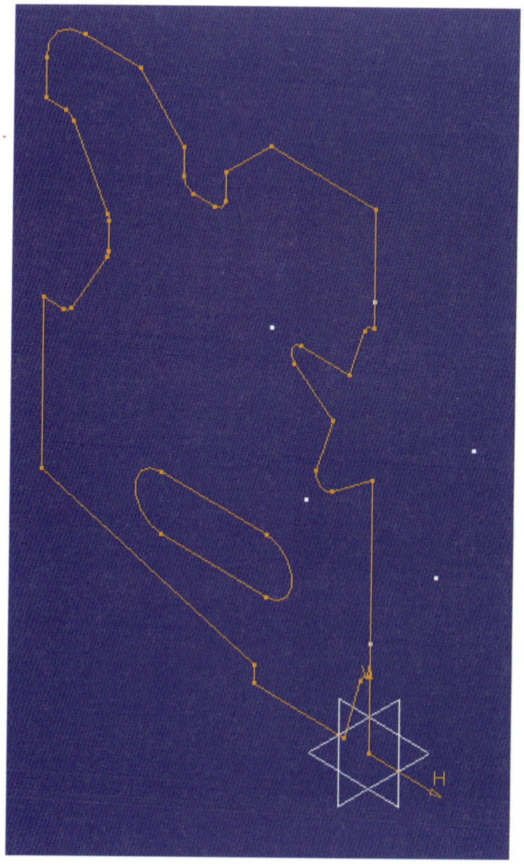

그림 4-67 선택된 형상

4.7 기본 Modeling 도구

이 장의 이번 파트에서는 사용자가 솔리드를 생성하여 Drawing 파일로 추출할 수 있도록 솔리드 Modeling의 기본 지식을 공부할 것입니다. 대부분의 솔리드 Modeling 명령은 6장에서 다루도록 할 것입니다.

Sketcher Workbench를 나오면서 주목해야 할 것은 오직 몇 가지의 솔리드 Modeling 명령만이 사용 가능하다는 것입니다. 사실 그림 4-68과 같이 첫 번째 Sketch만이 존재할 때 Modeling의 세 가지 가장 많이 사용하는 Toolbar 중 Sketch-Based Feature Toolbar의 반 이하만 사용 가능하고 Dress-up Toolbar는 전혀 사용할 수 없으며, Transformation Toolbar도 전혀 사용할 수가 없습니다. 왜냐하면 대부분의 3차원 명령들은 사용하기 전에 수정할 솔리드를 요구하기 때문입니다.

CATIA®는 형상 기반 소프트웨어라고 하는데 무슨 의미일까요? 이 질문에 대한 대답은 이 주제에 관해 잘 알려진 참조의 한 문단에서 찾을 수 있습니다:

> "Feature"에 대해서 좀 더 공식적인 정의를 내릴 때입니다. Feature는 Assembly의 Part의 형상에 대한 공학적 의미와 중요성을 대표한다고 말할 수 있습니다. Feature는 기하학적 추론 또는 Product 정의를 위한 빌딩 블록 정도로 여겨질 수 있습니다.

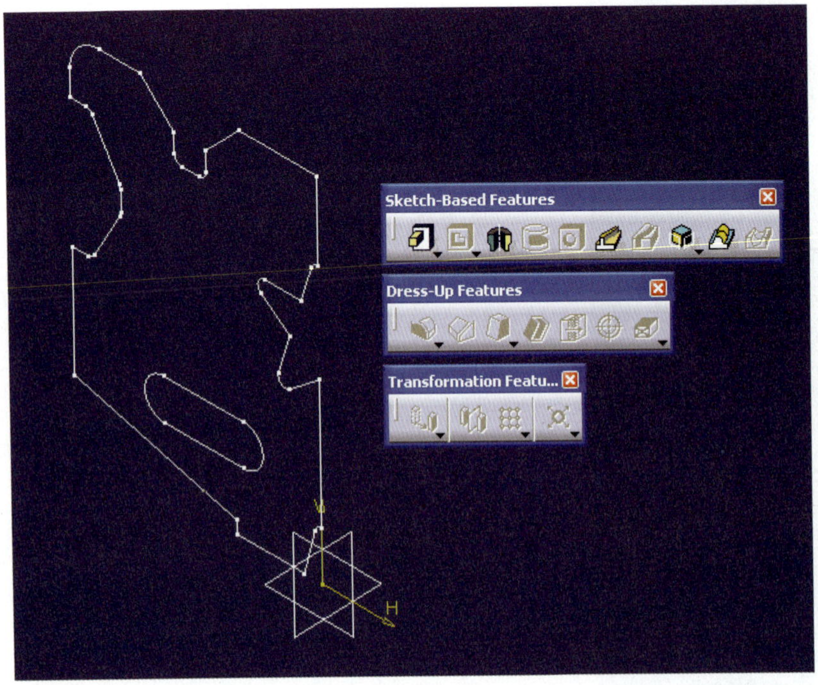

그림 4-68 첫 번째 Sketch로 사용 가능한 Modeling 도구

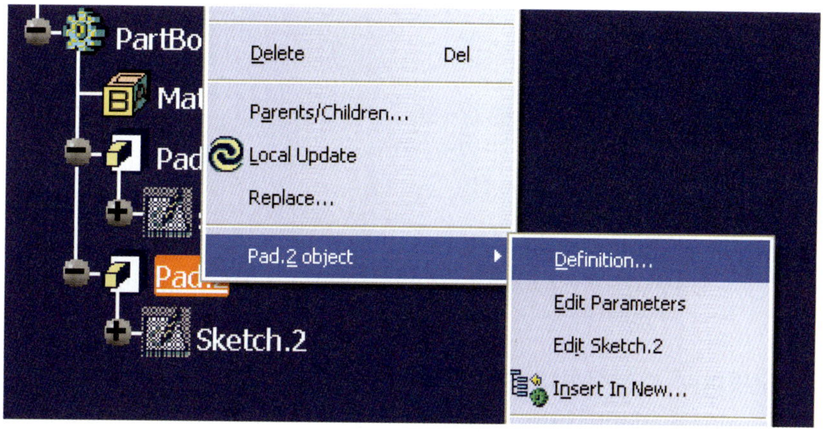

그림 4-69 Context 메뉴에서 Feature 편집하기

- Feature는 물리적 Part의 구성입니다.
- Feautre는 Mapping이 가능한 포괄적인 형상입니다.
- Feature는 공학적인 중요성을 가지고 있습니다.
- Feature는 예측 가능한 Properties입니다.

Jami J. Shaw, Martti Mantyla. Parametric and Feature-based CAD/CAM concepts, techniques, and application. New York, John Wiley and Sons, Inc; 1995: 97 참조.

Feature는 Sketch에서 완성된 프로파일로부터 정의되며 기계적인 역할과 연관이 있다고 할 수 있습니다.

다음 단락에서는 간단한 솔리드를 생성하고 Feature-Based Modeling(형상 기반 모델링) 능력을 익힐 수 있는 명령들에 대해 설명하겠습니다. 모델링 시, 주어진 Feature에 정의된 값을 변경하려면 솔리드 모델에서 Feature 자체를 더블클릭하거나, 더 편리하게 Part Specification Tree에서 Feature 표현을 더블클릭합니다. 다른 방법으로는 Feature의 Context 메뉴를 사용하여 그림 4-69에 Feature_Name Object's Definition 옵션을 선택하는 것입니다. 이 옵션은 관련된 Feature의 대화상자를 열어줍니다.

SKETCH-BASED FEATURE TOOLBAR

Pad

요약: 열린 혹은 닫힌 프로파일 형상을 돌출시켜 솔리드를 만듭니다.

사용 순서:

명령을 실행한 후: Pad하고자 하는 프로파일 형상을 선택합니다.

프로파일을 선택한 후: Pad Definition 대화상자를 통해 변수를 정의하여 형상을 완성합니다.

Pad 명령은 형상을 Sketch 평면에 수직이거나 임의의 직선 방향으로 돌출시켜 솔리드 형상을 생성합니다. Pad는 닫혀 있거나 열린 프로파일 또는 서피스로부터 솔리드 형상을 만들 수 있습니다. 열린 프로파일과 서피스 면으로 Pad를 생성하는 방법은 6장에서 설명할 것입니다. 명령을 실행하면 그림 4-70과 같이 Pad Definition 대화상자를 보여줍니다.

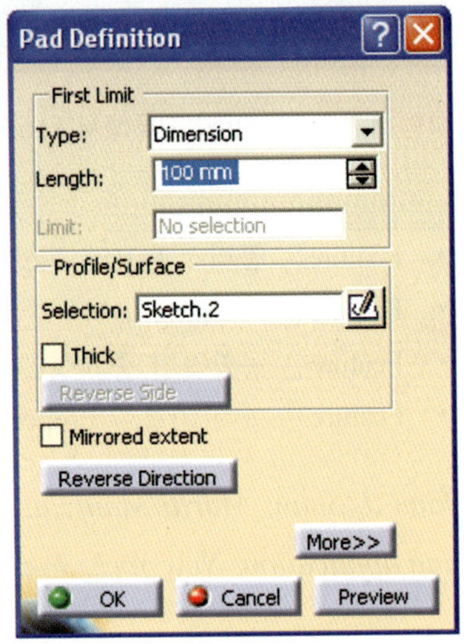

그림 4-70 기본 Pad 대화상자

첫 번째로 할 일은 솔리드 Feature로 생성할 Sketch를 선택하는 것입니다. Sketch를 선택하자마자, 화면에 Sketch를 포함한 모든 구속 조건이 나타납니다. Specification Tree에서 더블클릭하면 사용자가 솔리드 형상을 편집할 수 있고 Sketch에 들어가 편집할 필요 없이 더블클릭하여 직접 수치 구속 값을 변경할 수 있기 때문에, 이러한 방식은 솔리드 및 프로파일에 수정이 필요할 때 매우 유용합니다. Sketch를 선택하면 그림 4-71과 같이 돌출부의 동적 수치 변화를 위해, Sketch 주변에 나타난 LIM1, LIM2

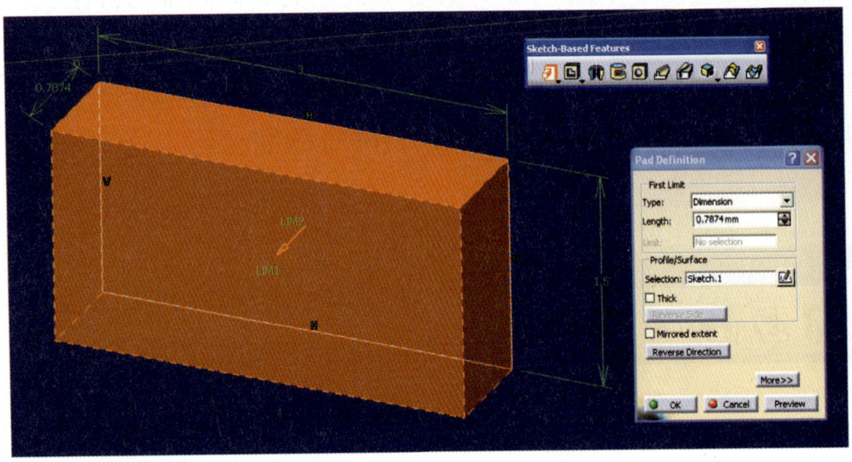

그림 4-71 첫 번째 Sketch의 Pad

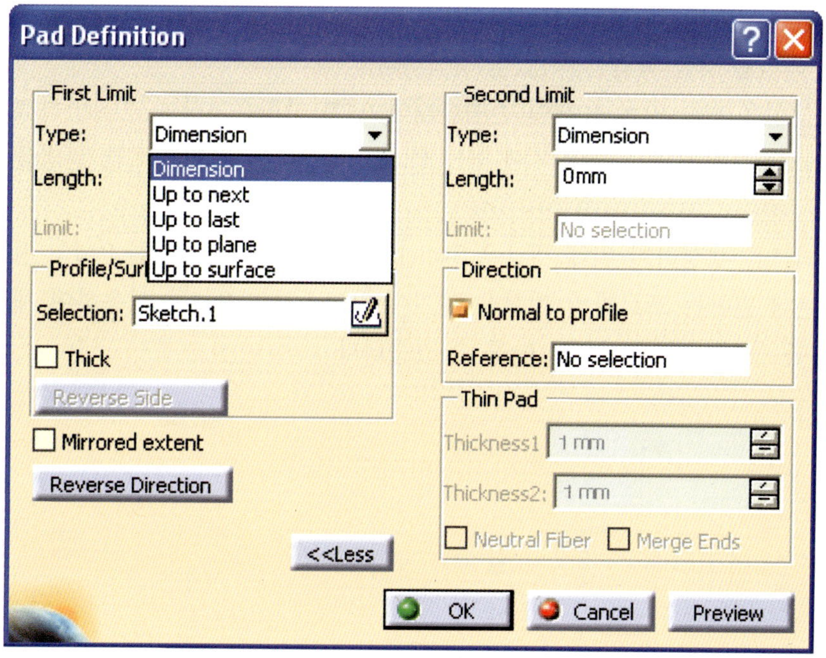

그림 4-72 확장된 Pad Definition 대화상자

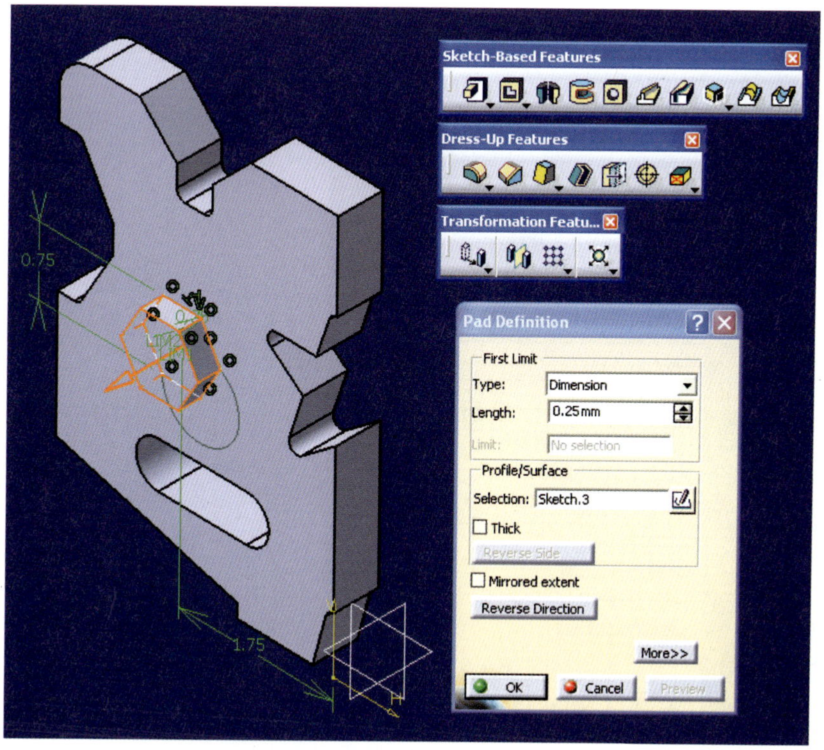

그림 4-73 여러 단계의 Pad로 만들어진 솔리드

표시를 잡아서 드래그할 수 있습니다. 이렇게 형상이 하나 만들어지고 나면 Part Design의 모든 형상 명령이 사용 가능해지는 것을 확인할 수 있을 것입니다.

그림 4-72와 같이 Pad 생성을 위한 많은 옵션이 존재합니다. 세부 사항은 6장에서 설명하겠습니다. 이 장에서는 Dimension 옵션과 두께를 사용하여 Pad를 생성하는 방법으로만 설명을 제한하겠습니다.

여러 단계의 Pad로 솔리드를 생성하기 위해 새로운 Sketch의 기준면 앞서 생성한 Pad의 평평한 면을 선택할 수 있는데 원하는 프로파일 형상을 여기에 Sketch하고 Pad를 이용하여 새로운 Feature를 그림 4-73과 같이 적층 형식으로 만들 수 있습니다.

Pocket

요약: 프로파일 형상을 이용하여 형상을 제거하고자 할 때 사용합니다.

사용 순서:

명령을 실행한 후: 제거하고자 하는 형상의 기본 경계가 되는 프로파일 형상을 선택합니다.

프로파일을 선택한 후: Pocket Definition 대화상자를 통해 치수 및 제한 사항을 정의합니다.

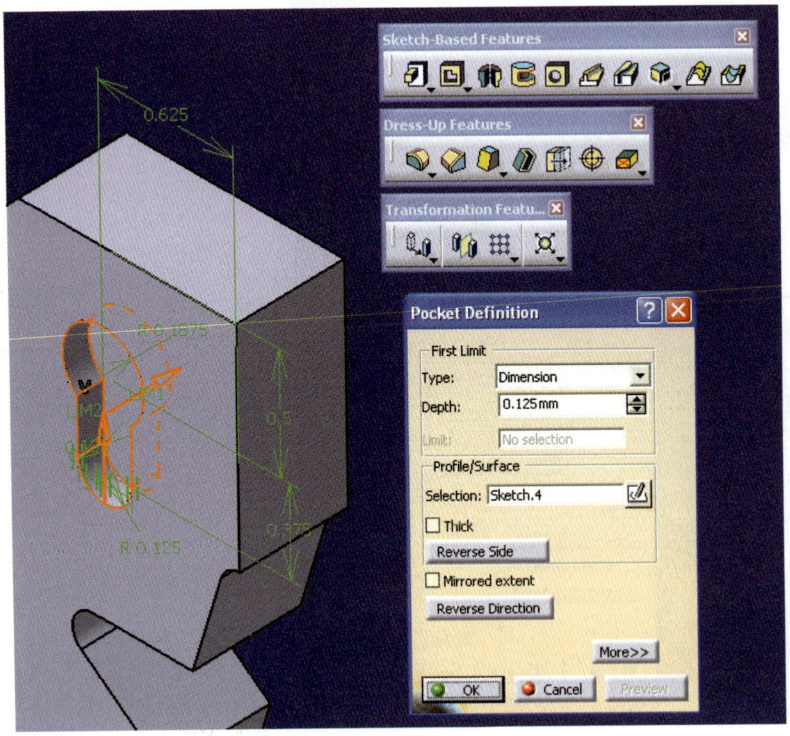

그림 4-74 결과 미리보기

Pocket 명령은 솔리드에서 형상을 제거할 때 사용합니다. 이 명령은 Pad와 같은 정보를 필요로 합니다: 프로파일로 정의할 Sketch 또는 서피스와 형상을 제한하기 위한 치수들 Part Design Workbench에서는 명령어들이 두 개씩 짝을 이루며 형상을 추가(Add) 또는 제거(Remove)하는 기능들로 묶여 있습니다.

논리적으로 Pocket은 Part에서 솔리드 형상을 제거하는 데 사용합니다. 6장에서는 Boolean 방법론을 통해 Pocket이 형상을 생성할 수도 있다는 것을 설명할 것입니다.

많은 종류의 명령에는 입력한 값으로 형상을 생성할 수 있도록 하는 Preview 버튼을 가지고 있습니다. 미리보기는 때때로 여러 단계로 나뉘어져 있습니다: 그림 4-74와 같이 솔리드 형상이 회색이 될 때까지 미리보기 버튼을 누르는 연습을 해보십시오. 어떤 경우는 회색의 솔리드가 없어지지 않을 수도 있다는 점을 기억하십시오.

Hole

요약: 다양한 종류의 Hole 형상을 만듭니다: Simple Hole, Tapered Hole, Counterbored Hole, Countersunk Hole, Counterdrilled Hole

사용 순서:

명령을 실행한 후: 형상의 면이나 Plane 요소를 선택합니다. 선택적으로 제일 먼저 포인트나 선을 선택하여 Hole의 원점을 정의할 수 있습니다.

면 요소나 평면을 선택한 후: Hole을 정의할 데이터를 입력합니다.

선택한 대상에 따라, Modeling 문제를 표시하기 위해 Feature Definition Error 대화상자가 나타날 수 있습니다. 그림 4-75에 이와 같은 상황이 나타나 있는데, 평면이 기준 요소로 사용되었고 첫 번째 Hole의 위치가 솔리드 바깥쪽에 위치하여 형상을 제거할 수 없는 상황입니다. 이런 상황이 발생하면, Feature Definition Error 대화상자에서 OK을 누르고 Hole Definition을 계속합니다. 문제를 해결하는 가장 쉬운 방법은 다음 단락에서 설명하겠습니다.

Hole 명령어를 활성화시키기 전에, Hole 위치 기준으로 사용할 형상 요소를 미리 선택할 수 있습니다. 두 모서리와 솔리드의 면 또는 평면을 선택하고 Hole 명령을 선택하면, 에러 대화상자가 나타날 것입니다. OK 버튼을 누르면, 그림 4-76과 같이 Hole 위치 변경을 위해 수치 구속을 편집할 수 있도록 합니다. 모서리는 선택한 기준면에 투영될 것이기 때문에 처음부터 선택한 평면이나 형상의 면에 놓여 있을 필요는 없습니다. 구속을 편집하려면 각 구속을 더블클릭하고 치수를 변경합니다.

먼저 모서리와 솔리드 면을 선택하면 그림 4-77과 같이 자동으로 Hole의 중심과 선택한 모서리 사이에 동심원 구속 조건이 생깁니다.

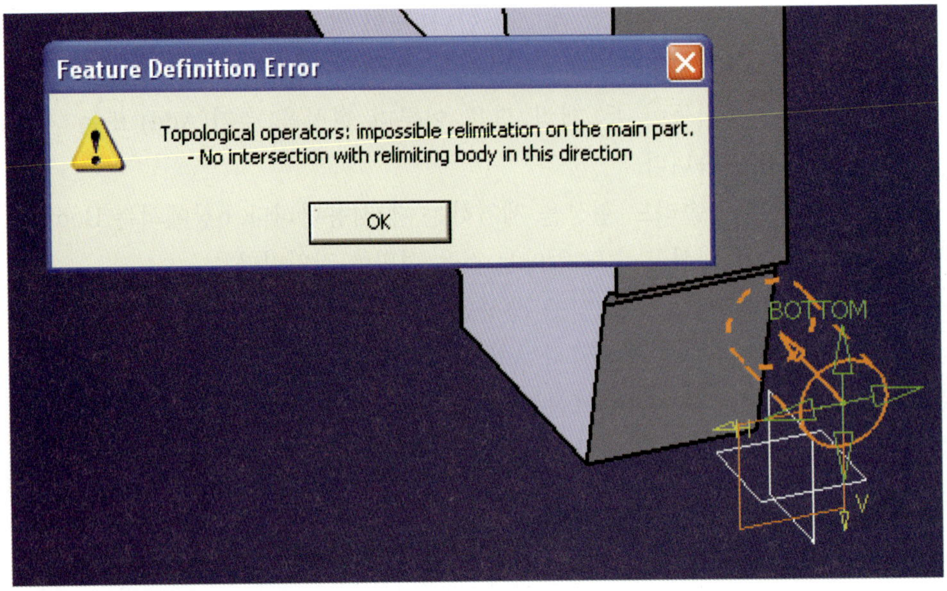

그림 4-75 Feature Definition 에러 대화상자

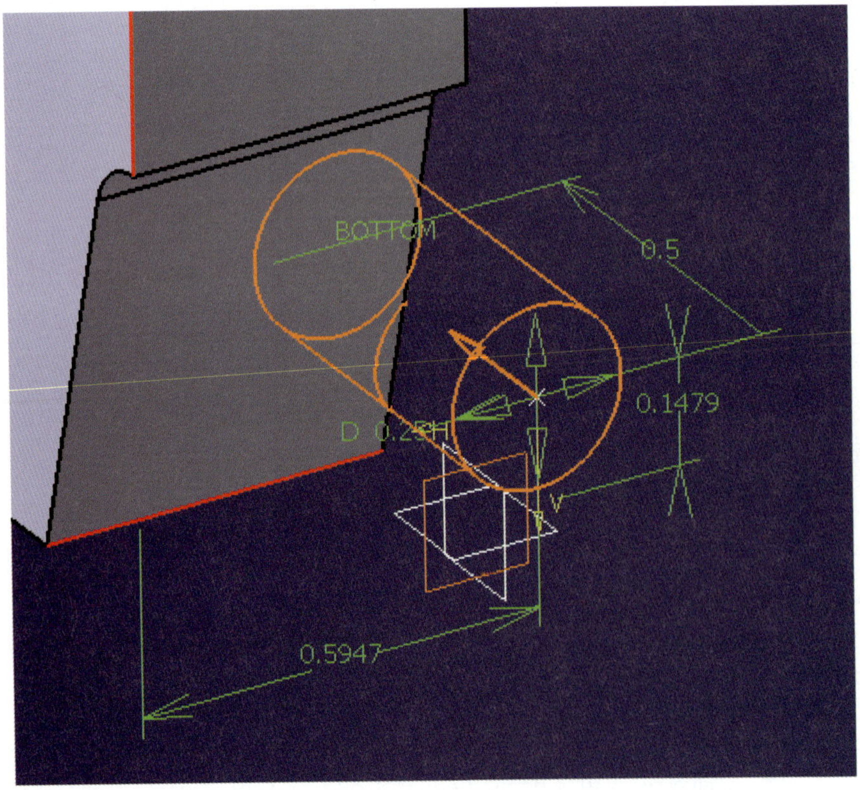

그림 4-76 선형 모서리 미리 선택하기

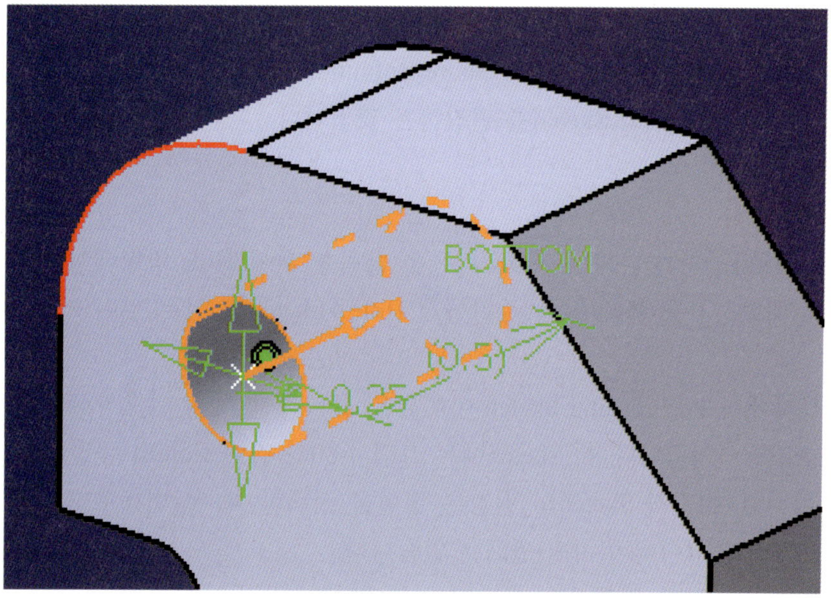

그림 4-77 곡선 모서리 미리 선택하기

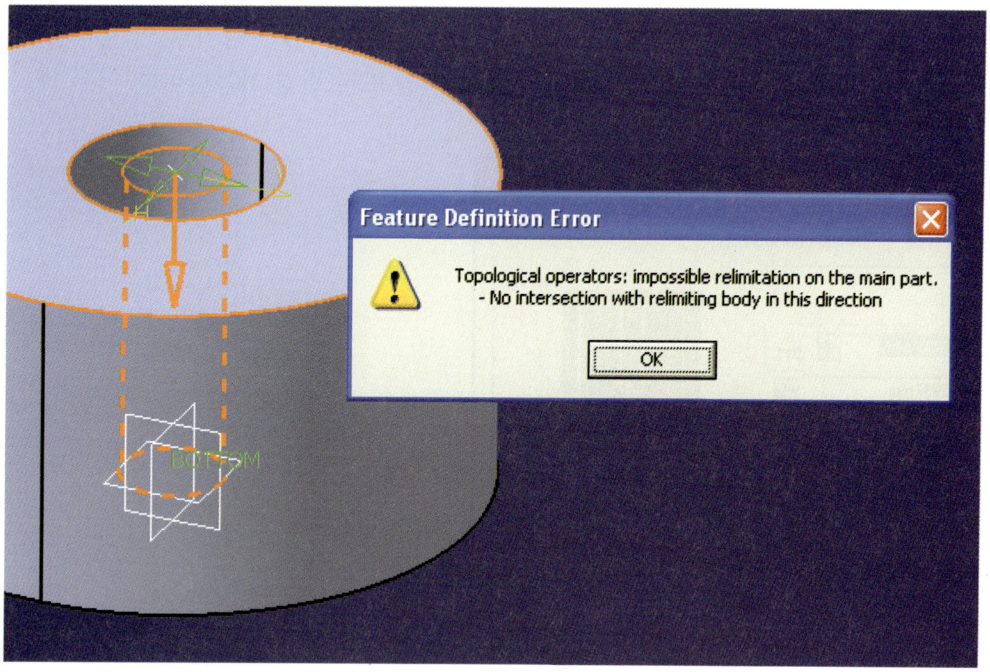

그림 4-78 Hole Self Cenctering 작동

Hole을 만들기 위해 원형의 면을 선택하면, 스스로 중심을 찾아 Hole의 중심을 면의 것과 일치시킵니다. 그렇지만 구속은 생기지 않습니다. 동심원 구속을 확실히 정의하기 위해 Hole

의 Sketch를 편집하여 구속하여야 합니다. 그러나 동심원 Hole 작업 후에 같은 면에 같은 혹은 더 작은 크기의 Hole을 더하면, 그림 4-78과 같이 Feature Definition Error 대화상자를 나타나게 할 것입니다. 이 문제의 해결은 Hole의 Sketch를 편집하는 것입니다

HOLE'S SKETCH 편집하기

Feature Definition Error 대화상자가 나타나면 OK 버튼을 클릭한 후에, Hole 명령에서 그림 4-79처럼 Hole Definition 대화상자를 통해 우측 중간에서 Hole's Sketch를 여는 것이 가능합니다.

Hole Definition 대화상자에서 Positionaing Sketch 아이콘을 클릭하면 사용자는 바로 Hole의 중점을 정의하는 Sketch를 열어줍니다. 이 Sketch에는 그림 4-80과 같이 Hole의 중점, 좌표축, 구속 조건만이 존재합니다. 여기서 Sketch의 원점은 평면을 선택할 때 첫 번째로 선택한 부분에 만들어지는 것으로, 반드시 이에 일치될 필요는 없습니다.

Sketch는 Hole의 중심을 정의하기 위해서만 만들어진 것입니다. 중점을 나타내는 별표는 Hole의 Sketch에서만 허용되는 표준 요소로 Hole 중심을 위치시키기 위해 필요하다면 Construction 요소를 추가할 수 있습니다.

Hole 정의 작업을 마치면 Hole의 Sketch는 자동으로 숨겨지고, 그림 4-81처럼 이 정의는 항상 Part Specification Tree의 Hole Feature 아래 항목에서 수정 또는 변경 가능합니다. 아무 때나

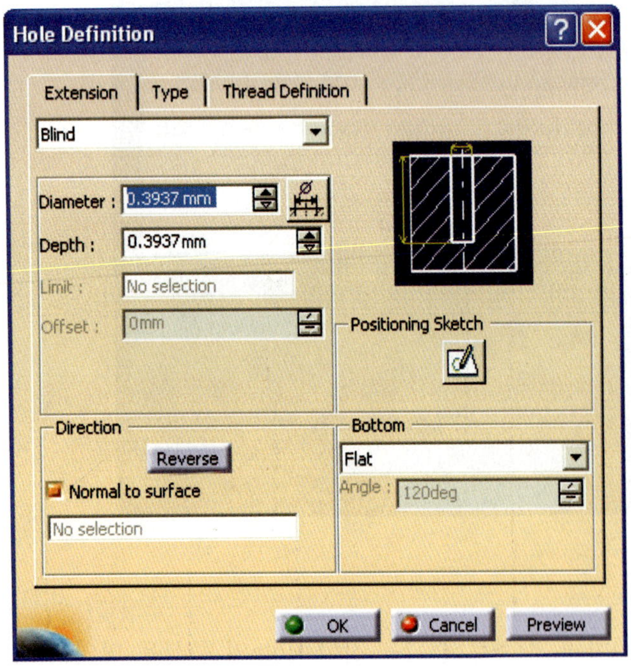

그림 4-79 Hole Definition 대화상자

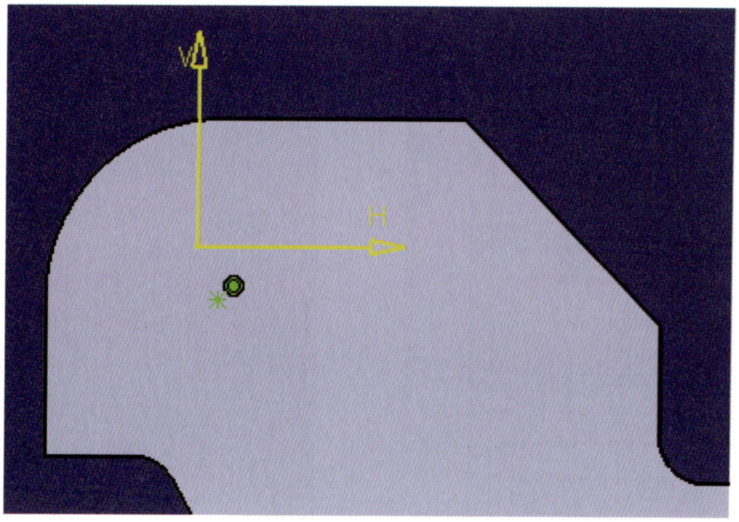

그림 4-80 Hole의 Sketch에 나타난 Hole 중심 표현

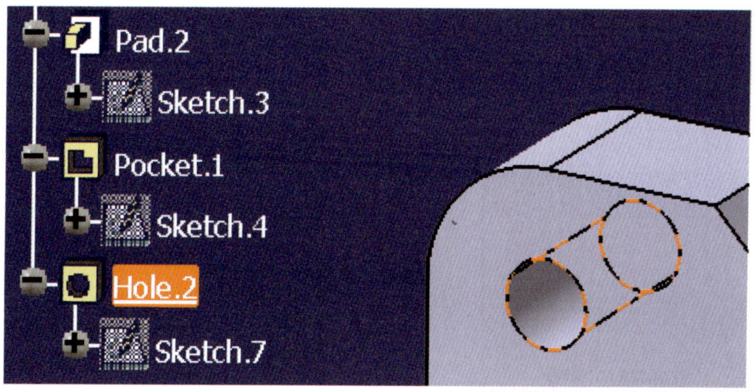

그림 4-81 Hole 형상 Sketch의 Specification Tree 표현

Sketch를 편집하려면 Hole의 Sketch 표식을 더블클릭할 수 있습니다. Hole 명령은 다른 종류의 특징을 첨부할 수 있기 때문에, Feature의 가장 좋은 예라 할 수 있습니다. Hole Definition 대화상자는 Extension, Type, Thread Definition 세 개의 탭을 통해 Hole의 확장된 정의를 가능하게 합니다.

Extension 탭은 Hole의 깊이를 다양한 방식을 통하여 생성할 수 있습니다. 그림 4-82와 같이 Blind, Up to Next, Up to Last 등의 깊이를 정의할 수 있는 방식이 있습니다. Hole의 Extension 종류에 따른 미리보기는 대화상자를 통해 확인이 가능합니다. 이 탭은 또한 Hole의 바닥(Bottom)을 정의할 수 있습니다. 참고로 작업을 위해 절삭과 머신툴 사용이 필요하기 때문에 Flat-Bottom Hole이 V-Bottom 종류보다 만들기 더 비쌉니다. 따라서 Modeling할 때 알맞

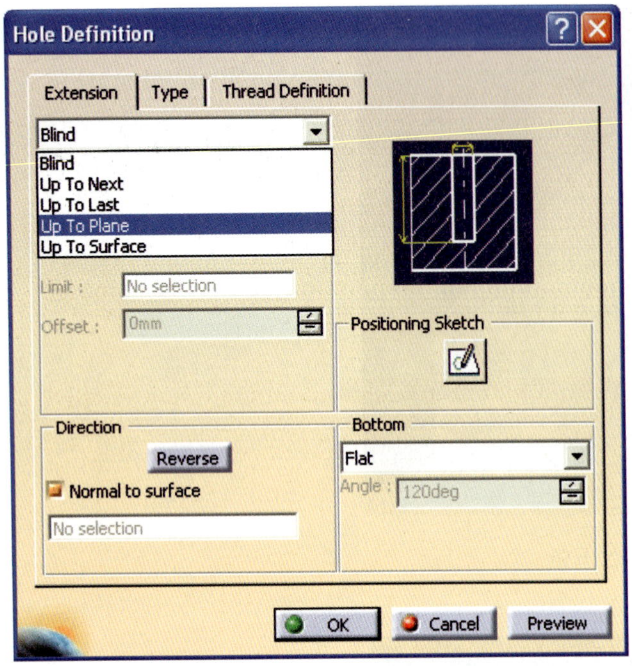

그림 4-82 Hole Definition의 Extension 탭

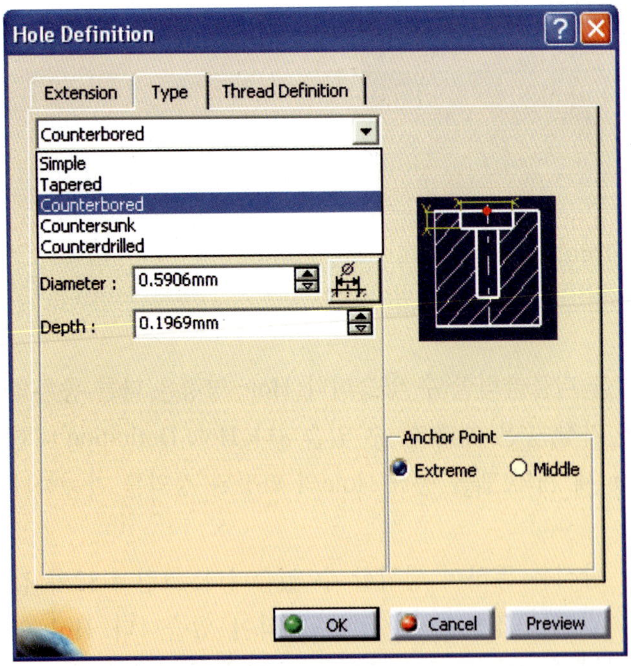

그림 4-83 Hole Definition의 Type 탭

은 종류를 선택하기 바랍니다.

마지막으로 이 탭은 Hole의 정의할 방향을 Normal to Surface 옵션을 해제하고 선형 요소 또는 솔리드 모서리 등을 이용하여 정의할 수 있는 Direction 섹션을 포함하고 있습니다.

Type 탭은 Hole의 종류를 변경해줄 수 있습니다: Simple, Tapered, Counterbored 등 그림 4-83에 나와 있습니다. 선택한 Hole의 종류에 따라 변수를 정의하는 부분이 변경하게 됩니다. 어떤 경우는 그림 4-84와 같이 Anchor Point의 위치를 설정할 수도 있습니다.

Thread Definition 탭은 사용자가 Threaded를 체크하여 Hole의 원통면에 나사산 정보를 정의할 수 있게 합니다. 이것을 체크하면, 그림 4-85와 같이 Thread 표준을 정의할 수 있습니다.

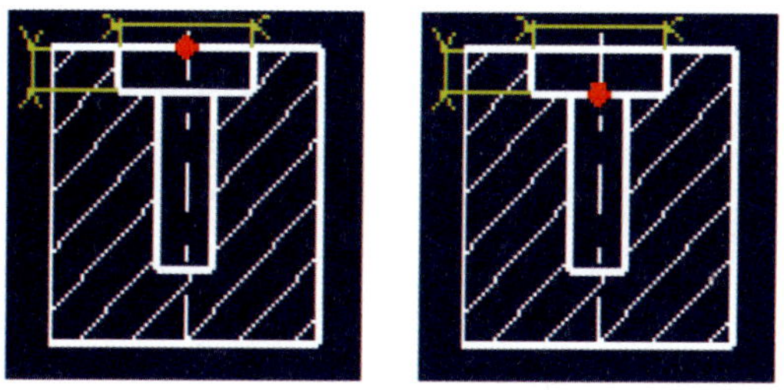

(a) Extreme (b) Middle

그림 4-84 Anchor Point

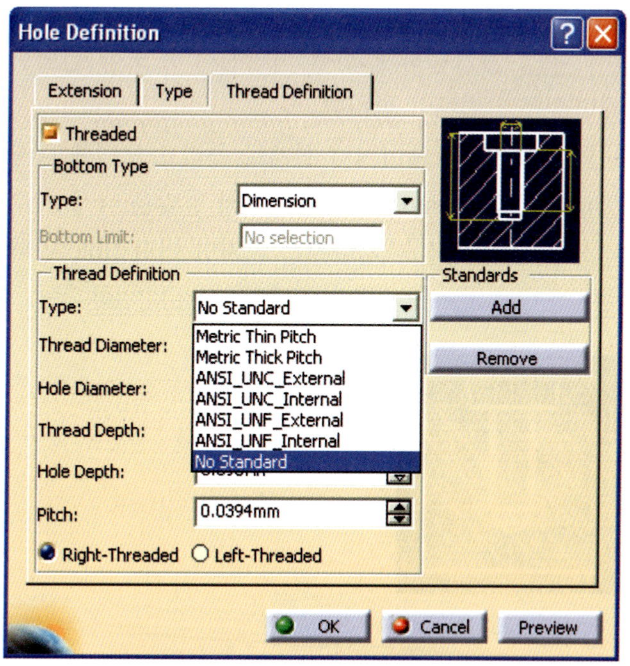

그림 4-85 Thread Definition 탭

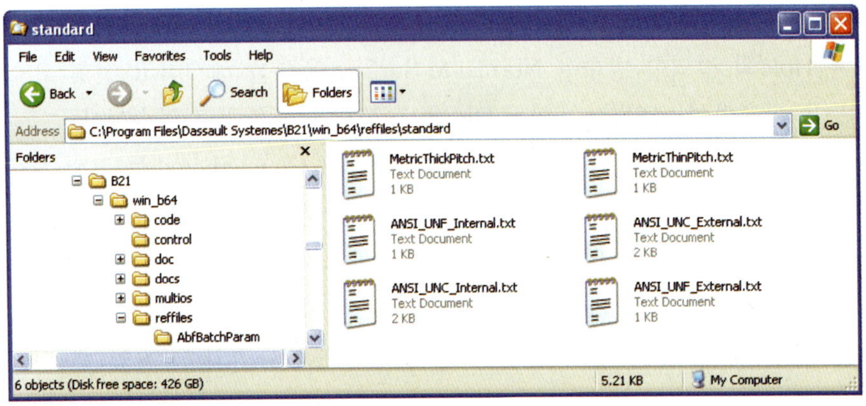

그림 4-86 Thread Definition Standard 파일 폴더

CATIA®는 ANSI 표준 파일을 포함하고 있지 않다는 것을 기억하십시오. 원한다면 프로그램에 생성 또는 지정된 폴더 안으로 추가가 가능합니다(그림 4-86 참조).

하나의 Thread 표준 정의를 위해서는 두 개의 파일이 필요합니다: 하나는 Internal Thread를 위해서, 다른 하나는 External Thread를 위해서인데 이는 Minor Diameter 값이 같지 않기 때문입니다. ANSI UNF/UNC Internal, External 표준 파일은 McGraw-Hill 웹사이트에서 다운로드할 수 있습니다(www.mhprofessional.com/CATIAcoreTools).

Thread 표준을 선택하면 Thread Description 스크롤 상자가 나타나 원하는 Thread 규격을 선택할 수 있습니다. Thread 규격을 선택하면, 여러 개의 Thread 관련 매개변수가 업데이트되고, 어떤 것들은 이 규격과 링크되었기 때문에 수정 불가능하게 회색 처리됩니다. 또한 선택한 Bottom 종류에 따라, Thread Depth 값 매개변수를 입력해야 합니다.

CATIA®에서 Thread 모양의 Hole은 다른 CAD 소프트웨어처럼 실제로 솔리드 모델에 나사산이 나타나지 않습니다. Hole에 추가된 Thread 정의는 Part의 Drawing에서 알맞은 나사 치수 표현을 제공합니다. 비록 나사 모양이 솔리드 모델에 직접 나타나지는 않지만 어떤 Hole이 나

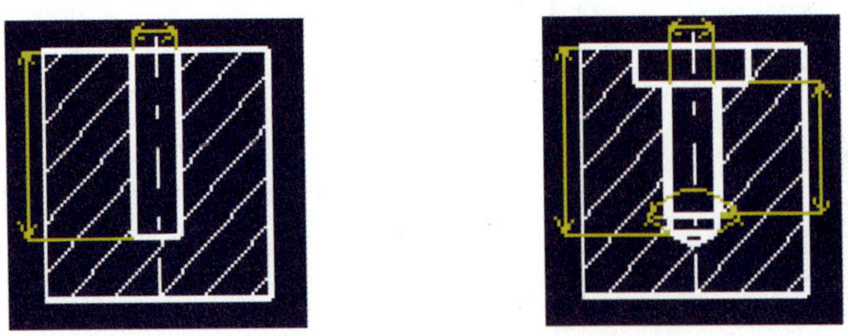

(a) Blind, Simple, Flat Bottom (b) Blind, Counterbored, Threaded, V-Bottom

그림 4-87 여러 종류의 Hole 표시 예

사 모양을 가지는지, 가지지 않는지 Part에서도 분석 기능을 통해 확인할 수 있습니다. 이 분석 명령은 6장에서 다룰 것입니다.

필요한 Extension, Type, Anchoring Point, Threads에 따라 그림 4-87과 같이 사용자에게 보이는 표현이 달라집니다. 항상 적절한 매개변수를 사용하였는지 확인하기 위해 화면에 표시된 모양을 확인하여야 합니다.

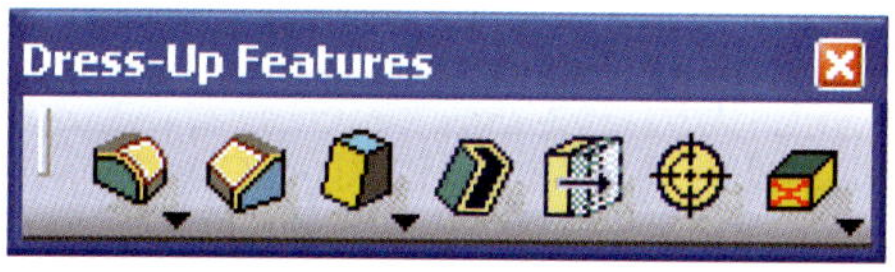

DRESS-UP FEATURES TOOLBAR

Edge Fillet

요약: 3차원 형상의 모서리에 Fillet을 생성합니다.

사용 순서: 명령을 실행한 후 Fillet하고자 하는 모서리를 선택하여 원하는 라운드 값을 입력합니다. 필요에 따라 추가 옵션을 정의합니다.

이 명령은 솔리드의 날카로운 모서리를 라운드 처리할 때 사용합니다. 면 또는 모서리를 직접 선택할 수 있는데, 면을 선택하면 면의 끝단의 모든 모서리가 자동으로 선택될 것입니다. 모서리를 선택하면 그림 4-88의 예처럼 Selection Mode가 나타나는데 이 도구 사용 목적에 따

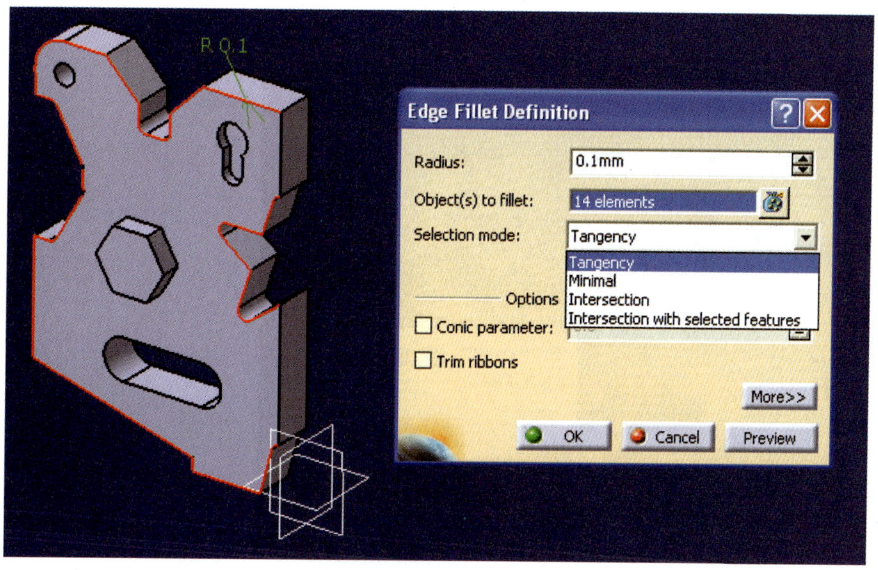

그림 4-88 Edge Fillet Definition 대화상자

른 Fillet 연장 방식의 종류를 결정할 수 있습니다. 아래 예에서는 Selection Mode는 Minimal로 설정되어 있는데, 각각 모서리를 따로 선택해야 한다는 의미입니다. 반면 Tangency Mode는 모든 동일 선상에 있는 선 부분 또는 선택한 선에 접하는 모서리 부분이 자동으로 선택된다는 의미입니다.

Fillet은 Sketch에서 Corner 또는 이 명령을 사용하여 만들 수도 있습니다. 미적인 용도로 만든 Fillet은 응력 해석 시에 손쉽게 비활성화시켜야 하기 때문에, Edge Fillet 도구로 모든 Fillet을 한꺼번에 만드는 것이 편리합니다. Part Specification Tree에서 모든 Fillet Feature가 한꺼번에 표현되는데 이렇게 하는 것이 구조 해석을 하는 사용자에게 훨씬 편리하지만 CATIA®를 사용하는 회사의 방법을 따르는 것이 중요합니다.

TRANSFORMATION FEATURES TOOLBAR

Mirror

요약: 선택한 면 또는 평면에 대해 솔리드의 형상을 대칭 복사합니다.

사용 순서: 명령을 실행한 후 대칭될 기준면 요소를 선택합니다. 필요한 경우 대칭 복사될 대상만을 먼저 선택한 후에 명령을 실행하고 대칭 기준면을 선택하도록 합니다.

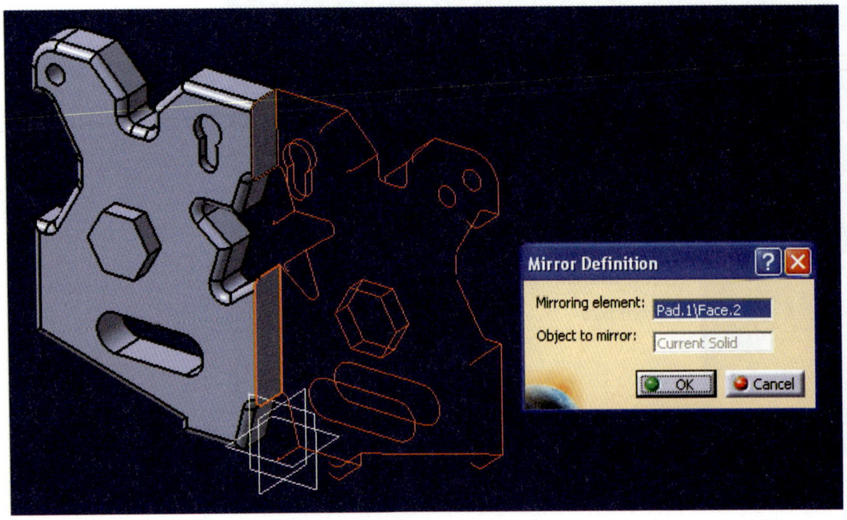

그림 4-89 Mirror Definition 대화상자

이 명령은 대칭인 모델의 대칭인 나머지 Part를 생성하는 데 유용하게 사용할 수 있습니다.

평면이나 평평한 면과 같은 대칭 기준 요소 외에, 어떤 변수도 이 Feature 사용을 위해 필요하지 않습니다. Mirror Definition 대화상자는 그림 4-89처럼 대칭 기준면을 정의하거나 변경할 수 있게 최소화되어 나타납니다.

여기서 설명한 솔리드 모델링 명령들은 사용자가 간단한 형상을 만들 수 있도록 합니다. 몇 가지 이 명령에 관한 자세한 설명은 6장에서 다시 다루도록 할 것 입니다.

4.8 Drawing 만들기

도면은 여전히 기계 단품의 모든 정보를 설명하기 위해 많이 사용되고 있으며 여기서 Drawing 생성 방법에 관해 간단히 다루도록 하겠습니다. CATIA®의 View 생성은 하나씩 해당 화면으로 형상을 직접 그리는 것이 아닌 실제 3차원 형상의 모습으로부터 View를 추출하는 개념으로 사용한다는 것을 기억하기 바랍니다. 제조산업에서 점점 더 중요해지고 있는 새로운 추세라 할 수 있는 3차원 치수 및 주석 작업(FT&A)에 관해서는 제11장에서 다루도록 하겠습니다.

솔리드 Part의 도면을 만들기 위해서는, Part Design Workbench를 나와서 Drafting

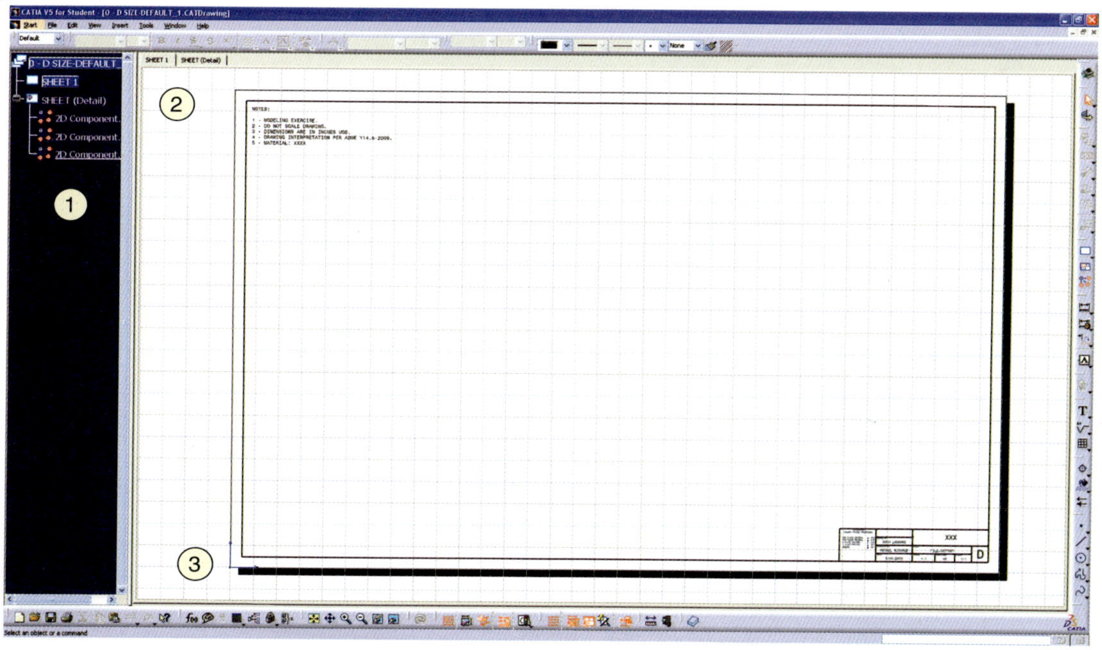

그림 4-90 Drafting 인터페이스

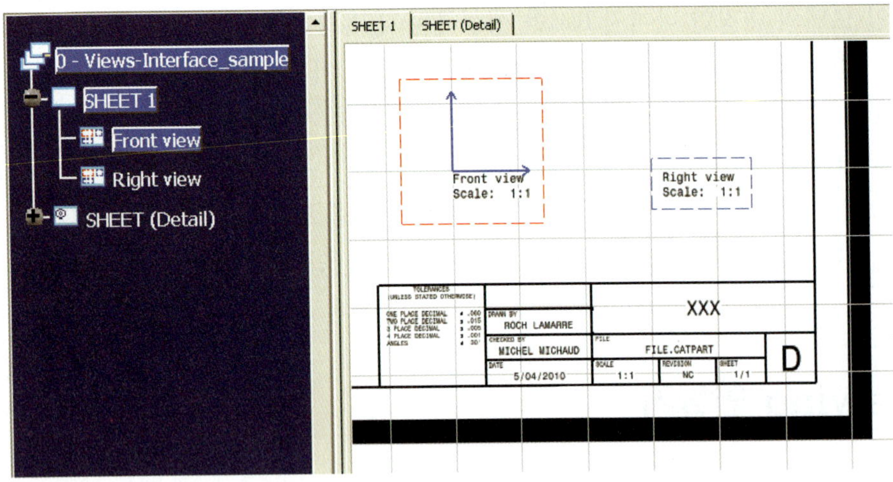

그림 4-91 Active View

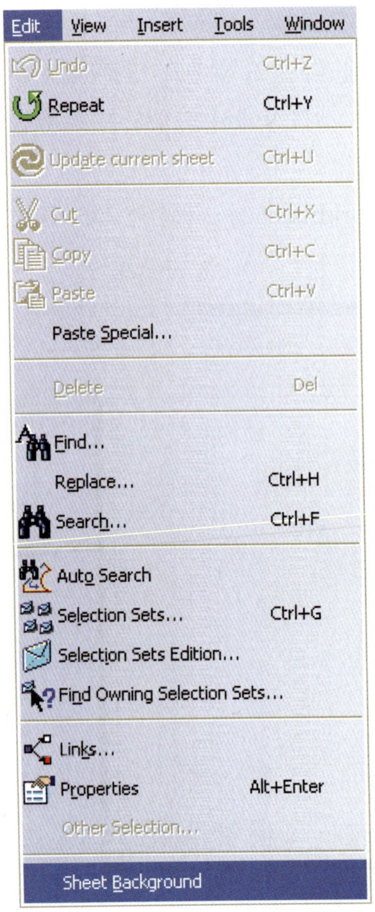

그림 4-92 Sheet Background/Working Views 메뉴 옵션

Workbench로 이동해야 합니다. 이때 .CATDrawing 확장자를 가진 새 종류의 CATIA® 파일이 생성될 것입니다. Drafting 사용자 환경은 그림 4-90과 같습니다.

문서 파일 이름, Workbench Toolbar 등 많은 요소들이 Part Design Workbench에서의 환경과 유사합니다. 그러나 구분되는 아래의 세 가지 새로운 요소에 대해서 추가적으로 설명하겠습니다:

1. Drawing Specification Tree
2. Sheet 탭
3. View Axis

1. Drawing Specification Tree

Drawing에서 Specification Tree는 작업 영역과 겹쳐지지 않으며, 좌측에 전용 창에 따로 나타나는데 F3 키나 View 풀다운 메뉴를 이용하여 Part Specification Tree와 같이 숨기거나 보이게 할 수 있습니다. 어떤 경우 작업 영역 대신 View의 속성을 확인하기 위해 Drawing의 Specification Tree에서 View를 직접 선택하는 것이 쉬울 것입니다.

2. Sheet 탭

여러 개의 Sheet를 가지는 프로젝트일지라도 모든

Sheet들을 포함하는 오직 한 개의 .CATDrawing 파일로 저장됩니다. 각 Sheet는 각 탭으로 정의되어 있고, 각 Specification Tree로 구분되기도 합니다. 3차원 형상으로부터 View를 추출하기 위해 Standard Sheet를 사용하고, Standard Sheet에 2차원 기호를 정의하기 위해 한 개 또는 그 이상에 Detail Sheet를 사용할 수 있습니다.

❸ View Axis

View는 각각의 축 요소를 가지고 있습니다. 그림 4-91에 보이는 파란 화살표가 Sheet의 축 요소입니다. 주어진 Sheet에 한 개 이상의 View가 있을 때는 그림처럼 빨간색 점선 경계를 가진 Active View만이 축 요소를 보여줍니다.

화면에 나타난 축 요소는 Drawing을 출력할 때는 나타나지 않습니다. Active View 상태에서 축 요소를 숨기고 싶으면, 두 개의 화살표와 중점 요소를 모두 선택해야 합니다.

Drawing 파일은 Sheet Background, Working Views 이렇게 두 가지 다른 레벨 환경을 가집니다. 보통 Sheet Background는 Sheet의 경계선, 표제란, 도면 간에 변경되지 않는 표준 주석(기본 주기, 공차, 표제란 텍스트 등)을 포함합니다. 배경 영역은 푸르스름한 색조를 띄며 많은 산업 분야에서 고정되어 사용자가 사용할 수 없도록 되어 있습니다. Working View 영역이 기본적으로 사용자가 이용 가능한 영역입니다. 이 영역에서 사용자는 도면 정보를 편집하고 위치시키는 작업을 수행하게 될 것입니다. Sheet Background가 잠겨 있지 않다면 그림 4-92와 같이 풀다운 메뉴 Edit의 Views에서 Sheet Background와 Working Views 작업 영역을 사용하여 서로 이동이 가능합니다.

Drafting Workbench에서는 경계선, 영역 기준, 표제란 등 도면 포맷을 정의할 수 있도록 다양한 명령을 제공합니다. 많은 사용자들이 이러한 작업을 손대지 못하는데 같은 회사 내에서 모든 사용자에게 공통의 양식으로 된 도면을 제공하기 때문입니다: 도면 관리 그룹에서 누군가가 이러한 첫 번째 Drawing 양식을 회사의 표준으로 만들게 됩니다.

이번 섹션에서는 View를 추출하는 과정을 최대한 빠르게 설명하고 그러기 위해 이미 다수

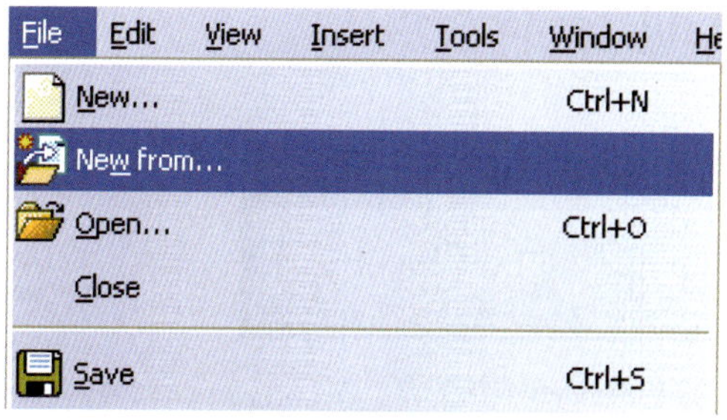

그림 4-93 시작 파일 사용하기

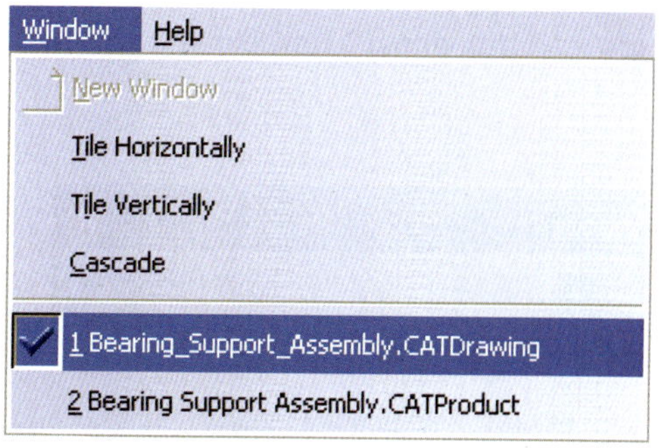

그림 4-94 화면 전환 옵션

의 View가 정의된 시작 파일이 제공될 것입니다. Drafting 명령에 대한 설명은 8장에서 다루겠습니다.

그림 4-93과 같이 File 풀다운 메뉴에 New From 옵션을 사용하면 시작 파일을 이용할 수 있습니다.

File Selection 대화상자를 열면 원하는 시작 파일을 선택할 수 있습니다. 만약 가지고 있지 않다면 McGraw-Hill 웹페이지 www.mhprofessional.com/CATIAcoreTools에서 0-D_SIZE-DEFAULT 파일을 다운로드하십시오. 이 책에서는 D-Size 포맷을 모든 도면에 사용하였습니다. 이것은 북미 표준인 ASME 표준에 따라 만들어졌으며 3각법을 적용하였습니다. 간단히 파일의 이름과 크기에 관해 설명하자면, 치수 및 주석 없이 크고 작은 Part들의 View를 한 개의 커다란 D-Size Sheet에 나타내었으며, 이름에 0-을 기입해 윈도우 주기 방식에 따라 폴더 안에서 첫 번째로 보이게 하였습니다. 연습 삼아 불필요한 충돌을 막고자 이 파일을 열자마자 다른 이름으로 시작 파일을 저장하여 사용해 보기 바랍니다.

Model이나 Part 또는 Assembly에서 View를 추출하려면, 모델 파일과 Drawing 파일을 동시에 열어 놔야 합니다. 어떤 경우는 모델 파일에서 선택하여 Drawing 파일로 결과를 표시해야 합니다. 그림 4-94와 같이 Window 풀다운 메뉴에 Tile Horizontally 또는 Tile Vertically, Cascade 옵션을 사용하거나 같은 풀다운 메뉴에서 파일 이름을 선택하고 화면을 나누어서 두 파일 모두 같은 화면에서 볼 수 있습니다. CTRL−Tab 키를 눌러서 열려 있는 파일 사이를 이동하는 것도 가능합니다.

4.9 View 추출

시작 파일을 사용하거나 또는 그렇지 않거나 새로운 도면 파일을 생성하고 첫 번째 View를 추출하기 전에는 그림 4-95와 같이 View 추출에 관계된 많은 명령을 사용할 수 없습니다. 오직 Standard Projection View를 추출할 수 있는 명령들인 Front View, 이 Front View로부터 직교하는 Orthogonal View, Isometric View 등이 사용 가능합니다. 이번에는 모든 View를 수동으

(a) 첫 번째 View 추출 전

(b) 첫 번째 View 추출 후

그림 4-95 Views 툴바

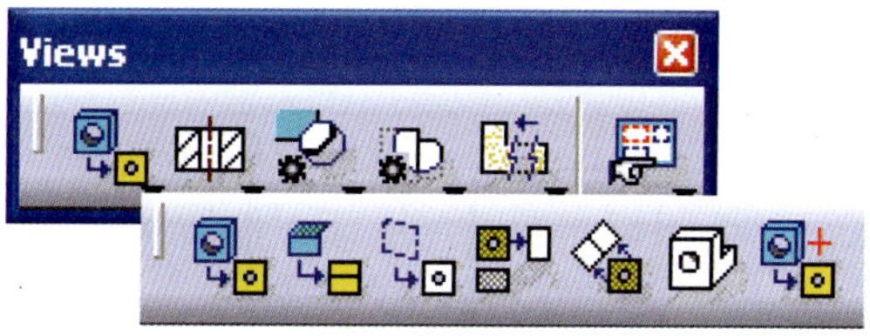

그림 4-96 Projections Sub 툴바

로 추출해야 하는데 그림 4-96과 같이 Projections 서브 툴바를 이용합니다. 8장에서는 View Creation Wizard 중에 있는 다른 추출 명령들에 대해 설명하겠습니다.

 Front View

요약: Front View을 생성합니다.
사용 순서: 명령을 실행하고 3차원 형상이 있는 파일로 이동하여 형상의 기준 평면을 선택합니다. 필요에 따라 형상이나 축 요소를 추가적으로 선택해야 할 수도 있으며 그렇지 않다면 기준면을 선택하자마자 Drawing으로 화면이 자동으로 전환되어 View가 미리보기 됩니다. 이때 원하는 방향을 선택하여 View를 생성합니다.

Front View를 정면도의 개념으로 사용하면 3차원 모델의 첫 번째 표준 Orthogonal View를 추출할 수 있습니다. 명령이 일단 실행되면, Part나 Assembly가 있는 모델 파일로 돌아가 투영 기준으로 사용할 평면을 선택해야 합니다. 3차원 모델로 마우스를 넘길 때, 그림 4-97과 같이 선택한 면이 하이라이트되고 모델 파일 오른쪽 아래 구석에 위치한 Oriented Preview 창에 투영된 모습이 미리보기와 같이 나타납니다.

도면으로 돌아오면 그림 4-98과 같이 View Orientation Compass를 사용하여 도면에 투영 방향을 적절히 위치시킬 수 있습니다.

View Orientation Compass는 View 추출 중에만 잠깐 나타나는 도구로, 사용자가 원하는 방식으로 View 방향을 바꿀 수 있는 여러가지 옵션을 제공합니다. 이 Compass는 다음의 옵션을 포함합니다:

- 현재 위치에 대해 다른 직교 방향으로 투영하도록 View를 90도로 플립할 수 있는 커다란 직선 화살표가 있습니다.
- 중심점에 대해 기본 값 30도씩 View를 회전시킬 수 있는 곡선 화살표가 있습니다.
- 중심점에 대해 View를 회전시킬 수 있는 또 다른 초록색 핸들 아이콘이 있습니다.
- 뷰 추출을 마치는 가운데 버튼이 있는데, Sheet 다른 어느 곳을 클릭하여도 이 작업을 마칠 수 있습니다.

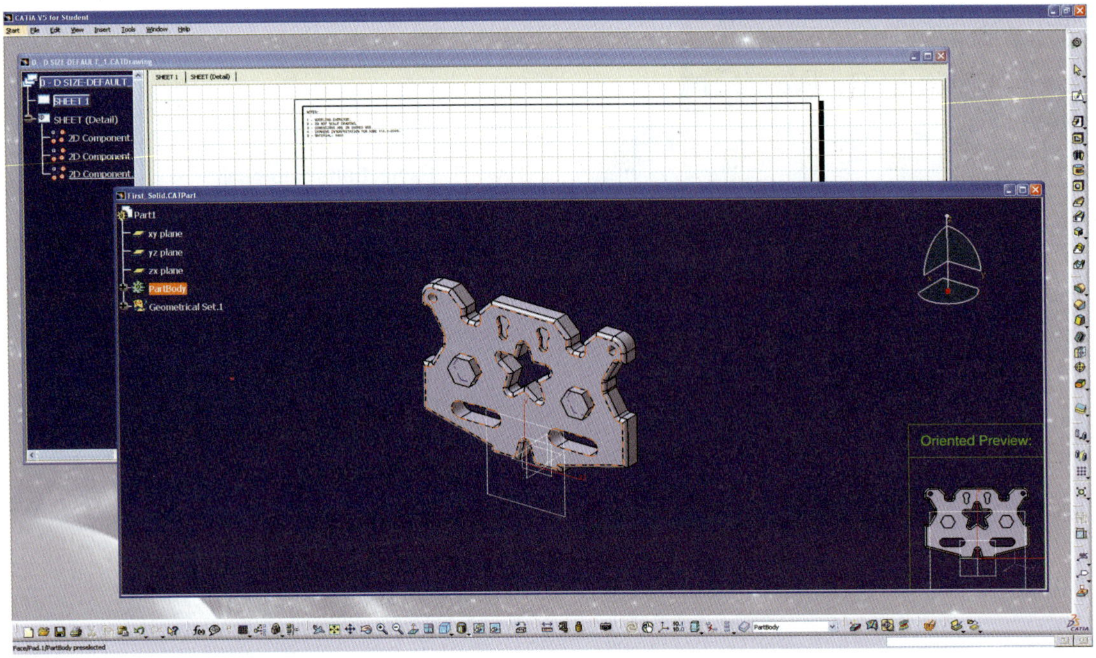

그림 4-97 Oriented Preview 창

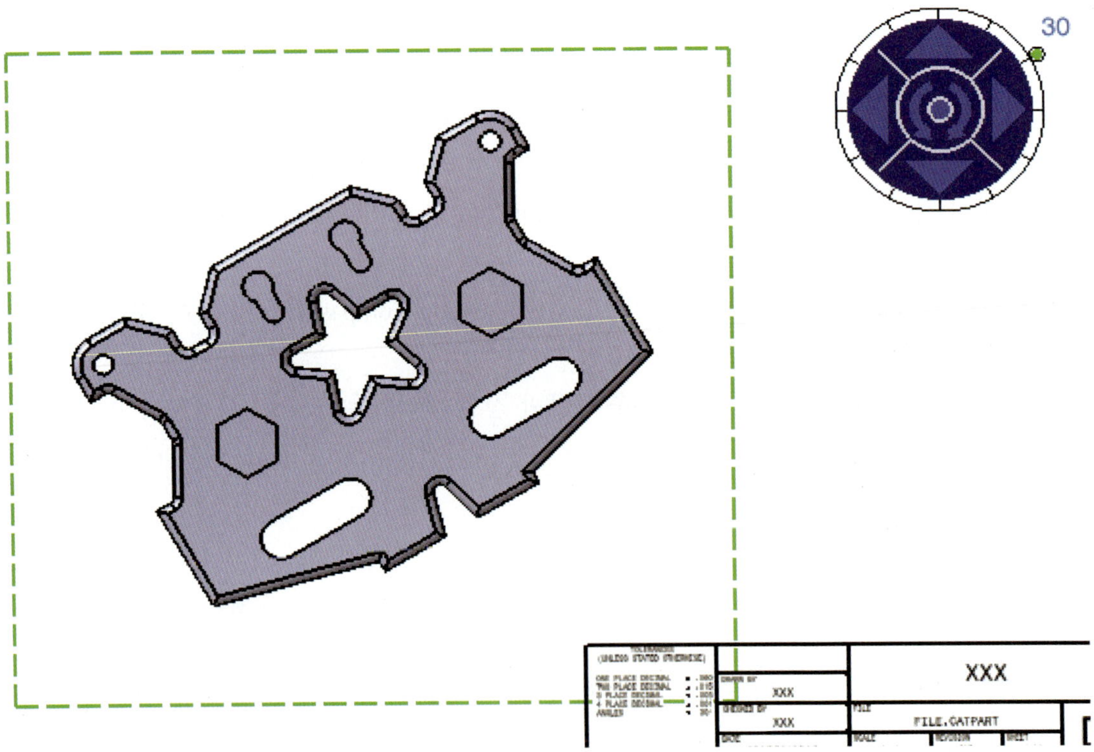

그림 4-98 Front View의 투영 방향의 설정

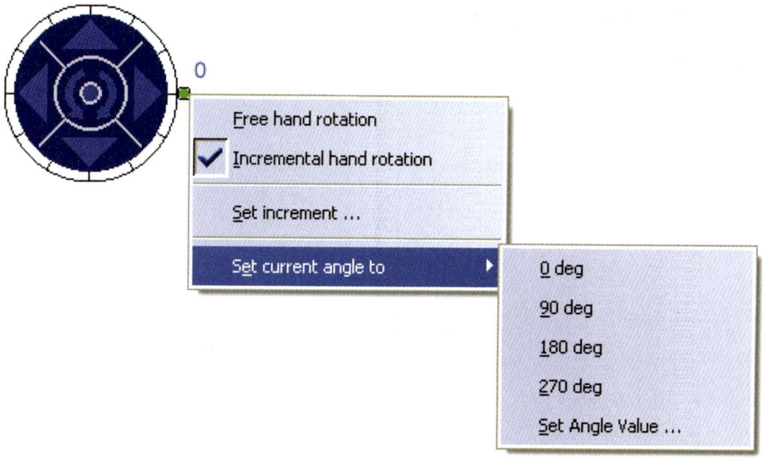

그림 4-99 View Orientation Compass 속성

이 Compass 속성은 그림 4-99와 같이 초록색 핸들 아이콘을 우클릭하여 나타나는 Context 메뉴에서 수정할 수 있습니다. 이 속성들은 회전 각도 증가량 설정에 관한 것들입니다.

첫 번째 View를 추출하고 나서 추출 View가 도면에 어떻게 맞는지 한 번 확인해 봅니다. 만약 너무 작거나 너무 크면, 다른 View 추출도 첫 번째 View에서 사용한 스케일을 사용하기 때문에 즉시 바꾸어야 합니다. 만약 다른 View를 스케일 조절 전에 추출하였다면, 각 View의

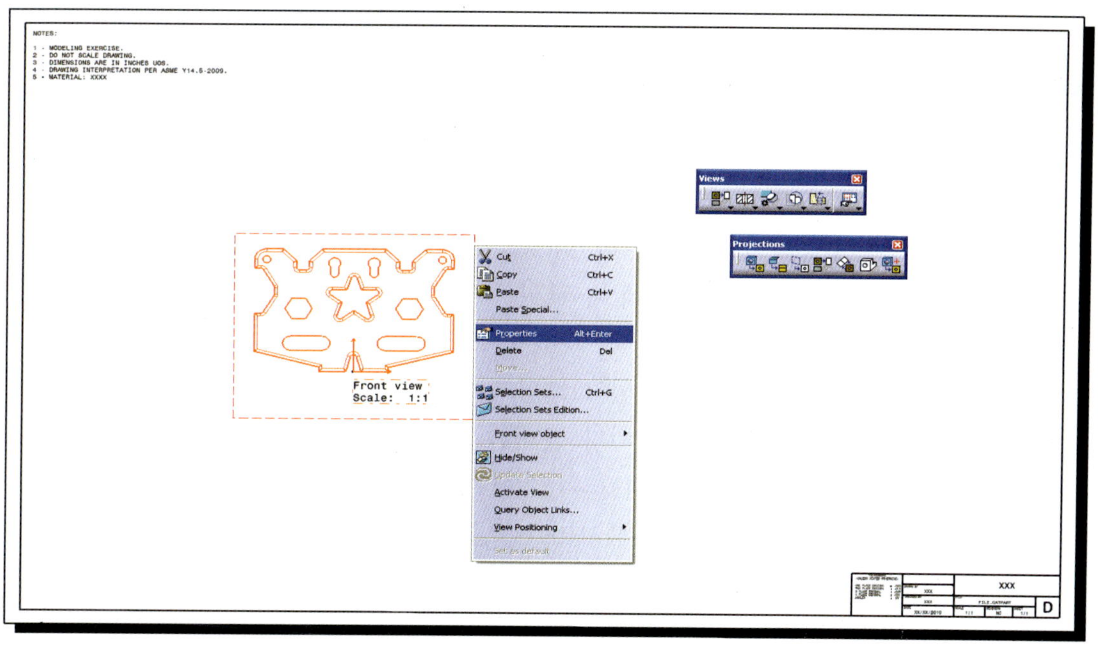

그림 4-100 View Properties에 접근하기

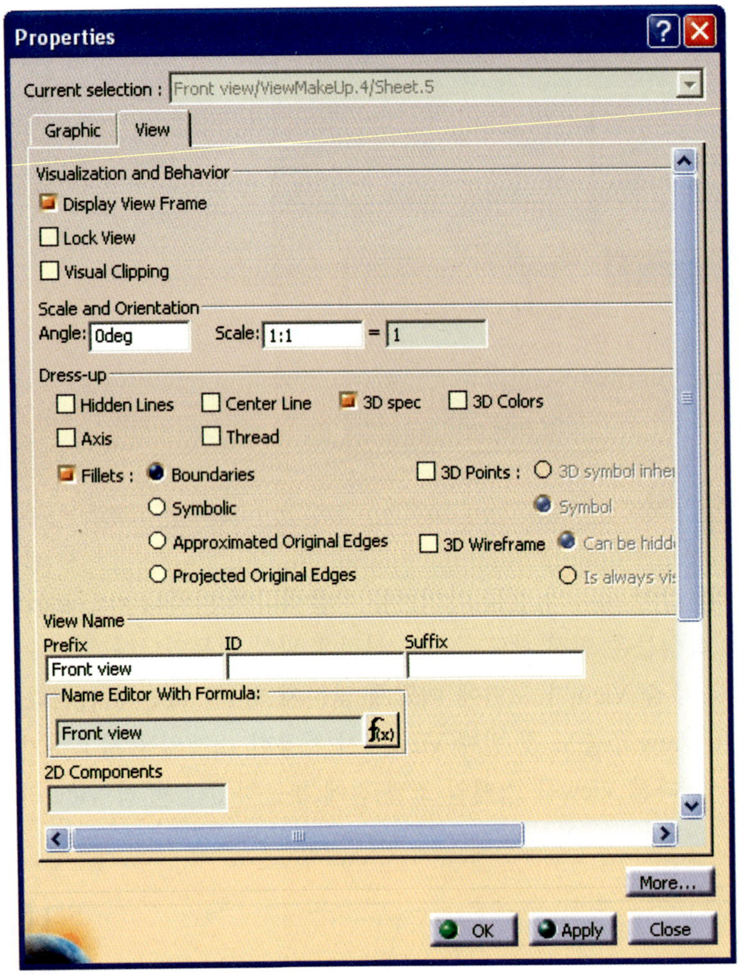

그림 4-101 View의 Properties 대화상자-View 탭

스케일을 각각 따로 수정해 주어야 합니다. View의 Properties는 그림 4-100과 같이 View의 점선 경계에서 또는 Specification Tree에 나타나는 View 아이템을 우클릭하면 찾을 수 있습니다.

Scale Factor는 View 탭에서 찾을 수 있고, 그림 4-101와 같이 이 탭에서는 또한 여러 종류의 선과 표준 표현 관련 설정이 가능합니다. 준비한 도면 종류에 따라 선 숨기기, Wireframe 투영하기, Fillet 표현 변경하기 등이 표시될 수 있습니다.

스케일한 View의 도면을 완성하기 위해서는 수치, 기하학 공차, 주석 또한 추가되어야 한다는 것을 잊지 마십시오. View에 모든 정보를 쏟아 내어 도면에 표현할 수는 없습니다. 경계를 선택하고 드래그하면 언제나 View를 원하는 곳에 재위치시킬 수 있습니다. 항상 도면은 명확하고 깨끗한 표기를 가지고 있어야 한다는 사실을 잊지 마십시오.

Projection View

요약: Projection View를 생성합니다.
사용 순서: 투영의 기준이 될 View를 활성화하고 원하는 투영 방향으로 커서를 이동합니다.

이 명령은 사용하기에 매우 쉽습니다. 일단 활성화되면 직교 방향으로 투영을 원하는 Front View를 클릭합니다. 새로운 View로 위치시키기 위해 드래그하는 동안, View의 경계는 그림 4-102와 같이 초록색이 됩니다. 명령의 사용이 끝나면 경계는 파란색으로 변경됩니다.

앞서 언급했듯이, 여러 종류의 View를 도면에 포함할 수 있는데 활성화된 View는 빨간색 점선 경계로, 다른 View들은 파란색 점선 경계로 구분됩니다. 새로운 View를 추출하기 전에 항상 원하는 View를 활성화시켜야 합니다. Back Orthogonal View, Auxiliary View, Detail View 같은 다른 View를 추출할 때에도 마찬가지입니다.

원하는 View를 활성화하는 가장 간편한 방법은 해당 View를 더블클릭하는 것입니다. 또는 그림 4-103과 같이 원하는 View를 선택한 후에 오른쪽 마우스를 클릭하여 Context Menu에서 Activate View를 선택하도록 합니다.

Isometric View

요약: Isometric View를 생성합니다.
사용 순서: 명령을 실행한 후 형상이 있는 파일로 이동하여 형상의 임의의 면을 선택합니다.
특별한 경우 형상을 선택한 후에 Specification Tree까지 선택해 주어야 합니다.
Drawing으로 돌아와 원하는 방향을 다시 한 번 정의해 줍니다.

이 명령은 Axonometric View를 추출하는데 3차원 형상을 모델링 화면에서 바라보는 그대로의 회전된 형상으로 투영할 수 있습니다. Drafting 규칙을 따르는 실제 Isometric Projection은 앞서 설명하였던 Quick View Toolbar의 Isometric View 명령을 이용하여 빠르게 얻을 수 있습니다. 한 가지 주의할 점은 Isometric View뿐만 아니라 Axonometric View 또한 세로 선 같은 표준 기준 요소를 바탕으로 한다는 것입니다. 어떤 사람들은 알아차리지 못할지 모르지만 사실 그렇습니다. 이 세로 참조 기준 조건을 연습 삼아 잘 관찰해 보십시오. 그림 4-104는 Isometric View 도구로 얻은 다른 결과의 View입니다.

이 명령은 Front View 도구와 비슷한 양상을 보입니다. 명령어를 활성화시키고 모델 파일로 들어갈 때, 모델의 아무 면이나 클릭하여 투영을 통해 나타나는 모델의 방향을 정해야 합니다.

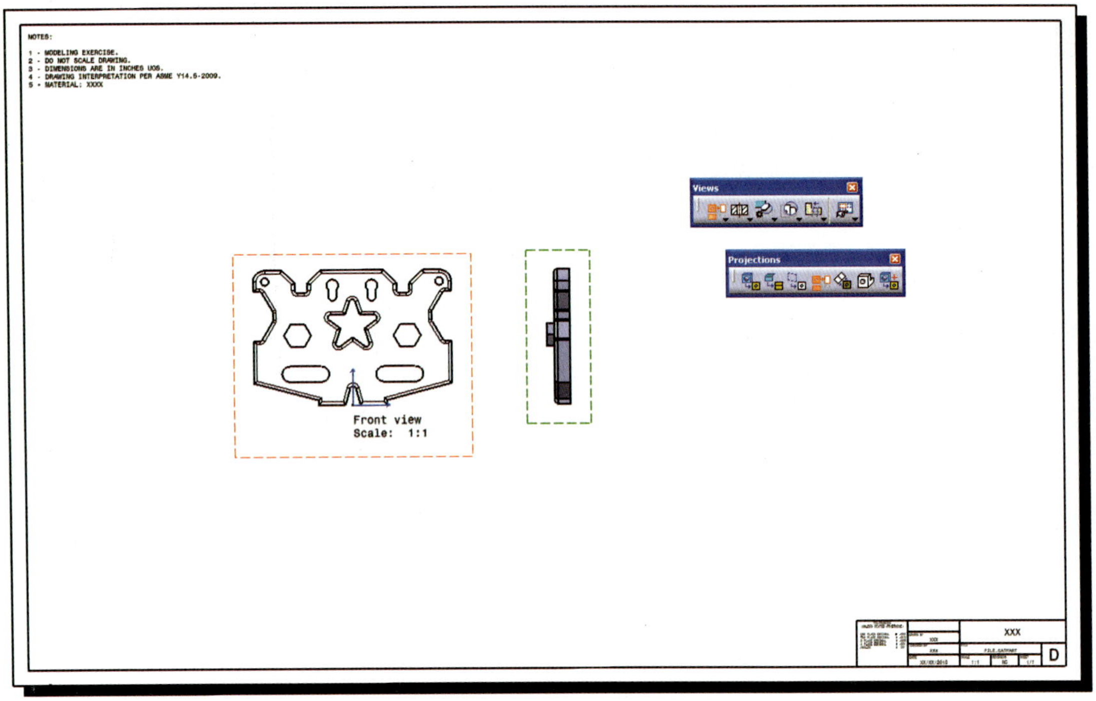

그림 4-102 Orthogonal View 추출

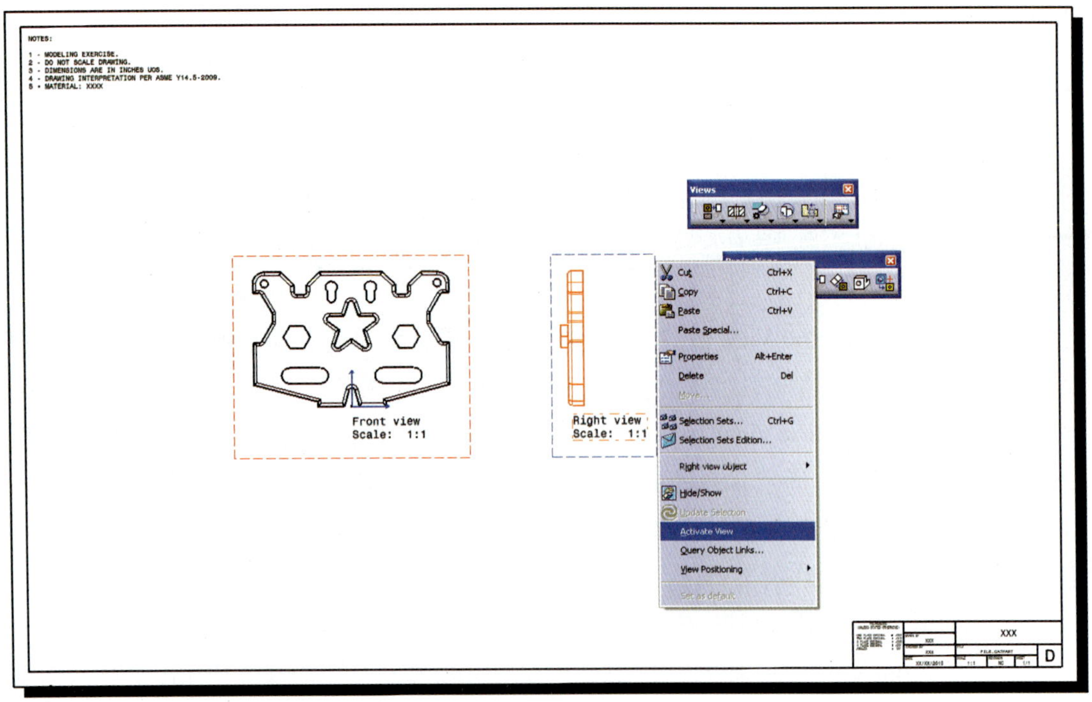

그림 4-103 View 활성화

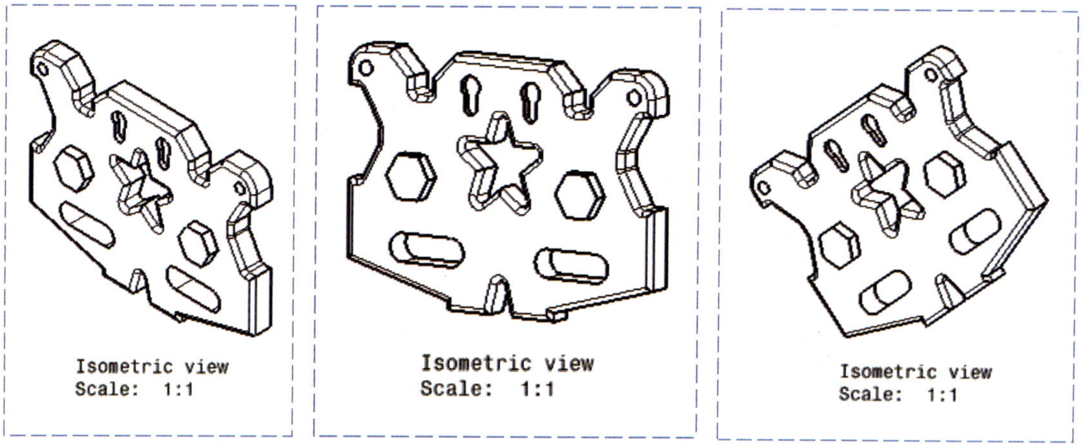

(a) Isometric View (b) Axonometric View (c) Anything

그림 4-104 Isometric View 명령의 결과

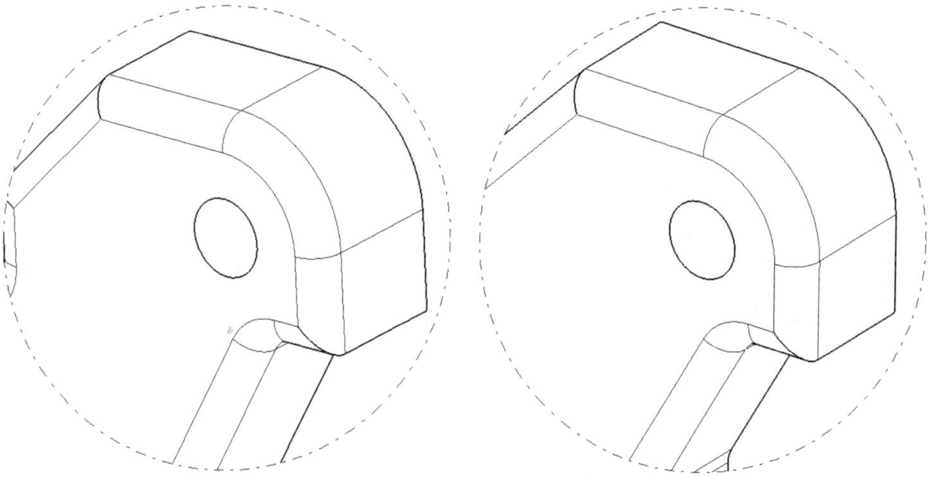

(a) 계단 효과 (b) 계단 효과가 없을 때

그림 4-105 수직축 정렬

제대로 된 Axonometric View를 얻기 위해 사용자는 모델의 방향을 수동으로 잡아야 합니다. 그림 4-105와 같이 수직 방향 기준 참고는 계단 효과에 의해 영향을 받지 않도록 합니다. 모델의 선이나 Compass의 선을 사용하여 방향을 조절할 수도 있습니다.

산업 분야에서 View를 명암 처리하는 것은 그렇게 많이 쓰이지는 않습니다. 그러나 몇몇 CAD 소프트웨어 프로그램은 명암 처리한 Isometric View를 제공할 수 있습니다. CATIA® 또한 가능합니다. View에 명암 처리를 하려면 View의 Properties 대화상자의 아래쪽에서 View Generation Mode 옵션을 Exact View에서 Raster로 변경합니다. 그러면 Options 버튼을 클릭할

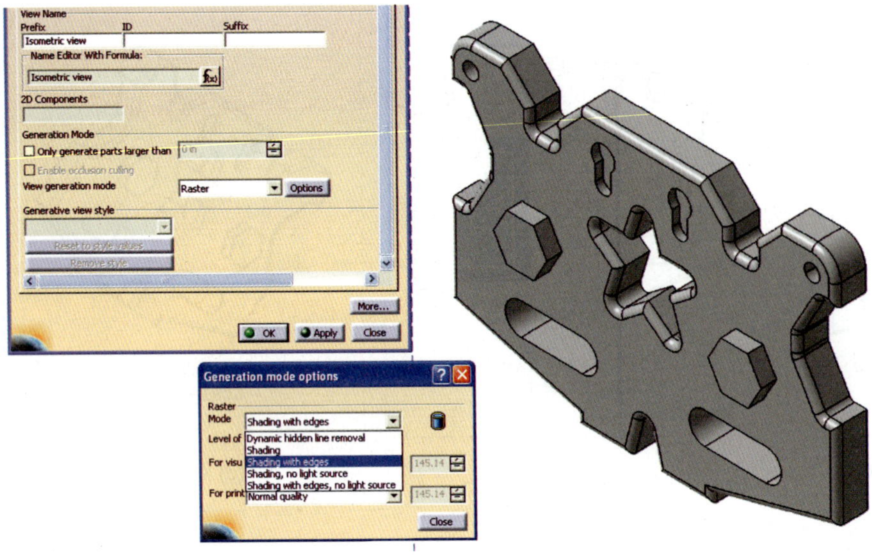

그림 4-106 Shaded View 설정

수 있고 원하는 음영 방법을 선택합니다. 그림 4-106처럼 Shading with edges 설정으로 괜찮은 결과를 얻을 수 있을 것입니다.

마지막으로 이 책에서는 View 이름에 도면들의 모든 이름을 포함하지 않았습니다. 어떤 산업 분야에서는 시스템적으로 각 도면 View의 이름을 정의하기도 하고, 어떤 곳에서는 그렇지

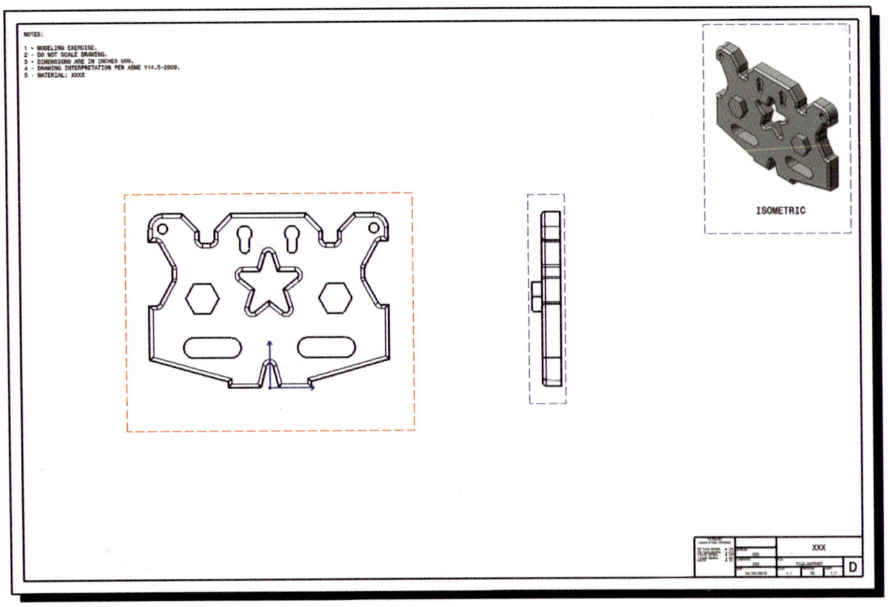

그림 4-107 View 추출과 이름 정의

않기도 합니다. 여기서는 오직 Section View와 Cuts, Detail View, Auxiliary View, Isometric View만 이름을 가지게 됩니다. 다른 Orthogonal View는 그림 4-107과 같이 View 아래에 나타나는 텍스트 상자를 선택하여 DEL 키를 눌러서 이름을 지울 수 있습니다. Technical Drawing에는 오직 대문자만 사용하여야 한다는 것을 잊지 마십시오.

Display View Frame as Specified for Each View

요약: 각 View의 Property를 통해 설정한 View Frame을 보여줍니다.

어떤 사람들은 특별히 도면에 View 추출 및 수치, 주석 작업을 끝냈을때 View에 경계선이 있는 것을 싫어할 수도 있습니다. 이때 View의 Properties 대화상자의 View 탭에서 Display View Frame 옵션을 해제하면 경계를 끌 수 있습니다. 그러나 이 옵션은 View를 재위치시킬 때

그림 4-108 Visualizaion 툴바

그림 4-109 Sheet Background 접근하기

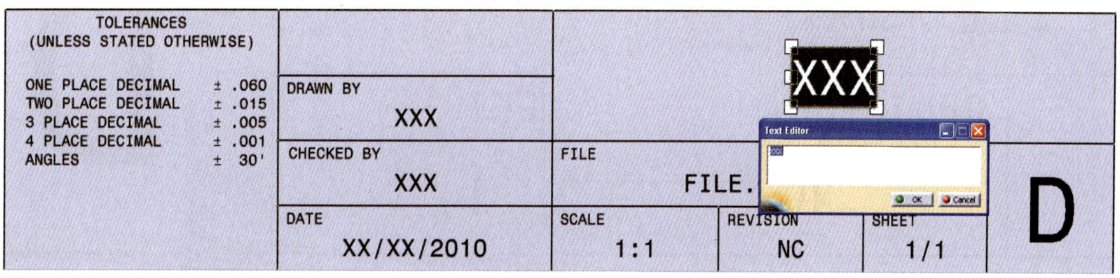

그림 4-110 Sheet Background에 텍스트 편집기

마다 다시 선택해야 하기 때문에 최선의 방법은 아닙니다. 이 옵션은 Specification Tree에서 View 아이템들을 동시에 선택한 후에 우클릭하여 Context 메뉴에서 찾을 수 있습니다.

다른 방법으로는 동시에 모든 View 프레임을 관리하여 끄고 켜는 Display 옵션을 사용할 수 있습니다. 그림 4-108과 같이 이 아이콘은 Visualization Toolbar에서 찾을 수 있습니다. 만일 바른 출력 절차를 밟았다면, 화면에는 View Axis와 View Frame이 보일지라도 출력된 페이지에는 보이지 않을 것입니다.

이제 도면을 완성하기 위해 제목 및 필요한 모든 정보를 입력하고 표제란에 재질 등을 추가하면 편집을 마칠 수 있습니다. 그림 4-109와 같이 Edit 풀다운 메뉴에서 Sheet Background View를 열수 있습니다.

Sheet Background는 파란색 색상으로 쉽게 구분됩니다. 편집하려면 다른 텍스트를 더블클릭하십시오. 그림 4-110과 같이 Text Editor 상자가 나타날 것입니다.

확대의 한계 때문에 짧은 단어 편집을 위해 더블클릭을 하면 항상 Text 편집기를 사용하지는 않습니다. 이 문제를 풀려면 그림 4-111과 같이 Text의 Context 메뉴에서 Text.xx 형상의 Definition 옵션을 사용하거나 확대하면 됩니다.

Text 편집을 마치면 Edit 풀다운 메뉴를 이용해 저장 전에 Woking Views로 돌아갑니다.

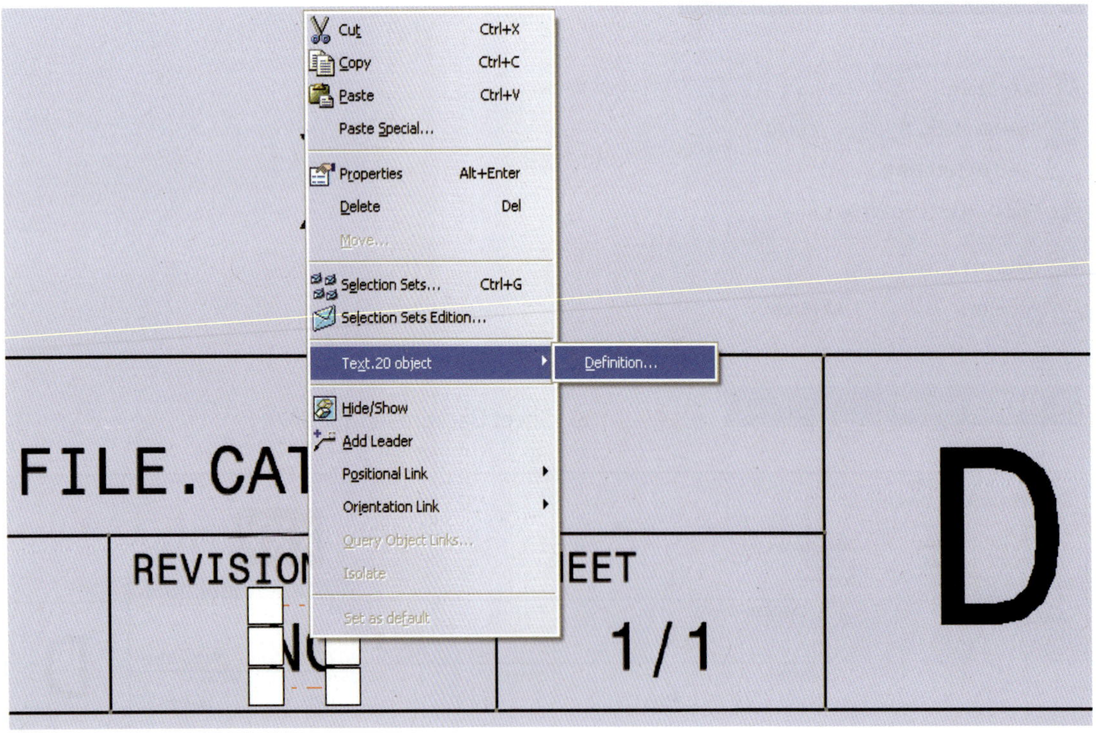

그림 4-111 단문 편집하기

4.10 Drawing 출력하기

출력하는 것이 어렵지는 않지만 제대로 실행하지 않으면 원하는 것과 전혀 다른 결과를 얻을 수 있습니다.

Quick Print

요약: 기본 프린터로 활성화된 문서를 출력합니다.

Standard Toolbar에서 프린팅 명령을 찾을 수 있습니다. 이 명령을 실행하면 그림 4-112와 같이 자동 출력 과정이 실행되는데 덜 최적화된 결과를 줍니다. 이 출력 결과는 View의 경계를 보여줍니다.

반면에 File 풀다운 메뉴에 Print 명령어를 사용하여 Print 대화상자를 사용하면 모든 출력 관련 컨트롤을 할 수 있습니다. 여기서는 기본적인 출력 설정에 관해 설명하겠습니다. 나머지

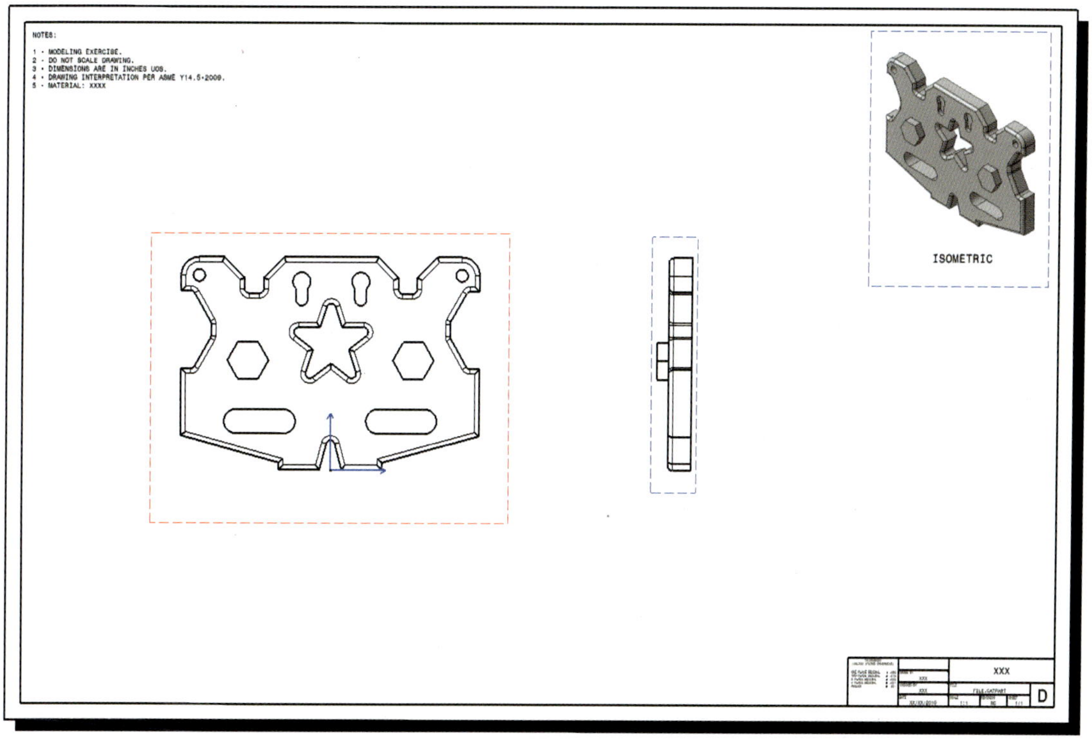

그림 4-112 Quick Print 결과

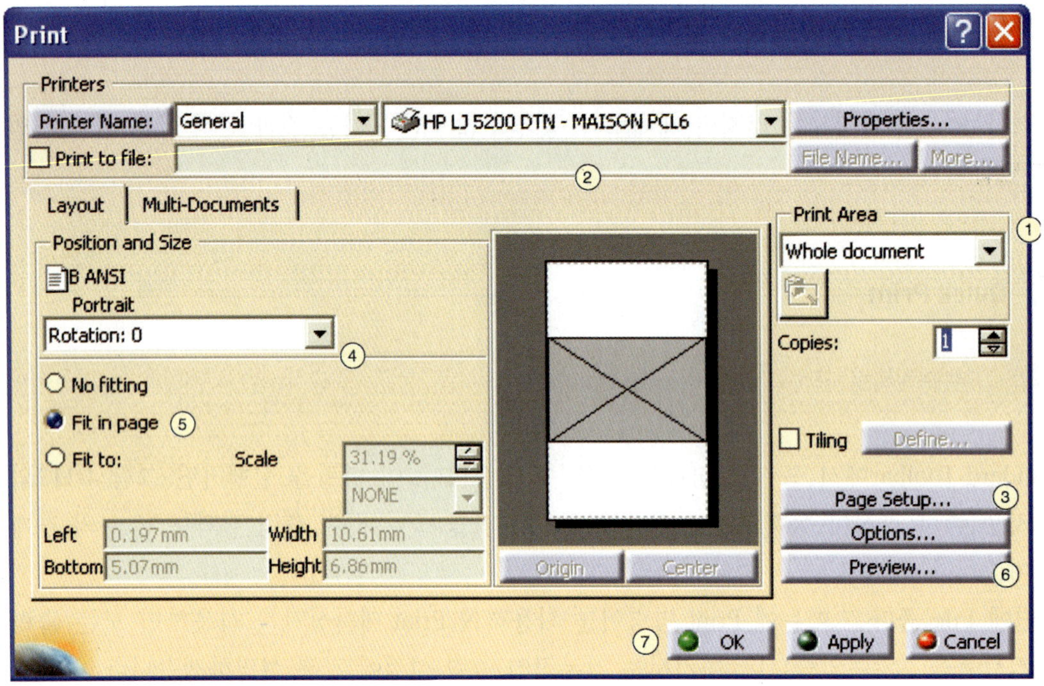

① ***Print Area*** 스크롤 상자
② ***Printer Name*** 스크롤 상자
③ ***Page Setup...*** 버튼
④ ***Rotation*** 스크롤 상자
⑤ ***Fit in page*** 체크상자
⑥ ***Preview...*** 버튼
⑦ ***OK*** 버튼

그림 4-113 Print 대화상자

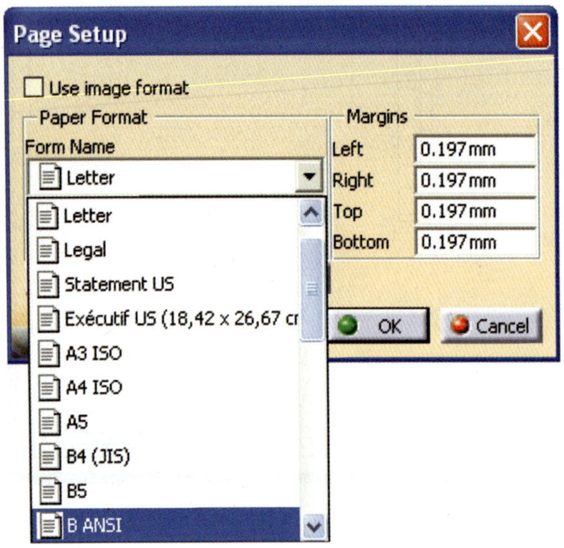

그림 4-114 Sheet 크기 선택사항

자세한 사항은 제8장에서 다루도록 하겠습니다.

Print 대화상자는 그림 4-113과 같이 몇 가지 설정을 포함하고 있습니다.

❶ Print Area 스크롤 상자
이 상자는 출력 설정 전체에 영향을 미치므로 처음부터 체크해 주어야 합니다. 전체 Drafting Sheet를 쉽게 출력하려면 Whole document를 선택합니다.

❷ Printer Name: 스크롤 상자
프린트 포맷이 1189mm × 841mm 이상일 경우 이에 알맞은 출력을 선택해야 합니다.

❸ Page Setup 버튼
선택한 출력에 따라 그림 4-114와 같이 Setup 대화상자에서 여러 개의 Sheet 크기 조절이 가능합니다.

❹ Rotation: 대화상자
선택한 Sheet와 도면 포맷에 따라 출력 회전이 필요할 수 있습니다. 회전을 잘해야 올바른 결과를 얻을 수 있는데 0도, 90도, 180도, 270도 이렇게 네 개의 회전이 가능합니다.

❺ Fit in page 체크상자
회전 아래에 문서를 페이지에 맞게 조절할 수 있도록 해주는 체크상자가 있습니다. Fit in page는 출력을 마치는 가장 빠른 방법인데 어떤 특정한 스케일 값을 가지고 있지 않습니다.

❻ Preview 버튼
실제로 출력하기 전에 어떻게 나올지 항상 미리 확인하여 필요한 수정이 있는지 확인합니다. Print Preview 창은 그림 4-115와 같이 왼쪽 위 구석에 출력 아이콘을 포함하고 있습니다. 만일 출력하기 위해 이 아이콘을 사용하려면 적어도 두 개의 도면이 필요합니다. 작업을 마치기 위해 Print 대화상자로 돌아가려면 Cancel 버튼을 눌러야 합니다.

❼ OK 버튼
OK 버튼을 누르면 프린팅이 시작되고 대화상자를 닫습니다. Apply 버튼을 누르면 대화상자를 열어둔 상태로 출력을 시작합니다. 도면의 일부를 출력할 때 사용할 수 있습니다.

이로서 간단 Part 모델을 만들어 View를 추출하고 도면을 출력할 수 있는 기본적인 능력에 대해 설명을 마쳤습니다. 4장의 연습을 위한 튜토리얼과 예제를 웹사이트에서 찾을 수 있을 것입니다.

4장을 마치면 사용자는 Sketch로부터 시작하여 간단한 Part 모델을 만들 수 있을 것이고, Orthogonal View를 도면 파일에 만들어 출력할 수 있을 것입니다. 이 과정들은 설계 프로세스

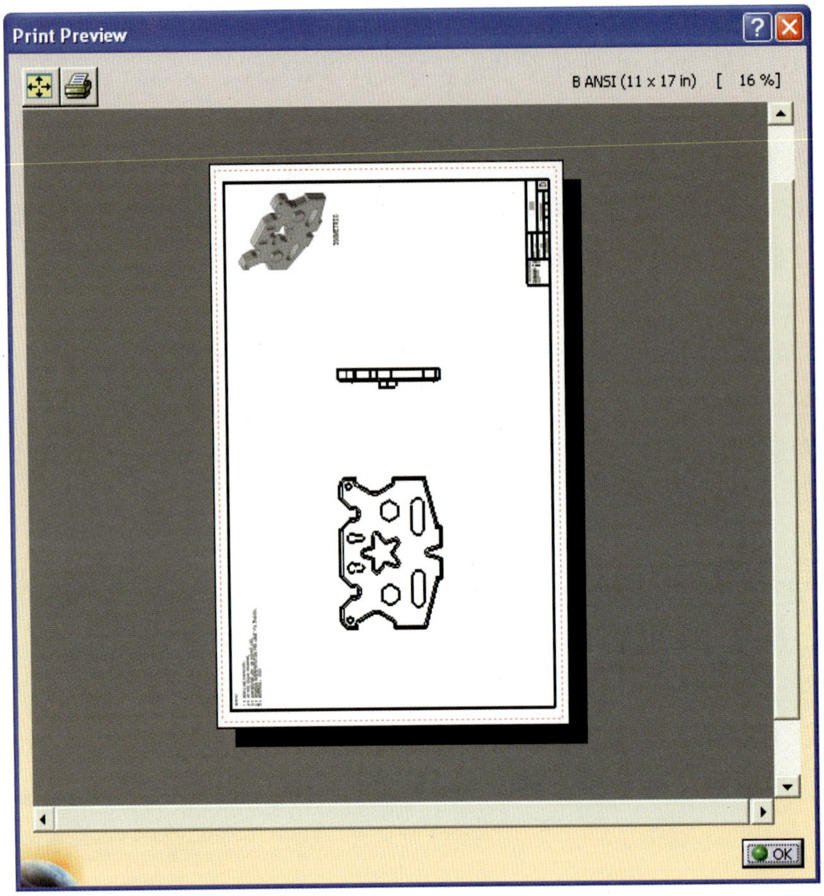

그림 4-115 Print Preview 창

에서 계속해서 반복될 것입니다. 몇 개의 예제만으로도 사용자는 금방 이 과정을 익힐 수 있을 것입니다.

Chapter 5

Sketcher

정의하고 두 번째 포인트는 한 변의 방향과 길이를 결정합니다. 그림 5-7과 같이 세 번째 포인트는 평행사변형의 다른 한 변의 방향과 길이를 결정합니다. 이 결과로 나온 평생사변형 형상은 마주 보는 변끼리 평행 구속 조건을 가진 닫힌 폐곡선입니다. 이 형상을 만들 때에 Sketch Tools Toolbar에서 원하는 값으로 평행사변형의 크기와 방향을 미리 정하여 만들 수도 있습니다. 만약 두 포인트를 입력 또는 정의한 후에 각도를 입력하였다면, 평행사변형의 두 변 사이에 각도 구속 조건이 생기게 됩니다.

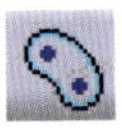

Cylindrical Elongated Hole

요약: Cylindrical Elongated Hole 형상을 만듭니다

사용 순서:

명령을 실행한 후: 호의 중심이 될 중심점을 정의합니다.

첫 번째 포인트를 선택한 후: 호를 정의하기 위한 시작점으로 사용할 포인트를 선택합니다.

두 번째 포인트를 선택한 후: 마우스 커서를 옮겨 호의 끝점을 정의합니다.

세 번째 포인트를 선택한 후: 마지막으로 Cylindrical Elongated Hole의 반경을 정의할 포인트를 정의합니다.

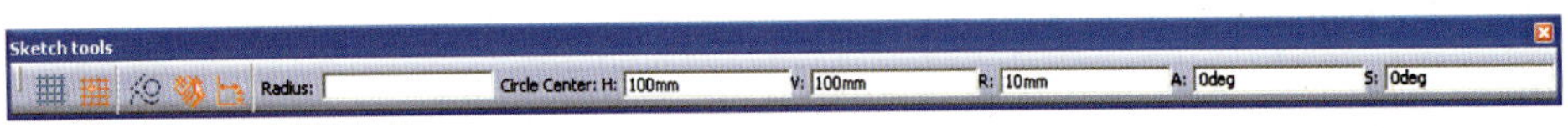

Cylindrical Elongated Hole은 그림 5-8과 같이 네 개의 포인트를 이용하여 윤곽을 생성합니다: 폐곡선의 중심이 될 호의 중점, 호의 크기 및 길이를 정의할 양 끝점, Cylindrical Elongated Hole의 크기를 결정 짓는 마지막 포인트입니다. 또한 Sketch Tools Toolbar에서 원하는 각도 값과 호 길이, 크기, 방향을 미리 지정하여 생성할 수도 있습니다.

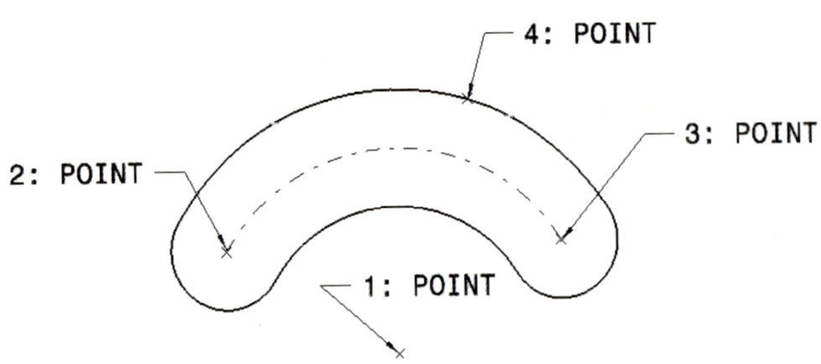

그림 5-8 Cylindrical Elongated Hole

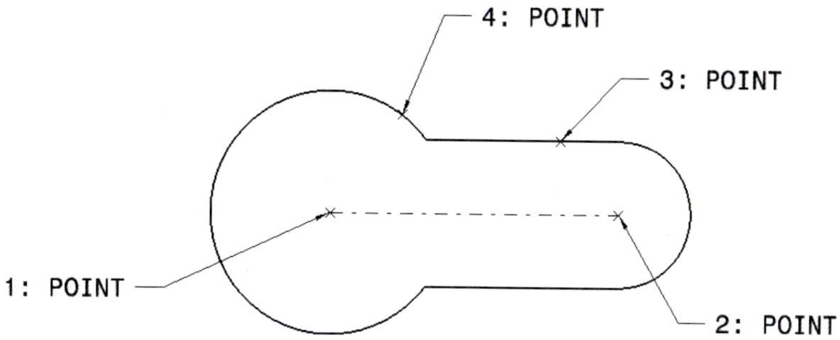

그림 5-9 Keyhole

Keyhole Profile

요약: Keyhole 모양의 프로파일을 생성합니다.

사용 순서:

명령을 실행한 후: 시작 포인트를 클릭 또는 선택합니다.

첫 번째 포인트를 선택한 후: 두 번째 포인트를 선택하여 작은 반지름 부분의 원의 중심을 정의합니다.

두 번째 포인트를 선택한 후: Keyhole 프로파일의 작은 원의 반지름을 정의합니다.

세 번째 포인트를 선택한 후: 마지막으로 Keyhole 프로파일의 큰 반지름을 정의합니다.

Keyhole 프로파일 명령은 네 개의 포인트를 선택하여 Keyhole 모양의 폐곡선을 생성합니다: 그림 5-9와 같이 두 포인트는 방향과 Construction Line 요소의 길이를, 다른 두 개의 포인트는 각각 작은 원과 큰 원의 크기를 정의하는 데 쓰입니다.

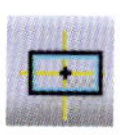

Centered Rectangle

요약: 중점을 기준으로 대칭인 Centered Rectangle을 만듭니다.

사용 순서:

명령을 실행한 후: 직사각형의 중심 포인트를 클릭하거나 선택합니다.

포인트를 선택한 후: 두 번째 포인트를 선택하여 직사각형의 크기를 선택합니다.

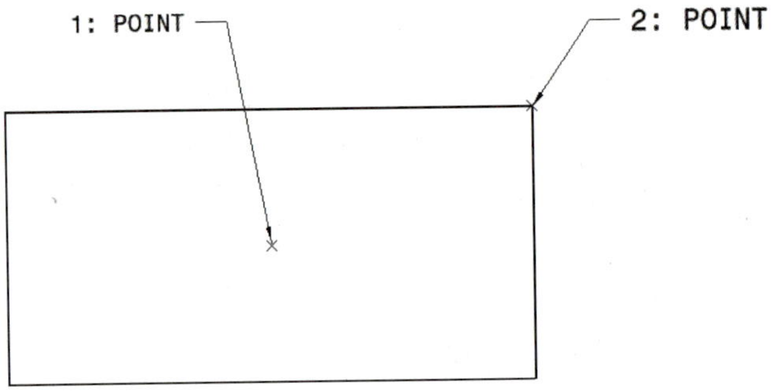

그림 5-10 Centered Rectangle

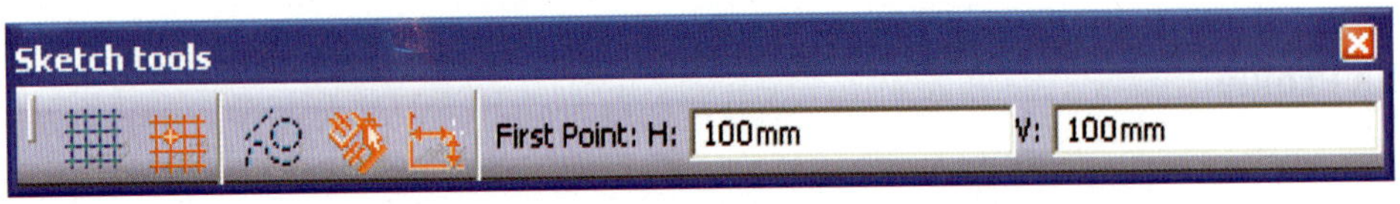

이 명령은 그림 5-10과 같이 각각의 변이 V축 또는 H축과 평행하고 첫 번째 포인트에 중심을, 두 번째 포인트로 사각형의 크기를 결정하는 직사각형을 만들어 줍니다. 또한 Sketch Tools Toolbar에 원하는 값을 입력하여 형상을 지정할 수도 있습니다.

Centered Parallelogram

요약: 중심축에 대해서 대칭인 평행사변형을 만듭니다.

사용 순서:

명령을 실행한 후: 첫 번째 직선 요소를 선택합니다.

첫 번째 직선 요소를 선택한 후: 두 번째 직선 요소도 선택합니다.

두 번째 직선 요소를 선택한 후: 마지막으로 끝점을 선택하여 평행사변형의 크기를 정의합니다.

이 명령은 그림 5-11과 같이 두 개의 직선 요소를 대칭축으로 사용하여 중심과 평행사변형의 방향을 정의하고 한 개의 포인트로 평행사변형의 크기를 지정하여 평행사변형을 만들어 줍니다. 정의한 두 개의 직선 요소를 선택하고 나서, Sketch Tools Toolbar에 원하는 크기 값을 입력하면 미리 지정하여 생성할 수도 있습니다.

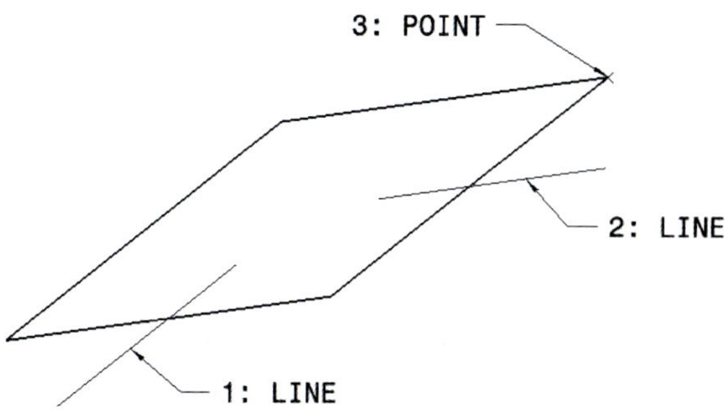

그림 5-11 Centered Parallelogram

CIRCLE TOOLBAR

Circle Using Coordinates

요약: 원의 중심 좌표와 반지름 값을 입력하여 원을 생성합니다.

사용 순서: 원 중심의 절대 좌표 값을 입력하고, 필요하면 기준 포인트를 클릭합니다.

이 명령은 원 형상을 직교 좌표 또는 극 좌표를 사용하여 정의합니다. 좌표 값은 그림 5-12와 같이 대화상자 방식에 따른 탭에서 입력합니다. 만약 포인트 요소를 선택하였다면, 이 포인

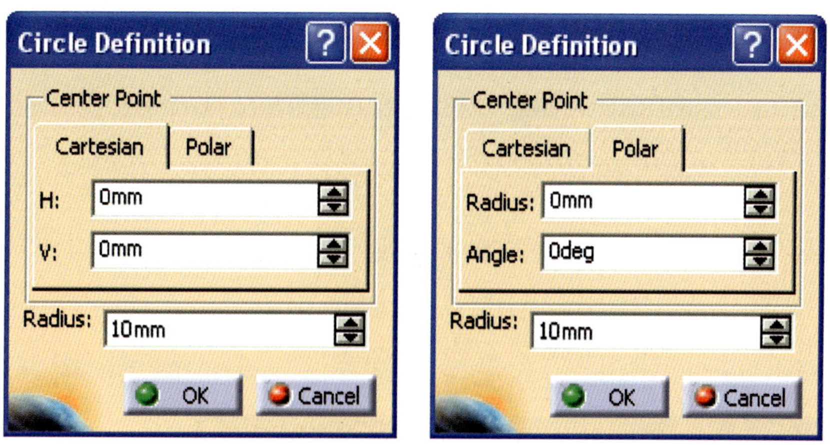

(a) 직교 좌표　　(b) 극 좌표

그림 5-12 Circle Definition 대화상자

트와 원 중심 간에 구속 조건이 생기게 됩니다. 또한 대화상자에 원하는 반지름 값을 입력할 수도 있습니다.

Three Point Arc

요약: 세 점을 정의하여 호 형상을 생성합니다.

사용 순서:

명령을 실행한 후: 호의 시작 포인트를 클릭 또는 선택합니다.

첫 번째 포인트를 선택한 후: 호가 지나갈 두 번째 포인트를 선택합니다.

두 번째 포인트를 선택한 후: 호의 끝점을 정의합니다.

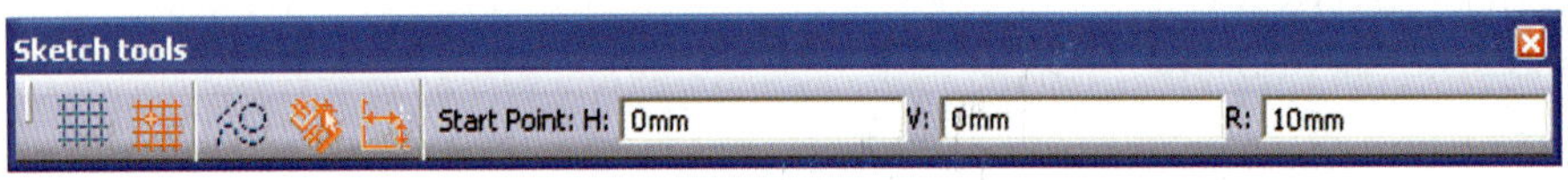

이 명령은 연속으로 세 지점을 클릭하거나 세 개의 포인트를 이용하여 호를 생성합니다. 또한 Sketch Tools Toolbar에서 호의 원하는 반지름 값을 미리 지정할 수 있는데, 작업 영역에서 두 번째 포인트를 선택하려고 할 때 제약이 될 것입니다. 이 경우, 그림 5-13과 같이 세 번째 포인트는 화면에 나타난 호 위에 점을 클릭하여야 합니다.

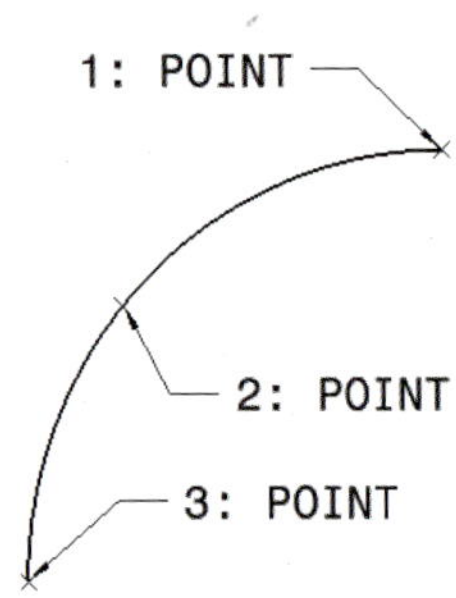

그림 5-13 Three Point Arc

Three Point Arc Starting with Limits

요약: 양 끝점을 먼저 정의하고 호가 지나는 포인트를 마지막에 정의하는 Three Point Arc Starting with Limits를 생성합니다.

사용 순서:

명령을 실행한 후: 호의 첫 번째 시작 포인트를 선택합니다.

첫 번째 포인트를 선택한 후: 호의 끝점을 정의합니다.

두 번째 포인트를 선택한 후: 호가 지나갈 포인트를 선택합니다.

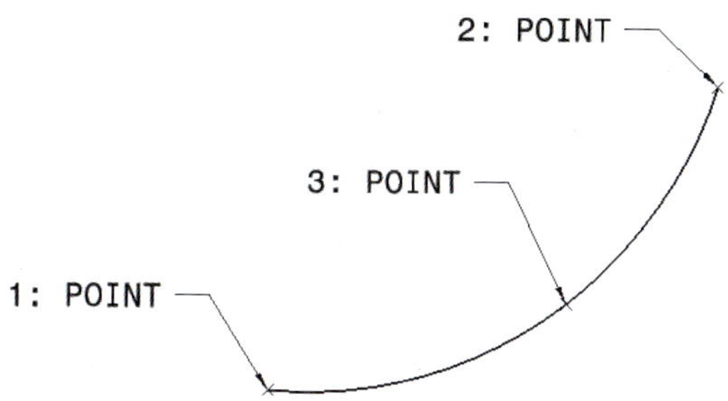

그림 5-14 Three Point Arc Starting with Limits

이 명령은 그림 5-14와 같은 순서로 세 개의 포인트를 정의하여 호 형상을 생성합니다. 첫 번째 두 포인트는 호의 양 끝점을 정의하고, 세 번째 포인트는 호가 지나는 점이 됩니다. 호 생성 시 Sketch Tools Toolbar에서 원하는 반지름 값을 미리 지정할 수도 있는데, 작업 영역에서 두 번째 포인트 선택 시 반지름 값만큼 제한적이게 될 것입니다. 이 경우, 세 번째 포인트는 오직 두 가지 옵션만 사용 가능합니다.

 Arc

요약: 호 형상을 생성합니다.

사용 순서:

명령을 실행한 후: 호의 중심을 정의하기 위한 포인트를 선택합니다.

첫 번째 포인트를 선택한 후: 호의 반지름 값을 정의하고 시작 포인트를 정의하기 위해 포인트 한 개를 선택합니다.

두 번째 포인트를 정의한 후: 커서를 움직여 호의 끝점을 정의합니다.

이 명령은 세 개의 포인트를 선택하여 호를 생성합니다. 그림 5-15와 같이 첫 번째 포인트

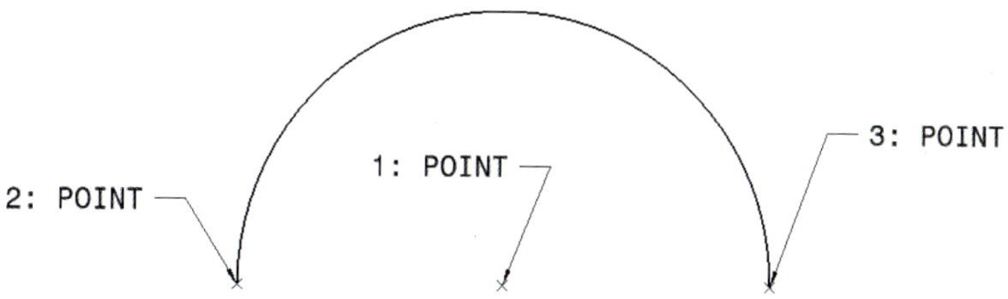

그림 5-15 Arc

는 호의 중심을 정의하고, 다음 두 포인트는 호의 반지름과 길이를 정의합니다. Sketch Tools Toolbar에서 호의 반지름 값과 Construction Lines의 방향을 미리 지정할 수 있습니다.

SPLINE TOOLBAR

Spline

요약: 포인트들을 이어 Spline 곡선 요소를 만듭니다.

사용 순서:

명령을 실행한 후: Spline 요소의 첫 번째 Control Point를 클릭 또는 선택합니다.

첫 번째 포인트를 선택한 후: 그런 다음 Spline의 다음 포인트를 클릭하고, 마지막 지점에서 더블 클릭하여 Spline 요소를 끝냅니다.

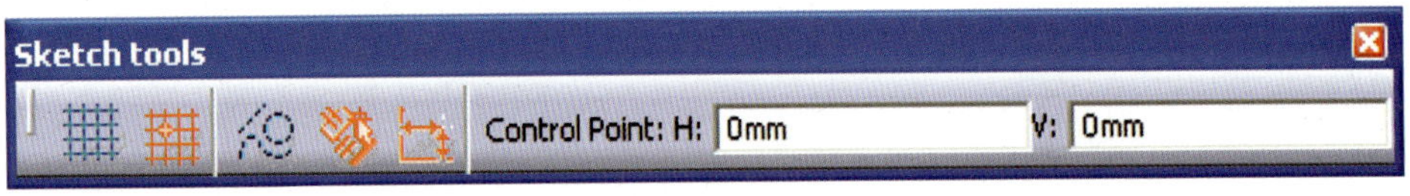

이 명령은 두 개 이상의 포인트를 선택하여 Spline을 생성합니다:

두 개의 포인트로는 간단한 직선 요소를 만들게 합니다. Spline 요소 생성을 끝내려면 마지막 포인트에서 더블클릭을 하거나 마지막 Spline 요소 포인트를 클릭하거나 선택하였을 때 Spline Icon을 클릭하면 됩니다. Spline 요소의 Control Point는 사각형 포인트로 표시되는데 필요에 따라 구속될 수 있습니다. 그러나 많은 수의 Control Point를 가지는 Spline의 경우, 그림

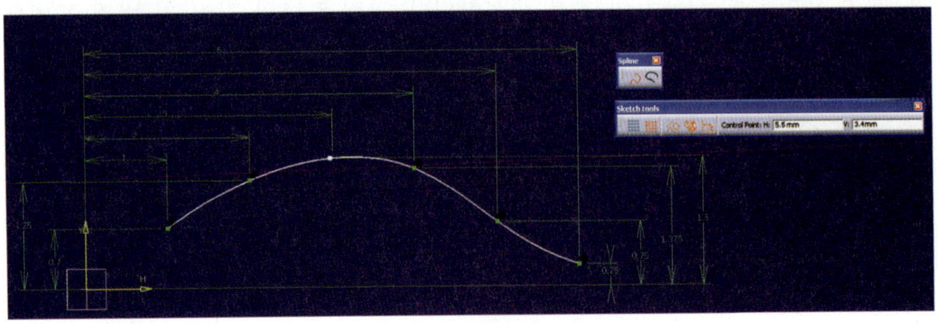

그림 5-16 Spline 생성

5-16과 같이 처음에 구속된 Construction 포인트들을 Sketch상에 먼저 생성하고 이 포인트들을 사용하여 Spline 요소를 만들기를 권장합니다. 이러한 경우, 만일 후에 주요한 수정 사항이 있으면, 이 Spline 요소만을 지우고 포인트 배치를 수정한 다음에 Spline 요소를 다시 만드는 것이 더 빠릅니다.

마지막으로 만일 Spline 곡선이 닫혀 있어야 한다면, 곡선을 만들 때에 Context 메뉴에서 Close Spline 옵션을 사용할 수 있습니다.

Connect

요약: Geometry 사이를 연결시키는 곡선을 생성합니다.

사용 순서:

명령을 실행한 후: 연결하고자 하는 첫 번째 요소를 선택합니다.

첫 번째 요소를 선택한 후: 연결하고자 하는 마지막 요소를 선택합니다.

Connect 명령은 선택한 두 요소를 연결하는 Wireframe을 생성합니다. 선택한 옵션에 따라 그림 5-17과 같이 여러 가지 결과를 얻을 수 있습니다.

Sub Type: Connect with an Arc

요약: 두 곡선 사이를 반경(R)을 가지는 호 형상으로 연결합니다.

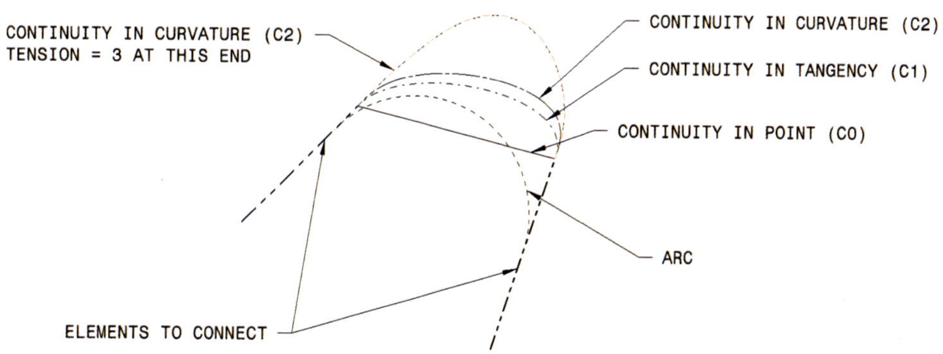

그림 5-17 Connect 옵션

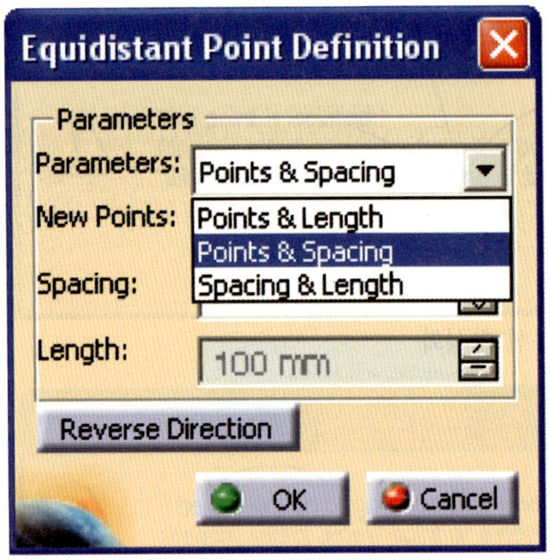

그림 5-26 Equidistant Point－변수 유형

이 명령은 Parametric 옵션을 이용하여 곡선 위에 등간격으로 포인트를 생성합니다. 기본 Mode는 곡선을 선택하고 새로 만들 포인트의 숫자를 정의하는 것입니다. 만일 이 방식으로 포인트를 생성하면, 곡선의 길이로 포인트 사이에 거리를 계산하고 연결된 수치 구속 조건들이 이러한 포인트들 사이에 생기게 됩니다. 기준이 되는 구속 조건이 첫 번째 포인트와 곡선의 끝점에 부여됩니다. 또한 입력한 값에 따라 선택한 곡선 밖에 포인트들이 만들어질 수도 있다는 것을 기억하십시오.

이 옵션의 변수에 사용하기 위해서는 곡선의 끝점을 선택해야 합니다. 포인트를 선택하고 나면 세 가지 변수 Mode가 이용 가능한데, 그림 5-26과 같이 Points & Length, Points & Spacing, Spacing & Length입니다. 항상 Reverse Direction 옵션을 사용하여 포인트의 생성 방향을 변경할 수 있습니다.

Points & Length

이 변수들은 길이가 정의된 곡선 위에 선택한 포인트로부터 몇 개의 포인트를 만들지를 입력하게 합니다.

Points & Spacing

이 변수들은 곡선 위에 선택한 포인트로부터 얼마만큼의 거리를 줄 것인지, 몇 개의 포인트를 생성할 것인지 입력하여 생성합니다.

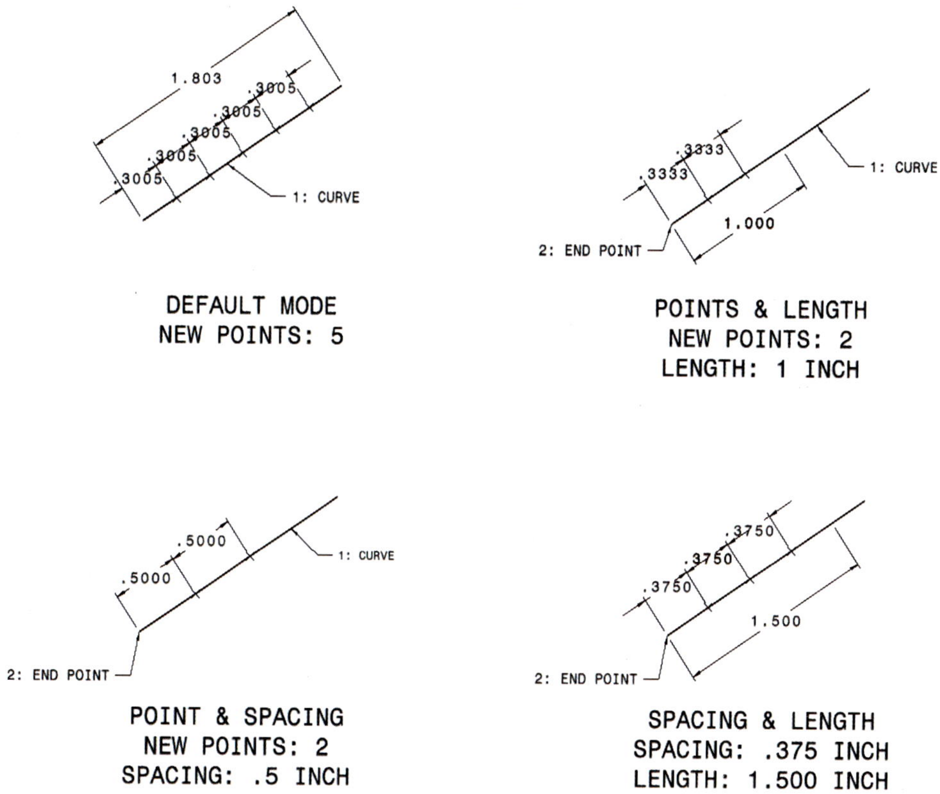

그림 5-27 Equidistant Points 옵션

Spacing & Length

이 변수들은 곡선 위에 선택한 포인트로부터 길이가 결정된 공간에 얼마만큼 공간을 띄울 것인지, 몇 개의 점을 만들 것인지를 결정하여 생성합니다. 등간격 포인트를 생성은 그림 5-27을 참조하십시오.

Intersection Point

요약: 교차하는 지점에 포인트를 생성합니다.
사용 순서: 명령을 실행한 후: 교차하는 일련의 요소들을 선택합니다.

이 명령은 두 개의 선택한 대상들의 교차하는 위치마다 포인트를 생성합니다. 이 교차점들은 포인트 생성을 위해 꼭 접하고 있을 필요는 없습니다.

Animate Constraint

요약: 수치적 구속 조건을 사용하여 애니메이션을 생성합니다.

사용 순서:

명령을 실행한 후: 애니메이션을 만들 구속을 선택합니다.

요소를 선택한 후: 대화상자가 나타나면 변수와 옵션 등을 설정합니다.

이 명령을 사용하면, Sketch에서 Geometry에 정의한 구속 조건을 선택한 후에 변수 값의 변화에 따른 동적 변화를 관찰할 수 있도록 상향, 하향 두 가지 한계 값 사이에서 변화할 수 있게 합니다. 대화상자에서 동작 Mode를 설정할 수 있고 보통의 Viewer 조작이 가능합니다: Play, Pause, Stop 등 그림 5-31에서 확인할 수 있습니다. 원한다면 구속 값을 애니메이션이 재생하는 동안 숨길 수 있습니다.

이 명령은 주어진 구속 변화에 형상이 어떻게 변화하는지 증명하는 데 사용할 수 있으며, 간단한 Stick Mechanism Kinematics 해석을 수행할 때에도 쓰일 수 있습니다.

Action Group

표준 Viewer 옵션입니다.

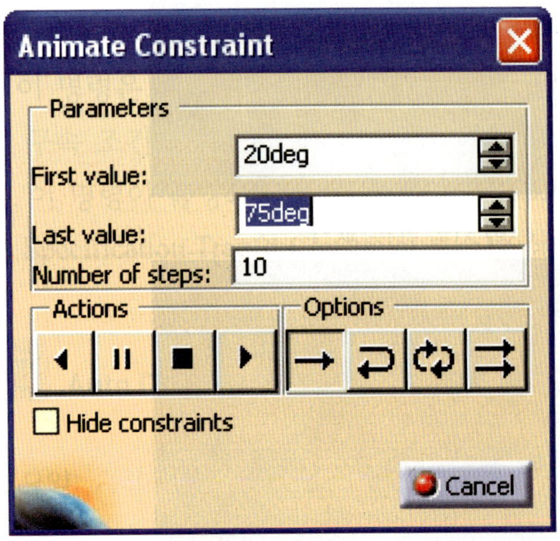

그림 5-31 Animate Constraint

- 동영상을 뒤로 돌리기(Reverse)
- 잠깐 멈추기
- 동영상 끝내기
- 동영상 실행하기(Play)

이 그룹은 네 개의 다른 playback 옵션을 포함하고 있는데, 제한을 위해 처음과 마지막 값을 사용합니다.

One Shot

이 Play 옵션은 동영상을 입력한 첫 번째 값과 마지막 값 사이에 변화를 가지고 한 번 실행합니다.

Reverse

이 Play 옵션은 동영상을 뒤에서 앞으로 한 번 실행합니다.

Loop

이 Play 옵션은 동영상을 뒤에서 앞으로 계속해서 실행합니다.

Repeat

이 Play 옵션은 동영상을 계속해서 실행하는데 각 사이클 끝에서 첫 번째 값으로 다시 시작합니다.

Edit Multi-Constraint

요약: Sketch상의 모든 수치 구속을 동시에 수정합니다.
사용 순서: 명령을 실행한 후 수정하고자 하는 구속을 순차적으로 변경해 줍니다.

이 명령은 그림 5-32와 같이 대화상자를 통해 Sketch상에 존재하는 한 개 이상의 수치적 구속을 한 번에 수정할 수 있게 합니다. 만약 명령어를 활성화하기 전에 어떤 구속도 미리 선택하지 않았다면, Sketch에 있는 모든 구속이 나타나게 됩니다. 만약 몇 개의 구속 조건을 미리 선택하였다면, 이 구속 조건만 화면에 나타나게 됩니다. 대화상자에서 구속 조건을 선택할 수도 있고 Sketch에서 선택할 수도 있습니다. 구속 조건을 편집한 후, 변경 사항을 최종 적용하

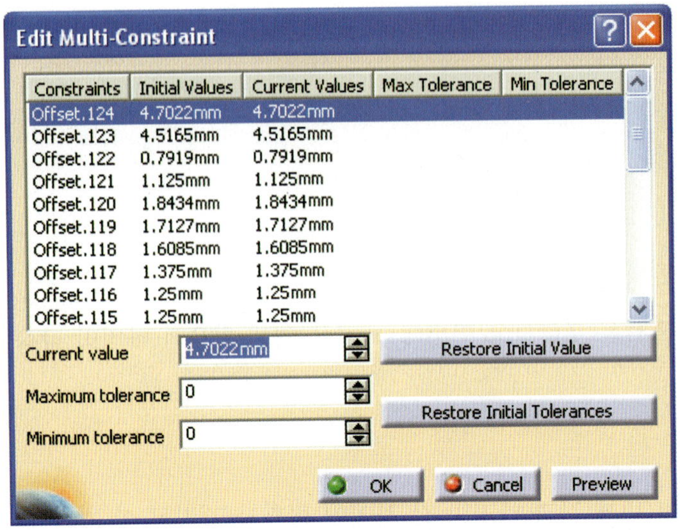

그림 5-32 Edit Multi-Constraint

기 전에 미리보기로 확인이 가능합니다. 필요하면 모든 값을 다시 시작할 수도 있습니다.

이 명령을 사용하여 수치적 구속 조건에 공차를 수정하거나 추가할 수도 있습니다. 이 공차는 평균 공차를 이용하여 Part의 업데이트 버전을 얻을 수도 있으며 또한 치수 생성 시에 도면에서 자동으로 수치를 추가할 수 있습니다.

5.5 Sketch 수정 도구

OPERATION TOOLBAR

모든 Operation Toolbar는 4장에서 설명한 바 있으니 이를 참고 바랍니다.

RELIMITATIONS TOOLBAR

Close Arc

요약: 원, 타원 호, Spline 요소를 닫습니다.

사용 순서: 곡선 타입 요소를 선택합니다.

이 명령은 잘려진 원이나 호 또는 잘려진 Spline 요소를 닫고 원래의 모양으로 돌려 놓습니다.

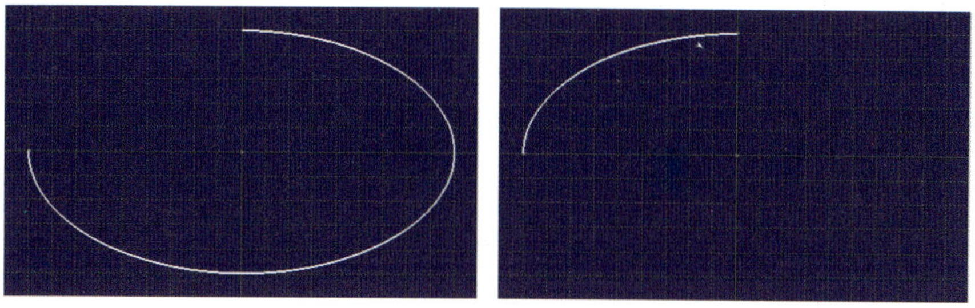

(a) 원본 곡선 (b) Complement 곡선

그림 5-33 Complement 곡선의 생성

Complement

요약: 원이나 타원 호를 보완합니다.
사용 순서: 원이나 타원 호를 선택합니다.

이 명령은 잘려진 원이나 타원 또는 호를 가지고 작업을 합니다. 그림 5-33과 같이 선택한 형상 곡선을 완성하는 곡선을 만듭니다.

5.6 Sketch 시각화 도구

VISUALIZATION TOOLBAR

Sketch 형상의 앞이나 뒤에 복잡한 형상이 Part에 존재하는 환경에서 작업을 하면 설계 과정이 매우 어렵게 됩니다. 형상을 만들 때 사용자에게 더 나은 시각적 환경을 제공하기 위해 몇 가지 명령들이 이용 가능합니다.

Cut Part by Sketch Plane

요약: Part 형상을 Sketch 평면을 기준으로 잘린 화면을 보여줍니다.

이 명령은 작업환경을 간단히 하고자 할 때 Sketch 앞에 나타나는 모든 것을 사라지게 하는 전환 스위치입니다. 이 Visualization Mode에 속하는 Part의 표현이 그림 5-34(b)에 있습니다.

VISU3D TOOLBAR

이 Toolbar는 활성화된 Sketch에 포함된 모든 것의 Display를 제어할 수 있도록 해주는 명령을 포함하고 있습니다.

Usual

요약: 배경에 3D 요소를 보여줍니다.

이것은 Visualization Mode의 기본입니다. 모든 형상을 사용자에게 보이게 합니다. 그림 5-34(a)를 참고하십시오.

Low Light

요약: 배경에 3D 요소를 낮은 밝기에서 보여줍니다.

이 Visualization Mode는 Part를 어둡게 하고 Sketch에 존재하지 않는 것을 집을 수 없게 합니다. 그림 5-34(c)를 참고하십시오.

No 3D Background

요약: 배경에 3D 요소를 표시하지 않습니다.

이 Mode는 Sketch에 존재하지 않는 것을 사라지게 합니다. 그림 5-34(d)를 참고하십시오.

2D VISUALIZATION MODE TOOLBAR

이 Toolbar는 활성화된 Sketch 평면에 존재하는 것들의 Display를 제어하는 명령들을 포함하고 있습니다.

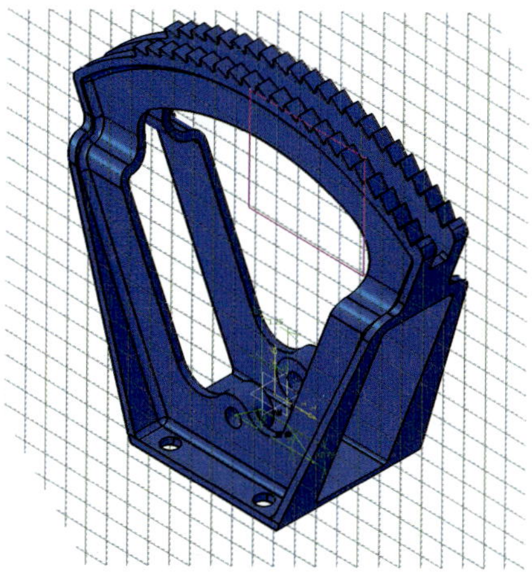

(a) Visu3D- Usual

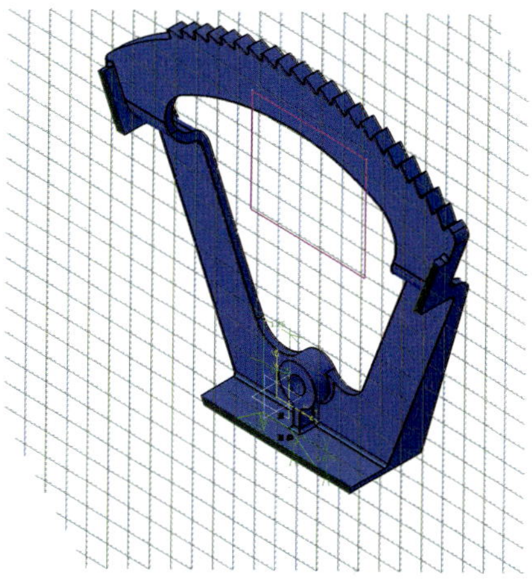

(b) Cut Part by Sketch Plane

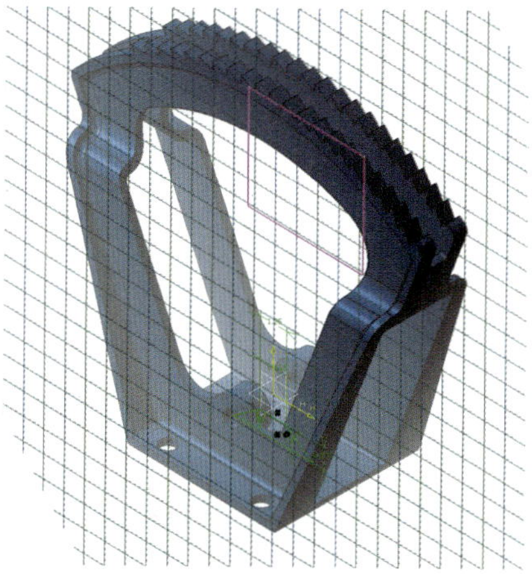

(c) Low Light

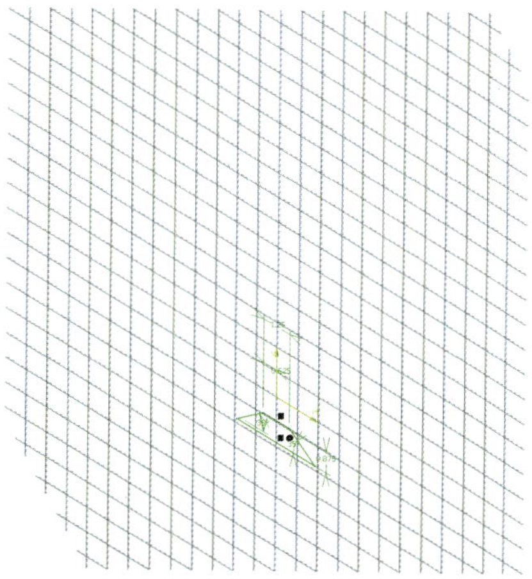

(d) Visu3D-No 3D Background

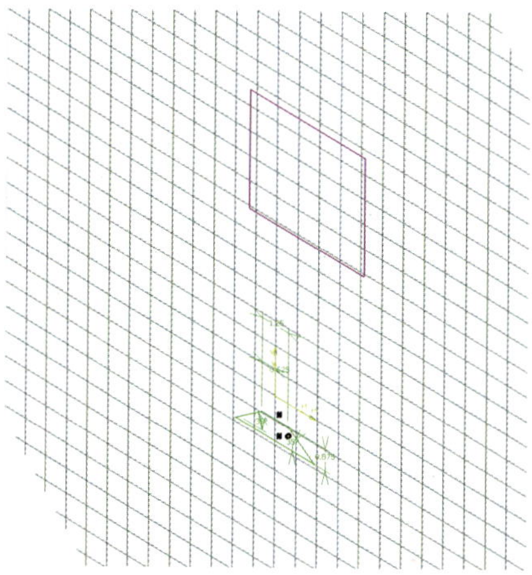

(e) 2D Visu Mode−No 3D Background

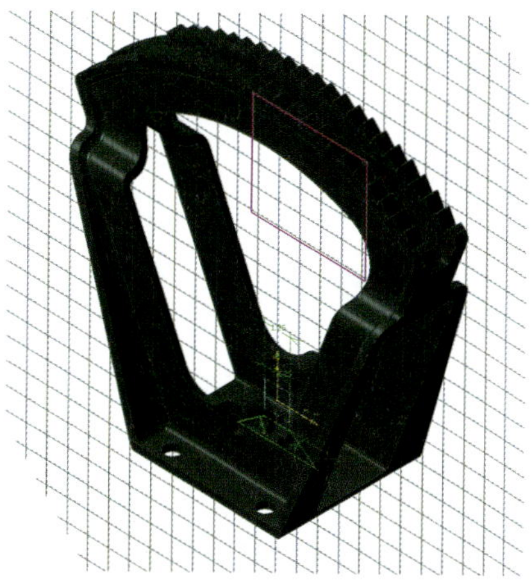

(f) 2D Visu Mode−Low-Intensity Background

그림 5-34 Visualization 옵션

Pickable Visible Background

요약: 배경을 선택할 수 있고 보이기도 합니다.

이것은 Visu 3D Toolbar의 Usual Mode와 비슷한 기본 Visualization Mode입니다.

No 3D Background

요약: 3D 배경 없이 표시합니다.

이 Mode는 Sketch 평면에 존재하지 않는 것을 사라지게 합니다. 이 Mode에서는 다른 Sketch에 존재하는 형상 요소를 같은 Sketch 평면에서 공유할 수 있도록 합니다. 그림 5-34(e)를 기준하십시오.

Unpickable Background

요약: 배경을 집을 수 없습니다.

이 Mode는 환경의 그래픽 관련 표현을 바꾸지는 않지만 어떠한 3차원 요소의 선택도 하지 못합니다. 이 Mode에서는 다른 Sketch에 포함된 선택한 형상 요소를 같은 Sketch 평면에서 공유할 수 있게 합니다.

Low-Intensity Background

요약: 배경을 낮은 강도로 보여줍니다.

이 Mode는 Sketch 평면 밖에 있는 것을 모두 어둡게 합니다. 그러나 3차원 요소 같은 Sketch와 공유하는 다른 Sketch에 있는 형상 요소를 선택할 수 있습니다. 그림 5-34(f)를 기준하십시오.

Unpickable Low-Intensity Background

요약: 배경을 집을 수 없고 낮은 강도로 보여줍니다.

이 Mode는 Sketch 평면 밖에 있는 것을 어둡게 보여주고, 3차원 요소의 선택을 막습니다. 이 Mode에서 같은 Sketch 평면과 공유하는 다른 Sketch에 있는 형상 요소 선택을 가능합니다.

Lock Current View Point

요약: 현재 뷰 포인트를 잠급니다.

이 Mode는 이전의 어떤 2D Visualization Mode와도 함께 사용이 가능합니다. 이 Mode가 활성화되면 Pan, Zoom이 가능하지만, 화면에서 회전이나 뷰 포인트의 변화 시도를 제한합니다. 이 아이콘은 다른 Visualization Mode를 활성화하지 않으면 사용 가능하지 않습니다.

그림 5-34에 여러가지 Visualization Mode를 나타내었습니다. 이 Mode를 사용에서 활성화된 Sketch와 직사각형을 포함하는 Sketch는 같은 평면을 공유하는 것입니다.

5.7 그 밖의 유용한 명령들

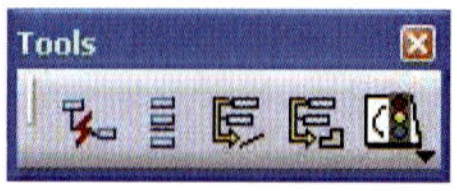

TOOLS TOOLBAR

4장에서 설명한 Sketch Analysis와 Sketch Solving Status 명령 외에도, 다른 여러 가지 유용한 기능들이 있습니다. 이러한 명령들은 히스토리가 없는 형상 요소를 생성하고 Sketch나 Body 필터에서 요소를 선별적으로 선택하기도 합니다.

Create Datum

요약: Datum Feature를 생성합니다. 한 개의 Datum Feature는 한 번 클릭, 여러가지 Datum Feature는 더블클릭 합니다.

이 명령은 형상을 히스토리 없는 데이텀으로 생성이 가능하게 하여 기록 없이 생성한 형상을 자동 형상 생성 기능인 Power Copy와 User Features를 정의하는 데 사용할 수는 있습니다. Sketch 환경에서도 이 명령을 사용할 수 있기는 하지만, 3차원상의 Wireframe 또는 서피스 형상에 주로 쓰입니다. 그림 5-35에 Geometrical Set에서 만든 Wireframe 요소를 보여줍니다. 처음 세 개는 생성 히스토리를 가지는 형상 요소로 편집이 가능합니다. 마지막 세 개 요소는 생성 히스토리가 없는 Datum입니다. 번개 표시로 작업 히스토리가 없는 형상 요소를 구분할 수 있습니다.

Sketch 환경에서 이 명령을 이용하면 어떤 요소와의 링크 없이 형상 3D Projection을 만들 수도 있습니다.

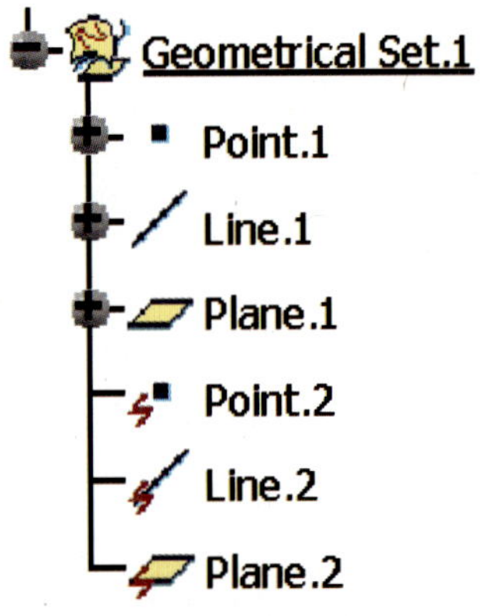

그림 5-35 Datums으로 생성된 Wireframe 요소

Only Current Body

요약: 현재 Body만을 보여주는 옵션입니다.

이 명령은 사용자에게 활성화된 솔리드 Body 또는 Geometrical Set만을 보여주는 필터 역할을 합니다. 이 명령은 보통 Boolean Operation과 솔리드 Body를 다룰 때 사용되지만, Sketch에서 작업환경을 어렵게 하는 솔리드 Body나 Wireframe 요소를 숨기는 Visualization 명령으로 사용되기도 합니다. 이 아이콘을 클릭하면 활성화된 Body와 Geometrical Set만 보이게 됩니다.

Output Feature

요약: Output Feature를 생성합니다.

사용 순서: 한 개 혹은 여러 개의 2D 기준 형상을 선택합니다.

이 명령은 3D 환경에서 사용할 수 있도록 Sketch 밖에서 포인트, 직선 요소, 호, 타원 등의 단일 Sketch 요소를 선택합니다. 이 명령은 하나의 Sketch상에서 기준 요소와 3차원 형상이 될 폐곡선을 함께 포함하는 경우 기준 요소만을 별도로 추출하고자 할 때에 유용하게 사용할 수 있습니다. 이는 하나의 Sketch에 속한 모든 형상들은 일반적으로 모두 하나의 프로파일로 인식하기 때문입니다. Output Feature를 만들려면, 명령을 활성화 시키고 수정하고자 하는 단일 요소를 선택합니다. 한 개 이상의 요소를 선택하고자 한다면, 미리 요소들을 선택하고 아이콘을 클릭합니다.

Profile Feature

요약: Profile Feature를 생성합니다.
사용 순서: 하나 또는 여러 개의 2D 프로파일 형상을 선택합니다.

이 명령은 Sketch에서 한 개 이상의 폐곡선을 정의하고 Sketch 밖 3차원 환경에서 각각 프로파일로 사용 가능하도록 만듭니다. 이렇게 하면 하나의 Sketch로 여러가지 다른 도형을 가진 복잡한 Sketch를 만드는 데 도움이 됩니다. Profile Feature를 만들려면, 명령을 활성화시키고, 닫힌 형상 중에 한 개의 요소를 선택합니다. 그러면 그림 5-36과 같이 대화상자가 나타납니다.

이 상자에 옵션들을 이용하면 프로파일을 만들기 위해 선택할 요소를 Input Geometry로, 프로파일로 정의될 요소를 Output Geometry로 구별할 수 있으며, 프로파일의 색이나 이름을 지

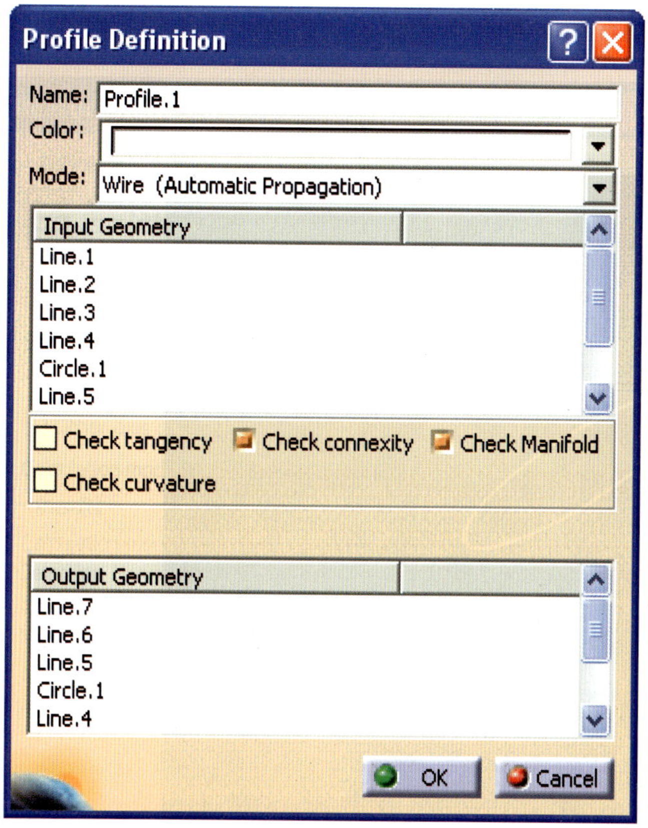

그림 5-36 Profile Feature

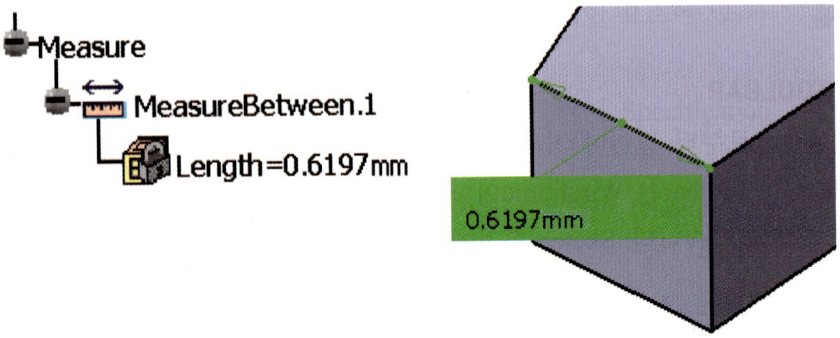

그림 5-40 Keep Measure 설정 시

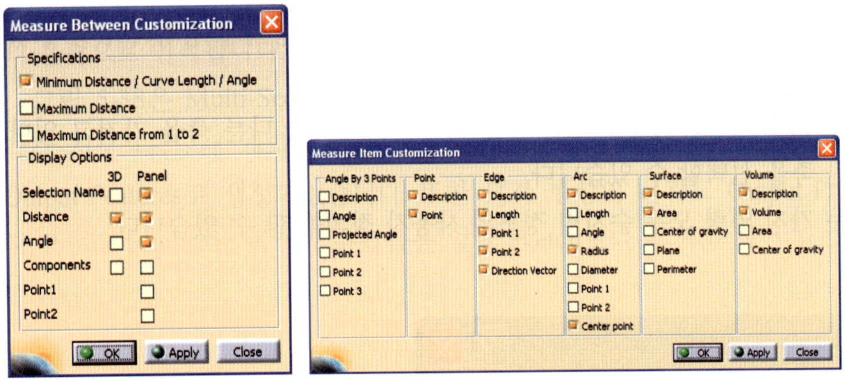

(a) Measure Between (b) Measure

그림 5-41 Measure 정보의 설정

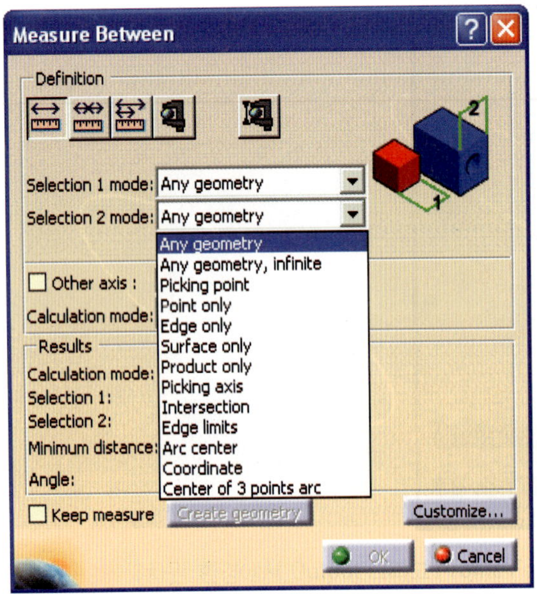

그림 5-42 Measure Between Selection Mode 옵션

Measure Between

요약: 두 요소 사이를 측정합니다.
사용 순서: 이 명령을 활성화하고 측정을 위해 첫 번째 아이템을 선택합니다. 그리고 두 번째 아이템을 선택합니다.

이 명령은 두 요소 간에 거리나 각도 등을 측정하는 데 사용됩니다. 사용자 정의에 따라 선택한 요소, 거리 요소, 끝점의 좌표, 각도 등의 수치적 정보를 얻을 수 있습니다.

그림 5-42와 같이 각 선택 Mode는 다른 종류의 옵션을 가지고 선택한 요소를 측정합니다. 그런 다음 요소를 Filter하여 측정을 위해 형상 기준을 정의합니다.

이 명령은 일련의 요소를 연속적으로 분석하도록 Chain과 Fan Mode를 제공합니다. Chain Mode는 각 요소 간에 거리를 체크하고, Fan Mode는 공통의 기준 포인트로부터 모든 거리를 분석합니다.

Measure

요약: 단일 요소를 측정합니다.
사용 순서: 측정할 대상을 선택합니다.

이 명령은 단일 요소를 측정할 때 사용합니다 선택한 요소의 타입에 따라 수치적 정보, 길이, 넓이, 좌표, 무게중심 등의 정보를 얻을 수 있습니다.

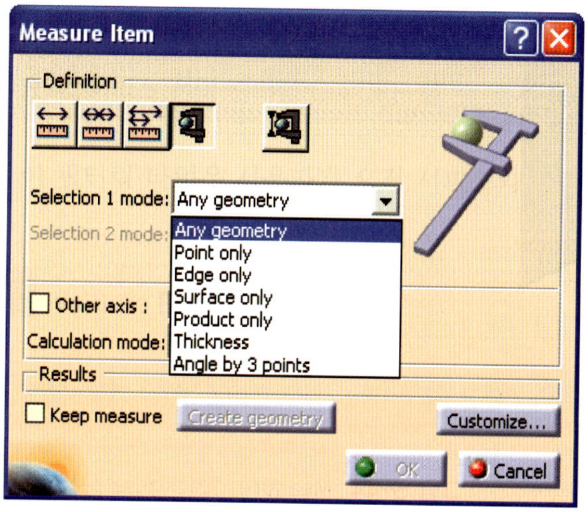

그림 5-43 Measure Selection Mode 옵션

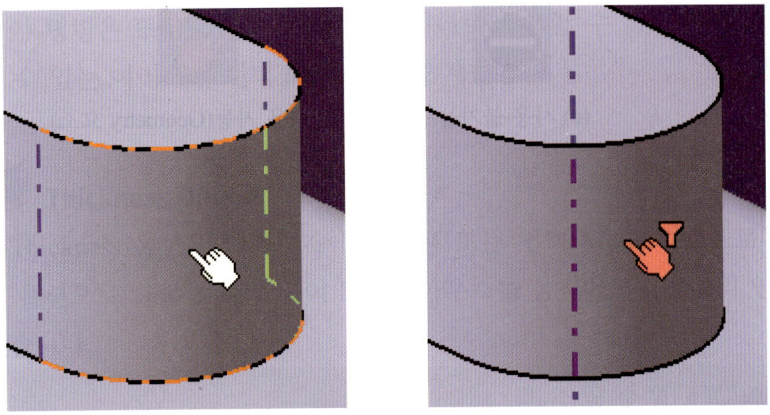

(a) 비활성화　　　　　　　　　　(b) 활성화

그림 5-46 Geometry Element 필터링 모드

Feature Element Filter

요약: Feature 요소 선택 필터를 ON/OFF 할 수 있게 합니다.

이 필터링 Mode는 Sketch의 모든 직선 요소, 곡선을 선택하는 것처럼 사용자가 한 번에 Feature와 관련된 모든 요소를 선택할 수 있게 합니다.

Geometric Element Filter

요약: 기하학 요소 선택 필터를 ON/OFF 할 수 있게 합니다.

이 필터링 Mode는 그림 5-46처럼 원통면의 축과 같이, 사용자가 Feature와 관련된 기하학 요소를 선택할 수 있게 합니다.

5.8 형상 요소 수정하기

Sketcher에서 만들어진 모든 개체는 다른 변수를 수정하여 편집할 수 있습니다. 어떤 개체를 편집하려면 그것을 더블클릭하거나 Specification Tree에서 이 개체를 더블클릭합니다. 또한 개체 위에 커서를 옮겨와 우클릭으로 Context 메뉴를 열고 xxx.x object 부메뉴를 엽니다.

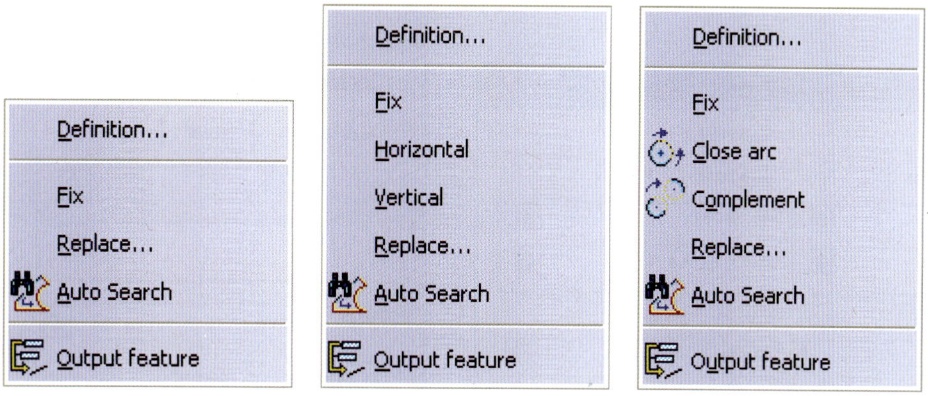

(a) Standard (b) Line (c) Arc

그림 5-47 Context 메뉴에서 개체 편집

대부분의 개체는 같은 부요소를 제공하는데, 그림 5-47과 같이 직선 요소와 호 개체는 예외의 경우를 가집니다.

Sketch에 개체를 고정시키려면 열어주고 개체를 대체하려고 하거나, 선택한 개체를 Output Feature로 정의하려고 하거나, Auto Search 명령어를 사용하고자 할 때 모든 Context 메뉴에서 Definition을 클릭하면 선택한 개체의 편집 대화상자를 열어줍니다. 이 명령어는 윤곽 또는 선택한 요소와 같이 연결된 모든 요소를 자동으로 찾아 원하는 편집을 해줍니다. 겹쳐진 개체나 연속적인 방법으로 만들어진 개체는 Fail 명령어를 만들 것입니다.

모든 개체 대화상자는 선택한 요소를 Construction 요소로 전환시켜 주는 스위치를 제공하고 직교 좌표 또는 극 좌표를 이용하여 이 요소를 정의하기 위한 포인트를 제공합니다.

Point

그림 5-48과 같이 점의 좌표를 수정할 수 있습니다.

Line

그림 5-49에서처럼 끝에 두 점의 좌표, 길이, 직선 요소의 방향을 수정할 수 있습니다. 길이와 각도 변경은 EndPoint 1을 앵커로 하고 EndPoint 2의 위치를 재계산합니다.

Arc & Circle

그림 5-50과 같이 포인트 중심의 좌표, 반지름 값을 편집할 수 있습니다.

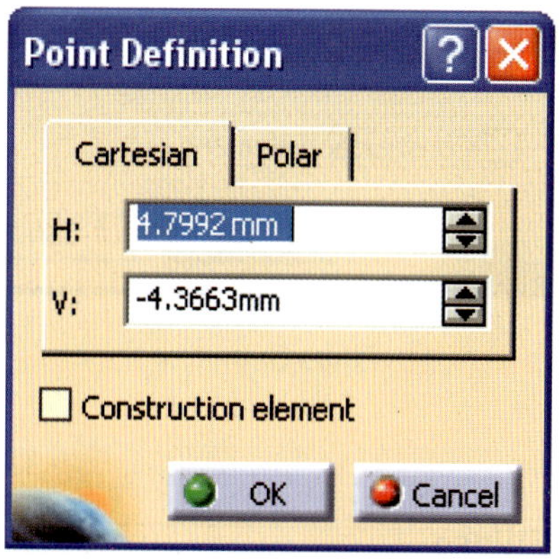

그림 5-48 Point Definition 대화상자

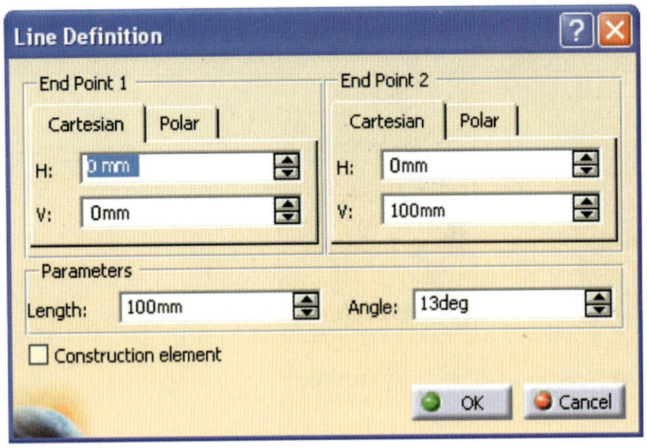

그림 5-49 Line Definition

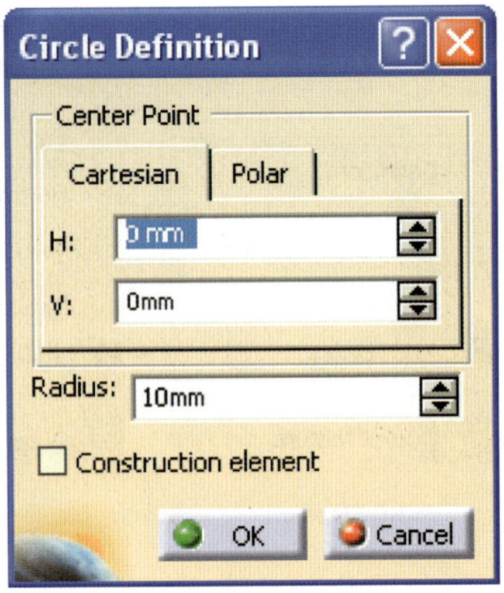

그림 5-50 Arc & Circle Definition

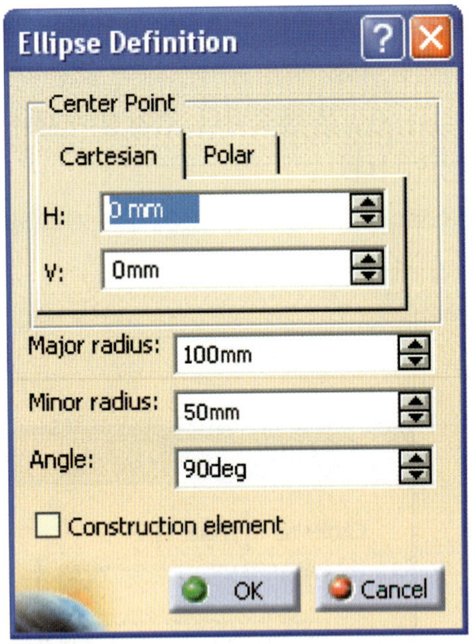

그림 5-51 Ellips Definition

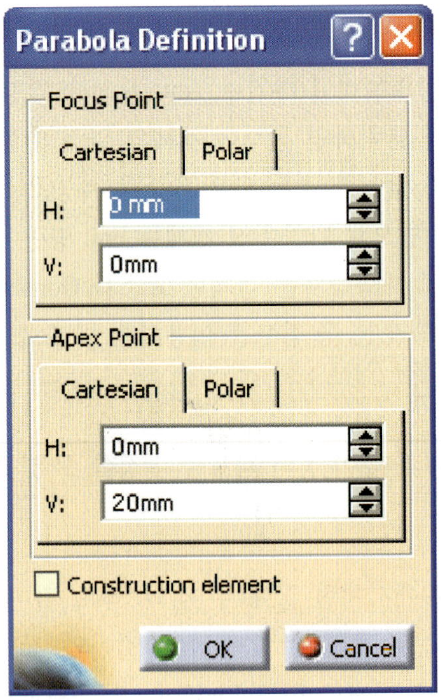

그림 5-52 Parabola Definition

Ellipse

그림 5-51과 같이 중심점의 좌표, Major, Minor 반지름, 타원 방향을 편집할 수 있습니다.

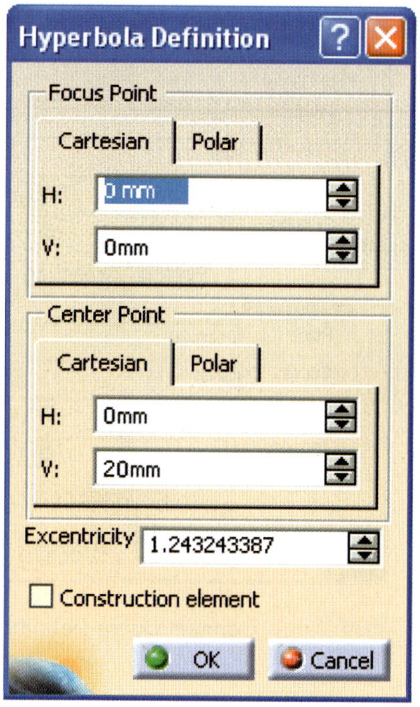

그림 5-53 Hyperbola Definition

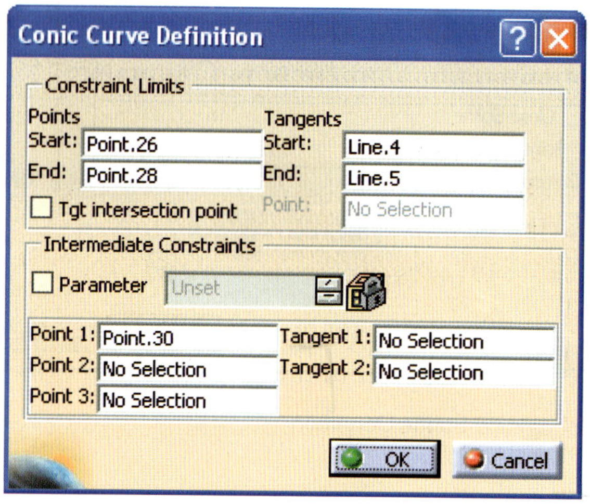

그림 5-54 Conic Curve Definition

Parabola

그림 5-52과 같이 Focus와 Apex 포인트의 좌표를 수정할 수 있습니다.

Hyperbola

그림 5-53과 같이 Focus와 Center 포인트, Eccentricity를 수정할 수 있습니다.

Conic Curve

그림 5-54과 같이 Start, End, Control Point, 타깃을 위한 Reference Line, Tangent intersecting Point의 사용 여부, 변수를 수정할 수 있습니다.

Spline

Spline 요소의 편집은 다른 요소들과는 다릅니다. 사실 Spline 요소를 편집하는 것은 Spline 요소 정의를 완성하는 일입니다. 이 개체를 편집할 때는, 그림 5-55와 같이 Spline 요소를 정의하는 모든 Control Points를 사용자에게 보여줍니다.

각 포인트는 선택 및 수정할 수 있습니다. 대화상자에서 옵션은 현재 포인트를 지우거나 추가할 수 있고, Tangency와 Curvature Radius 조건을 포인트에 줄 수도 있으며, Spline 요소 곡

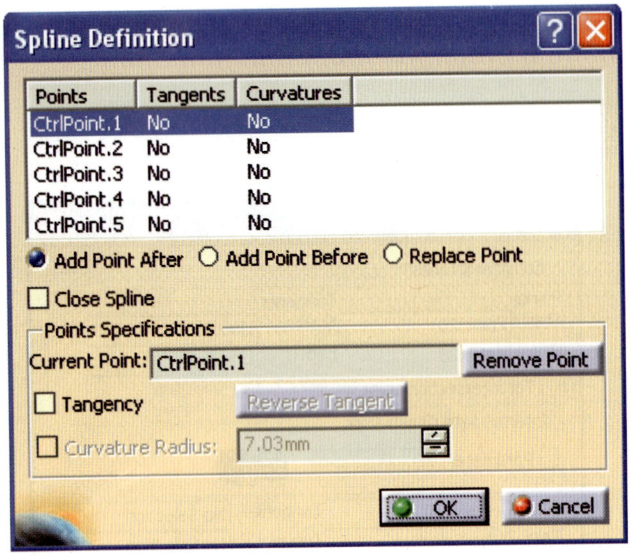

그림 5-55 Spline Definition

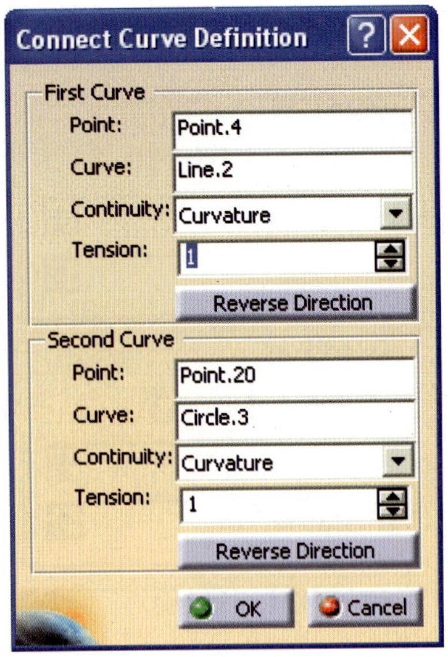

그림 5-56 Connect Curve Definition

선을 닫을 수도 있습니다. Control Point에 Tangency를 추가하면, 포인트에 Tangent 벡터가 나타납니다. 이 벡터는 선택될 수 있고 뒤집을 수도 있고 원하는 방향으로 위치시키기 위해 구속 시킬 수도 있습니다.

임의의 Control Point 앞뒤로 새로운 Control Point를 추가할 수 있습니다. 그렇게 하려면 기존에 존재하는 포인트 개체를 새로운 Control Point의 생성하고자 하는 곳에 생성합니다. 그러면 가장 가까운 Control Point를 선택해야 합니다. 새로운 포인트는 두 개의 Control Point 사이에 생기고, 새로운 포인트가 선택된 Control Point 앞이나 뒤에 위치한다는 사실과 관련된 체크상자를 선택해야 합니다. 마지막으로 포인트 개체를 선택해야 합니다. 마지막으로 만든 Control Point 바로 뒤 기준 숫자를 가지는 새로운 Control Point를 리스트에서 볼 수 있을 것입니다.

Connect Curve

그림 5-56처럼 EndPoints, Reference Curves, Continuity 타입, Direction, Tension of Tangent가 수정될 수 있습니다.

Sketcher에서 제공하는 명령들을 마스터하면 사용자는 쉽고 수정하기 편한 방식으로 적절한 형상을 만들 수 있습니다. Sketch의 프로파일뿐만 아니라 기준 요소는 3차원 설계 및 조립 과정 등에서 유용하게 쓰이는 것들입니다.

Chapter 6
Part Design

이번 장은 제4장에서 다루지 않았던 Part Design의 명령어 및 Workbench 이용법을 주로 다루고 있습니다. 여기서는 다음과 같은 내용을 다룰 것 입니다:

- Sketch 기반 형상
- Dress-Up 형상
- Surface 기반 형상
- Transformation 형상
- Part에 삽입하기
- Boolean Operations
- 구속하기
- 분석하기
- 기타 도구

이 장은 간단한 솔리드 형상에서부터 복잡한 형상들까지 만들 수 있도록 사용자에게 필요한 모든 Part Design Tools을 설명하고 있습니다. 그렇다고 여기서 Part Design의 모든 명령어와 그것들이 가지는 옵션의 세세한 부분까지 다루는 것은 아닙니다.

6.1 Sketch 기반 형상

그림 6-1에서 보이는 것처럼 새로운 Part를 만들 때, 사용자는 Sketch를 기반으로 하는 몇 가지 명령만 우선적으로 사용 가능합니다.

그리고 이러한 3차원 명령들을 사용하기 위해서는 최소한 하나의 Sketch를 필요로 하기 때문에 첫 번째 모델링 작업은 반드시 Sketch Based Features를 이용합니다. 작업 과정에 무엇이 요구되는지에 따라 각 Features은 열린 혹은 닫힌 폐곡선의 Sketch를 필요로 합니다. 만약에 주어진 Sketch가 Features 요구사항을 만족하지 못한다면, 그림 6-2처럼 Error 메시지가 나타날 것입니다.

Part에 이미 솔리드 형상이 있다면 사용자는 Sketch Based Features를 벗어나 나머지 솔리드 관련 명령 사용이 가능합니다.

그림 6-3처럼 풀다운 메뉴에서 Insert ⇨ Sketch Based Features를 통하거나 Sketch Based Features Toolbar를 통해 다른 명령들을 선택할 수 있습니다.

대부분의 명령들은 Definition 대화상자에서 More 버튼을 누를 수 있는데, 이 버튼을 누르면 작업하는 데 필요한 더 많은 옵션들을 확인할 수 있습니다. 이러한 옵션들을 사용하면 그

그림 6-1 Part Design 시작 시 사용 가능한 명령들

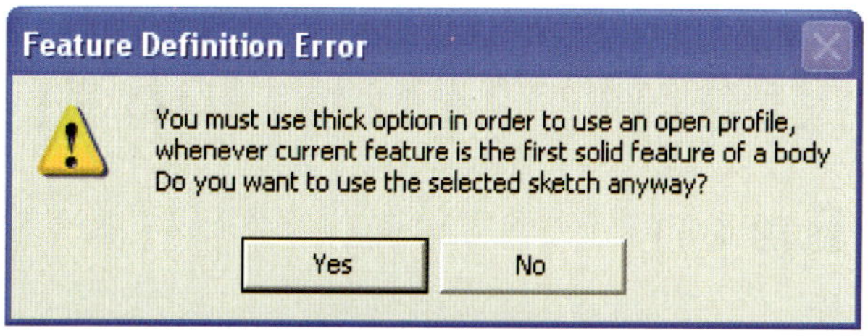

(a) Open Profile

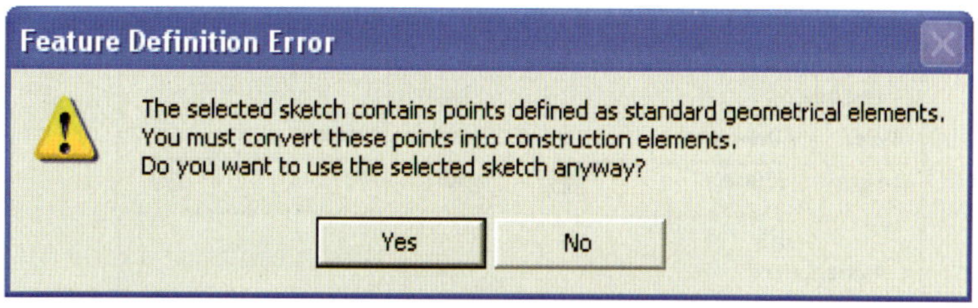

(b) Isolated Point(s)

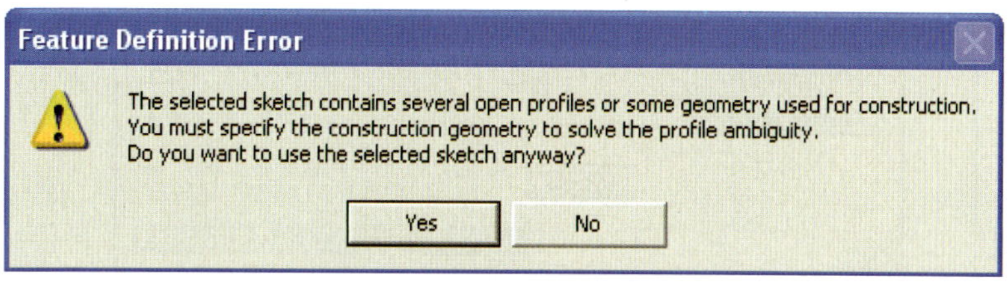

(c) Superimposed Element(s)

그림 6-2 여러 가지 Error 메시지 예시

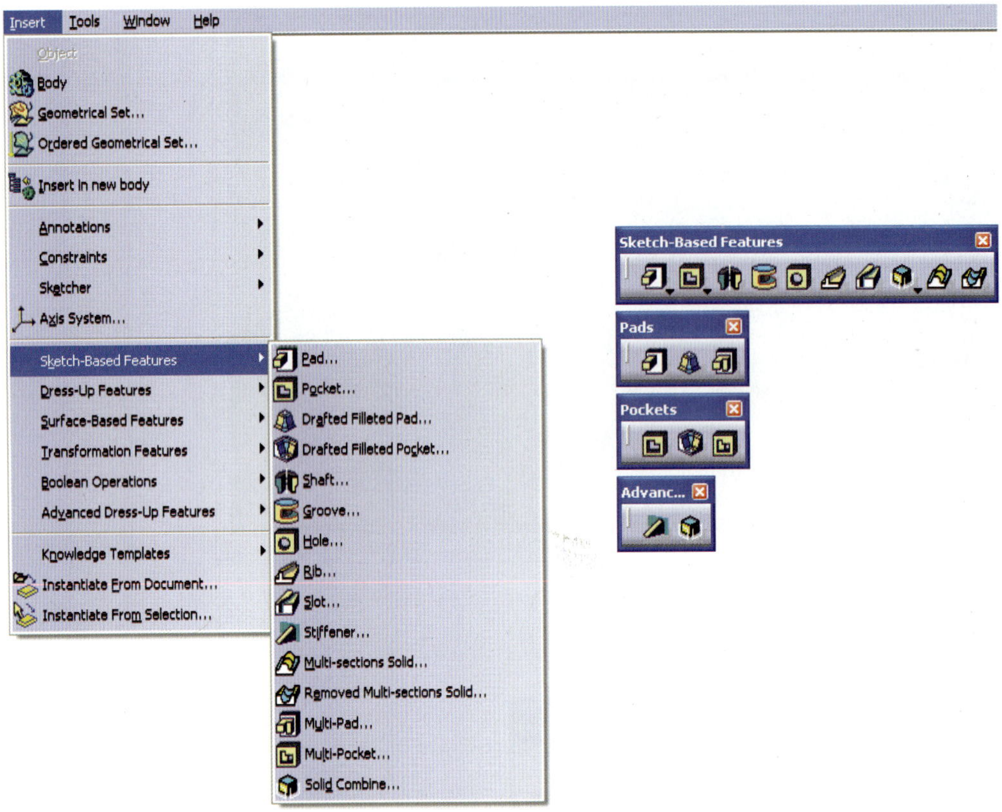

그림 6-3 Sketch 기반 형상의 툴바 그리고 Insert 풀다운 메뉴

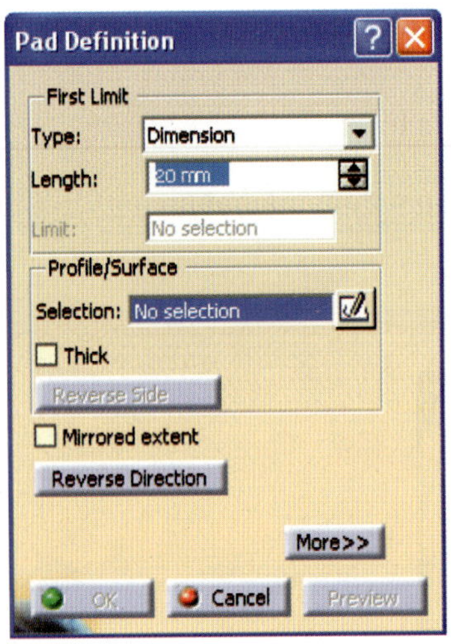

(a) 기본 모드

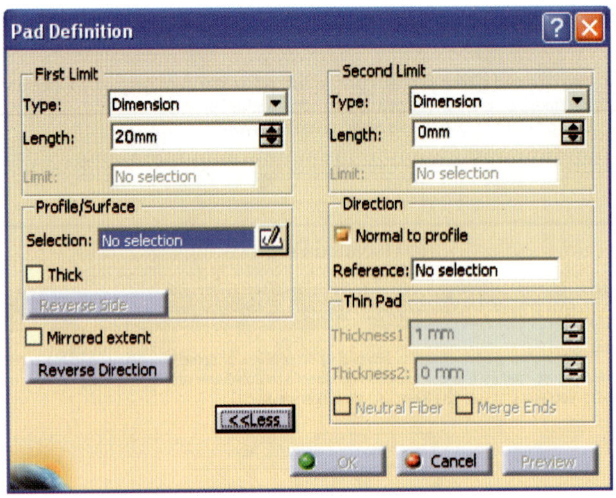

(b) 확장 모드

그림 6-4 대화상자 양식

림 6-4처럼 대화상자가 확장된 모습을 볼 수 있습니다.

예시에서 보이는 경우와 같이 반드시 정확하지는 않지만 빠른 결과가 필요할 경우, 활성화된 명령이 있는 항목을 선택하면 Limit 1과 Limit 2같이 두 가지 Grip Handles이 나타납니다. 이 중 하나의 Handles를 선택하여 움직임으로써, 미리보기 되는 Wireframe Part를 거기에 맞춰 수정할 수 있습니다. 만약에 명확하게 결과를 확인하기 위해, OK 버튼을 누르기 전에 미리보기 버튼을 먼저 누르면 됩니다. 모든 명령들에 대한 일반적인 방식으로, 예시에서는 가끔 다른 방법으로 같은 결과를 얻을 수 있습니다.

여러 Solid Creation Features들은 Pad & Pocket, Shaft & Groove, Rib & Slot, Multi-Sections Solid & Removed Multi-Sections Solid와 같이 정확하게 똑같은 양식으로 정의가 가능한 Solid Removal Counter Part들을 가지고 있습니다. 즉, 서로 짝을 이루고 있으며 실행을 위해 필요한 입력 요소나 정의 방식이 유사하나, 하나는 형상을 만들 때 사용하고 다른 하나는 형상을 제거할 때 사용하는 식으로 짝이 되어 있는 것입니다. 이 책에서 Solid Creation Features에 대해 설명되어 있는 부분은 중복을 피하기 위해 이에 대응하는 부분에 대해서는 다시 언급하지 않았습니다.

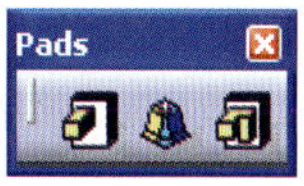

PADS TOOLBAR

Pad

요약: 열린 또는 닫힌 프로파일에 높이 또는 길이 성분을 정의하여 돌출된 형상을 생성합니다.

사용 순서:

명령을 실행한 후: 프로파일이 될 Sketch 또는 서피스 요소를 선택합니다.

프로파일을 선택한 후: Pad 정의 대화상자를 통하여 치수 및 형상 정의에 필요한 정보를 입력합니다.

Pad 명령은 Sketch 평면의 수직 방향 또는 임의의 직선 방향으로 Sketch나 서피스 면을 돌출하여 직선 방향의 솔리드를 만들 수 있게 해줍니다. Pad 명령의 대화상자는 두 돌출 방법의 한계를(Limit) 정의할 수 있게 도와줍니다. 그림 6-5처럼 자동으로 사용자는 Type 선택박스에서 정의한 한계 내에서 Sketch 평면에 수직인 솔리드를 만들 수 있습니다.

만약에 솔리드를 정의된 Sketch로부터 특정한 정의 거리를 두고 만들어야 한다면, Definition 대화상자에서 첫 번째 치수와 같은 면 방향에 대한 값을 상쇄하기 위해 두 번째 치

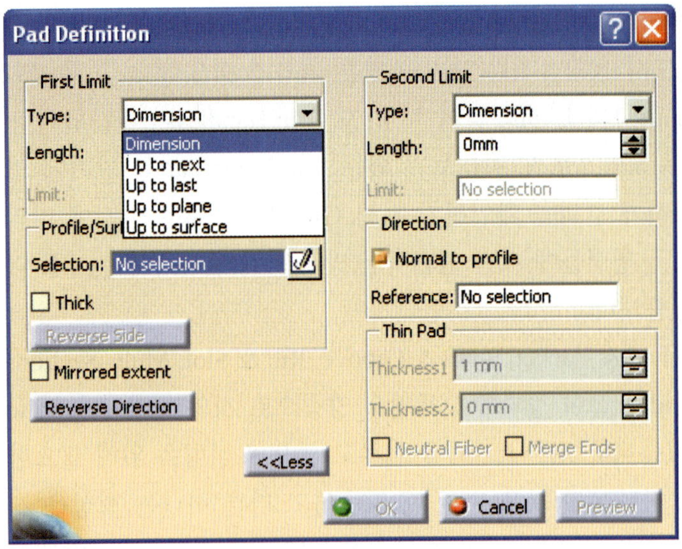

그림 6-5 Limit 방식들을 표시한 Pad Definition

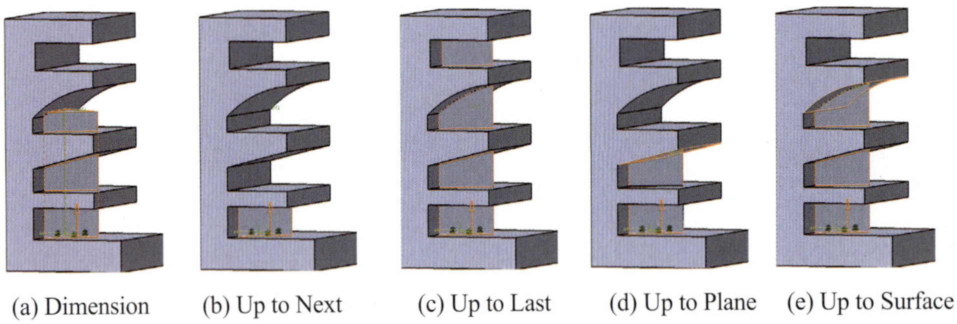

그림 6-6 Pad Limit 옵션들

수 입력란에 마이너스 값을 입력하는 것이 가능합니다.

Pad가 Part에서 보이는 첫 번째 Features일 때, Up to Next와 Up to Last와 같은 다른 형상을 기준으로 한계를 정하는 옵션은 사용할 수 없지만, 그림 6-6처럼 두 번째 형상으로 사용될 경우 모든 옵션을 사용할 수 있습니다.

Pad는 그림 6-7처럼 기준이 되는 프로파일의 돌출 가능한 두 방향에 대해서 첫 번째 치수를 기준으로 대칭 복사하여 만들 수 있습니다. 이렇게 하기 위해서는 Mirrored Extent 옵션을 활성화시켜야 하지만 그렇게 할 경우, Limit 종류인 Dimension만이 유일하게 사용 가능합니다. 대칭 복사가 되어 Pad를 할 경우에는 잊지 말고 원래 치수 값의 절반만을 입력하고 Mirrored Extent 옵션이 체크되어 있는 것을 확인해야 합니다.

Sketch 평면에 수직이 아닌 방향으로 Pad를 만들어야 한다면, 기본적으로 활성화되어 있는

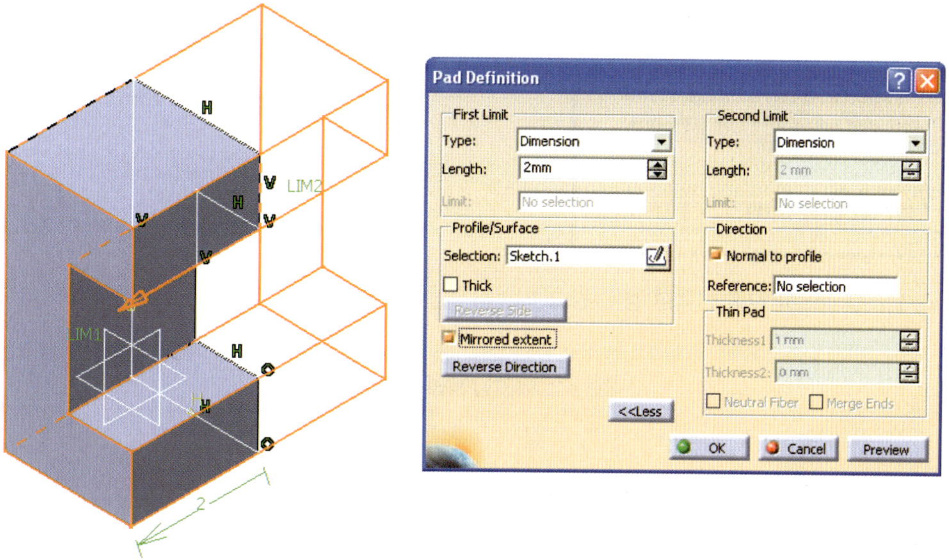

그림 6-7 Mirrored Pad

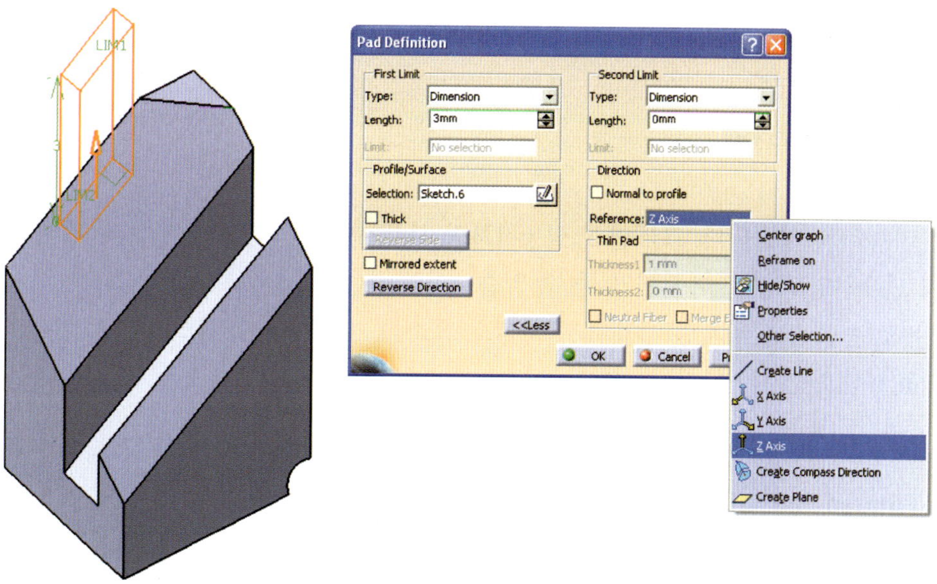

그림 6-8 Sketch 기준면과 수직하지 않은 방향으로 Pad할 경우

Normal to profile 옵션을 끄고, 그림 6-8처럼 사용자가 원하는 돌출 방향을 정의하는 직선 요소를 선택해야 합니다. 이와 같은 경우에 여러 가지가 선택이 가능한 Context Menu에 들어가기 위해서는 입력란에서 마우스를 우클릭 하면 된다는 것을 기억하기 바랍니다.

마지막으로, 만약에 Pad가 반드시 서피스에서 생성되어야 한다면, 돌출 방향을 절대적으로

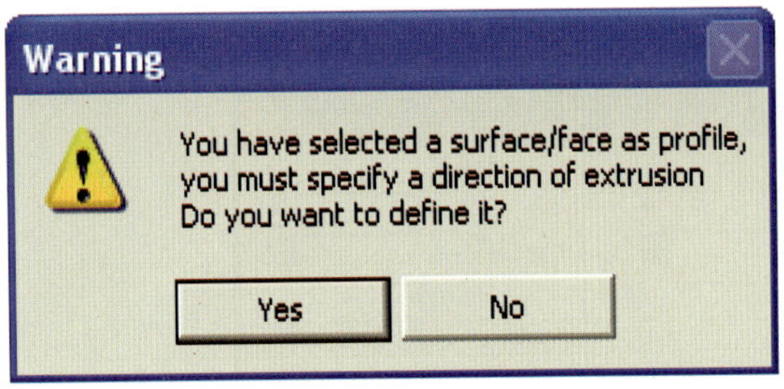

그림 6-9 서피스 요소를 프로파일로 선택한 경우 경고 메세지

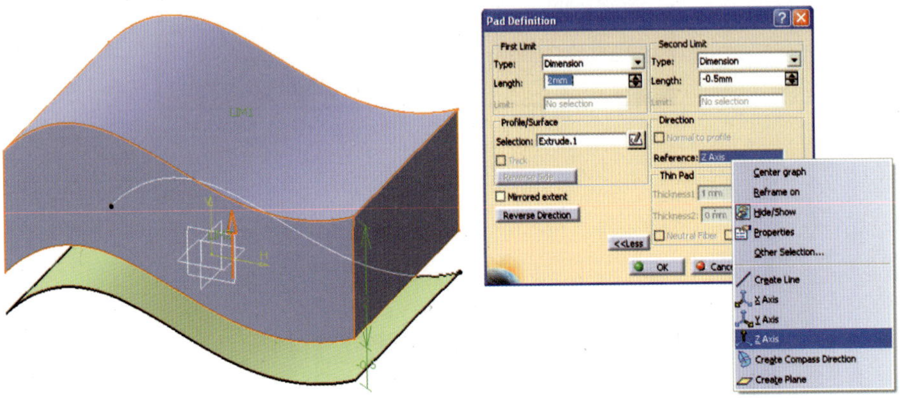

그림 6-10 서피스로부터 정의된 Pad

정의하는 것은 가능하지 않습니다. 그러면 그림 6-9처럼 사용자에게 솔리드를 만들기 위해서는 돌출 방향이 필요하다고 경고 메시지가 뜰 수 있습니다.

Yes 버튼을 누르면 그림 6-10처럼 사용자가 서피스 요소를 이용하여 솔리드를 만들 수 있도록 Pad Definition 대화상자가 나타납니다.

Drafted Filleted Pad

요약: Draft와 Fillet 포함하여 Pad를 생성합니다.

사용 순서:

명령을 실행한 후: 프로파일을 선택합니다.

프로파일을 선택한 후: Second Limit를 선택합니다.

Second Limit을 선택한 후: Pad, Draft, Fillet 값을 정의하기 위한 치수 정보를 입력합니다.

이 명령은 사용자가 작업 내에서 Drafted Faces와 Fillet를 포함하고 있는 돌출된 솔리드를

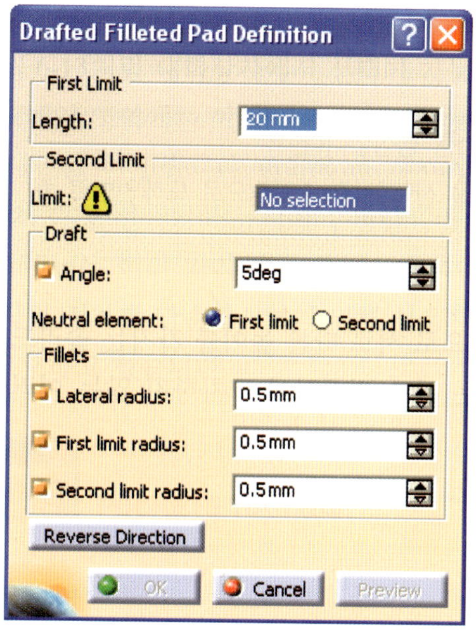

그림 6-11 Drafted Filleted Pad Definition

생성할 수 있도록 도와줍니다. 사용자가 생성하고자 하는 솔리드를 정의하기 위해서는 정의된 Sketch와 돌출의 길이, 그리고 두 번째 한계로 쓰이는 Face를 선택하는 것이 중요합니다. 정의된 Sketch와 Limit Face는 동일 평면일 필요가 없습니다. 모든 Draft와 Fillet은 그림 6-11처럼 대화상자에서 정의할 수 있습니다.

그림 6-12에 보이는 것처럼, 생성된 형상(Feature)은 복잡한 단일 Feature가 아니라 독립적인 기능들의 집합으로 나타납니다.

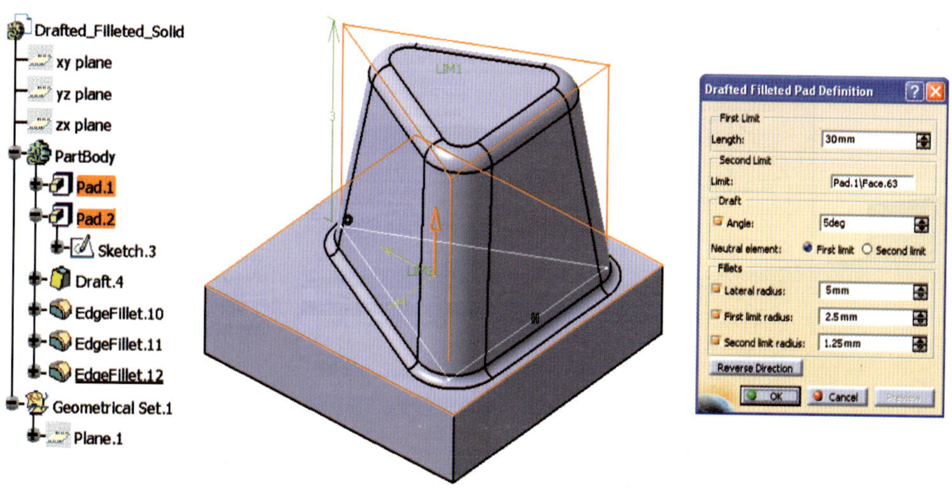

그림 6-12 Drafted Filleted Pad 형상 및 결과

Pocket 명령은 사용자가 Sketch 평면의 아무 방향으로 Sketch를 돌출하거나 서피스를 이용하여 솔리드로부터 형상을 제거하도록 도와줍니다. 자동으로 사용자는 그림 6-15처럼 Type 선택상자에서 정의할 수 있는 한계까지 Sketch 평면에 표준인 Pocket을 돌출할 수 있습니다.

이 명령은 치수 한계 정의 방식, 돌출 방향 정의, 대칭 복사, 그리고 서피스로부터의 형상 정의 등, Pad Tool이 제공하는 같은 종류의 옵션을 제공합니다.

Drafted Filleted Pocket

요약: Draft와 Fillet을 포함한 Pocket을 생성합니다.

사용 순서:

명령을 실행한 후: 프로파일을 선택합니다.

프로파일을 선택한 후: Pocket의 Second Limit를 선택합니다.

Second Limit을 선택한 후: Pocket, Draft, Fillet을 정의하기 위한 추가 정보를 입력합니다.

이 명령은 사용자가 한 작업 내에서 Drafted Faces와 Fillets를 포함함으로써 솔리드 형상을 제거할 수 있도록 해줍니다. 이 명령은 Drafted Filleted Pad처럼 사용 방식이 동일하며, Part Specification Tree에 개별적인 기능들로 구성됩니다(그림 6-16 참조).

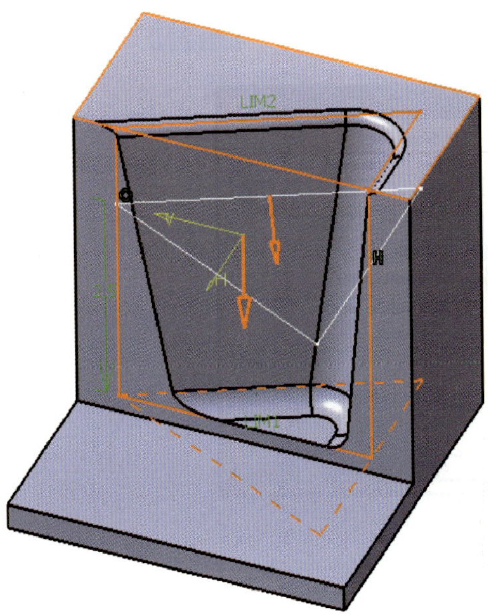

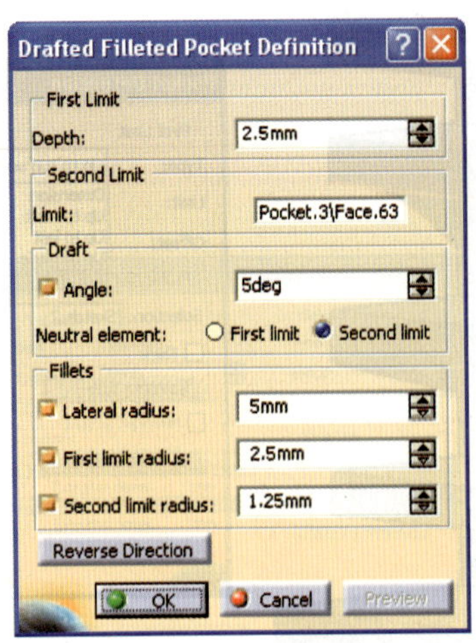

그림 6-16 Drafted Filleted Pocket

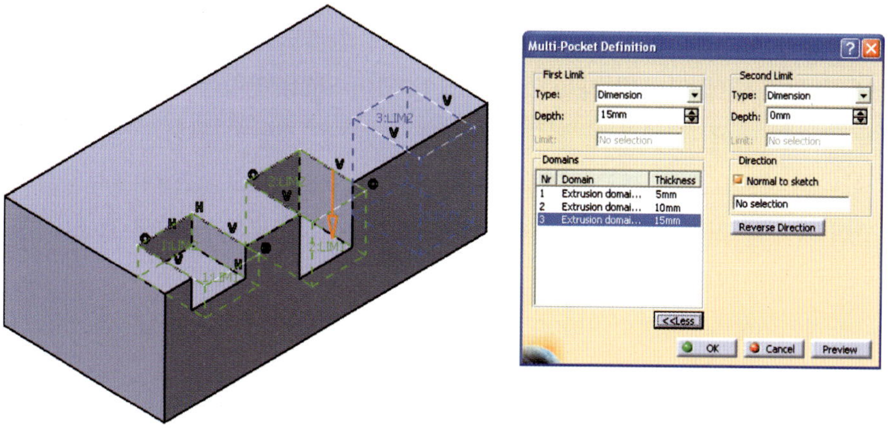

그림 6-17 Multi-Pocket

Multi-Pocket

요약: 여러 개의 도메인으로 정의된 프로파일을 통하여 동시에 여러 가지 깊이를 가지는 Pocket을 정의합니다.

사용 순서: 여러 개의 도메인을 가진 Sketch를 선택하고 각각의 도메인에 대해서 Pocket 치수 값을 입력합니다.

Multi-Pocket 명령은 사용자가 한 작업 내에서 여러 개의 도메인으로 나뉘어 있는 Sketch를 통해 깊이가 서로 다른 Pocket들을 생성할 수 있습니다. 작업을 수행하기 위해서는 서로 교차하지 않는 여러 개의 도메인으로 나뉜 Sketch를 사용해야 합니다. 그림 6-17에서 보이는 것처럼, 이 명령은 Multi-Pad 명령과 동일하게 사용할 수 있습니다.

Shaft

요약: 회전축을 중심으로 닫히거나 열린 프로파일을 회전시켜 회전체 솔리드를 생성합니다.

사용 순서:

명령을 실행한 후: 프로파일 형상을 선택합니다.

Axis를 포함하고 있는 Sketch를 선택한 후: 형상을 생성하기 위해 회전 각도의 값을 입력합니다.

Axis를 포함하고 있지 않는 Sketch를 선택한 후: 축 요소를 선택해 줍니다.

Axis를 선택한 후: 형상을 생성하기 위해 각도 값을 입력합니다.

Shaft 명령은 회전축을 중심으로 프로파일 형상을 회전시켜 솔리드를 생성하는 데 사용됩니다. 만약 축 요소가 Sketch 내에 있다면 자동으로 인식이 되어 Shaft 명령에 의한 작업을 위해 사용됩니다. 만약 Sketch 내에 축 요소가 없다면, 사용자는 사용 가능한 기하학적 선 요소를 선택해 주어야 합니다. 축 요소는 프로파일을 이루는 선 요소일 수도 있으며 3차원상의 Line 요소 또는 형상이 가지는 직선의 모서리나 다른 Sketch가 가진 프로파일의 선 요소가 선택 가능합니다.

회전된 솔리드는 완전히 360도 회전되거나 또는 일부 회전 각도만 가지게 만들 수 있습니다. 그림 6-18처럼 대화상자에 시작하는 각도와 끝나는 각도를 입력할 수 있습니다.

이 각도들은 그림 6-19처럼 Sketch 평면으로 정의됩니다. 회전 각도는 반드시 0°와 360° 사이에 있어야 합니다. 만약에 이 조건의 값을 벗어난다면 Error 메시지가 뜰 것입니다.

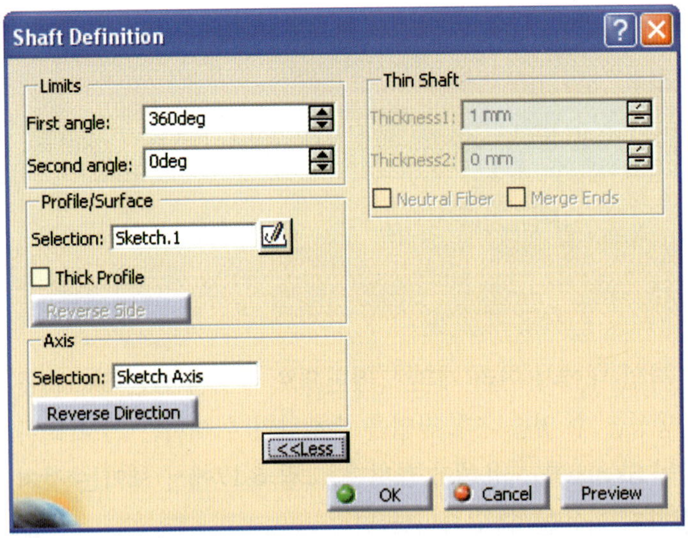

그림 6-18 Shaft Definition

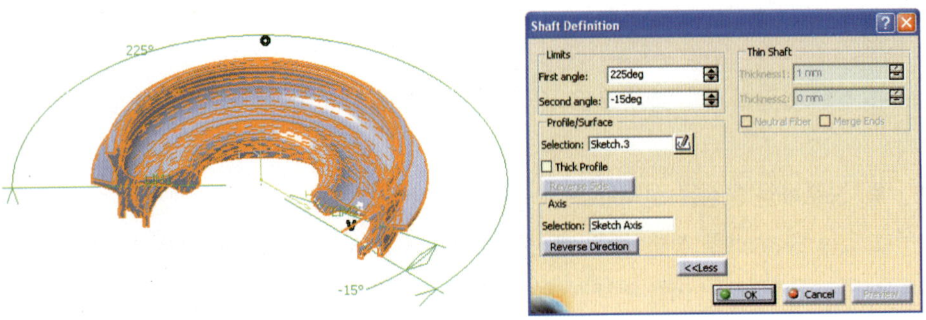

그림 6-19 Shaft Angle Limits

Groove

요약: 회전축을 중심으로 프로파일 형상을 회전시켜 형상을 제거합니다.

사용 순서:

명령을 실행한 후: 회전시킬 프로파일 형상을 선택합니다.

Axis를 포함하고 있는 Sketch를 선택한 후: 형상을 생성하기 위해 필요한 각도를 입력합니다.

Axis를 포함하고 있지 않는 Sketch를 선택한 후: 축 요소를 선택합니다.

Axis를 선택한 후: 형상을 생성하기 위해 필요한 각도 값을 입력합니다.

Groove 명령은 회전축을 중심으로 프로파일을 회전시킴으로써 솔리드 형상을 제거할 때 사용됩니다. 그림 6-20와 같이 이 명령은 Shaft 명령과 동일한 사용 방식을 가집니다.

Hole

이 명령에 대해서는 제4장에서 살펴보았습니다. 하지만 Hole 형상을 최대한 활용하기 위해서는 어느 정도 옵션을 더 자세히 알아둘 필요가 있으며, 무엇보다 일반적인 설계 변수 값을 미리 정의할 수 있는 실력을 사용자가 가지는 것을 들 수 있습니다.

치수 입력란에서 마우스를 우클릭 후 Context Menu를 선택하여 사용자는 설계 환경에서의 공통 변수의 값을 입력할 수 있으며, 그림 6-21처럼 그것들이 표준 값으로 정의하도록 할 수 있습니다.

익혀야 할 또 다른 흥미로운 변수로는 Thread Definition 탭에서 찾을 수 있는 Bottom Type입니다. 이 변수는 그림 6-22에서 보이는 것처럼 사용자에게 세 가지 옵션을 제공합니다: Dimension, Support Depth, Up-To-Plane.

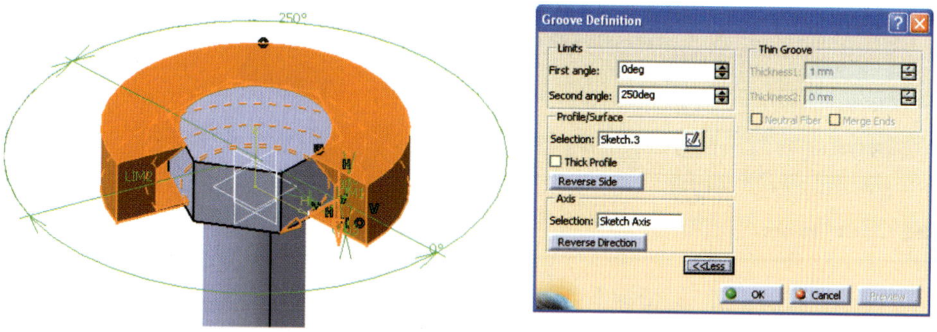

그림 6-20 Groove Angle Limits

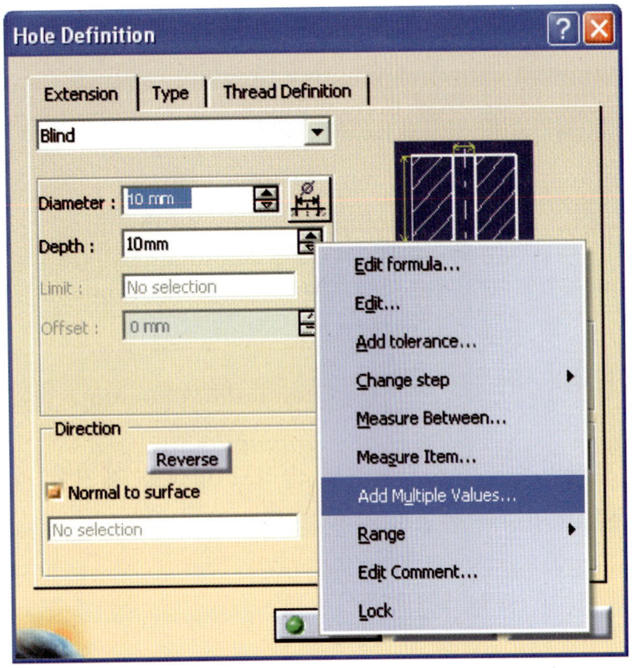

그림 6-21 Hole Parameter에 Multiple Values 적용

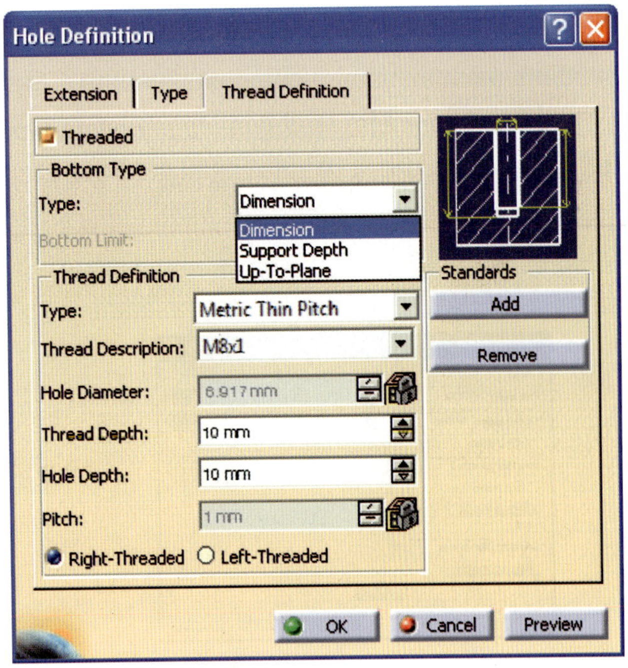

그림 6-22 Thread Bottom Type의 세 가지 옵션

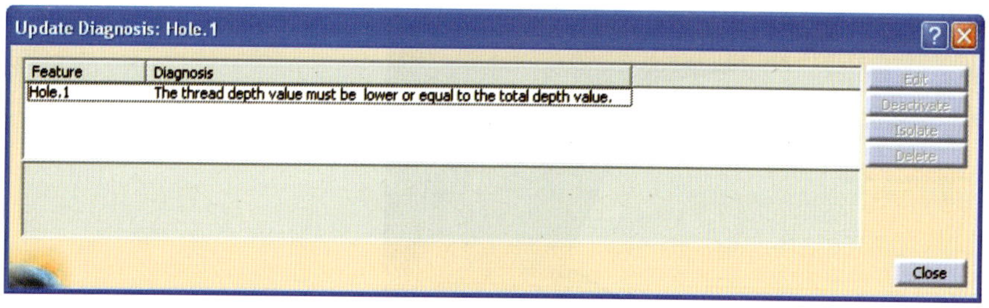

그림 6-23 Thread 진단 시 충돌 발생의 경우

Dimension 옵션은 자동으로 Blind Hole에 적합하지만, Up To Last 또는 Up To Next로 만들어진 Hole은 그림 6-23과 같이 기하학 구조의 충돌을 피하기 위해 Support Depth를 사용해야 합니다. Up-To-Plane 옵션은 Thread의 거리를 제한하고 모델과 연관시키기 위해서 Up-To-Plane Hole과 같이 사용되어야 합니다.

Rib

요약: 중심선을 따라 단면 형상이 일정하게 이어지는 솔리드 형상을 정의합니다.

사용 순서:

명령을 실행한 후: 프로파일을 정의합니다.

프로파일을 선택한 후: 중심선을 선택합니다.

중심선을 선택한 후: 형상을 수정합니다.

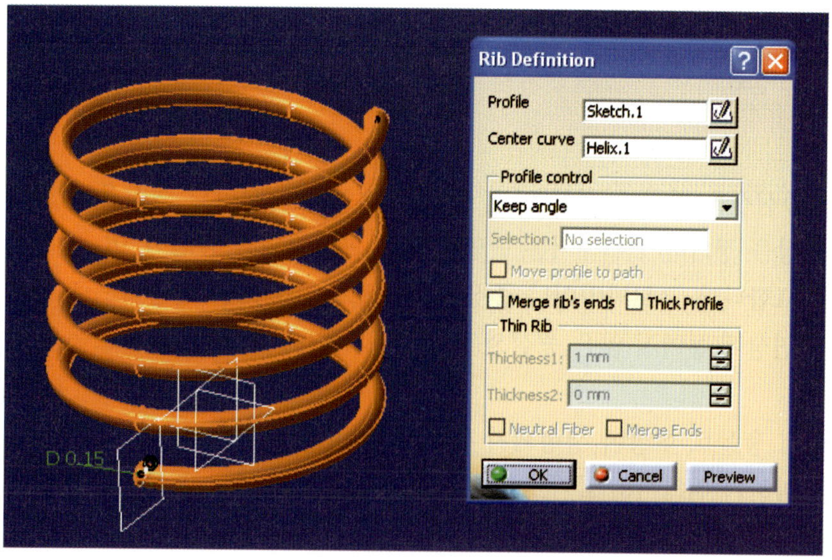

그림 6-24 Rib 명령의 활용 예시: 스프링

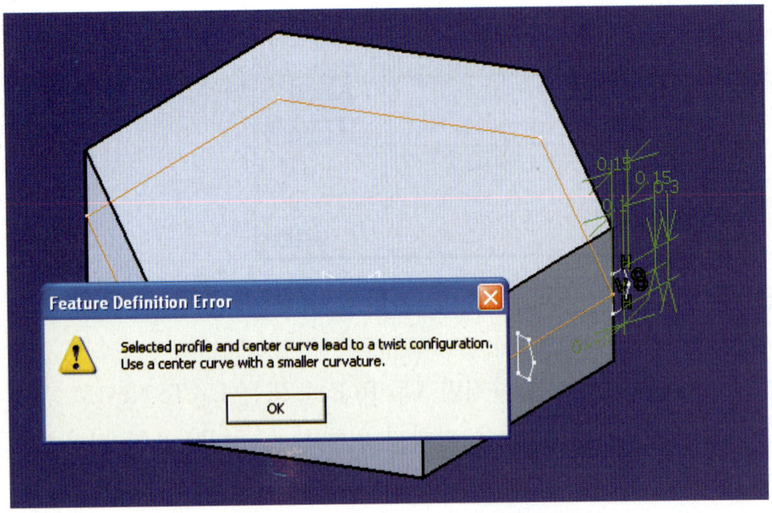

(a) 기하학적 충돌: 트위스트

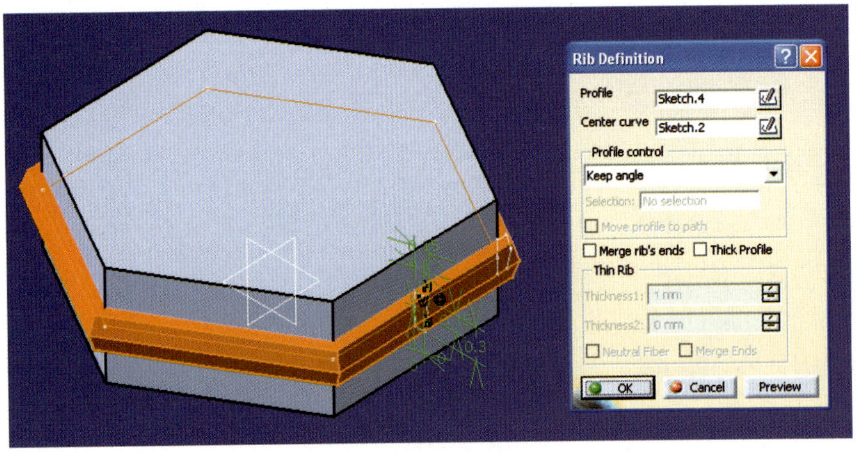

(b) Solution

그림 6-25 Rib의 Sketch 위치 정의

Rib 명령은 사용자가 중심선을 따라 일정한 단면 형상을 이어가는 솔리드 형상을 생성할 수 있게 해줍니다. Rib 형상을 정의하기 위해서는 단면이 되는 프로파일과 중심선, 이 두 가지 요소를 정의하는 것이 중요합니다. 프로파일이나 중심선 요소로는 Sketch를 일반적으로 사용하지만, 그림 6-24처럼 평면상에 놓이지 않은 중심선을 정의하기 위해 Wireframe 요소들을 사용할 수도 있습니다.

그림 6-25처럼 기하학적 충돌로 형상이 생성되지 못하고 Error가 생길 수 있기 때문에, 기하학적 충돌이나 왜곡을 피하기 위해서는 날카로운 모서리의 끝단에서 각도가 급격히 변하는 지점을 피해 중심선에 수직인 평면에 Sketch하는 것이 좋습니다.

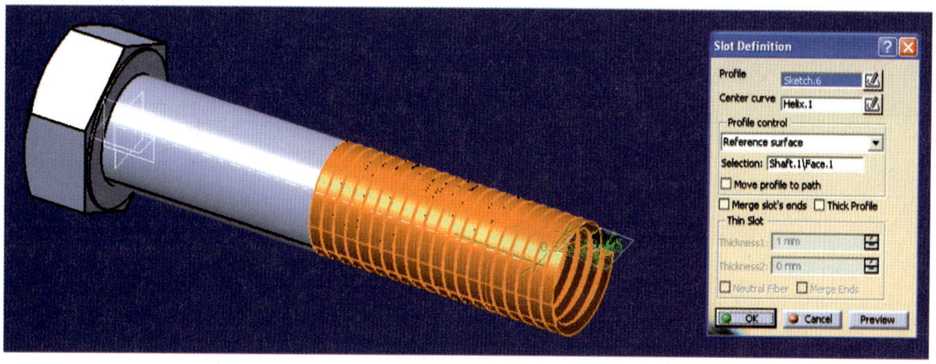

그림 6-26 Slot 명령의 활용: 나사산 가공

Slot

요약: 중심선을 따라 일정한 단면 모양으로 형상을 제거합니다.

사용 순서:

명령을 실행한 후: 프로파일을 정의합니다.

프로파일을 선택한 후: 중심선을 선택합니다.

중심선을 선택한 후: 형상을 수정합니다.

Slot 명령은 Rib 명령과 짝을 이루는 기능으로 중심선을 따라 프로파일 형상대로 솔리드를 제거합니다. 그림 6-26와 같이 명령 구조는 Rib와 유사합니다.

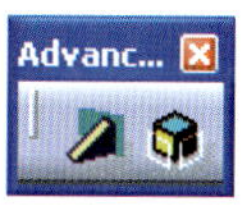

ADVANCED EXTRUDED FEATURES TOOLBAR

Stiffener

요약: 보강재 형상을 생성합니다.

사용 순서:

명령을 실행한 후: 프로파일 형상을 선택합니다. 필요에 따라 Mode를 변경해 줍니다.

프로파일을 선택한 후: 두께 값을 정의합니다.

Stiffener 명령은 Sketch에 정의된 열린 프로파일을 사용하여 두 가지 방식의 지지벽을 만들

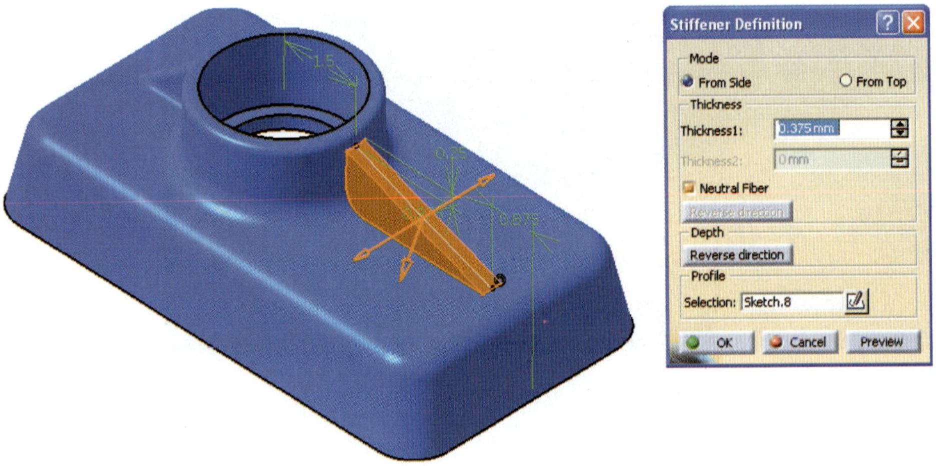

(a) From Side 모드

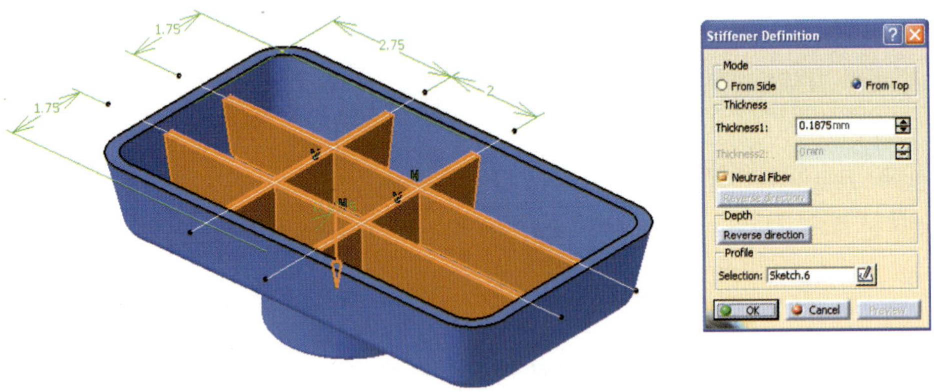

(b) From Top 모드

그림 6-27 Stiffener 형상 정의 옵션

어 줍니다. 기본 동작은 정의된 Sketch 평면을 Neutral Fiber로 사용하며, 형상 모드는 From Side로 정의됩니다. 프로파일상에 선 요소들이 벽면에 접하도록 길게 또는 짧게 수정해줄 필요는 없습니다. 프로파일의 선 요소들이 형상의 벽면과 가상의 연장선에 교차만 되면 자동으로 형상이 연장되기 때문입니다. 또한 Stiffener는 격자를 만들 때 From Top 모드로 정의될 수 있습니다. 두 옵션의 차이는 그림 6-27에서 확인할 수 있습니다.

Solid Combine

요약: 두 개의 열린 또는 닫힌 프로파일 형상을 각각 돌출하여 교차하는 형상대로 솔리드를 만들어 냅니다.

사용 순서:

명령을 실행한 후: 첫 번째 프로파일을 선택합니다.

첫 번째 프로파일을 포함하고 있는 Sketch를 선택한 후: 두 번째 프로파일을 선택합니다.

두 번째 프로파일을 포함하고 있는 Sketch를 선택한 후: Solid Combine을 정의하기 위해 필요한 추가적인 설정을 해줍니다.

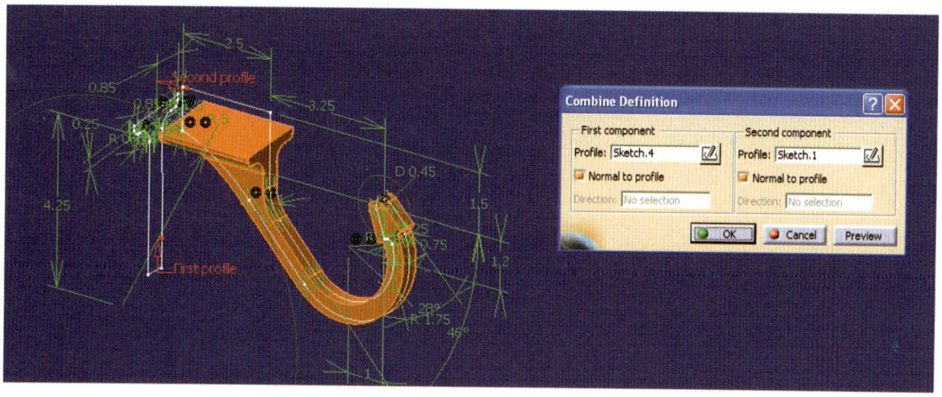

그림 6-28 Sloid Combine 명령의 활용

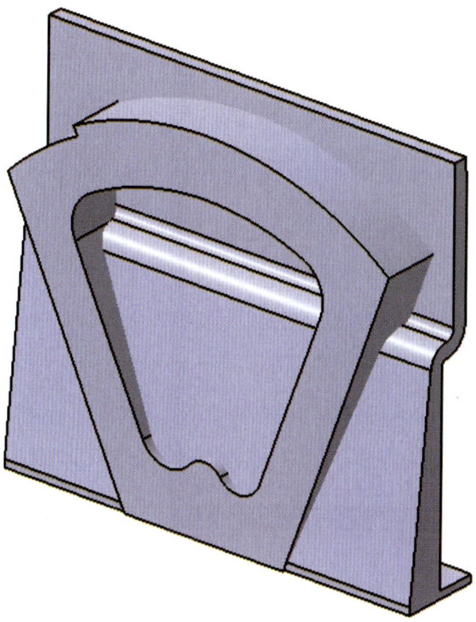

그림 6-29 Solid Combine 명령의 한계

Solid Combine 명령은 두 개의 단면을 선택함으로써 각각의 단면이 프로파일에 수직인 방향 또는 임의의 직선 방향으로 돌출되어 교차되는 결과를 형상으로 만들어 줍니다. 자동으로 돌출 방향은 프로파일에서는 수직으로 정의되지만, 원한다면 대화상자에서 다른 방향으로 맞출 수 있습니다. 그림 6-28처럼 두 프로파일을 선택하면 교차하는 형상이 바로 미리보기 됩니다.

그림 6-29처럼 만약 한 Sketch가 경계를 하나 이상으로 포함하고 있으면 이 명령은 형상을 생성할 수 없습니다. 이러한 경우에는 Boolean Operation으로 작업해야 합니다.

Multi-Sections Solid

요약: 여러 개의 서로 다른 단면들을 이어서 생성되는 Multi-Sections Solid를 생성합니다.

사용 순서:

명령을 실행한 후: 단면이 될 프로파일들을 순차적으로 선택합니다. 필요할 경우 단면이 가지는 Tangent 요소를 함께 정의합니다.

프로파일을 선택한 후: 각 단면의 Closing Point의 위치 및 Tangent Vector 방향을 같은 방향으로 맞춰 줍니다.

필요에 따라 각 단면들을 이어주는 Guides나 중심선 요소로 Spine을 선택합니다.

단면의 마디가 복잡할 경우 Coupling을 통해 단면들 사이의 마디를 짝지어 줍니다.

Multi-Sections Solid 명령은 서로 다른 단면을 가지는 프로파일들을 이어서 연속적인 솔리드 형상을 만들 경우에 사용합니다. 나란히 이어지는 단면들을 이어주는 것도 가능하며 3차원

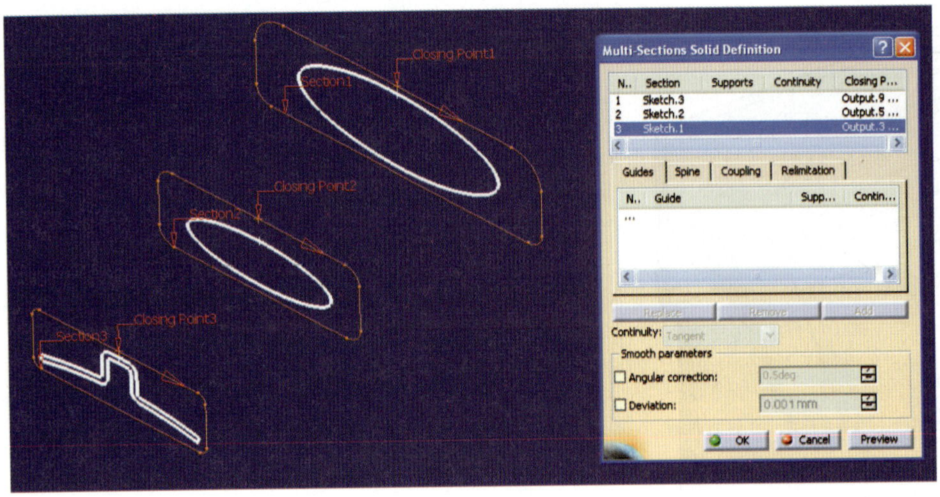

그림 6-30 Multi-Sections Solid 단면 정의

상에 놓인 단면들을 이어주는 작업도 가능합니다. 하지만 이 명령은 프로파일이 여러 개의 폐곡선으로 이루어진 경우 지원하지 않습니다. 만약에 그러한 형상 Part가 필요하다면, 반드시 내부 형상은 Remove Multi-Sections Solid 명령으로 제거해야 합니다.

특정 형상 조건을 유지하기 위해 Sketch와 Wireframe으로 윤곽을 선택할 수 있습니다. 그림 6-30처럼 로프트(Multi-Sections Solid)를 정의하기 위해 선택한 단면들은 명령 대화상자 윗부분의 Section에 나타납니다.

그림 6-31처럼 선택한 프로파일 윤곽선의 복잡성과 정의 방식에 따라 제시된 결과가 만족스러울 수도 있고 아닐 수도 있습니다.

형상이 일그러지거나 면에 의도하지 않은 작은 면들이 정의된다면 각 단면의 Closing Point

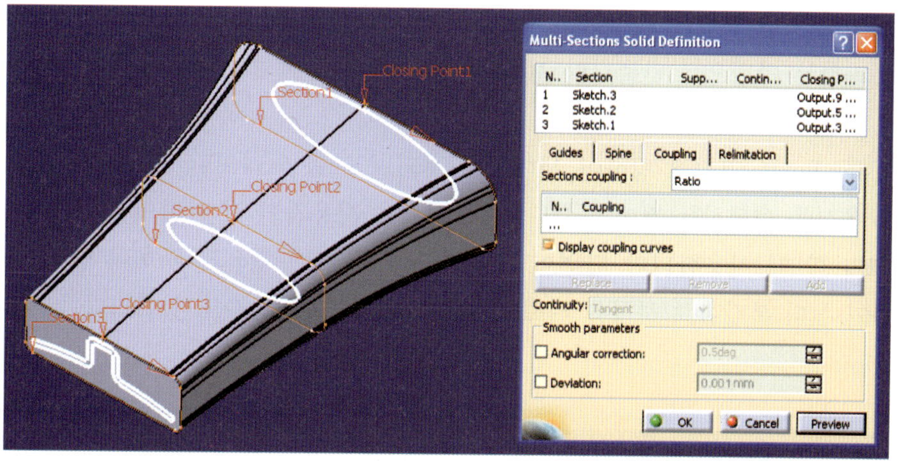

(a) Acceptable

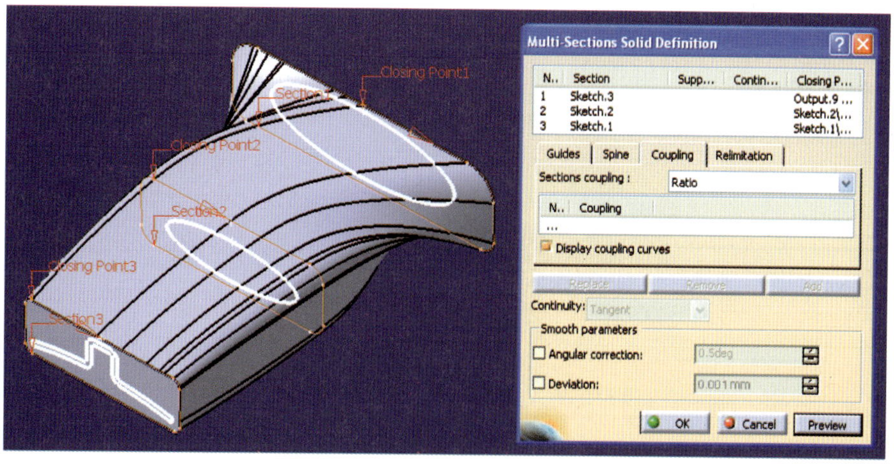

(b) Non-acceptable

그림 6-31 Multi-Sections Solid 결과 양상

의 위치를 같은 단면의 다른 마디나 포인트로 이동시킬 수 있습니다. Sketch에서 Output Features로 포인트를 정의해 둔다면 유용할 것입니다. 이러한 포인트는 공통의 대칭 평면에 Closing Point를 정의하는 것이 유효하며, 그림 6-31의 (b)와 같이 뒤틀린 형상을 바로 잡는 연습을 해보기 바랍니다.

Closing Point의 위치는 해당 단면을 선택한 이후에 수동으로 바꿀 수 있습니다. 일단 새로운 단면이 선택되면, 그림 6-32처럼 Section Context Menu에서 대화상자에 있는 Section Item을 오른쪽 클릭하고, Replace를 클릭하여 선택한 Closing Point를 이전에 선택한 부분에서 바꿀 수 있습니다. 시간을 절약하고 첫 번째 시도로 만족스러운 결과를 얻을 수 있도록 정의하는 요소들을 선택하기 이전에 뒷받침이 되는 모든 Guides, Spine 등을 미리 준비해 놓는 게 좋습니다.

그림 6-33에서 보인 것처럼 벡터를 생성하는 것은 각 벡터가 같은 시계 방향으로나 반시계 방향으로 윤곽을 통과하는 방법으로 맞춥니다. 벡터 방향을 바꾸기 위해서는 그것을 그냥 클릭하면 됩니다.

모든 단면과 Closing Point, 그리고 방향이 제대로 설정되면 그림 6-34처럼 Coupling 탭을 활성화시키고 Ratio 옵션을 선택하는 것이 좋습니다. 이 설정은 사용자가 각 단면의 마디를 단면마다 연결해 주고자 할 때 사용합니다. 단면이 복잡할 경우 반드시 정의해 주어야 합니다. 결과를 미세 조정하거나 더 복잡한 기하학을 위해 다른 옵션들을 선택할 수도 있습니다.

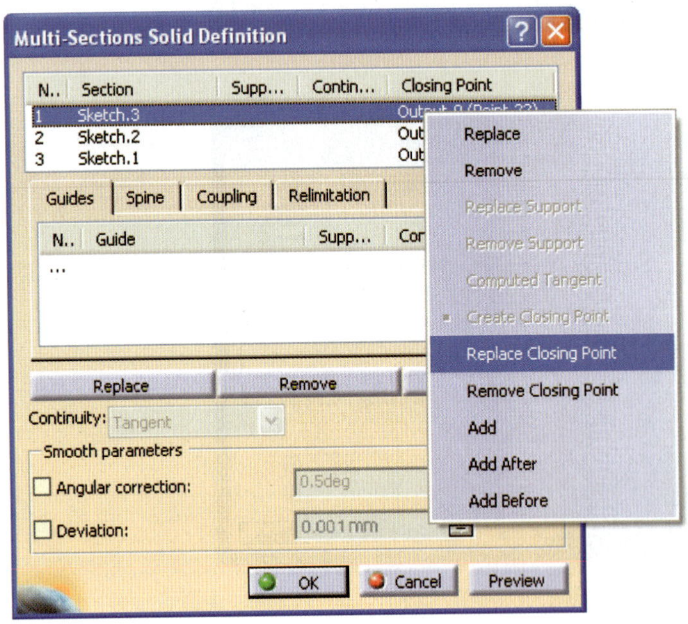

그림 6-32 단면에서 Context Menu

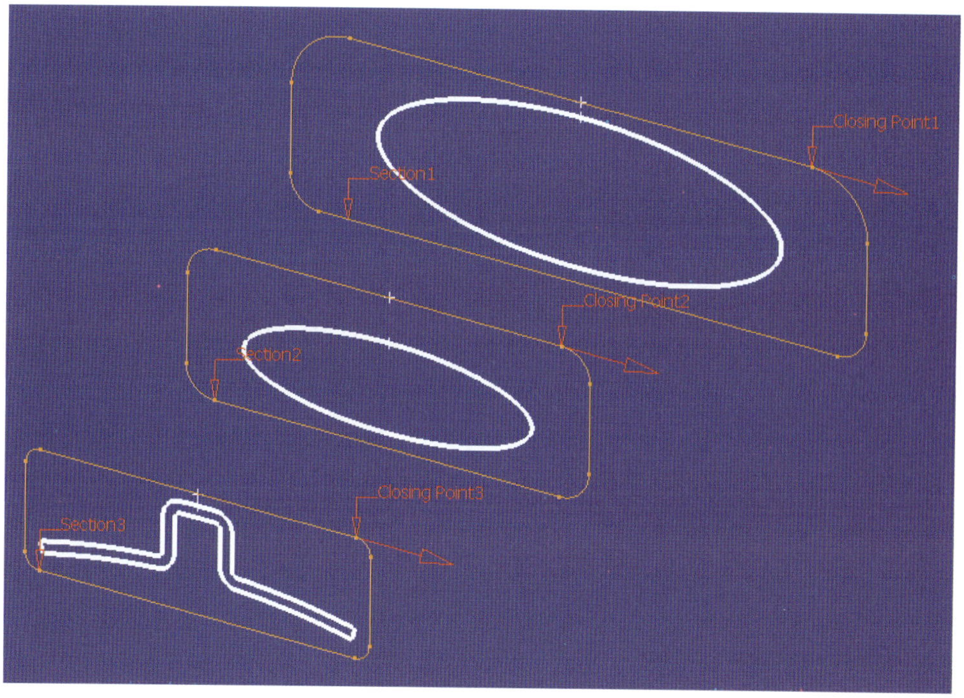

그림 6-33 동일한 기준 위치와 Tangent Vector 방향

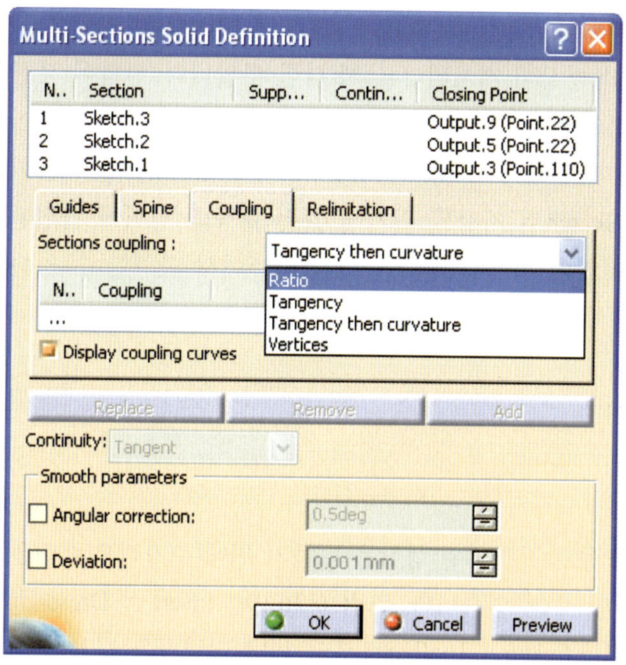

그림 6-34 Ratio Coupling 옵션

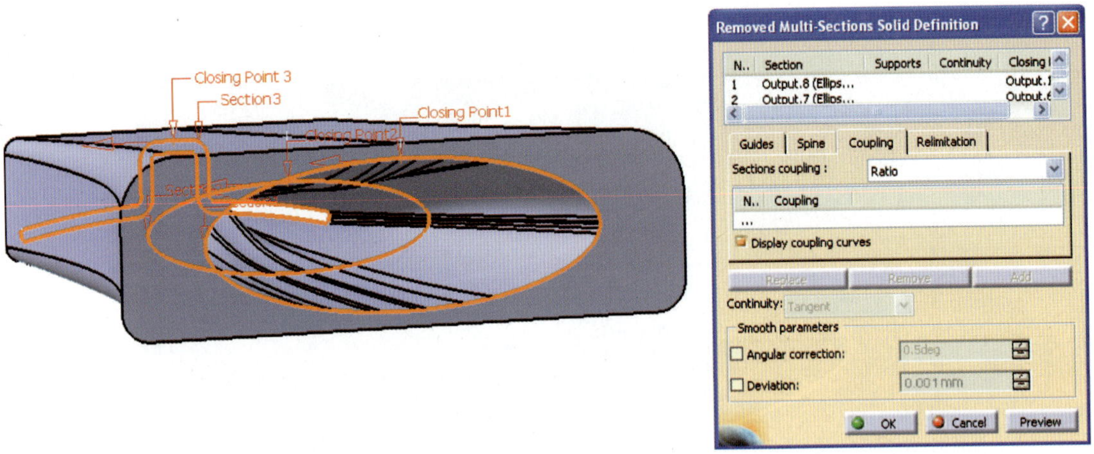

그림 6-35 Removed Multi-Sections Solid Application

Removed Multi-Sections Solid

요약: Removed Multi-Sections Solid를 생성합니다.

사용 순서: Multi-Sections Solid와 동일합니다.

Removed Multi-Sections Solid 명령은 Multi-Sections Solid 명령과 정확히 같은 방법으로 작용합니다. 다만 단면들을 이어서 연결한 형상이 제거된다는 게 다를 뿐입니다. 만약에 복합적 형상의 외부와 별도로 내부 단면을 정의하는 부분들이 같은 기준 평면들로부터 정의되어야 한다면, 기준 요소의 개수를 최소화하기 위해 Output Features와 Porfile Features를 사용하는 것이 생산적일 수도 있습니다. 단일 Sketch는 지정된 위치에 있는 형상의 정의에 관련된 모든 기하학을 포함할 수 있습니다. 이와 같이 적용된 예시를 그림 6-35에서 확인할 수 있습니다.

6.2 Dress-Up 형상

Dress-Up 기능은 Sketch-Based Feature 등으로 작업된 형상을 다듬기 위해 추가적으로 작업해주는 기능들로 Part에 첫 번째로 작업할 수는 없습니다. 그림 6-36처럼 Insert ⇨ Dress-Up Features 풀다운 메뉴를 통하거나 Dress-Up Features Toolbar로부터 해당 명령들을 사용할 수 있습니다.

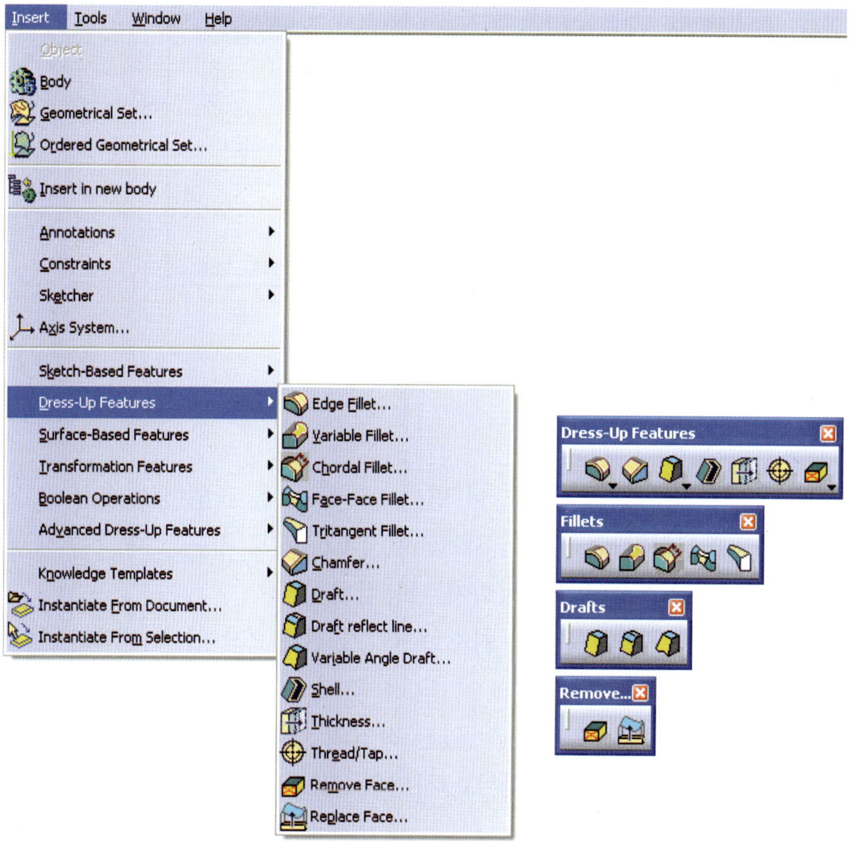

그림 6-36 Dress-Up Features 풀다운 메뉴

FILLETS TOOLBAR

Edge Fillet

요약: 형상의 날카로운 모서리에 라운드 Fillet을 생성합니다.

사용 순서:

명령을 실행한 후: 솔리드 형상의 모서리나 면을 선택합니다.

선택한 후: Fillet을 정의하기 위한 치수나 경계 조건 등을 추가합니다.

Edge Fillet 명령은 솔리드 형상의 날카로운 가장자리를 일정 반경의 Fillet으로 대체합니다. 언제든지 사용할 수 있지만, 모델링 작업 과정의 배열 정돈을 위해 미적인 용도로 쓰인 Fillet

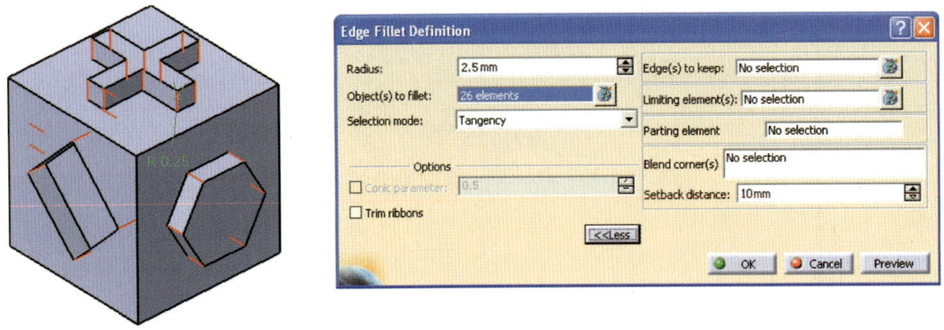

그림 6-37 Fillet 그룹 짓기

들은 작업의 가장 마지막에 유지하는 게 좋습니다. 이 방법으로 Fillet을 작업하면 유한 요소 해석 시 Fillet 부분을 손쉽게 비활성화할 수 있으며 Sketch에서 Corner로 라운드 형상을 생성한 것보다 손쉽게 치수 변경 및 Fillet 형상의 비활성화가 가능합니다.

Fillet을 조합할 때 일반적으로 기하학적 충돌을 최소화시키기 위해 R값이 큰 것부터 시작해서 작은 값으로 끝나야 합니다.

그림 6-37처럼 Part의 Specification Tree에 찾을 수 있는 작업의 개수를 최소화시키기 위해서 가능하다면 같은 Fillet 값을 가지는 부분에 대해서는 하나의 Fillet 명령으로 모두 선택하는 것이 바람직합니다.

Fillet을 생성할 때 선택한 모서리 값이 Loop를 이루도록 작업을 정의하는 것이 좋습니다. 그래야 모서리 등을 선택하는 횟수를 최소화시키고 작업의 수를 낮출 수 있습니다. 그림 6-38처럼 정의한 Fillet의 결과를 미리보기 하는 것도 좋습니다. 간단한 주물 형상과 같은 일정한 R값을 가지는 경우 총 Fillet을 만드는 작업의 횟수를 두세 번으로 줄일 수 있습니다.

Fillet을 만들기 위해 형상 표면과 가장자리는 선택될 수 있지만, 만약 표면의 모든 가장 자리에 대해서 Fillet 생성을 허용한다면, 몇몇 경우에는 Fillet의 충돌을 야기할 수 있습니다. 그렇기 때문에 이런 경우에 대해서 주의해야 합니다.

그림 6-39처럼 몇몇 경우에는 형상이 제거되는 양에 따라 Fillet을 생성할 수 없는 경우도 있으며 이때에는 다음과 같은 Error 메시지가 나타납니다.

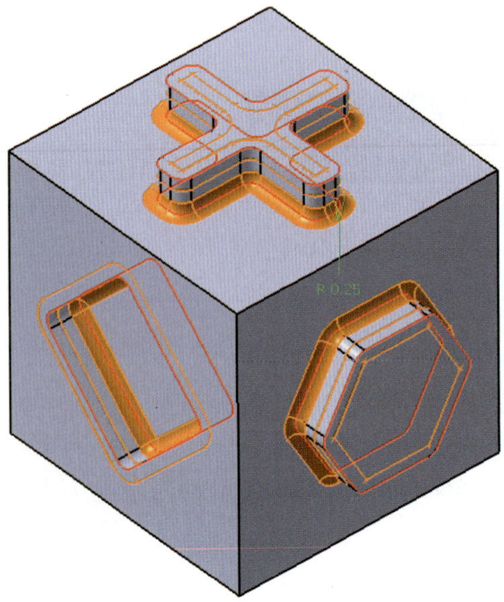

그림 6-38 Loop를 이루는 Edge Fillet 미리보기

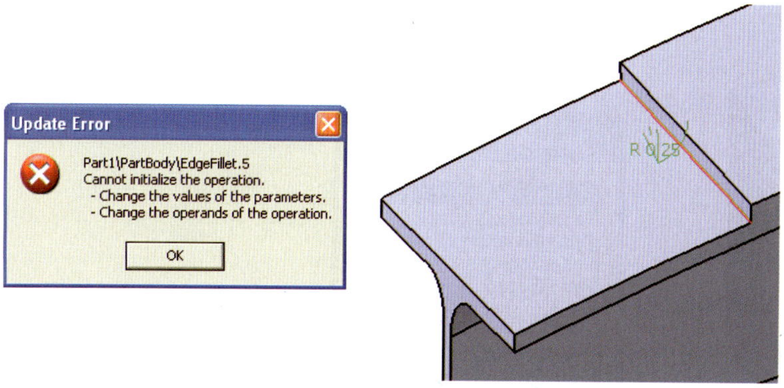

그림 6-39 형상보다 큰 치수로 Fillet할 경우의 Error 메시지

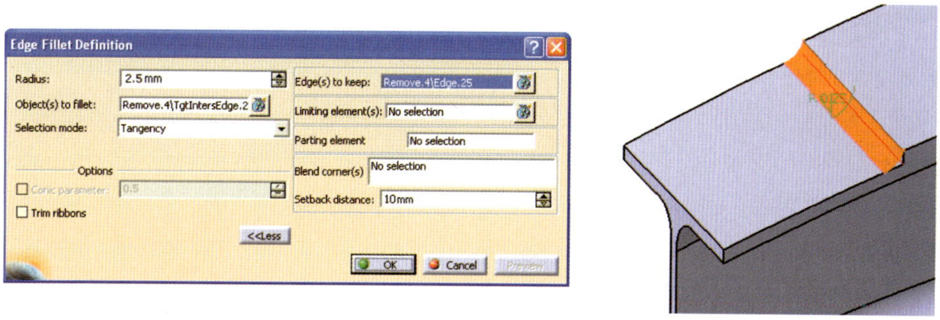

그림 6-40 Edge to Keep 옵션

이런 경우에는 Fillet 값보다 작은 모서리를 그대로 둠으로써 CATIA®가 Fillet 형상을 재계산하도록 하는 것이 가능합니다. 그러기 위해서는 Edge Fillet 대화상자에서 More 버튼을 눌러 창을 확장시킨 후 Edge(s) to Keep 입력란에 문제가 되는 모서리를 선택합니다. 다시 말하지만, 그림 6-40처럼 결과를 미리보기 하는 것이 좋습니다.

Multiple Selection List

작업에서 한 개 이상의 모서리가 필요할 때, 선택한 요소들의 묶음은 Multiple Selection List를 생성합니다. 이 목록은 해당 표시 아이콘을 클릭하여 항목을 수정할 수 있습니다. 그림 6-41처럼 이것은 사용자가 목록의 요소들을 제거하거나 대체할 수 있도록 해줍니다. 그 밖에 제거할 요소를 더블클릭함으로써 목록에서 제거할 수도 있습니다.

몇몇 경우에 Part Specification Tree에서 형상 요소들을 더 잘 다루기 위해, 그리고 결과 요소들을 관리하기 위해 Multiple Selection List를 이용하는 것이 가능합니다. 이런 경우에는 작업에 필요한 요소들을 선택하기 전에 Multiple Selection List 아이콘을 클릭하는 것이 중요합니다. 그리하면 그림 6-42처럼 모든 결과적 요소들을 포함하고 있는 Multi-Output 요소가 생성

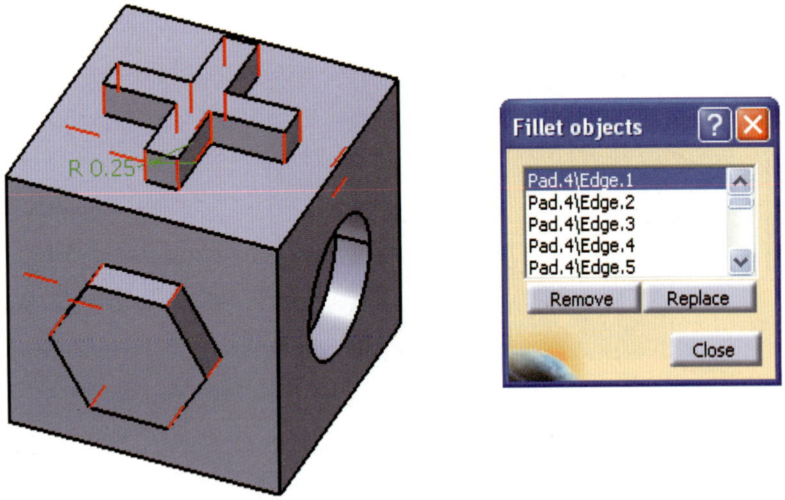

그림 6-41 Fillet에서 Multiple Selection List

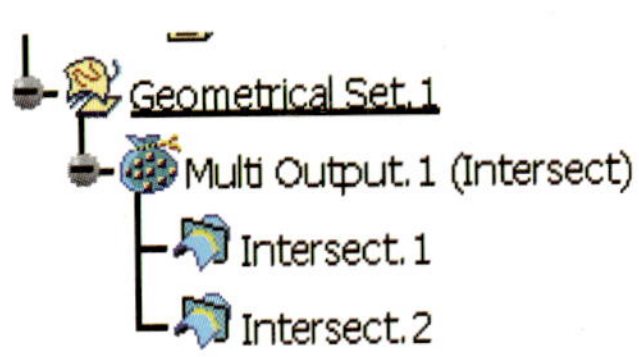

그림 6-42 Multiple Selection List- Multi-Output 요소

됩니다. 이런 경우에는 Tree에서 결과 요소를 바로 제거할 수 없지만 List 대화상자에 있는 Remove 옵션을 이용하여 목록에서 제거할 수 있다는 것을 기억하시면 됩니다.

Variable Radius Fillet

요약: 반경이 연속적으로 변하는 Fillet을 생성합니다.

사용 순서:

명령을 실행한 후: 모서리를 선택합니다.

모서리를 선택한 후: 대화상자에서 반경이 변할 지점을 정의해 줍니다.

Variable Radius Fillet 명령은 사용자가 Edge Fillet 명령과 비슷한 방법으로 Fillet을 생성할 수 있도록 하여, 그림 6-43처럼 대화상자를 띄웁니다.

모서리를 선택하였을 때, 같은 반경 값을 표시하는 치수 아이콘들이 모서리의 두 끝점에 나타납니다. 그러면 그림 6-44처럼 수정하기 위해 정의 중 하나를 더블클릭하는 것이 가능합니다.

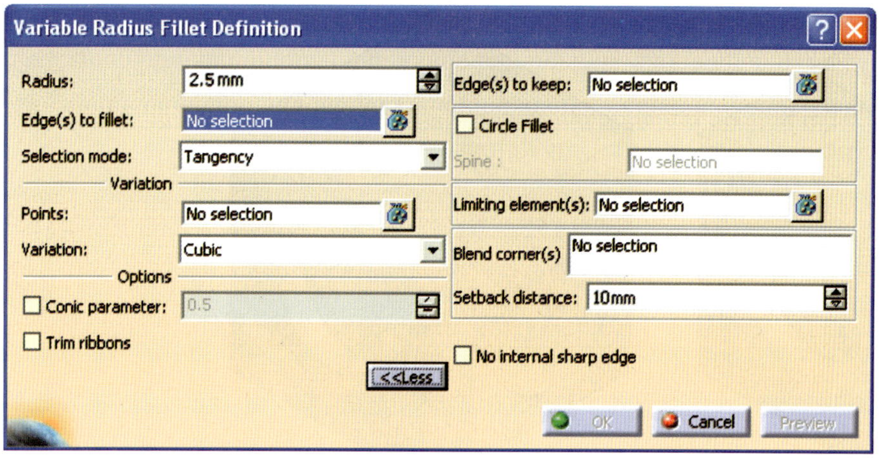

그림 6-43 Variable Radius Fillet Definition

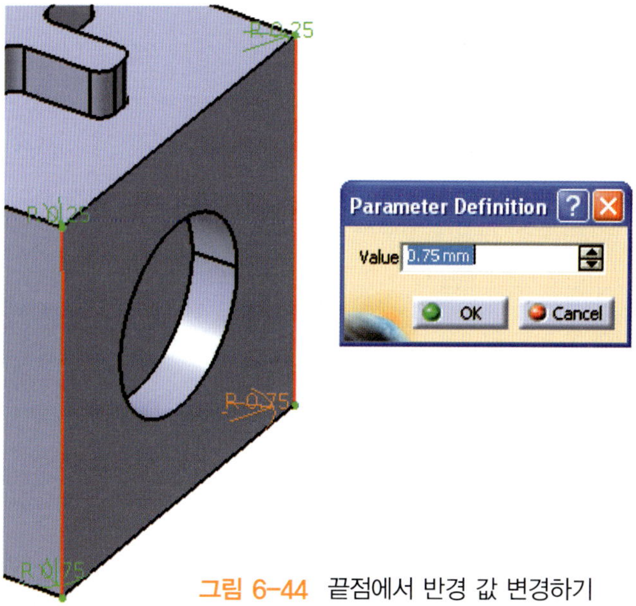

그림 6-44 끝점에서 반경 값 변경하기

Variation 옵션에서 Linear로부터 Cubic으로 Fillet 생성 유형을 바꾸는 것이 가능합니다. Linear 옵션은 한 끝점으로부터 다른 점까지 선형적으로 Fillet이 적용되고, Cubic 옵션은 그림 6-45처럼 끝점에서 모서리와 접하며 삼차다항식 (ax^3+bx^2+cx)를 따르는 연속성을 가진 Fillet을 생성합니다. 만약에 하나 이상의 모서리를 선택해야 한다면, 모든 반경 값은 주 대화상자에 입력된 마지막 값을 표시할 것입니다. 그렇다면 개별적으로 모든 필요 값을 수정해 주어야 합니다.

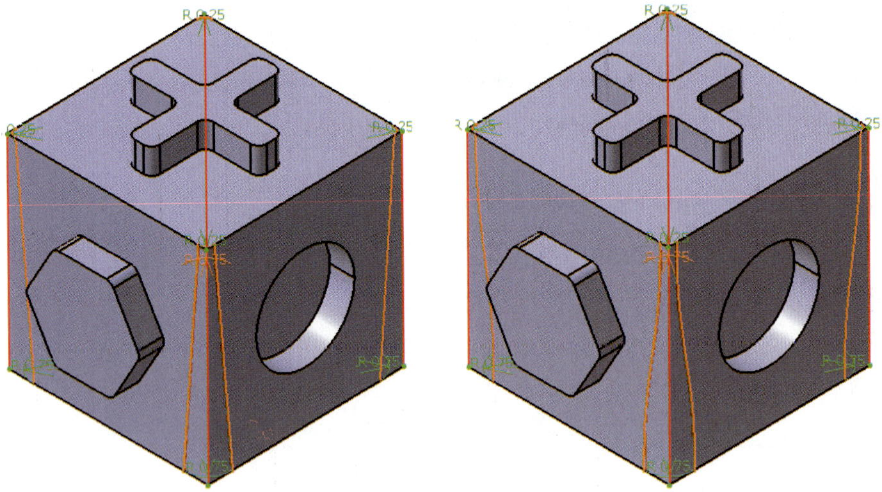

(a) Linear (b) Cubic

그림 6-45 Variation 유형

Chordal Fillet

요약: Fillet Ribbon의 너비를 지정함으로써 Fillet을 생성합니다.

사용 순서:

명령을 실행한 후: Edge를 선택합니다.

Edge를 선택한 후: 가변 Radius Fillet을 수정하기 위해 Edge를 선택합니다.

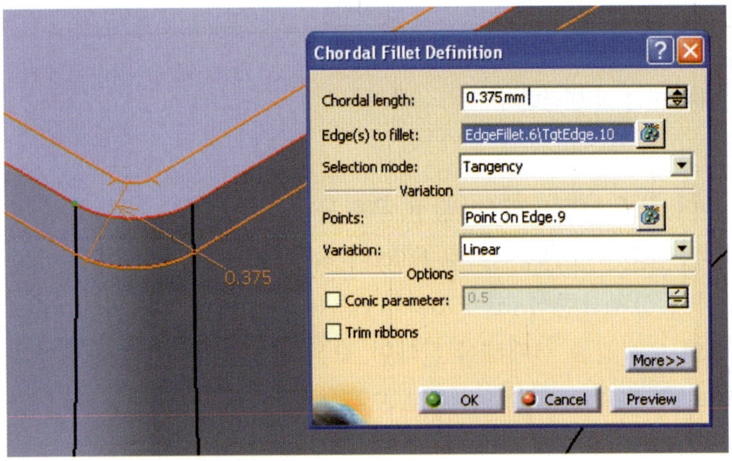

그림 6-46 Chordal Fillet Definition

Chordal Fillet 명령은 사용자가 Variable Radius Fillet 명령과 같은 방법으로 Variation 지점의 정의 및 Linear, Cubic 옵션과 다른 값 등으로 Fillet을 생성할 수 있도록 정의합니다. 앞서 명령과 차이는 이 Fillet은 반경 값 대신에 현의 거리로 치수를 정의하는 점입니다. 그림 6-46에서 해당 명령 대화상자를 확인할 수 있습니다.

Tritangent Fillet

요약: 선택한 3면에 접하는 Fillet을 생성합니다.

사용 순서:

명령을 실행한 후: Face를 선택합니다.

첫 번째 Face를 선택한 후: Face에서 Fillet으로 선택합니다.

두 번째 불연속 Face를 선택한 후: 제거할 Face를 선택합니다.

세 번째 Face를 선택한 후: Fillet을 수정하기 위해 Face를 선택합니다.

Tritangent Fillet 명령은 사용자가 선택한 세면에 접선하는 Fillet 형상을 만들어 줍니다. 처음 선택하는 두 면은 Fillet이 시작하고 끝나는 부분들입니다. 마지막으로 선택하는 세 번째 면은 Fillet이 정의되면서 사라집니다. 이 마지막 면은 형상 정의 시 그림 6-47처럼 다른 색상으로 보일 것입니다.

Tritangent Fillet 명령을 가능하다면 언제든지 사용하는 것이 좋은 연습이 될 것입니다. 어떤 경우에는, 비슷한 설계 세부 사항들은 두 Edge Fillet을 이용하여 모델링 됩니다. 하지만 이것은 그림 6-48처럼 해당 부분의 크기에 변화를 주었을 때, 의도하지 않은 결과에 이르게 할 수도 있습니다.

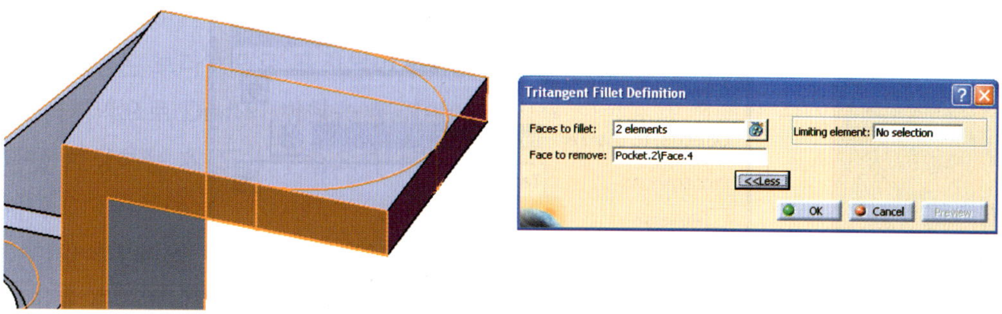

그림 6-47 Tritangent Fillet Definition

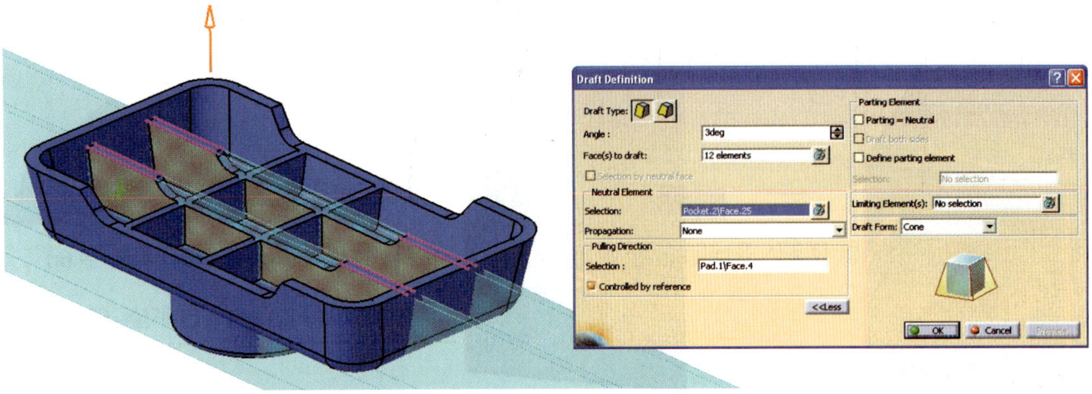

그림 6-51 Draft Definition 미리보기

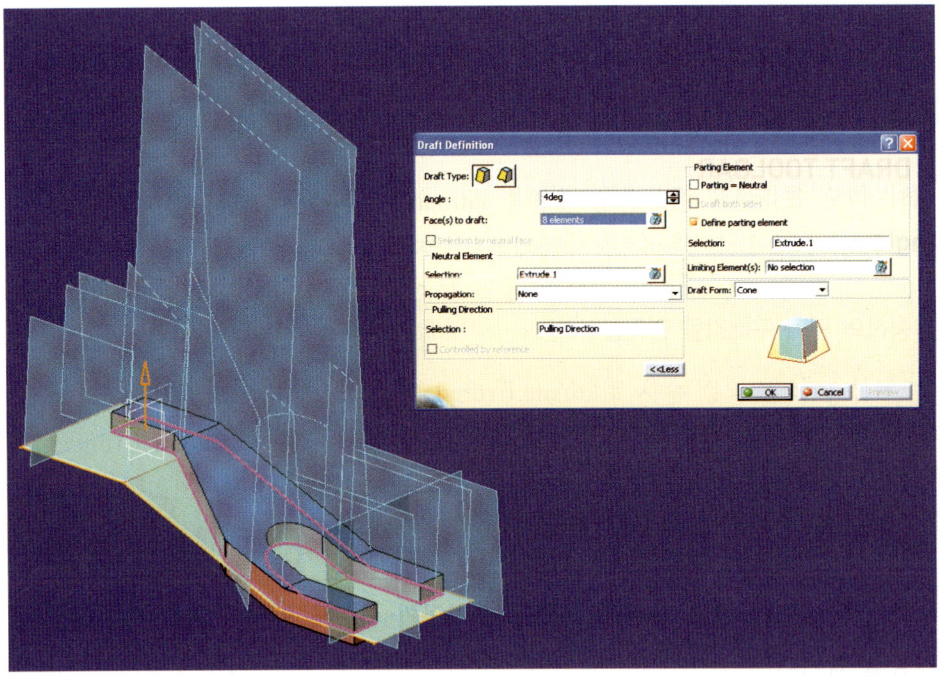

그림 6-52 Parting Line을 고려한 서피스 요소의 사용

Shell

요약: 솔리드 형상을 일정한 두께만 남기고 내부의 솔리드를 비워내는 기능을 합니다.

사용 순서: 두께를 적용하고자 하는 면을 선택한 후 두께 값을 입력합니다.

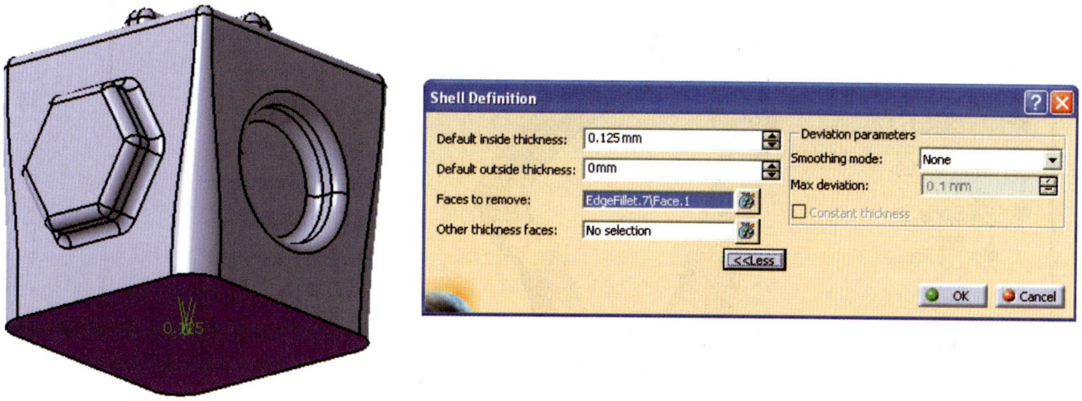

그림 6-53 개방된 Shell 형상 정의

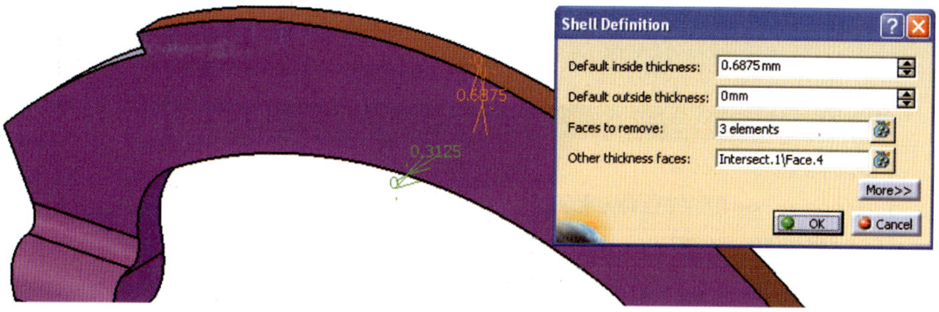

그림 6-54 서로 다른 두께를 가지는 Shell 정의

Shell 명령은 사용자가 균일하거나 가변적인 벽면 두께만 남도록 형상의 일정 기준면을 지정하여 솔리드 내부를 제거하는 기능을 합니다. 만들어진 솔리드는 비어 있거나 개방되어 있을 수 있습니다. 만약에 개방된 솔리드를 만들어야 한다면, 형상 충돌을 피하기 위해 Faces to remove에 날카로운 가장자리를 가지는 면을 선택하는 것이 중요합니다. 그림 6-53처럼 선택한 해당 면은 보라색으로 표시됩니다.

Shell 명령은 만약 해당 Sheet Metal 전용 Workbench를 사용할 수 없을 경우 금형과 판금 부분을 모델링할 때 유용합니다. 서로 다른 두께의 Shell을 정의할 수 있는 것도 주어진 부분에서 작업 수를 낮추는 데 도움이 됩니다. Shell하고자 하는 솔리드의 한 개 또는 여러 면에 다른 두께를 설정하기 위해서는 Other thickness faces 입력란에서 필요한 면들을 선택하면 됩니다. 그림 6-54처럼 별도의 치수 값들이 해당 면에 표시될 것입니다. 그림 6-55는 적절한 뼈대 작업이 솔리드 구조를 심플하게 유지하도록 도와줄 수도 있다는 것을 보여줍니다.

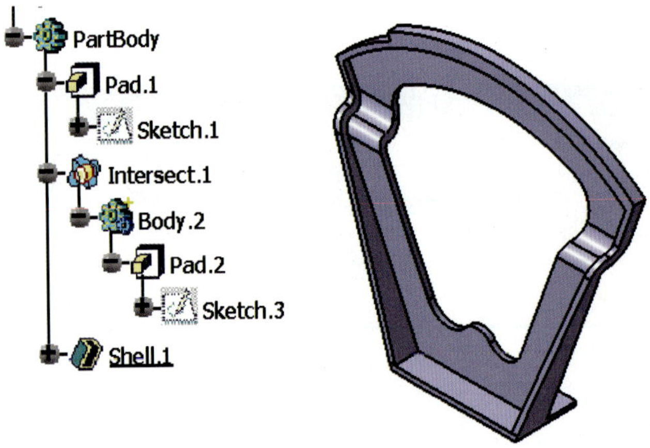

그림 6-55 서로 다른 두께를 가지는 Shell 정의 결과

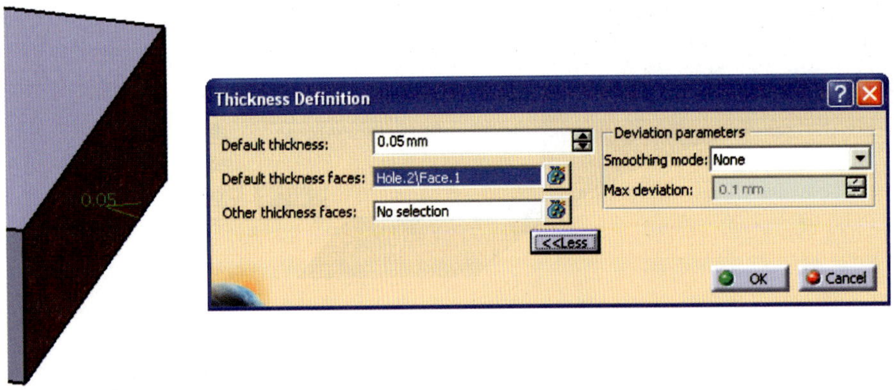

그림 6-56 Thickness Definition

Thickness

요약: 솔리드 면에 두께를 추가하거나 제거합니다.

사용 순서: 명령을 실행한 후 두께를 추가하거나 제거하고자 하는 면을 선택한 후 오프셋 값을 입력합니다.

Thickness 명령은 그림 6-56처럼 선택한 면들로부터 균일한 두께만큼을 더하거나 뺍니다. Part 형상에 두께를 부분적으로 변경하는 데 사용할 수 있지만 중첩된 사용이나 사용 빈도가 높게 되면 이후 형상 수정에 어려움을 겪게 됩니다.

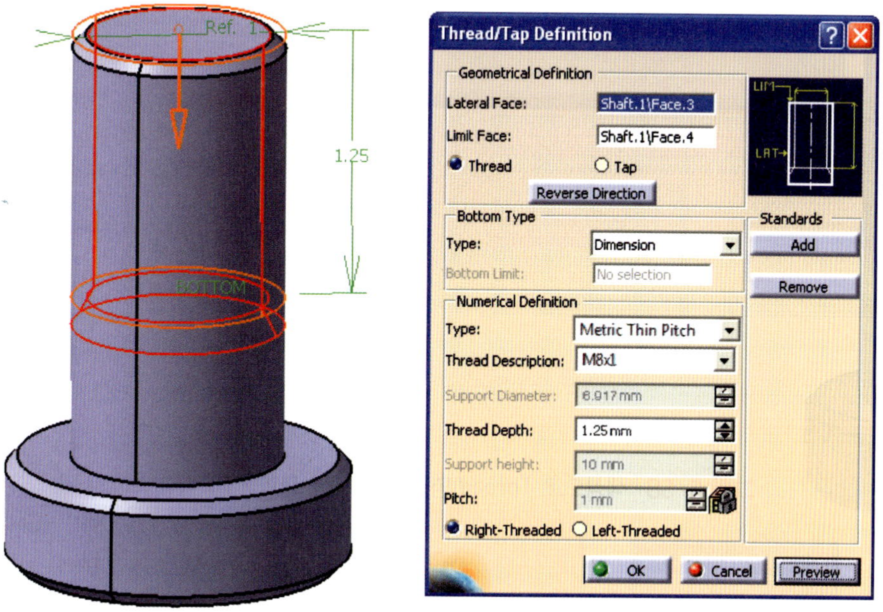

그림 6-57 Thread/Tap Definition

Thread/Tap

요약: Thread 또는 Tap을 생성합니다.

사용 순서:

명령을 실행한 후: Support 면을 선택합니다.

Lateral Face를 선택한 후: Limit 요소를 선택합니다.

Limit Face를 선택한 후: Thread/Tap을 정의할 데이터를 입력합니다.

Thread/Tap 명령은 사용자가 솔리드 형상에 Thread나 Tap 가공 정보를 추가할 수 있도록 하여 Tap-Thread Analysis가 행해질 때 이 정보를 인식할 수 있도록 해줍니다. 이 명령은 Thread의 세부 정보를 형상에 표시하지는 않습니다. 이러한 형상을 추가하기 위해서는 Thread를 지지하는 원통면을 Lateral Face로 선택하고, Thread Definition의 시작을 정의하는 면을 Limit Face로 선택해야 합니다. 형상을 정의할 때에는 그림 6-57처럼 임시 Thread Definition이 뜨지만, 정의가 끝나는 대로 사라집니다.

그림 6-58처럼 다른 색상을 쓸 수 있는 Thread Face를 갖기 위해서는 모형에 확인 모델링을 하는 것이 요령이 될 수 있으며, Thread의 명확한 표시가 빠른 차원 해석을 행하는 데에 있어서 도움이 됩니다.

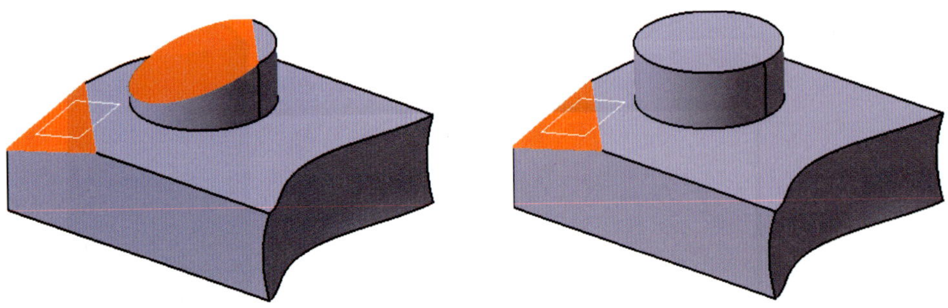

(a) Plane을 이용한 Split (b) Pocket을 이용한 형상 제거

그림 6-61 Plane을 이용한 Split의 경우 발생할 수 있는 문제점

Thick Surface 명령은 사용자가 서피스로부터 솔리드를 생성할 수 있도록 해줍니다. 서피스를 선택하면 그림 6-62처럼 서피스의 수직 방향 양쪽으로 솔리드의 크기를 설정할 수 있도록 대화상자가 나타납니다. 만약에 솔리드가 만들어질 방향이 올바르지 않으면, 오렌지색 화살표를 클릭하여 바꾸거나 대화상자에 있는 Reverse Direction 버튼을 눌러서 바꾸면 됩니다. Thick Surface 기능과 Boolean Operation 기능을 이용하여 더 많은 복합적 고체를 모델링할 수 있습니다.

Close Surface

요약: 닫혀 있는 서피스 형상의 내부를 솔리드로 채워줍니다.

사용 순서: 명령을 실행하고 솔리드로 생성하고자 하는 닫힌 서피스를 선택합니다.

Close Surface 명령은 닫혀 있는 서피스를 솔리드 Model로 전환시킬 때 사용됩니다. 그 결

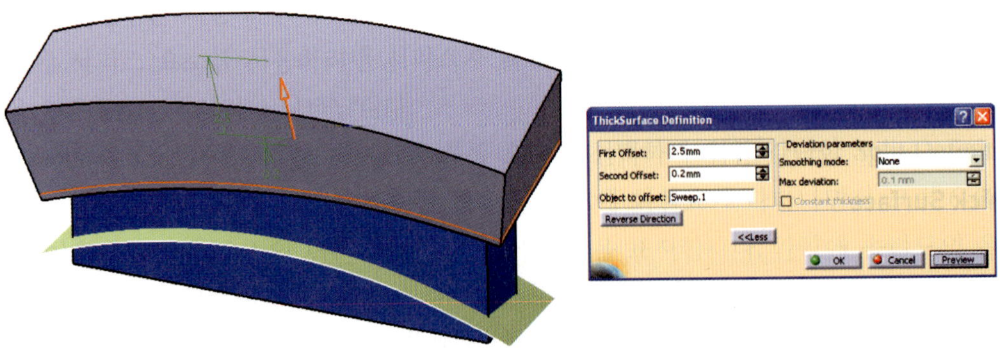

그림 6-62 Thick Surface Definition

그림 6-63 Close Surface Definition

과는 Part Specification Tree에 단일 항목의 솔리드로 표현됩니다. 해당 기능은 많은 표준 Part Reseller에 의해 널리 사용되는 중립 파일 양식인 .igs(.iges) 모델을 솔리드 모델로 변형시키는 데 꽤 유용합니다.

이 명령을 사용하기 위해서는 단일 서피스 항목을 선택해야 합니다. 그림 6-63처럼 서로 다른 서피스들을 묶어주는 데에는 GSD Workbench의 Join 명령을 생성하는 게 최선입니다. Join 요소는 Object to close 입력란에서 마우스를 우클릭한 후, Context Menu에 들어가서 생성할 수 있습니다. Join 시 서피스 요소들 사이에 남아있는 틈으로 인해 솔리드 생성에 실패할 수도 있습니다. 이런 경우 Join 작업을 행할 때에는 더 정밀한 공차로 맞추거나 서피스 요소를 수정해야 합니다. IGES 파일 전환은 15장에서 다루겠습니다.

6.4 Transformation 형상

Transformation Features는 솔리드 Model를 움직이거나 변경하거나 미리 정의되거나 맞춤된 정의 패턴에 따라 주어진 형상을 복제할 때 쓰입니다. 6-64처럼 풀다운 메뉴의 Insert ⇨ Transformation Features 또는 Transformation Features Toolbar를 통해 다른 명령을 선택하여 쓸 수 있습니다.

Transformation은 Part Specification Tree에 Operation을 남기기 때문에 충분히 고려해서 사용해야 합니다. 많은 경우에 첫 번째 Sketch에서의 변경 사항이나 Support Element는 같은 형상 변경을 발생시킬 수 있으며 솔리드 Body만 Transformation의 영향을 받습니다: Sketches와 Wireframe 요소들은 그것들이 본래 생성되었던 곳에 남습니다. 그림 6-65처럼 CATIA®에서는 Transformation 명령을 띄우기 전에 사용자가 이 동작을 승인할 것인지를 물어봅니다.

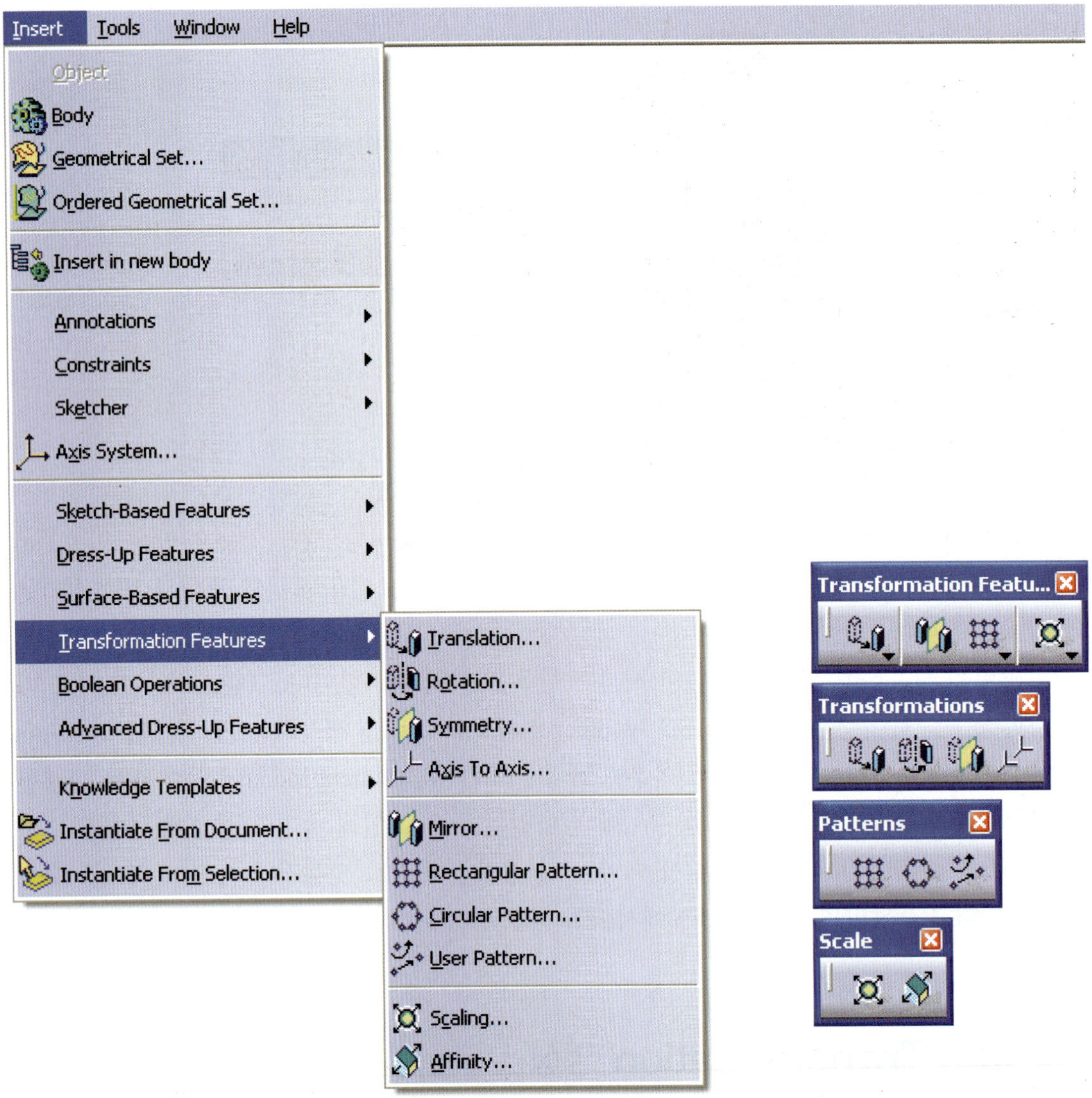

그림 6-64 Transformation Features 툴바와 Insert 풀다운 메뉴

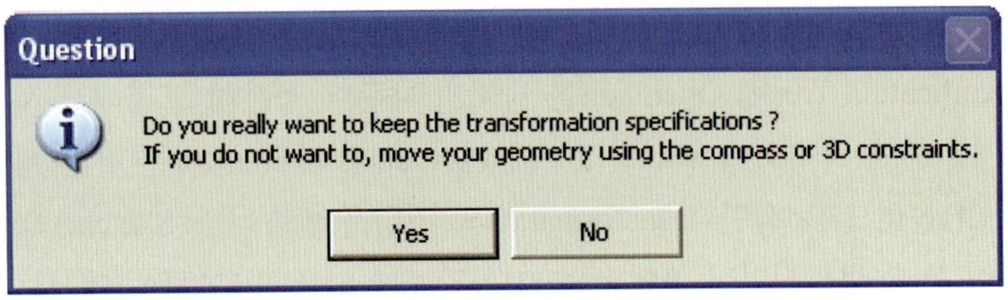

그림 6-65 Transformation 확인 창

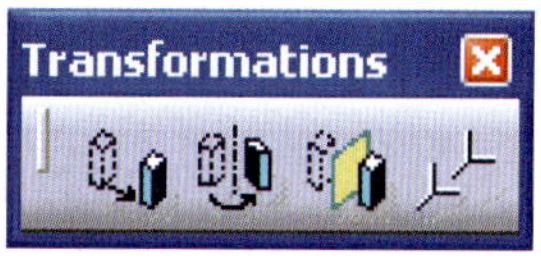

TRANSFORMATIONS TOOLBAR

Translation

요약: Define한 Body를 병진 이동합니다.
사용 순서: 닫을 서피스를 선택합니다.
명령을 실행한 후:
Direction, Distance Vector Mode: 방향을 입력하거나 선택합니다.
Point to Point Vector Mode: 사양을 변경하거나 OK, 미리보기, 또는 Cancel를 누릅니다.
Coordinate Vector Mode: 사양을 변경하거나 OK, 미리보기, 또는 Cancel를 누릅니다.

Translation 명령은 사용자가 Direction, Distance, Point to Point, 그리고 Coordinates 등 세 가지 다른 방법으로 PartBody, 또는 다른 Body를 직선 방향으로 이동시킵니다. 각 선택 옵션은 그림 6-66처럼 다른 유형의 Translate Definition 대화상자를 통해 정의 가능합니다.

이 명령을 사용할 때에는 Model Edge나 Line으로 방향을 바로 정의할 수 있지만, 5장에서 언급했듯이 Context Menu를 이용해서 Part의 축 요소를 정의할 수도 있습니다. 곧바로 Point 들을 선택할 수 있지만 Active Shading Mode에 따라서 Model Vertex들을 선택할 수 있습니다.

Rotation

요약: Body를 회전시킵니다.
사용 순서:
명령을 실행한 후:
Axis-Angle Mode: 회전축을 선택하고 각도를 입력합니다.
Axis-Two Elements Mode: 회전축을 선택하고 첫 번째 두 번째 요소를 선택합니다.
Three Points Mode: 세 포인트를 선택합니다.

Rotation 명령은 사용자가 Axis-Angle, Axis-Two Elements, 그리고 Three Points 등 세 가지 다른 방법으로 PartBody, 또는 다른 Body에 회전축 방향 변위를 정의하고 적용할 수 있습니다. 각 선택 모드는 그림 6-67처럼 다른 버전의 Rotate Definition 대화상자를 띄웁니다.

이 명령을 사용할 때에는 Model Edge나 Line으로 방향을 바로 정의할 수 있지만, Context

(a) Direction, Distance (b) Point to Point (c) Coordinates

그림 6-66 Translate Definition

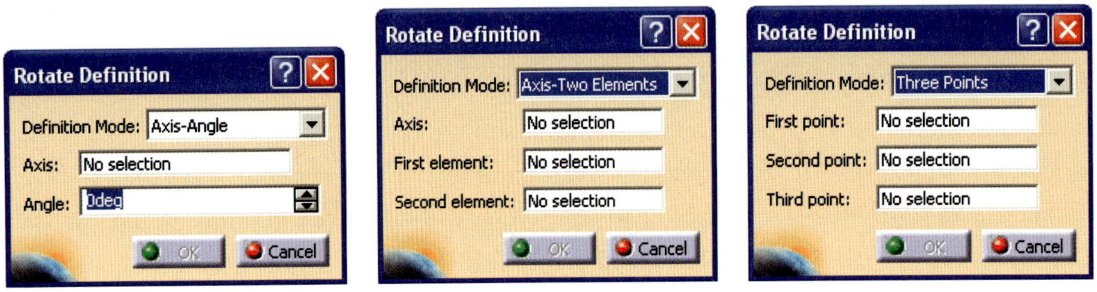

(a) Axis Angle (b) Axis - Two Elements (c) Three Points

그림 6-67 Rotation Definition

Menu를 이용해서 Part의 축 요소로 정의할 수 있습니다. Point 또는 Model Vertex를 선택할 수도 있습니다.

Axis-Two Elements Mode는 Context Menu를 통해 얻어지거나, Model로부터 선택할 수 있는 여러 종류의 요소들을 제공합니다. 그렇다면 회전을 정의할 여러 다른 방법들이 가능해집니다. 직선과 평면 요소들을 사용할 때에는 그림 6-68처럼 사용자가 선택의 영향을 바꿀 수 있게 선택한 각 요소들마다 화살표 하나씩 선택한다는 것을 기억하시면 됩니다.

Symmetry

요약: 선택한 Face나 평면에 대한 Body를 대칭 이동시킵니다.

사용 순서: 명령을 실행하고 Reference Point, Line 또는 평면을 선택합니다.

Symmetry 명령은 그림 6-69처럼 솔리드 Reference Vertex, Edge, Face를 선택함으로써 사용자가 솔리드 Body를 대칭 이동하며, 본 대상은 사라집니다.

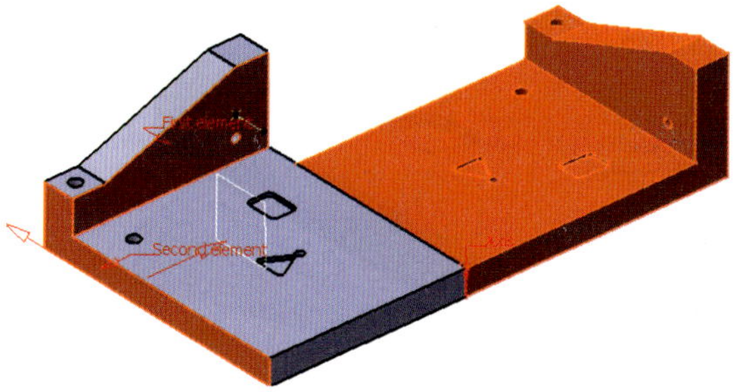

(a) Original result

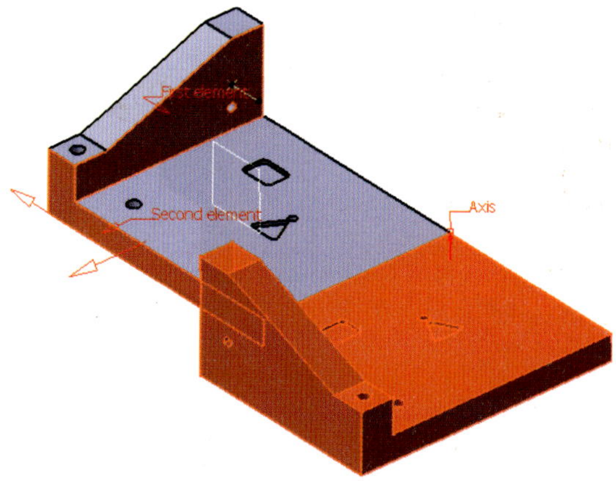

(b) Alternate result

그림 6-68 Rotation-Alternate Results

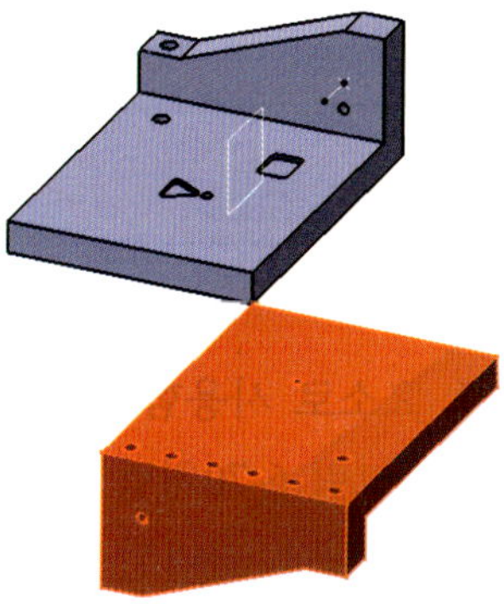

(a) Point

(b) Line

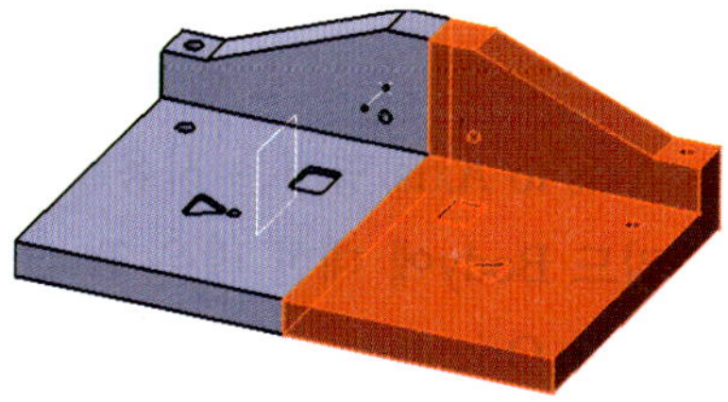

(c) Plane

그림 6-69 Symmetry

Axis to Axis

요약: 솔리드 Body를 Axis 요소를 기준으로 목표가 되는 새로운 Axis 위치로 이동시키는 기능을 합니다.

사용 순서:

명령을 실행한 후: Reference Axis를 선택합니다.

첫 번째 Axis가 활성된 후: Target Axis를 선택합니다.

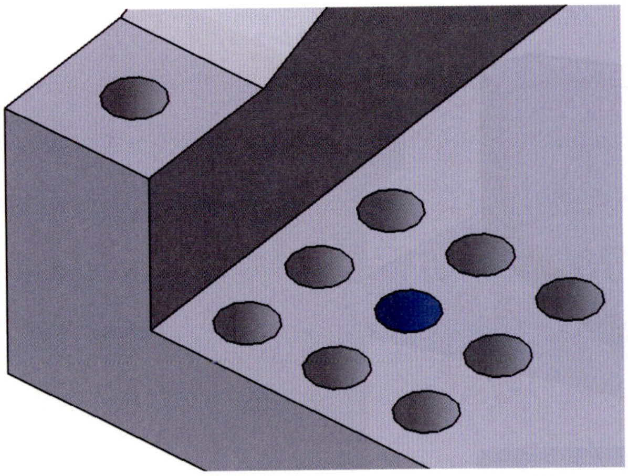

그림 6-72 Pattern 형상의 원본 위치 확인을 위한 색상 변경

습을 하는 것이 좋습니다. 이것은 그림 6-72처럼 Features Face의 색을 바꿈으로써 행해질 수 있으며, Pattern이 생성된 이후에 색을 변경해야 합니다. 그 이전에 할 경우, 해당 색이 모든 Pattern 항목에 함께 복사될 것입니다.

연결된 오렌지색 점들을 클릭함으로써 정의된 Pattern을 해당 포인트 위치에서 비활성화시킬 수 있습니다. 또한 More 버튼을 누르고 적절한 Setting을 설정함으로써, Rectangular와 Circular Pattern에서 정의된 기능의 위치를 설정할 수 있습니다. 두 옵션은 그림 6-73에서 확인할 수 있습니다.

어떤 경우 Pattern의 실행이 주변 환경으로 인해 더 복잡하게 될 수 있습니다. 예를 들어 Pattern의 본 요소가 램프의 아랫부분에 위치한다면, 자동 Pattern 옵션은 원하는 형상을 제대로 확대시키지 않을 것입니다. 그런 경우에는 그림 6-74처럼 CATIA®가 Pattern을 제대로 생성하도록 만들기 위해 Keep Specification 옵션을 선택할 수 있습니다.

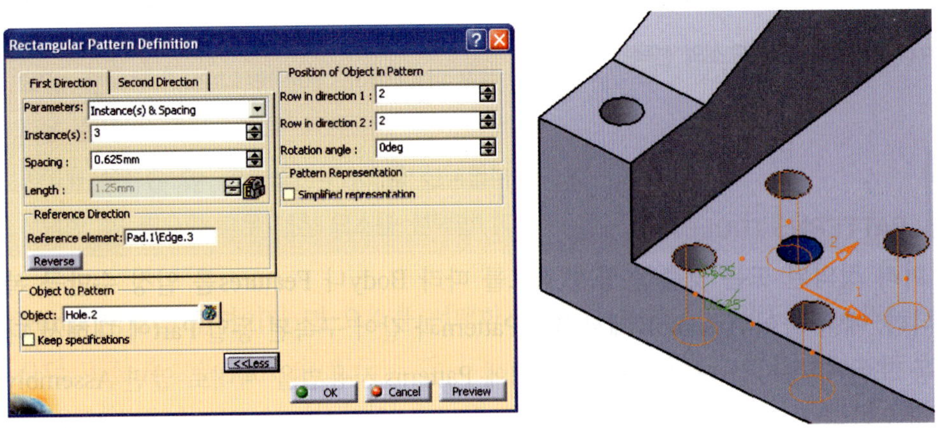

그림 6-73 Pattern Definition 옵션

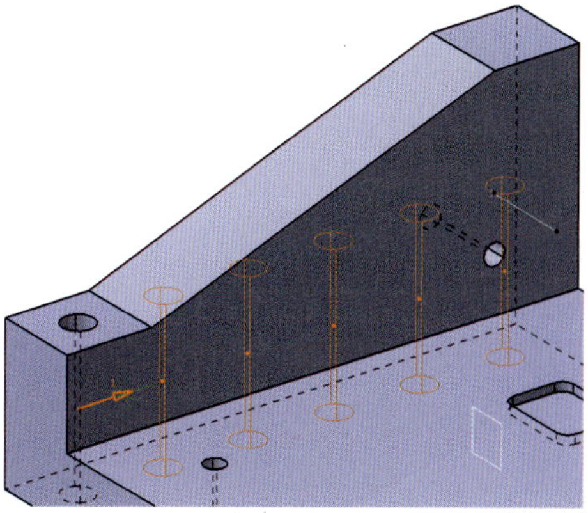
(a) Deactivated

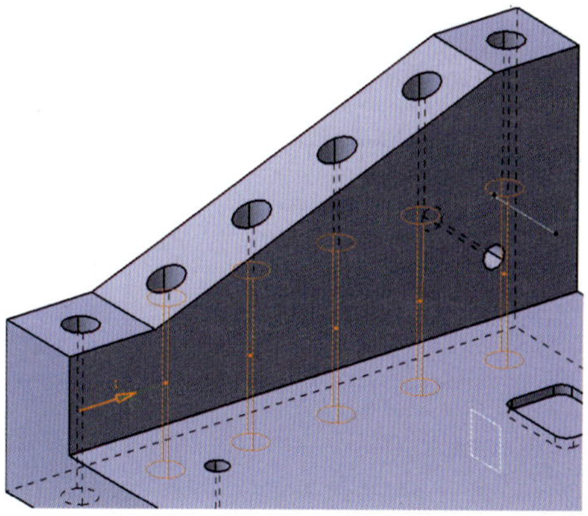
(b) Activated

그림 6-74 Keep Specifications 옵션

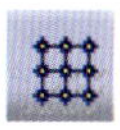

Rectangular Pattern

요약: 형상을 반복 복사하기 위해 Rectangular Pattern을 생성합니다.

사용 순서:

복사할 대상을 선택한 후: 명령을 실행하고 Pattern하고자 하는 값을 입력합니다.

대화상자에서 변경한 후: 기준 방향과 추가 설정을 마친 후 명령을 마칩니다.

Rectangular Pattern 명령은 사용자가 직선 배열을 사용해서 형상을 복제합니다. 두 경우에 복제하고 싶은 Body나 형상을 Object로 선택하고, 직선 반복의 위치로 설정하기 위해 쓰인 선이나 솔리드 가장자리를 Reference Element로 선택하는 것이 중요합니다. 두 번째 배열 방향의 정의는 사용자가 대화상자에 있는 두 번째 탭을 선택하고 알맞은 설정을 할 것을 요구합니다. Reverse 버튼은 기능이 복제된 방향을 바꿀 수 있도록 합니다. 그림 6-75처럼 네 가지 다른 방법으로 연속 요소들 사이의 거리를 정의할 수 있습니다.

Circular Pattern

요약: 회전 축 방향 및 반경 방향으로 형상을 반복 복사할 때 사용합니다.

사용 순서: 대상을 선택한 후에 명령을 실행하여 Pattern을 정의합니다.

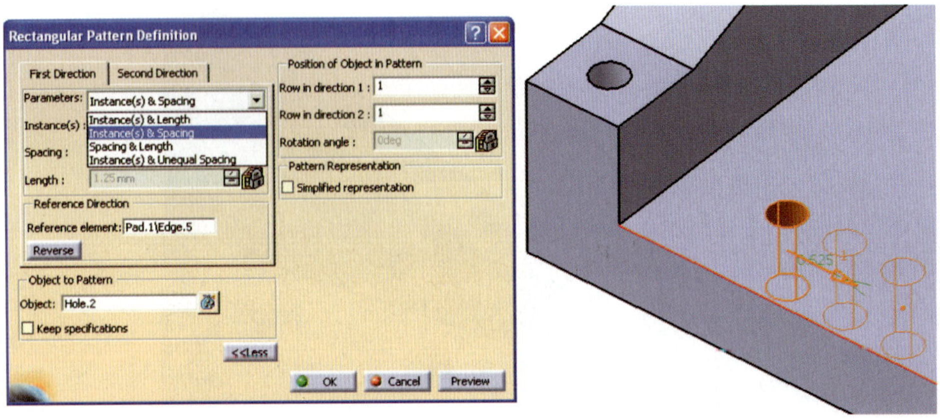

그림 6-75 Rectangular Pattern Definition

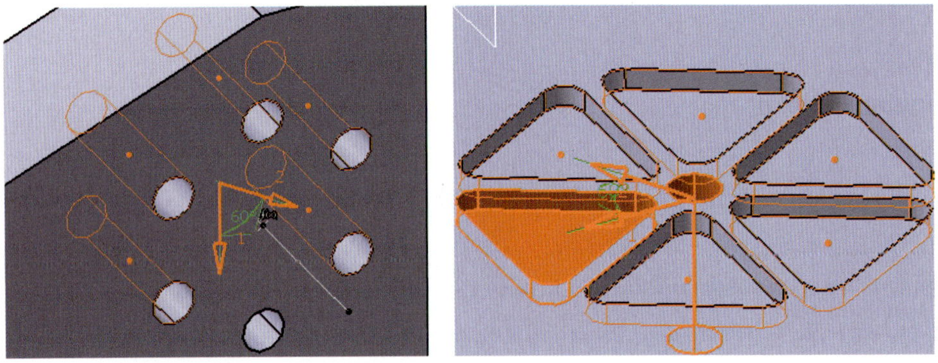

(a) Wireframe (b) Features

그림 6-76 Circular Pattern의 기준 요소

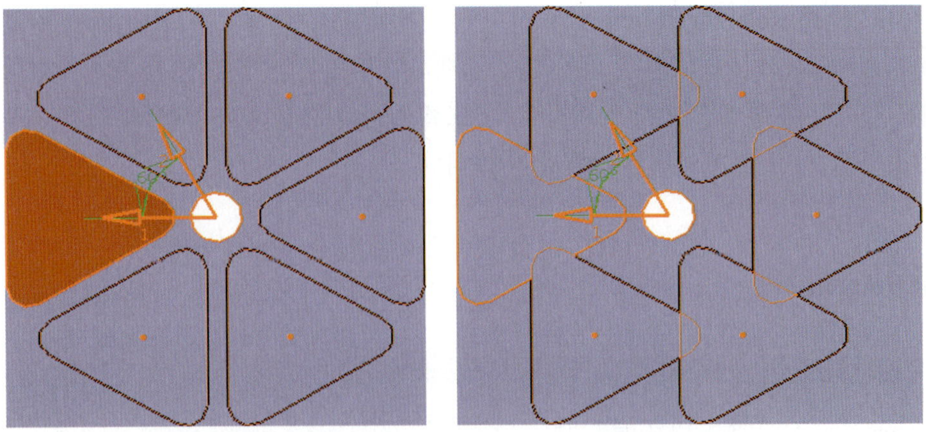

(a) 활성화 (b) 비활성화

그림 6-77 Alignment 옵션

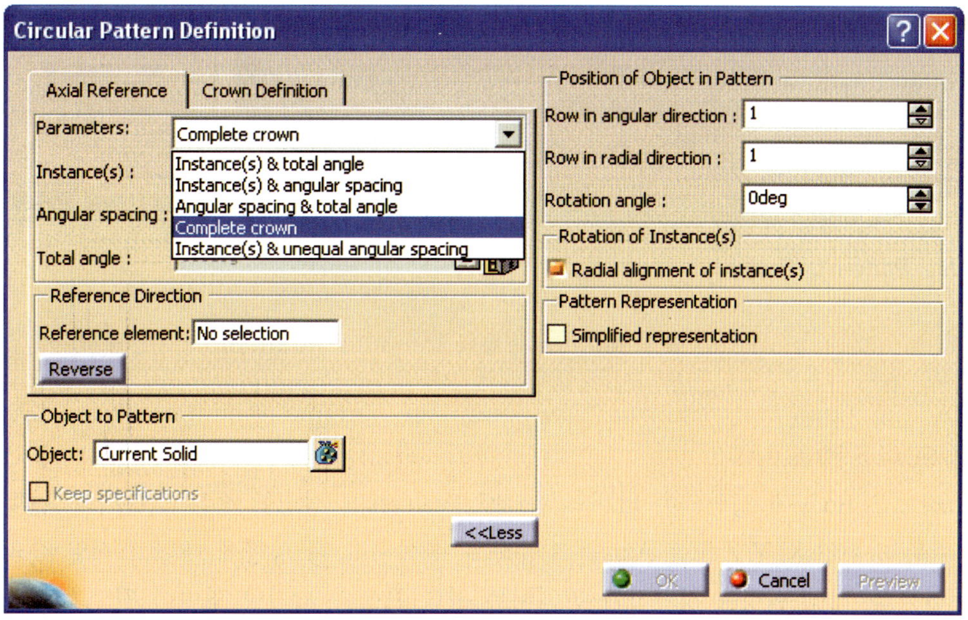

그림 6-78 Circular Pattern Definition

Circular Pattern 명령은 방사형 배열을 사용해서 형상을 복제할 수 있습니다. 그림 6-76처럼 Wireframe 요소나 Feature로부터 Pattern Axis로 쓰일 기준 요소를 정의하는 게 가능합니다.

Pattern될 형상에 따라 반경 방향 형상 복제는 사용자가 조정할 수 있습니다. 이것은 그림 6-77처럼 Radial alignment of instance(s)를 활성화시킴으로써 실행할 수 있습니다.

Rectangular Pattern 명령으로는 그림 6-78처럼 다른 옵션을 통해 Parameters 패턴을 정의할 수 있습니다.

User Pattern

요약: 형상을 원하는 위치에 반복 복사하기 위해 Sketch상의 포인트들을 정의하여 이를 활용합니다.
사용 순서: Pattern을 정의할 위치를 Sketch에서 포인트들로 생성한 후, 명령을 실행하여 형상과 Sketch를 선택합니다.

User Pattern 명령은 그림 6-79처럼 사용자가 사용자 지정 경로를 생성하고, Sketch에 표준 단일 점을 둠으로써 Pattern의 Instance 위치를 찾을 수 있도록 해줍니다. 명령을 실행시킬 때에는 복제할 기능이나 Body를 선택하고 난 후 기준점을 포함하고 있는 Sketch를 선택하는 것이 중요합니다.

그림 6-79 User Pattern Definition

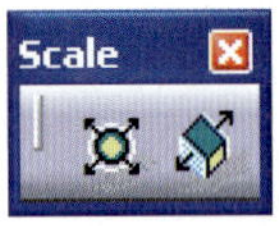

SCALE TOOLBAR

스케일링 작업은 Body에 정의되며 낱개의 솔리드 Features에 정의할 수는 없습니다. 변형은 세 가지 주축 방향인 X, Y, Z 또는 Axis를 기준으로 행해지며, 각 방향에 대해 스케일 값의 입력이 가능합니다. 해당 변형을 정의하기 위해서는 평면 요소가 되거나 평면이 될 수 도 있는 XY 평면 기준인 Origin 기준점, Linear Element나 Context Menu 옵션으로부터 X Axis 기준을 정의하는 것이 중요합니다.

Scaling

요약: Point 또는 Face 또는 평면을 사용하여 Body를 스케일링합니다.
사용 순서: 해당 Reference Point, 평면, 또는 Planar 서피스를 선택합니다.

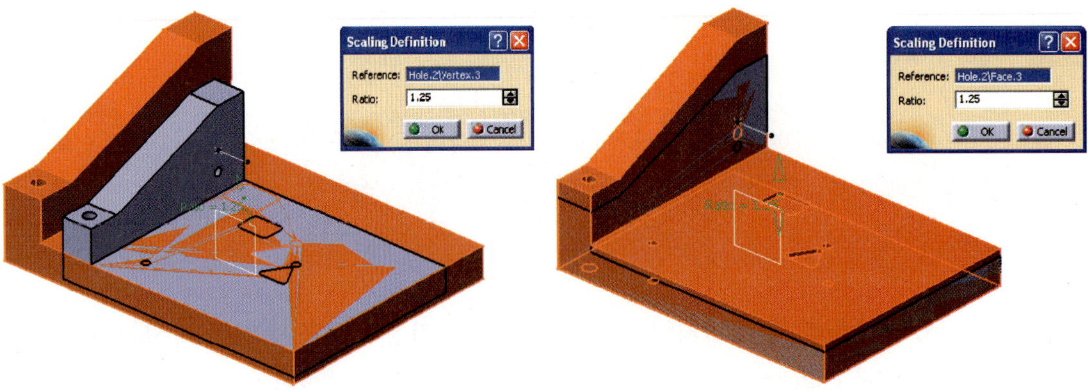

(a) Point (b) Face

그림 6-80 Scaling 기준

Scaling 명령은 그림 6-80처럼 기준 평면을 선택하는 것이 수직 방향에 따라 선택한 기준 평면으로 스케일링 작업을 실행시키는 동안, 사용자가 Ratio를 설정하고 Reference Point를 선택함으로써 세 주요 직각 방향에 솔리드 Body를 스케일링할 수 있도록 해줍니다. 스케일링 면을 기준으로 사용하는 것은 0보다 다른 단일 척도 인자로 Affinity를 실행하는 것과 비슷합니다.

Affinity

요약: Affinity는 좌표들의 비율 값에 따라서 변경하고 해석합니다.

사용 순서:

Tool이 활성화된 후: Affinity Axis system의 근원을 선택합니다.

Point를 선택한 후: Affinity Axis system의 XY 평면을 선택합니다.

평면을 선택한 후: Affinity Axis system의 X Axis를 선택합니다.

Line을 선택한 후: 세부 사항을 정의한 후 명령을 마무리합니다.

Affinity 명령은 그림 6-81처럼 사용자가 세 주축들인 X, Y, Z 모두에 따라 서로 다른 값을 사용하여 스케일링 작업을 실행할 수 있습니다. 변환을 정의하기 위해서는 Origin 기준 포인트, 평면 요소나 평면일 수 있는 XY 평면 기준, 그리고 마지막으로 직선 요소나 Context Menu 옵션으로부터의 X Axis 기준을 정의하는 것이 중요합니다.

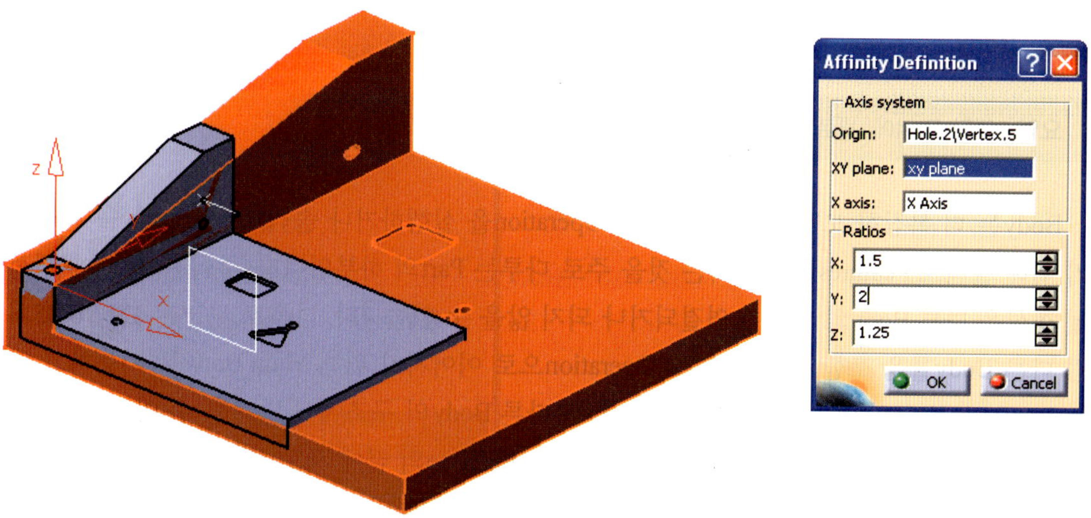

그림 6-81 Affinity Definition

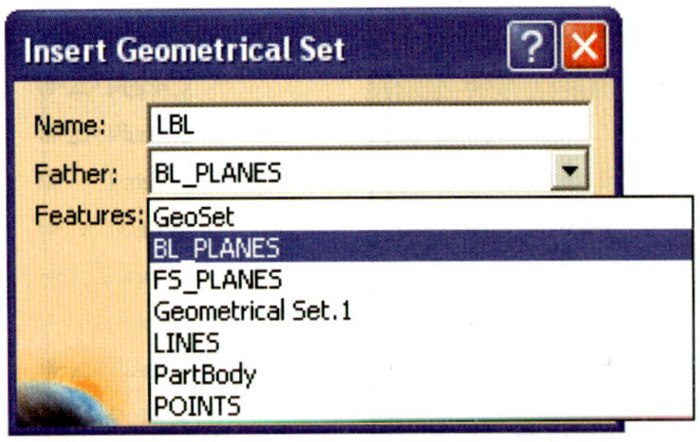

그림 6-91 객체를 포함한 상태로 Geometrical Sets 생성하기

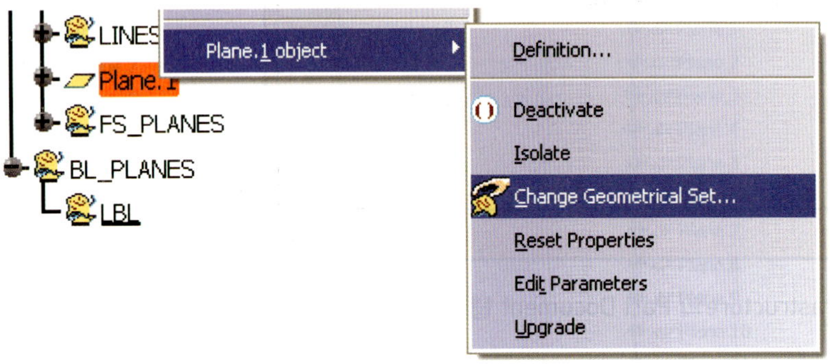

그림 6-92 Geometrical Set으로 객체 이동시키기

만약 그것들을 이동시킨 이후 형상 요소가 재정렬되어야 한다면, 그림 6-93처럼 Context Menu에 있는 Reorder Children 옵션을 통해 할 수 있습니다. 그러면 그림 6-94처럼 요소를 선

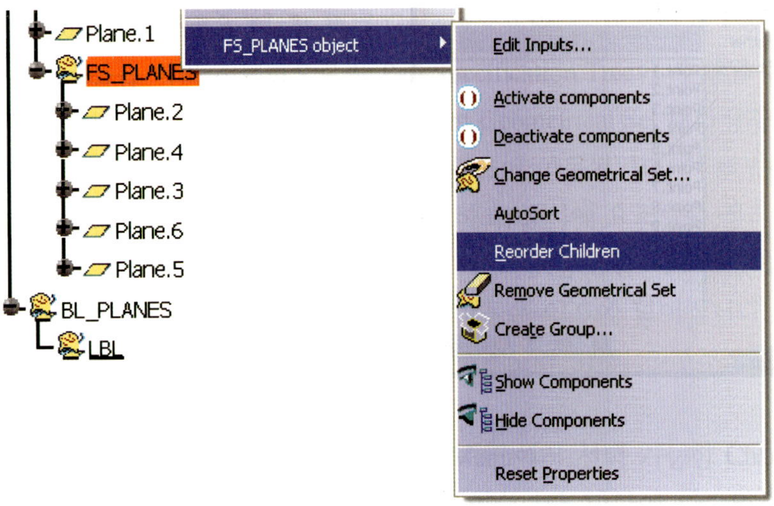

그림 6-93 Geometrical Set의 요소 재정렬하기

택하여 그에 일치하는 화살표들을 이용해 구조 내에서 위아래로 움직일 수 있는 재정렬하는 명령이 사용자에게 뜰 것입니다.

그림 6-94 요소의 재정렬

마지막으로 고려해야 할 것은, 가능할 때마다 단일 작업 내에서 모든 Wireframe 요소들을 숨기기 위해 다른 Geometrical Sets를 모으는 Main Geometrical Set이 있는 게 좋습니다. 사실 ENOVIA®와 같은 Product Lifecycle Management(PLM) 명령을 포함하는 기법들은 해당 파일들을 기준으로 두고 일하는 다른 사용자들이 이용하기 편하게 사용자가 솔리드 Model를 보기 쉽게 유지하고, 데이터베이스에 파일들을 저장하도록 요구합니다. Wireframe 요소들이 여러 Geometrical Sets 사이에 군데군데 있으면 이 모든 Geometrical Set들을 개별적으로 선택하고, 파일들을 데이터베이스에 저장합니다. 그런 후에 진행 중인 작업을 이어가기 위해서는 Geometrical Set들을 다시 표시하는 게 중요합니다. 그림 6-95처럼 중심 Geometrical Set에 모든 Geometrical Sets를 생성하면 한 번의 선택으로 사용자가 모든 것을 숨길 수 있습니다.

Insert In New Body

요약: 새 Body를 생성하면서 선택한 Feature를 삽입합니다.

이 옵션은 적어도 한 개의 솔리드 Feature를 포함하는 PartBody가 In Work Object로 정의될 때만 사용할 수 있습니다. 별개의 Body에서 선택한 형상을 찾아 그것을 PartBody에 Assemble 함으로써 솔리드 구조를 재구성하는 데 쓰입니다. 이러한 구조는 NC(Numerical Control) 프로그래밍을 위한 가공 부품들을 최적화하는 것 등 몇 가지 모델링 기법에 쓰일 수 있습니다.

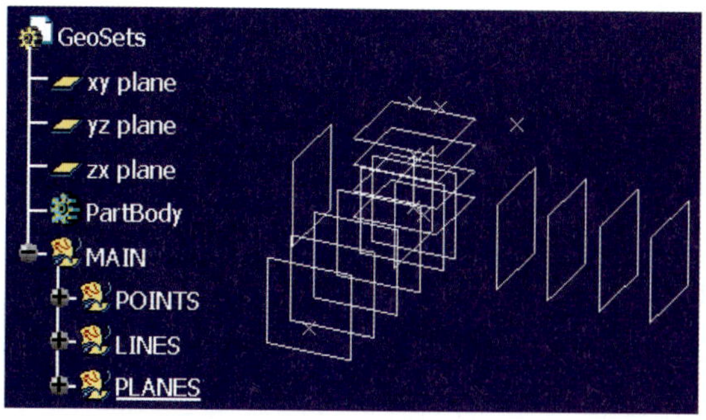

(a) Visible

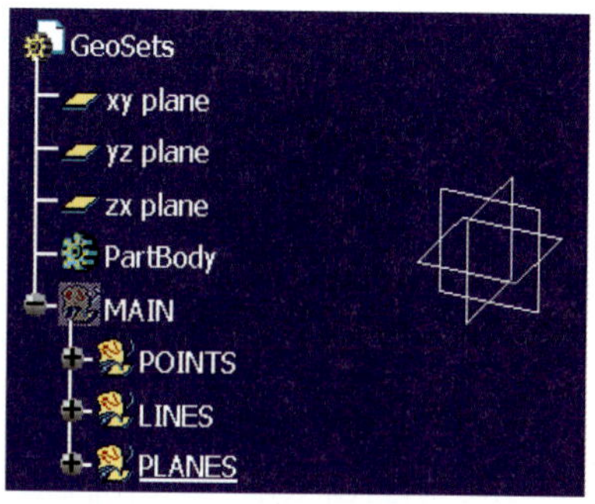

(b) Hidden

그림 6-95 Main Geometrical Set

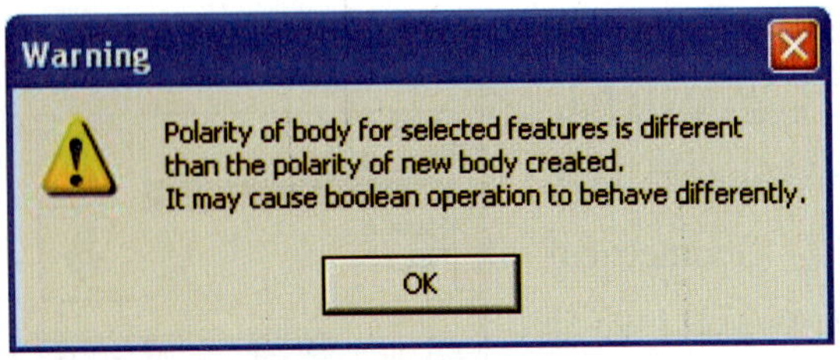

그림 6-96 Insert In New Body 경고 메시지

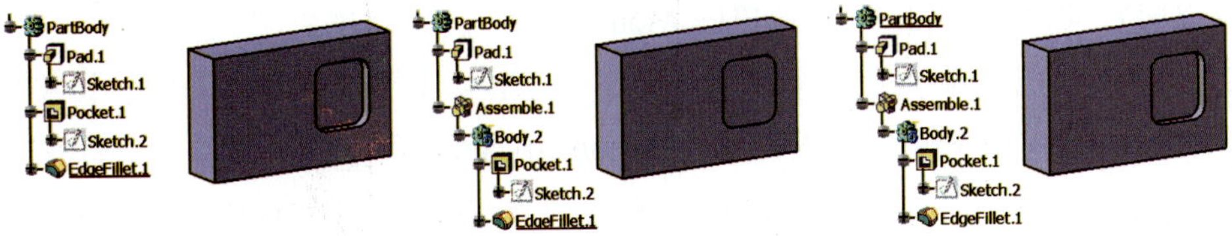

(a) Original (b) 새로운 Body가 추가된 후 (c) PartBody에 Define된 상태

그림 6-97 Insert In New Body 작업순서

선택한 Part와 기능에 따라 형상 충돌이 일어날 수 있습니다. 많은 경우에는, 그림 6-96과 같이 경고 메시지가 사용자에게 나타납니다.

기능들이 새로운 Body에 옮겨지고 PartBody에 조립된 이후, 그림 6-97처럼 새로 생성된 구조를 업데이트하기 위해 PartBody를 Define In Work Object로 재정의하는 것이 중요합니다.

6.6 Boolean Operations

Boolean Operation(George Boole의 Algebra로부터)은 CATIA® V4와 같은 지난 세대의 CAD CATIA®에서 널리 사용되었으며, 지금도 많은 강점으로 사용됩니다. 어떤 경우에는 사용자가 다른 명령으로 특별한 Geometry 요소를 만들 수 없기 때문에 그것의 사용이 필요합니다. 또 다른 경우에는, 사용자가 쉬운 방법으로 해당 부분을 편집할 수 있도록 하기 위해 간단한 구조를 유지하도록 돕습니다.

Union, Subtraction, 그리고 Intersection 등 세 가지 주요 연산자를 이용할 수 있습니다. CATIA® 용어를 사용하여 Body를 다른 Body에 Add, Remove, Intersect를 할 수 있습니다. 그림 6-98은 Pad 형상을 포함하는 두 Body가 사용될 때 얻어지는 결과를 보여줍니다. 이러한 작업들은 두 부분으로 이루어지며, 한 번에 두 개의 물체를 포함합니다. 그리고 모든 작업이 가환되지 않기 때문에 경우에 따라 Body들이 선택한 순서대로 처리하는 것이 중요합니다.

작업들은 두 부분으로 이루어지기 때문에 작업이 Body와 PartBody를 포함할 경우에는 소

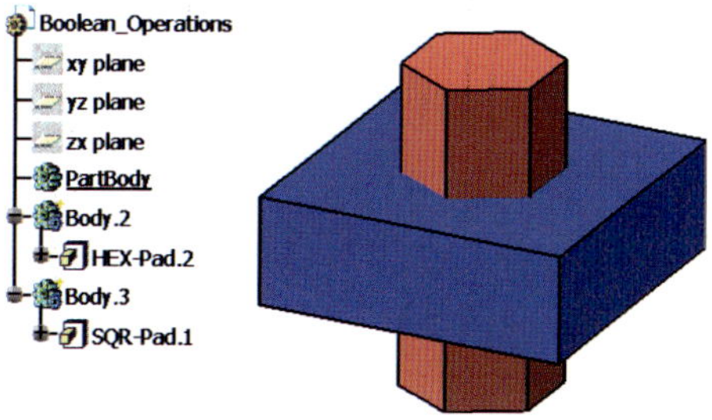

(a) Original

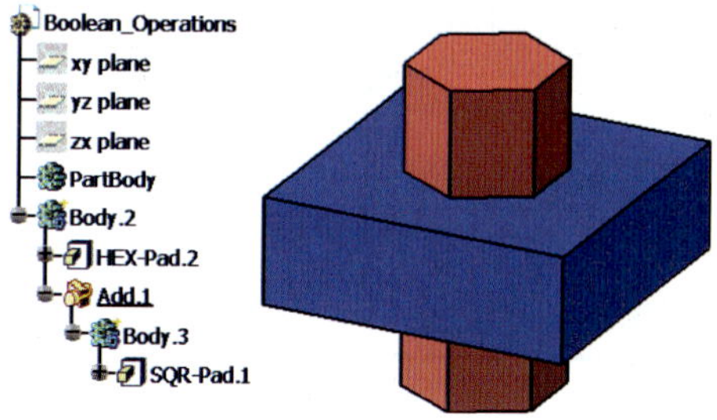

(b) Union

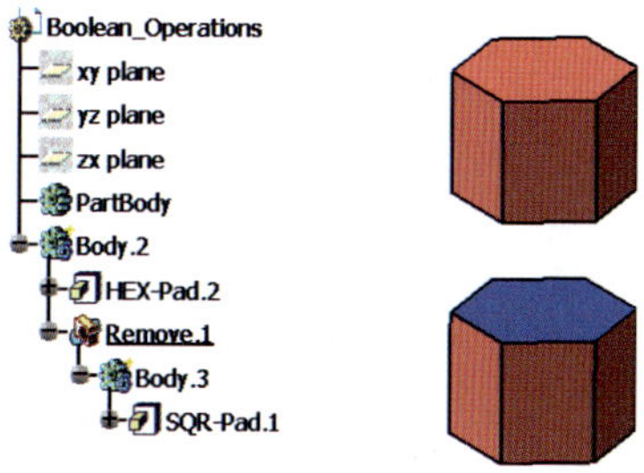

(c) Subtraction HEX - SQR

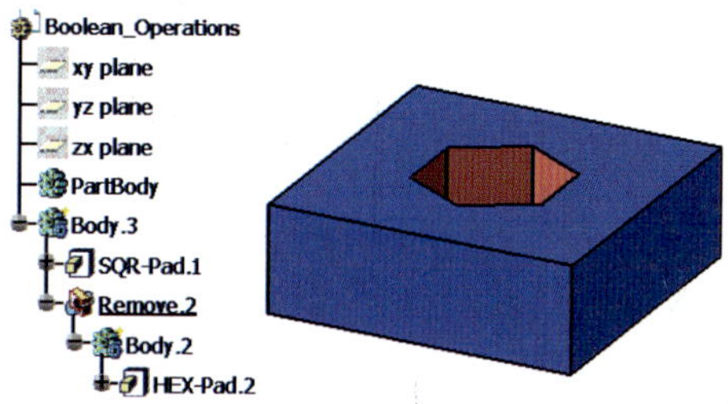

(d) Subtraction SQR - HEX

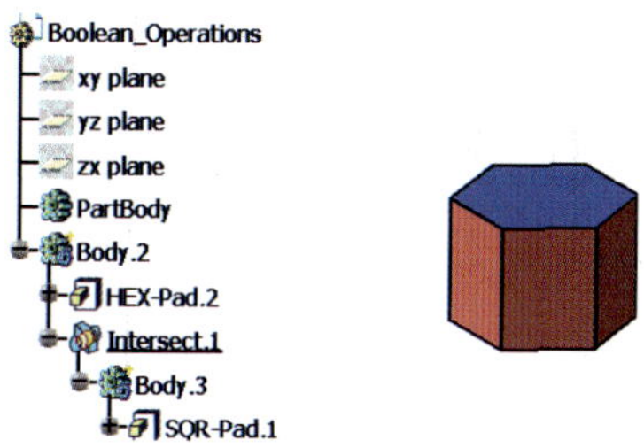

(e) Intersection

그림 6-98 표준 Boolean Operations

용이 없으며, PartBody가 구조의 주 솔리드가 될 것이기에 사용자는 Body 정렬 순서에 대해 질문을 받지 않을 것입니다. 하지만 만약 두 개 이상의 솔리드가 존재한다면, CATIA®는 사용자에게 그림 6-99처럼 작업에 포함되어 있는 Body를 식별하라고 요구할 것입니다.

마지막으로, Part Design 모델링 기능이 쓰일 수 있는 부분에서는 Boolean Operation을 사용하는 것이 일반적으로 권장되지 않습니다.

Boolean Operation은 그림 6-100처럼 Insert ⇨ Boolean Operations 풀다운 메뉴, Boolean Operations Toolbar, 또는 Body의 Context Menu를 통해서 사용할 수 있습니다.

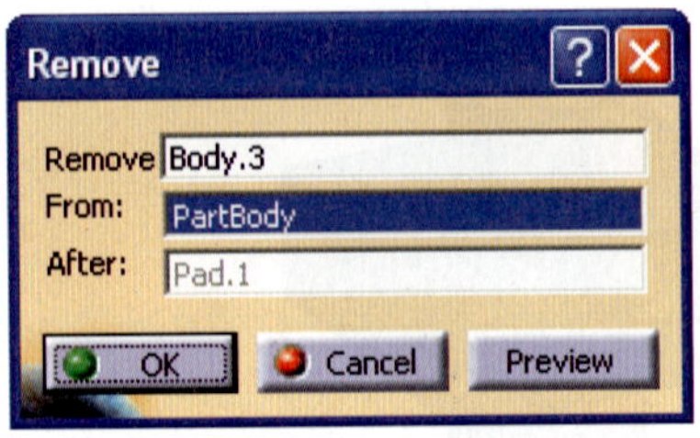

그림 6-99 Reference Body의 식별

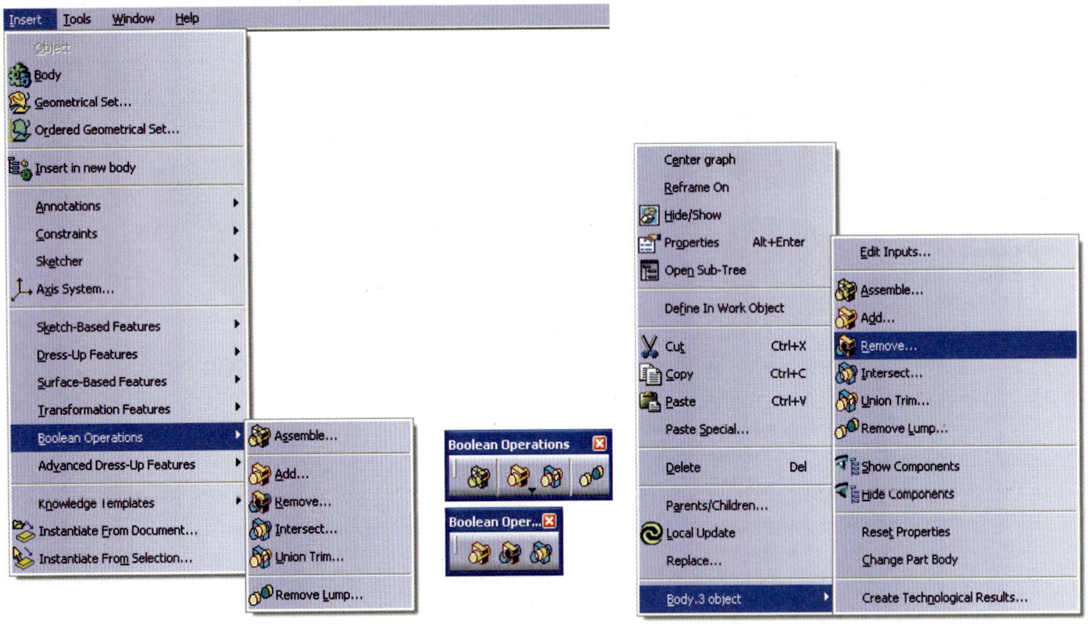

(a) Boolean Operations 툴바 그리고 Insert 풀다운 메뉴

(b) Body에서의 Context Menu

그림 6-100 Boolean Operations의 삽입

BOOLEAN OPERATIONS TOOLBAR

Assemble

요약: 선택한 Body를 다른 Body로 조립합니다.

사용 순서:

Tool이 활성화된 후: Body(또는 Volume)를 작동하기 위해 선택합니다.

Body가 선택된 후: 영향을 받은 Body(또는 Volume)를 지정합니다.

Target Body가 선택된 후: 필요한 경우 영향을 받은 Body(또는 Volume)를 바꾸고 OK를 클릭합니다.

앞서 언급했듯이 Assemble 명령은 사전에 정의된 구조에 따라 솔리드 Features와 작업을 관리하거나, 단일 Body하에 실행할 수 없는 몇몇 작업들을 실행하도록 몇몇 모델링 기법에서 쓰일 수 있습니다

예를 들어 Pattern을 Mirror하는 것은 CATIA®에서 허용되지 않는 작업입니다. 그렇게 하려

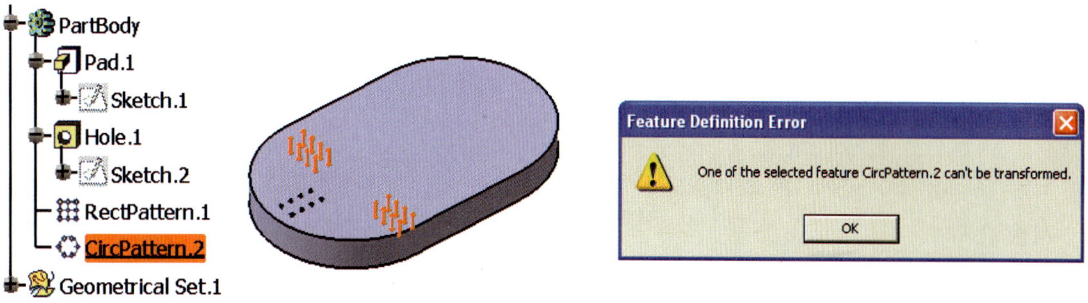

그림 6-101 형상 정의 에러 메시지

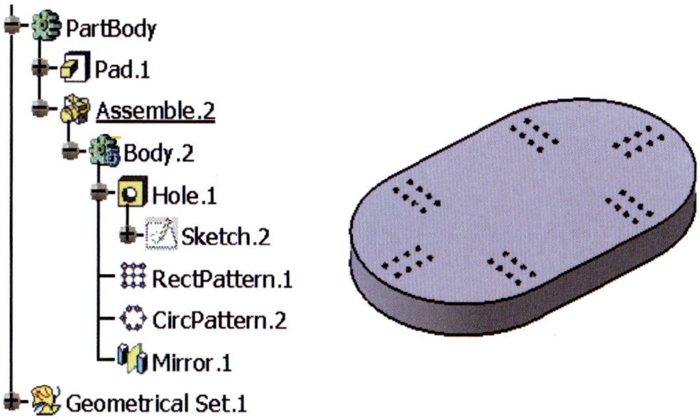

그림 6-102 Pattern의 대칭 복사

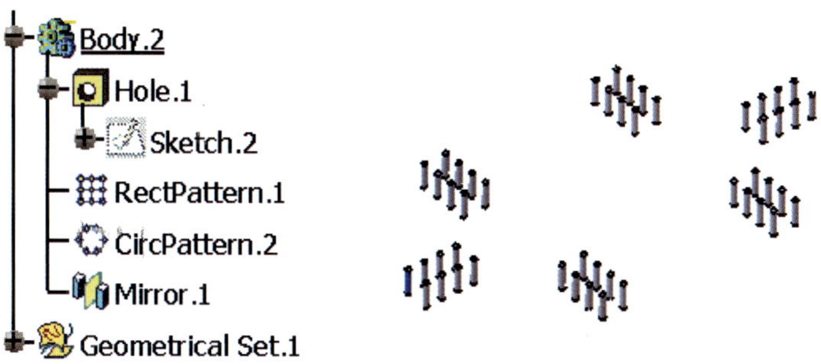

그림 6-103 Solid의 반전된 극성

고 하면 그림 6-101처럼 오류 메시지가 나타납니다. 하지만 정의 Hole과 독립된 Body에 원하는 Pattern을 생성하고 전체 Body에 Mirror 변환을 실행하는 것은 가능합니다. 그림 그림 6-102처럼 두 Body와 Assemble 작업을 이용하여 원하는 최종 형상을 만드는 것이 가능해집니다.

Hole, Pockets, Grooves 등, 솔리드를 제거하는 명령을 비어 있는 Body에 생성할 경우 해당 형상으로 솔리드가 만들어졌다가 그림 6-103처럼 해당 Body가 다른 Body로 조립되면 원하는 형상의 제거 작업이 실행되므로 주의를 요합니다.

Add

요약: 선택한 Body를 다른 Body에 추가합니다.

사용 순서:

Tool이 활성화된 후: Body(또는 Volume)를 작동하기 위해 선택합니다.

Body를 선택한 후: 영향을 받은 Body(또는 Volume)를 지정합니다.

Target Body를 선택한 후: 필요한 경우 영향을 받은 Body(또는 Volume)를 바꾸고 OK를 클릭합니다.

그림 6-104 Addition 예시

Add 명령은 선택한 Body들을 추가하여 기준이 되는 Body에 솔리드를 구성합니다. 서로 다른 Body에 나뉘진 모든 Volume은 기준이 되는 Body에 합쳐집니다. Body들을 선택하는 순서는 상관없습니다. Add 작업의 예는 그림 6-104와 같이 Cam 형상의 복제를 통해 확인할 수 있습니다.

Remove

요약: 선택한 Body를 다른 Body로부터 제거합니다.

사용 순서:

Tool이 활성화된 후: Body(또는 Volume)를 작동하기 위해 선택합니다.

Body를 선택한 후: 영향을 받은 Body(또는 Volume)를 지정합니다.

Target Body를 선택한 후: 필요한 경우 영향을 받은 Body(또는 Volume)를 바꾸고 OK를 클릭합니다.

Remove 명령은 솔리드 Volume을 다른 솔리드 Volume으로부터 제거함으로써 얻어진 솔리드를 생성합니다. 이 작업은 Body들을 선택하는 순서가 중요합니다. Remove 예시는 그림 6-105의 Spherical Corner Geometry에서 확인할 수 있습니다.

Intersect

요약: 선택한 Body를 다른 Body와 교차시킨 형상을 생성합니다.

사용 순서:

Tool이 활성화된 후: Body(또는 Volume)를 작동하기 위해 선택합니다.

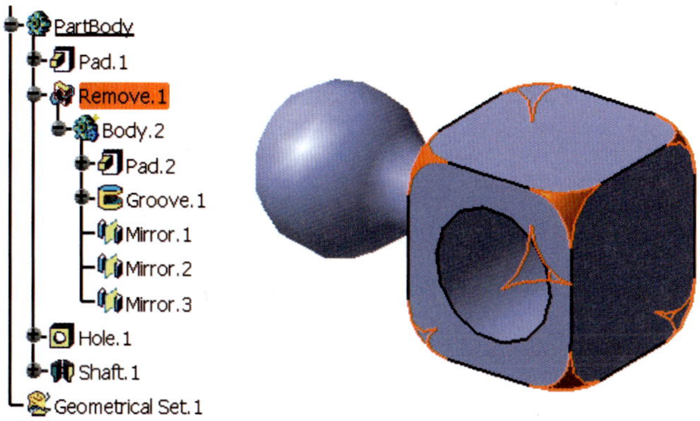

그림 6-105 Remove 예시

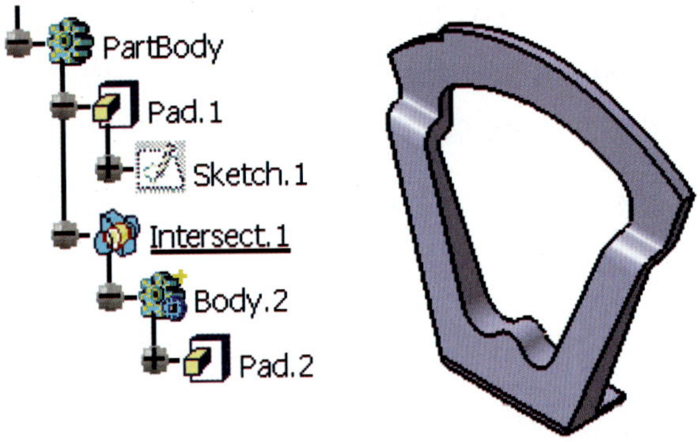

그림 6-106 Intersection 예시

> Body를 선택한 후: 영향을 받은 Body(또는 Volume)를 지정합니다.
> Target Body를 선택한 후: 필요한 경우 영향을 받은 Body(또는 Volume)를 바꾸고 OK를 클릭합니다.

Intersect 명령은 별개의 Body들 간에 교차되는 모양으로 얻은 솔리드를 생성합니다. 그것은 Solid Combine 명령보다 더 복잡한 작업을 가능케 합니다. Body들이 선택되는 순서는 중요하지 않습니다. 제거된 예시는 그림 6-106에의 Casting 형상에서 확인할 수 있습니다.

6.7 구속하기

솔리드 형상을 복제하는 것은 부분적으로는 가능합니다. 사실 이것은 다른 문서에서의 복사 및 붙여넣기 작업처럼 간단할 수 있습니다만, 차이는 얻어질 결과 요소들입니다. 사용자가 형상을 복사할 때 사용할 수 있는 명령이 세 가지 있습니다: Copy, Paste, 그리고 Paste Special. Copy는 복사하기입니다. 이 명령은 나중에 찾아오기 위해 클립보드에 형상 정보를 입력합니다. 이것은 대상 Body를 오른쪽 클릭하고 Copy 명령을 액세스하여 수행할 수 있습니다. 붙여넣기 작업은 Part Specification Tree의 이름을 오른쪽 클릭하여 수행할 수 있습니다. 그림 6-107처럼 Context Menu는 Paste와 Paste Special 작업을 보여줍니다.

붙여넣기는 사용자로부터의 어떤 상호작용 없이 바로 실행됩니다. 그것은 정의된 Body와 같은 형성 기능들을 포함하고 있는 새로운 Body를 생성합니다. Paste Special은 형상 특징들이 다른 형식으로 붙여넣어질 수 있기 때문에 사용자로부터 새로운 선택을 요구합니다: As specified in Part Document, As Result With Link, 또는 As Result. 그림 6-108처럼 원하는 형식

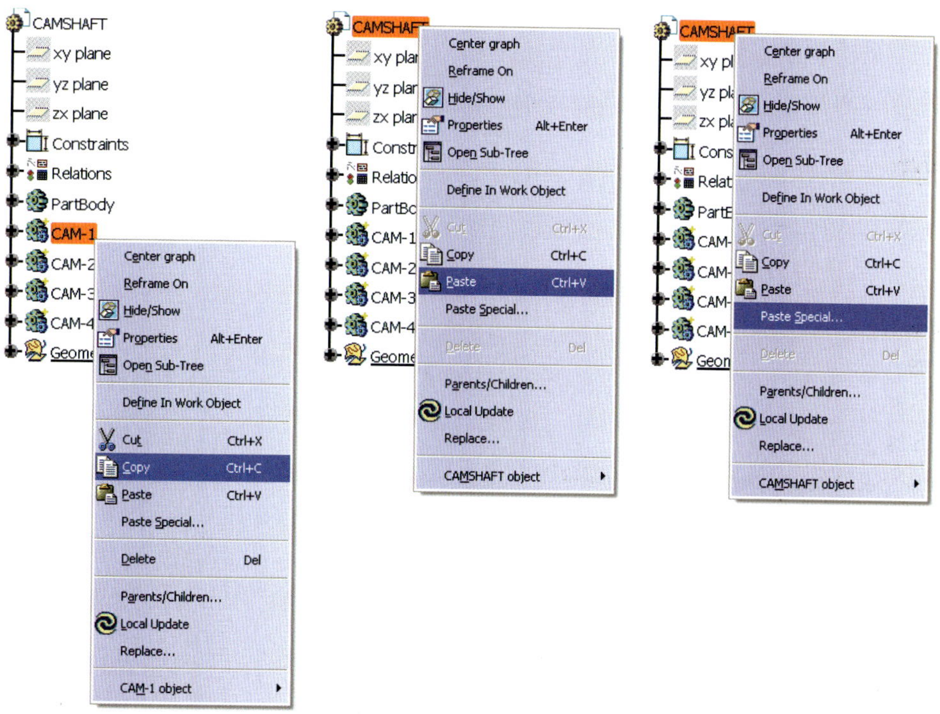

(a) Copy (b) Paste (c) Paste Special

그림 6-107 Solid Body에 대한 Copy 그리고 Paste Operations

은 새로운 대화상자에서 선택되어야 합니다.

표준 Paste 명령으로 Paste Special과 비슷한 결과를 얻을 수 있습니다: As specified in Part document 옵션: 새로운 Body에 형상 기능들을 복제합니다. 붙여넣어진 기능들이 독립적이고, 수정될 수 있기 때문에 이 기능들의 이름은 정의된 Body의 기능들과는 다릅니다.

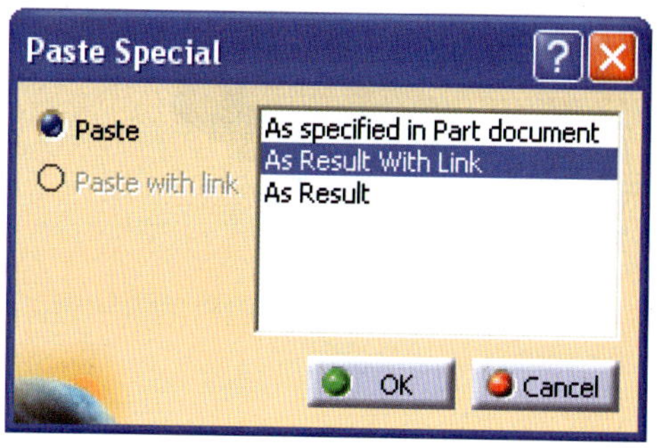

그림 6-108 Paste Special

As Result With Link 옵션은 정의된 Body의 기능과 동일하게 유지해야 하는 기능들의 복제를 허용하기 때문에 흥미롭습니다. 일부 Part에서는 Operation이 새로운 Body에서 단일 형상을 생성합니다. 이 기능은 그림 6-109와 같이 이 Body는 서로 결합하고 있다는 사실을 표시하는 파란색 화살표가 특징입니다.

이 붙여넣기 옵션은 이전 Cam-Shaft 예시처럼 솔리드 요소들을 복제하기 위해 .CATPart 파일 내에서 쓰일 수 있지만, 그림 6-110에 있는 Casting 예시처럼 이후에 가공되어야 할 캐스팅

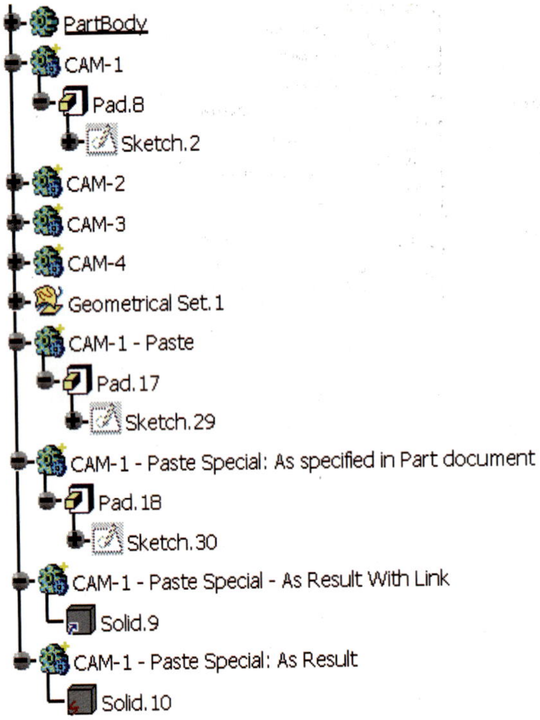

그림 6-109 Solid의 Copy 그리고 Paste 결과

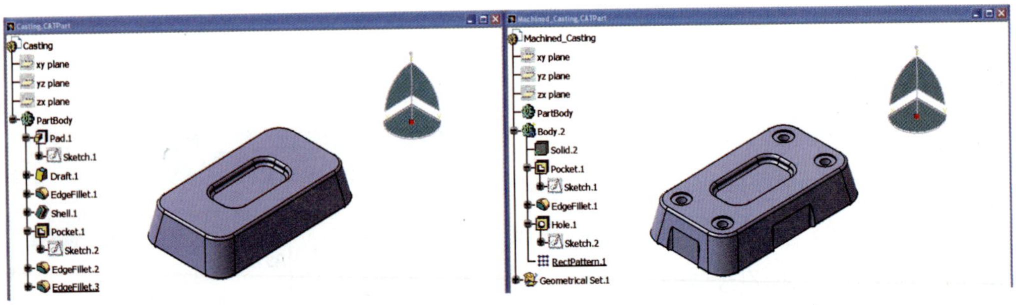

그림 6-110 서로 다른 파일 간의 링크된(연결된) 형상

부분의 경우에도 .CATPart 파일 내에서 쓰일 수 있습니다. 이런 경우에는 연결된 형상은 녹색 다이아몬드 표시의 Body 아래 단일 형상으로 대표됩니다.

옵션을 사용하여 Body들을 복사하여 붙여넣는 경우, 그것들을 미리 이동시켜 주어진 Body와 PartBody 사이에 제한을 더하는 것이 일반적으로 중요합니다. 3D 환경 내에서 Body를 이동시키기 위해서는 사용자가 Compass의 붉은색 사각형 포인트로 해당 Body를 드래그하여 선택해야 합니다. 그것에 접근함으로써 해당 Compass와 Body 사이의 형상에 관계가 설정되며, W축이 Body의 축과 일치하거나 UV 평면이 Body의 평면과 일치하도록 Compass를

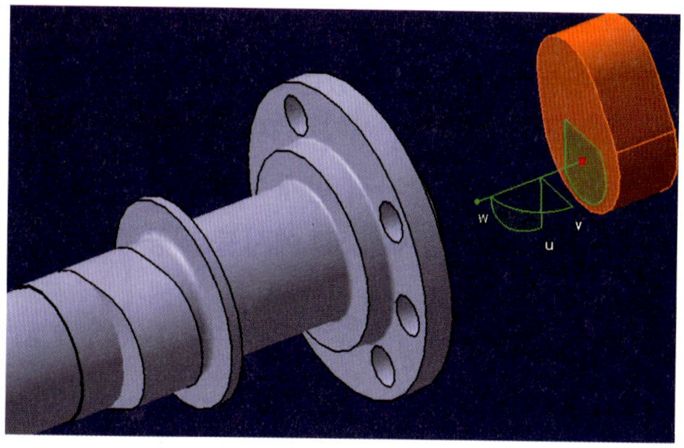

그림 6-111 활성화된 Body

맞춥니다.

일단 Compass가 Body에 이동되면, Body가 선택될 때 Compass는 활성화됩니다. 이때 그림 6-111처럼 Body는 오렌지색으로, Compass 구조는 초록색으로 표시됩니다. 활성화된 Body는 Compass에 적절한 요소를 선택한 후, 선택한 상태를 유지하여 3차원 환경으로 이동됨으로써

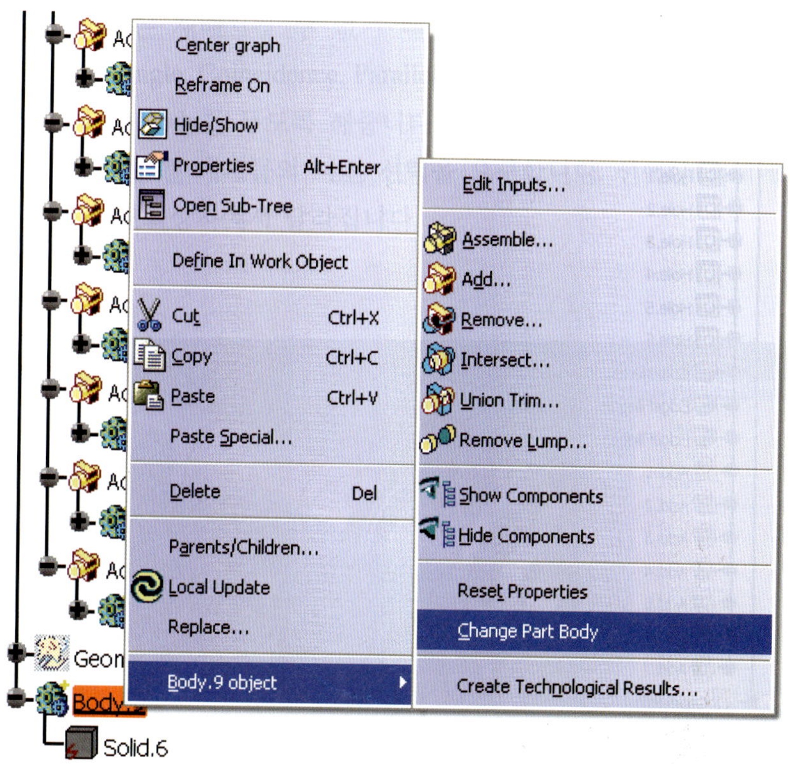

그림 6-112 PartBody로 Body 변경하기

Wireframe 요소들은 솔리드 모델링에 매우 유용합니다. Part Design Workbench에서는 오직 Point, Line, Plane 명령들만 사용 가능하지만, Generative Shape Design Workbench에서 더 우수한 명령들을 선택할 수 있습니다.

불필요한 중복을 피하기 위해서 서피스 모델링을 주로 다루는 제9장에서 이 명령들에 대해 자세히 설명하도록 하겠습니다.

그러나 명심해야 할 것은 새로운 형상이나 형상을 생성하도록 솔리드 Vertices, Edges, Faces가 사용 가능하더라도, 솔리드 모델에서 변화를 확대할 수 있도록 전용 Wireframe 요소들을 생성하는 연습이 필요합니다.

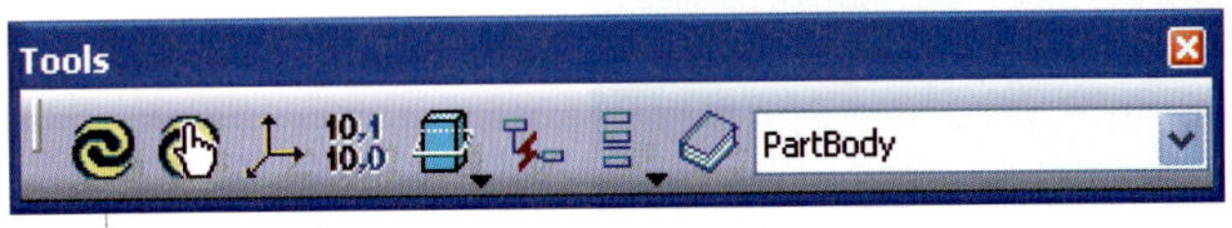

TOOLS TOOLBAR

Update All (CTRL+U)

요약: 모든 Part의 수정 사항을 업데이트합니다.

기본적으로 CATIA®는 솔리드 모델의 정의에 변화가 생기는 즉시 자동으로 업데이트합니다. 일반적으로 임시 적색 버전의 솔리드를 화면에 띄우고, 사용자에게 투명한 방식으로 진행됩니다. 하지만 사용자가 수동적으로 업데이트해야 하는 경우가 생깁니다. 이러한 경우에는 솔리드 모델은 계속 빨간색으로 표시되며, 그림 6-120과 6-121처럼 어두워진 모습에 비해 Update All 아이콘이 켜집니다. 그런 다음 업데이트 과정을 실행하기 위해 해당 아이콘을 눌러야 합니다.

때때로 빨간색으로 설정된 솔리드는 혼란스러운 해석으로 이어질 수도 있기 때문에, 설정을 통해 솔리드 모델의 색상을 변경하는 것이 가능합니다.

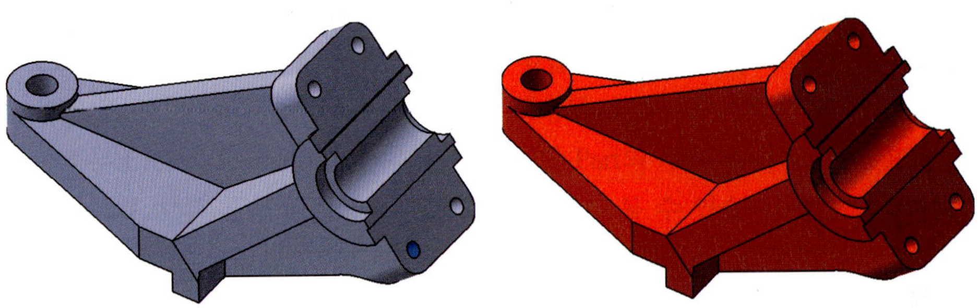

(a) 업데이트된 솔리드　　(b) 업데이트해야 할 솔리드

그림 6-120 솔리드 업데이트 상태

(a) Updated 솔리드 (b) 솔리드 to update

그림 6-121 Update All Icon

 Manual Update Mode

요약: Manual Update Mode를 활성화시킵니다.

때로는 사용자가 업데이트 프로세스를 실행하기 전에 솔리드에 하나 또는 그 이상의 변경을 하고 싶을 수도 있습니다. Instead 옵션을 변경하는 대신, 아이콘을 눌러 Manual Update Mode를 활성화시킬 수 있습니다. 선택한 순간으로부터 모델의 모든 변경 사항은 솔리드가 빨간 색으로 변하게 하며, Update All Icon이 켜지도록 하지만 Update All 버튼이 클릭될 때까지는 모델을 통해 처리되지 않습니다. 이 버튼을 무심코 누르는 것은 각 변경마다 수동 업데이트가 필요하기 때문에 시간 손실로 이어집니다.

 Axis System

요약: Axis System을 생성합니다.

사용 순서:

명령이 활성화된 후: Point를 선택합니다.

Point를 선택한 후: Point, Line 또는 평면을 선택합니다.

Axis System은 Part의 복잡성에 따라 사용자에게 대체 좌표계를 제공합니다. 형상 요소들은 새 좌표계를 파악하고 배향하는 데 사용되며, 해당 명령을 활성화시키기 전에 이 형상을 미리 준비하는 게 바람직합니다. Point는 먼저 Axis System의 본점에 두고, 이 점에 발생하거나 정렬되는 Line들은 공간에 System을 배향하기 위해 연속적으로 선택됩니다. 축 방향은 그림 6-122처럼 대화상자에서 관련된 체크상자를 선택하여 왼쪽에서 오른쪽, 또는 그 반대로 전환될 수 있습니다.

Axis System은 Part Specification에서 정의 대화상자에 들어가기 위해 해당 식별 아이콘 또는 공간 내 해당 표시를 더블클릭한 후, 그림 6-123처럼 Current 체크상자를 표시하거나 Context Menu에서 Set As Current 옵션을 이용하여 통용될 수 있습니다.

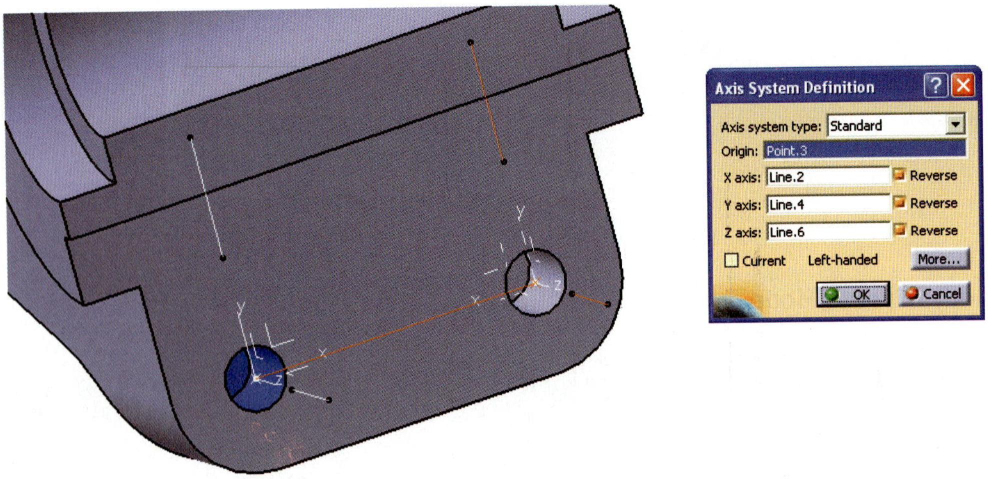

그림 6-122 Axis System Definition

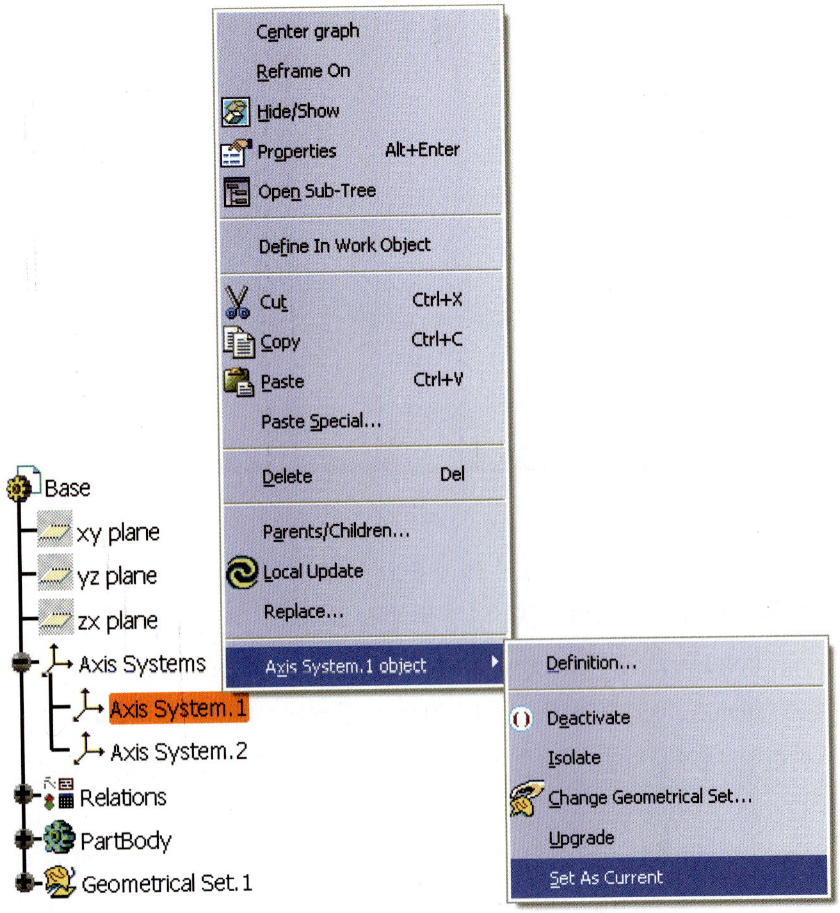

그림 6-123 Axis System Context Menu

Axis System이 통용되면 해당 표시가 Part Specification Tree에 켜지며, 좌표로 정의된 모든 항목들이 이 활성화된 좌표계에서 발생합니다.

Mean Dimensions

요약: Mean Dimension을 계산합니다.

이 명령은 솔리드 Sketch에 있는 몇 형상 요소들에 제약을 두어 치수가 재어질 경우에만 쓰일 수 있습니다.

Sketch 제약의 공차는 그림 6-124처럼 Tools ⇨ Options ⇨ General ⇨ Parameters And Measure 순서의 Parameters Tolerance에서 찾을 수 있는 Default Tolerance 체크상자를 선택하여 활성화될 수 있습니다.

그림 6-125처럼 이 명령을 사용할 때에는 Sketch의 치수 공차로부터 계산된 모든 중간 차원들을 준수하고 평균 Bilateral Tolerance로 새로운 목표 값을 얻기 위해 솔리드는 변경됩니다.

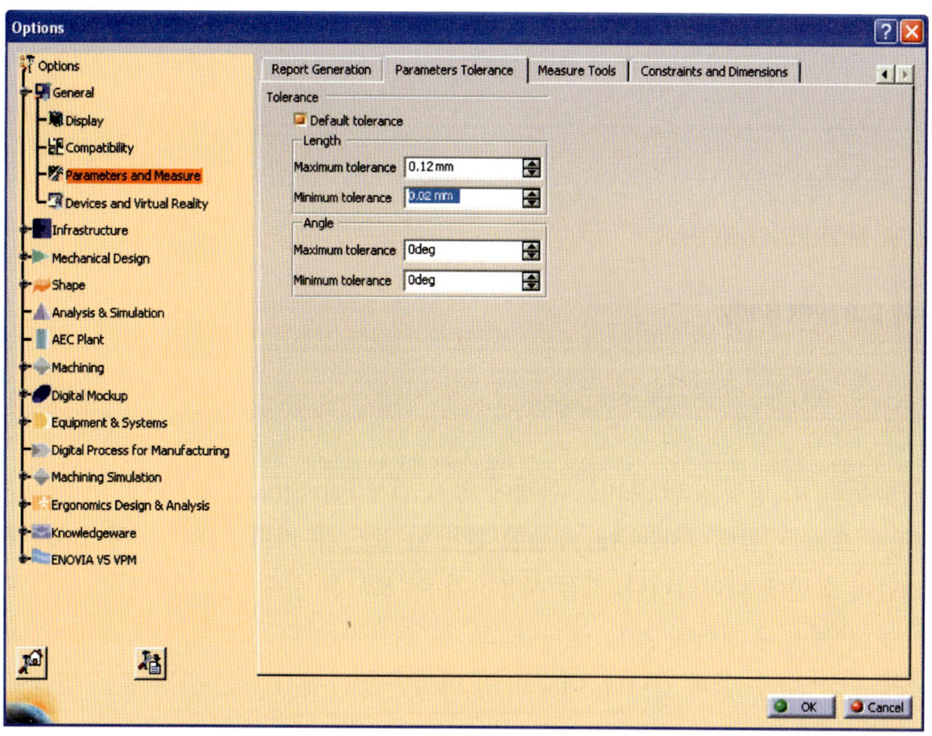

그림 6-124 Options 대화상자-Parameters and Measure-Parameters Tolerance 탭

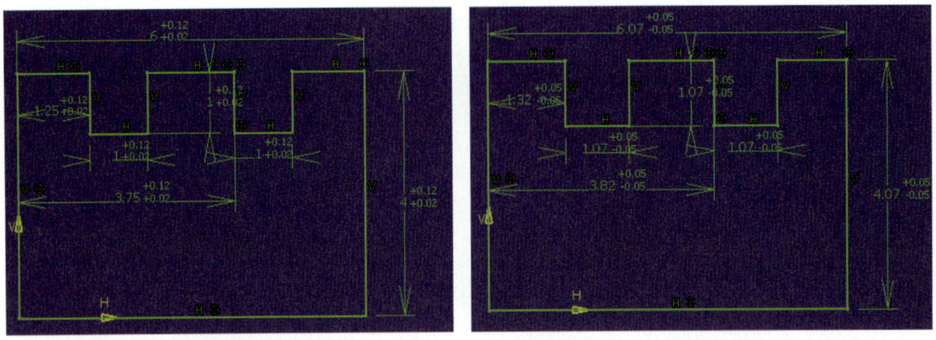

(a) Before (b) After

그림 6-125 Mean Dimensions 사용

그림 6-126 계산 완료 확인

이 명령의 사용은 해당 Part의 업데이트를 요구합니다. 이 업데이트의 성공 여부는 그림 6-126처럼 표시되는 메시지를 통해 확인할 수 있습니다.

VIEW MODES TOOLBAR

Only Current Body

요약: 현재 Body만 표시하도록 옵션을 선택합니다.

5장에서 언급했듯이, 이 명령은 덜 붐비는 환경에 있기 위해 Part Structure의 나머지 부분들로부터 하부 구조 요소를 필터링하는 데 유용합니다. 이 모드가 켜지면 활성화된 Body나 Geometrical Set만이 화면에 나타납니다. 가끔 사용자가 이 모드를 실수로 활성화시키고는 변화를 눈치채지 못해 계속 활성화된 채로 둡니다. 그 후, 사용자는 다른 Body나 Geometrical Set에 속한 항목들을 찾을 수 없게 됩니다. 때때로 이 아이콘을 자세히 보는 것도 좋은 연습이 됩니다.

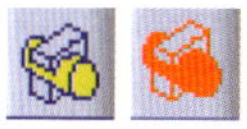

Only Current Operated 솔리드

요약: 현재 Define된 솔리드만을 표시하도록 옵션을 선택합니다.

환경을 필터링하는 이 명령은 Boolean Operation을 통해 연결된 Body들에 쓰이며, Only Current Body 명령과 비슷하게 작동합니다. 이 명령은 사용자가 선택한 Body의 내용물만 볼 수 있도록 합니다.

Catalog Browser

요약: Catalog를 엽니다.

Catalog Browser는 Power Copies 또는 User Defined Features(UDF)로 미리 정의된 기능들을 이용하는 데 쓰입니다. 이러한 형상을 사용하기 위해서는 그림 6-127처럼 Catalog의 파일이 배치되고 브라우저에서 기능이 선택되어야 합니다. 이 부분에 대해서는 제15장에서 다시 다루도록 하겠습니다.

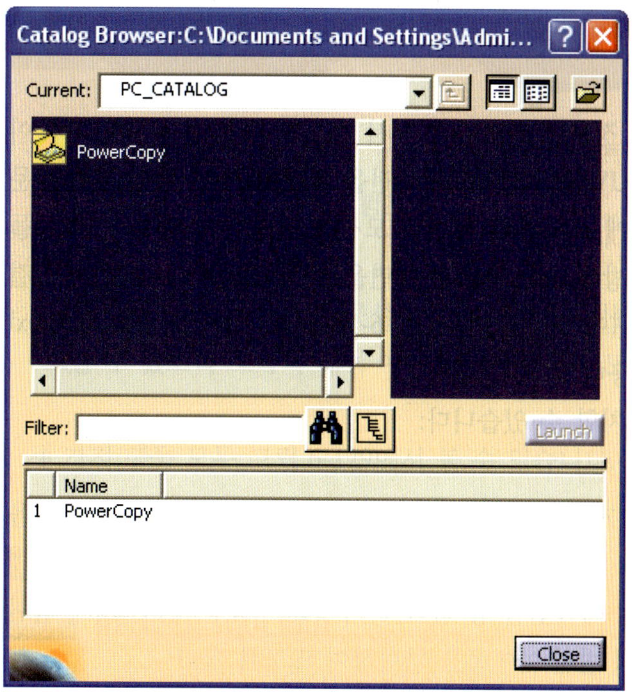

그림 6-127 Catalog Browser

해당 Photo Studio Workbench에서 여러 명령을 제공하지만, 다음 정보는 사용자가 더 나은 모델의 외형을 만들 수 있도록 하는 렌더링 옵션들에 대한 것입니다.

Photo Studio Easy Tools

요약: Photo Studio Easy Tools를 보여줍니다.

Photo Studio Easy Tools는 사용자에게 렌더링된 이미지의 준비를 위한 적절한 환경 설정을 생성하는 데 중요한 명령과 옵션들을 포함하는 새로운 Toolbar를 표시합니다. 이 명령을 실행시키면 그림 6-130처럼 배경 환경이 화면에 표시될 것입니다. 배경 이미지는 컴퓨터 기본 설정에 따라 다를 수 있습니다.

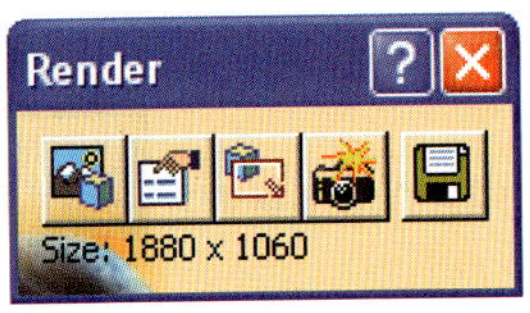

RENDER TOOLBAR

Select Scene

요약: 배경을 선택합니다.

Select Scene 옵션은 그림 6-131처럼 몇 가지 옵션을 이용하여 조명, 배경, 환경 옵션을 설정할 수 있는 대화상자를 띄웁니다.

Predefined 탭은 렌더링을 위해 사용할 수 있는 몇 가지 장면 배경들을 포함하고 있습니다.

Favorites 탭은 사용자에 의해 생성된 맞춤 장면을 저장하는 데 사용되는 반면, Custom 탭은 Ambient, Diffuse, Specular & Shadow Softness, Ground 효과의 사용, 새로운 이미지 파일을 불러와 즐겨찾는 이미지로 저장하는 기능 등등, 0에서 2까지 생성할 조명 효과의 종류와 같이 몇몇 광원과 관련된 옵션들을 포함하고 있습니다. 새로운 이미지가 선택될 때만 사용 가능한 Scene 선택상자의 오른쪽 상단 구석에 있는 Add Scene to Favorites 아이콘을 사용하세요. 이러한 설정들은 사용자에게 무한한 가능성을 줍니다.

그림 6-130 Photo Studio Easy Tool 실행 시 특성

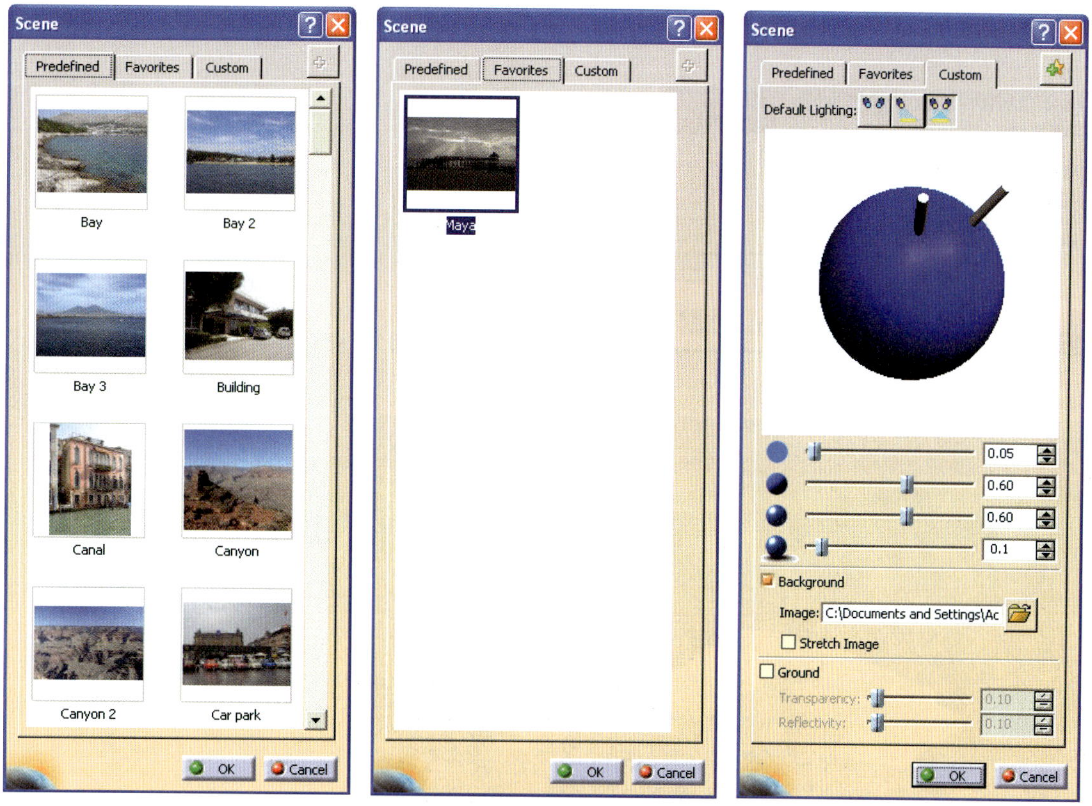

(a) Predefined (b) Favorites (c) Custom

그림 6-131 Select Scene 탭

Rendering Options

요약: 렌더링 옵션들을 편집합니다.

Rendering Options은 그림 6-132처럼 렌더링된 그림을 생성하기 위해 렌더링의 해상도와 퀄리티를 정의할 수 있는 대화상자를 띄웁니다.

Define Rendered Area

요약: 렌더링할 영역을 정의합니다.

이 옵션은 아이콘을 눌러서 활성화시킬 수 있으며, 그림 6-133처럼 사용자가 렌더링이 생성될 사각형 영역을 두 Point로 정의합니다. 이를 통해 사용자는 렌더링된 이미지의 크기와 계산 시간을 최적화시킬 수 있습니다.

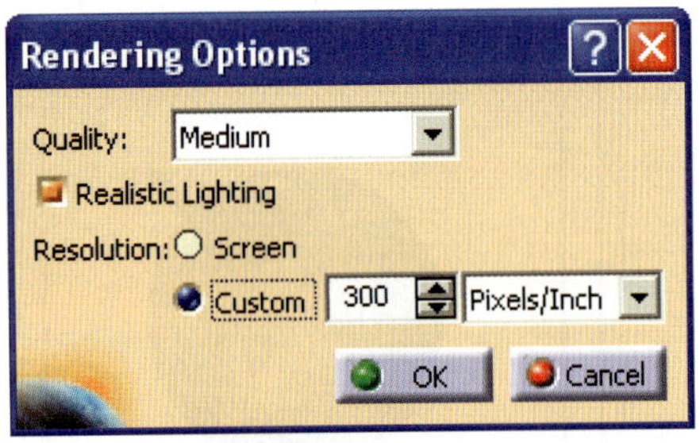

그림 6-132 Rendering Options

그림 6-133 Defined Rendered Area 옵션이 활성화된 상태

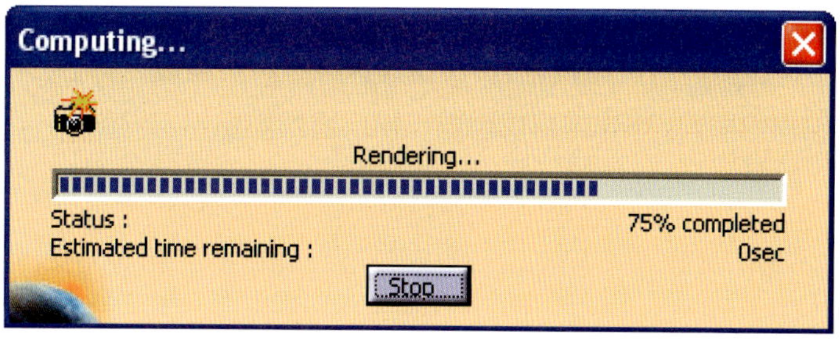

그림 6-134 Computing 상태상자

 Render

요약: 현재 시점의 렌더링을 시작합니다.

Render 명령은 이미지 생성을 시작합니다. 상태상자가 그림 6-134처럼 프로세스의 완료율이 무엇인지 보여주는 연산 처리 중에 사용자에게 표시됩니다.

 Save Image

요약: 렌더링된 이미지를 저장합니다.

이 명령은 사용자가 .tif, .bmp, .jpg, .png 등등, 표준 이미지 파일 형식을 사용하여 렌더링된 이미지를 저장하도록 합니다.

이 장에서는 솔리드 모델링에 대한 기본을 다루었습니다. 사용자가 이 명령들을 완전히 익히게 되면, 일상적인 설계 작업에서 일반적으로 겪는 많은 양의 모델링 도전에 직면할 수 있게 될 것입니다. 솔리드 Part를 완성하기 위해서는 하나 이상의 구조가 사용될 수도 있습니다. 명심해야 할 것은, 설계 변경을 허용하기 위해서는 쉽게 편집할 수 있는 구조를 가져야 한다는 것입니다.

Chapter 7

Assembly Design

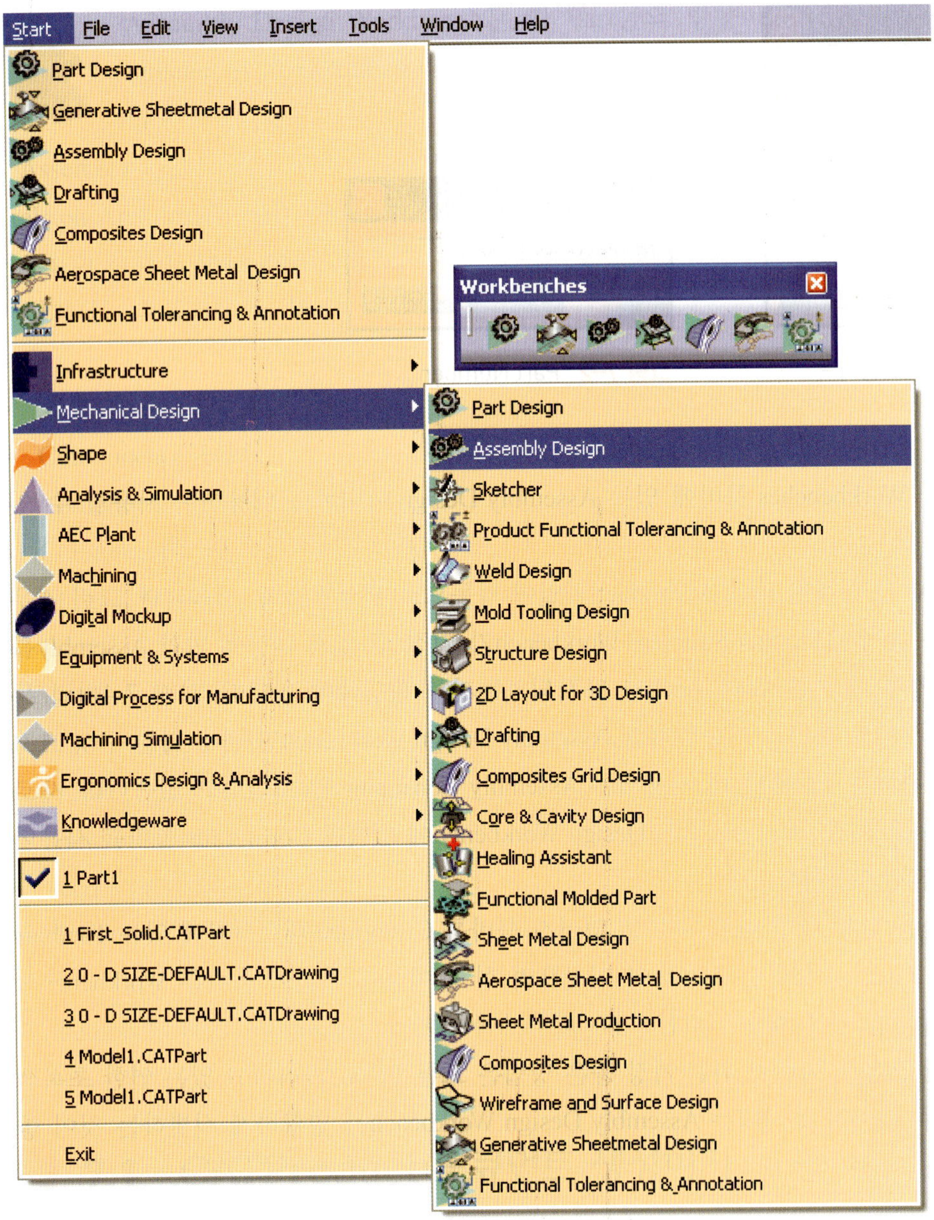

그림 7-3 Workbenches 툴바 그리고 Start 풀다운 메뉴

그림 7-5에서 보이는 예시에서 주 Assembly인 Product 1은 서로 다른 6개의 Part들로 이루어져 있으며 두 가지 다른 Sub Assembly들(Product 2와 Product 3)을 포함하고 있습니다. Part 6은 주 Assembly에 Part 6.1, 6.2, 그리고 6.3과 같이 세개의 Instance들을 가지고 있으며, Product 3은 주 Assembly에 Product 3.1, 3.2와 같이 두 번 이용됩니다.

Reference 이름은 Product Specification Tree에 있는 항목 아이콘의 오른쪽에 바로 표시되

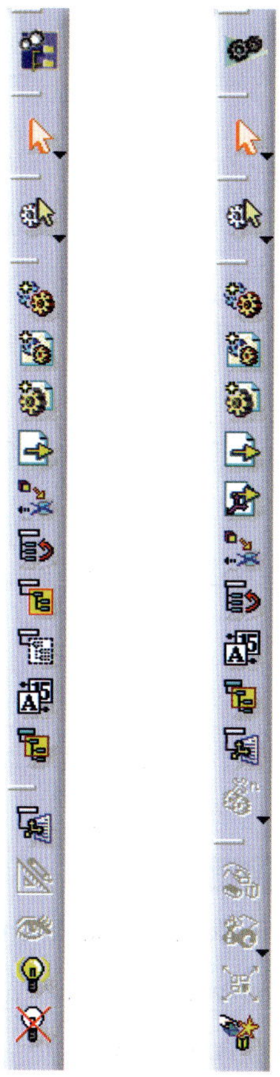

(a) Product Structure　(b) Assembly Design

그림 7-4 Workbench의 툴바들

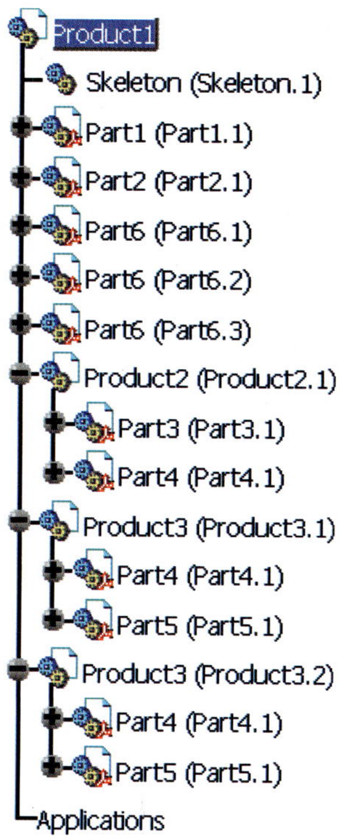

그림 7-5 기본 Product Structure

(a) Product　(b) Part　(c) Component

그림 7-6 Product Specification Tree에서 항목들의 표시

며, Instance 이름은 그 이후에 바로 괄호 안에 나타납니다.

Products, Parts, 그리고 Components는 그림 7-6처럼 Part Specification Tree에 각각 다른 표시 아이콘을 가지고 있습니다.

Product와 Part 항목 둘 다 Drawing이 이것들로부터 만들어졌다는 것을 뜻하는 Background Sheet 표시가 뜨는 걸 주의하세요. 구성 요소는 Skeleton Structure처럼 Assembly에 항목을 위치하기 위한 참조로 쓰이며, 표시될 필요가 없고 될 수도 없습니다.

7.3 Components 삽입하기

Product Structure에 Component를 삽입할 사용자는 Product Specification Tree에서 삽입 위치가 선택된다는 점을 주의해야 합니다. 만약에 파란색 테두리가 어떤 Product 레벨이 활성화되었는지, Assembly Constraints가 생성될 때 어디에 위치할지를 표시한다면, 둘러싸고 있는 오렌지색 테두리는 어떤 Product 또는 Sub Product에 추가될지를 표시합니다. 그림 7-7에 있는 예시의 경우라면 새 항목을 Product 2에 추가할 수 있습니다.

Product Structure를 만드는 데 이용되는 도구들은 그림 7-8처럼 Product Structure Tools 툴바와 Insert 풀다운 메뉴에서 찾을 수 있습니다.

다음 삽입 도구를 위해 표시되는 프롬프트는 Tools ⇨ Options 대화상자의 Infrastructure 그룹에서 다음 두 설정을 요구합니다:

Product Structure 하부 그룹: Product Structure 탭의 Part Number 섹션에서 선택된 Manual Input 체크상자.

Part Infrastructure 하부 그룹: Part Document 탭의 When Creating Part 섹션에서 선택된 'New Part' 대화상자를 표시.

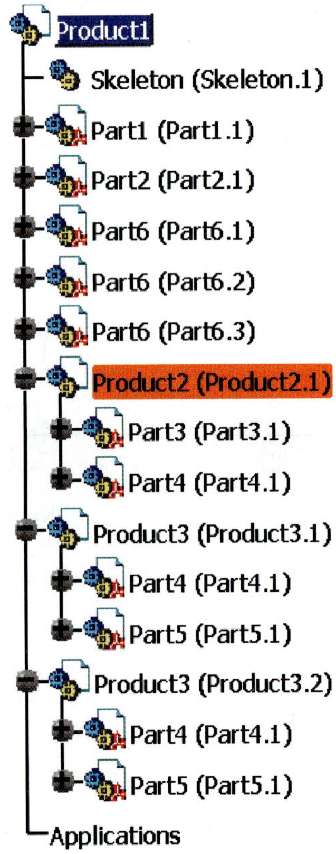

그림 7-7 새로운 Component를 삽입하기 위한 Product 선택

Component

요약: 새 Component를 삽입합니다.

사용 순서:

명령을 실행한 후: 새로운 Component를 삽입할 구성 요소를 선택합니다.

Product를 선택한 후: New Part Number를 입력합니다.

Component 명령은 사용자가 기존 Product에 Component 항목을 생성할 수 있도록 합니다. 간단한 Structure에서는 Assembly에 Skeleton Structure를 추가하는 데 이러한 Components가 쓰일 수 있으며, 일반적으로 주 Product 수준에서 삽입됩니다. 복잡한 Structure에서는 하나 이상의 Skeleton 항목이 쓰일 수 있습니다. 해당 도구가 활성화될 때, Product Specification Tree에서 선택을 할 때까지는 아무 일도 발생하지 않습니다. 그런 다음 New Part 대화상자가 뜨면서 사용자가 Component에 적절한 이름을 입력할 수 있습니다.

Product

요약: 새 Product를 삽입합니다.
사용 순서:
명령을 실행한 후: Product를 추가하기 위해 Component를 선택합니다.
원하는 Produc을 선택한 후: New Part Number를 입력합니다.

Product 명령은 사용자가 기존 Product 또는 Component에 Sub Product를 생성할 수 있도록 합니다. 이 명령이 활성화될 때, Product Specification Tree를 선택할 때까지는 아무 일도 발생하지 않습니다. 그런 다음 New Part 대화상자가 뜨면서 사용자가 Product에 적절한 이름을 입력할 수 있습니다.

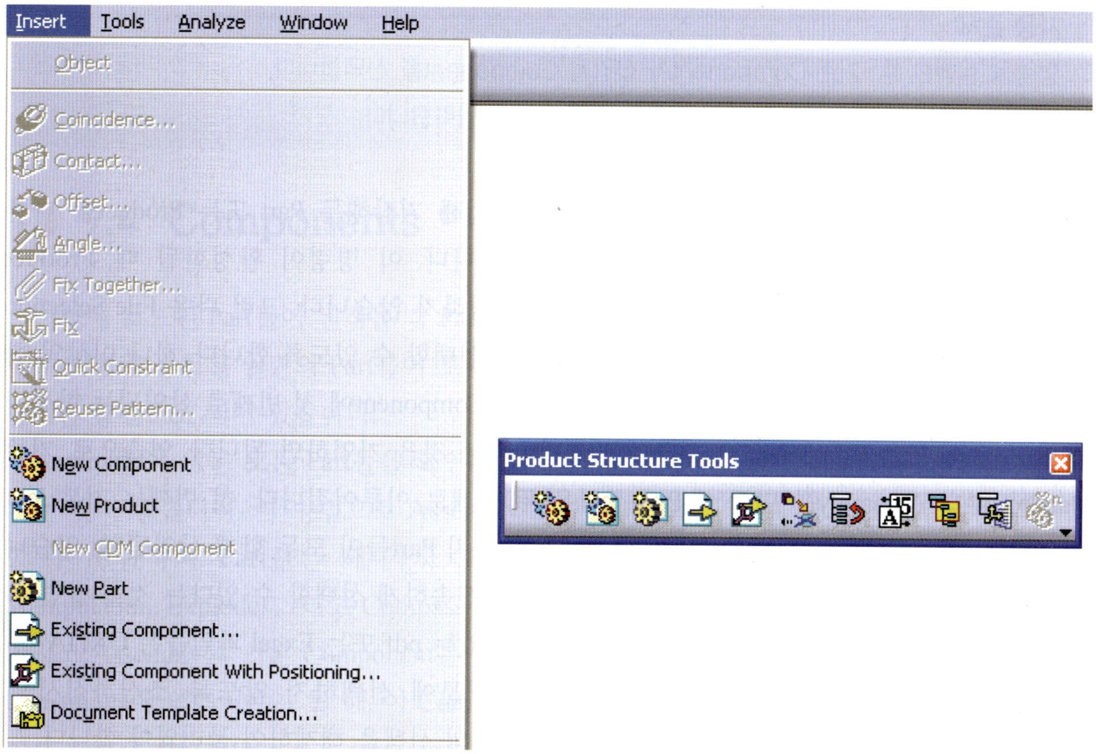

그림 7-8 Product Structure 툴바 그리고 Insert 풀다운 메뉴

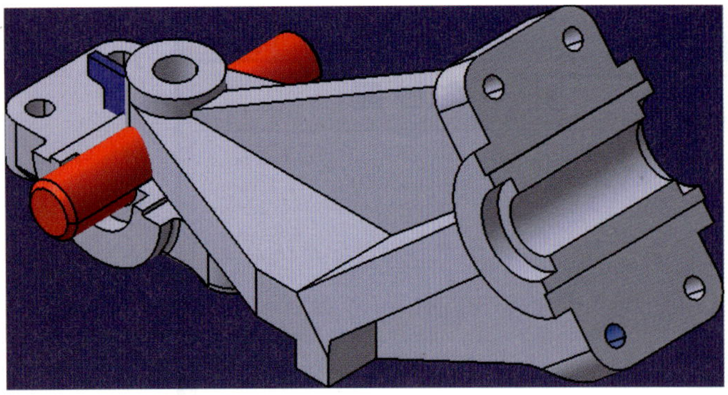

그림 7-10 중첩된 Parts들

CONSTRAINT TOOLBAR

Fix Component

요약: 활성화된 Product에서 선택한 Component 위치를 고정합니다.

사용 순서: 고정시키고자 하는 Component를 선택합니다.

Fix Component 명령은 사용하기 쉽습니다. 명령을 실행하여 Product에 기준 요소로 고정할 Part를 선택합니다. Fix. 1 구속은 Product Specification Tree에 생성되고, 에 생성되며, 그림 7-11처럼 선택된 Part에 초록색 닻 아이콘이 생깁니다. 어떤 경우에는 Zoom 요인 때문에 Assembly에 닻 아이콘이 안보일 수 있지만. Zoom In을 선택하면 해당 문제를 해결할 수 있습니다.

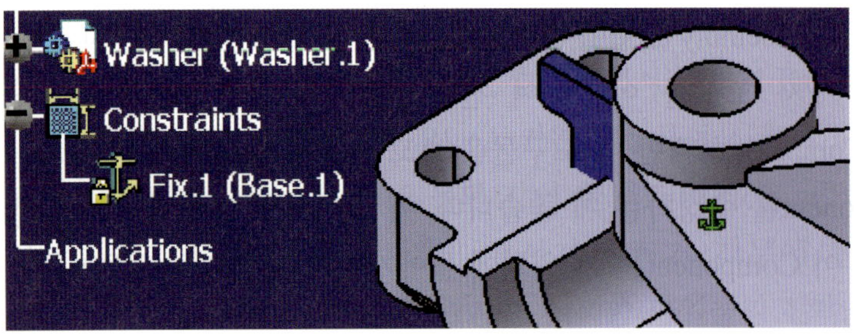

그림 7-11 Component 고정하기

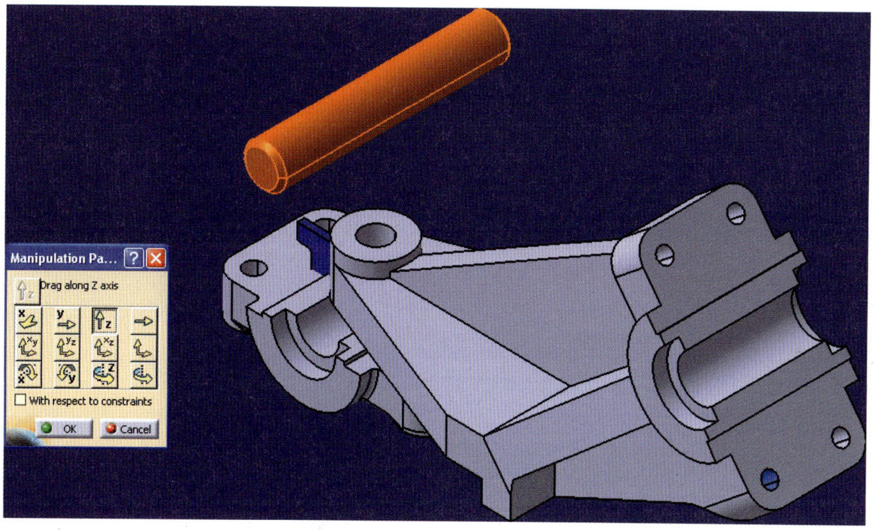

그림 7-12 Manipulation Pad

MOVE TOOLBAR

Manipulation

요약: 선택한 Component를 직선이동 또는 회전 방향으로 이동시킵니다.

사용 순서:

명령을 실행한 후: Component를 선택한 후 대화상자에서 이동 방식을 정의해 줍니다.

Component를 선택한 후: Component를 드래그하여 이동시킨 후 OK를 선택합니다.

Manipulation 명령은 사용자가 화면에 나타난 대화상자에 있는 병진 이동 또는 회전 옵션 중 하나를 선택하여 원하는 이동 방식을 미리 정의해야 합니다. 방식이 선택되면 그림 7-12처럼 새로운 위치로 드래그하기 위해 Part를 드래그해야 합니다.

Explode

요약: 공간상에 Component들을 퍼트리고자 할 때 사용합니다.

Explode 명령은 사용자가 간단한 작업으로 Assembly의 모든 Part들을 공간상에 퍼트릴 수

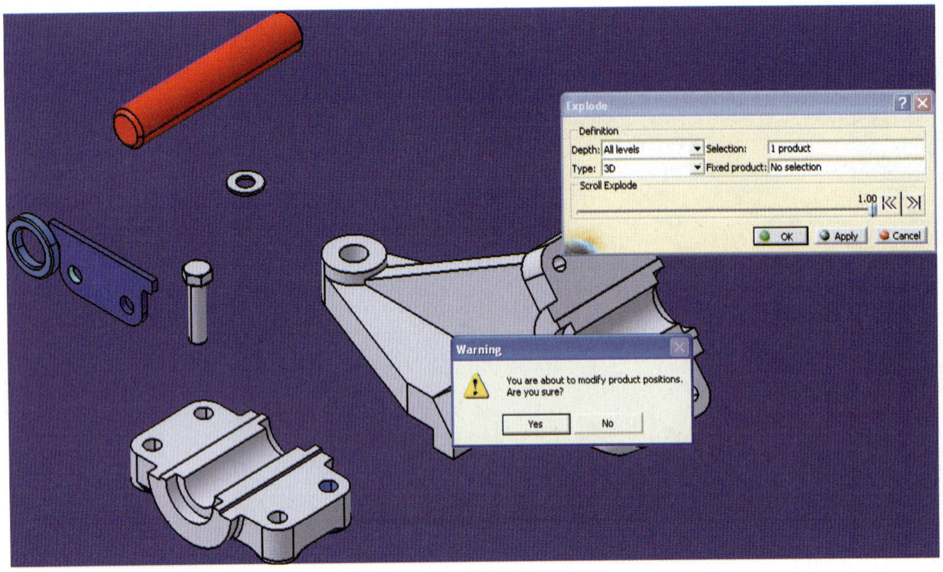

그림 7-13 Assembly Component 퍼트리기

있도록 합니다. Depth 수정상자에 있는 First Level 옵션을 이용하여 Sub Assembly들을 그룹화 시키거나, Fixed Product 수정상자를 클릭 후 선택하여 Component를 본 위치에 유지시키는 등, 특정 Type을 설정하여 Part들의 일반적 변위 경로를 선택할 수 있습니다. 그렇다고 이 도구가 마법이 아님을 명심하셔야 합니다. 이 도구는 몇 초 만에 가정용 기기 수리 설명서에 있는 것처럼 뛰어난 분해 조립도를 만들 수 없습니다. 그런 책들은 청사진 독해력을 조금 가지거나 아예 없는 사람들을 위한 것이며, 매우 명확한 도면들을 포함하고 있습니다. 그런 부품 배치를 CATIA®에서 하려면 더 많은 에너지와 다른 도구들이 필요합니다. 이 도구는 사용자가 Assembly의 Part 대부분을 한 작업으로 볼 수 있게 해줍니다. 또한 그림 7-13처럼 어떤 손상이 발생하기 전에 사용자가 작업을 취소할 수 있게 합니다. 제안된 Explode 변위를 확정하려면 Warning 대화상자에 있는 Yes 버튼을 누르면 됩니다.

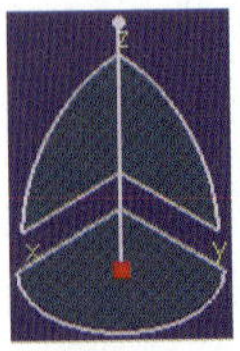

Compass

화면 상단 오른 쪽에 있는 Compass 도구는 다른 Part들을 3D 환경에서 이동시킬 때 쓰일 수 있습니다.

Compass를 사용하는 첫 번째 및 가장 쉬운 방법은 Base에 있는 빨간 네모 위에 커서를 움직여 그것을 클릭한 후, 커서가 Part Face 또는 Axis로 드래그되는 동안 왼쪽 버튼을 누르고

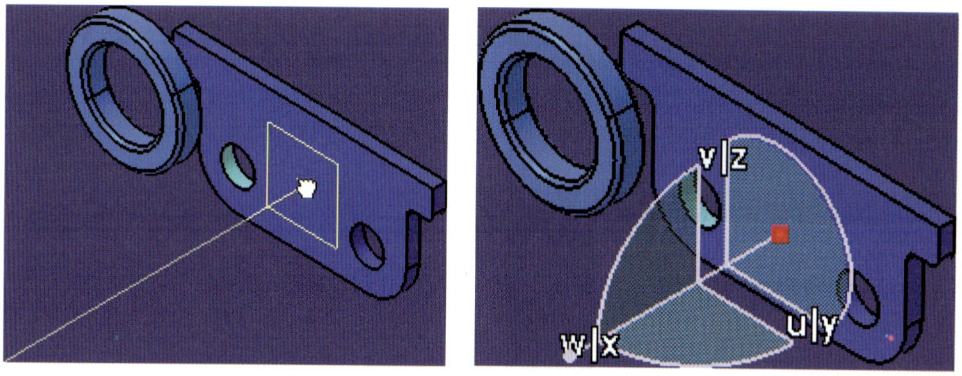

(a) 드래그하는 동안 (b) Part 위에 놓인 경우

그림 7-14 Part 상에서 Compass로 드래그하기

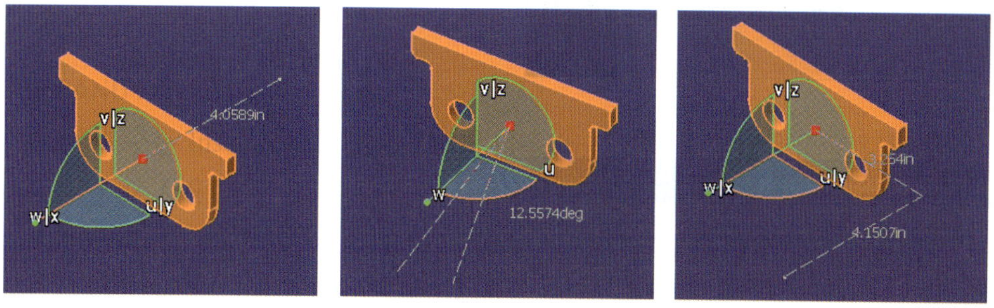

(a) Translation (b) Rotation (c) Planar Displacement

그림 7-15 Compass를 이용한 Part 이동

있는 것입니다.

이동이 될 때 Compass는 그림 7-14처럼 대체 축 식별을 표시합니다.

이동된 후 그림 7-15처럼 해당 Face 또는 Product Specification Tree에서 Part를 선택하고 Compass Component들 중 하나를 선택하여 배치할 수 있습니다. 해당 Part는 마우스의 이동으로 재배치될 수 있으며, Part를 이동시킬 때 전체 화면에 마우스 커서를 움직일 수 있습니다. Part를 드래그할 때, Compass를 시야 밖으로 움직이면 확대를 따로 해야 하기 때문에 Compass를 작업 영역 내에 유지하는 것이 중요합니다.

Compass를 사용하는 것이 빠르긴 하지만 대형 Assembly에서는 시간 소모가 크게 됩니다. 이런 경우 그림 7-16처럼 Compass의 Context 메뉴에서 Snap Automaticallg of Selected Object를 체크하여 선택한 Part에 자동으로 Compass가 자리하게 할 수 없습니다.

Compass 관련 기본 한도는 사용자가 정밀도 없이 유동적으로 Part들을 드래그할 수 있도록 합니다. 행하고자 하는 Assembly의 타입에 따라, 예를 들어 Brick wall의 경우, 미리 정의된 이 업데이트되지 않은 Constraint를 가지게 되면 그림 7-22처럼 Update All 도구 아이콘의 모습이 변경됩니다. 그럼 아이콘을 클릭하여 간단하게 Constraint를 업데이트할 수 있습니다. 만약 두 Part가 서로 구속되고 둘 중 어느 것도 이미 고정되거나 구속되어 있지 않다면, 어느 Part가 다른 것에 따라 움직일지 예측하기 어렵습니다. 그래서 고정된 Part로 시작하는 것이 가장 좋습니다.

제품의 첫 번째 Constraint를 만들 때 Assistant 대화상자가 나타납니다. 그림 7-23에서 보이는 것처럼 표시된 메시지는 파란색 테두리로 둘러싸인 Assembly Constraints는 활성화된

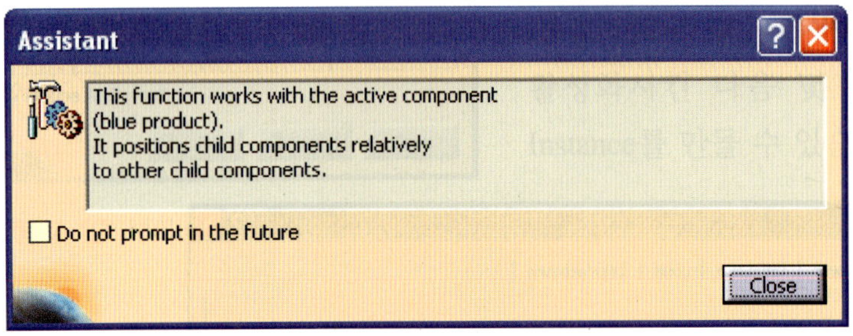

그림 7-23 Assistant

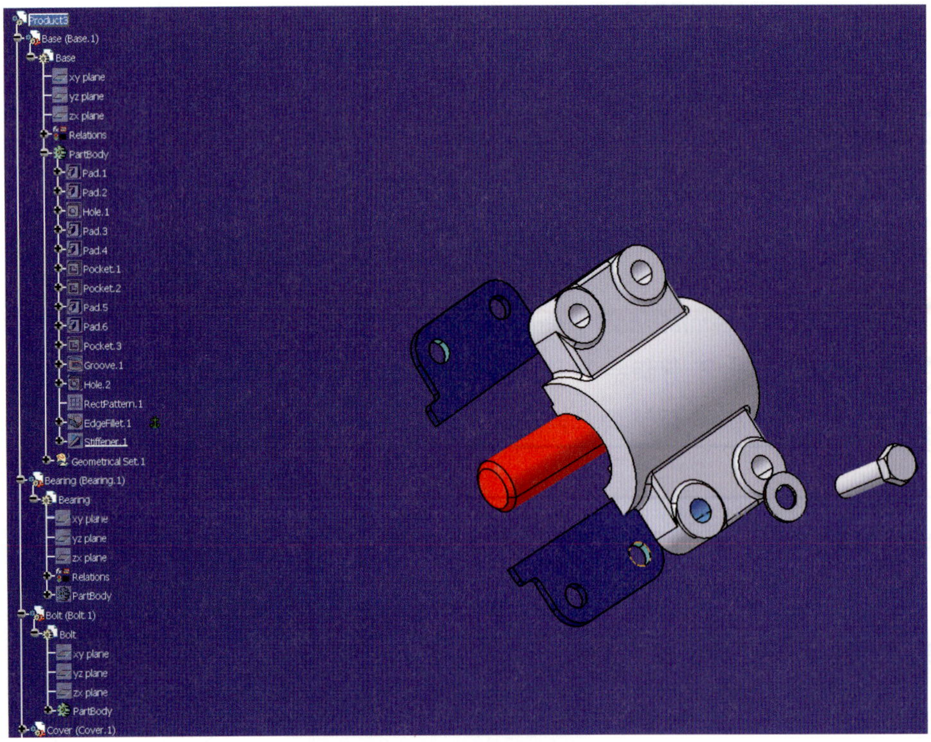

그림 7-24 Part Visibility 표시

Assembly의 생성됨을 경고합니다. 메시지를 읽고 이해한 후 다시 뜨지 않도록 하기 위해서 'Do not prompt in the future' 를 선택할 수 있습니다.

Constraint를 적용할 때 몇 가지 Part들의 변위로 인해 어떤 요소를 선택하는 것은 어려울 수도 있습니다. 이를 극복할 한 가지 방법은 Part의 Context 메뉴 또는 Hide/Show 도구를 이용하여 No-Show 공간에 몇몇 Part들을 숨기는 것입니다. Part를 선택할 때에는 해당 Part의 Face로 선택하는 것보다는 Product Specification Tree에 있는 Part 항목을 통해 선택하는 것이 좋은 연습이 됩니다. 그림 7-24와 같이 후자의 동작은 때때로 Part Specification Tree에 Part 항목 자체를 숨기는 대신 Part의 PartBody에 있는 기능을 숨기는 것처럼 의도치 않는 효과가 있습니다. 이것은 Part Tree가 접혀 있어 사용자가 모습의 차이를 알아볼 수 없으며, 보이는 환경에 Part가 나타나도록 할 수 없기 때문에 일반적으로 No-Show로부터 Part들을 되찾아오는 것이 어렵습니다. 이 그림의 Product Specification Tree에서 Base.1 Instance는 좀 전에 설명된 동작을 보여주고, Bearing.1 Instance는 해당 항목 표시를 Tree에 선택함으로써 숨겨지며, Bolt.1 Instance는 아직 보입니다.

몇몇 Element들이 선택하기 어려울 때, Peeling Mode를 이용해 사용자가 그림 7-25처럼 중

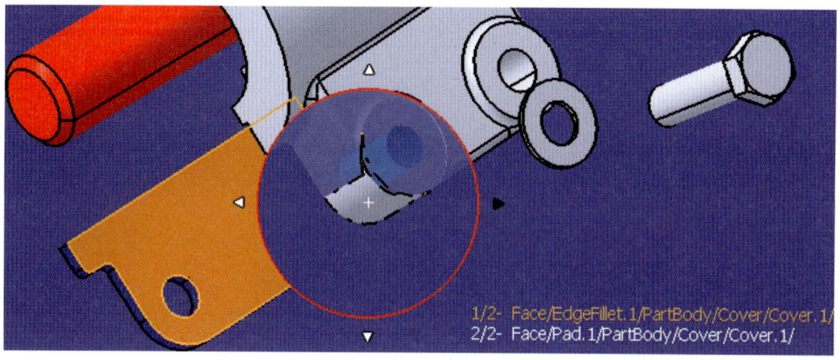

그림 7-25 Peeling Mode

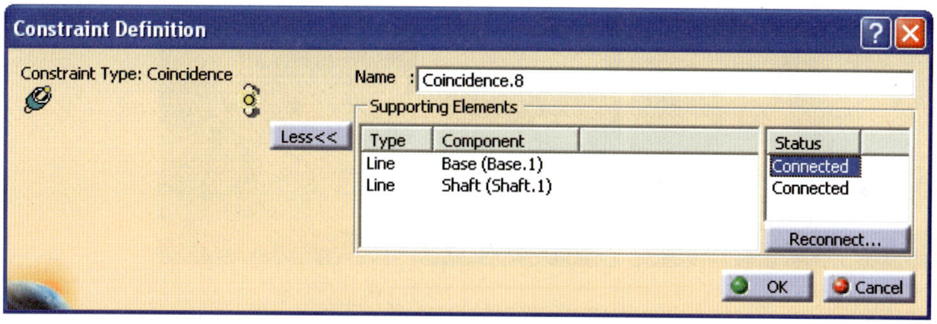

그림 7-26 Constraint Definition

첩된 형상에 사이클하도록 할 수 있습니다. 선택할 때 이것을 이용하려면 사용자는 먼저 형상 Element가 원하는 Element의 중첩되는 영역에 마우스 커서를 갖다 대어야 합니다. 배치가 되면, 키보드에 있는 Up과 Down 화살표(숫자판에 있는 것 외에)를 이용해 중첩된 Element들을 사이클할 수 있습니다.

마지막으로 Part 변동과 같은 예로 인해 Assembly에 Constraint를 변경하거나 재연결해야 합니다. 그림 7-26처럼 사용자가 Constraint의 Context 메뉴의 Constraint.X Object 항목 아래 있는 Definition 옵션을 선택하거나, Constraint를 더블클릭해서 Constraint Definition 대화상자를 열고 Reconnect 버튼을 이용하여 사용자가 형상을 다시 링크시킬 수 있도록 하는 것이 가능합니다. 그럼 사용자가 새로운 링크를 생성하도록 Part에서 새 Element을 선택하는 것이 중요합니다.

CONSTRAINTS TOOLBAR

Coincidence Constraint

요약: Coincidence Constraint를 생성합니다.

사용 순서:

명령을 실행한 후: Coincidence Constraint의 첫 번째 Geometric Element를 선택합니다: Point, Line, 또는 Plane.

Element가 선택된 후: Coincidence Constraint의 두 번째 Geometric Element를 선택합니다: Point, Line, 또는 Plane.

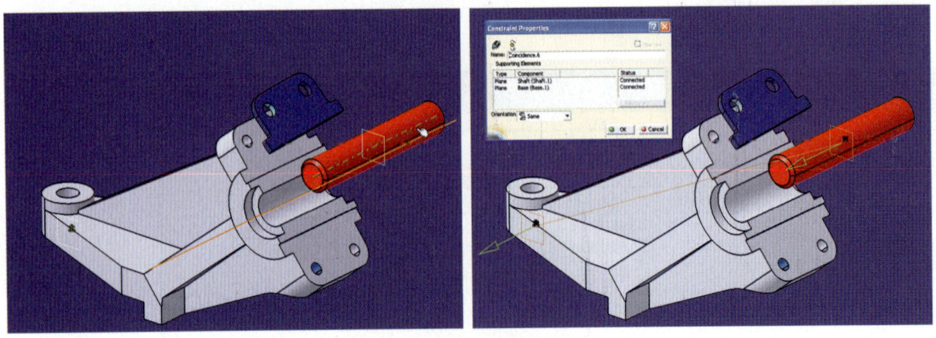

(a) Axis (b) Plane

그림 7-27 Axis Plane Coincidence Constraints

Coincidence Constraints는 Element들을 정렬하거나 두 Part들을 한 점으로 연결하는 데 사용됩니다. 만약에 Point Coincidence가 사용자에게 많이 나타나지 않는 경우, Line(Axis) 또는 Plane Coincidence가 그림 7-27처럼 임시 Element를 표시합니다. 두 Axis 사이의 Coincidence를 정의할 때에는 Face Axis가 나타나도록 만들기 위해 선택하려는 원통형 또는 원뿔형의 Face에 마우스 커서를 가까이 대는 것이 중요합니다. 만약 Axis가 나타나지 않는 경우에는 순수하게 그래픽 문제이며, 선택할 더 큰 Face를 선택하기 위해서 Zoom In을 쓰면 됩니다.

Contact Constraint

요약: Contact Constraint를 생성합니다.

사용 순서:

명령을 실행한 후: Contact Constraint의 첫 번째 Geometric Element를 선택합니다:

Plane, Cylinder, Sphere, circle, 또는 Cone

Element가 선택된 후: 선택한 첫 번째 Element 접촉 구속될 Geometric Element를 선택합니다.

Contact Constraint 도구는 여러 종류의 Element 사이에서 사용될 수 있습니다. 조건은 선택된 개체들이 접촉을 해야 한다는 것입니다. 이것은 Plane Element가 실제로 Part 형상에 속하지 않기 때문에 선택될 수 없는 이유가 됩니다. 하지만 원뿔형 서비스와 원의 경우에는 Constraint Properties Dialog Box가 표시됩니다. 그림 7-28처럼 Part들이 원하는 위치로 도치되는 경우에는 Reverse Position 체크박스가 쓰입니다.

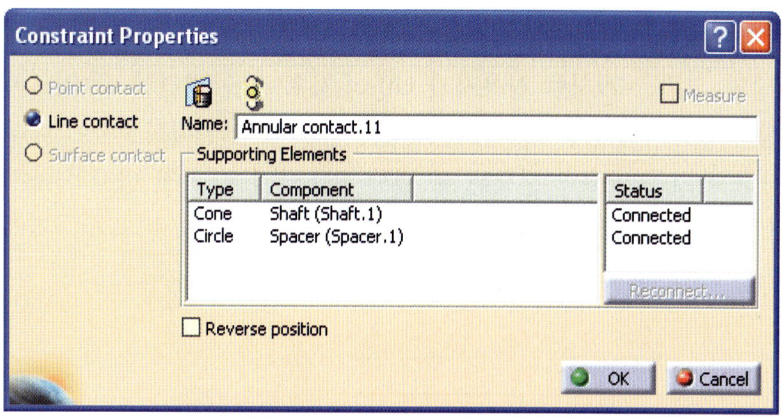

그림 7-28 Constraint Properties 대화상자–Contact Constraint

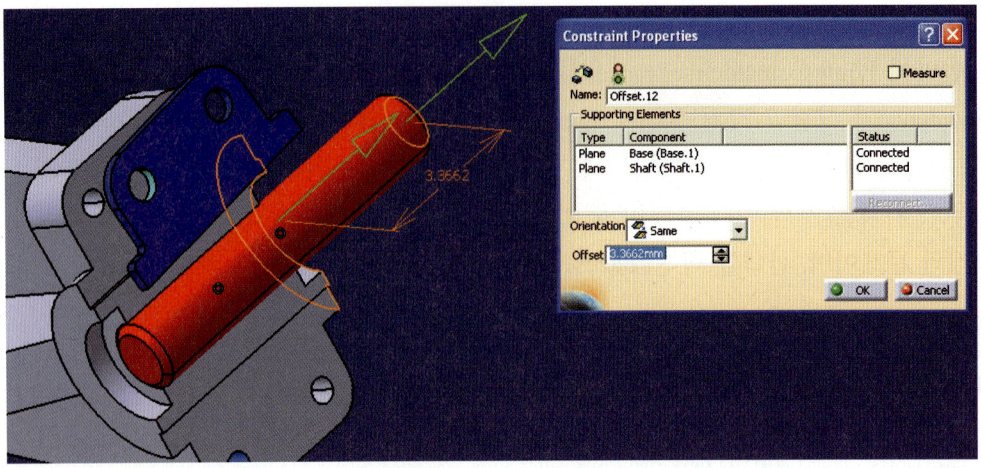

그림 7-29 Constraint Properties 대화상자–Offset Constraint

Offset Constraint

요약: Offset Constraint를 생성합니다.

사용 순서:

명령을 실행한 후: Offset Constraint의 첫 번째 Geometric Element를 선택합니다:

point, line, 또는 plane

Element가 선택된 후: Offset Constraint의 두 번째 Geometric Element를 선택합니다:

point, line, 또는 plane

두 번째 Element가 선택된 후: Offset Constraint 속성을 편집합니다.

Offset Constraint 명령은 사용자가 두 선택된 요소 사이에 일정한 거리를 입력할 수 있도록 합니다. 두 요소들이 선택되면, 그림 7-29처럼 사용자가 Offset 치수 값을 변경할 수 있도록 Constraint Properties 대화상자가 표시됩니다. 요소가 선택되는 순서에 따라 대화상자에 나타나는 값의 부호가 좌우됩니다. 부호를 바꾸면 선택된 두 번째 요소의 위치를 첫 번째와 바꾸게 됩니다. Orientation 옵션은 서로에 대한 요소들의 배치를 바꿀 때 쓰일 수 있습니다.

Angle Constraint

요약: Angular, Parallelism, 또는 Perpendicularity Constraint를 생성합니다.

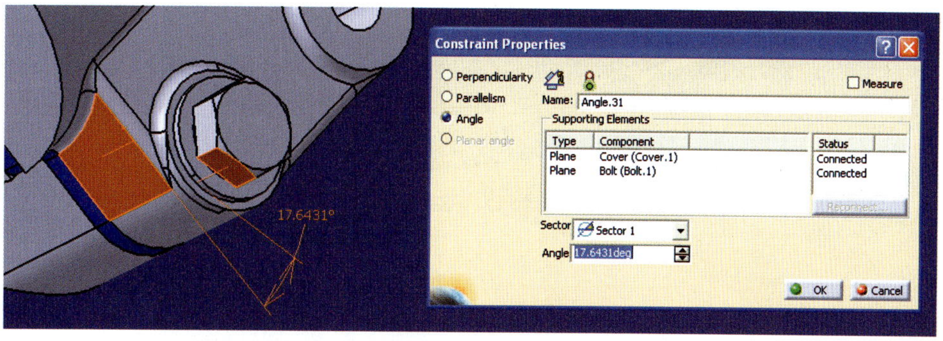

그림 7-30 Constraint Properties 대화상자-Angular Constraint

사용 순서:
명령이 활성화된 후: Angle Constraint의 첫 번째 Geometric Element를 선택합니다:
Line 또는 Plane
Element가 선택된 후: Angle Constraint의 두 번째 Geometric Element를 선택합니다:
Line 또는 Plane
두 번째 Element가 선택된 후: Angle Constraint 속성을 편집하거나 Axis를 선택합니다.

Angle Constraint 도구는 선택된 두 요소 사이의 각진 파라미터를 정의하는 데 사용될 수 있지만, 그림 7-30처럼 Parallelism과 Perpendicularity와 같은 직각 관계를 정의하는 데 쓰일 수 있습니다.

Flexible/Rigid Sub-Assembly

요약: Product Instance의 하위 Component들을 개별적으로 조작할 수 있게 합니다.
사용 순서: 대상 Product를 선택합니다.

Flexible Sub Assemblies는 주어진 Assembly가 주 Assembly에서 다른 위치 및 구속 설정에 쓰일 때 사용됩니다. 이것을 설명하기 위한 좋은 예시는 피스톤 실린더 배치입니다. 이러한 경우에는 같은 Sub-Product가 한 개 이상으로 사용되었을 때 피스톤의 이용은 어디서나 동일하지 않을 가능성이 높습니다. 표준 Sub Assembly는 확장을 설정하기 위해 단일 Offset Constraint만을 얻을 수 있으며, 이것은 고정됩니다. Flexible Sub Assembly는 사용자가 Sub Product의 모든 Instance에서 원하는 Constraint를 여러 다양한 환경설정에 적응되도록 만들며 수정할 수 있도록 합니다.

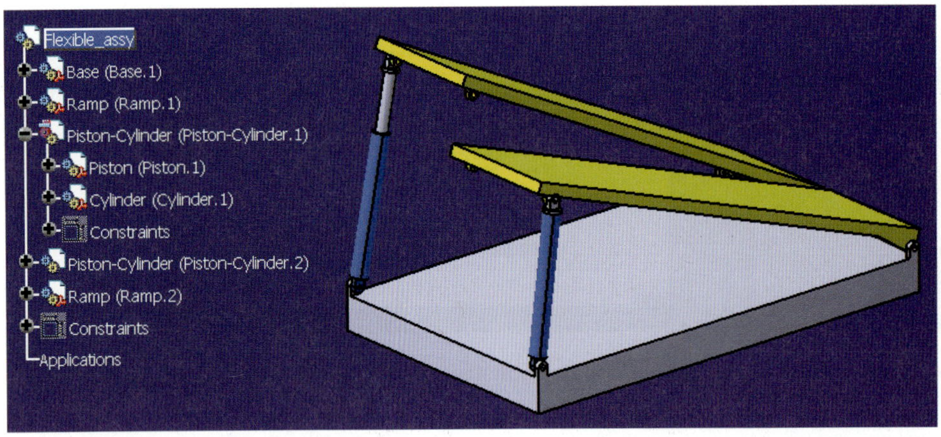

그림 7-31 Flexible Sub Assembly

Sub Assembly를 유연하게 만들기 위해서는 사용자는 명령을 활성화시키고 Product Specification Tree에서 Sub Assembly 항목을 선택해야 합니다. 그림 7-31처럼 Tree에서 해당 항목을 나타내는 아이콘이 바뀝니다. 다음부터는 Flexible Sub Assembly의 모든 Dimensional Constraint는 다른 환경 설정에 영향을 주지 않고 변경할 수 있습니다. 이 그림에서는 Piston-Cylinder.1 Instance가 유연하게 만들어졌으며 Offset Constraint가 변경되었습니다. 만약에 Sub Product가 강제일 필요가 있는 경우 같은 절차가 적용됩니다.

Reuse Pattern

요약: Component Instantiation을 위해 Pattern 기능을 재사용합니다.

사용 순서: Pattern, Instance화 될 Component, 또는 Pattern Element를 연결하는 Constraint를 선택합니다.

Reuse Pattern 도구는 그림 7-32처럼 사용자가 Part에 정의된 Pattern을 재사용하여 Component를 배치할 수 있습니다. 명령을 실행하면 먼저 pattern을 이룰 개체를 선택한 후, 참조 Part의 Pattern Geometrical Element 중 하나를 선택하는 것입니다. 머피의 법칙이 항상 적용이 될 수 있을 것을 고려해, 문제를 피하기 위해서는 Part Pattern의 정의 기능에서 반복 연속의 첫 번째 Component를 구속하는 것이 좋습니다. Part Design Workbench에 관련된 6장에서 제안한 대로 이 작업을 수행하는 쉬운 방법은 첫 번째 기능이 색깔을 지니도록 하는 것입니다.

Dialog Box는 사용자가 Product에 있는 Element들을 더 효율적으로 관리할 수 있는 Put

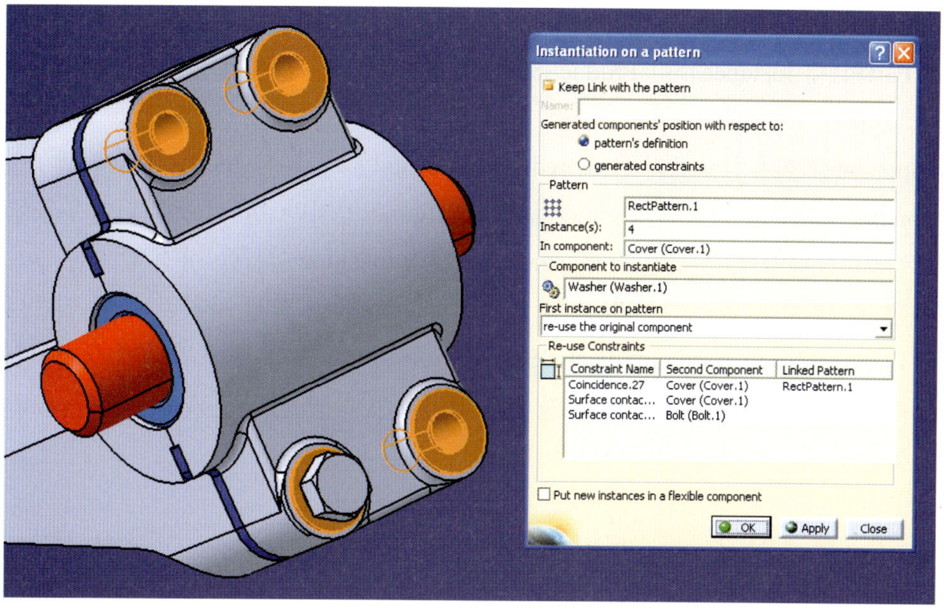

그림 7-32 Instantiation on a Pattern

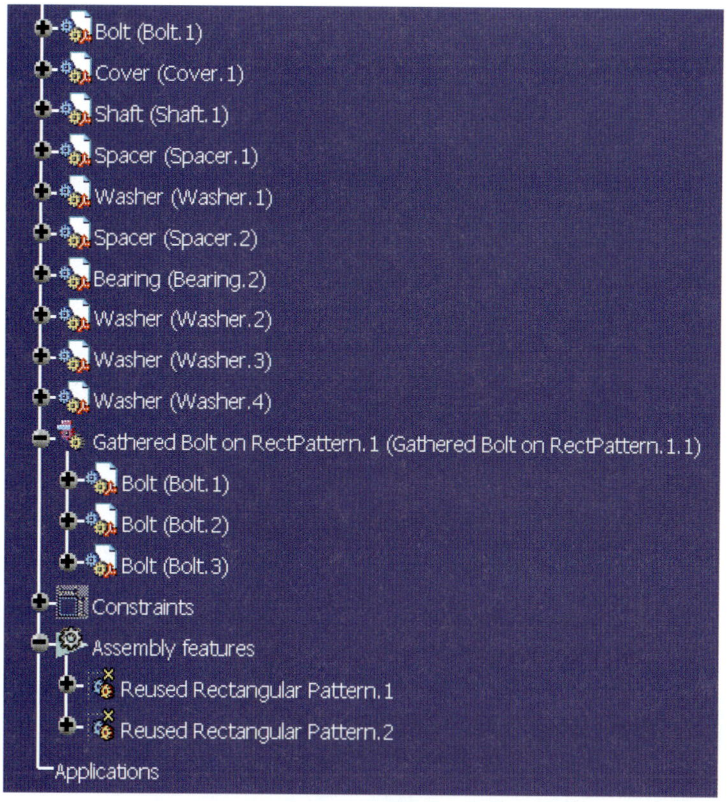

그림 7-33 Reuse Pattern Component 관리

new Instances in a flexible component 체크박스를 포함하고 있습니다. 이 옵션을 선택하지 않으면 Parrern된 Part의 새 Instance들이 Product Specification Tree의 끝에서 나타나 많은 경우에 훨씬 길게 만듭니다.

Flexible Component를 이용함으로써 Gathered Components의 그룹이 Tree의 하단에 생성됩니다. 이 Component는 다수의 반복된 Instance들을 포함할 수 있지만, 한 번 붕괴되면 Tree를 합리적인 크기로 유지합니다. Flexible Component와 그것의 Instance 이름을 아직 분명한 것으로 바꾸는 것이 좋은 생각일 수도 있지만, 작업 영역에서는 공간을 적게 차지할 수도 있습니다. 마지막으로, 그림 7-33처럼 Assembly Features 또한 Constraints 항목 후에 Tree에 생성되는 점에 유의하세요. 만약에 Flexible Component가 제거되어야 한다면 관련된 Assembly Feature 또한 제거하는 것을 생각하는 게 중요합니다.

7.7 Part 또는 Product에서 작업하기

Part 또는 Product인 Component를 수정하거나 숨겨져 있던 Wireframe 요소를 나타나게 할

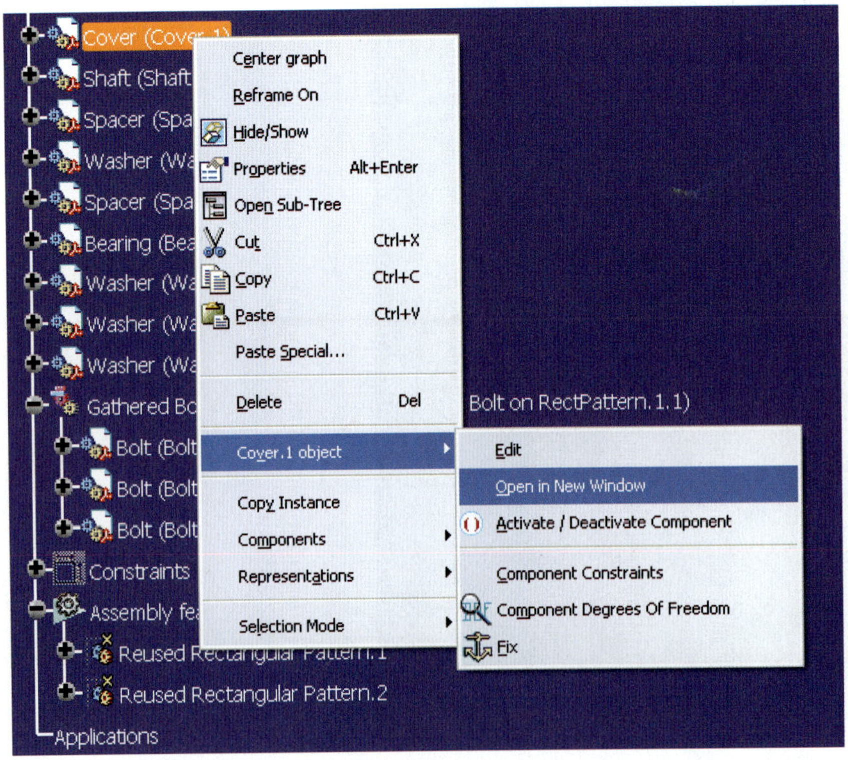

그림 7-34 Open in New Window Context 옵션

필요할 수도 있습니다. 이것을 달성하기 위해서 사용자에게 두 옵션이 제공됩니다: 주어진 Component를 다른 창에 열거나, 또는 Context로 변경합니다.

OPENING A COMPONENT IN A SEPARATE WINDOW

Part는 File ⇨ Open 풀다운 메뉴를 이용해 새 창에서 열 수 있지만 더 빠른 방법이 있습니다. 그림 7-34처럼 원하는 Component에 마우스 커서를 갖다 대고 Component.X 개체를 이용하여 Open in New Window 옵션을 통해 Part를 찾을 필요도 없이 바로 열 수 있습니다.

WORKING IN CONTEXT

Context의 지정된 부분에 작업하기 위해서는 Product Specification Tree에 있는 Part 항목 Tree를 확장한 후 Part의 PartBody 항목을 더블클릭해야 합니다. 그러면 그림 7-35처럼 Part Tree Header에 파란색 테두리가 추가되고 Part의 PartBody 항목에 임시 오렌지색 테두리가 추가될 것입니다. 그 순간에 Assembly Design Workbench는 Part Design Generative Shape Design 등등, Part 관련 Workbench로 대체되어 Part에 어떤 변화가 생길 수 있습니다. Context로 Sub Assembly에 작업하기 위해서는 Product Specification Tree에 있는 Sub Product 항목을 더블클릭하세요. 그럼 사용자가 Sub Product에 Constraint와 Assembly Feature를 생성할 수 있습니다.

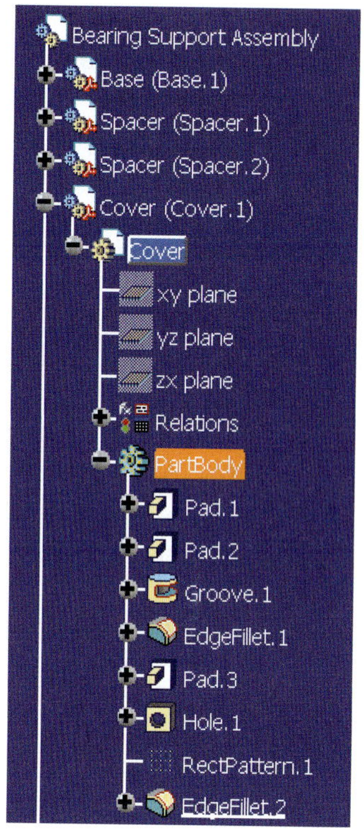

그림 7-35 In-Context가 활성화된 Part

In-Context 작업이 완료되면, Tree의 주 Product 항목에 더블클릭하여 모든 것이 제대로 정의되었는지 확인하기 위해 Assembly를 업데이트합니다.

7.8 Part Catalog 사용하기

CATIA®는 사용자에게 많은 Part 종류를 포함하고 있는 몇몇 Standard Parts Catalogs를 제공합니다. 이 Catalogs는 전용 폴더에 저장되어 있으며, 디스크의 메모리를 절약할 수 있도록 많은 다양한 Products에 Instance로 삽입될 수 있는 Part들을 참조합니다. 만약 필요하다면, 함께 쓰인 Product와 같은 폴더 내에 유지하기 위해 모든 Part들을 개별적으로 저장할 수 있습니다.

Catalog Browser

요약: Catalog에서 Component를 가져옵니다.

Catalog Browser 명령은 실행될 때 사용자가 먼저 원하는 Catalog를 선택한 후 적절한 Family로부터 필요한 Component를 선택할 수 있는 대화상자를 표시합니다.

일부 Catalogs는 사용할 준비가 되어 그림 7-36처럼 Current 드롭다운 리스트를 통해 사용할 수 있습니다. 만약에 다른 Catalog가 로드되어야 한다면 대화상자의 오른쪽 상단 구석에 있는 Browse Another Catalog 아이콘를 사용해야 합니다. 이는 사용자가 원하는 파일을 검색하고 선택할 수 있는 File Selection 대화상자를 엽니다.

CATIA®에서 제공하는 네 가지 일반 기본 Catalog들은 Imperial Dimension으로 정의된 표준 Part들을 포함하고 있지 않다는 것에 주의하세요. Imperial Part들을 포함하는 다섯 번째 Catalog인 US_Imperial.catalog에 접근하려면 다음 폴더를 접근하는 게 중요합니다:

C:\Program Files\Dassault Systemes\…\startup\Components\MechanicalStandardParts\US_Imperial_Standards.

만약에 원한다면 이 새 Catalog를 기본 목록에 추가할 수 있습니다. 그림 7-37처럼 Options

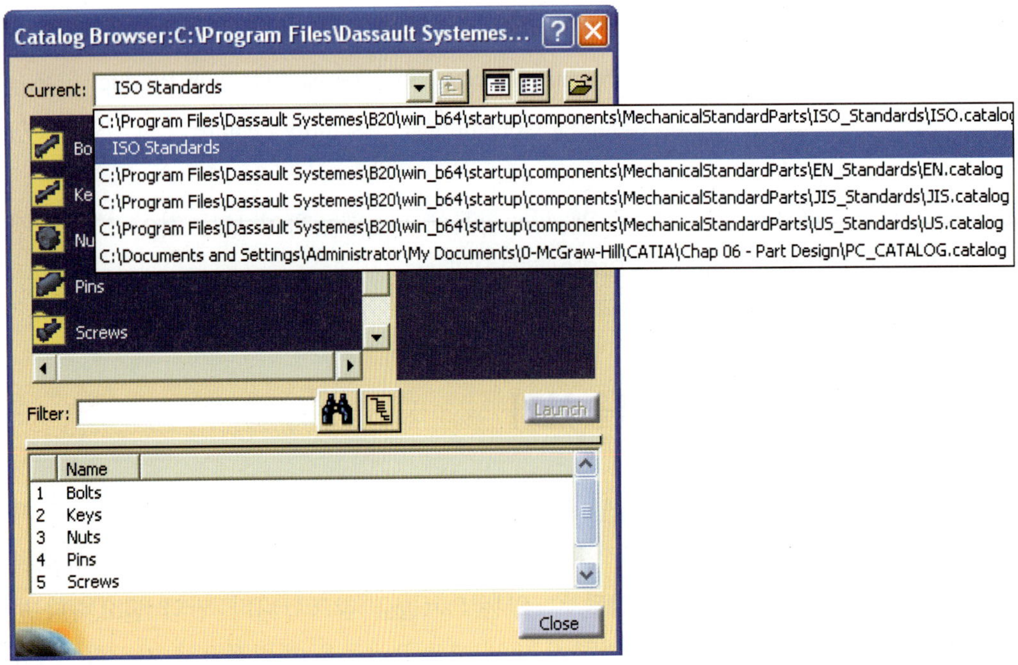

그림 7-36 Catalog Browser

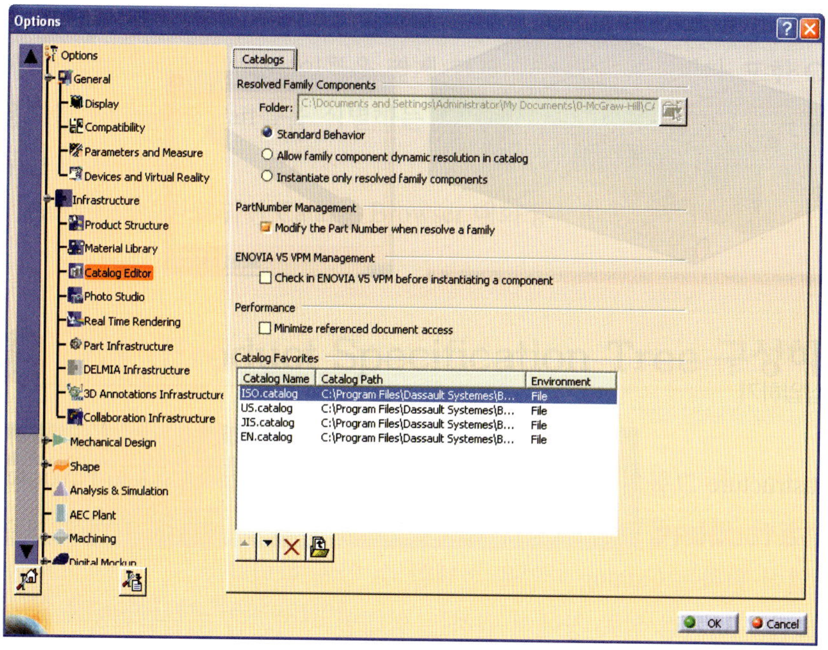

그림 7-37 옵션 대화 상자–Catalog Editor–Catalog 탭

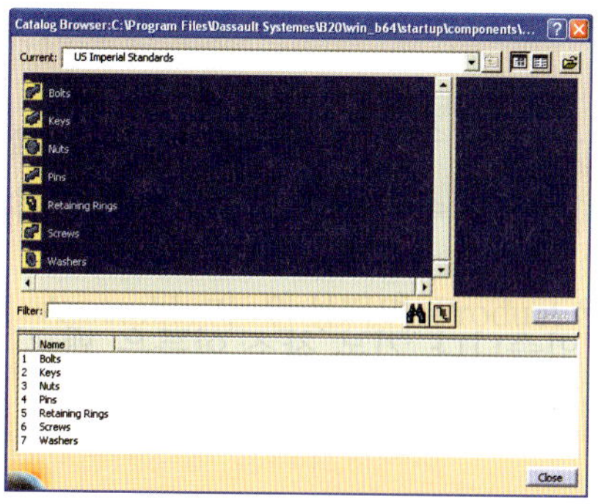

(a) Part 종류(chapters)

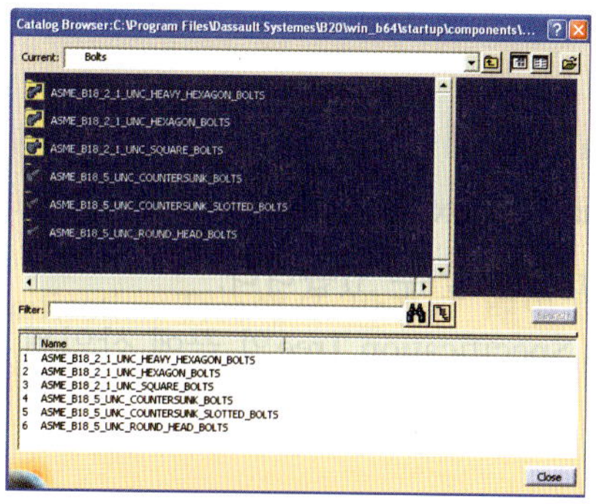

(b) Families

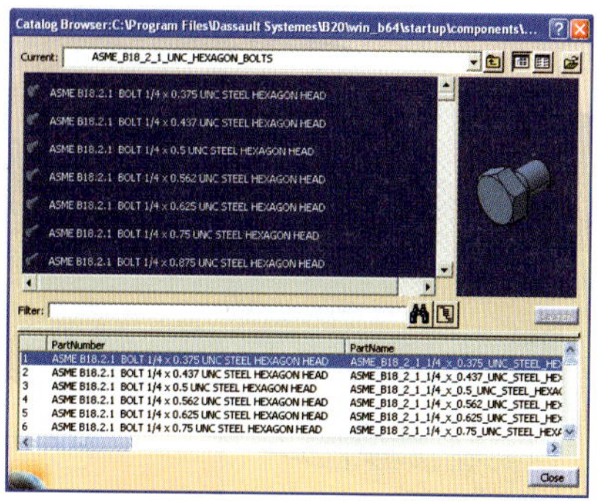

(c) Family Members

그림 7-38 Catalog 선택 레벨

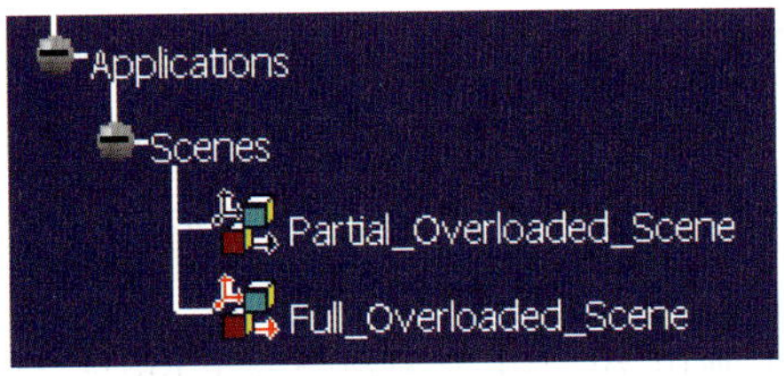

그림 7-44 Scene Item의 구별되는 색상 표시

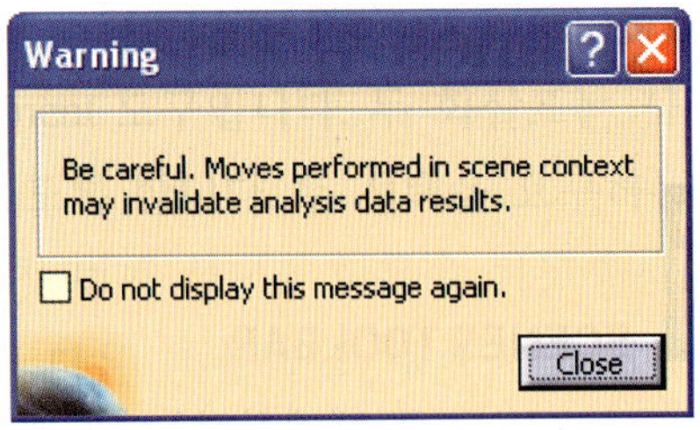

그림 7-45 Enhanced Scene-경고창

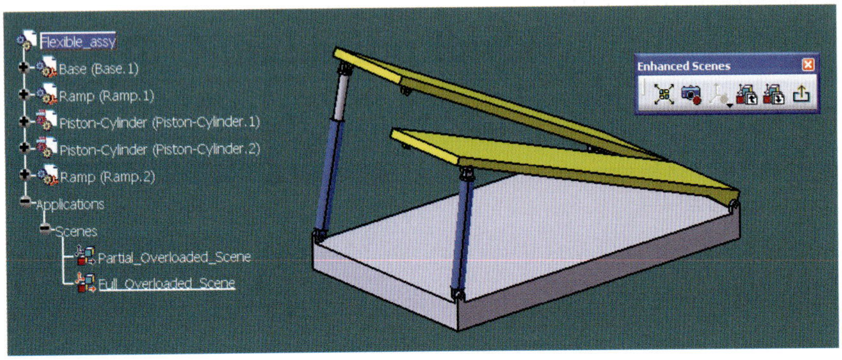

그림 7-46 Scene 환경

니다.

Scene은 더 이상 Assembly Constraints는 사용하지 않습니다. Scene 환경에서는 Product Specification Tree가 없습니다. 그러므로 Update All 도구를 이용해 본 위치로 돌아갈 수 없기 때문에 Part들을 이동시킬 때 조심해야 합니다. 이 부분을 강조하기 위해 그림 7-45처럼 첫 번째 Scene을 생성하면 사용자에게 Warning 대화상자가 나타납니다. 경고 메시지는 Do not display this message again 체크상자를 선택함으로써 비활성화시킬 수 있습니다.

3차원 작업 환경으로부터 Scene 환경을 구분하는 특징적인 기호는 기본 작업 환경이 파란색인 반면 Scene 기본 배경 색상은 그림 7-46처럼 초록색입니다.

ENHANCED SCENES TOOLBAR

Save Viewpoint

요약: 현재 Viewpoint를 새로운 Scene Viewpoint로 저장합니다.

Scene 기본 Viewpoint는 Scene을 생성할 때 3D 작업 영역에서 쓰인 것입니다. 새 Viewpoint와 설정된 확대 비율을 유지하기 위해서는 Save Viewpoint 도구를 클릭합니다.

Exit Scene

요약: 현재 Scene을 끄고 Assembly로 돌아옵니다.

이 도구는 3차원 작업 영역으로 돌아올 때 씁니다.

7.12 Products 저장하기

.CATProduct 파일은 사용된 3D Part들에 관련된 포인터와 정보를 포함하고 있으므로 파일 작업에 매우 민감할 수도 있습니다. 그것은 전체 Assembly를 유지하기 위해서는 관련된 .CATPart 파일들과 적절한 링크를 항상 유지해야 합니다. 만약에 사용자가 링크들을 적절하게 정의하는 것에 실패한다면, Assembly가 생성된 방법에 따라 .CATProduct는 로드될 수 있지만 Part가 존재하지 않을 수도 있습니다. 그런 경우에는 그림 7-47과 같이 오류 메시지가 뜹니다. 또한 Product Specification Tree의 표시는 다르다는 것에 주의하세요. Instance의 이름 뒤에 괄호 안에 표시된 해당 .CATPart 파일 이름에 따라 나타납니다.

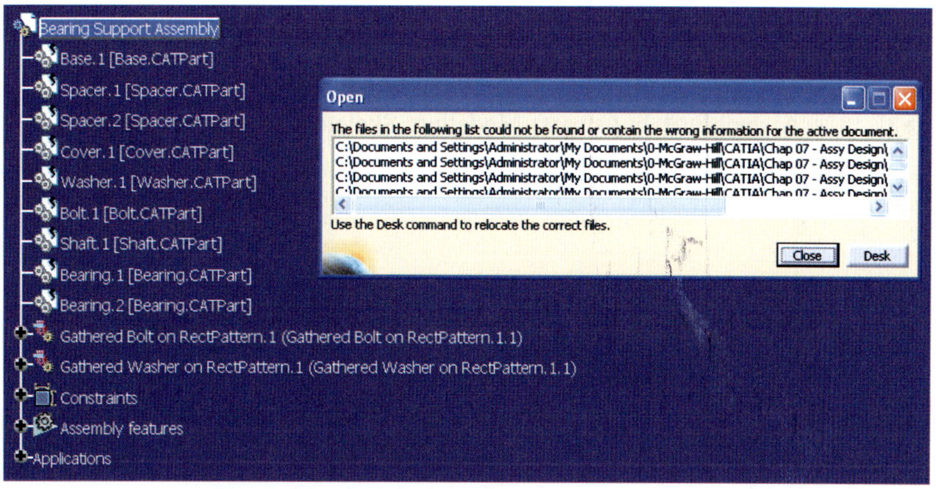

그림 7-47 Parts가 불러와지지 않은 CATProduct Structure

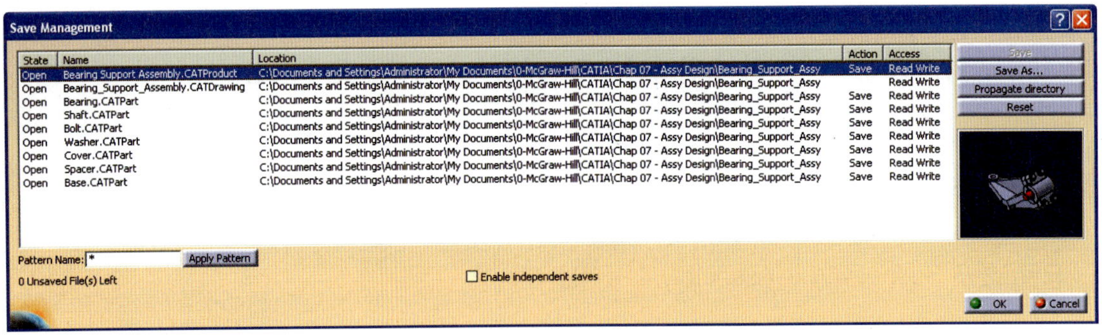

그림 7-48 Save Management

.CATPart와 .CATProduct 파일은 독립적으로 저장될 수 있지만 Product를 저장할 때 문제를 피할 수 있는 가장 좋은 방법은 Save 풀다운 메뉴에 있는 Save Management 도구를 사용하는 것입니다.

Save Management 도구는 활성화되는 순간부터 현재 작업 세션에 열려 있는 모든 Part들과 Product들을 표시합니다. 사용자가 Propagate directory 버튼을 이용하여 개별적 또는 일괄적으로 저장할 수 있도록 합니다. 하지만 그림 7-48처럼 Assembly 관련 도면 파일은 이 옵션을 이용하여 자동적으로 저장되지 않습니다.

폴더 Structure 내에 있는 파일들을 재구성할 필요가 있는 경우, Parts와 Products 사이에 존재하는 모든 링크들이 제대로 전달되었는지를 확인하기 위해 모든 변경은 이 도구를 이용해서 이루어져야 합니다. 그렇지 않으면 데이터 손실로 이어지거나 파일들 사이에 링크를 다시 내도록 하여 시간이 걸리는 과정으로 이어질 수 있습니다.

이번 장에서는 사용자가 미리 모델링된 Part들로부터 Assembly를 생성할 수 있도록 Assembly Design의 기본을 다루었습니다. 조직할 Product Structure에 따라 좀 더 체계화된 설계 도구로 만들기 위해 Assembly에 In-Context Modeling, Skeleton Structure, 그리고 변수를 추가할 수 있습니다. 이러한 개념의 일부는 제15장에서 다룰 것입니다.

Chapter 8

Drafting

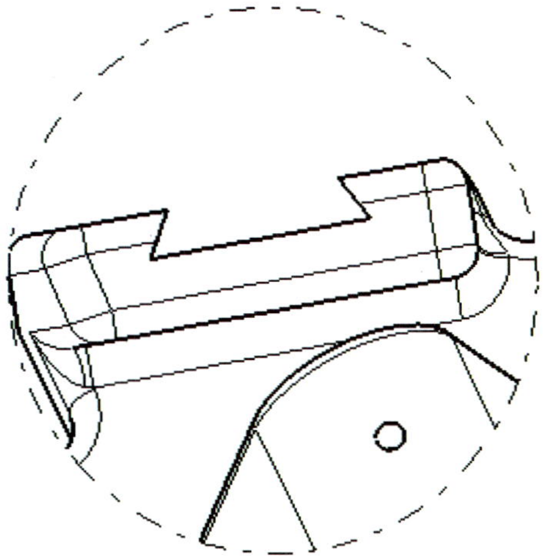

그림 8-40 Quick Clipping View

Quick Clipping View

요약: Quick Clipping View를 생성합니다.
사용 순서:
명령이 실행된 후: 포인트를 선택하거나 클릭하여 Quick Clipping View가 만들어질 원형의 중심을 잡아줍니다.
포인트가 정의된 후: 포인트를 선택하거나 클릭하여 Quick Clipping View가 만들어질 원형의 반경을 잡아줍니다.

Quick Clipping View는 Clipping View와 같은 방식으로 출력되지 않습니다. Quick Detail View와 같은 원리에 따라 2차원 View를 기반으로 Clipping을 수행하며 그림 8-40과 같이 전체 Clipping 경계가 모두 표시됩니다.

Quick Clipping View Profile

요약: Quick Clipping View Profile을 생성합니다.
사용 순서:
명령이 실행된 후: 프로파일을 생성하기 위한 첫 시작점을 정의합니다.
포인트들을 정의하여 이은 선들로 닫힌 프로파일이 만들어지거나 더블클릭으로 정의가 끝난 후: 포인트를 클릭하거나 더블클릭하여 프로파일 정의를 마무리합니다.
프로파일 정의를 마친 후: 생성될 View의 위치를 잡아줍니다.

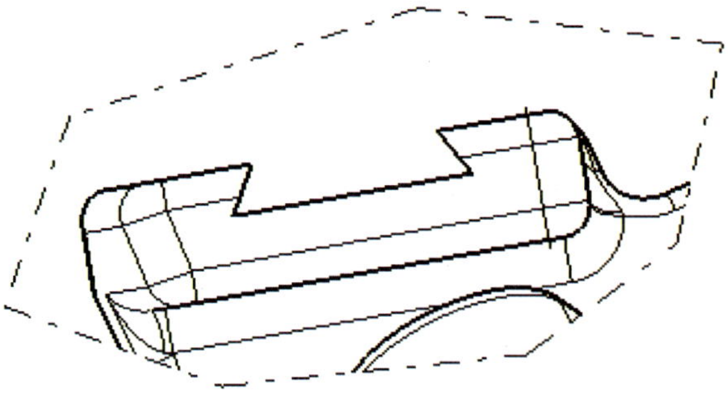

그림 8-41 Quick Clipping View Profile

Quick Clipping View Profile은 Quick Clipping View와 유사하나 그림 8-41과 같이 프로파일 형상을 직접 그려줄 수 있습니다.

REMOVING A CLIPPING

설계 변경이나 수정을 위해서 Clipping되었던 것을 제거할 필요가 있습니다. 그림 8-42와 같이 View의 Context 메뉴에서 Unclip을 통해 가능합니다.

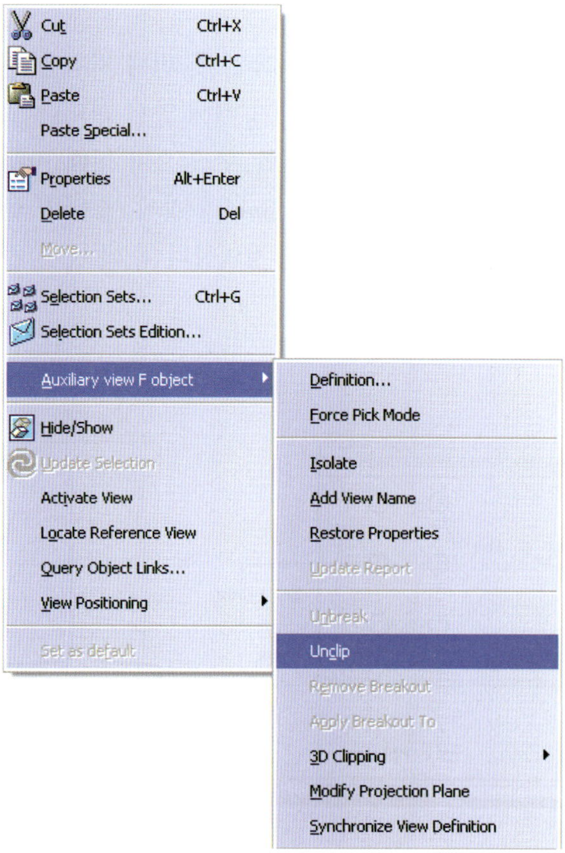

그림 8-42 Clipping 제거하기

BREAK VIEW TOOLBAR

Broken View

요약: 형상의 지나치게 긴 부분을 생략해줄 때 사용합니다.

사용 순서:

명령을 실행한 후: 첫 번째로 Breakout할 위치의 선 위치를 선택합니다.

포인트를 클릭한 후: 수직 또는 수평으로 Breakout할 방향을 선택합니다.

두 번째 포인트가 클릭된 후: View 안에서 두 번째로 Breakout될 선 위치를 선택해 줍니다.

세 번째 포인트가 선택된 후: Sheet를 선택하여 Broken View를 생성합니다.

Broken View 명령은 그림 8-43과 같이 View가 한 방향으로 유난히 긴 경우 Drawing Sheet에 크기가 맞도록 불필요한 부분을 생략해주는 기능을 합니다. 이 기능은 불연속적인 경사면을 가지는 형상에 적용하는 것보다 Beam과 같이 나란한 면을 가지는 솔리드 형상에 적용하기 좋습니다.

View에서 제거할 부분을 정의하기 위해서 사용자는 Breakout이 시작될 첫 번째 지점을 형상의 선 위에서 선택해야 합니다. 그후 수평 또는 수직 방향을 정의하기 위해 앞서 선택한 포인트의 상하 위치를 클릭해주면 Green Line이 생성되어 방향을 정의할 수 있으며 이때 마우스 커서를 이동하여 두 번째 지점을 정의하도록 합니다. 이어서 그림 8-44와 같이 세 번째 클릭을 통해 앞서 생성한 Green Line과 나란한 위치의 Breakout 지점을 정의합니다. 네 번째 클릭에서 빈 화면을 선택하면 Breakout View가 만들어집니다.

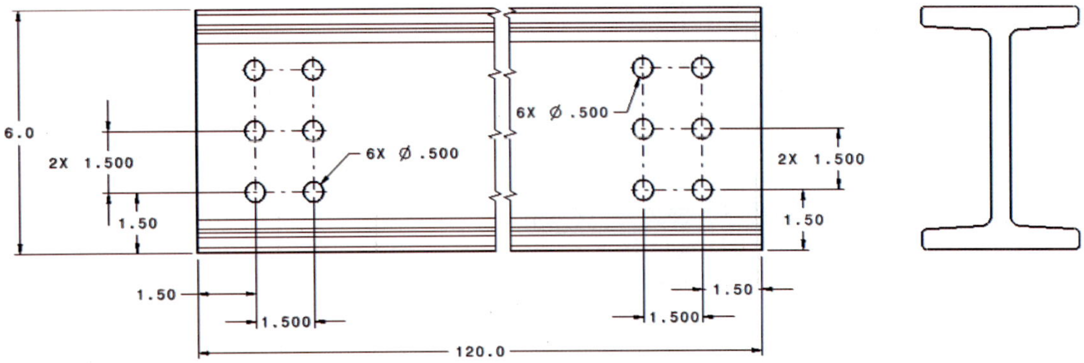

그림 8-43 Broken View 예시

그림 8-44 Broken View 정의

Breakout View

요약: 3차원 상에서 깊이 방향으로 한 번 더 Breakout View를 만듭니다.

사용 순서:

명령을 실행한 후: 첫 번째 포인트를 지정합니다.

첫 번째 포인트가 선택된 후: 포인트를 클릭하거나 더블클릭하여 프로파일을 정의합니다.

최소한의 세 점으로 이루어진 폐곡선이 만들어진 후: 평면 요소를 선택하거나 직접 위치를 선택합니다.

Breakout View는 그림 8-45와 같이 형상의 깊이 방향으로 Section을 만들어 3차원 Breakout View를 만들어 줍니다.

Breakout View를 정의하기 위해서 사용자는 닫힌 형태의 다각형을 정의하고 다음으로 3D View가 나타나 여기서 깊이 방향으로 위치를 잡아줍니다. 깊이 방향을 정의하는 Cutting Plane은 3D Viewer상에서 드래그하여 정의하는 것도 가능하나 Breakout에서 Hole의 깊이를 정의할 경우에-자주 있는 경우입니다-그림 8-46과 같이 View에서 Hole 요소를 선택해 주면

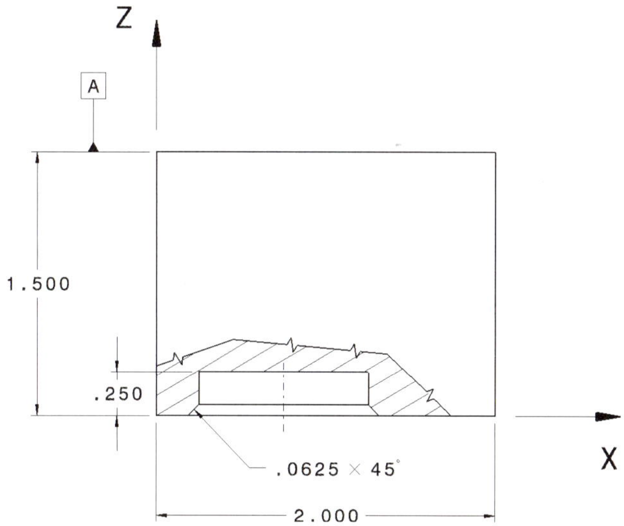

그림 8-45 Breakout View 예시

그림 8-53과 같이 All View 명령은 Front View를 기준으로 모든 방향으로 투영된 View들과 Isometric View를 동시에 생성합니다. View Creation Wizard과 같이 Layout된 View를 추출하기 위하여 3차원 파트로부터 기준 평면 요소를 정의해 주어야 합니다.

8.4 View Properties

각각의 View에 생성된 요소들은 Drawing에서 서로 다른 고유한 여러 파라미터를 가지고 있으며 필요에 따라 이 값을 변경해줄 수 있습니다. 이것들 중에 일부는 앞서 설명을 하였지만 이러한 파라미터들을 상세히 다룰 줄 알아야 하는 이유는 쉽게 원하는 도면 형상을 정의하

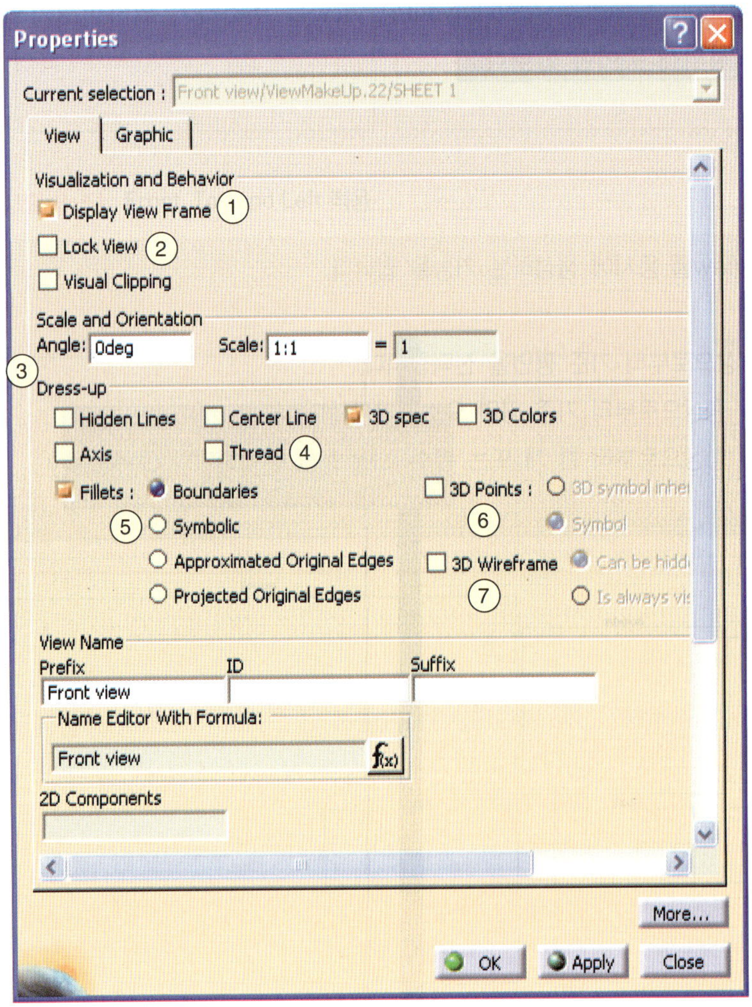

그림 8-54 View의 속성 대화상자

기 위해서입니다. 그림 8-54에 이러한 파라미터들에 대하여 숫자를 표시하였습니다.

1. Display View Frame
2. Lock View
3. Angle
4. Thread
5. Fillets
6. 3D Points
7. 3D Wireframe

❶ Display View Frame

View가 생성됐을 때 일반적으로 View들이 가지는 프레임이 표시되기 마련입니다. 여기에 체크가 된 상태를 해제하면 프레임을 숨기게 됩니다. 만약 모든 View의 프레임이 숨겨졌다면, 나중에 공부하겠지만 Display View Frame 도구를 사용하여 동시에 출력하거나 숨기는 것이 가능합니다. 일단 View들의 프레임이 숨겨지면 각각의 View들을 Sheet에서 선택하거나 드래그하는 것이 불가능합니다. 따라서 Frame은 반드시 출력시켜 놓는 것이 좋습니다.

❷ Lock View

불행하게도 경우에 따라 어떤 View들은 현 상태를 유지하여 표현될 필요가 있습니다. Drawing이 업데이트되면서 어떤 경우에는 만들어 놓은 View가 변경되는 경우가 있습니다. 이런 것을 피해 작업한 것을 잃지 않기 위해서는 View를 잠가두어야 합니다. 이 옵션을 사용한 경우 그림 8-55와 같은 Lock View 대화상자가 나타나 Lock된 View에 대해서는 설계 변경이 되어도 업데이트가 반영되지 않을 거라는 점을 되새겨 줍니다. Lock View가 설정되고부터는 속성창을 통한 어떠한 변경도 View에 적용되지 않는다는 점을 기억하기 바랍니다. View를 잠그는 작업은 View에 대한 수정 작업을 모두 마친 후에 진행하는 것이 바람직합니다.

❸ Angle

경우에 따라서는 View의 각도를 Sheet상에서 변경해줄 필요가 있습니다. 예를 들어, Auxiliary View의 경우 이해의 편의나 Sheet 공간을 절약하기 위하여 View의 방향을

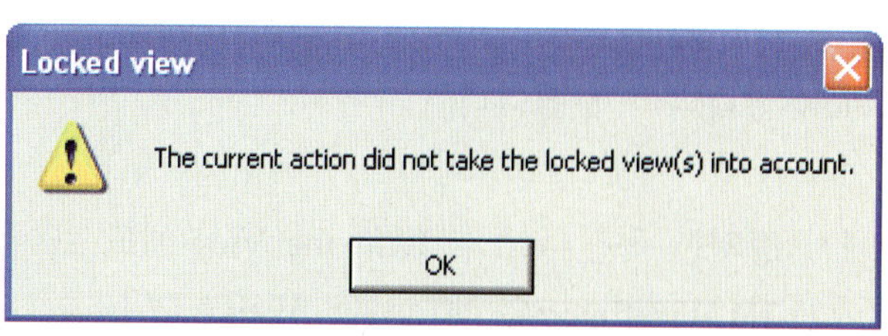

그림 8-55 Locked View

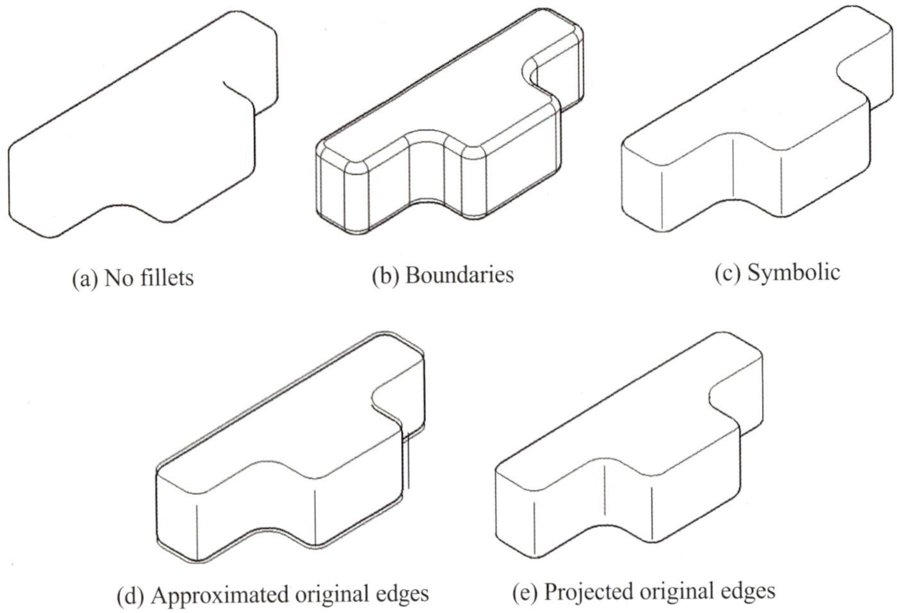

그림 8-56 Fillet 표현의 종류

회전할 경우가 있을 수 있습니다. 그러나 이런 경우 View Name-VIEW ROTATED 38° CCW와 같이 텍스트를 추가하여 혼선이 없도록 해야 합니다.

④ Thread

Thread는 3차원 솔리드에 적용된 나사산이 가공된 정보를 View상에 표시하고자 할 때 활성화합니다.

⑤ Fillets

특히 Isometric View와 같은 경우에서처럼 3차원 형상에 따라 Fillet이나 라운드 형상의 대한 표시 설정을 다루어줄 수 있습니다. 사용자의 설정에 따라 그림 8-56과 같이 다양한 표시 방식을 적용할 수 있습니다.

⑥ 3D Points

경우에 따라 3차원상에서 생성한 포인트 요소들을 Drawing View로 가져오게 되면 유용하게 사용할 수 있습니다. 3D Points 체크상자가 활성화되면 3차원 Workbench상에서 출력된 모든 포인트들이 Drawing의 View에 나타나게 됩니다.

⑦ 3D Wireframe

위에서와 같이 경우에 따라 3차원상에서 정의한 곡선 요소를 Drawing View에도 보이게 하여 활용하면 좋은 경우가 있습니다. 3D Wireframe을 체크하면 선이나 곡선 요소가 Drawing View에 나타나게 됩니다. 그러나 평면 요소는 나타나지 않습니다.

8.5 Drawing 업데이트

Part나 Product의 변경 사항이 생기면 Drawing 파일에 변경 사항을 반영해야 합니다. 그러나 경우에 따라 설계 변경에 따라 형상 요소가 바르게 다시 투영되지 않을 수도 있습니다. 이런 경우 View를 업데이트하면 문제를 해결할 수 있습니다.

UPDATE TOOLBAR

Update Current Sheet(CTRL-U)

요약: 현재 Sheet의 View들을 업데이트합니다.

Update Current Sheet 명령은 Drawing을 업데이트하는 우선적인 명령입니다. 파트나 프로덕트에 변경이 생기면 즉각적으로 Update 명령이 아이콘 업데이트를 실행할 수 있도록 활성화됩니다. 경우에 따라서 파트나 프로덕트가 수정되었음에도 아이콘이 활성화되지 않는 경우 Sheet를 확대 또는 축소해보면 경우에 따라서 문제가 해결되기도 합니다. 만약 이렇게 해도 업데이트 아이콘이 활성화되지 않으면 Drawing 파일을 저장한 후 다시 불러오기 바랍니다.

다른 방법은 강제로 전체 Drawing을 업데이트하는 것으로 Power Input Field에 c:force update를 입력합니다.

View가 복잡할수록 업데이트 과정이 오래 걸릴 수 있습니다. View 하나에 대해서만 강제로 업데이트를 수행하고자 하는 경우 다음과 같은 순서로 진행할 수 있습니다. 우선 그림 8-57과 같이 View에서 Context 메뉴로 Restore Properties 옵션을 선택합니다.

그러고 나서 그림 8-58과 같이 Restore Original Properties 창에서 Deleted 항목을 체크합니다. 이어서 OK를 선택하면 마무리됩니다.

다시 Drawing으로 돌아오면 그림 8-59와 같이 Restore Deleted Elements 창이 나타납니다. OK 버튼을 클릭함으로써 선택한 View에 대해서만 Update Current Sheet가 가능합니다.

8.6 Dress-Up 도구

Dress-Up 요소들은 View에 치수 기입을 하기 전에 기입해야 하는 요소로 View에 기입된 Dress-Up을 기반으로 치수를 내는 경우도 있습니다. 그림 5-60과 같이 Drafting 옵션의 View

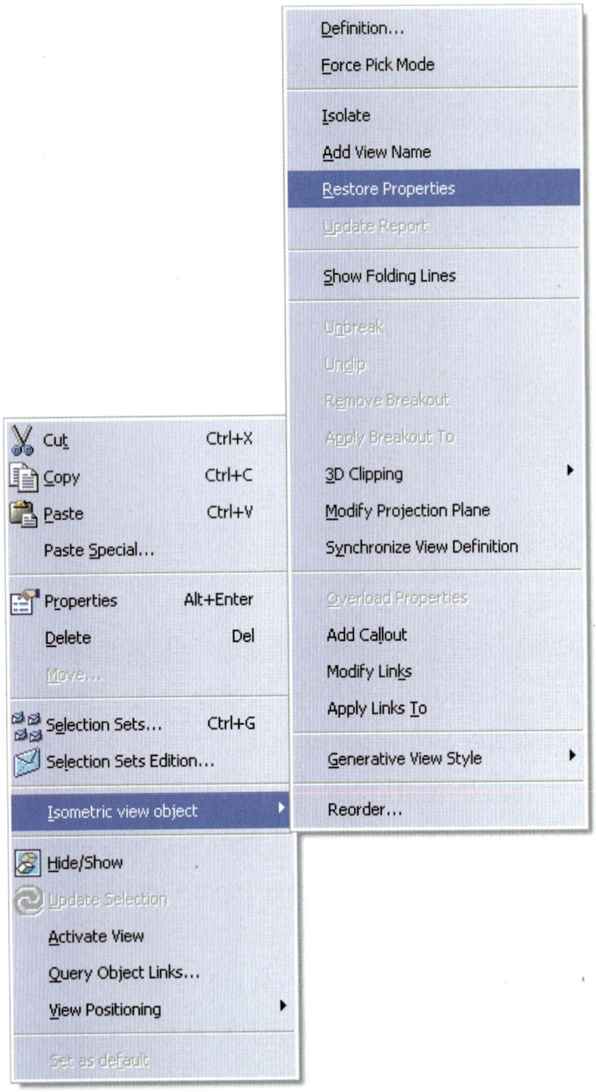

그림 8–57 Restore Properties Context 메뉴 옵션

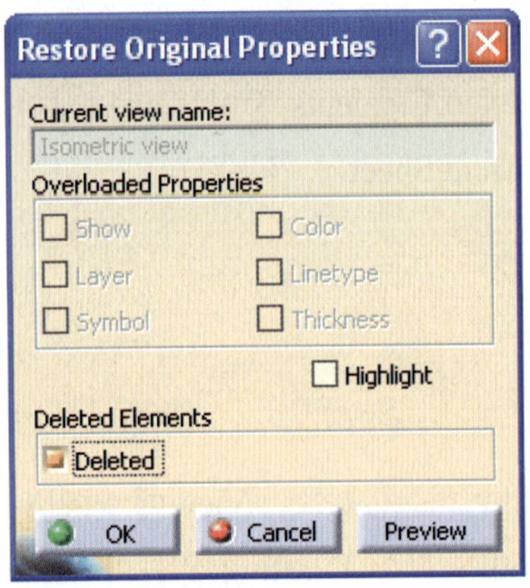

그림 8–58 Restore Original Properties

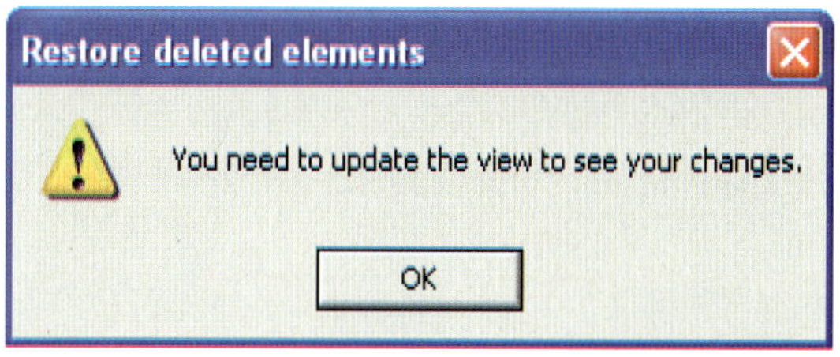

그림 8-59 Restore Deleted Elements

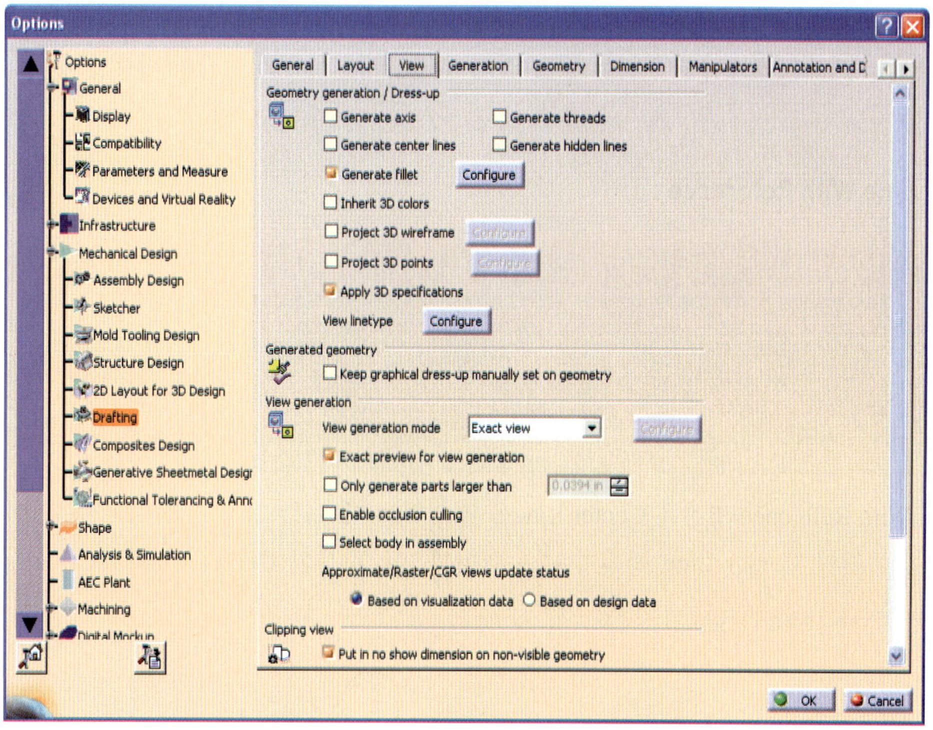

그림 8-60 Options 대화상자-Drafting-View 탭

탭에서 Axis, Center Line, Thread와 같은 Dress-Up 요소들은 View 생성 시 자동으로 생성될 수 있도록 설정이 가능합니다.

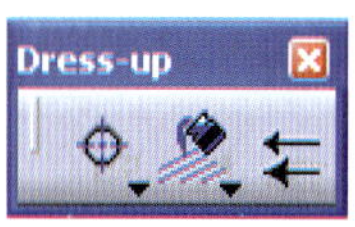

DRESS-UP TOOLBA

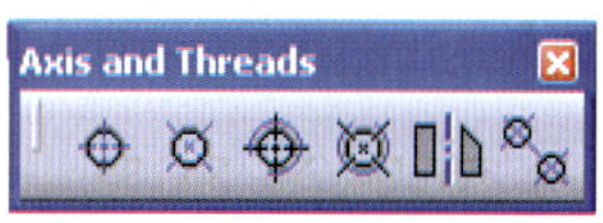

AXIS AND THREADS TOOLBAR

Center Line

요약: Center Line을 생성합니다.
사용 순서: Center Line을 생성하고자 하는 대상을 선택합니다.

Center Line 명령은 호나 원 형상의 중심선을 즉각적으로 생성하는 명령입니다. 생성된 중심선을 클릭하여 중심선의 크기를 조절하는 것도 가능하며, 그림 8-61과 같이 Center Line의 한 부분을 CTRL 키를 누르고 드래그하면 원하는 방향에 대해서 Center Line의 연장이 가능합니다.

Center Line With Reference

요약: Center Line을 기준 요소와 함께 정의합니다.
사용 순서:
명령어가 실행된 후: Center Line을 정의하고자 하는 원 요소를 선택합니다.
원 요소를 선택한 후: 포인트나 선, 원 요소를 기준 요소로 선택해 줍니다.

Center Line With Reference 명령은 Center Line을 정의하는 데 기준 요소를 정의할 수 있어 기준에 따른 상대적인 Center Line 정의가 가능합니다. 이 형식의 Center Line은 Circular

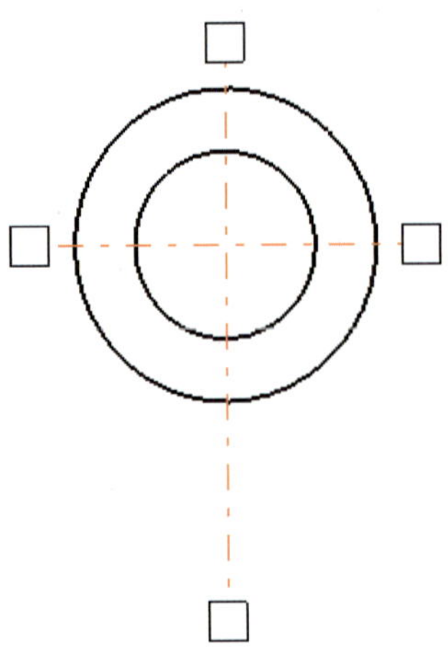
그림 8-61 Center Line 수정하기

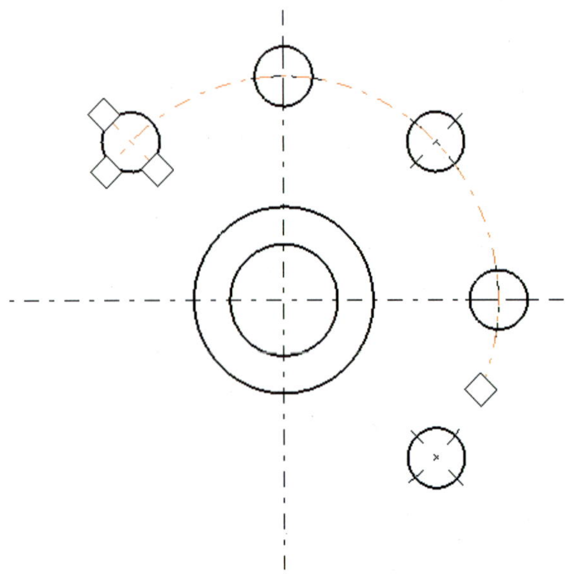
그림 8-62 Center Line With a Reference

Pattern 명령을 사용해 만든 형상에 반드시 적용해야 합니다. 그림 8-62와 같이 마찬가지로 Center Line의 길이를 CTRL 키를 눌러 조절하는 것이 가능합니다.

Thread

요약: Thread(나사산)을 표시하는 데 사용합니다.
사용 순서: Thread를 적용할 대상을 선택해 줍니다.

Thread 명령은 나사산을 표시하는 명령으로 Center Line 명령과 유사하게 실행할 수 있습니다. 그림 8-63(a)에서와 같이 Center Line과는 다소 다르게 나타납니다.

Thread With Reference

요약: Thread를 기준 요소를 중심으로 생성합니다.
사용 순서:
명령어가 실행된 후: Center Line을 정의하고자 하는 원 요소를 선택합니다.
원 요소를 선택한 후: 포인트나 선, 원 요소를 기준 요소로 선택해 줍니다.

Thread With Reference 명령은 Center Line With Reference와 유사한 원리로 사용할 수 있습니다. 그림 8-63(b)를 참고하시기 바랍니다.

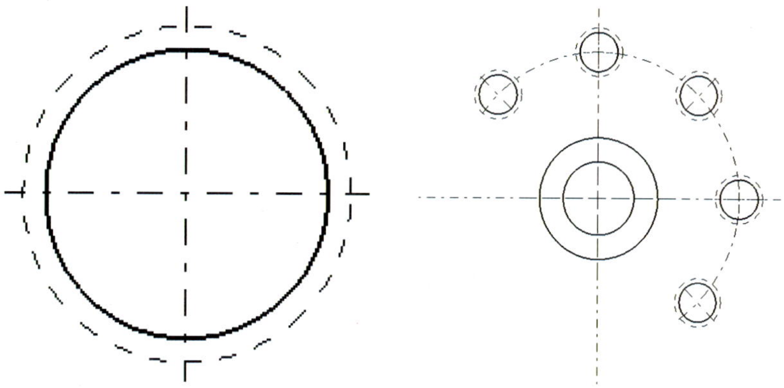

(a) Thread (b) Thread With Reference

그림 8-63 Thread 표현

Axis Line

요약: Axis Line을 생성합니다.

사용 순서:

명령을 실행한 후: Axis를 생성하고자 하는 대상이나 기준이 될 첫 번째 선을 선택합니다.

대상 또는 라인이 선택된 후: 기준이 될 두 번째 대칭 요소를 선택합니다.

Axis Line은 대칭선이나 중심선을 생성하는 유용한 명령입니다. 사용자는 두 개의 대칭이 될 요소를 선택해 주어야 합니다. 그림 8-64와 같이 축 라인을 수정해줄 수 있습니다.

Axis Line and Center Line

요약: 원형 경계에 대해서 Axis Line과 Center Line을 동시에 생성합니다.

사용 순서:

명령을 실행한 후: Axis를 생성하고자 하는 대상이나 기준이 될 첫 번째 원을 선택합니다.

대상 또는 라인이 선택된 후: 기준이 될 두 번째 원 요소를 선택합니다.

Axis Line and Center Line 명령은 두 개의 원 요소 사이에 두 원을 잇는 중심선과 원점의 중심선을 그리는 기능을 합니다. 각각의 요소들은 그림 8-65와 같이 수정이 가능합니다.

AREA FILL TOOLBAR

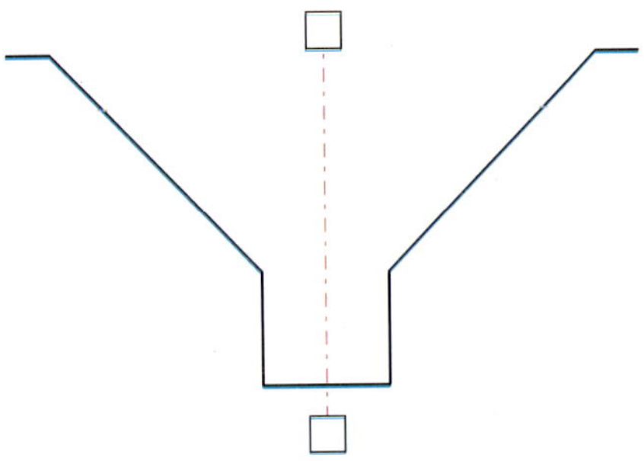

그림 8-64 Axis Line

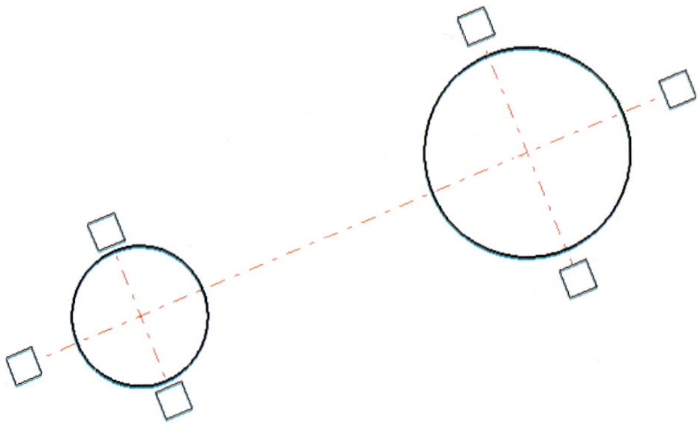

그림 8-65 Axis and Center Line

경우에 따라 사용자가 Drawing에서 직접 강조 또는 정보를 표시하기 위하여 해칭 면을 직접 정의할 필요가 있습니다. 다음에 이어지는 두 개의 명령은 해칭 면을 생성하거나 수정하는 방법을 확인할 수 있습니다.

Area Fill Creation

요약: 해칭 면을 생성합니다.

사용 순서: 해칭 면을 생성하고자 하는 영역을 선택합니다.

Area Fill Creation 명령은 사용자가 원하는 영역에 자동으로 경계를 인식하거나 수동으로 선택하여 해칭을 표현합니다. Area Fill이 생성되면 경계와 연결이 되기 때문에 만약이 Geometry가 삭제될 경우 그림 8-66과 같이 대화상자가 나타납니다.

명령어가 활성화되면, 그림 8-67과 같이 Tool Palette 툴바가 나타납니다. 만약 Create Datum 옵션이 활성화된 경우 Area Fill은 경계와 연결되지 않은 상태로 만들어집니다.

Automatic Detection 옵션은 사용자가 닫혀있는 경계의 일부를 선택하면 자동으로 Fill 영역을 찾아주며 Profile Selection 옵션은 사용자가 모든 경계를 선택해 주어야 합니다.

Area Fill의 기본 표시는 사선의 해칭 모양입니다. Fill의 패턴 형상을 변경하기 위해서는 해칭 선을 더블클릭하거나 해칭의 속성 메뉴에 들어가 변경이 가능합니다. 속성창은 그림 8-68과 같으며 여기서 패턴 형상이나 이에 관계된 변수 설정이 가능합니다.

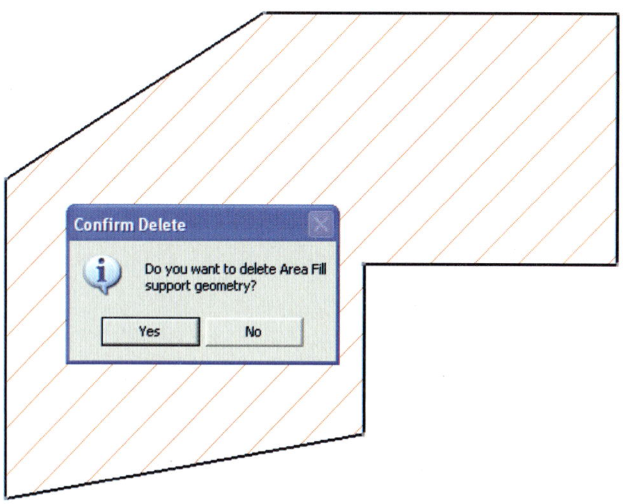

그림 8-66 Area Fill 삭제 확인

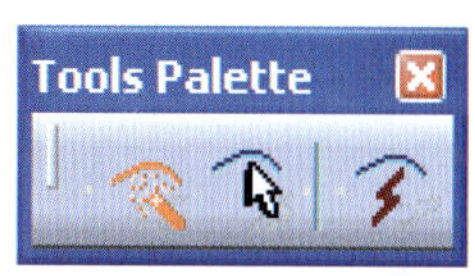

그림 8-67 Area Fill의 Tools Palette 툴바

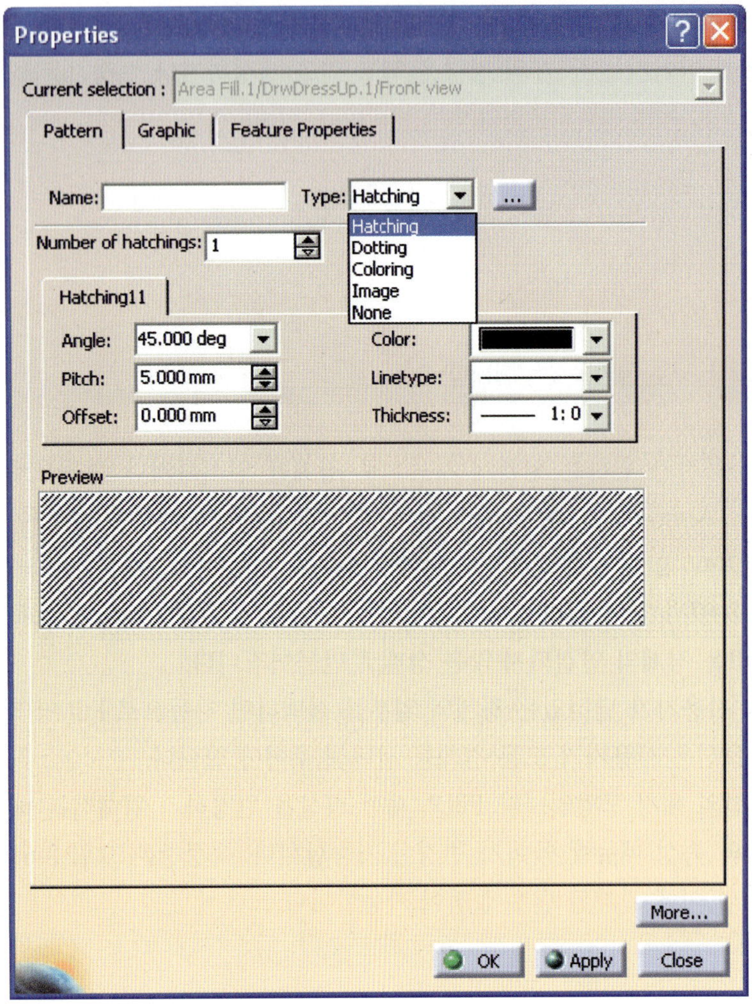

그림 8-68 Area Fill의 속성

Area Fill Modification

요약: Area Fill을 수정할 때 사용합니다.

사용 순서:

명령어를 실행한 후: 수정할 영역을 선택합니다.

Area Fill 영역이 선택된 후: 수정하고자 하는 Area Fill을 선택합니다.

그림 8-69와 같이 Area Fill의 해칭된 영역이 형상 변경의 업데이트에 따른 변경을 반영하지 못하고 있을 경우 Area Fill Modification 명령을 통해서 수동으로 변경해 주어야 합니다.

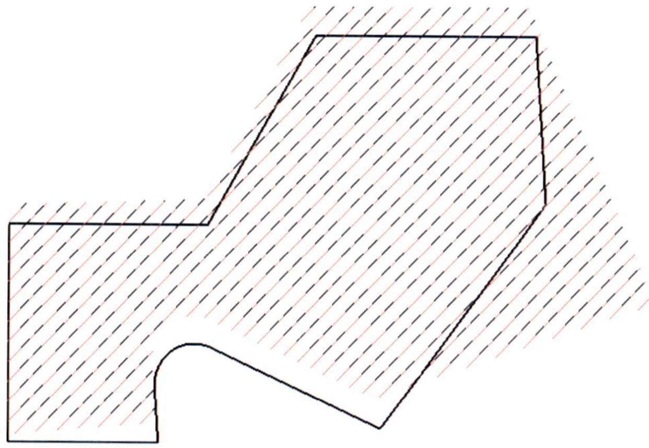

그림 8-69 Area Fill 수정

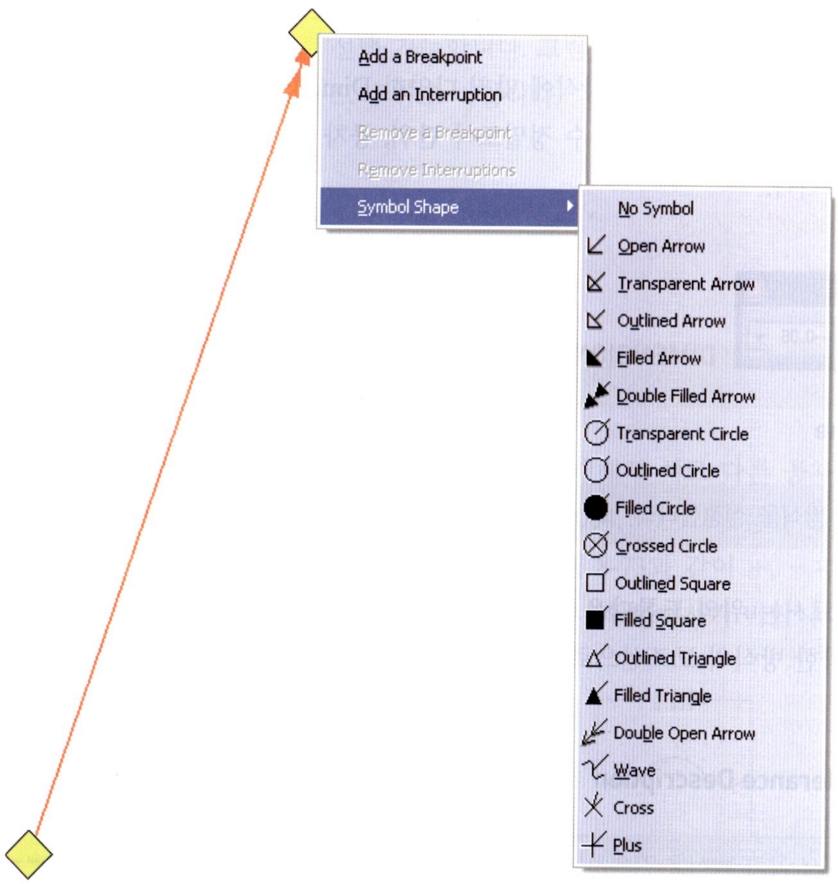

그림 8-70 Arrow 끝단 정의 Context 메뉴

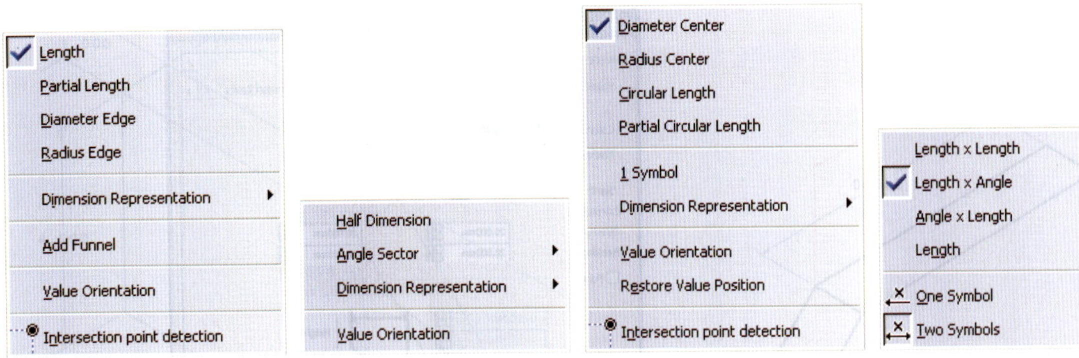

(a) Linear (b) Angular (c) Radial/Diametral (d) Chamfer

그림 8-83 Dimension의 Context 메뉴

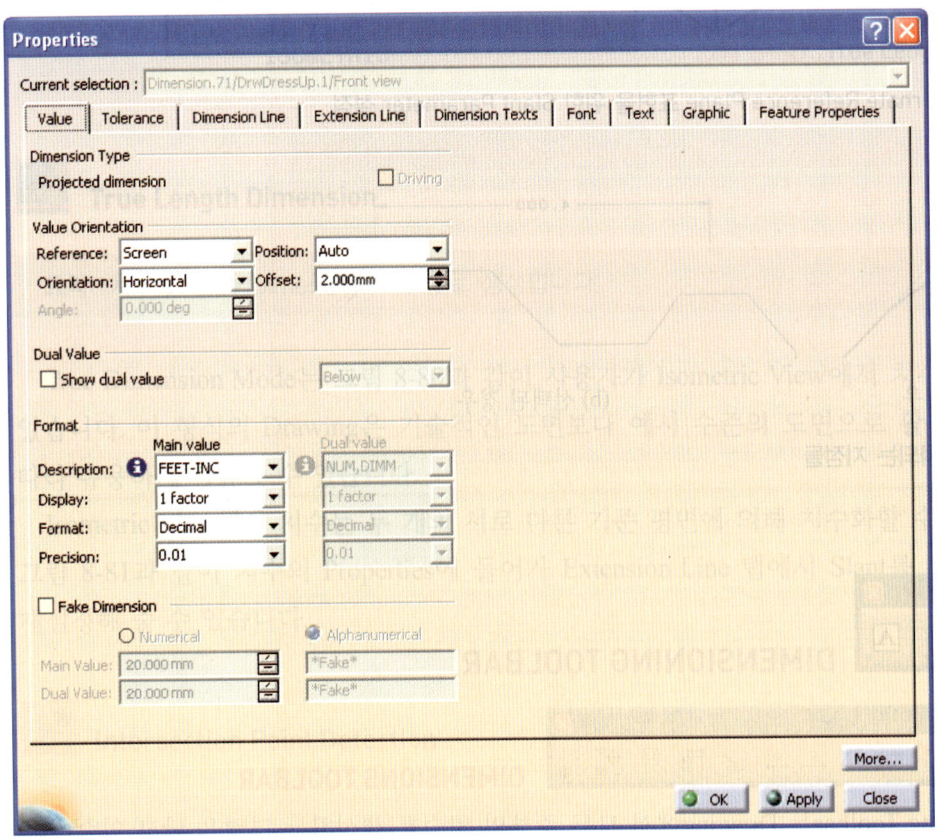

그림 8-84 Dimension의 속성

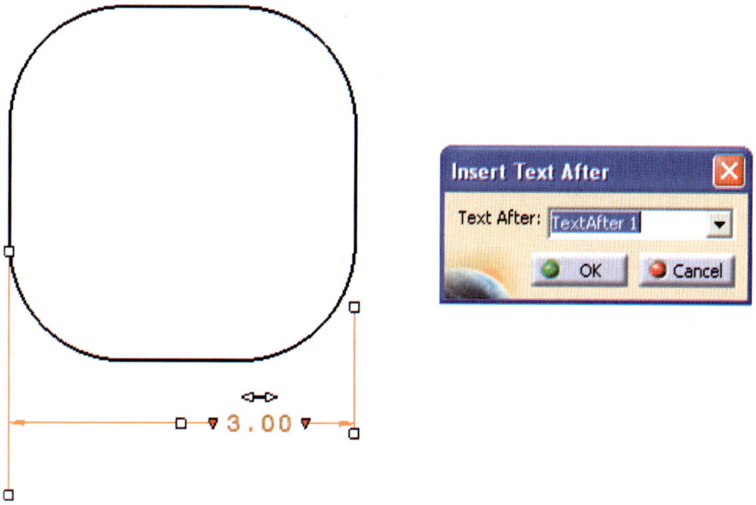

그림 8-85 Manipulators

또한, 경우에 따라 치수가 원하는 방식으로 생성되지 않을 경우가 있습니다. 이럴 경우 사용자의 수정이 필요합니다. 그림 8-84와 같이 치수에 대한 속성창에 들어가 다양한 옵션으로 사용자가 원하는 표기를 만들 수 있습니다. 이 모든 옵션을 본 교재에서 설명할 수는 없지만 사용자가 이 옵션들을 충분히 살펴볼 시간을 가지길 권장합니다.

MANIPULATORS

Manipulator는 수정도구로 치수를 생성한 후나 또는 생성하면서 사용할 수 있습니다. 그림 8-85와 같이 사용자가 치수 위치를 세밀하게 수정하거나 치수에 텍스트를 추가 삽입하는 것이 가능합니다.

Manipulator는 처음에는 활성화되지 않으며 그림 8-86과 같이 풀다운 메뉴의 Tools ⇨ Options에 들어가 활성화해 주어야 합니다.

DIMENSION LINES

그림 8-87과 같이 치수선의 화살표를 클릭하면 방향을 바꾸어 줄 수 있습니다.

Dimensions

요약: Dimension을 생성합니다.

사용 순서: Dimension을 생성하고자 하는 첫 번째 요소를 선택합니다.

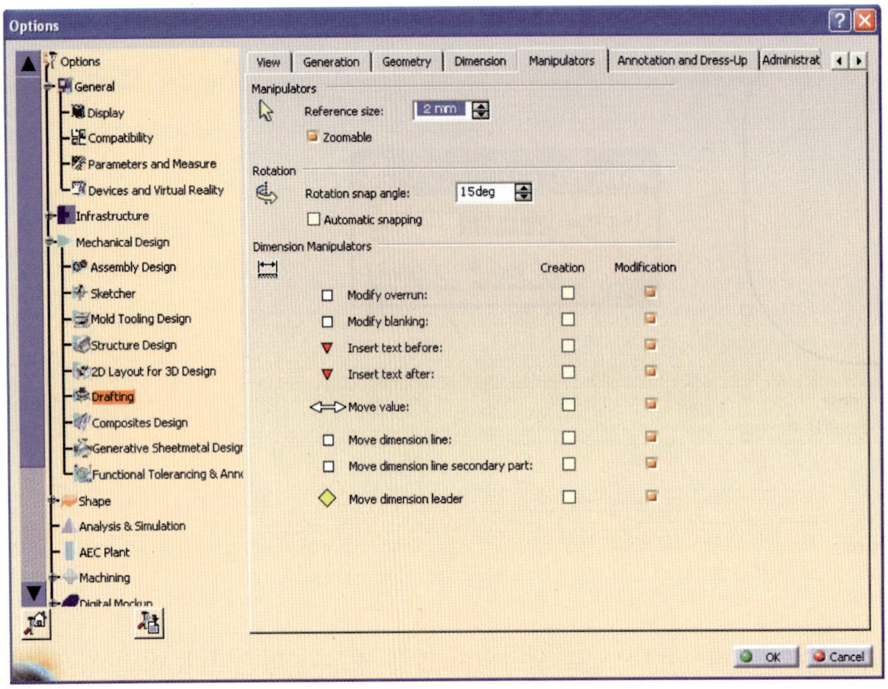

(a) Dimension manipulators－파트1

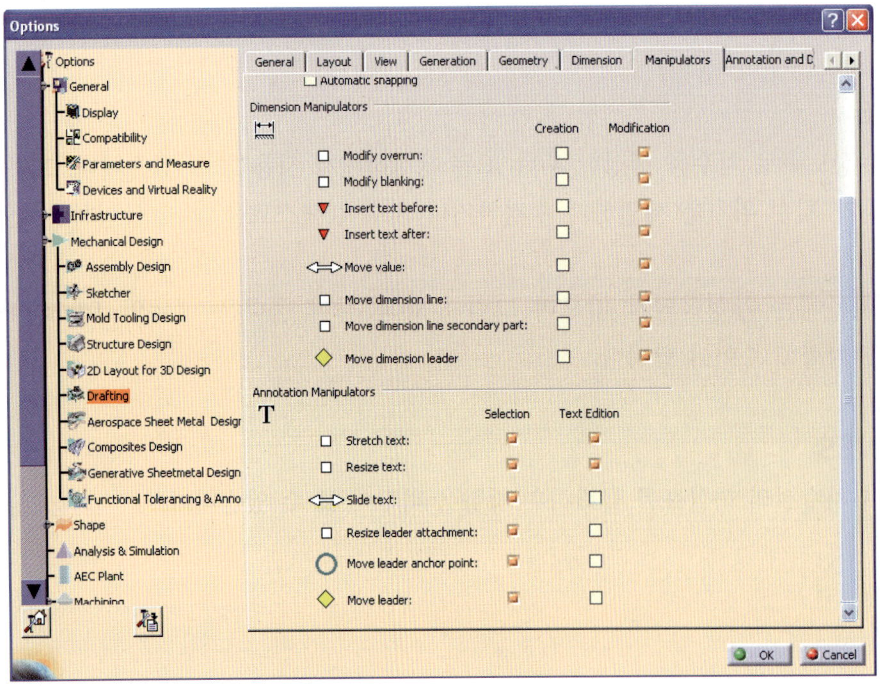

(b) Annotation manipulators－파트2

그림 8-86 Options 대화상자－Drafting－Manipulators

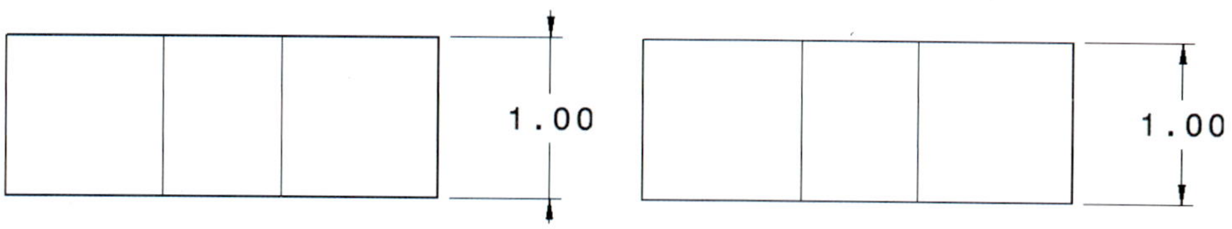

(a) Outside extension lines (b) Inside extension lines

그림 8-87 Dimension Lines

Dimension 명령은 치수를 생성하는 팔방미인 도구입니다. 선택하는 Geometry 요소의 종류에 따라 자동으로 길이, 지름, 반지름, 각도 등의 치수를 생성합니다. 동시에 여러 개의 형상에 치수를 입력하고자 할 경우 명령어를 더블클릭하여 반복 사용이 가능합니다. 구속이 복잡한 경우에는 치수 방식에 따른 Dimension 명령어를 사용하기 바랍니다.

Chained Dimensions

요약: Chained Dimension을 생성합니다.

사용 순서:

명령어를 실행한 후: Dimension을 생성하고자 하는 첫 번째 요소를 선택합니다.

첫 번째 요소가 선택된 후: 치수를 생성하고자 하는 두 번째 요소를 선택합니다.

두 번째 요소가 선택된 후: 추가로 치수를 공유하는 동일한 형식의 요소를 추가로 선택합니다.

Chained Dimension 명령은 그림 8-88과 같이 일정 방향으로 치수가 나란히 배열되는 치수에 대해서 구속을 체인과 같이 연결되도록 만들어주는 명령입니다. 첫 번째 선택한 요소를 기준 요소로 하여 다음 치수들을 정의하는 데 사용됩니다. 모든 연결된 치수들은 동시에 시트에 위치하며, 치수 정의가 끝나고 빈 시트를 선택하면 명령이 종료됩니다.

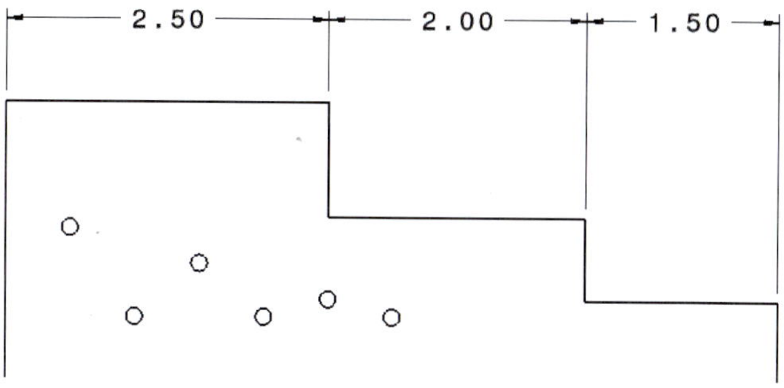

그림 8-88 Chained Dimensions

Cumulated Dimensions

요약: Cumulated Dimension을 생성합니다.

사용 순서:

명령어를 실행한 후: 치수를 생성하고자 하는 요소를 선택합니다.

첫 번째 요소를 선택한 후: 두 번째 요소를 선택합니다.

두 번째 요소를 선택한 후: 추가로 치수를 생성하고자 하는 대상을 선택하여 기준이 되는 요소로부터 치수가 생성되도록 합니다.

Cumulated Dimension 명령은 그림 8-89와 같이 같은 방향으로 정렬되어 하나의 기준 방향으로 치수가 생성되는 형식의 구속을 생성합니다. 첫 번째로 선택한 요소가 기준이 되어 치수가 만들어질 것입니다. 모든 연결된 치수들은 동시에 시트에 위치하며, 시작 위치에 O 표시가 나타납니다. 치수 정의가 끝나고 빈 시트를 선택하면 명령이 종료됩니다.

Stacked Dimensions

요약: Stacked Dimensions을 생성합니다.

사용 순서:

명령어를 실행한 후: 치수를 생성하고자 하는 요소를 선택합니다.

첫 번째 요소를 선택한 후: 두 번째 요소를 선택합니다.

두 번째 요소를 선택한 후: 추가로 치수를 생성하고자 하는 대상을 선택하여 기준이 되는 요소로부터 치수가 생성되도록 합니다.

Stacked Dimension 명령은 그림 8-90과 같이 하나의 기준선으로부터 치수를 연이어 생성합니다. 첫 번째 선택한 형상 요소를 기준으로 치수를 생성하며, 다음에 이어지는 치수들은 연이어 이 기준으로부터 치수를 생성합니다. 모든 연결된 치수들은 동시에 시트에 위치하며, 치수 정의가 끝나고 빈 시트를 선택하면 명령이 종료됩니다.

그림 8-91과 같이 치수 사이의 오프셋 거리를 수정하고자 할 경우 풀다운 메뉴의 Options에서 Drafting의 Dimension 탭에 있는 Line Up 설정이 가능합니다.

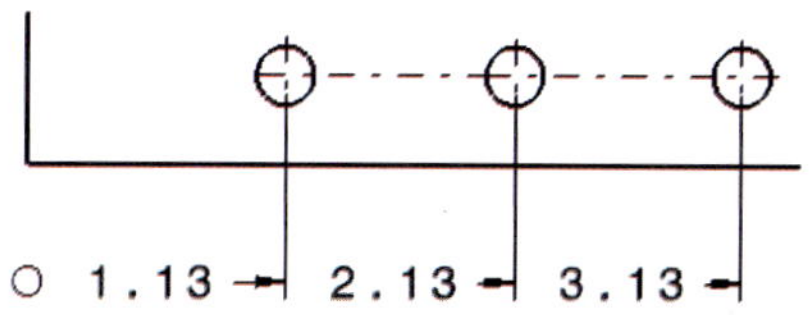

그림 8-89 Cumulated Dimensions

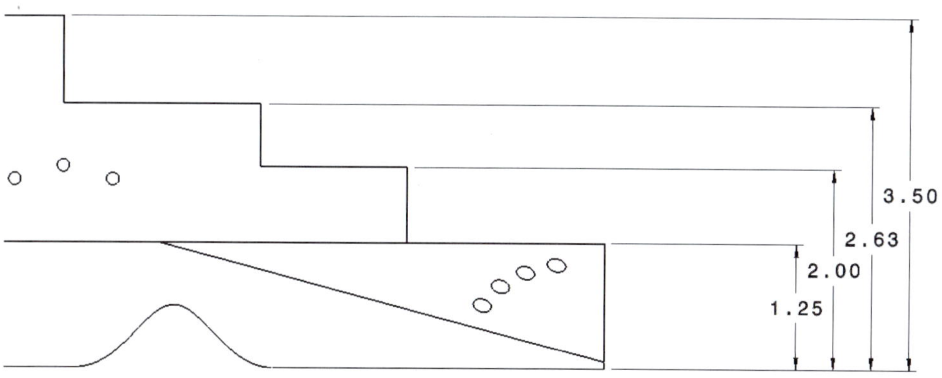

그림 8-90 Stacked Dimensions

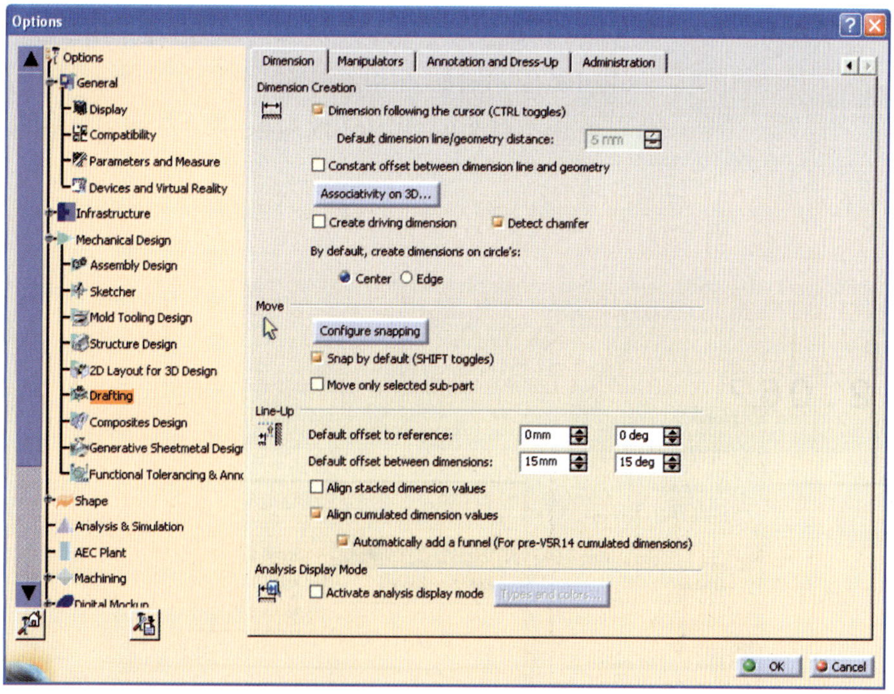

그림 8-91 Options 대화상자–Drafting–Dimension 탭

Length/Distance Dimensions

요약: Length/Distance Dimension을 생성합니다.

사용 순서:

명령어를 실행한 후: 치수를 생성하고자 하는 대상을 선택합니다.

첫 번째 요소를 선택한 후: 치수를 정의하기 위한 두 번째 요소를 선택합니다.

만약 두 번째 요소가 선택한 후: 동일한 치수 형식의 다른 요소를 선택하거나 치수 생성을 마무리 합니다.

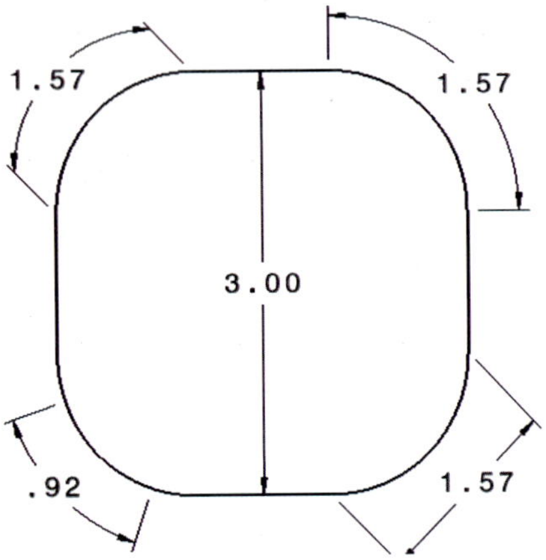

그림 8-92 Length/Distance Dimensions

Length/Distance Dimension 명령은 사용자가 길이나 거리 또는 그림 8-92에서와 같이 호의 길이 치수를 생성하는 데 사용합니다. 명령을 실행하고 Context 메뉴에서 직선 길이로 치수를 내거나 또는 호 길이로 치수를 생성합니다.

호나 원 요소를 선택할 경우 Context 메뉴에서 Anchor란 것을 사용하여 길이를 잡을 요소를 선택해 줄 수 있습니다(그림 8-93 참조). 오른쪽 마우스 클릭을 통해 원들의 중심과 중심 사이 대신 가장 바깥쪽이나 안쪽을 선택할 수 있습니다.

또한 그림 8-94와 같이 Dimension에서 직접 Anchor

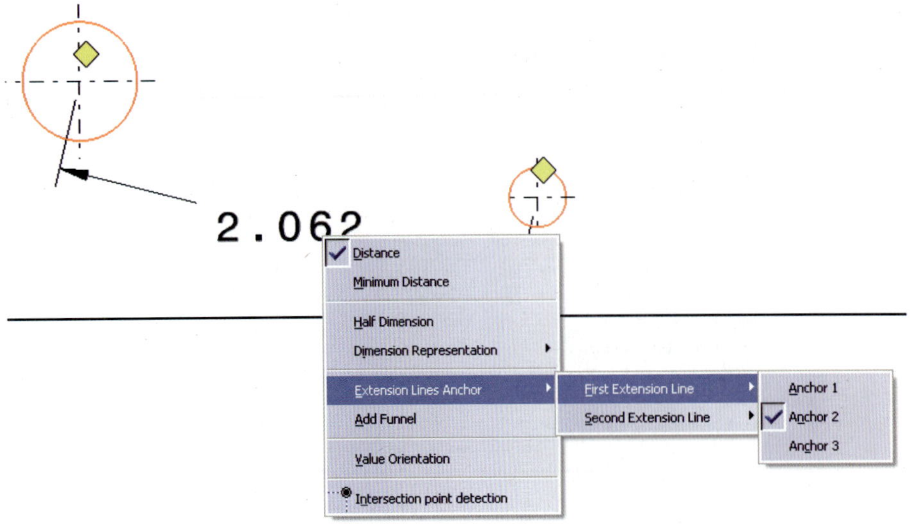

그림 8-93 Length/Distance Dimension–Dimensioning Circles

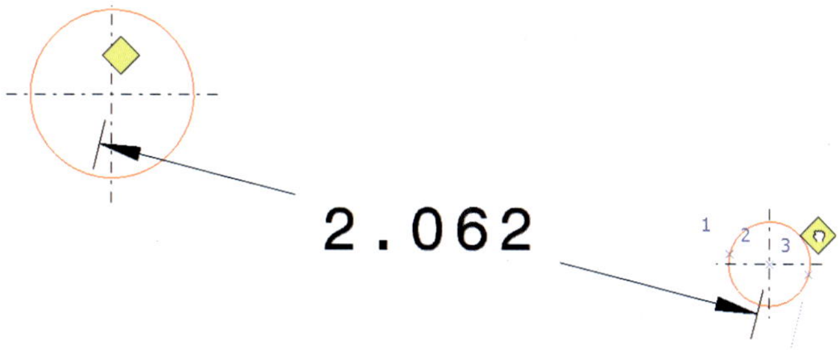

그림 8-94 Linear Dimension-Changing Anchors

수정이 가능합니다. 치수를 생성할 때, 이런 경우 CTRL 키를 누른 채 마우스 커서를 노란색으로 표시된 위치 중에 원하는 곳으로 이동시킵니다. 그럼 Anchor 위치에 숫자로 표시될 것이며, 드래그 앤 드롭하여 원하는 위치를 선택합니다.

Angle Dimensions

요약: Angle Dimension을 생성합니다.

사용 순서:

명령어를 실행한 후: 치수를 생성하고자 하는 첫 번째 요소를 선택합니다.

첫 번째 요소를 선택한 후: 각도 치수를 나타내기 위한 두 번째 요소를 선택합니다.

두 번째 요소를 선택한 후: 동일한 치수 형식의 다른 요소를 선택하거나 치수 생성을 마무리합니다.

Angle Dimension 명령은 나란하지 않은 두 직선 요소 사이의 각도 치수를 생성합니다. 만약 각도가 사용자가 원하는 값으로 나타나지 않을 경우 그림 8-95와 같이 Context 메뉴에서 Sector 값을 변경해 원하는 표시 값을 선택해줄 수 있습니다.

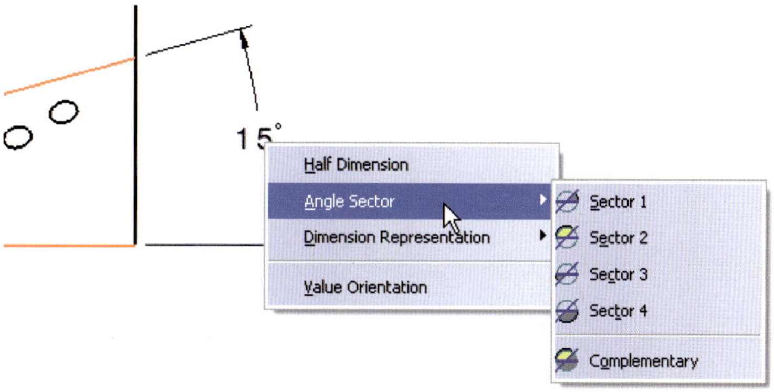

그림 8-95 Angular Dimension-Changing the Sector

Radius Dimensions

요약: Radius Dimension을 생성합니다.

사용 순서:

명령어를 실행한 후: 치수를 생성하고자 하는 원 또는 호 요소를 선택합니다.

원 또는 호 요소를 선택한 후: 클릭하여 치수를 생성합니다.

Radius Dimension 명령은 사용자가 반지름 치수를 생성하고자 할 경우에 사용합니다. 반지름 치수의 경우 보조선을 이용한 그림 8-96과 같은 방식으로 Dimensions Properties에서 치수를 수정해주는 것이 바람직합니다. 치수를 생성하는 동안 여러 개의 옵션 설정이 가능하기도 합니다.

Diameter Dimensions

요약: Diameter Dimension을 생성합니다.

사용 순서:

명령어를 실행한 후: 치수를 생성하고자 할 원 요소를 선택합니다.

원 요소를 선택한 후: 치수를 생성합니다.

Diameter Dimension 명령은 Radius Dimension과 유사하나 원 요소에 지름 치수를 생성합니다. 마찬가지로 Dimension Properties 툴바에서 치수선 표시 방식을 변경해 줍니다. 그림 8-97과 같이 다양한 옵션을 사용할 수 있습니다.

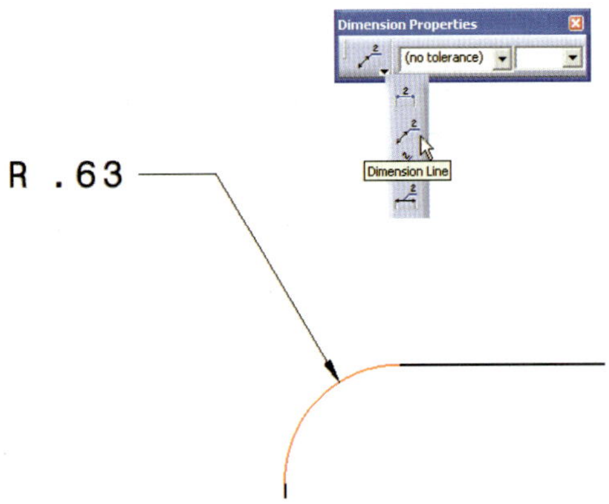

그림 8-96 Radial Dimension-Modifying the Leader Line

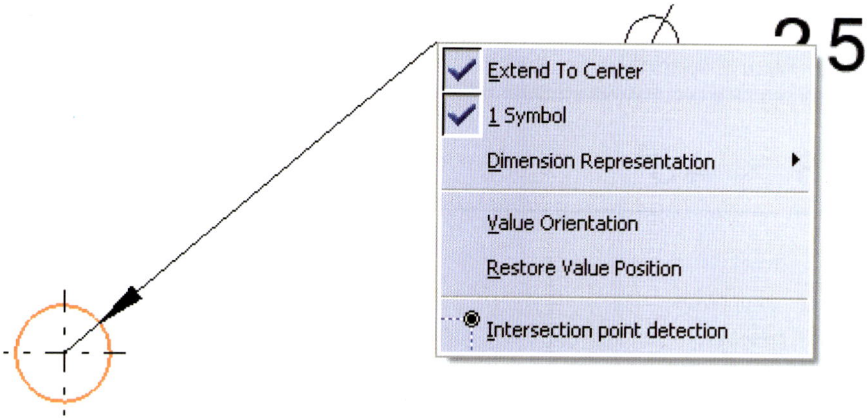

그림 8-97 Diameter Dimension의 Context 메뉴

Chamfer Dimensions

요약: Chamfer Dimension을 생성합니다.

사용 순서

명령어를 실행한 후: Chamfer가 들어간 부분이나 면 요소를 선택해 줍니다.

대상을 선택한 후: 첫 번째 기준면을 선택해 줍니다.

첫 번째 기준 요소가 선택된 후: 두 번째 기준면을 선택해 줍니다.

모든 선택을 마친 후: 시트를 선택하여 생성 작업을 마칩니다.

Chamfer Dimension 명령은 모따기 치수를 생성하는 데 사용합니다. 치수를 생성하기 위한 순서는 그림 8-98과 같은 순서로 선택해 줍니다.

치수를 생성할 때 Context 메뉴에서 그림 8-99와 같이 모따기 표시 옵션을 변경해줄 수 있습니다.

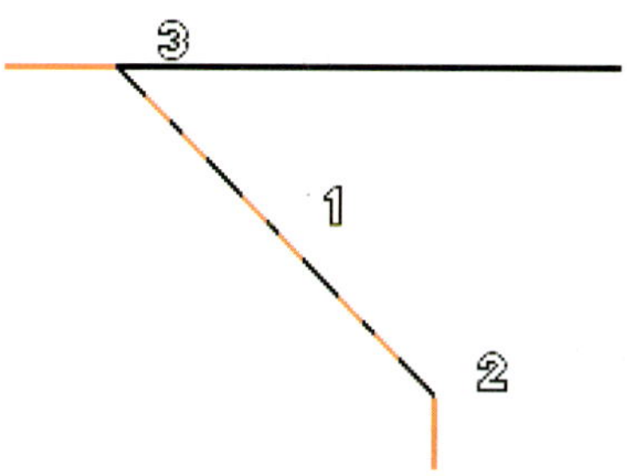

그림 8-98 Chamfer 선택 순서

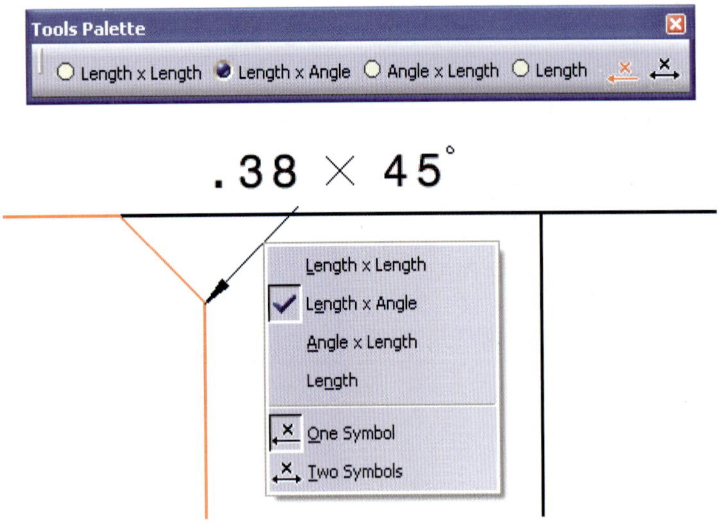

그림 8-99 Chamfer Dimension의 Context 메뉴

Thread Dimensions

요약: Thread Dimension을 측면이나 정면에 생성합니다.

사용 순서: Thread 정보를 입력하기 위한 대상을 선택합니다.

Thread Dimension은 나사산 정보를 기입하는 데 사용합니다. 표기 방식은 측면 또는 정면인지에 따라 그림 8-100과 같이 다르게 나타납니다.

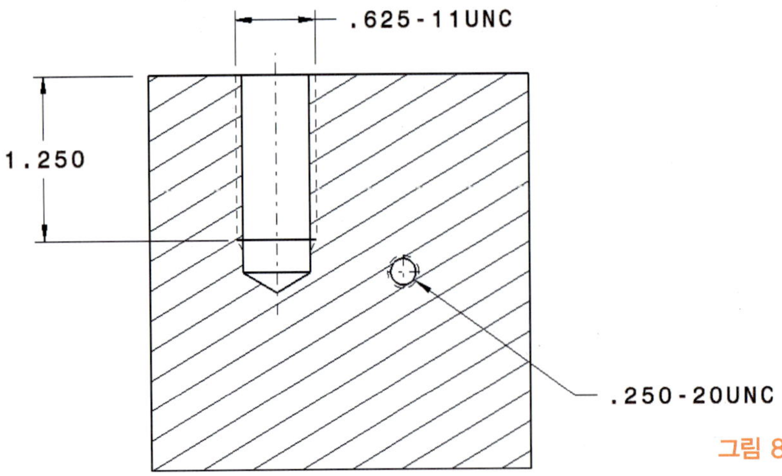

그림 8-100 Thread Dimensions

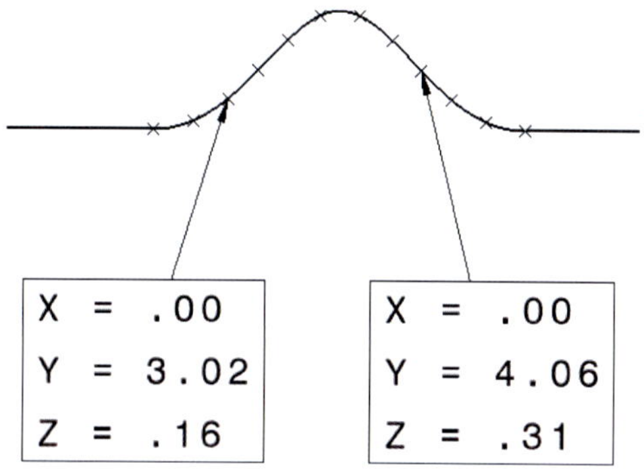

그림 8-101 Coordinate Dimensions

Coordinate Dimensions

요약: Coordinate Dimension을 생성합니다.

사용 순서:

명령을 실행한 후: 한 개 또는 복수의 포인트를 선택합니다.

포인트가 선택된 후: 포인트 좌표가 생성될 위치를 선택합니다.

포인트 요소의 좌표 위치를 나타내주는 기능을 합니다. 그림 8-101과 같이 각각의 포인트에 대해서 좌표를 생성합니다.

Hole Dimension Table

요약: Hole Dimension을 생성합니다.

사용 순서:

명령어를 실행한 후: 치수를 생성하고자 하는 요소를 선택합니다.

포인트를 선택한 후: 포인트 또는 두 선 요소를 선택하여 원점 위치를 정의합니다.

선택하고 OK 버튼을 클릭한 후: Table이 만들어질 위치를 선택해 줍니다.

Hole Dimension 명령은 View상의 원 형상의 정보를 테이블로 생성해 치수 기입을 간결하게 해줍니다. 효과적인 사용 방법은 각각의 원에 대해서 테이블을 만들지 말고 미리 모든 원 요소들을 선택하여 리스트를 만드는 방법이 있습니다. 일단 활성화된 경우, 사용자는 원 요소와 좌표 중심을 정의하여야 하며, 그림 8-102와 같이 테이블의 파라미터를 편집할 수 있습니다.

결과 테이블은 그림 8-103과 같습니다.

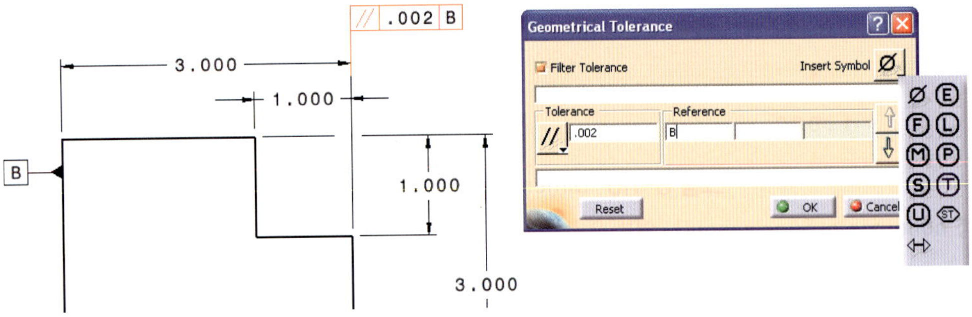

그림 8-112 Geometrical Tolerance

Geometrical Tolerance

요약: Geometrical Tolerance를 생성합니다.

사용 순서:

명령을 실행한 후: 치수 또는 형상 요소를 선택합니다.

선택을 마치거나 위치 정의를 마친 후: Geometrical Tolerance 프레임이 만들어질 위치를 선택합니다.

프레임 위치 정의를 마친 후: 프레임에 공차 값을 입력해 줍니다.

Geometrical Tolerance 명령은 Geometrical Tolerance 대화상자를 통하여 공차 및 주석을 입력하게 해줍니다. 공차 기호는 그림 8-112에서와 같이 대화상자에서 선택해 사용이 가능합니다. 여기서 대화상자의 하단의 노란 화살표를 클릭함으로써 Datum Feature 프레임을 추가할 수도 있습니다.

8.9 Element 생성하기

GENERATION TOOLBAR

Generation Toolbar에서는 3차원 형상으로부터 정보를 추출하여 도면에 자동으로 생성할 수 있도록 합니다. 포함된 결과들은 도면 표기를 위해 수정이 필요한 경우도 있지만 때때로 유용하게 사용할 수 있습니다.

DIMENSION GENERATION TOOLBAR

Generate Dimensions

요약: 3차원 형상으로부터 치수를 생성합니다.

사용 순서: 구속을 분석하여 치수를 생성합니다.

Generate Dimensions 명령은 3차원 형상 작업에서 스케치에 구속이 바르게 정의되었다면 매우 유용하게 이 구속을 치수로 활용할 수 있게 하는 명령입니다. 치수를 생성하는 작업을 중복 없이, 그리고 치수들이 중첩되지 않도록 정의하려면 시간이 필요합니다. 그래서 그림 8-113과 같이 스케치에 사용된 구속을 도면 작업의 치수로 가져오는 일은 매우 유용합니다. 어떤 치수들은 삭제하거나 이동시키는 등 수정이 불가피하겠지만 나머지 치수들은 그대로 사용할 수 있어 시간을 절약할 수 있습니다. Drawing 작업에서 이렇게 생성된 치수를 나타내기 위하여 기본 색상은 녹색으로 출력되도록 되어 있습니다. 치수를 생성하기 위하여 사용자는 원하는 View와 명령을 활성화해야 하고 모든 치수들은 동시에 생성될 것입니다.

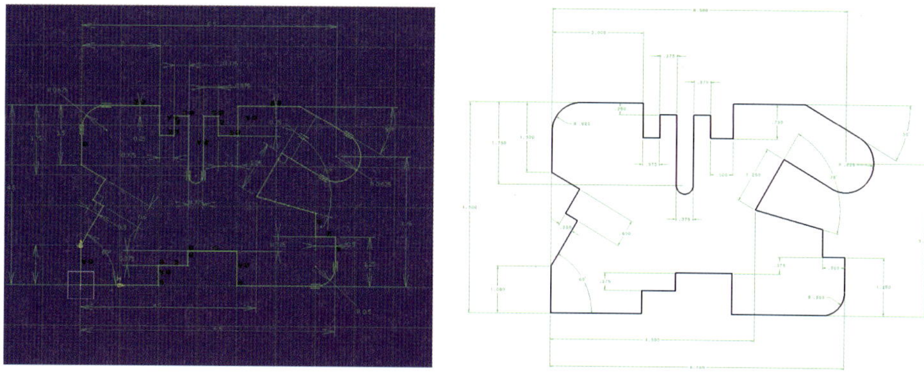

(a) Sketch (b) Drawing

그림 8-113 생성된 치수

Generate Dimensions Step by Step

요약: 3차원 형상으로부터 도면 치수를 단계별로 생성합니다.

사용 순서: 치수를 생성합니다.

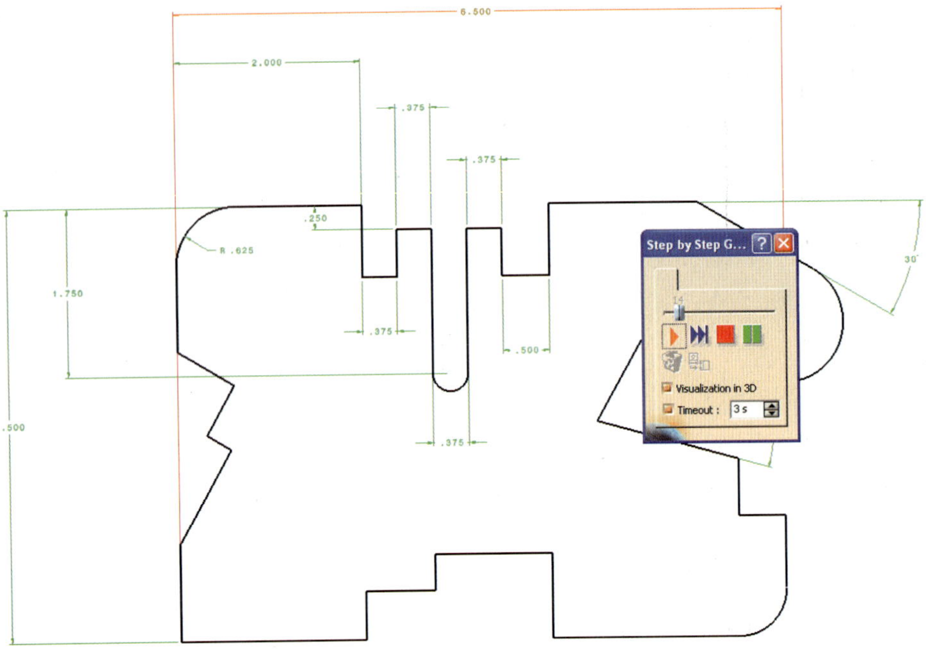

그림 8-114 단계적으로 치수 생성하기

이 명령은 사용자가 치수를 3차원 형상으로부터 단계적으로 시간 간격을 두고 생성할 수 있게 해줍니다. 만약 그림 8-114와 같이 Timeout 기능을 사용할 경우 사용자는 원하는 시간을 설정하여 치수 생성을 시작하게 하고 녹색 일시 정지 아이콘으로 정지를 시켜 생성된 치수를 상세히 확인할 수 있습니다. 만약 해당 구속을 치수로 생성하고자 하지 않다면 Not Generated 아이콘으로 치수 생성에서 제외시킬 수 있습니다. Transferred 옵션을 사용하면 활성화하지 않은 다른 View에도 치수를 생성하게 됩니다.

Generate Balloons

요약: 현재의 활성화된 View에 Balloons을 생성합니다.
사용 순서: 명령을 실행한 후 Assembly Product를 선택하여 Balloons을 생성합니다.

Generate Balloons 명령은 오로지 Assembly View에서 사용 가능한데 이는 활성화된 View에 Assembly 형상을 구성하는 각각의 서로 다른 파트에 숫자 풍선을 정의하기 때문입니다. 이 명령을 사용하기 위해서는 우선 Assembly Design에서 Generate Numbering 기능으로 .CATProduct 파일의 각 파트들에 Number가 미리 정의되어 있어야 합니다. 그림 8-115와 같이 Product에 정의된 파트들에 번호 풍선이 생기면서 형상 주변 사방으로 퍼지게 됩니다.

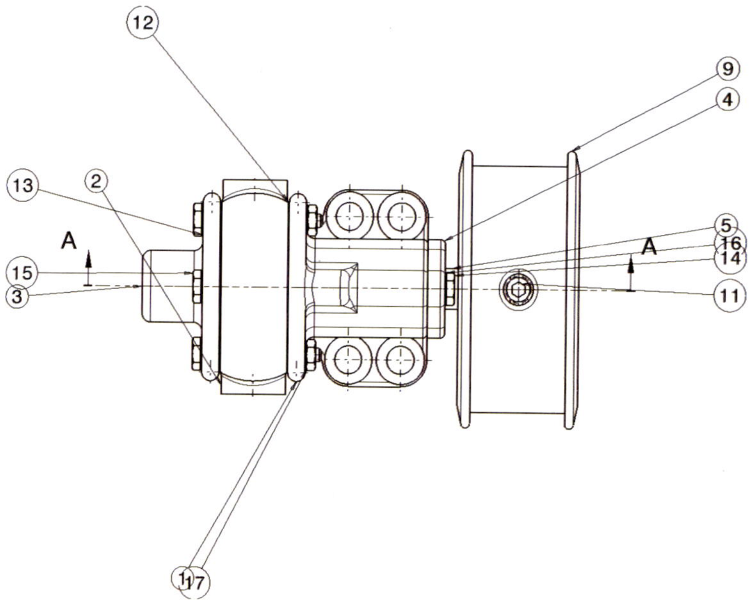

그림 8-115 생성된 Balloons-Original Result

Balloons들은 생성될 때 Part의 Instance와 링크된 것은 아닙니다. 이전의 Arrow 명령과 마찬가지로 Leader를 선택하여 나타나는 노란 마름모 표시를 오른쪽 마우스로 선택해서 화살표 모양을 변경해줄 수 있습니다. 마지막으로 Balloons에 생성된 숫자는 더블클릭하여 수정해줄 수 있습니다.

8.10 Annotations

CATIA®는 사용자가 도면 작업에 필요로 하는 기본적인 주석 기능을 제공하고 있습니다. 이 중에는 특별한 기호를 추가하는 것이 가능합니다. 설정 역시 낱개 또는 복수의 치수나 주석들을 선택한 후 수정이 가능합니다. 치수들과 함께 이번 섹션에서는 다양한 종류의 주석에 대한 설정에 대해서 공부할 것입니다.

TEXT PROPERTIES TOOLBAR

Font Name

요약: Drawing에 기입한 텍스트에 대한 폰트를 설정합니다.

- **Bold**
- *Italic*
- Underline
- Overline
- ~~Strike Thru~~
- Text^{Superscript}
- Text$_{\text{Subscript}}$
- Left Middle Right Justification

Anchor Point

요약: 텍스트 창의 Anchor Point의 위치를 설정합니다.

9개의 Anchor Point 위치로 선택된 텍스트 또는 시트 전체의 텍스트들의 앵커 포인트를 정의할 수 있습니다. 기본 값으로는 좌측 상단이 앵커 포인트 위치입니다.

만약 예를 들어 Title Block에 다른 타이틀을 입력할 때, 텍스트의 정확한 위치 설정이 필요하다면 우선 포인트들을 생성하여 텍스트 요소를 생성할 때 기준이 되도록 하는 방법을 추천합니다.

Frame

요약: 텍스트 주변에 Frame을 생성합니다.

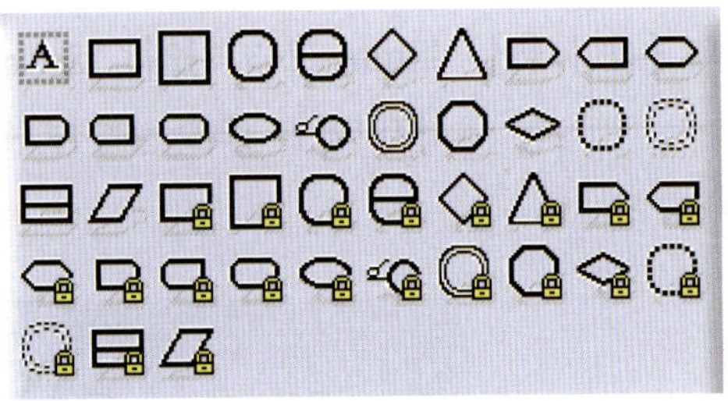

다양한 종류의 Frame이 텍스트 요소에 추가될 수 있습니다. 일부는 특별한 목적으로만 사용 가능하여 사용자가 사용할 수 없는 것도 있습니다. 이러한 요소들은 자물쇠 모양이 함께 나타납니다.

숫자나 짧은 단어에 Frame을 추가하는 것은 간단하며, 그리고 나서 드롭다운 리스트에서 원하는 프레임을 선택하면 됩니다. 그림 8-119와 같이 복

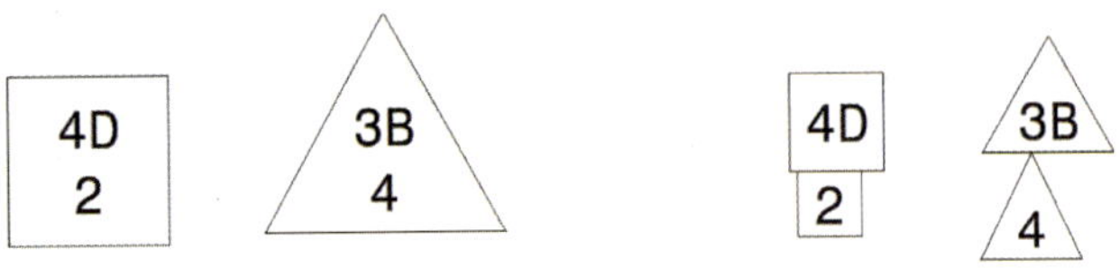

그림 8-119 Framing 양상

수의 라인을 가지는 텍스트에 프레임을 정의할 경우 절차를 바르게 따르는 것이 중요합니다. 그렇지 않을 경우 전혀 다른 결과를 확인할 수 있습니다.

Insert Symbol

요약: 수정하고자 하는 대상에 적용 가능할 경우 기호를 삽입할 수 있습니다.

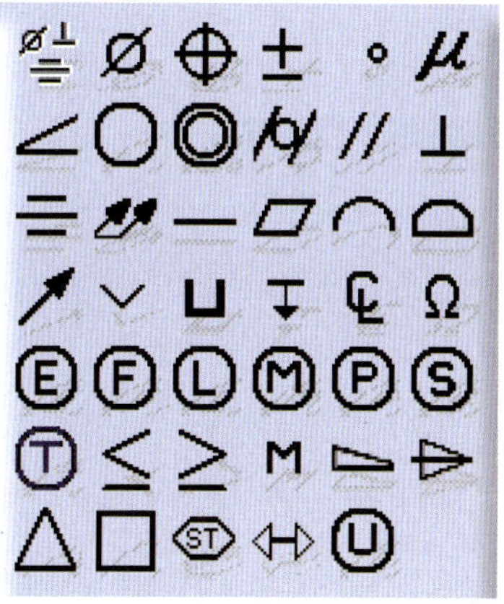

옆 그림에서와 같이 다양한 기호를 텍스트 사이에 삽입이 가능합니다. 사용자는 자주 원하는 기호를 드롭다운 리스트에서 선택이 가능합니다. 이 기호들은 Text Editor에 나타납니다. 기호는 직접적으로 치수의 앞이나 뒤에 사용될 수는 없습니다. 이런 경우 Positional Link를 사용하여 텍스트를 생성하는 것이 좀 더 사용자에게 유연한 사용을 제안합니다.

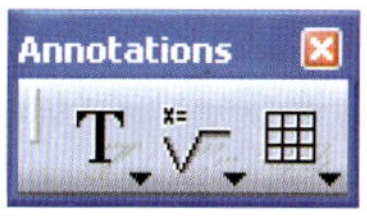

ANNOTATIONS TOOLBAR

CATIA®는 주석, 말풍선, 특별한 기호나 테이블과 같은 다양한 종류의 도구를 제공합니다. 어떤 View에 주석을 추가할 때는 먼저 해당 View를 활성화한 후 사용해야 합니다. 치수들은 선택한 Geometry를 포함하는 View에 연결되어 있기 때문에 동일한 특성을 가지지 않습니다.

TEXT TOOLBAR

Text

요약: 텍스트를 생성합니다.

사용 순서:

명령어를 실행한 후: 텍스트가 만들어진 앵커 포인트를 선택합니다(원하는 위치를 클릭).

앵커 포인트가 위치되거나 치수가 선택된 후: 텍스트를 입력합니다.

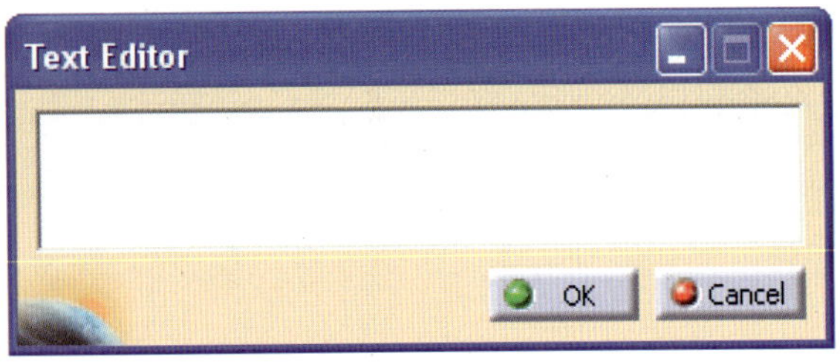

그림 8-120 Text Editor

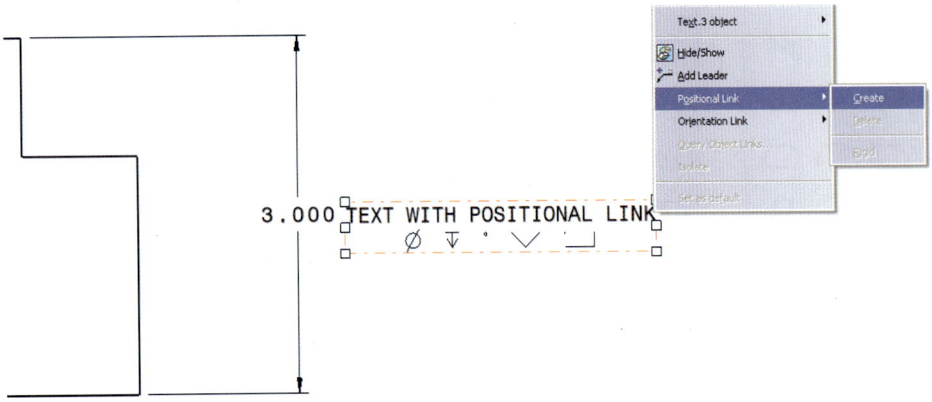

그림 8-121 Text with Positional Link

Text 명령은 도면에서 텍스트를 입력하는 데 사용됩니다. 명령을 활성화한 후에 사용자는 텍스트를 생성하고자 하는 시트의 위치를 선택해 줍니다. 그림 8-120과 같이 Text Editor에서 다양한 설정이 가능하며 텍스트를 처음 생성하거나 수정이 가능합니다. CTRL 키와 ENTER 키를 동시에 누르면 텍스트 라인을 변경해줄 수 있습니다.

텍스트 요소는 또한 도면 요소들과 또는 치수들과 Positional Link를 사용하여 링크가 가능합니다. 그림 8-121과 같이 링크 작업은 텍스트의 Context Menu에서 사용이 가능합니다. 이와 같이 링크된 텍스트를 사용하는 것은 치수나 특정 기호들을 상대적인 위치로 재위치시킬 때 값을 그대로 유지할 수 있게 해줍니다.

마지막으로, Attribute Link는 유용한 기능으로 2차원 또는 3차원 형상의 파라미터를 링크를 가진 채로 텍스트로 불러올 수 있어 형상이 업데이트될 때 같이 수정할 수 있습니다.

이러한 링크를 만들기 위해서는 우선 텍스트를 생성한 후에 링크될 텍스트 요소를 Text Editor에서 선택해 줍니다. 그러고 나서 마우스 커서는 Sheet의 Editor에서 벗어나야 하며 그림 8-122(a)와 같이 오른쪽 마우스를 클릭하여 Context Menu를 실행합니다. Attribute Link 옵션이 실행되었을 때, 사용자가 텍스트 요소에 링크를 걸어주고자 하는 적절한 파라미터를 Drawing이나 Part Specification Tree에서 선택하지 않는 이상 아무것도 일어나지는 않습니다.

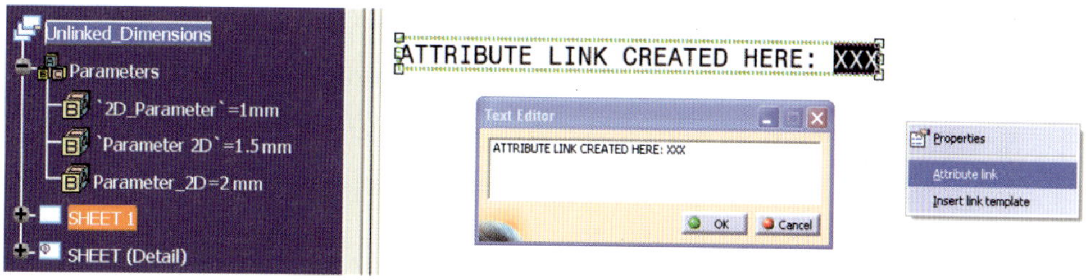

(a) Attribute Link Creation 실행

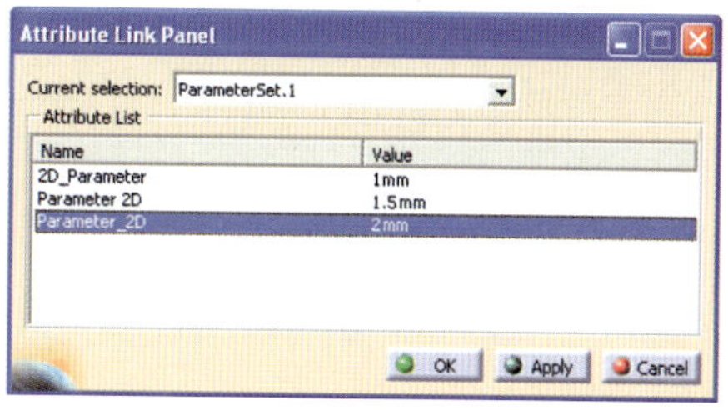

(b) Attribute Link를 변수에 지정

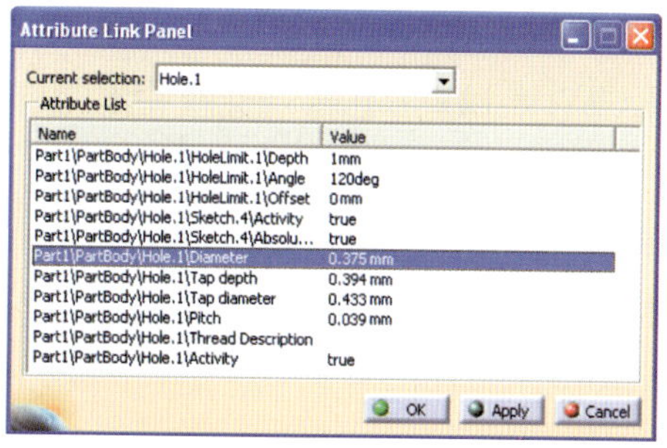

(c) Attribute Link을 Hole 형상에 지정

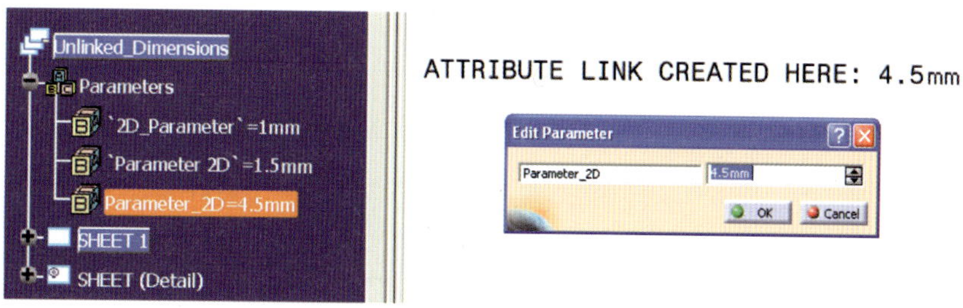

(d) 변수 수정하기

그림 8-122 Attribute Link의 생성

만약 파라미터가 .CATDrawing 또는 .CATPart에서 선택되었다면, 해당 도큐먼트에 속해 있는 모든 파라미터가 그림 8-122(b)와 같이 Attribute Link Panel에 나타나게 되며 여기서 사용자가 원하는 파라미터를 선택하면 됩니다. 만약 바람직한 파라미터가 시작 시에 선택되었다면 오

로지 해당 파라미터 하나만이 나타날 것이며 사용자는 이것을 선택하면 됩니다. 만약 3차원 형상이 .CATPart에서 선택된 경우 그림 8-122(c)와 같이 해당 형상에 관계된 모든 파라미터가 Panel에 나타나게 됩니다. 만약에 링크 작업이 완료된 경우 그림 8-122(d)와 같이 파라미터나 3차원 형상이 수정된 경우 즉각적으로 링크된 텍스트에 반영됩니다.

Text With Leader

요약: 텍스트를 지시선과 함께 만들어 줍니다.

사용 순서:

명령이 실행된 후: 요소를 선택하거나 지시선의 앵커 포인트를 선택합니다.

지시선의 앵커 포인트를 잡아준 후: 텍스트가 위치할 앵커 포인트를 지정합니다.

텍스트 앵커 포인트를 잡아준 후: 텍스트를 입력합니다.

텍스트 요소는 앞의 명령과 같은 방법으로 생성이 됩니다. 차이점이라 하면 지시선이 텍스트와 함께 만들어진다는 것입니다. 그림 8-123과 같이 다양한 수정 옵션이 Text With Leader를 생성할 때 적용 가능합니다.

첫째로, 텍스트 요소에서 오른쪽 마우스를 클릭하여 Context Menu를 실행한 후 필요에 따라 새로운 지시선을 추가해줄 수도 있습니다. 만약 그런 경우 사용자는 새로운 지시선 추가를 완료하기 위하여 Sheet를 클릭해 주어야 합니다.

또한 사용자는 텍스트를 따라 지시선이 만들어질 수 있도록 클릭과 함께 드래그하여 생성할 수도 있습니다. 텍스트 요소에서는 오로지 두 개의 위치가 사용 가능하나, Datum Reference Frames에는 여러 위치로 사용이 가능합니다.

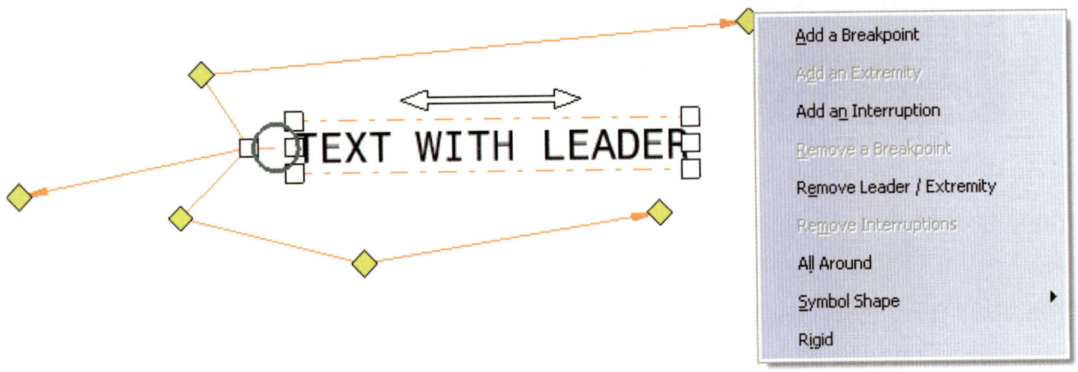

그림 8-123 Text With Leader

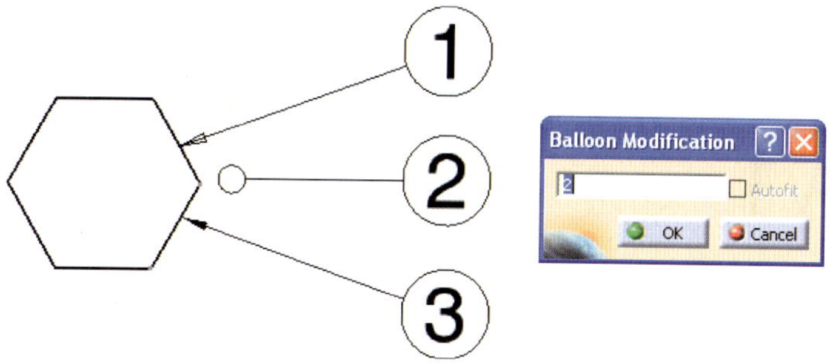

그림 8-124 Balloon Modification

마지막으로 Yellow Grip에서 오른쪽 마우스 클릭을 해주면 다른 옵션 사용이 가능합니다. 이것들 중에서 즉각적으로 지시선의 꺾이는 지점을 정의하거나 지시선을 지우는 것이 가능합니다.

Balloons

요약: 말풍선을 생성합니다.

사용 순서:

명령이 실행된 후: 요소를 선택하거나 지시선의 앵커 포인트를 선택합니다.

지시선의 앵커 포인트를 잡아준 후: 테스트가 위치할 앵커 포인트를 지정합니다.

텍스트 앵커 포인트를 잡아준 후: 텍스트를 입력합니다.

Balloons 명령은 Generate Balloons을 대신하여 사용할 수 있는 명령으로 이 기능은 사용자가 각각의 요소를 필요에 따라 어떤 형상이나 빈 공간, 지시선에도 Balloons을 만드는 것이 가능합니다. 그림 8-124와 같이 Balloons을 형상 요소에 만들 경우 빈 화살표가 만들어지고, 공백의 위치에 Balloons을 만들 경우 빈 원 표시가 앵커 포인트에 만들어집니다. 도면 작업 표준에 따라 Symbol Shape는 ③과 같이 속이 꽉 찬 화살표로 변경해 주어야 합니다.

Datum Target

요약: Datum Target을 생성합니다.

사용 순서:

명령이 실행된 후: 요소를 선택하거나 지시선의 앵커 포인트를 선택합니다.

지시선의 앵커 포인트를 잡아준 후: 테스트가 위치할 앵커 포인트를 지정합니다.

텍스트 앵커 포인트를 잡아준 후: 텍스트를 입력합니다.

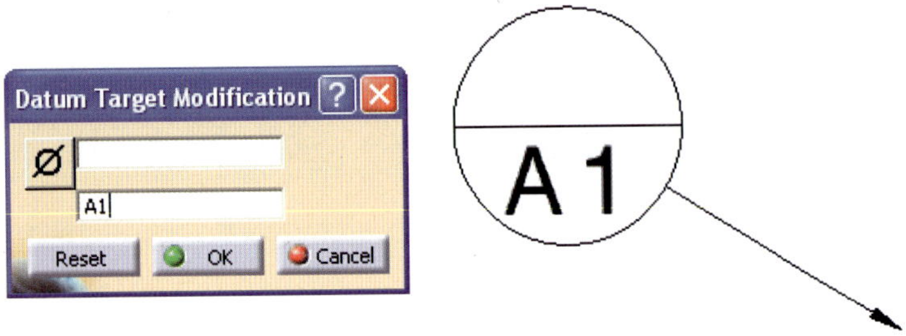

그림 8-125 Datum Target Modification

Datum Target 명령은 Balloons과 같은 방식으로 사용이 가능합니다. 차이점은 그 외형과 함께 대화상자에서 Datum Target Area의 직경을 정의할 수 있다는 점입니다. Datum Target은 그림 8-125와 같이 나타납니다.

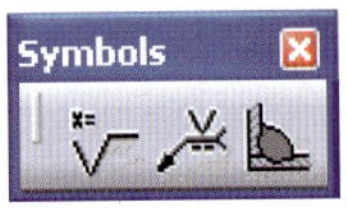

SYMBOLS TOOLBAR

Roughness Symbol

요약: 표면 거칠기 기호를 생성합니다.

사용 순서:

명령을 실행한 후: 거칠기 표시가 만들어질 앵커 포인트 위치를 선택합니다.

앵커 포인트가 정의된 후: 텍스트를 입력합니다.

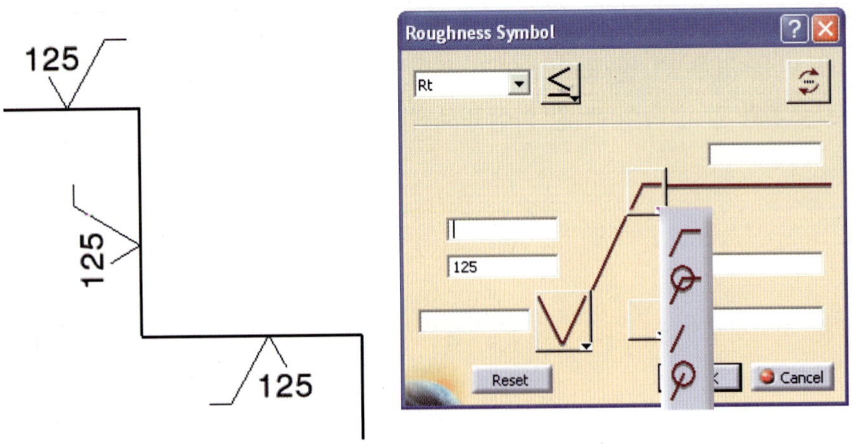

그림 8-126 Roughness Symbol

Roughness Symbol 명령은 그림 8-126과 같이 여러 개의 드롭다운 리스트 옵션에서 거칠기를 표시할 수 있는 정보를 도면에 만들어 줍니다. 우측 상단 코너에 있는 Invert 아이콘은 기호를 Base Line에 복사합니다.

Welding Symbol

요약: 용접 기호를 생성합니다.

사용 순서:

명령을 실행한 후: 지시선의 앵커 포인트를 만들고자 하는 첫 번째 요소 또는 위치를 선택합니다.

첫 번째 요소를 선택한 후: 두 번째 요소를 선택해 줍니다.

단면이 정의됐거나 포인트를 지정한 후: 용접 앵커 포인트를 지정합니다.

앵커 포인트가 정의된 후: 용접 정보를 입력합니다.

Welding Symbol 명령은 그림 8-127과 같이 대화상자의 드롭다운 리스트를 통하여 다양한 용접 정보를 정의할 수 있습니다.

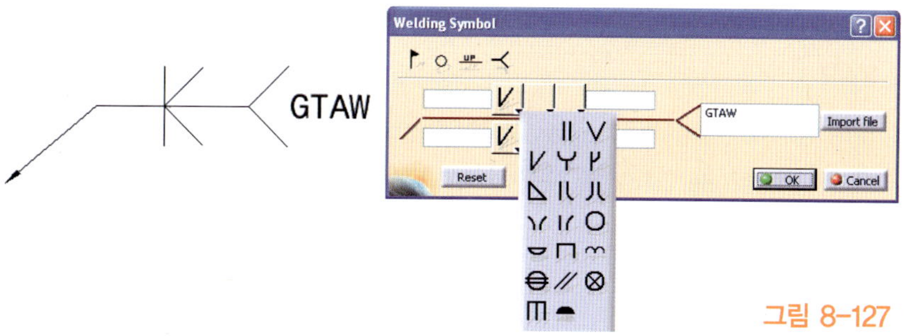

그림 8-127 Welding Symbol

Weld

요약: 용접 정보를 기호로 표시해 줍니다.

사용 순서:

명령을 실행한 후: 용접을 정의할 첫 번째 모서리를 선택합니다.

첫 번째 모서리를 선택한 후: 두 번째 모서리를 선택합니다.

두 번째 모서리를 선택한 후: 용접 표시 정보를 원하는 값으로 수정해 줍니다.

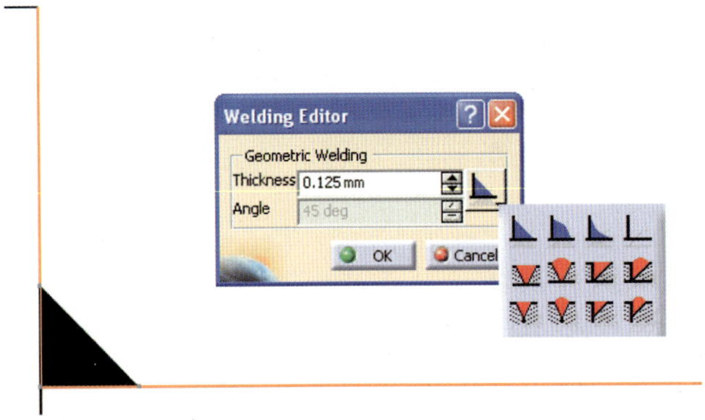

그림 8-128 Welding Editor

Weld 명령은 그림 8-128과 같이 사용자가 형상 사이에 용접 부분을 시각적으로 나타내주기 위하여 채워진 형상을 만들어 줍니다. 다양한 종류의 용접 정보 표시 기호가 드롭다운 리스트에서 정의가 가능하며 용접 기호에 대한 두께(Thickness)나 각도(Angle) 등의 정보를 정의할 수 있습니다.

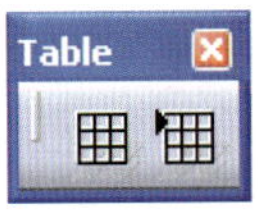

TABLE TOOLBAR

Table Toolbar는 두 가지 명령어로 사용자가 수동, 또는 자동으로 테이블을 도면상에 정의할 때 사용합니다. 두 경우 모두 Positional Link를 사용하여 다른 요소와 연결되거나 수정되는

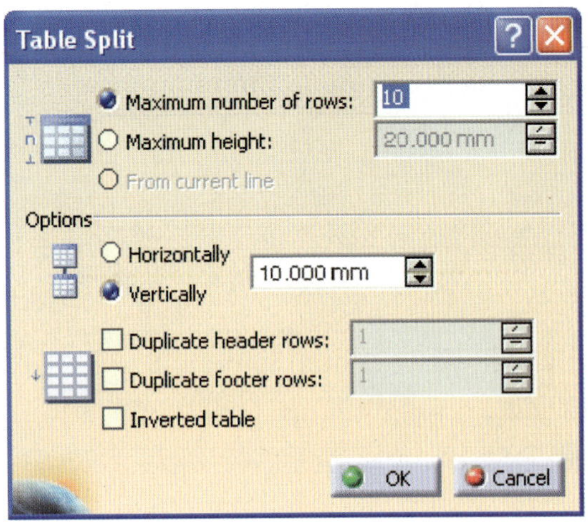

그림 8-129 Table Split

것이 가능합니다.

Split Table 또는 Split 옵션 역시 Table 명령을 사용할 때 Context Menu에서 사용 가능하며 유용한 기능입니다. 이 옵션은 그림 8-129와 같이 사용자가 생성한 테이블을 행렬 방향으로 나누거나 간격을 정의하는 데 사용할 수 있습니다.

Table

요약: 테이블을 생성합니다.

사용 순서:

명령어를 실행한 후: 테이블의 행과 열값을 입력합니다.

행과 열값을 입력하고 OK를 누른 후: 테이블이 만들어질 위치의 앵커 포인트를 선택해 주거나 요소를 선택해 줍니다.

Table 명령은 텍스트를 셀 단위로 나누어 입력할 수 있는 테이블을 생성합니다. 명령어가 실행되면 사용자는 그림 8-130과 같이 행과 열값을 입력하여 테이블의 사이즈를 Table Editor를 통해 정의합니다.

일단 테이블이 정의되면 사용자는 테이블이 만들어질 위치를 정의해 줍니다. 테이블을 생성할 때 View를 생성하여 테이블을 만들어주면 테이블의 위치를 정의하는 데 편리합니다.

테이블에 있는 셀을 더블클릭하면 Text Editor가 나타납니다. 또한 테이블의 크기를 테이블의 라인을 클릭하고 드래그 드롭하여 테이블의 크기를 조절해줄 수 있습니다.

테이블의 행과 열 경계 코너나 행 또는 열, 셀을 선택한 후에 오른쪽 마우스를 클릭해주면 사용자는 다양한 Context Menu에서 행이나 열을 추가하거나, 바꿔주거나 또는 자동 혹은 수동으로 행과 열 크기를 조절하는 등의 작업을 사용할 수 있습니다. 다양한 Context Menu를 나열하면 그림 8-131과 같습니다. 또한 한 개 또는 여러 개의 셀을 선택하여 속성(Properties) 옵션에서 크기나 폰트 등을 설정해줄 수 있습니다.

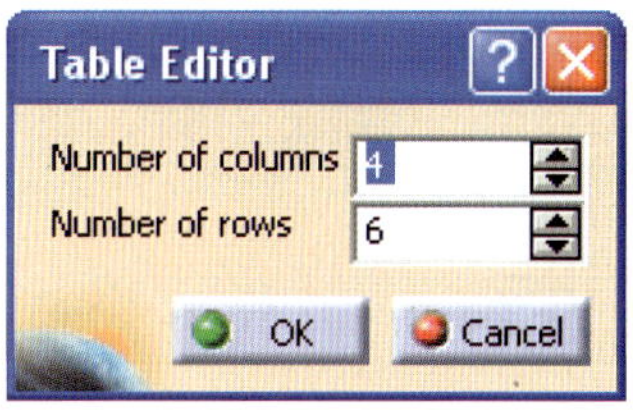

그림 8-130 Table Editor

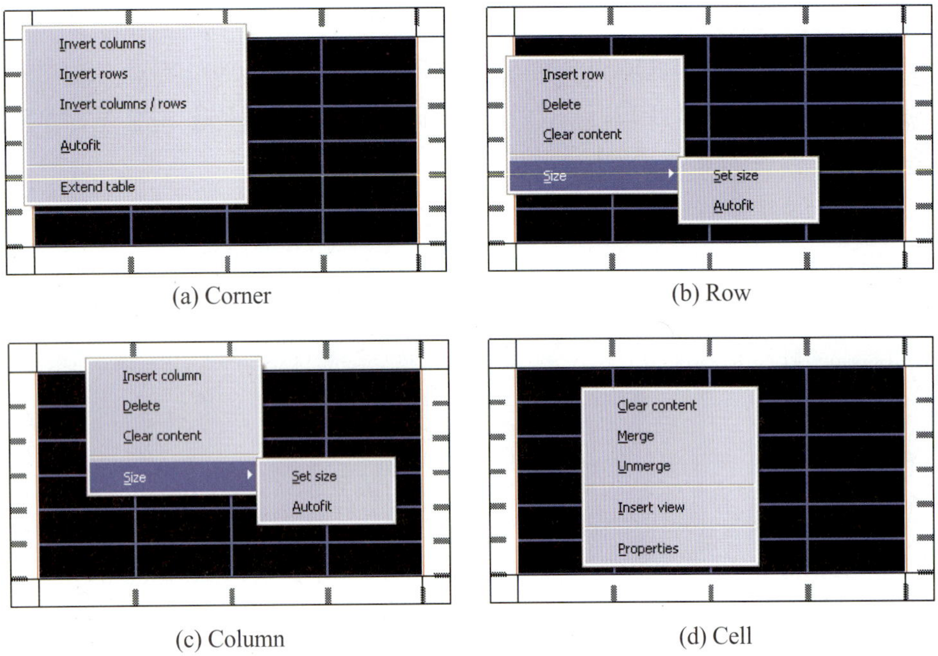

그림 8-131 Table Context 메뉴

Table From CSV

요약: CSV 파일로부터 테이블을 생성합니다.

사용 순서: 파일을 선택한 후에 테이블이 만들어질 위치를 선택해 줍니다.

Table From CSV 명령은 사용자가 테이블을 CSV(Comma Separated Values) 파일 규격으로부터 Drawing으로 불러와 생성할 수 있습니다. 명령을 실행하고 사용자는 테이블을 생성하기 위하여 .CSV 파일의 경로를 정의해주게 됩니다. 만약 데이터가 세미콜론(;) 등과 같이 Column이 선으로 구분되어지지 않았다면 운영체제에서 기본 설정을 변경해 주어야 합니다. CSV 파일을 만드는 간단한 방법은 그림 8-132와 같이 엑셀 프로그램에서 다른 이름으로 저장하고 파일 형식을 .CSV로 정의해주는 것입니다.

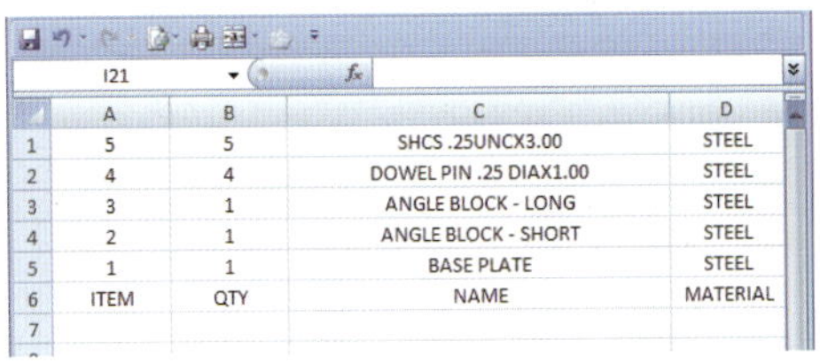

5	5	SHCS .25UNCX3.00	STEEL
4	4	DOWEL PIN .25 DIAX1.00	STEEL
3	1	ANGLE BLOCK - LONG	STEEL
2	1	ANGLE BLOCK - SHORT	STEEL
1	1	BASE PLATE	STEEL
ITEM	QTY	NAME	MATERIAL

그림 8-132 CSV Format으로부터 불러온 Table

8.11 2D Drawing

대부분의 도면 작업이 3차원 형상으로부터 생성되기는 하지만 종종 필요에 따라 직접 경계선이나 상세도 등에 2차원 요소를 그려주어도 됩니다. 이번에 배울 명령들은 이러한 작업을 위해 유용한 도구가 될 것입니다. 많은 명령들이 앞서 공부하였던 Sketcher Workbench에서 공부한 기능과 유사하기 때문에 설명은 생략하도록 할 것입니다.

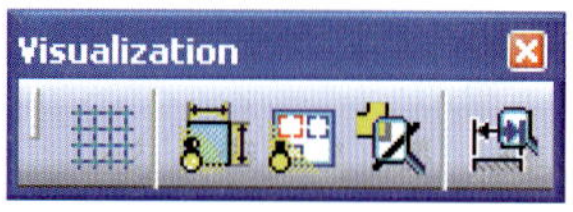

VISUALIZATION TOOLBAR

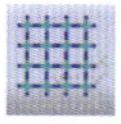

Sketcher Grid

요약: Drawing 환경에서 Grid를 보여주거나 숨기는 설정을 합니다.

Sketcher Grid 기능은 On/Off 스위치로 그림 8-133과 같이 드로잉 시트 상에 그리드를 표시하거나 숨길 수 있습니다. Grid 기능은 시각적인 참조 요소로 사용되며 Snap To Point 명령을 사용할 경우에 반드시 On되어 있어야 합니다.

그림 8-134와 같이 Grid에 대한 설정은 Options에서 Drafting에서 General Tab에서도 가능합니다. Primary Spacing은 그리드의 실선과 실선 사이의 간격이며, Graduations은 실선과 실선 사이에 눈금의 수를 의미합니다. Allow Distortions을 체크하면 수평과 수직 방향의 그리드 간격 설정이 가능합니다.

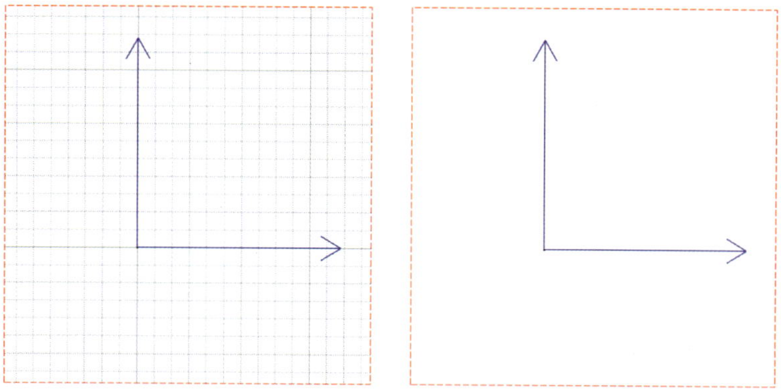

(a) Activated (b) Deactivated

그림 8-133 Grid

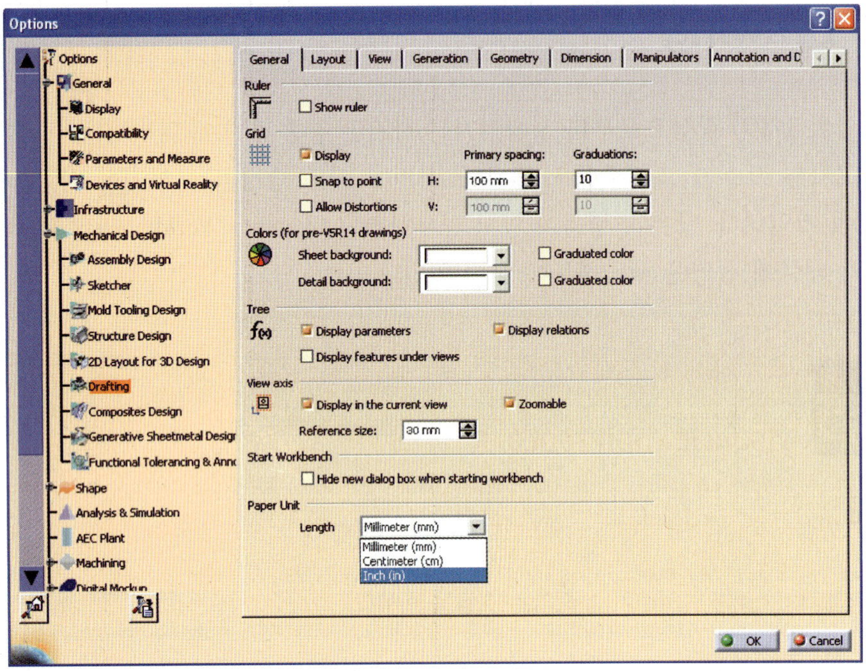

그림 8-134 Options 대화상자–Drafting-General 탭-Grid

Show Constraints

요약: 2차원 구속 요소를 출력해 줍니다.

Sketcher Workbench에서와 같이 Drawing에서 만들어진 요소는 구속이 가능합니다. Show Constraints 명령은 ON/OFF 도구로 사용자에게 2차원 Geometry에 대한 구속을 그림 8-135와 같이 나타냅니다.

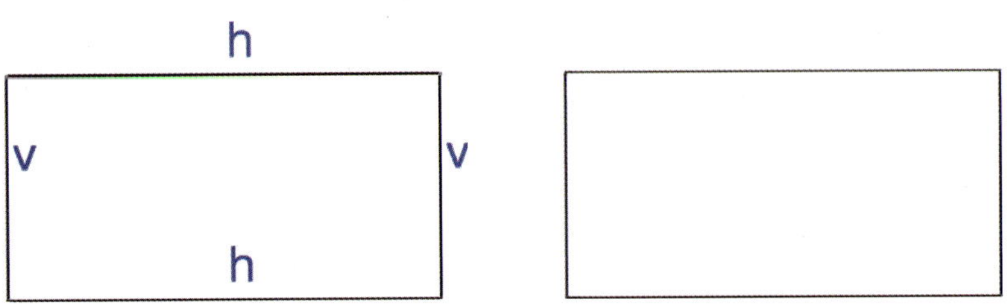

(a) Activated (b) Deactivated

그림 8-135 Constraints의 표시

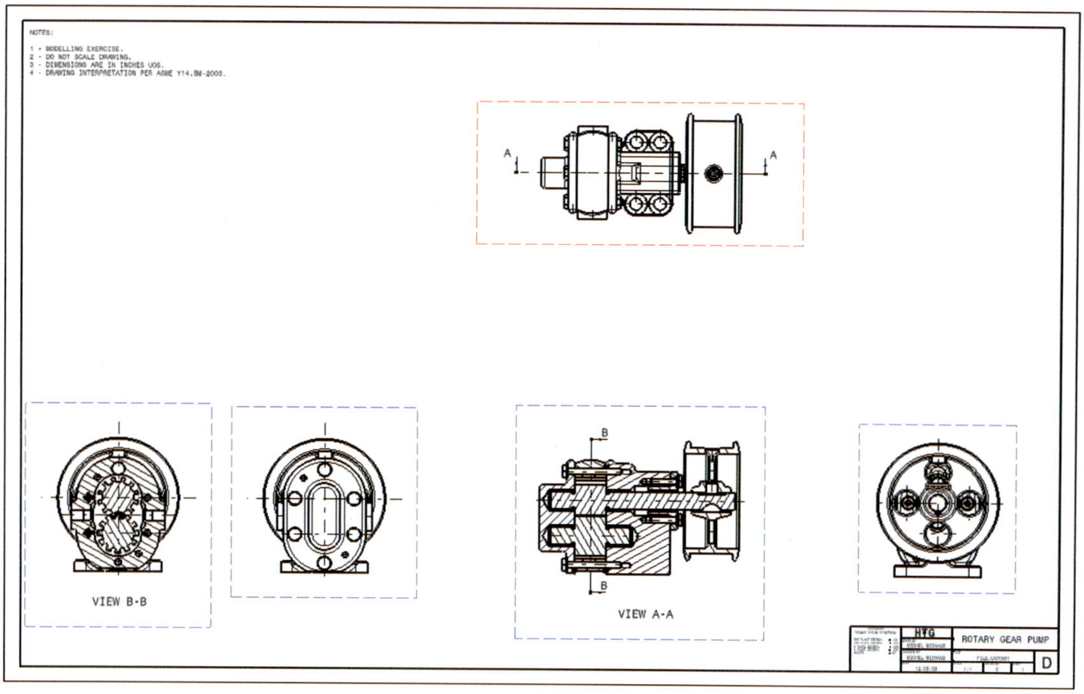

(a) Activated

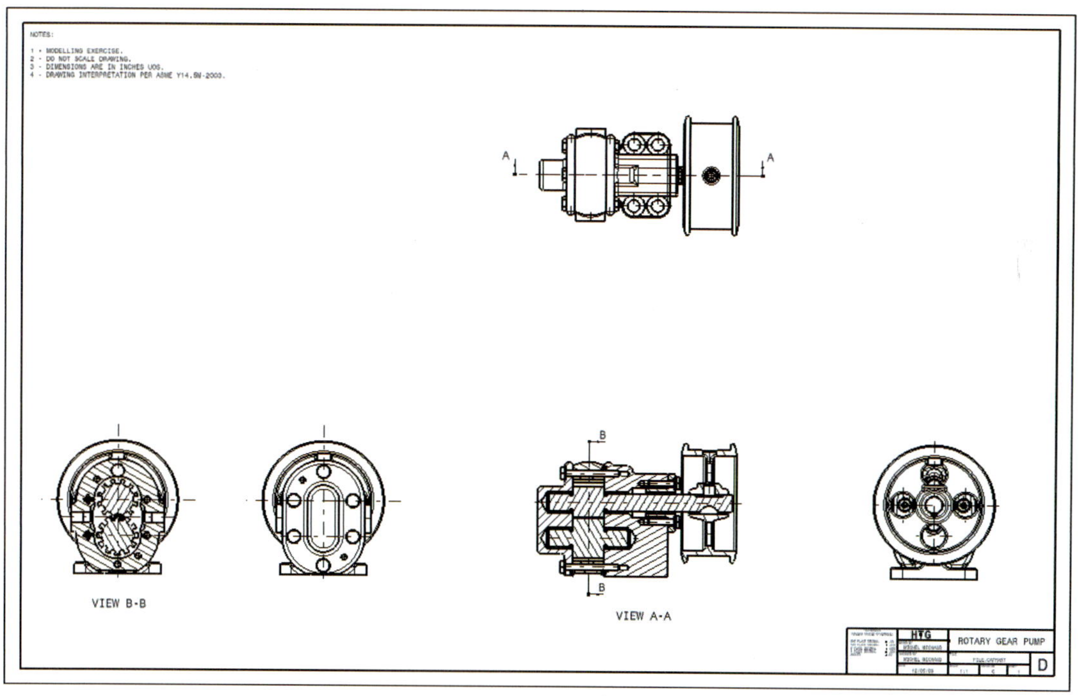

(b) Deactivated

그림 8-136 View Frame의 출력

Display View Frame as Specified for Each View

요약: 각각의 View의 Frame을 출력하게 합니다.

이 명령은 각각의 View들이 가지게 되는 프레임을 한 번에 보이거나 숨길 수 있는 기능으로 그림 8-136과 같이 별도로 각 View들의 속성에 들어가지 않고 프레임의 출력을 설정할 수 있습니다.

TOOLS TOOLBAR

Snap to Point

요약: 드로잉에서 포인트를 격자 사이로만 가능하게 합니다.

Snap To Point 명령은 ON/OFF 스위치로 Geometry나 텍스트의 위치를 정의하는 데 Grid가 교차하는 지점만으로 선택 가능하도록 할 수 있습니다. 텍스트 요소를 선택한 후에 SHIFT 키를 누르고 드래그 드롭을 하면 Grid의 중간 위치에 텍스트를 위치하게 할 수 있습니다.

Create Detected Constraints

요약: 활성화된 View에서 감지된 구속을 생성합니다.

Sketcher Workbench와 같이 Geometry 요소를 구속과 함께 또는 구속 없이 생성하는 것이 가능합니다. 다른 요소와 관계된 구속들은 보통 자동적으로 인식이 됩니다. 그러나 사용자가 필요에 따라 구속을 원하는 요소와 직접 마우스 커서를 이용하여 정의할 수도 있어야 합니다. Create Detected Constraints 명령은 On/Off가 가능하며 활성화된 경우 구속될 요소를 탐지하여 구속을 생성합니다. 기억할 것은 앞서 배운 Show Constraints 명령이 같이 활성화되어야 만들어진 구속을 확인할 수 있다는 것입니다.

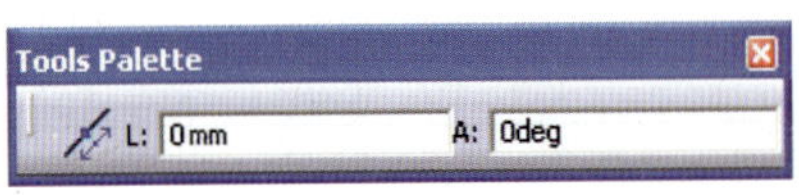

TOOLS PALETTE TOOLBAR

Tools Palette Toolbar는 Sketch tools 툴바와 유사하며, 2차원 요소를 생성하는 데 추가적인 옵션을 제공합니다. 이것으로 사용자는 변수를 미리 정의하는 데 사용됩니다.

GEOMETRY CREATION TOOLBAR

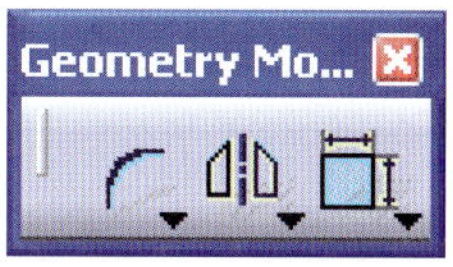

GEOMETRY MODIFICATION

Sketcher Workbench에서와 유사하게 형상을 정의할 수 있으며 그림 8-137과 같이 풀다운 메뉴의 Insert에서도 선택이 가능합니다.

GRAPHIC PROPERTIES TOOLBAR

이 툴바에서는 사용자에게 모든 요소에 대한 그래픽 설정을 신속하게 정의할 수 있는 기능을 담고 있습니다. 속성을 변경하기 위해서는 그림 8-138과 같이 수정을 원하는 대상을 선택한 후에 툴바의 드롭다운 리스트에서 원하는 값을 선택해 줍니다. 그래픽 설정은 Geometry 요소를 선택하기 전에 선택도 가능합니다. 설정 후에 모든 요소들은 같은 설정 값을 가지고 만들어지게 됩니다.

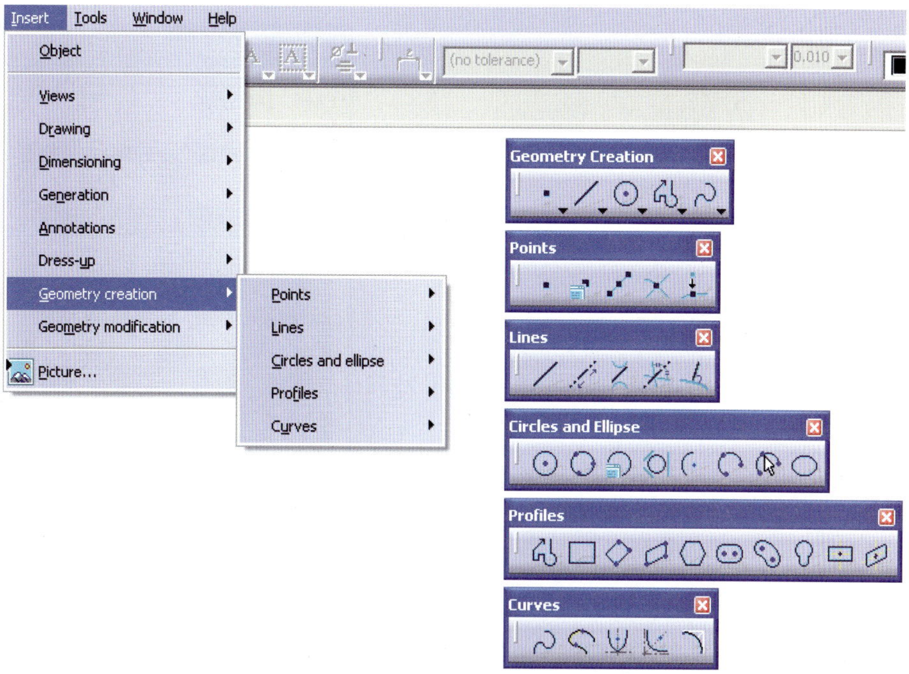

그림 8-137 Geometry Creation 툴바 그리고 Insert 풀다운 메뉴

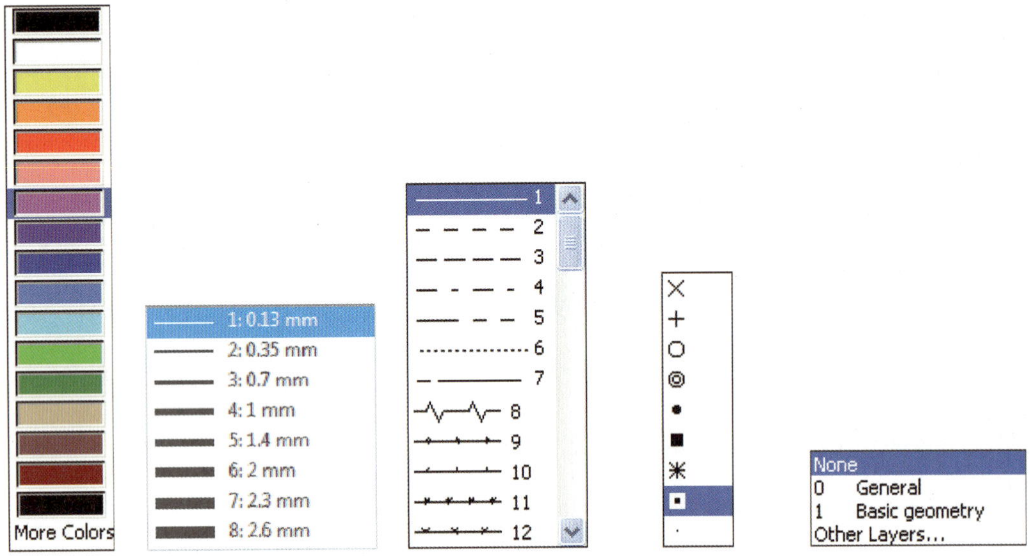

(a) Color Line (b) Line Thickness (c) Line Type (d) Point Type (e) Layers

그림 8-138 Graphic Properties 드롭다운 리스트

Copy Object Format

> **요약:** 한 객체의 규격을 선택된 객체들로 복사해 줍니다.
>
> **사용 순서:**
>
> 명령을 실행한 후: 복사될 요소들을 선택합니다.
>
> 선택한 후: 기준이 될 요소를 선택합니다.

Copy Object Format 명령은 선택한 요소의 그래픽 속성을 다른 기준 요소로부터 동일하게 복사해 오는 기능을 합니다. 여러 개의 형상을 동시에 선택해 주고자 할 경우에는 미리 선택을 해주거나 Selection Trap으로 묶어서 선택이 가능합니다.

Pattern

> **요약:** 선택된 닫혀있는 영역에 적용된 해칭 기호를 변경해 주는 데 사용합니다.

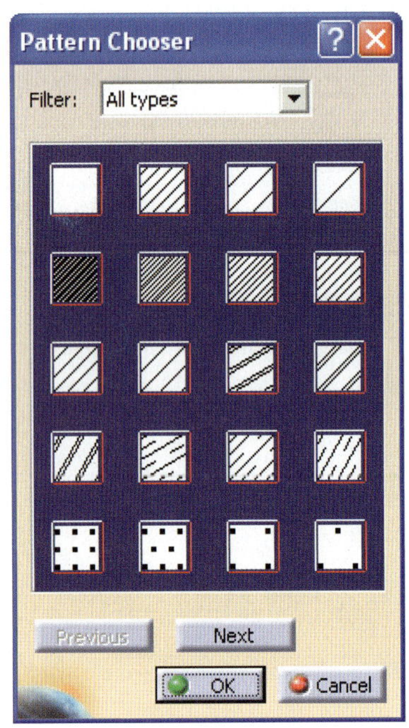

그림 8-139 Pattern Chooser

Pattern 옵션은 그림 8-139와 같이 Pattern Chooser 대화상자를 통하여 원하는 해칭 표시를 수정해주는 데 사용합니다. 미리보기는 불가능하며 OK를 선택해서 정의한 해칭 기호를 확인합니다. 해칭 요소의 속성에 들어가면 동일한 Pattern 설정이 가능하며 Apply 버튼을 통해 미리보기가 가능합니다.

8.12 Sheet Background

Sheet Background는 Drafting의 다른 2차원 인터페이스입니다. 도면의 배경에 대한 인터페이스로 표제란을 정의하거나 도면 경계선을 정의하는 데 사용됩니다.

(a) In Sheet Background (b) In Working View

그림 8-140 Edit 풀다운 메뉴

이곳으로 이동하기 위해서는 그림 8-140(a)에서 풀다운 메뉴 Edit에서 Sheet Background를 확인할 수 있습니다. 그러면 바로 인터페이스가 변경되면서 독특한 푸른 색상으로 표시될 것입니다. 다시 Drafting 환경으로 돌아가기 위해서는 그림 8-140(b)와 같이 앞에서와 동일하게 Edit 풀다운 메뉴에서 Working View를 선택해주면 됩니다.

Sheet Background는 Drafting과 동일한 도구들을 사용할 수 있지만 View들을 추출하거나 수정하는 등의 작업은 불가능합니다. 대신 경계선이나 파트 목록, 상세도 등을 정의하는 데 관계된 명령들은 사용 가능합니다. 사용자는 경계선 레이아웃이나 표제란, 텍스트, 문자열 파라미터, Attribute Link 등을 작업할 수 있으며 다시 Working View로 돌아와 File 풀다운 메뉴에서 New Form으로 저장해주어 하나의 양식으로 만들어 재사용하게 할 수도 있습니다.

DRAWING TOOLBAR

Frame and Title Block

요약: Background Sheet에 경계선과 표제란을 생성합니다.

이 명령은 CATIA®에서 사용 가능한 규격으로 표제란 및 경계선을 정의하는 기능을 합니다. 명령을 실행하면 Manage Frame 및 Title Block을 정의하는 창이 그림 8-141과 같이 나타나며, 다양한 작업을 사용자에게 제공합니다. 이 상태에서 사용자는 경계선이나 표제란을 생

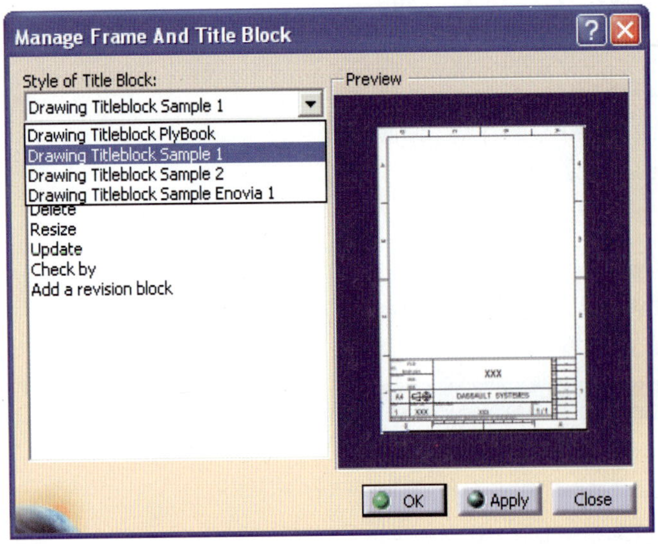

그림 8-141 Manage Frame And Title Block

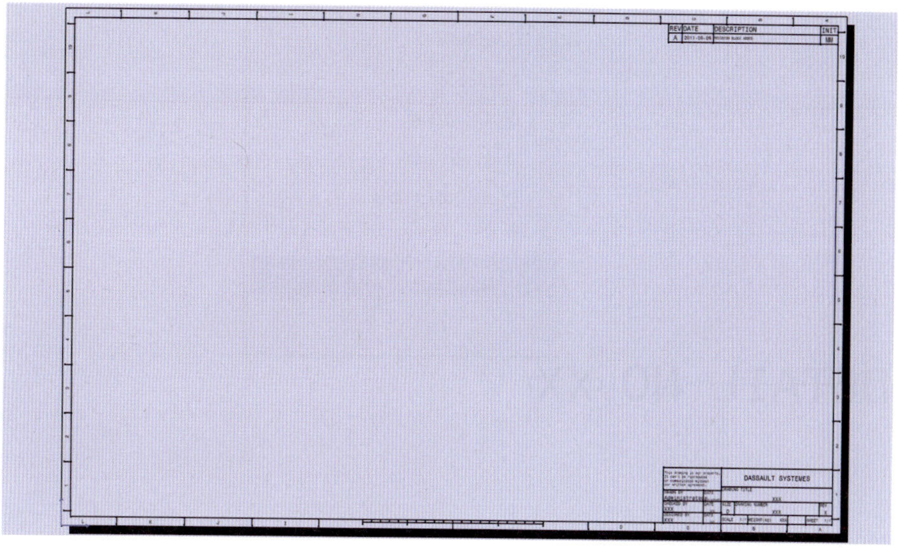

그림 8-142 기본 Frame과 Title Block 예시

성하거나 수정하고 업데이트, 삭제하는 것이 가능합니다. 일부 옵션으로 Revision을 추가하거나 설계자나 검수자의 이름을 입력하는 등의 작업도 가능합니다. 이러한 예시는 그림 8-142를 참고하기 바랍니다.

8.13 2D Component Creation

2D Component는 그림 8-143과 같이 한 개 또는 그 이상의 텍스트 요소나 테이블 등에 표기됩니다. 그들은 Detail Sheet에 각각의 독립된 View들로 생성되며 2D Component를 삽입하

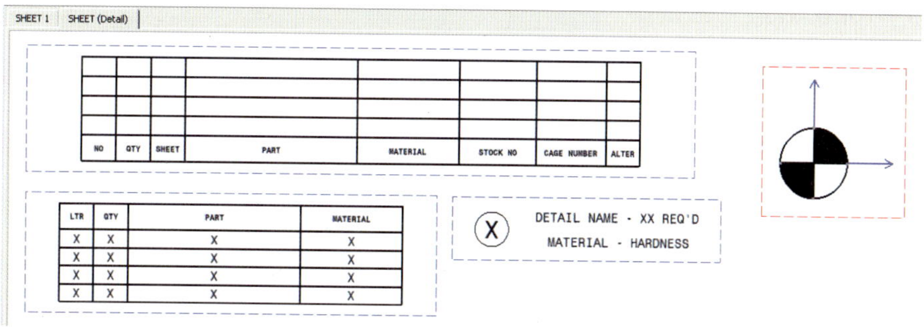

그림 8-143 2D Component 예시

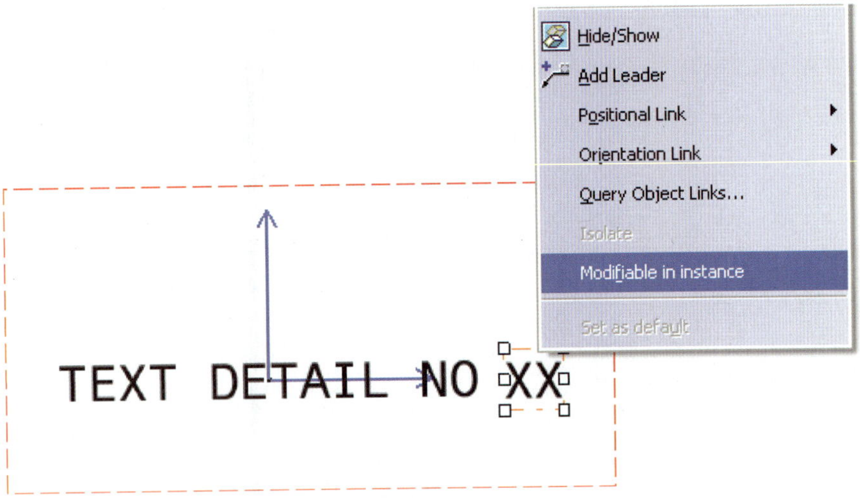

그림 8-144 2D Component Text를 수정 가능하게 변경

는 기준이 되는 View의 원점에 따라 위치 설정이 됩니다.

2D Component를 생성할 때 크기를 마음대로 조절할 수 있어 단위에 구애받지 않고 쉽게 사용할 수 있습니다.

만약에 2D Component가 텍스트 요소를 포함해야 하고, 각각의 상황에 따라 수정이 필요하다면 텍스트는 나누어 생성하여야 하는데, 그림 8-144와 같이 Context Menu에서 Modifiable in instance 옵션으로 필요한 부분을 언제든 수정할 수 있습니다.

8.14 Catalog 사용하기

CATALOG TOOLBAR

Catalog Browser

요약: Component Catalog를 불러올 때 사용합니다.

Catalog Browser 명령은 Assembly Design에서 사용한 것과 동일한 방법으로 사용할 수 있습니다. 명령이 실행되면 불러오고자 하는 2D Catalog의 경로를 Catalog Browser 대화상자에서 지정해 주어야 합니다. 그리고 나서 그림 8-145와 같이 윈도우의 좌측에 위치한 Family 중 열고자 하는 대상을 더블클릭 합니다.

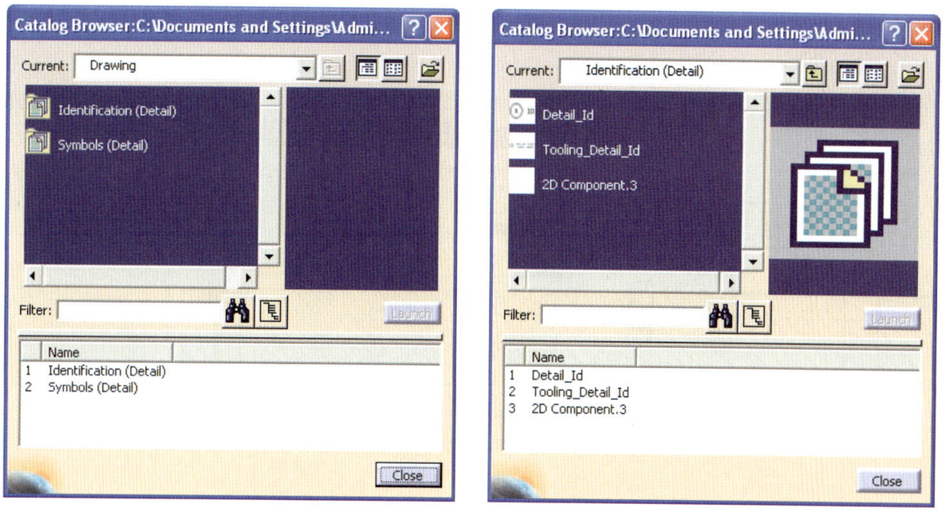

(a) Families (b) Family members

그림 8-145 Catalog Browser 표시

8.15 Assembly Drawing

Assembly Drawing은 단품 형상의 도면 작업과 유사하지만 여전히 유용한 몇 가지 기능을 더 알아둘 필요가 있습니다.

OVERLOADED PROPERTIES

Assembly에서는 많은 단품들로 구성되어 있기 때문에 일부 요소들이 도면 표준에 따라 충

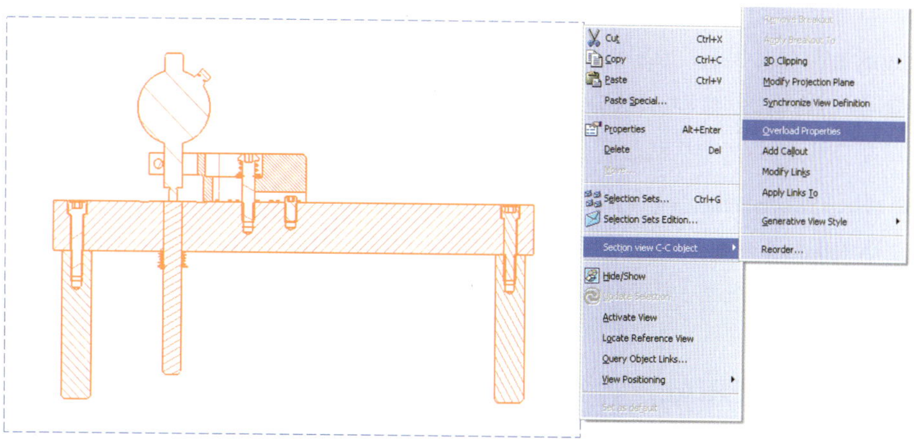

그림 8-146 Accessing the Overload 속성 옵션

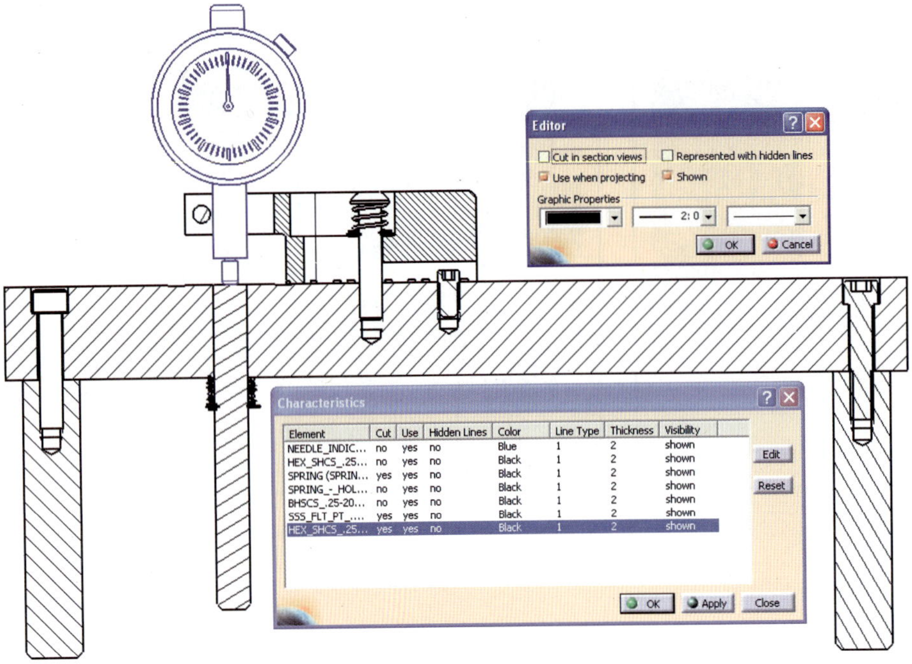

그림 8-147 Characteristics 그리고 Editor

돌하여 출력되지 않을 수도 있습니다. Overload Properties 옵션은 사용자가 주어진 View 내에서 한 개 또는 복수의 단품(Part)의 그래픽 변수나 출력되는 방식을 변경해줄 수 있습니다. 이 옵션은 그림 8-146과 같이 View의 Context Menu에서 사용할 수 있습니다.

명령어가 실행되면 비어 있는 Characteristics 대화상자가 화면에 나타납니다. View에 보이는 임의의 어떤 Part를 선택함으로써 Part의 Reference가 대화상자에 나타납니다. 그러고 나서 한 개 또는 몇 개의 대상을 선택하여 Edit 버튼을 선택해줄 수 있으며, Editor 대화상자를 띄울 수 있습니다. Editor에서 사용자는 그림 8-147과 같이 선택한 대상의 색상이나 선의 종류, 두께 등을 변경해줄 수 있습니다. 또한 선택한 대상을 숨기는 것도 가능하지만 다음을 주의해야 합니다. Shown 체크상자 하나가 선택되지 않았다면 원하는 대로 표시되지 않을 것입니다. 대부분의 경우 Use when projecting 옵션이 동시에 선택 해제되어야 합니다. 때때로 여러 개를 동시에 수정할 경우 Characteristics 대화상자를 닫지 않고 Apply를 먼저 눌러 변경 결과를 확인해보는 게 좋습니다. OK 버튼은 변경 사항을 적용시키지만 대화상자를 닫히게 합니다.

ADDING A BILL OF MATERIALS

CATIA®는 .CATProduct 파일로부터 BOM(자재명세서)를 자체적으로 생성할 수 있습니다. BOM을 생성하기 위해서는 그림 8-148과 같이 풀다운 메뉴에서 Insert ⇨ Generation으로 경

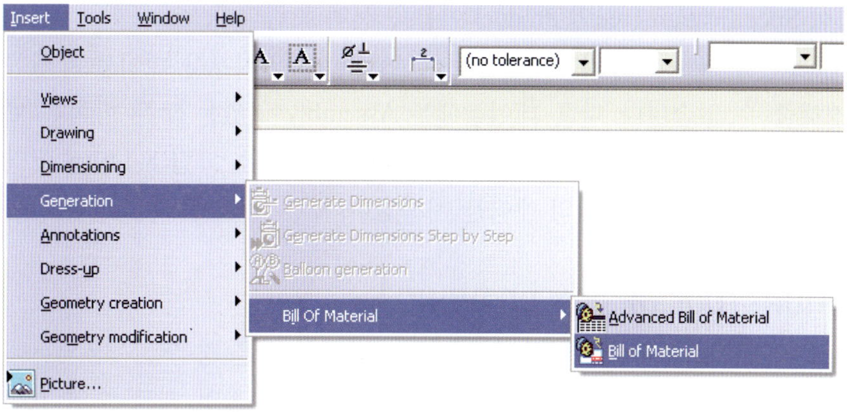

그림 8-148 Insert 풀다운 메뉴-Bill of Materials

로를 따라갑니다.

명령을 실행하기 전에 BOM 테이블을 생성하기 위하여 반드시 Assembly 파일이 함께 열려 있는지 확인해야 합니다. 또한 BOM을 위한 새로운 View를 생성해주는 게 좋습니다. 명령을 실행하고 사용자는 BOM을 정의할 .CATProduct 파일을 선택해 주어야 합니다. 파일 선택은

Bill of Material: BRIGE_INDICATOR_FLUSH_PIN

Quantity	Part Number	Type	Nomenclature	Revision
1	BODY	Part		
1	FLUSH_PIN	Part		
1	RETAINING_RING	Part		
1	SPRING	Part		
2	JIG_LEG	Part		
2	HEX_SHCS_.25-20_x_1.25	Part		
1	HSS_-_HALF_DOG_10-24_x_.19	Part		
1	INDICATOR_HOLDER	Assembly		
1	NEEDLE_INDICATOR	Part		

Bill of Material: INDICATOR_HOLDER

Quantity	Part Number	Type	Nomenclature	Revision
1	HOLDER	Part		
1	BHSCS_.25-20_x_1.25	Part		
1	SPRING_-_HOLDER	Part		
1	WASHER_.25IDx.50D	Part		
1	SSS_FLT_PT_.25-20_x_.5	Part		
1	SHCS_10-32_x_.75	Part		

Recapitulation of:
BRIGE_INDICATOR_FLUSH_PIN
Different parts: 14
Total parts: 16

Quantity	Part Number
1	BODY

(a) Bill of Material

Recapitulation of:
BRIGE_INDICATOR_FLUSH_PIN
Different parts: 14
Total parts: 16

Quantity	Part Number
1	FLUSH_PIN
1	RETAINING_RING
1	SPRING
2	JIG_LEG
2	HEX_SHCS_.25-20_x_1.25
1	HSS_-_HALF_DOG_10-24_x_.19
1	HOLDER
1	BHSCS_.25-20_x_1.25
1	SPRING_-_HOLDER
1	WASHER_.25IDx.50D
1	SSS_FLT_PT_.25-20_x_.5
1	SHCS_10-32_x_.75
1	NEEDLE_INDICATOR

(b) Recapitulation Table

그림 8-149 생성된 BOM 요소들

.CATProduct로 이동하여 Specification Tree의 Product 이름을 선택해 줍니다.

생성된 Bill of Materials은 주 Assembly의 성분 및 서브 Assembly의 성분을 테이블로 생성하며 내부 항목을 수정해줄 수 있습니다. 다른 테이블에는 Assembly에 있는 모든 항목을 보여주며 또한 Detail Sheet를 제외한 새로운 Sheet에 테이블이 생성됩니다. 그림 8-149는 이러한 BOM 작업을 해주었을 때 나타나는 두 개의 테이블 예시입니다.

SPECIAL APPLICATION: TOOL DESIGN DRAWING

Tool Design Drawing은 일반적으로 Engineering Design Drawing과 다른 경우에 사용되는데 이는 제품의 교유 특성 때문이라 할 수 있습니다. 간단히 말해서, 합리적인 시트 수의 Tool Design Assembly Drawing을 위해서는 이러한 Sheet의 레이아웃에 모든 Assembly View를 첫 번째 Sheet에 정의한 후 나머지 상세 Drawing을 이어지는 Sheet에 정의하도록 합니다.

Sheet의 수를 최소화하기 위해서 매우 작은 파트에 대해서는 상세도를 하나의 시트에 여러 개의 파트를 정의하는 것이 일반적입니다.

파트에 대한 상세도를 하나의 Drawing에서 생성할 때 만약 View가 각각의 열려있는 Window에서 추출된 거라면 이는 그림 8-150처럼 각각의 View들은 링크가 이어지게 됩니다. 파트 중에 하나가 다른 파일로 변경된다면 링크는 깨지게 되고 다시 링크를 연결하거나 단순히 링크가 깨진 대상을 삭제하는 작업을 해주어야 합니다.

프로덕트로부터 모든 파트의 View를 가져와 작업하는 방식은 위 문제의 해결책이 될 수 있습니다. 접근 방법은 Product 파일로부터 Scene View를 만드는 방법과 유사합니다. 사용자는

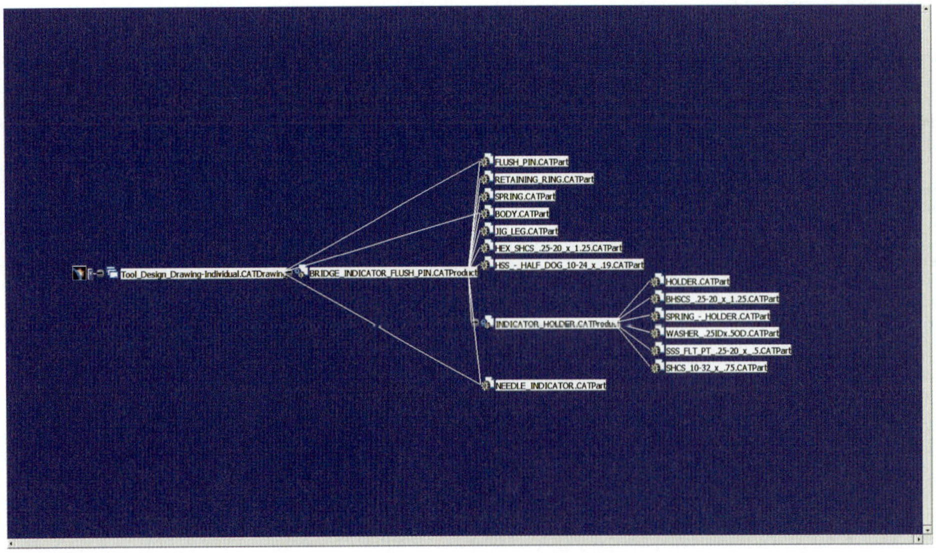

그림 8-150 개별적인 Part들로부터 Drawing에 생성된 Links

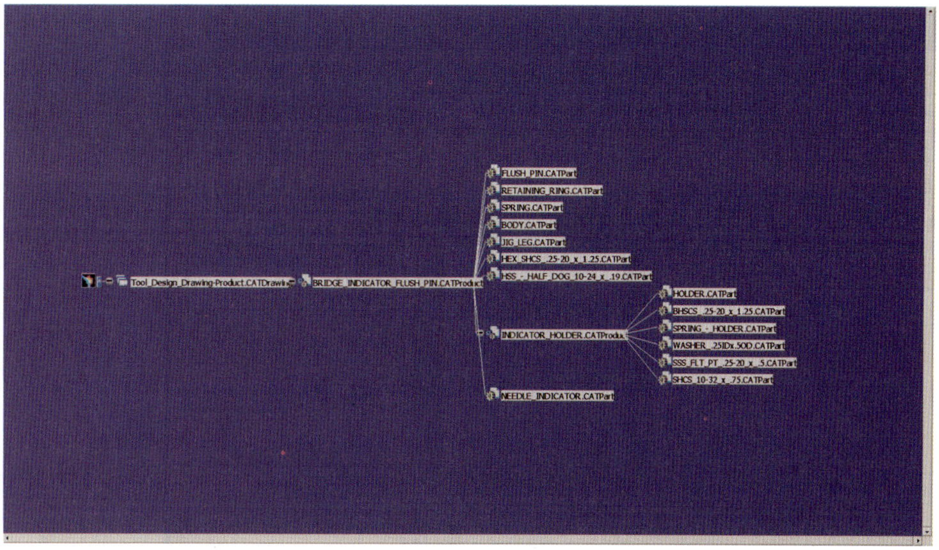

그림 8-151 Product로부터 Drawing에 생성된 Links

Product의 Specification Tree에서 View를 생성하고자 하는 Part를 선택하고 Front View로 지정할 면을 선택해주면 됩니다. 이렇게 작업해주면 그림 8-151과 같이 View 구조가 Product로부터 시작하게 할 수 있습니다. 기억할 것은 Product에 속한 Part의 변경 사항은 그대로 Drawing 파일에 영향을 주지 않는다는 것입니다. 일반적으로 업데이트가 필요합니다.

그림 8-152 File 풀다운 메뉴

8.16 Printing

출력에 대해서는 지난 제4장에서 도면 작업이 완성된 후에 사용자가 출력하는 데 필요한 정보를 충분히 리뷰한 바 있습니다. 이번 장에서는 그 외 다른 출력 옵션에 대해서 알아보도록 하겠습니다. 이러한 옵션들은 그림 8-152에서 풀다운 메뉴 File의 Print 명령에서 정의가 가능합니다. Print 명령은 Standard 툴바에서도 확인이 가능합니다.

PRINT AREA

Print Area 명령은 그림 8-153과 같이 사용자가 출력하고자 하

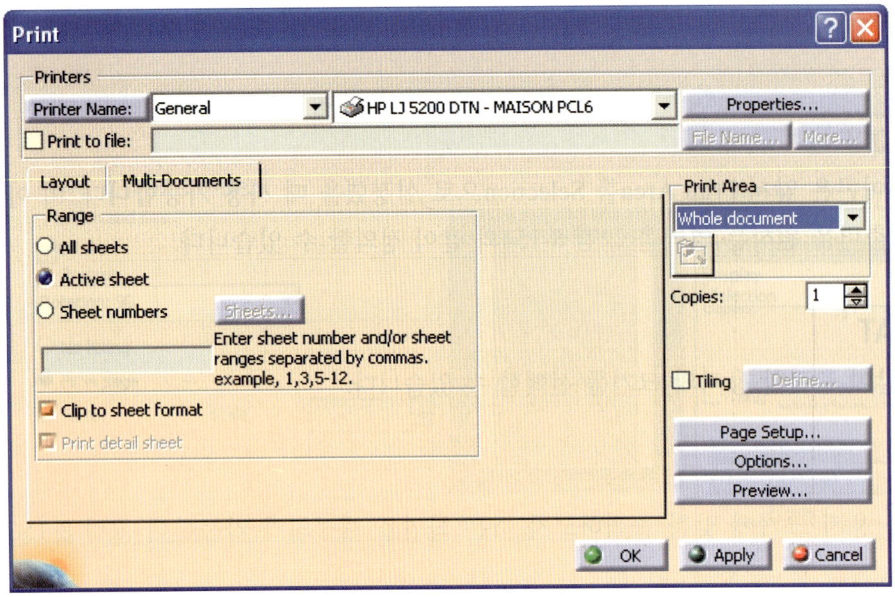

그림 8-157 Multi-Documents 탭

PRINTING MULTIPLE SHEETS

만약 Drawing 파일이 여러 장의 Sheet를 가지고 있다면 그림 8-157과 같이 Multi-Documents에서 원하는 Sheet를 선택해줄 수 있습니다. 여기서 사용자는 출력 전체나 일부를 정의하는 것이 가능합니다. All sheets를 선택했을 경우 Print detail sheet를 해제하여 실제 도면이 아닌 부분을 제외하고 출력하는 게 좋습니다.

OPTIONS

그림 8-158과 같이 Print에서 Options 버튼을 클릭하면 추가적인 출력 옵션에 대해서 설정이 가능합니다.

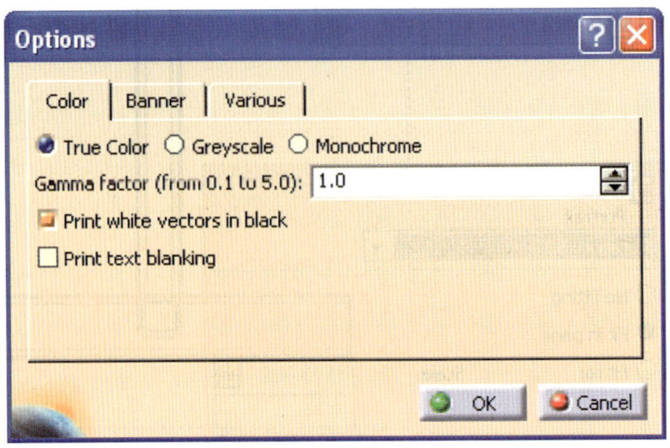

그림 8-158 Print Options

이번 8장에서는 Drawing에서 View와 주석을 생성하는 방법에 대해서 다루어 보았습니다. Drafting 작업은 적절히 작업을 수행하는 데까지 시간이 소요되는 작업입니다. 많은 경우 2차원 작업은 중요하며 기업의 이익과도 연결됩니다. 항상 2D Drawing을 계약서처럼 중요하게 생각하시길 바랍니다.

Chapter 9

Generative Shape Design

이번 제9장의 목표는 사용자가 보다 복잡한 형상을 모델링할 수 있도록 서피스 Modeling 방법을 전하는 데 있습니다. 사용하는 Workbench는 Generative Shape Design으로 Wireframe and Surface Design Workbench보다 많은 기능을 담고 있습니다. 그림 9-1과 같이 두 Workbench의 아이콘이 유사하기 때문에 Workbench 작업 시작 시 주의하기 바랍니다. 이번 9장의 내용을 잘 숙지해야만 나중에 배우게 될 Reverse Engineering에 관련된 제14장을 이해하는 데 도움이 될 것입니다.

(a) Generative Shape Design (b) Wireframe and Surface Design

그림 9-1 Workbench 식별 아이콘

이번 장에는 다음에 대해서 다루게 됩니다.

- Reference Elements
- Curve 생성 도구
- Surface 생성 도구
- Curve and Surface 수정 도구
- 고급 기능들

9.1 Reference Elements

Surface 모델링은 매우 강력한 기능들과 요소로 복잡한 형상을 모델링할 때 유용합니다. 그러나 적절한 Surface 형상을 만들기 위해서는 여러 개의 프로파일과 Wireframe 요소가 필요하게 됩니다. Surface를 바르게 정의하기 위해서 여러분은 Wireframe 요소를 자유자재로 만들 수 있어야 합니다. 포인트, 선, 평면 등을 말이죠. 이런 Wireframe 요소들은 다양한 경우에 반복적으로 재사용이 가능합니다.

Reference Element 요소들은 그림 9-2와 같이 풀다운 메뉴에서 Insert ⇨ Wireframe을 선택해 주어야 합니다.

그림 9-3과 같이 Part Design에서 사용한 명령들을 기억할 것입니다. 자세하게 이러한 Reference Element에 대해 알아보기 전에 일부 명령에 대한 표준이 되는 옵션을 알아둘 필요가 있습니다.

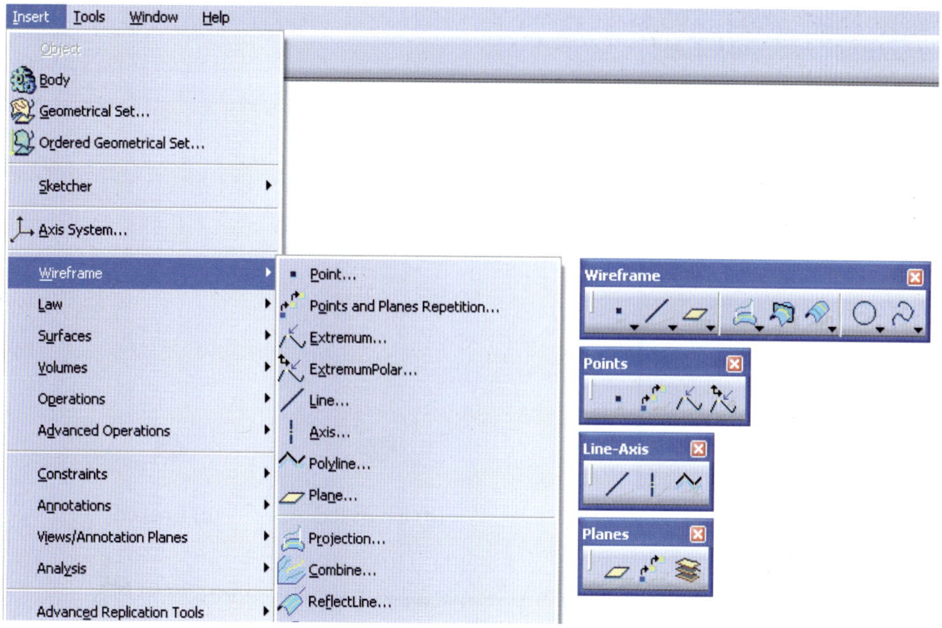

그림 9-2 Wireframe 툴바 그리고 Insert 풀다운 메뉴-Reference Element 생성

그림 9-3 Reference Elements 툴바

LOCKING OPTIONS

Reference 도구들은 다양한 생성 옵션을 제공합니다. 여기서 사용자가 동일한 방식으로 반복하여 Reference Element를 생성하는 경우가 많기 때문에 원하는 방식으로 매번 변경하지 않고 Reference Element의 생성 방식을 고정(잠금)할 수 있다면 매우 유용할 것입니다. 그림 9-4는 전형적인 대화상자를 나타냅니다. 명령어 방식을 고정하는 잠금 아이콘은 우측 상단에 있으며 명령을 사용하는 동안 Reference Element의 생성 방식을 변경하고자 하지 않을 때 활성화해 주면 됩니다.

SOLID OBJECT REFERENCES

그림 9-5와 같이 솔리드 요소로부터 Reference가 될 대상을 추출하여 사용이 가능하다는 점을 기억하기 바랍니다. 사실 솔리드 요소로부터 사용 가능한 면이나 모서리 점 요소들을 통해 면이나 커브의 생성이 가능하지만 View Style에서 Shading Mode인 경우에서는 대상 인식이 불가능하다는 점을 기억하기 바랍니다. Shading with Edges 모드에서는 문제없이 형상을

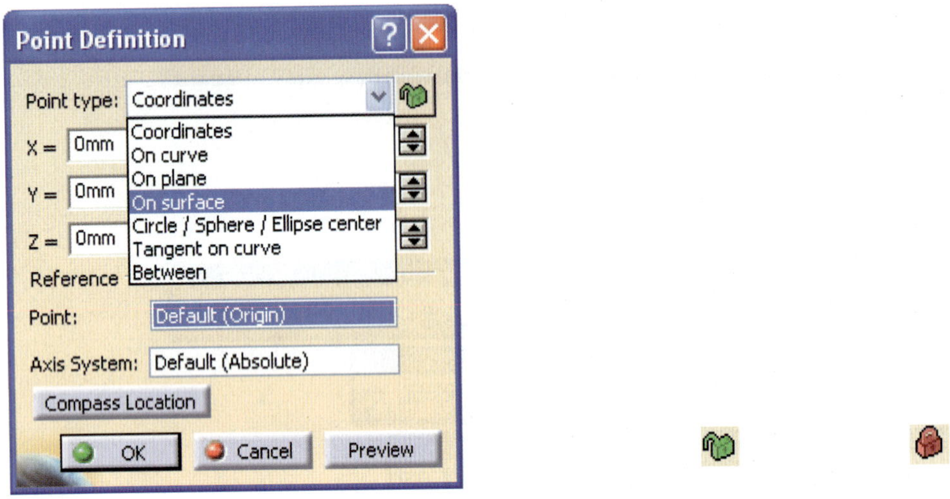

(a) 대화상자 (b) Unlocked (c) Locked

그림 9-4 대화상자에서의 잠금 옵션

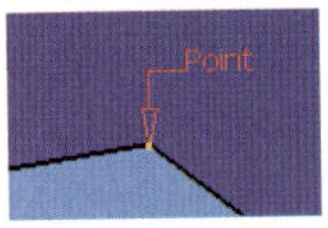

(a) Point

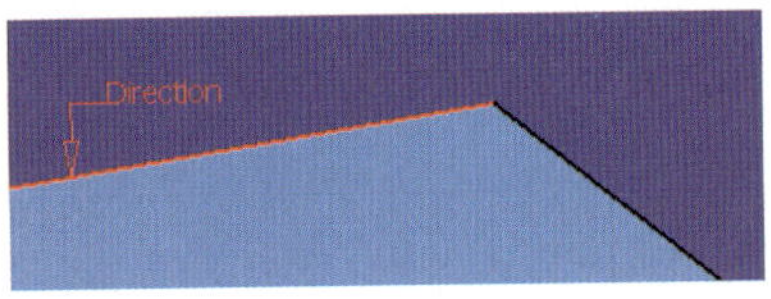

(b) Line 그리고 Curve

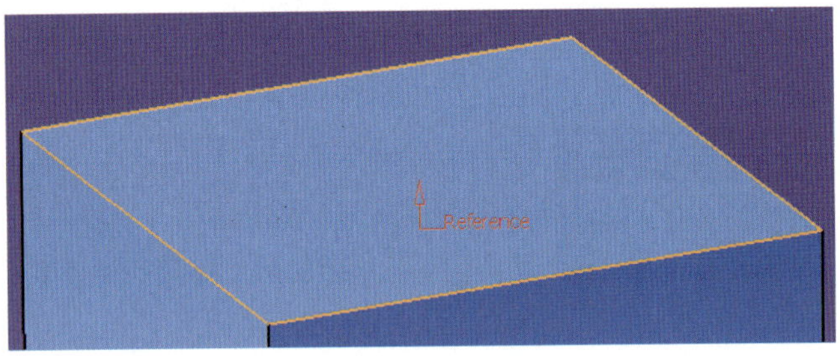

(c) Plane 그리고 Surface

그림 9-5 Solid Geometrical 동치

인식할 수 있습니다.

그러나 솔리드 요소로부터 정의된 Reference 요소를 사용할 경우 형상이 업데이트되어 연속성이 달라지면 업데이트 단계에서 에러가 발생할 수 있습니다. 비록 이러한 솔리드 요소로부터 Reference를 잡는 방법이 간단한 형상 설계나 초기 디자인에서는 수용될 수 있으나 상세 모델에 대해서는 반드시 피해야 할 방법 중에 하나입니다.

MULTIPLE RESULTS

만약 단일 명령을 통해서 작업한 결과가 한 개 이상의 결과물이 생성되었다면 CATIA®는 그림 9-6과 같이 대화상자를 띄워 사용자가 이 결과물들 중에 원하는 것을 선택하도록 Near,

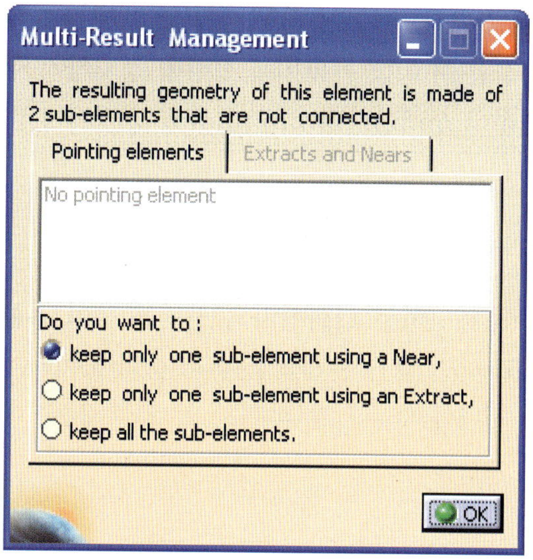

그림 9-6 Multi-Result Management(MRM)

Extract 등의 방식이나 모든 결과물을 그대로 놔두도록 선택할 수 있게 해줍니다. 한 명령 작업으로 만들어진 모든 복수의 결과물을 그대로 사용하는 것도 가능하지만 사용자나 시스템에서 혼동을 주어 나중에 모델링 과정에서 에러가 발생할 수 있습니다.

Extract 방법으로 원하는 요소를 선택하고자 할 경우 그림 9-7과 같이 대화상자가 나타납니다. 이 기능은 Multiple Result로 생성된 결과물 중에서 하나의 요소를 추출하여 복사하게 됩니다(원래의 Multiple Result는 숨겨집니다). Extract 기능은 많은 경우에 유용하게 사용되나 경우에 따라 에러가 발생하기도 합니다.

Near 기능은 원하는 형상을 선택하여 이 선택한 요소로부터 가장 가깝거나 가장 먼 Multiple Result에서의 요소를 추출하여 복사하게 됩니다. 그림 9-6 대화상자에서 Near를 선택

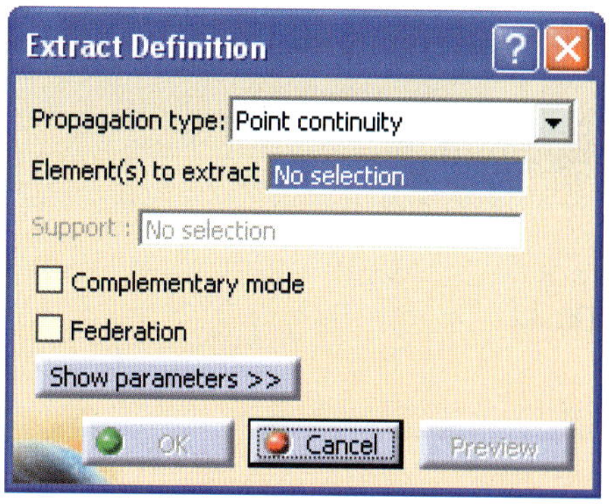

그림 9-7 Extract Definition

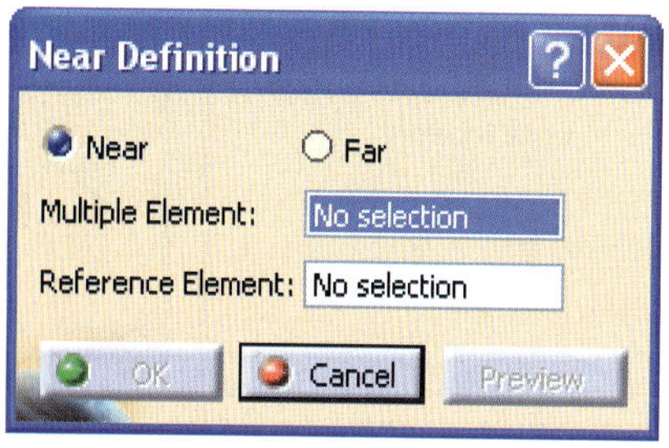

그림 9-8 Near Definition

하게 되면 그림 9-8과 같은 대화상자가 나타납니다. Near의 기준이 되는 대상 요소가 존재하고 이 관계가 유지되는 이상 Near로 만들어진 결과물은 유효합니다. 비록 형상을 정의하기 어려운 복잡한 형상이더라도 기준이 되는 대상을 적절히 선택한다면 기준 형상의 변경에 따라서도 이러한 링크 관계가 잘 유지되게 됩니다.

ELEMENT SELECTION ORDER

Wireframe 요소나 Surface 요소를 생성할 때 이에 해당하는 대화상자의 선택 부분이 푸른색으로 하이라이트 됩니다. 첫 번째 요소를 선택하고 나면 다음 순서의 선택 부분이 하이라이트 됩니다. 이런 경우 순서에 따라 대상 요소들을 선택해서 순서가 바뀌지 않도록 해주어야 합니다.

ON-THE-FLY GEOMETRY CREATION

가끔 필요로 하는 형상을 만들어 주기에 앞서 다른 Geometry 요소를 먼저 생성해 주어야 하는 경우가 발생합니다. 이때 명령을 취소하고 빠뜨린 형상을 생성할 수도 있으나, 이는 비효율적으로 많은 경우 필요로 하는 대상이 입력될 입력란에서 오른쪽 마우스를 클릭하여 Context Menu를 실행하면 빠뜨린 요소를 현재 상태에서 생성이 가능합니다. 만약 빠뜨린 형

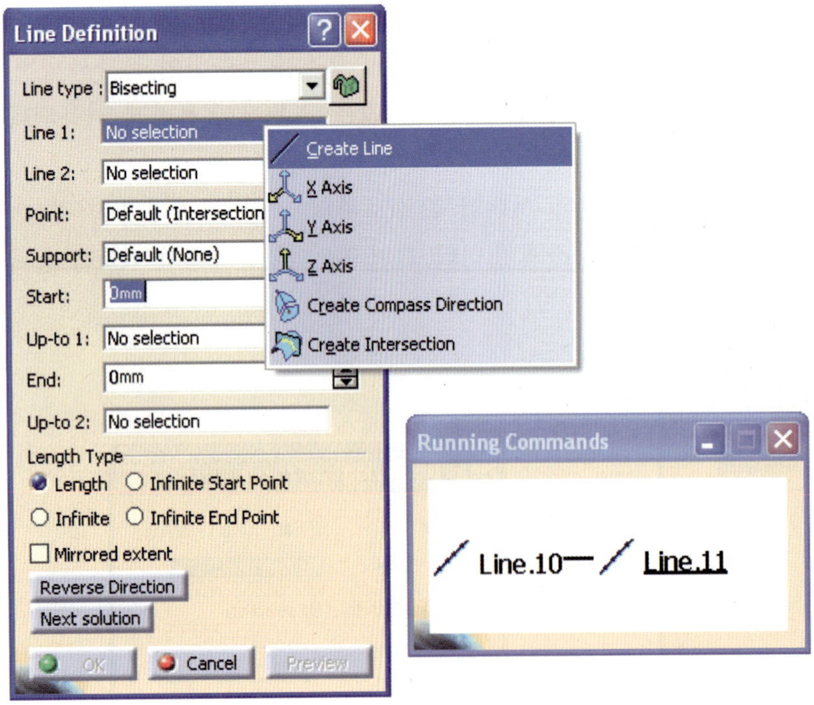

그림 9-9 내부 실행 명령

상 요소를 정의하는 데 또 다른 요소가 필요하다면 마찬가지로 이와 같이 Context Menu를 사용하여 정의가 가능합니다. 이렇게 형상 정의를 위해 다른 형상이 필요한 경우 그림 9-9와 같이 Running Command를 통하여 정의해줄 수 있습니다.

MODIFYING A SELECTION

마지막으로 대화상자 안에서 선택된 입력 대상을 다른 대상으로 바꾸어야 하는 경우 명령을 취소하거나 삭제 후 다시 실행할 필요는 없습니다. 대부분의 경우 그림 9-10과 같이 수정하고자 하는 대상이 있는 입력란에서 오른쪽 마우스 클릭으로 Context Menu를 실행하면 Clear Selection이나 Other Selection을 선택하여 현재 입력 값을 초기화하고 다시 원하는 대상을 선택해줄 수 있습니다.

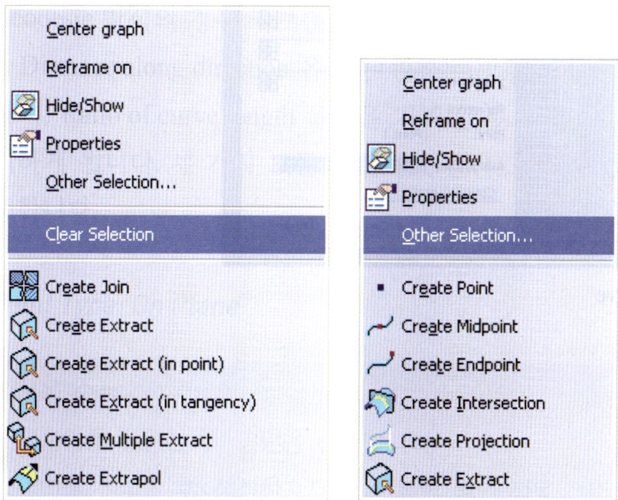

(a) Clear Selection (b) Other Selection

그림 9-10 Geometry 선택상자에서 Context 메뉴

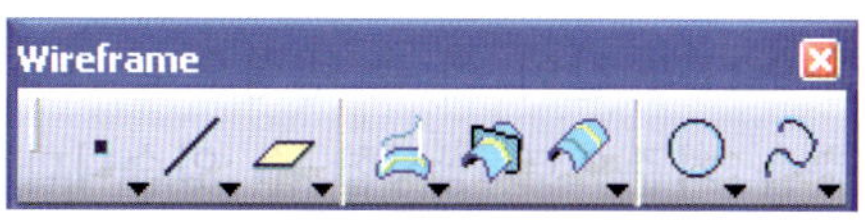

WIREFRAME TOOLBAR

Point

요약: 한 개 또는 한 개 이상의 포인트를 생성하는 데 사용합니다.

Point를 생성하는 방법에는 여섯 가지 방식이 있습니다.

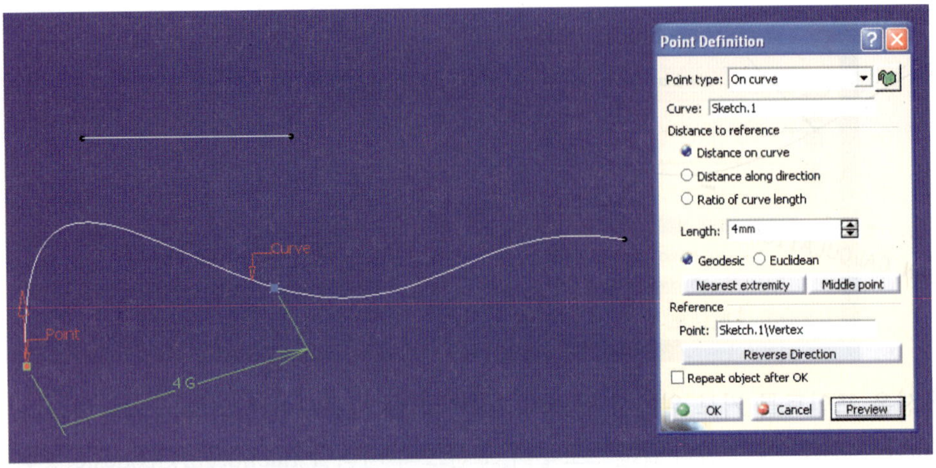

(a) Distance on curve

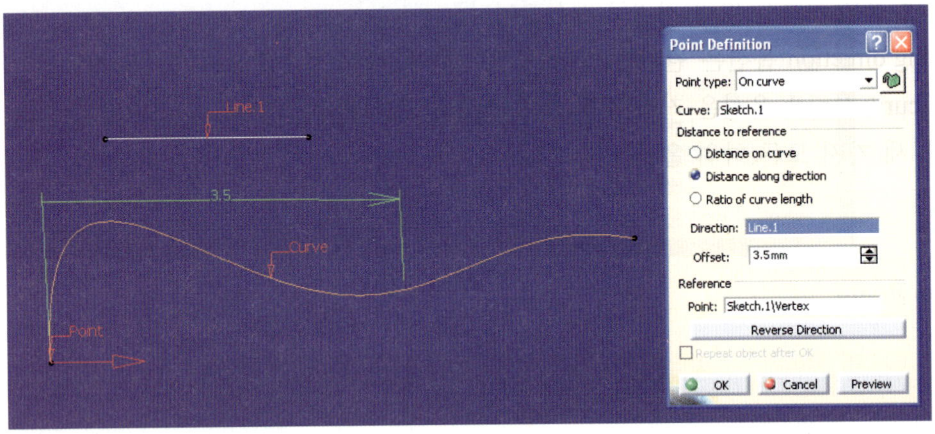

(b) Distance along direction

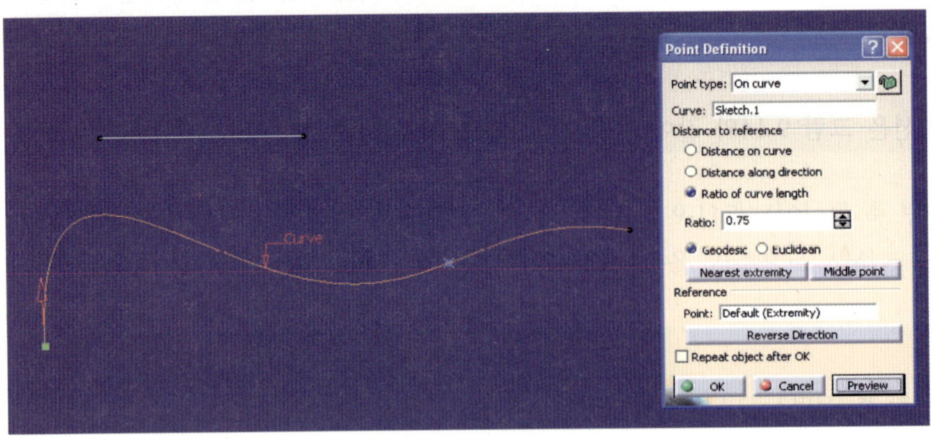

(c) Ratio of curve length

그림 9-13 Point on Curve

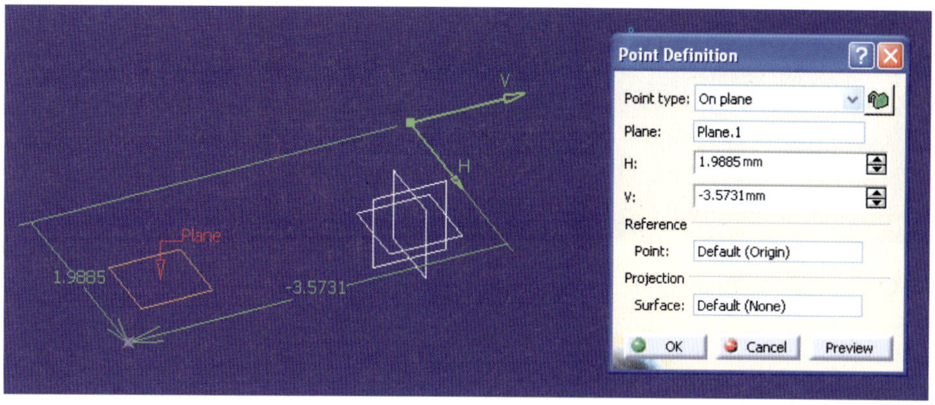

그림 9-14 Point on Plane

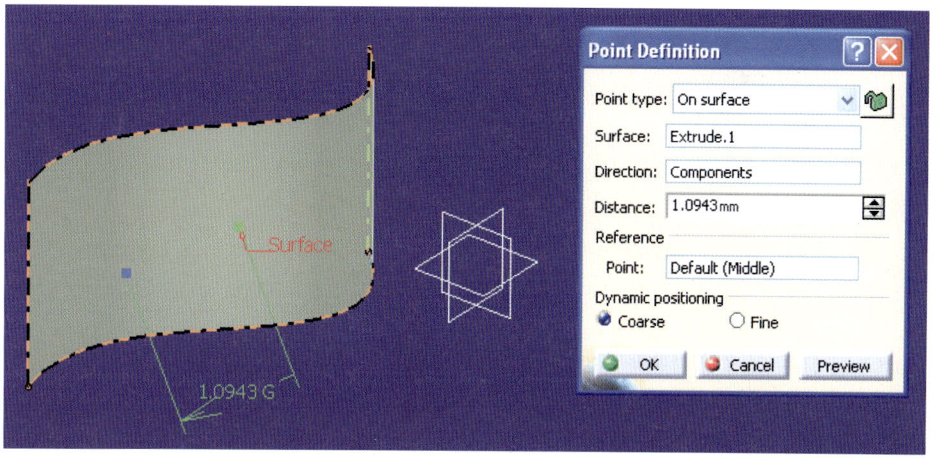

그림 9-15 Point on Surface

On Surface 옵션은 그림 9-15와 같이 초기 포인트의 위치를 Surface의 중심에 생성합니다. G라는 기호와 함께 표시되는 측지선의 거리는 임의의 위치에 표시됩니다. 정확한 위치를 정의하는 데에는 Wireframe 요소를 더 필요로 하기도 합니다. Coarse Dynamic Positioning은 새로운 포인트를 푸른 기준 커서로부터 생성하는 반면 File Dynamic Positioning은 포인트를 정확히 X 커서 표시가 있는 곳에 생성합니다.

Point Type: Circle/Sphere/Ellipse Center

사용 순서:

명령을 실행한 후: 중심점을 잡고자 하는 대상을 선택합니다.

요소를 선택한 후: OK를 클릭합니다.

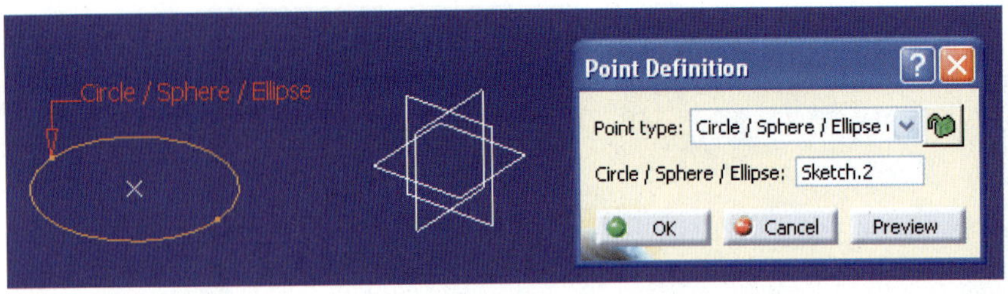

그림 9-16 Point-Circle/Sphere/Ellipse

Circle/Sphere/Ellipse Center 옵션은 그림 9-16과 같이 손쉽게 중심점의 위치에 포인트를 생성할 수 있습니다.

Point Type: Tangent on Curve

사용 순서:

명령을 실행한 후: 커브 요소를 선택합니다.

커브 요소를 선택한 후: 기준이 될 방향 성분을 선택합니다(선이나 평면 요소로 방향 정의가 가능합니다).

Tangent on Curve 옵션은 그림 9-17과 같이 선택한 커브 요소를 지정한 방향으로 접하는 지점에 포인트를 생성합니다.

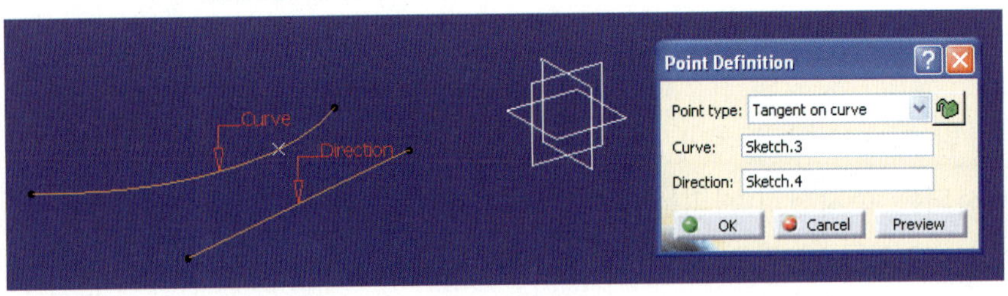

그림 9-17 Point-Tangent on Curve

Point Type: Between

사용 순서:

명령어를 실행한 후: 첫 번째 포인트를 선택합니다.

첫 번째 포인트를 선택한 후: 두 번째 포인트를 선택합니다.

두 번째 포인트를 선택한 후: OK를 선택합니다.

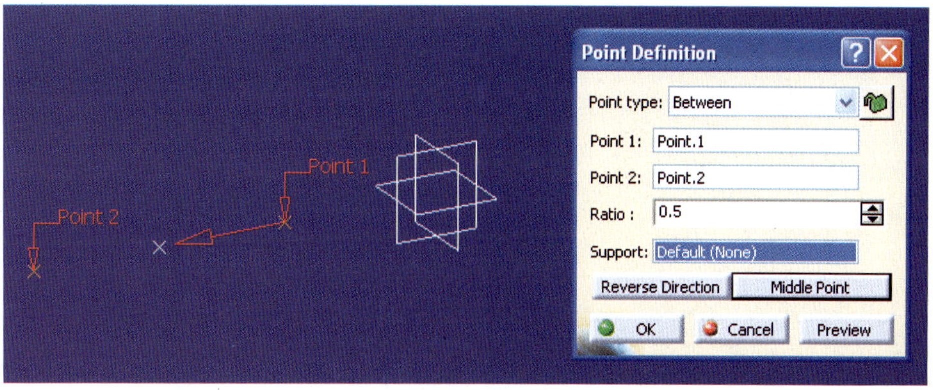

그림 9-18 Point-Between

Between 옵션은 그림 9-18과 같이 포인트를 생성할 때 두 개의 기준 포인트 사이에 입력한 Ratio에 맞추어 포인트를 생성합니다. Middle Point 옵션은 Ratio가 0.5일 때와 같으며 두 기준 포인트 사이 중간에 포인트를 생성하도록 합니다.

Line

요약: 선 요소를 생성합니다.

선 요소를 생성하는 데에는 6개의 생성 옵션이 가능합니다. 이 옵션들 중에서도 Up-To, Mirrored, Infinite 또는 Semi-Infinite와 같은 추가적인 하위 옵션을 사용하여 기능을 확장할 수 있습니다.

Line Type: Point-Point

사용 순서:

명령을 실행한 후: 첫 번째 요소(포인트, 커브 또는 서피스)를 선택합니다.

첫 번째 요소를 선택한 후: 두 번째 포인트 요소를 정의합니다.

두 번째 포인트가 정의된 후: Support 또는 데이터를 수정한 후 OK를 선택합니다.

Point-Point 옵션은 그림 9-19와 같이 두 포인트 요소를 선택하여 이 두 지점을 잇는 선 요소를 생성합니다.

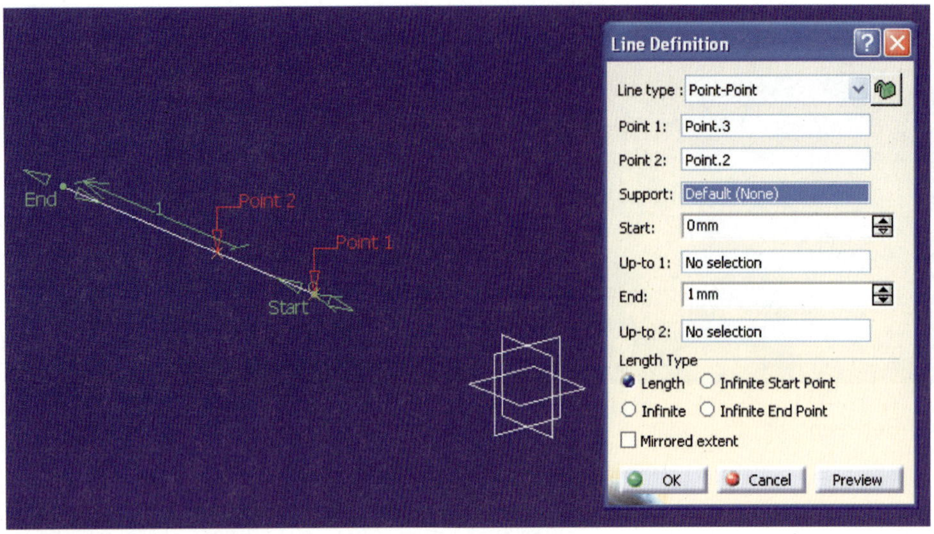

그림 9-19 Line — Point-Point

Line Type: Point-Direction

사용 순서:

명령을 실행한 후: 포인트 요소를 선택합니다.

포인트를 선택한 후: 방향을 정의합니다.

방향이 정의된 후: Support 또는 데이터를 수정한 후 OK를 선택합니다.

Point-Direction 옵션은 선 요소를 생성할 때 지정된 포인트로부터 방향 입력란에서 Context Menu를 사용하여 X, Y, Z 방향을 선택하거나 지정한 임의의 방향으로 입력한 길이만큼 선 요소를 생성합니다(그림 9-20 참조).

Line Type: Angle/Normal to Curve

사용 순서:

명령을 실행한 후: 커브 요소를 선택합니다.

커브 요소가 선택된 후: 시작 포인트를 지정합니다.

포인트가 선택된 후: Support로 곡면 또는 커브, 점 요소를 선택해 줍니다.

Angle/Normal to Curve 옵션은 선택한 기준 요소로부터 일정한 각도를 가진 선 요소를 생성할 수 있으며 Normal to Curve 버튼을 체크하여 즉각적으로 수직인 선 요소를 생성할 수도

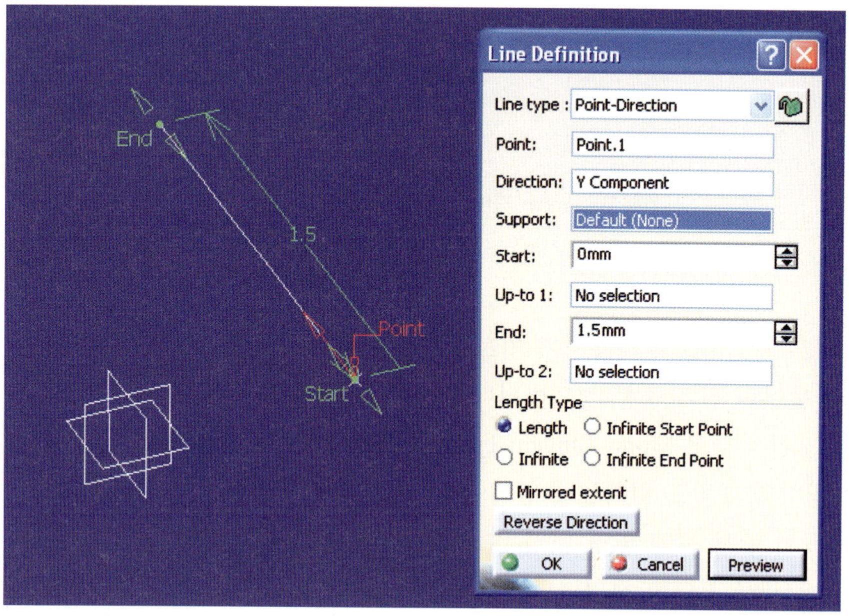

그림 9-20 Line — Point-Direction

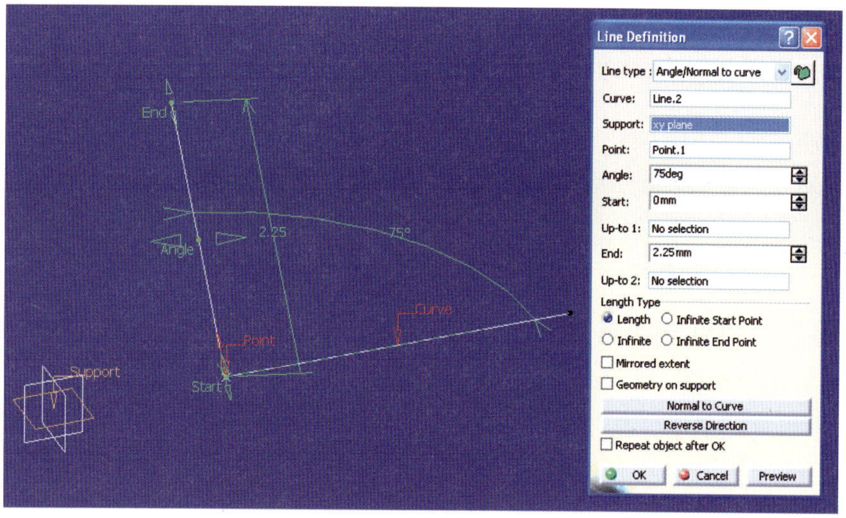

그림 9-21 Line — Angle/Normal to Curve

있습니다. 사용자는 그림 9-21과 같이 명령을 실행하면 첫째로 기준이 될 선 요소를 선택하게 되며 새로 만들어질 선 요소가 시작될 포인트를 지정하게 됩니다. 그림 9-21과 같이 만약 처음 선택한 선 요소가 직선이 아닌 평면상에 놓인 선 요소라면 기본 Support가 자동으로 인식될 것이며, 그렇지 않을 경우 평평한 면 요소나 평면을 Support에 정의해 주어야 명령을 완전히 정의할 수 있게 됩니다.

Line Type: Tangent to Curve

> **사용 순서:**
> 명령을 실행한 후: 기준 커브 요소를 선택합니다.
> 커브 요소가 선택된 후: 접하게 될 위치를(포인트나 커브) 선택해 줍니다.
> 선택이 마무리된 후: Support 또는 데이터를 수정한 후 OK를 선택합니다.

Tangent to Curve 옵션은 기본적으로 사용자가 커브와 포인트를 선택하여 포인트 요소의 위치로부터 탄젠트하게 만들어진 선 요소를 정의합니다. 그러나 그림 9-22(a)와 같이 선택한 포인트가 커브 위에 있는 것이 아니고 Mono-Tangent Type 옵션이 활성화된 상태라면 생성된 선 요소는 커브에 접하는 방향의 포인트 위치로 투영되어 선 요소가 만들어질 것입니다. 만약 그림 9-22(b)와 같이 포인트가 커브 위에 놓여 있지 않고 Bi-Tangent Type 옵션이 선택되었다면 CATIA®는 모든 가능한 결과를 보여줄 것입니다. 여기서 사용자가 원하는 값을 대화상자에서 Next Solution 버튼을 눌러가며 찾아줄 수 있습니다.

Line Type: Normal to Surface

> **사용 순서:**
> 명령어를 실행한 후: 기준이 될 Surface를 선택해 줍니다.
> Surface를 선택한 후: 선 요소를 생성하기 위한 시작점이 될 포인트를 선택해 줍니다.
> 포인트가 선택된 후: 첫 번째 Up-To 요소로 곡면이나 커브, 포인트를 선택해 줍니다.

Normal to Surface 옵션은 그림 9-23과 같이 선택한 포인트로 시작하여 포인트가 놓인 Surface에 수직인 법선을 만들어 줍니다. Surface에 놓인 포인트를 선택하지 않았다면 Surface 위로 투영한 위치에부터 법선이 만들어질 것입니다.

Line Type: Bisecting

> **사용 순서:**
> 명령어를 실행한 후: 첫 번째 선 요소를 선택합니다.
> 첫 번째 선 요소를 선택한 후: 두 번째 선 요소를 선택합니다.
> 두 번째 선 요소가 선택된 후: 시작 위치를 포인트로 지정합니다.

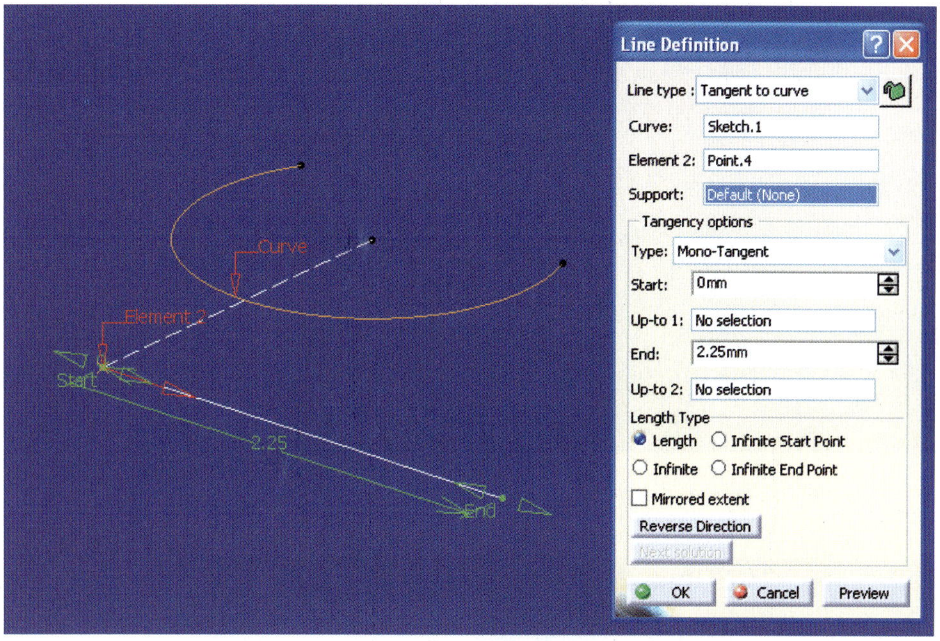

(a) Mono-tangent Type

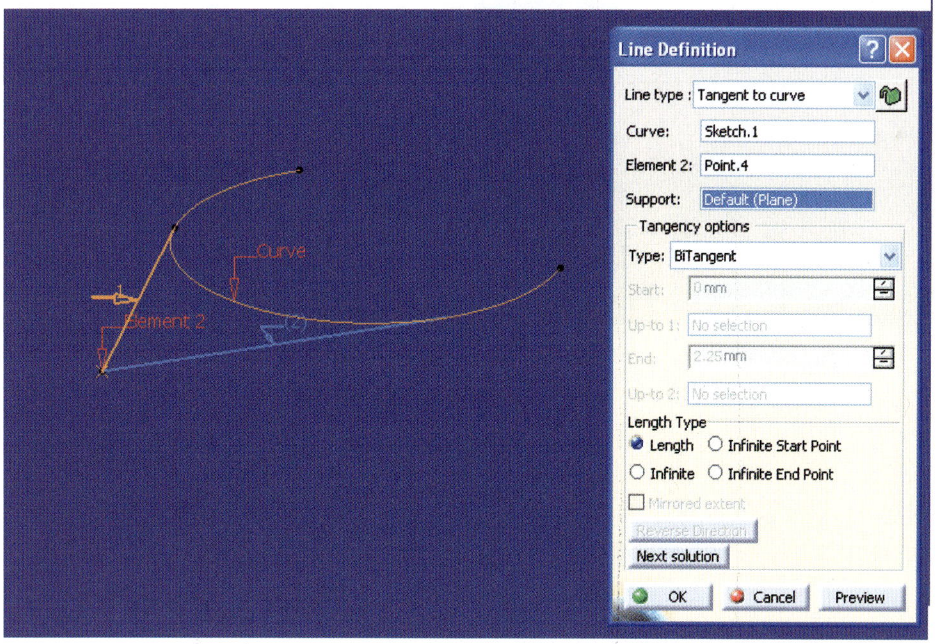

(b) Bi-tangent Type

그림 9-22 Line — Tangent to Curve

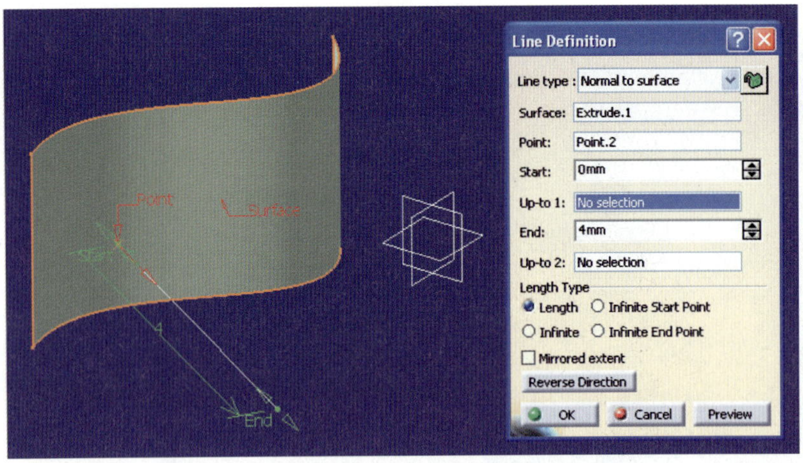

그림 9-23 Line — Normal to Surface

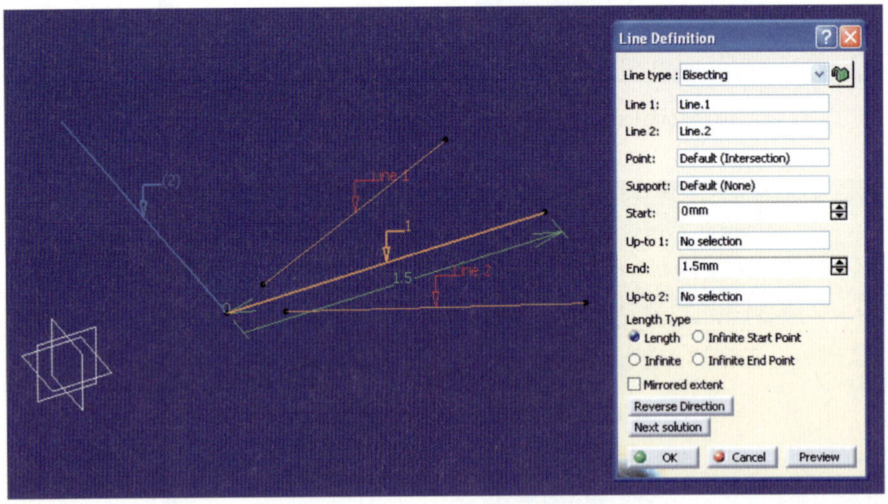

그림 9-24 Line — Bisecting

Bisecting 옵션은 사용자가 선택한 두 선 요소를 이등분하는 선 요소를 생성하는 기능입니다. 반드시 교차할 필요는 없으나 공간상의 어딘가는 가상의 연장선이 교차해야 합니다. 그림 9-24와 같이 두 개의 옵션이 사용 가능합니다. 이런 경우 대화상자의 Next Solution 버튼으로 결과를 선택해줄 수 있습니다.

Plane

요약: 평면 요소를 생성합니다.

평면을 생성하는 방법에는 11가지 옵션이 있습니다. 평면은 무한히 넓은 기준 요소로 작은 사각형 아이콘으로 보일 것입니다. 새로운 평면이 생성되거나 기존의 평면을 더블클릭 하였을 때 생성에 필요한 파라미터와 녹색의 이동 그림이 나타납니다. 이동 그림을 선택하여 드래그함으로써 원하는 위치로 아이콘을 이동시킬 수 있습니다. 그러나 이것은 같은 평면상에서 아이콘의 위치만 달라지는 것임을 기억하기 바랍니다.

Plane Type: Offset from Plane

사용 순서:

명령어를 실행한 후: 오프셋 하고자 하는 평면을 선택합니다.

평면을 선택한 후: 오프셋 값을 입력하고 OK를 누릅니다.

Offset from Plane 옵션은 기존의 평면 또는 면 요소로부터 일정한 거리 간격을 가진 평행한 평면을 생성할 수 있습니다. 그림 9-25와 같이 면 요소에 대해서 두 방향으로 오프셋 값 정의가 가능하기 때문에 사용자는 화면에 나타난 붉은 화살표를 클릭하거나 대화상자에서 Reverse Direction 버튼을 눌러줄 수 있습니다.

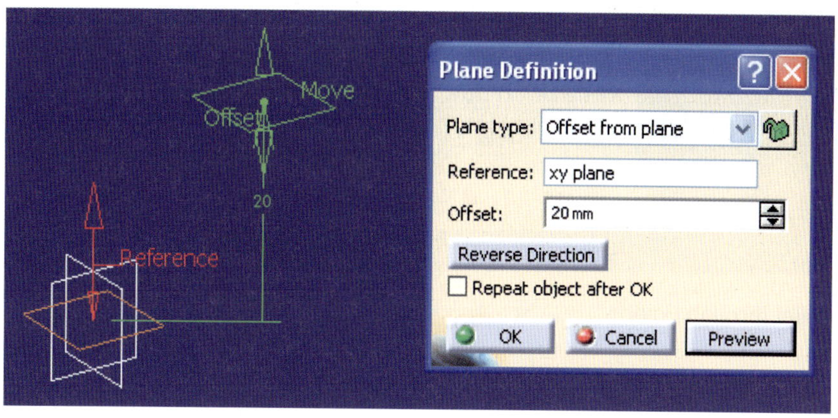

그림 9-25 Plane — Offset from Plane

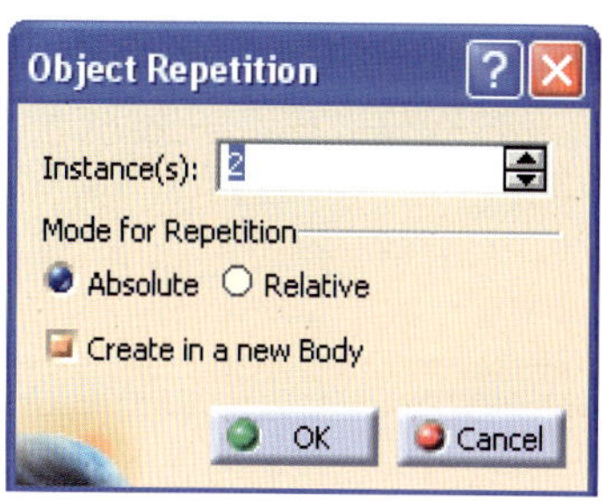

그림 9-26 Object Repetition

만약 여러 개의 평면이 같은 공간에 오프셋 값만 다르게 만들어져야 한다면 Repeat object after OK를 체크합니다. 그림 9-26과 같이 새로운 창이 나타나 반복해서 생성할 평면의 수를 입력하고 OK를 누르면 새로운 Body 또는 Geometrical Set(Hybrid Design 옵션을 끈 경우)이 생성되어 그 안에 평면들이 만들어지게 됩니다.

Plane Type: Parallel through Point

사용 순서:
명령어를 실행한 후: 기준이 될 평면 또는 면 요소를 선택합니다.
면 요소를 선택한 후: 이동시키고자 하는 위치의 포인트 요소를 선택합니다.
포인트 요소가 선택된 후: OK 버튼을 누릅니다.

Parallel through Point 옵션은 그림 9-27과 같이 원하는 면 요소를 원하는 포인트 위치에 평행하게 생성하는 기능을 합니다.

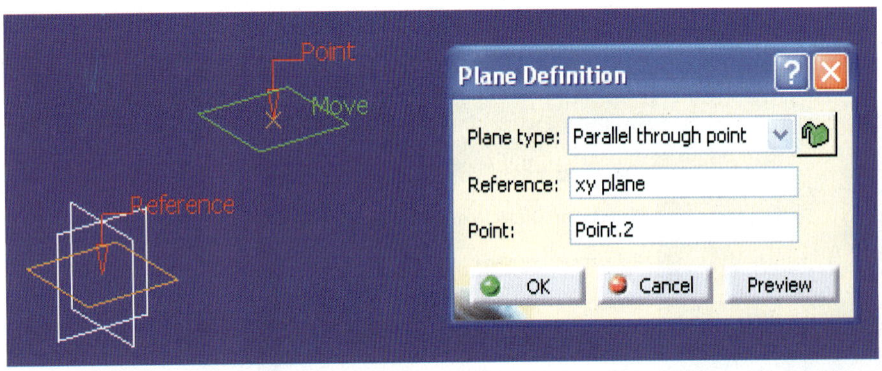

그림 9-27 Plane — Parallel through Point

Plane Type: Angle/Normal to Plane

사용 순서:
명령어를 실행한 후: 회전축을 정의합니다.
축 요소가 선택된 후: 기준이 될 평면 요소를 선택합니다.
평면 요소가 선택된 후: 회전할 각도를 입력하고 OK를 선택합니다.

Angle/Normal to Plane 옵션은 기준이 될 평면으로부터 회전 각도를 정의하여 각도를 가진 평면을 생성합니다. 회전해서 만들어질 수 있는 평면의 수는 거의 무한에 가깝기 때문에 사용

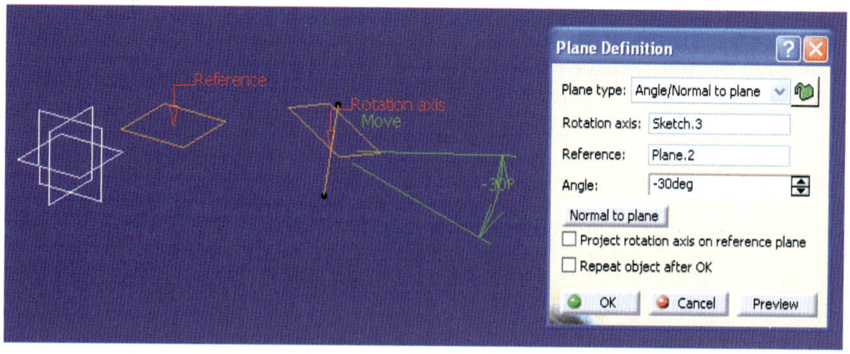

그림 9-28 Plane— Angle/Normal to Plane

자는 우선 회전축을 정의하여 결과를 2개로 줄일 수 있습니다. 회전 각도는 음과 양의 값으로 두 개가 가능한데, 회전 각도를 입력할 때 음과 양의 값으로 입력이 가능합니다. 앞서 선택한 회전축 요소는 기준 평면 위에 놓일 필요는 없으나 평면과 나란한 방향을 가져야 합니다. 새로 만들어지는 평면은 그림 9-28과 같이 회전축 요소를 지나게 됩니다. Offset from Plane과 같이 하나의 평면을 새로 만든 후에 Repeat object after OK 버튼을 체크하여 원하는 수만큼 반복하여 평면을 생성할 수 있습니다.

Plane Type: Through Three Points

사용 순서:

명령어를 실행한 후: 첫 번째 포인트를 선택합니다.

첫 번째 포인트가 선택된 후: 두 번째 포인트를 선택합니다.

두 번째 포인트가 선택된 후: 세 번째 포인트를 선택합니다.

세 번째 포인트가 선택된 후: OK를 눌러 명령을 종료합니다.

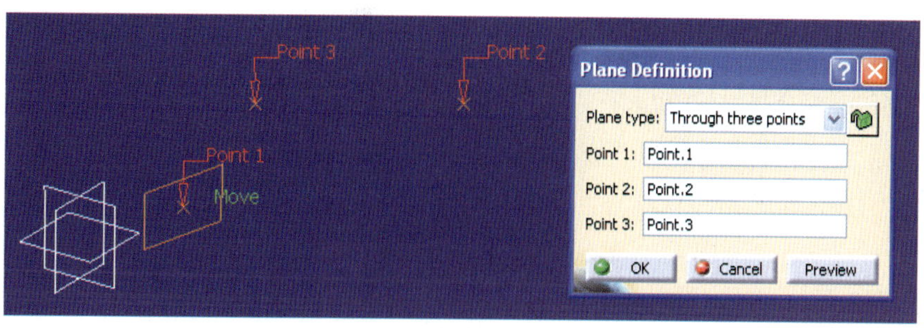

그림 9-29 Plane—Through Three Points

Through Three Points 옵션은 평면을 정의하는 방식으로 3개의 포인트를 정의합니다. 그림 9-29와 같이 평면 아이콘 형상은 첫 번째 포인트의 중점에 만들어집니다.

Plane Type: Through Two Lines

사용 순서:

명령어를 실행한 후: 첫 번째 라인을 선택합니다.

첫 번째 라인을 선택한 후: 두 번째 라인을 선택합니다.

두 번째 라인을 선택한 후: 선택이 완료되면 OK를 눌러 마무리합니다.

Through Two Lines 명령은 평면상에 놓인 또는 그렇지 않은 두 개의 선 요소를 이용하여 평면을 정의합니다. 만약 두 선 요소가 동일 평면상에 있지 않다면 두 번째 선 요소의 한 끝점이 첫 번째 선 요소로 투영되어 평면을 정의하게 됩니다. 그림 9-30과 같이 평면 아이콘은 첫 번째 선 요소의 중심에 생성됩니다.

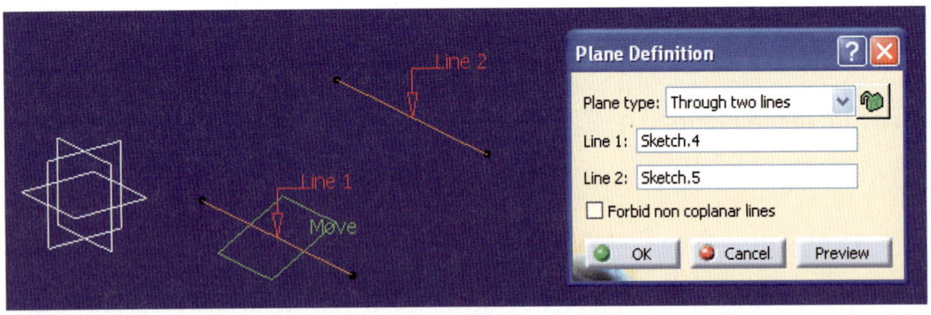

그림 9-30 Plane — Through Two Lines

Plane Type: Through Point and Line

사용 순서:

명령어를 실행한 후: 포인트 요소를 선택합니다.

포인트 요소를 선택한 후: 선 요소를 선택합니다.

선 요소를 선택한 후: 선택이 완료되면 OK를 눌러 마무리합니다.

Through Point and Line 옵션은 하나의 포인트 요소와 선 요소를 통해서 평면을 정의하는 방식으로 그림 9-31과 같이 포인트의 중심에 평면을 생성합니다.

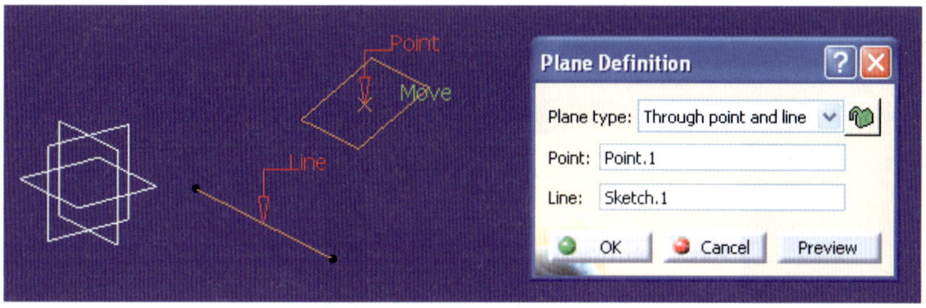

그림 9-31 Plane — Through Point and Line

Plane Type: Through Planar Curve

사용 순서:

명령어를 실행한 후: 커브를 선택합니다.

커브를 선택한 후: 선택이 완료되면 OK를 눌러 마무리합니다.

Through Planar Curve 옵션은 평면상에 놓인 커브를 선택함으로써 그림 9-32와 같이 생성됩니다. 만약 평면에 놓인 커브가 아닌 경우 에러 메시지를 나타냅니다.

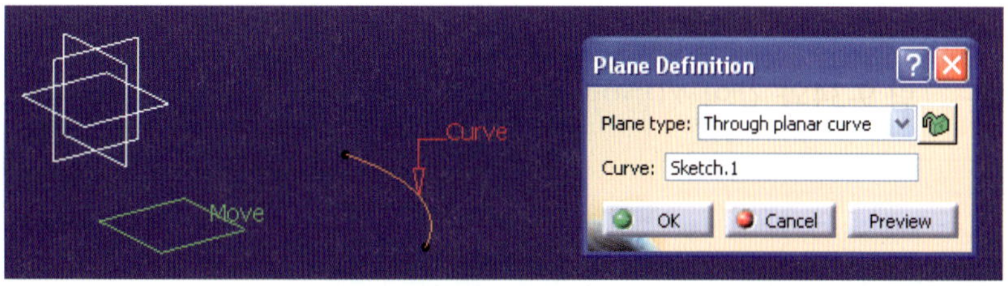

그림 9-32 Plane — Through Planar Curve

Plane Type: Normal to Curve

사용 순서:

명령어를 실행한 후: 기준이 될 커브를 선택합니다.

커브를 선택한 후: 시작 포인트를 정의해 줍니다.

포인트가 선택된 후: 선택이 완료되면 OK를 눌러 마무리합니다.

Normal to Curve 옵션은 그림 9-33과 같이 사용자가 평면을 지정한 기준 커브의 단면에 수직으로 생성할 수 있으며 지정한 포인트 위치에 평면이 만들어집니다. 포인트의 위치를 지정해주지 않으면 커브의 중앙에 평면이 만들어집니다.

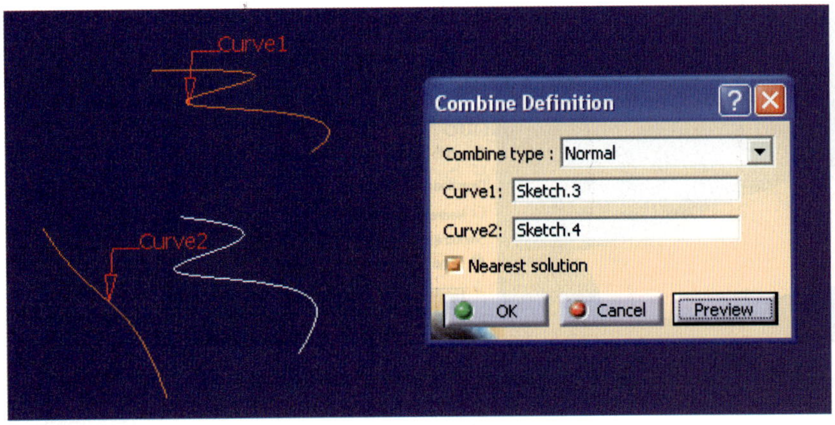

그림 9-44 Combine Definition 정의

Combine 명령은 그림 9-44와 같이 두 방향에 대해서 모든 곡률 형상을 지닌 커브를 그리기 어렵기 때문에 이들을 교차하여 새로운 커브를 생성하는 기능입니다. Combine Type은 교차하는 방식을 정의하기 위하여 Normal 방식과 Along Direction이 있습니다.

Reflect

요약: Reflect Line을 생성합니다.

사용 순서:

명령어를 실행한 후: Reflect Line을 생성할 Support 요소를 선택합니다.

Support Surface를 선택한 후: Reflect Line 방향을 선택하거나 정의해 줍니다.

방향 설정을 마친 후: Reflect Line을 정의고자 하는 각도를 입력합니다.

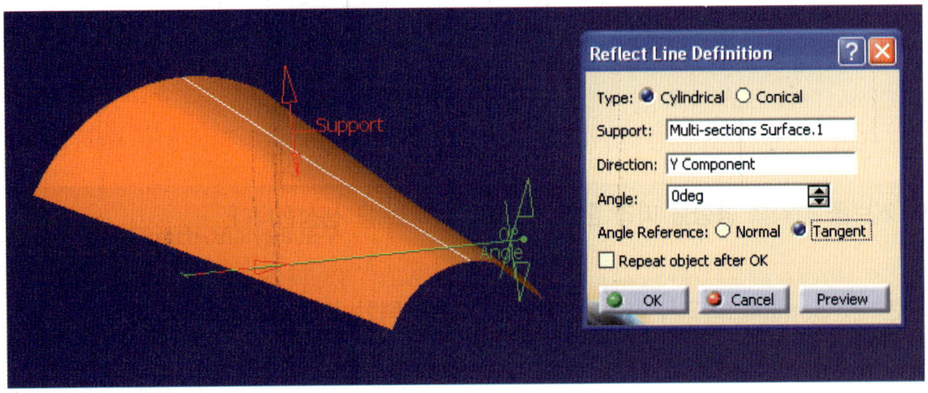

그림 9-45 Reflect Line 정의

그림 9-45와 같이 Reflect Line 명령은 형상을 지정한 방향으로부터 일정한 각도 방향으로 평행하게 유지되는 부분을 이어 커브를 생성합니다. 따라서 이 기능은 금형 설계 시 형상의 Parting Line을 잡는 데 매우 유용합니다. Angle 값은 추가적으로 Reflect Line 생성 시 지정된 각도를 정의할 수 있습니다.

WIREFRAME TOOLBAR

Intersection

요약: 교차하는 두 대상의 형상을 Geometry로 생성합니다.

사용 순서:

명령이 실행된 후: 교차시키고자 하는 첫 번째 요소를 선택합니다.

첫 번째 요소를 선택한 후: 교차시키고자 하는 두 번째 요소를 선택합니다.

Intersection 명령은 커브나 곡면 요소들을 사용하여 그림 9-46과 같이 교차하는 두 대상 사이의 교차 형상 모양을 Geometry로 생성해 줍니다. 커브 요소들은 반드시 교차하는 부분이 있어야 교차 형상을 생성할 수 있지만 Extend linear supports for intersection 옵션을 사용하면 직선 방향으로 연장하여 교차하는 결과물을 생성할 수도 있습니다.

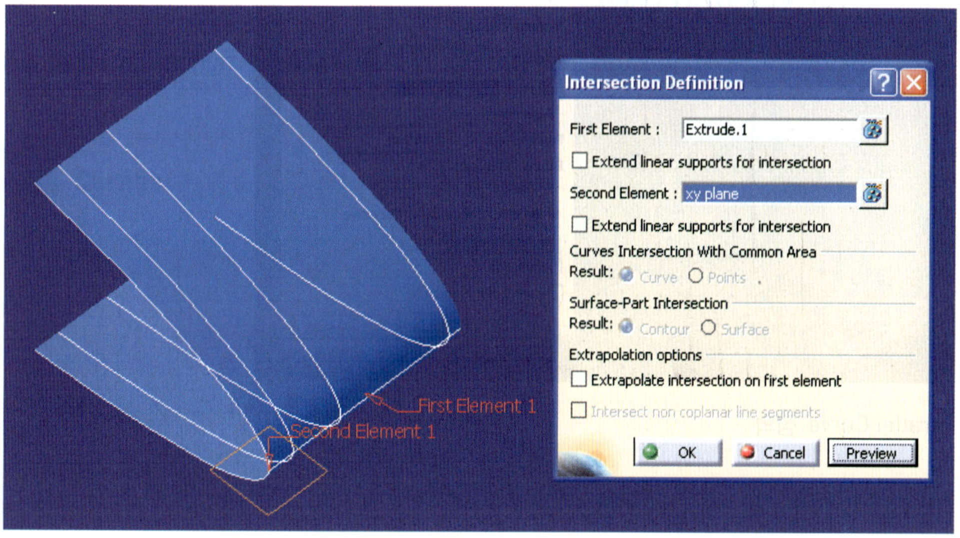

그림 9-46 Intersection 정의

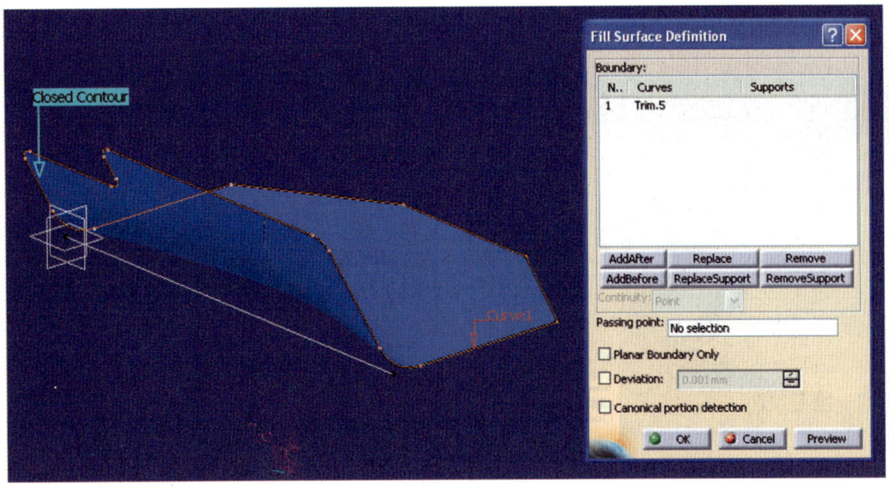

(a) Single Curve

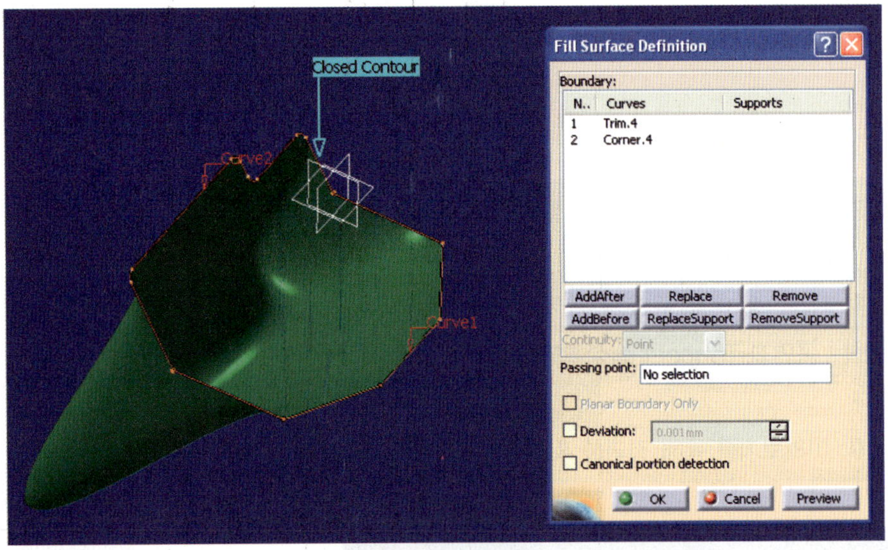

(b) Two Curves

그림 9-65 유사한 폐곡선에서 Fill 서피스의 변형

Fill 명령은 그림 9-64와 같이 각각의 커브들이 이어져 닫혀있는 폐곡선을 만들거나 커브 또는 서피스의 모서리들이 닫혀있는 조건을 만들어줄 경우에 이 부분을 서피스로 채워주게 됩니다.

오로지 경계선을 따라 이어지는 서피스를 만들어주기 때문에 그림 9-65와 같이 서피스의 형상을 제어하기 어렵습니다. Fill 서피스는 IGES와 같은 중립 파일을 변환할 때 발생할 수 있는 좁은 서피스 틈 등을 채워주기 위해 사용하기 좋습니다.

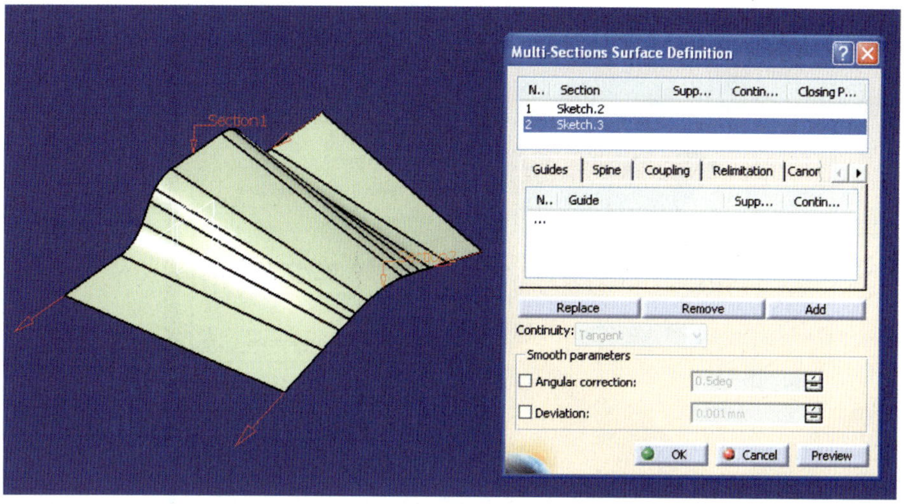

그림 9-66 Multi-Sections Surface 정의

Multi-Section Surface

요약: Multi-Section Surface를 생성하는 데 사용합니다.

사용 순서:

명령을 실행한 후: 단면이 될 커브 요소들을 선택해 줍니다. 필요에 따라 각 단면이 접해야 할 서피스가 있는 경우 입력해 줍니다.

단면을 선택한 후: 단면들을 이어주는 가이드 커브 또는 Spine, Coupling 등을 정의해 줍니다.

Multi-Section Surface 명령은 그림 9-66과 같이 단면의 형상이 일정하지 않은 형상을 정의하는 데 아주 유용한 명령입니다. 원하는 형상을 정의하기 위해서 Tangent, 가이드 커브, Spine, Coupling와 같은 다양한 옵션을 사용할 수 있습니다. 제6장의 Multi-Sections Solid에서 설명한 바와 같이 Section의 Ratio를 정의하는 것과 폐곡선의 Closing Point를 잡아주는 것은 중요합니다.

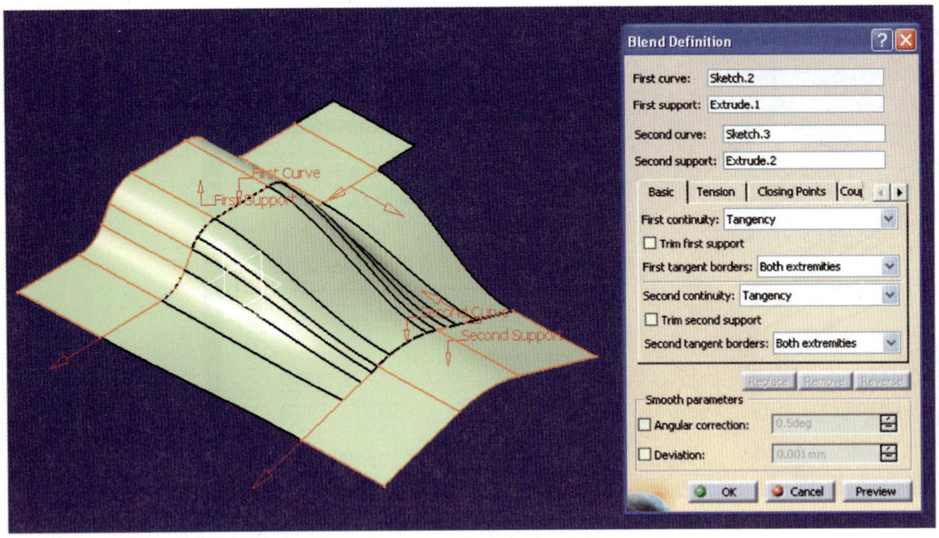

그림 9-67 Blend 정의

Blend

요약: Blend Surface를 생성합니다.

사용 순서:

명령을 실행한 후: 첫 번째 커브를 선택하고 필요에 따라 Support될 서피스를 그 다음으로 선택해 줍니다.

첫 번째 커브를 선택한 후: 두 번째 커브를 선택하고 필요에 따라 Support될 서피스를 그 다음으로 선택해 줍니다.

모든 요소를 선택한 후: Blend로 이어질 서피스의 연속성을 각각 정의해 줍니다.

Blend 명령은 이웃하는 두 서피스 사이의 틈을 이어주는 데 유용한 기능을 합니다. 그림 9-67과 같이 Blend 명령은 Point, Tangency, Curvature와 같이 Continuity를 정의하여 사용하기를 권장하며 Trim 기능을 사용하면 Blend Surface와 이웃하는 서피스를 합쳐주는 것이 가능합니다.

9.4 Curve and Surface 수정 도구

앞서 명령들로 생성된 Wireframe 요소나 서피스 요소들은 수정하거나 재작업을 통하여 원하는 형상을 만들어나갈 수 있습니다. 이와 같은 Operation 도구는 그림 9-68과 같으며 풀다운 메뉴의 Insert⇨Operation로 들어가 사용할 수도 있습니다.

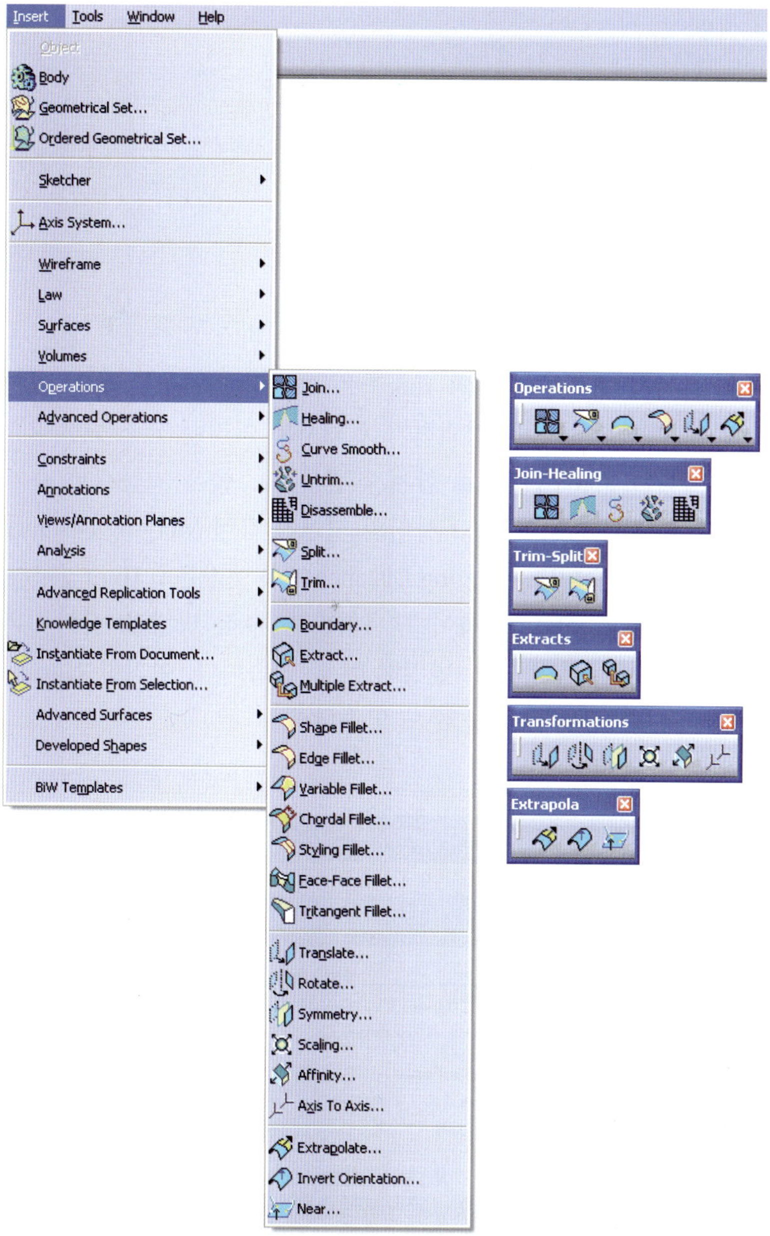

그림 9-68 Operations 툴바 그리고 Insert 풀다운 메뉴

OPERATIONS TOOLBAR

JOIN-HEALING TOOLBAR

Join

요약: 커브나 Surface 요소들을 합쳐주는 작업을 합니다.

사용 순서:

명령을 실행한 후: 합치고자 하는 대상들(커브는 커브끼리, 서피스는 서피스끼리만 선택 가능)을 선택해 줍니다.

Join 명령은 그림 9-69와 같이 독립적으로 생성된 Wireframe 또는 서피스 요소들을 같은 종류끼리 묶어주는 기능을 합니다. 우리가 생성한 각각의 요소들은 별도의 합쳐주는 작업 없이는 낱개의 요소로 인식되기 때문에, 복잡한 형상을 정의하기 위해서는 이러한 요소들을 필요한 것끼리 묶어주는 작업이 필요합니다. Join 명령으로 합쳐진 원본 요소들은 자동으로 숨겨지며 합쳐진 결과만이 출력됩니다. 여기서 요소와 요소 사이의 떨어진 값이 Merging Distance 값보다 클 경우 해당 부분은 Join할 수 없습니다. Merging Distance의 최댓값은 0.1mm입니다. 서피스 요소들에 Join을 실행하면 합쳐진 요소들 사이로 서피스의 수직 방향을 나타내는 Normal Vector 표시가 나타나며 클릭하여 이 방향을 변경해줄 수 있습니다. 이러한 Normal Vector 방향 변경은 Invert Orientation 명령을 사용해줄 수도 있습니다.

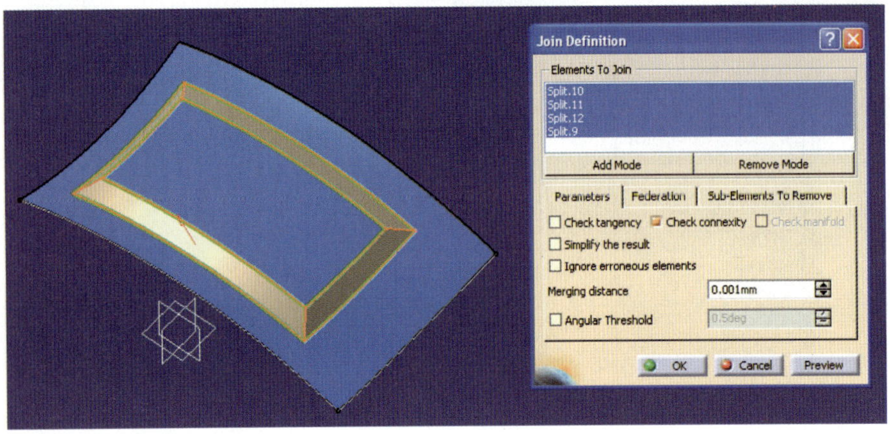

그림 9-69 Join 정의

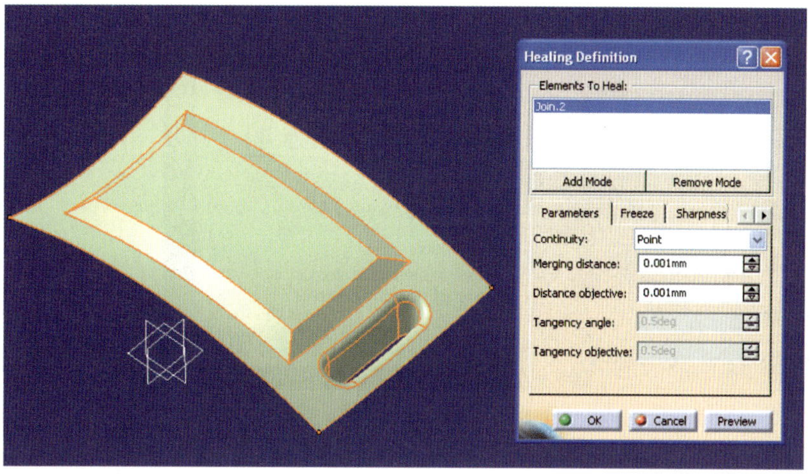

그림 9-70 Healing 정의

Healing

요약: 어긋나 벌어진 서피스들을 수정하는 데 사용합니다.

사용 순서: 수정하고자 하는 서피스들을 선택해 주고 수정할 간격을 정의해 줍니다.

Healing 명령은 일반적으로 이웃하는 서피스들이나 Join 작업을 수행한 후에 경계가 미세하게 어긋난 서피스들을 수정해주는 역할을 합니다. 허용된 Merging Distance에 따라 Healing 명령은 기존 서피스를 대체하는 새로운 서피스를 생성하여 경계에 어긋나거나 틈이 생긴 부분을 그림 9-70과 같이 처리해줄 수 있습니다. Healing된 후 이전의 결과 형상들은 자동으로 숨기게 됩니다.

Untrim

요약: Trim되었던 서피스나 커브를 이전 상태로 되돌리는 기능을 합니다.

사용 순서: Untrim하고자 하는 대상을 선택한 후 OK를 눌러줍니다.

Untrim 명령은 그림 9-71과 같이 Trim된 Surface로부터 Trim되지 않은 기준 서피스를 생성하고자 할 경우에 사용할 수 있습니다. 이 명령은 또한 Create Curve를 클릭하여 Trim된 부분의 Boundary를 추출해서 커브를 생성할 수도 있으나 이 커브는 Datum Curve로 인해 링크가 끊어진 상태입니다. 이 명령은 IGES와 같은 중립 파일의 서피스를 수정하고자 할 경우에 유용하게 사용할 수 있습니다.

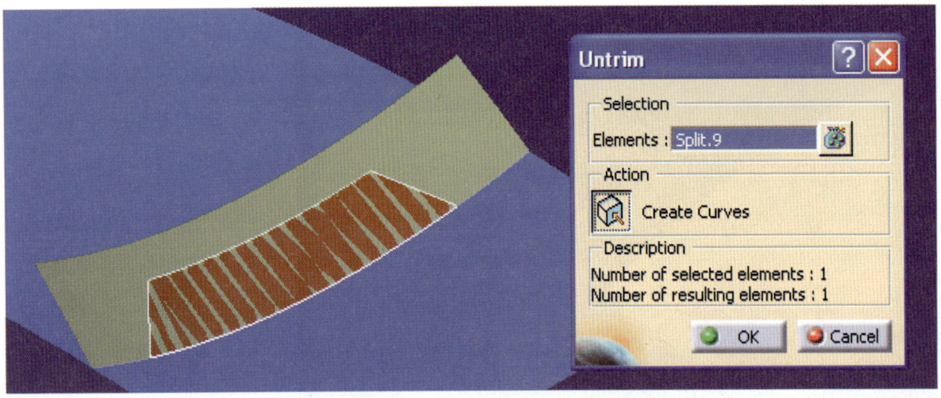

그림 9-71 Untrim

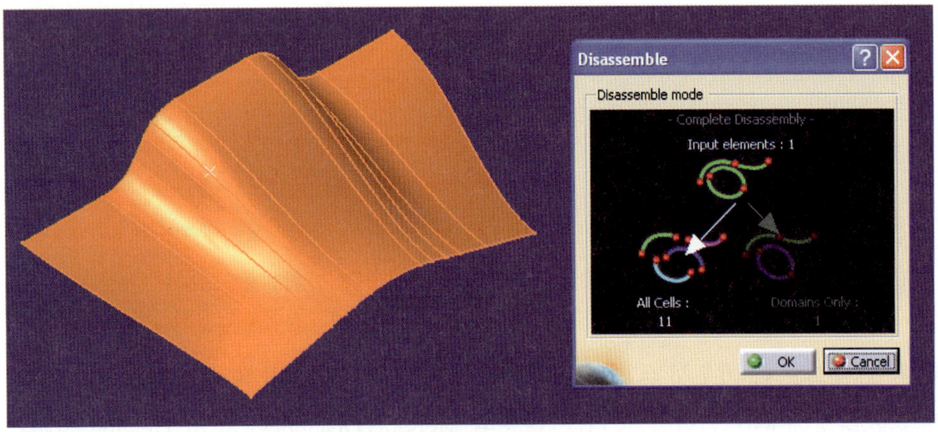

(a) 선택 시

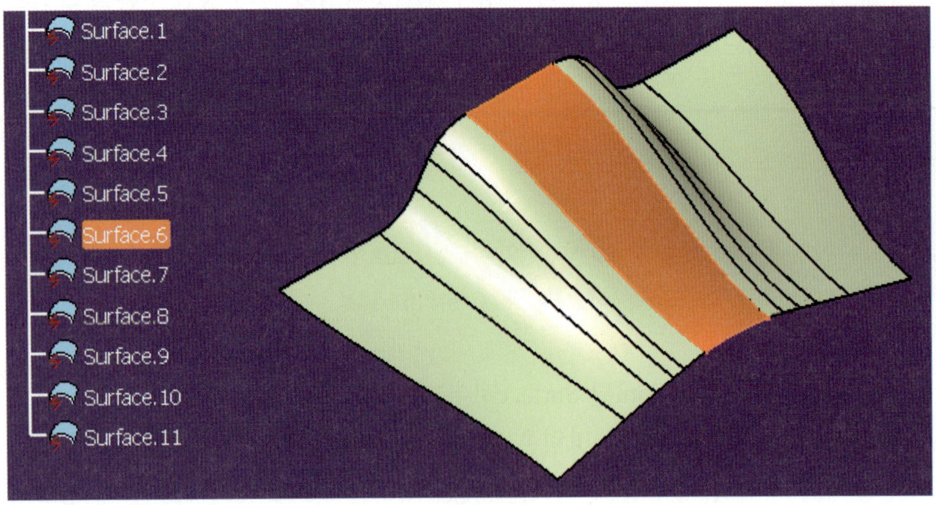

(b) 완료

그림 9-72 Disassemble 명령

Disassemble

요약: Multi-cell로 구성된 요소들을 각각의 Mono-cell 단위로 나누자고 할 경우에 사용합니다.
사용 순서:
명령어를 실행한 후: Disassemble하고자 하는 요소를 선택하고 Domain 단위로 할 것인지 모든 Cell 단위로 Disassemble할 것인지 결정한 후 OK를 선택합니다.

Disassemble 명령은 그림 9-72와 같이 여러 개의 패치로 나누어진 서피스나 커브 요소를 Datum 상태의 패치 조각들로 나누어 주는 기능을 합니다.

TRIM-SPLIT TOOLBAR

Split

요약: 기준 요소를 통해서 절단하려는 대상을 나누고자 할 경우에 사용합니다.
사용 순서:
명령어를 실행한 후: 절단하고자 하는 대상인 서피스 또는 커브 요소를 선택합니다.
절단할 대상을 선택한 후: 절단의 기준이 될 서피스 또는 커브, Reference 요소 등을 선택합니다.

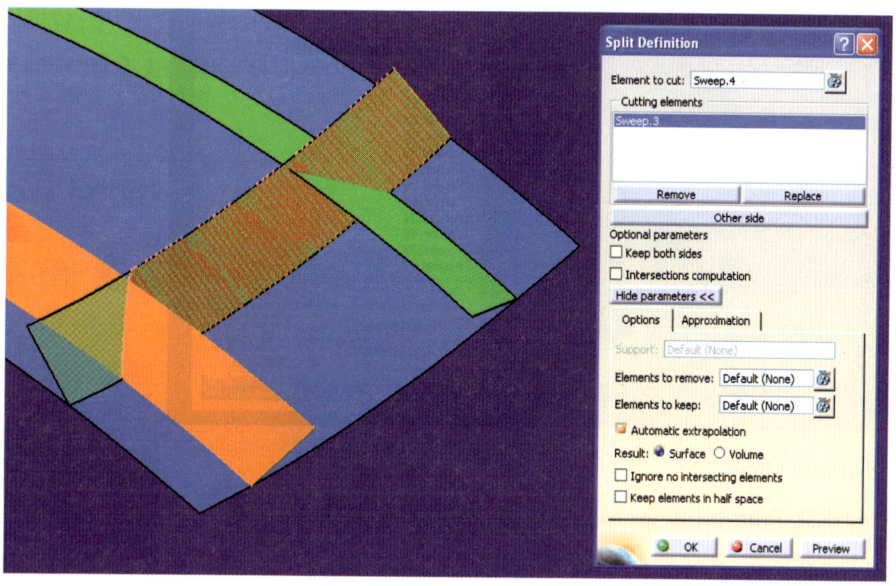

그림 9-73
Split 정의

Chapter 10 DMU Kinematics

Digital Mock-Up Kinematics(DMU Kinematics) Workbench는 사용자가 다양한 방식으로 동적인 기구학 시뮬레이션을 생성할 수 있는 도구를 제공합니다. DMU Kinematics는 다음과 같은 목적을 위해 사용합니다.

- 제품의 동작 방식을 설명하기
- 설계 고려 인자인 부품에 변위를 주거나 Space Analysis를 수행하기

제10장은 크게 두 개의 Part로 나누어져 있으며 이는 다음과 같습니다.

- Kinematics 생성 시 고려할 점
- Kinematics 메커니즘 생성 절차

10.1 Kinematics 생성 시 고려할 점

Kinematics Joint들은 기계적인 Part들로 묶어주는 역할을 합니다. 그러나 Kinematics는 일반적으로 Assembly 작업을 마친 상태에서 실행되기 때문에 기구학적인 체결 조건에 맞추어 Assembly 구속이 되어 있다면 보다 편리하게 Kinematics Joint 생성에 도움을 줄 것입니다.

기본적인 Kinematics 작업을 정의하는 과정은 다음과 같습니다.

- Kinematics의 단위인 Mechanism을 생성합니다.
- 기준이 될 Part에 대해서 Fix 작업을 해줍니다.
- 모든 Part에 대해서 Degree of Freedom(DOF)를 정의할 수 있도록 모든 변위에 대해서 Joint를 생성해 줍니다.
- 생성한 Joint에 대해서 구동 조건을 정의할 수 있도록 최소 한 개 이상의 Command를 정의합니다.
- Animation을 실행합니다.
- 각 Part의 형상 또는 볼륨의 변위를 분석합니다.

그림 10-1 Degree of Freedom(DOF)의 표시

앞서 언급한 대로 모든 Mechanism의 모든 DOF는 Kinematics Joint로 정의가 되어야 하며 CATIA®는 정의가 안 된 DOF의 수를 그림 10-1과 같이 보여줍니다.

Mechanism을 수행하는 데 있어 남아있는 DOF의 수는

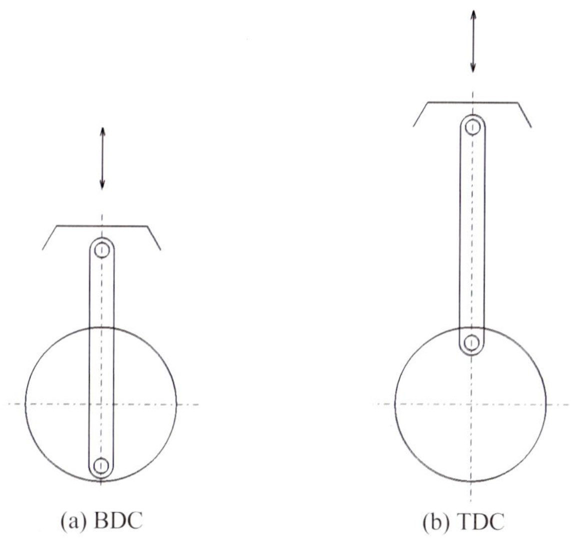

그림 10-2 Static Locks

반드시 0이어야 하며 Command(s)가 포함되어 있어야 합니다. 그렇다고 DOF의 수가 0이라 해서 반드시 Mechanism이 돌아가는 것은 아닙니다. Part들의 그룹이 공간상에 Fix된 경우 이것은 동작되지 않을 것입니다.

경우에 따라 유체의 움직임을 나타내는 것과 같이 실제 제품의 거동을 완전히 표현하지 못하는 조건이 있음을 기억해야 할 것입니다. 하나의 예로 왕복 엔진에서 연소실에서의 압축, 폭발, 배기 등의 상태는 표현이 어려운 부분이 될 것입니다.

대부분의 사용자가 알고 있듯이 이론적으로 기화된 가스의 폭발로 크랭크축을 연속적으로 돌려주게 되면 이것이 피스톤을 왕복 운동하게 합니다. 그림 10-2와 같이 Top Dead Center(TDC)에서 Bottom Dead Center(BDC) 사이를 운동하게 됩니다.

이 경우를 CATIA®의 Mechanism으로 정의할 경우 크랭크축의 회전 조건을 Command로 정의하여 실제 거동과 유사하게 시뮬레이션을 완성할 수 있습니다.

또 하나 기억할 점으로 CATIA®는 오로지 강체의 움직임만이 정의가 가능하며, 스프링이나 벨트 구동과 같은 것은 모사하지 못한다는 것입니다. 그러나 그림 10-3과 같이 표준 V 벨트의 시뮬레이션에서 움직이는 작은 Block을 정의하여 착시로 벨트가 움직이는 것과 같은 움직임을 만들어낼 수는 있습니다.

Mechanism을 정의하는 작업을 설명하기에 앞서 한 가지 더 기억할 것은 유사한 움직임을 정의하기 위한 방법이 여러 개일 수 있으나 보다 효과적인 방법이 있을 수 있음을 인지해야 합니다. 예를 들어 직선 운동을 정의하는 데에는 Prismatic과 Cylindrical Joint를 사용할 수 있으며 Part의 형상에 따라 이에 맞는 Joint를 선택해 주어야 합니다.

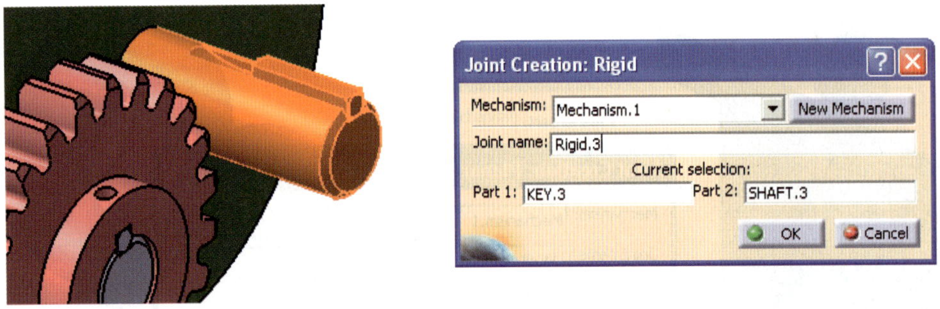

그림 10-18 Rigid Joint

묶여 움직여야 할 경우 나중에 배울 Mechanism Dressup 명령의 사용을 권장합니다.

Rigid Joint는 별도의 Command를 가질 수 없어 항상 다른 Joint들과 함께 씌워야 합니다.

Point Curve Joint

요약: Mechanism에 Point Curve Joint를 생성합니다.

사용 순서:

명령어를 실행한 후: 커브 요소를 선택합니다.

커브 요소를 선택한 후: 커브 위를 타고 지나갈 포인트 요소를 선택합니다.

포인트 요소를 선택한 후: 추가 설정을 마치고 OK를 선택합니다.

Point Curve Joint는 선택한 Part를 하나의 접촉 지점을 통해서 커브를 따라 지나가도록 하는 명령을 합니다. 이 명령 역시 이 하나의 Joint만으로는 두 Part 사이에 모든 DOF를 정의할 수 없어 추가적인 Joint가 필요합니다.

명령을 실행하면 그림 10-19와 같이 서로 다른 Part에 있는 커브 요소와 포인트 요소를 선택할 수 있도록 대화상자가 나타납니다.

여기서 반드시 기억할 것은 포인트 요소가 반드시 커브 요소 위에 놓여 있어야 한다는 것입니다. 그렇지 않은 경우 Joint는 바르게 정의되지 않습니다(그림 10-20).

Point Curve Joint는 커브를 따라서 움직이는 Part의 움직임을 정의하기 위해 Length Driven으로 정의해줄 수 있습니다.

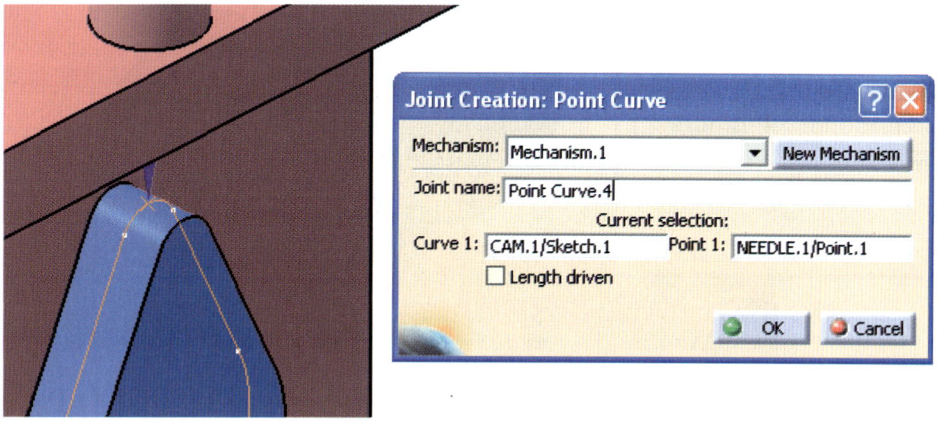

그림 10-19 Point Curve Joint

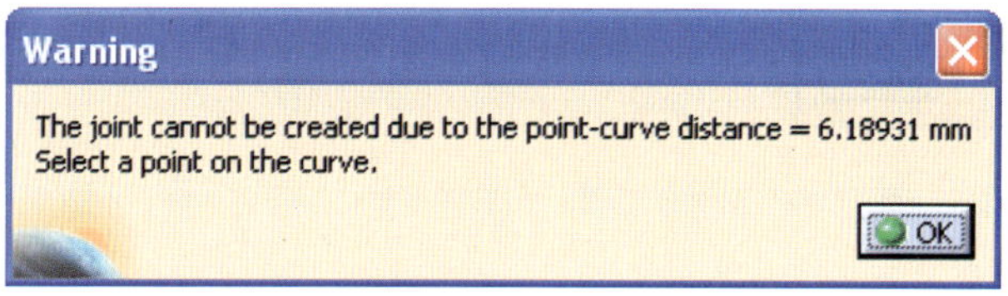

그림 10-20 Point Curve Joint 에러 메시지

Slide Curve Joint

요약: Slide Curve Joint를 Mechanism에 생성합니다.

사용 순서:

명령을 실행한 후: 첫 번째 커브 요소를 선택합니다.

첫 번째 커브 요소를 선택한 후: 두 번째 커브 요소를 선택해 줍니다.

두 번째 커브 요소를 선택한 후: OK를 눌러줍니다.

Slide Curve Joint 명령은 두 Part 사이에 연속적인 커브를 통하여 접촉하는 Joint를 생성합니다.

명령을 실행하면 그림 10-21과 같이 나타나며 사용자는 각각 서로 다른 두 Part에 대해서 접하고 있는 커브 요소를 순차적으로 선택해 주어야 합니다.

여기서 선택해준 두 커브 요소는 반드시 Tangent하게 접촉하여야 하며 그렇지 않을 경우 그림 10-22와 같이 에러 메시지를 출력하게 됩니다. Slide Curve Joint는 길이 방향에 대한 Command를 정의할 수 없어 단독으로 Mechanism에 사용할 수는 없습니다.

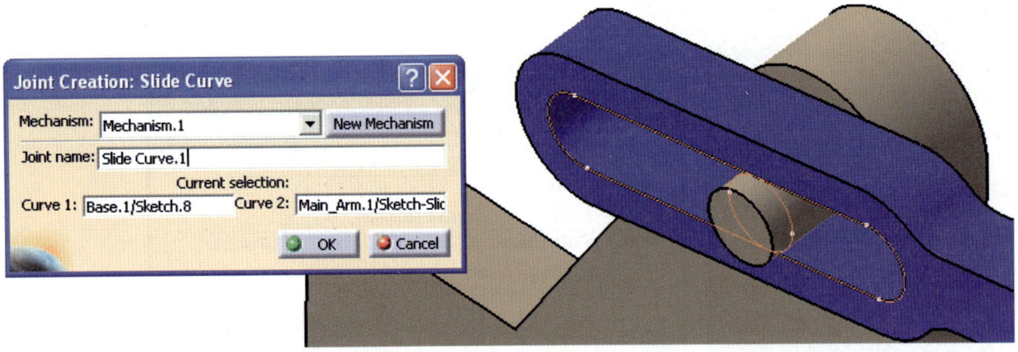

그림 10-21 Slide Curve Joint

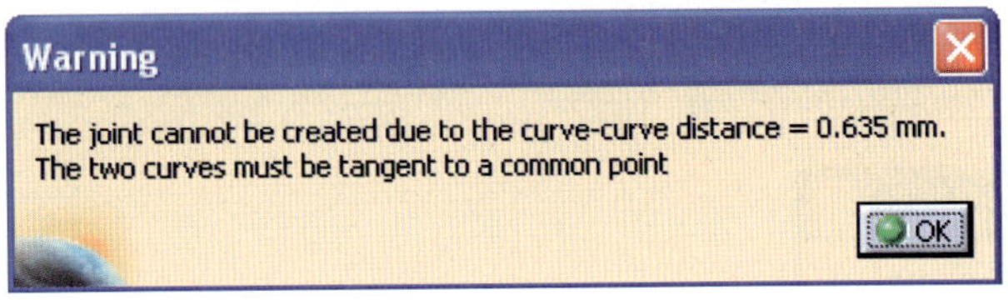

그림 10-22 Slide Curve Joint 에러 메시지

Gear Joint

요약: Mechanism에 Gear Joint를 생성합니다.

사용 순서:

명령을 실행한 후: 첫 번째 Revolute Joint를 선택하거나 생성해 줍니다.

첫 번째 Joint를 선택한 후: 두 번째 Revolute Joint를 선택하거나 생성해 줍니다.

두 번째 Revolute Joint를 실행한 후: Ratio 등 기타 설정을 마치고 OK를 선택합니다.

Gear Joint는 서로 짝지어진 두 개의 Revolute Joint를 사용하여 같은 회전 방향 또는 반대 방향으로 기어의 맞물림이나 벨트 풀리(Pulley) 동작을 정의할 수 있는 Joint입니다.

명령을 실행하면 그림 10-23과 같은 대화상자가 나타나며 두 개의 Revolute Joint를 선택해 주어야 합니다. 만약에 Revolute Joint가 미리 만들어지지 않은 경우 이 대화상자 안에서 Create 버튼을 눌러 Revolute Joint 생성이 가능합니다.

Gear Joint에 사용될 Revolute Joint들은 별도의 Command를 가질 필요가 없으며 두 개의 Gear Joint에서 선택한 후 Angle Driven을 어느 Revolute Joint에 적용할 것인지를 선택 가능합니다.

Gear Joint의 두 Revolute Joint의 회전 방향은 대화상자에서 Same 또는 Opposite를 선택하

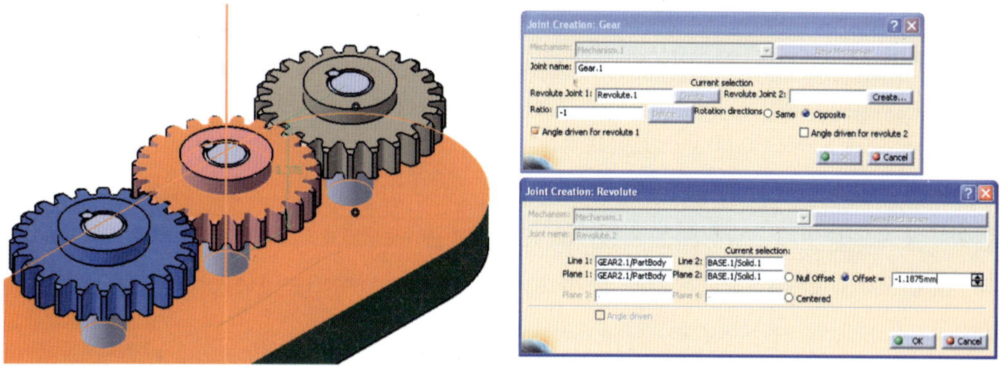

그림 10-23 Gear Joint

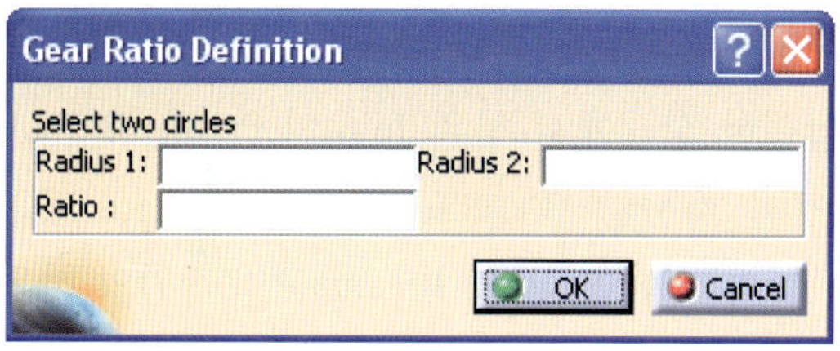

그림 10-24 Gear Ratio 정의

여 설정이 가능합니다.

Ratio는 Gear Joint에서 서로 다른 치수로 정의된 Revolute Joint의 회전 비율을 정의하기 위해 사용됩니다. Gear Joint라고 해서 실제로 두 개의 Gear 형상이 맞물려 접촉하여 움직임이 정의되는 것이 아님을 기억하기 바랍니다. Pulley의 경우 각각의 직경 또는 반지름의 비율로 입력이 가능하며, Gear의 경우 Pitch의 직경이나 톱니 수를 입력하면 됩니다.

만약 회전하는 두 Part의 지름을 모르고 대신 반경을 정의할 원 요소 커브가 있다면 이를 Ratio 입력란 옆에 있는 Define 버튼을 사용하여 직접 선택, Ratio를 구할 수 있습니다. 그림 10-24와 같이 Gear Ratio Definition이라는 대화상자가 나타나며 반경으로 입력될 두 커브를 선택하게 됩니다. 커브를 선택할 때는 반드시 구동하는 위치의 커브를 먼저 선택해 주어야 하며 두 번째로 구동 받는 위치의 커브를 선택해 주어야 합니다. Ratio 값이 음수일 경우 회전 반향이 반대가 되어 Gear에 대한 정의 시 사용하며, 양수일 경우 회전 반향이 같은 Pulley에 대해서 정의할 경우에 사용합니다.

Rack Joint

요약: Rack Joint를 Mechanism에 생성합니다.

사용 순서:

명령을 실행한 후: 첫 번째 Joint 요소(Prismatic Joint 또는 Revolute Joint)를 선택합니다.

첫 번째 Joint 요소를 선택한 후: 두 번째 Joint 요소(Prismatic Joint 또는 Revolute Joint)를 선택합니다.

두 번째 Joint 요소를 선택한 후: Ratio 및 길이 또는 회전에 대한 Command를 지정하고 OK를 선택합니다.

Rack Joint 명령은 Rack과 Pinion 구동 Mechanism을 정의하기 위해 사용합니다.

그림 10-25와 같이 Rack Joint 명령은 명령을 실행한 상태에서 하위 Joint인 Prismatic Joint이나 Revolute Joint를 생성하거나 선택해 주는 것이 가능합니다. Rack Joint는 Length 또는 Angle에 대해서 Command를 생성할 수 있습니다. 그리고 Revolute와 Prismatic 움직임의 비율을 맞추기 위하여 Ratio 값을 입력하거나 정의해줄 수 있는데, Gear Joint와 같이 대화상자의 Define을 클릭하여 그림 10-26처럼 Radius 값을 호나 원 요소를 선택하여 입력하거나 Ratio를 정의해줄 수 있습니다.

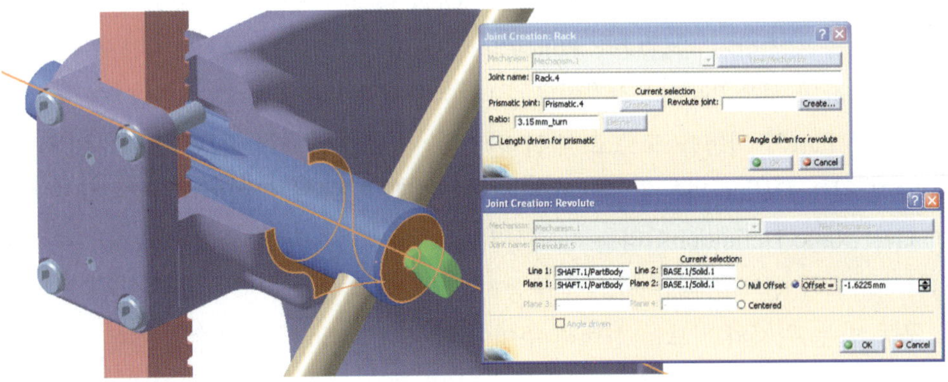

그림 10-25 Rack Joint

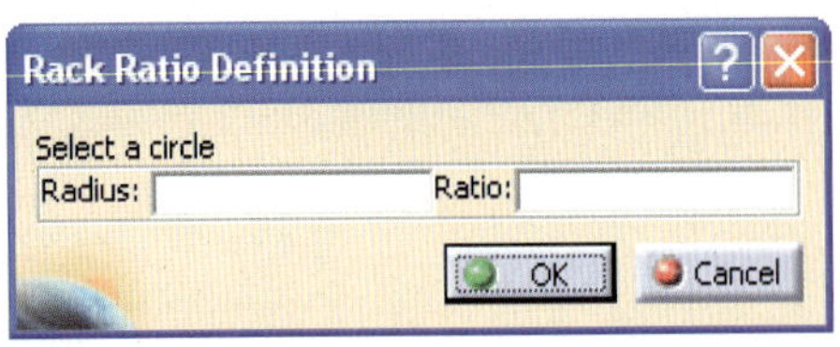

그림 10-26 Rack Ratio 정의

만약 Radius로 입력할 수 있는 호나 원 요소가 없는 경우라면 Pitch Circle 값을 $2\pi R$ 또는 πD로 계산하여 입력해주면 됩니다. Ratio 값은 길이 단위가 inch인 경우 in_turn 단위로 입력됩니다.

기본 ANIMATION을 생성합니다.

Mechanism을 정의하는 데 있어 기본적으로 다음 스텝의 요소들이 필요합니다.

- Fix할 Part를 지정
- 논리적인 Joint 생성
- Command를 생성
- Mechanism에 대한 DOF를 0으로 만들어 줍니다.

Mechanism을 정의하는 데 있어 DOF가 0이어야 한다는 것을 기억해야 하며, 이를 맞추기 위해 논리적이지 못한 구속 또는 충돌되는 구속 요소가 생길 수 있음을 주의해야 합니다. 또한 Joint를 생성하는 순서로 인해 결과가 다를 수 있음을 기억해야 합니다.

만약 적절한 조합으로 Mechanism이 생성되었다면 CATIA®는 그림 10-27과 같은 메시지를 띄워 Mechanism이 바르게 정의되었으며 Simulation이 가능함을 알려줍니다.

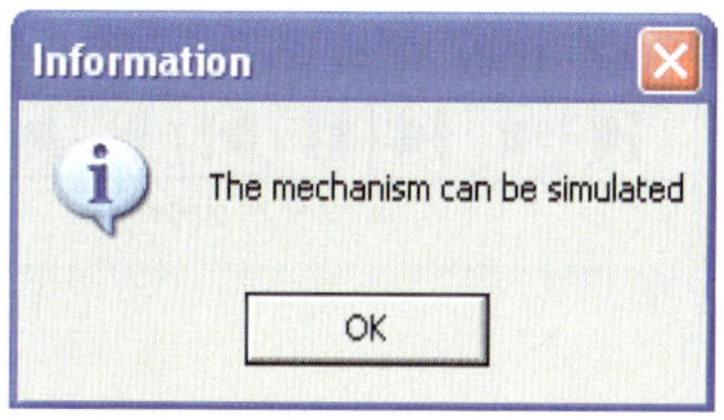

그림 10-27 Mechanism 실행 가능 팝업 메시지

Mechanism에 필요한 모든 Joint를 생성하기에 앞서 최소

그림 10-28 엔진 형상 기본 Mechanism

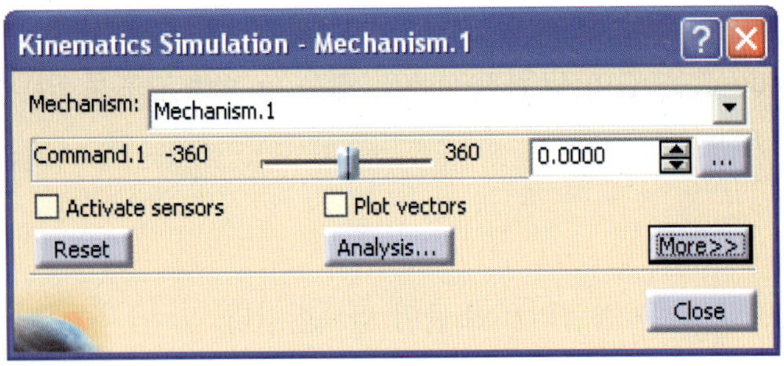

그림 10-29 접힌 상태 Kinematics Simulation

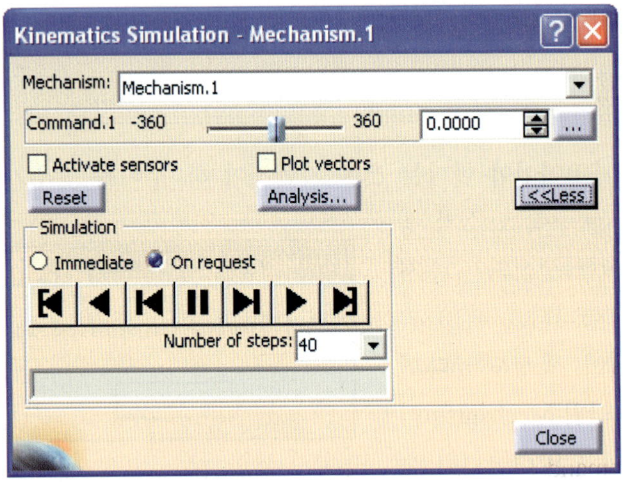

그림 10-30 확장된 Kinematics Simulation

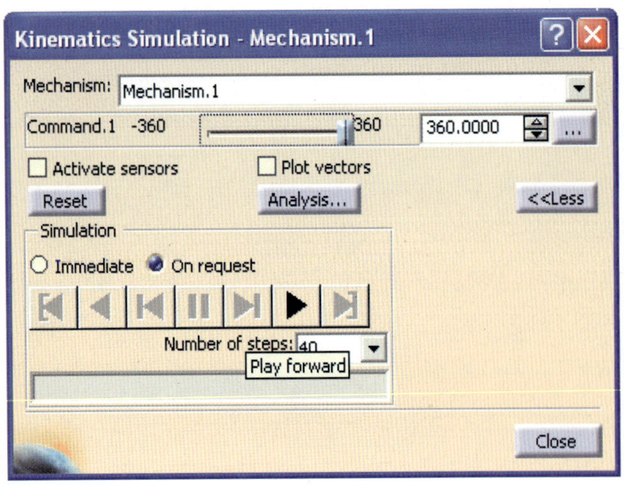

그림 10-31 Animation의 실행

한의 Part들로 원하는 동작을 정의하는 연습을 하는 것이 좋습니다.

예를 들어 그림 10-28은 기본적으로 엔진 블록, 커넥팅 로드, 피스톤, 크랭크축, 이렇게 4개의 Part로 구성된 왕복 엔진의 Mechanism을 보여주고 있습니다. 물리적으로는 각 연결 부위 사이에 Pin, Sleeve, Liner 등이 필요하나 Mechanism을 구동하는 데 있어서는 반드시 필요한 요소가 아니기 때문에 이와 같이 최소한으로 정의가 가능한 것입니다.

이 경우 피스톤과 엔진 블록 사이에 Cylindrical Joint가 정의되어야 하며 아래와 같이 3개의 Revolute Joint가 Mechanism을 완성하기 위해 필요합니다.

- 크랭크축과 엔진 블록
- 크랭크축과 커넥팅 로드
- 커넥팅 로드와 피스톤

이러한 4개의 Joint들과 크랭크축, 엔진 블록 사이의 Angle Driven을 Command로 정의하면 Mechanism을 구동할 수 있습니다.

Mechanism을 실행하는 가장 빠른 방법을 Specification Tree에서 Mechanism.1, DOF=0으로 표시된 부분을 더블클릭하면 그림 10-29와 같이 Kinematics Simulation 대화상자가 나타납니다.

Mechanism에서 Part들을 움직여 보고자 하기에 앞서 우선 그림 10-30과 같이 More 버튼을 눌러 On request를 반드시 체크해야지만 Command 값을 조절하여 시뮬레이션해 볼 수 있습니다.

Mechanism은 그림 10-31과 같이 Command 슬라이드 값을 직접 입력하여, 한계 값 사이에서 애니메이션이 가능합니다.

Intermediate 모드를 사용할 경우에는 완벽한 Mechanism 사이클 값을 정의하는 것과 Play Back 버튼을 통하여 초기 위치로 돌려놓는 것을 기억해 두어야 합니다. 만약 이러한 점을 염두에 두지 못하면 재위치 설정 작업이 불가피할 수 있습니다.

숨겨둔 PART들을 출력하여 MAIN MECHANISM PART들과 연결해 줍니다.

Main Part에 대한 Mechanism 작업이 마무리되면 숨겨두었던 나머지 Part들에 대해서 작업할 차례입니다. 그림 10-32과 같이 엔진에 대해서 예를 들자면 두 개의 Pin과 두 개의 프로펠러 부품이 추가적으로 Mechanism에 연결되어야 합니다.

이미 완성된 Mechanism에 추가로 Part들을 연결하고자 할 경우 Rigid Joint를 통해 묶어주는 것이 가능합니다. 이 예에서는 Cone 형상과 크랭크축, 크랭크와 핀 형상을 묶어주는 것이 가능합니다. 또한 Mechanism Dressup을 통하여도 이미 정의된 메커니즘에 추가적으로 Part들을 묶어주는 작업이 가능합니다.

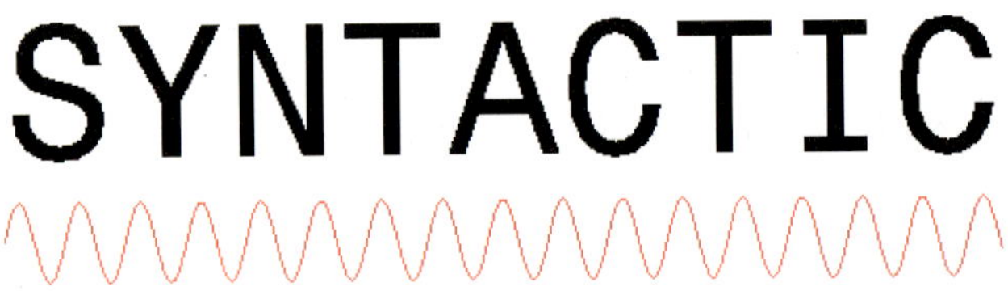

그림 11-5 Nonsemantic-Syntactic-표현

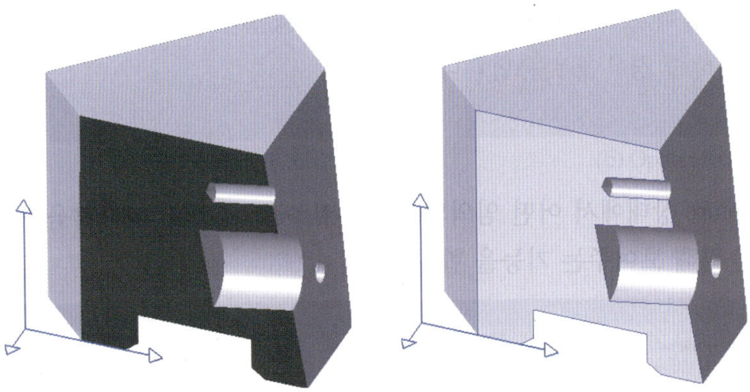

(a) Hatching Display Off (b) Hatching Display On

그림 11-6 Hatching 표시

그림 11-7은 Manipulator Tab의 항목을 보여줍니다.

Manipulator는 치수를 위치하거나 재위치시킬 경우에 사용합니다. 이러한 Manipulator 성분은 그림 11-8과 같이 치수를 생성하거나 생성된 치수를 클릭해주면 위치를 손쉽게 수정할 수 있도록 Manipulator가 나타납니다. 그림 11-7에서 Creation 부분과 Modification 부분에 각 항목을 체크하면 치수 작업 시 활용할 수 있습니다.

⑨ Dimension Creation

Dimension following the cursor(CTRL toggle): 체크

그림 11-9는 Dimension Tab의 항목을 보여줍니다.

이 옵션은 새로운 치수가 생성될 경우 이 옵션은 자동으로 가까운 Geometry나 커서가 있는 위치로 생성될 수 있게 해줍니다. CTRL키를 누르고 드래그해주면 치수를 해당 위치에 고정시킬 수도 있습니다.

⑩ Annotation Creation

Annotation following the cursor(CTRL toggles): 체크

그림 11-10은 Annotation Tab의 항목을 보여줍니다.

새로운 주석이 생성될 경우 이 옵션은 자동으로 가까운 Geometry나 커서가 있는 위

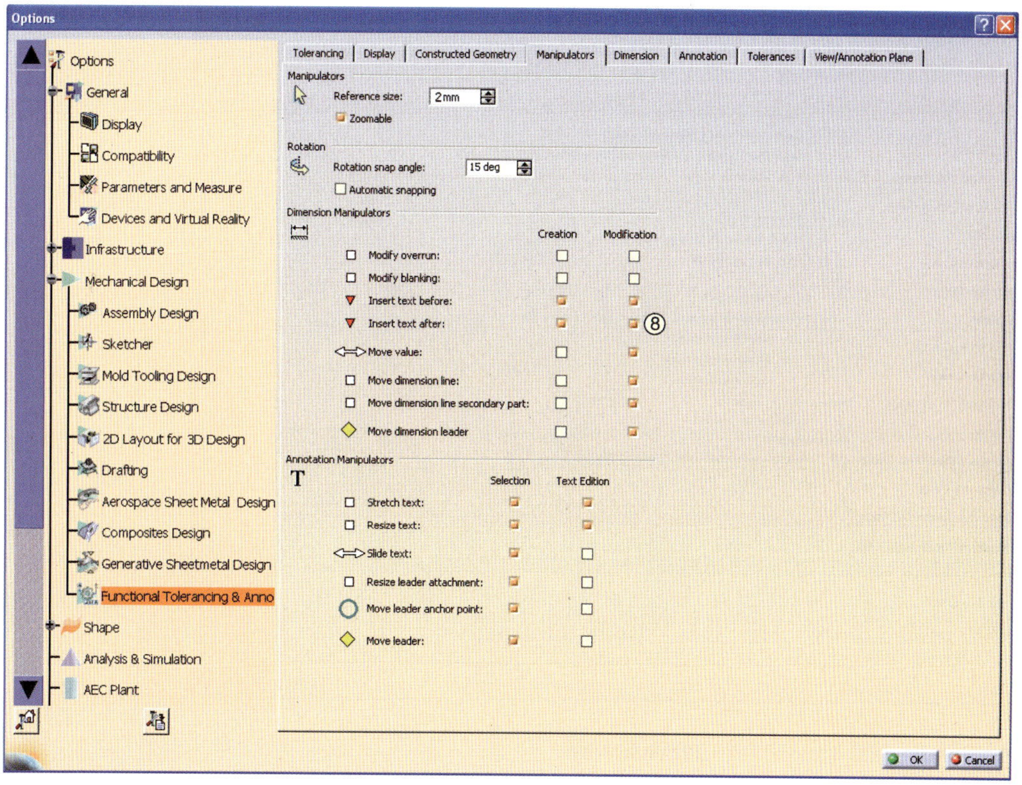

그림 11-7 Options 대화상자-FT&A-Manipulators 탭

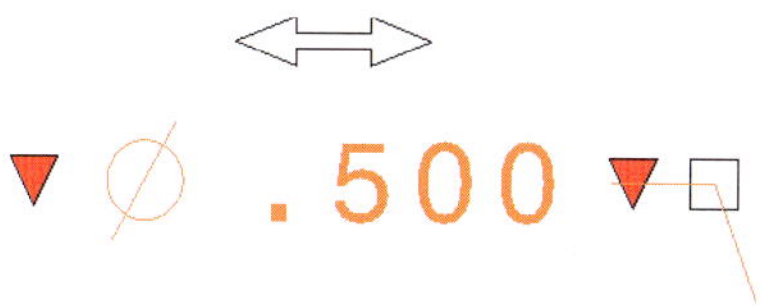

그림 11-8 FT&A Manipulators

치로 생성될 수 있게 해줍니다. CTRL 키를 누르고 드래그해 주면 주석을 해당 위치에 고정시킬 수도 있습니다.

⑪ New Size Tolerance Creation

Propose the last created tolerance value: 체크

그림 11-11과 11-12는 Tolerance Tab에 관련 항목을 보여줍니다.

⑫ Geometrical Tolerance

Display trailing zeros: 체크

⑬ Geometrical Tolerance

Display leading zero: 체크 해제(그림 11-13)

⑭ View/Annotation Plane Associativity

Create views associative to geometry: 체크

⑮ View/Annotation Plane Display

Zoomable: 체크 해제

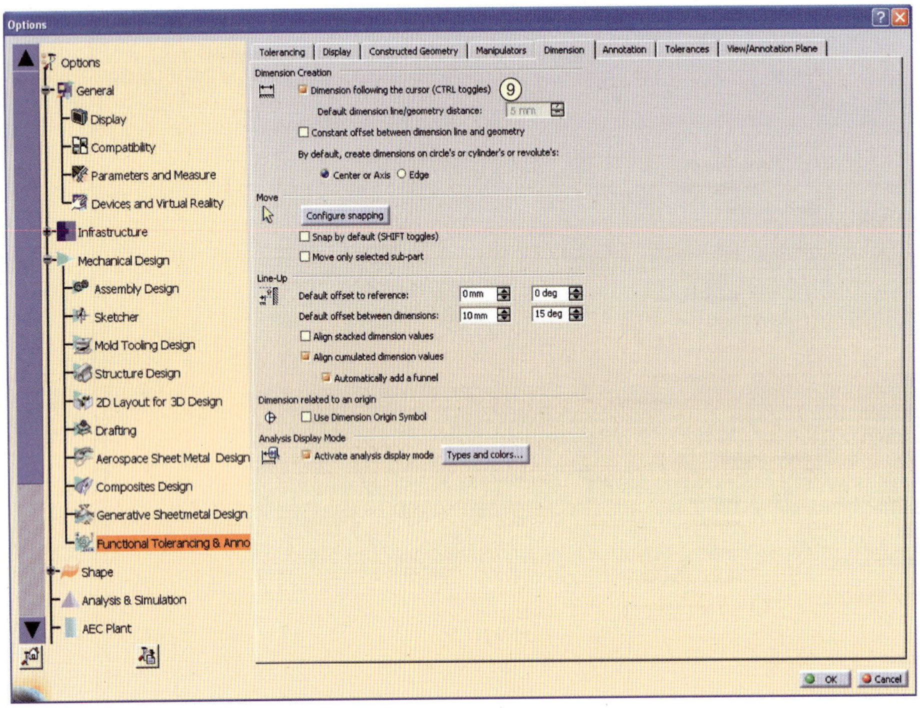

그림 11-9 Options 대화상자–FT&A–Dimension 탭

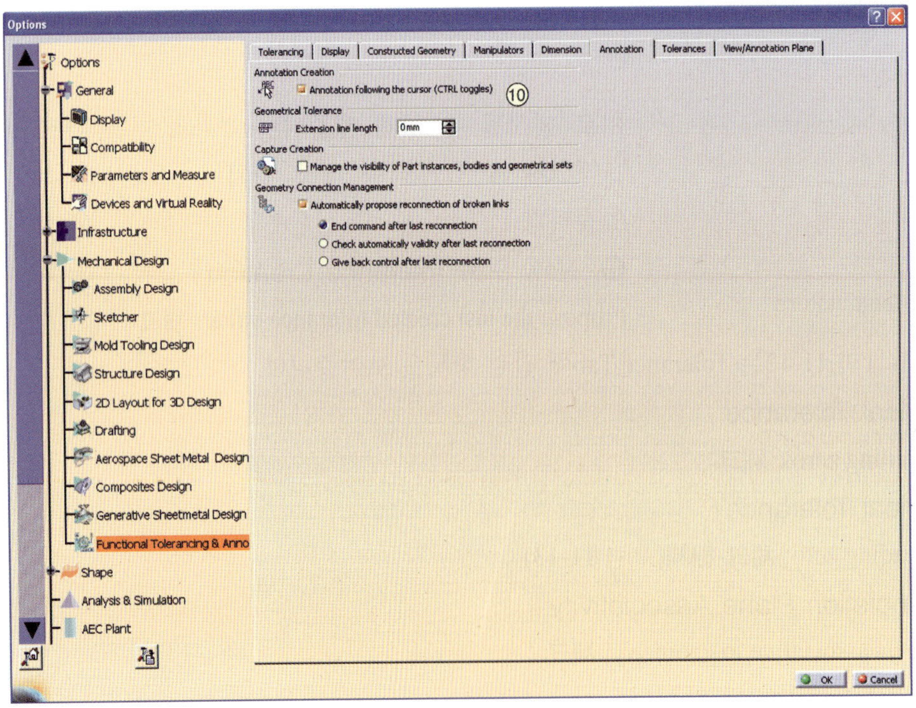

그림 11-10 Options 대화상자–FT&A–Annotation 탭

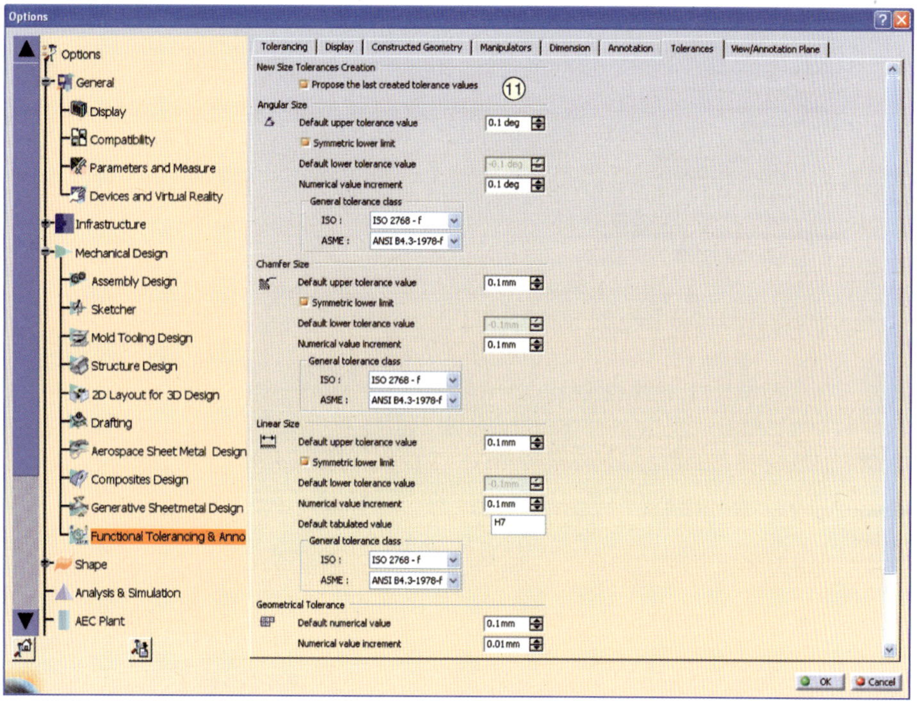

그림 11-11 Option 대화상자-FT&A-Tolerancing 탭, 파트1

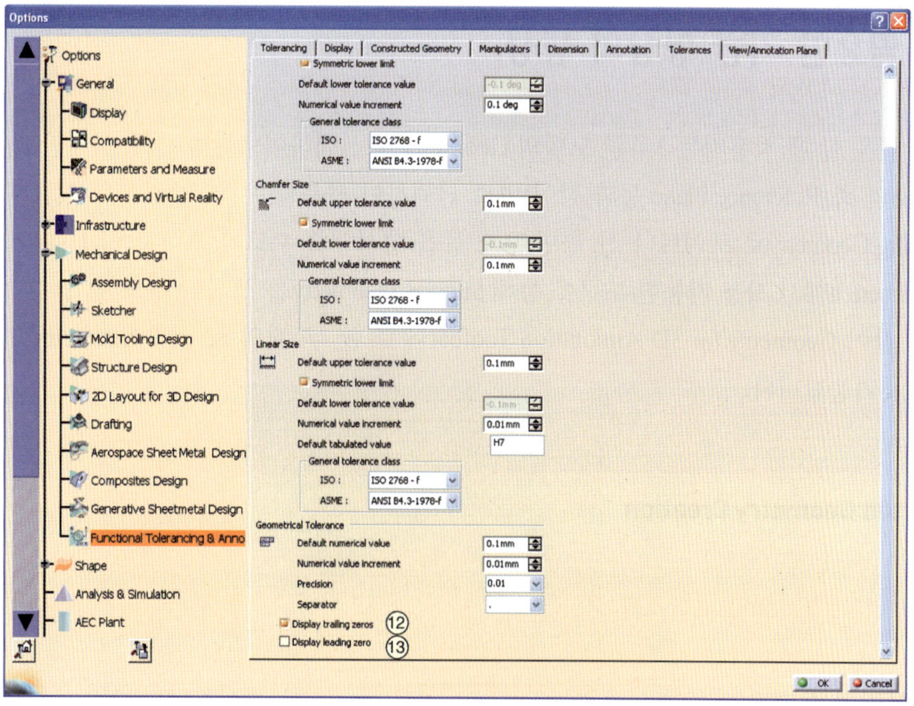

그림 11-12 Options 대화상자-FT&A-Tolerance 탭, 파트2

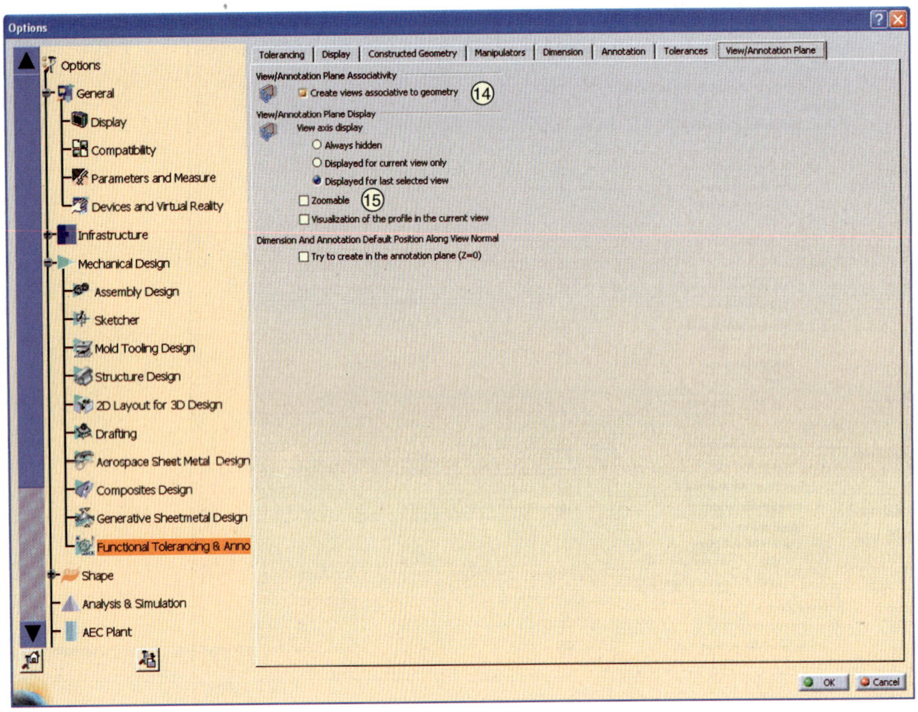

그림 11-13 Options 대화상자-FT&A-View/Annotation Plane 탭

11.2 필요한 기반 형상의 생성

FT&A에서 작업을 할 때 사용자는 3차원 모델의 Geometry를 선택하여 작업이 가능하지만 대부분의 경우 Hole의 축, Reference Plane 등과 같이 바로 선택하여 사용할 수 없는 경우도 있습니다. 이에 Supporting Geometry로 포인트나 선, 평면 요소 등을 생성해줄 수도 있으나 그림 11-14와 같이 FT&A Workbench에서 사용 가능한 도구를 통해 Support Geometry를 생성할 수도 있습니다.

그림 11-15와 같이 Geometry for 3D Annotation Toolbar에 속한 두 개의 도구가 Geometry를 생성하는 데 사용 가능합니다.

Constructed Geometry Creation

요약: 서피스와 연계된 Geometry 요소를 생성합니다.

이 명령은 사용자가 선택된 대상에 의존하는 Supporting Geometry를 생성합니다. 그림 11-16과 같이 선택된 요소를 대화상자에서 확인할 수 있습니다.

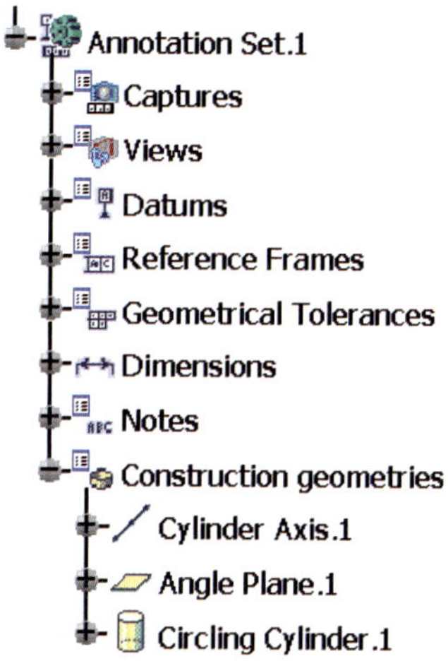

그림 11-14 구조에 포함된 FT&A Geometry

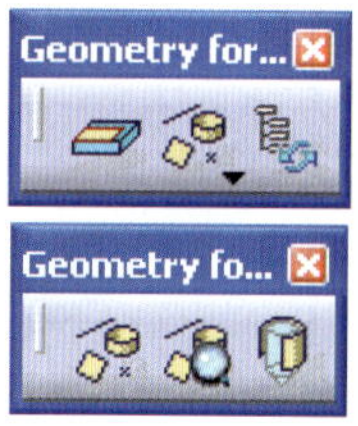

그림 11-15 Geometry for 3D Annotations 툴바

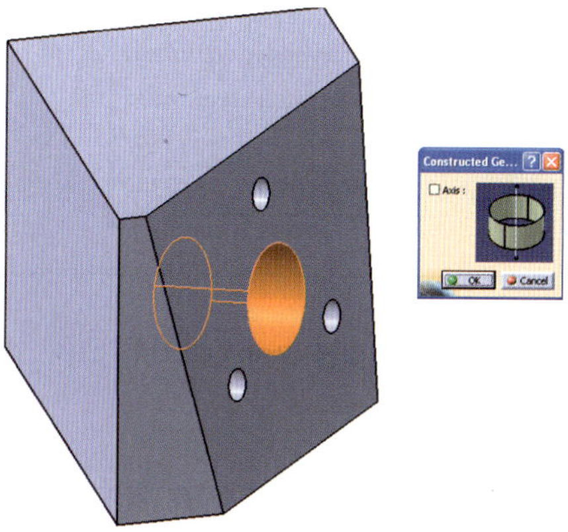

(a) 단일 요소 선택

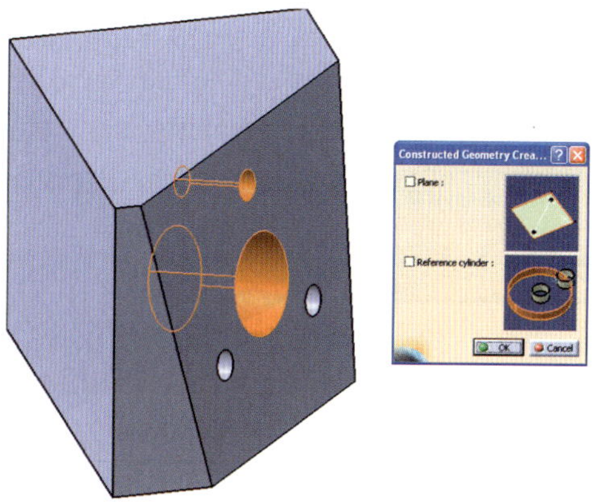

(b) 추가적인 요소 선택

그림 11-16 Constructed Geometry Dimension Adaptative

경우에 따라 그림 11-17과 같이 주어진 요소에 대해서 서브 옵션이 사용 가능합니다.

표 11-1은 사용자가 선택한 형상 요소에 따라 생성 가능한 Geometry 요소들을 정리한 표입니다.

Thread Representation Creation

요약: Thread에 관련한 Geometry를 생성하는 데 사용합니다.

그림 11-19
Views 툴바

여기서는 사용자가 View의 생성은 물론 원하는 View를 활성화하거나 새로운 치수 요소를 지정한 View에 생성하는 방법 등을 익히게 됩니다.

다음의 이어지는 View 생성 도구들은 필요한 모든 Model View를 생성하는 데 유용하게 사용될 것입니다.

- Title block
- All
- None
- Orthogonal Views
- Auxiliary Views
- Detail Views
- Sections

그림 11-19와 같이 3개의 주요 View 생성 도구를 View Toolbar에서 확인 가능합니다.

View Creation

요약: Annotation Plane 목적으로 Front View/Section View/Section Cut View를 생성합니다.
사용 순서:
명령을 실행한 후: Annotation Plane(View)를 정의하기 위하여 평면 형상 요소나 Axis System을 선택해 줍니다.
요소를 선택한 후: 원하는 View 타입을 정의해 줍니다.

이 명령은 Part에 정의할 수 있는 대부분의 View를 생성하는 데 사용합니다. 일부 방법론에서는 이 View Creation 명령만을 사용하여 Offset View이나 Align View 등을 생성하도록 권장하고 있습니다.

명령이 일단 실행되면 사용자는 View가 생성될 평면 요소나 축 요소를 선택해 주어야 합니다. 평면이나 축 요소를 선택하게 되면 그림 11-20과 같이 View의 타입을 Projection View, Section View, Section Cut View로 선택이 가능하며 Support 타입을 Associative 또는 Isolated로 선택해줄 수 있습니다. View를 생성할 때 View의 Orientation을 바르게 설정해 주어야 합니다. 이 Orientation에 의해 View 텍스트의 정렬 방향이 결정되기 때문입니다.

View를 생성하는 과정에서 디폴트 옵션으로 마지막에 선택된 View의 Axis만 출력되도록

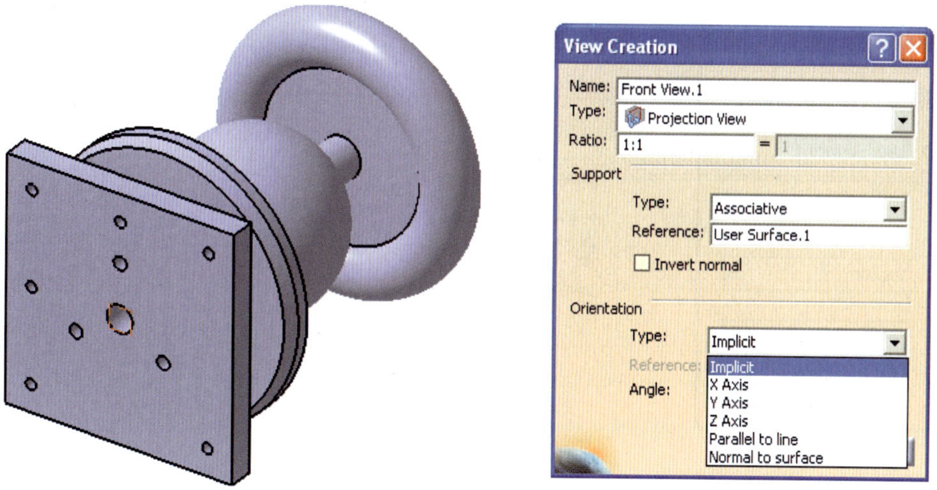

그림 11-20 Views 생성

된 상태에서는 생성하려는 View의 Axis는 보이지 않을 것입니다. 이러한 옵션이 활성화된 상태에서 View에 어떤 Axis가 선택되었는지 확인하는 방법은 우선 View를 생성한 후 바로 확인하는 방법뿐입니다. 또는 그림 11-21과 같이 View에서 오른쪽 마우스를 클릭하여 Change View Support 옵션을 Context Menu에서 선택해줄 수 있습니다.

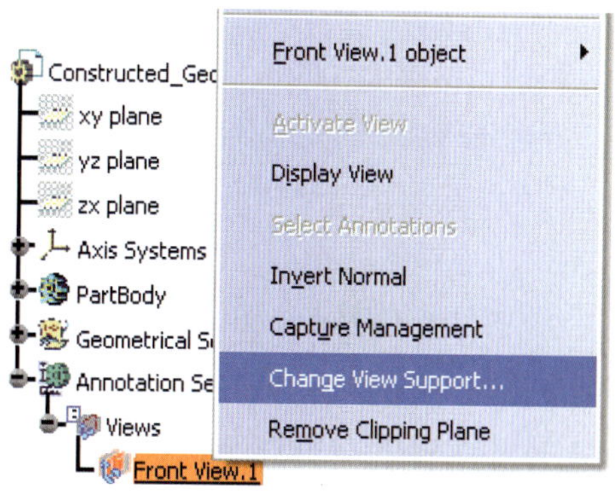

그림 11-21 Change View Support 옵션

그림 11-22와 같은 대화상자를 확인할 수 있으며, View의 타입이나 Orientation을 수정해줄 수 있습니다. 수정하는 동안은 Axis가 나타나지 않습니다.

View Axis의 출력 옵션을 변경하고자 한다면 그림 11-23과 같이 풀다운 메뉴의 Options⇨FT&A⇨View/Annotation Plane Tab에서 설정이 가능합니다. Displayed for current view only를 선택하면 View를 생성하거나 수정하는 동안 Axis를 화면에서 출력할 수 있습니다. 이렇게 설정을 해주면 Part를 따라 쉽게 정렬이 가능합니다. View 생성 작업이 모두 끝나 더 이상의 치수 작업을 위해 Axis가 출력될 필요가 없는 경우 옵션을 다시 디폴트로 돌려놓는 게 좋습니다.

마지막으로 Auxiliary View와 같이 특정한 Orientation을 가져야 하는 경우 가장 좋은 방법은 Axis System을 생성해주는 것이며, 원하는 Orientation을 반영하는 XY 평면을 우선 선택한 뒤 새로 생성될 View 방향으로 정렬된 Axis System을 선택해 줍니다.

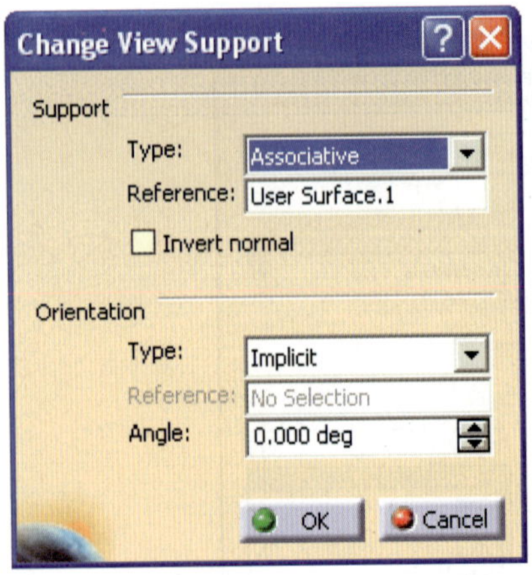

그림 11-22 Change View Support

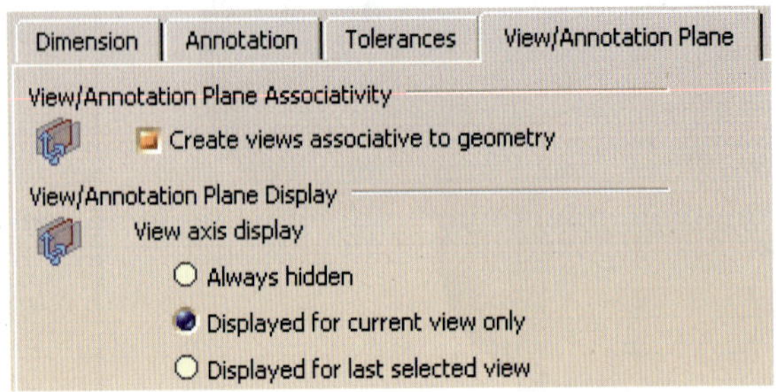

그림 11-23 Option 대화상자 – FT&A – View/Annotation Plane 탭 – View Axis Display

Offset Section View/Section Cut

요약: Offset Section View 또는 Section Cut View를 스케치 프로파일을 사용하여 생성합니다.
사용 순서: 절단 프로파일로 사용할 생성된 스케치를 선택해 주거나 Sketch 명령을 실행하여 스케치를 직접 그려주거나 수정해 View 생성에 사용합니다.

이 명령은 Offset Section View나 Section Cut View를 생성하는 데 있어 형상 모델링에 사용되었던 스케치를 사용합니다. Offset View의 구조는 그림 11-24와 같이 스케치 정보를 기반으로 독립된 단면 그룹과 Support Geometry의 그룹으로 구성됩니다.

Section될 형상에 따라 결과 형상은 그림 11-25와 같이 타당하거나 작업에 혼선만 줄 수도 있습니다.

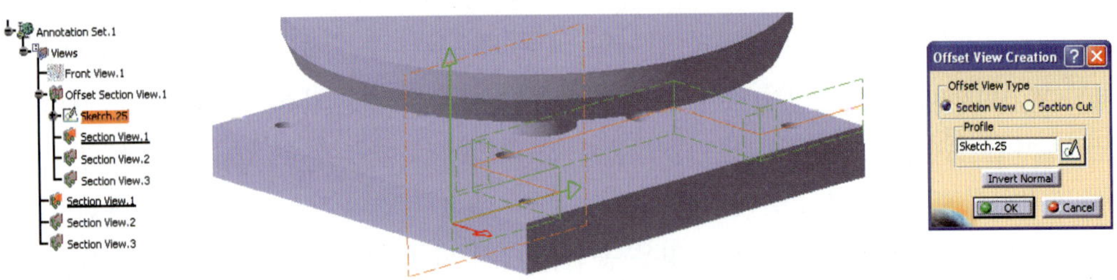

그림 11-24 Section View 구조

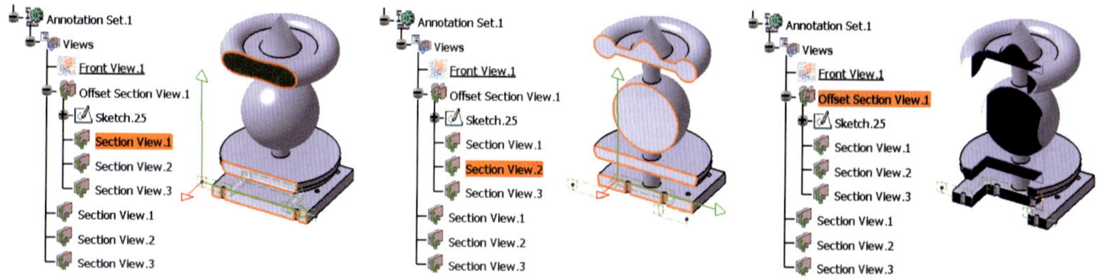

(a) 1st Partial Section (b) 2nd Partial Section (c) Global Sectioning

그림 11-25 Offset Section View 양상

Aligned Section View/Section Cut

요약: 스케치 프로파일을 사용하여 Aligned Section View나 Section Out을 생성합니다.
사용 순서: 절단 프로파일로 사용할 생성된 스케치를 선택하거나 Sketch 명령을 실행하여 스케치를 직접 그리고 수정해 View 생성에 사용합니다.

이 명령은 앞서 명령과 같이 Aligned Section View나 Section Cut을 생성하는 데 스케치 프로파일을 사용하며 그룹 요소인 Specification Tree를 생성합니다. 이 명령도 마찬가지로 그림 11-26과 같이 결과의 품질은 Section될 형상의 종류에 따라 달라집니다.

이러한 Section View 또는 Cut이 들어간 결과는 항상 명료하지 않을 수 있습니다. 경우에 따라, 일부 현업에서 개발된 방법론에서는 항상 표준 View만을 사용하고 Section 정보가 필요할 경우에만 Capture Sectioning Mode를 활성화하기를 권장합니다.

일단 필요한 View가 생성된 후에는 원하는 View를 활성화한 후에 주석을 입력할 수 있습

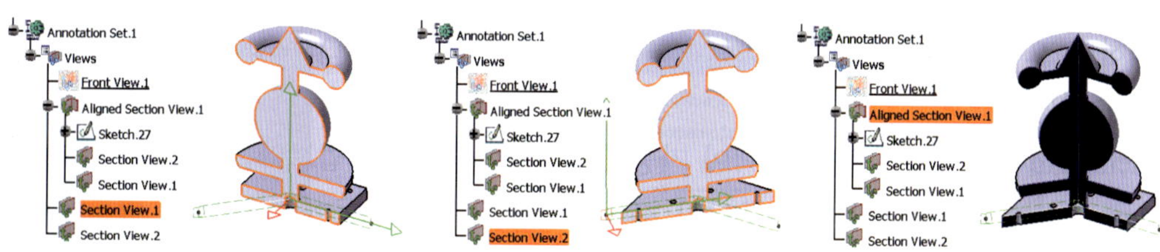

(a) 1st Partial Section (b) 2nd Partial Section (c) Global Aligned Section

그림 11-26 Aligned Section View 양상

Flag Note

요약: 지시선이나 URL 없이 플래그만을 생성합니다.

이 명령은 앞서 배운 Flag Note With Leader 명령과 유사하며 지시선이나 URL을 정의할 수 없다는 점만이 다르다고 할 수 있습니다.

Datum Element

요약: Geometry 요소에 Datum Element를 생성합니다.

이 명령은 그림 11-45와 같이 사용자가 Reference 문구를 입력하여 데이텀을 정의하는 기능을 합니다. Syntactic 데이텀을 위해서는 DRF가 생성되지 않는다는 점을 기억하기 바랍니다.

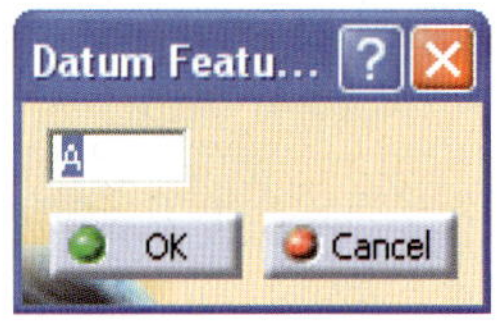

그림 11-45 Datum Feature

Datum Target

요약: Datum Target을 생성합니다.

그림 11-46과 같이 Casting 작업 등에서 Reference Point 또는 Area로 지정하기 위해 Datum Target을 생성합니다.

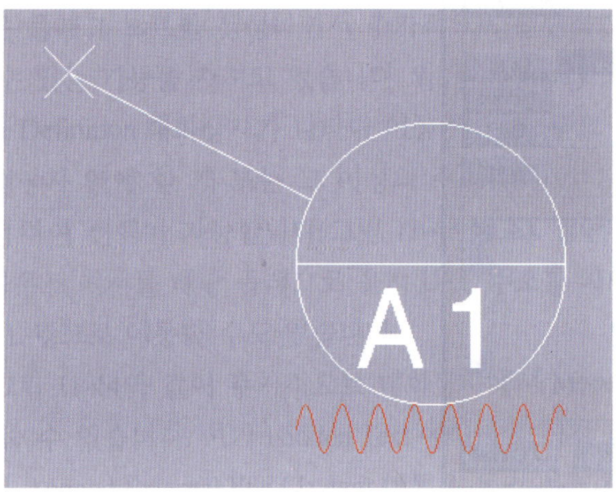

그림 11-46 Datum Target

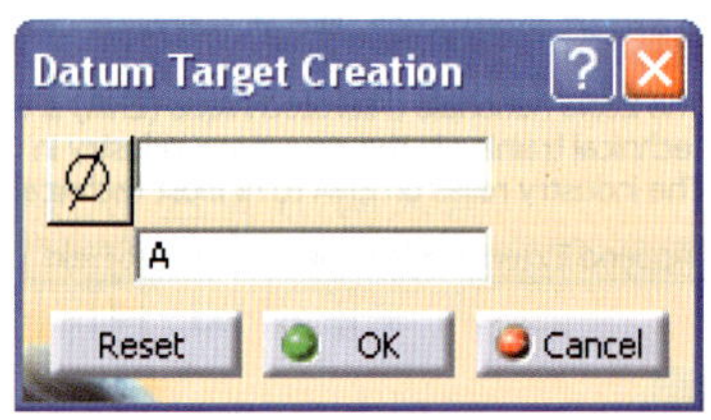

그림 11-47 Datum Target Creation

일단 Geometry 요소가 선택되면 Datum Target Creation 대화상자가 나타납니다. 여기서 사용자는 그림 11-47과 같이 Datum 문구를 –A1, A2, A3, B1, B2, C1–과 같이 입력하거나 기호를 클릭하여 Ø 기호를 입력해줄 수 있습니다.

Geometric Tolerance

요약: Geometric Tolerance를 생성합니다.

이 명령은 그림 11-48과 같이 Geometric Tolerance를 정의할 수 있게 대화상자를 제공합니다. 대화상자에서 그림 11-49와 같이 원하는 Geometrical Tolerance를 Tolerance Feature Modifier를 통해 선택하거나 우측 상단의 기호를 입력하여 정의할 수 있습니다.

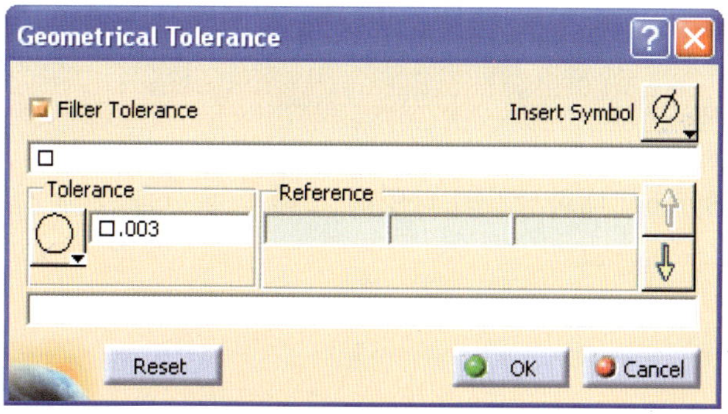

그림 11-48 Geometrical Tolerance

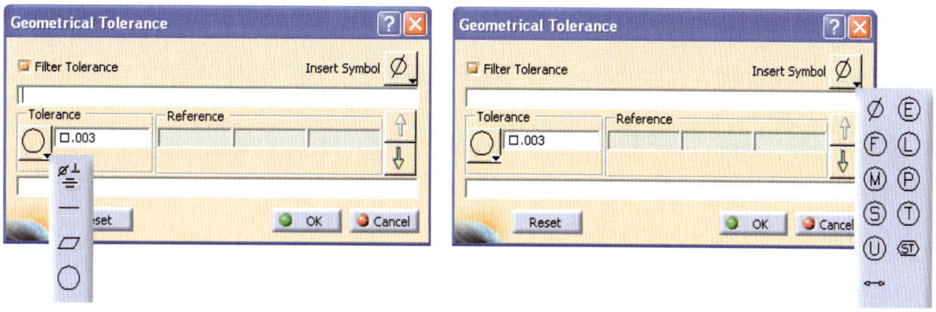

(a) Tolerance Feature Modifier (b) Insert Symbol

그림 11-49 Geometric Tolerance Tool 옵션

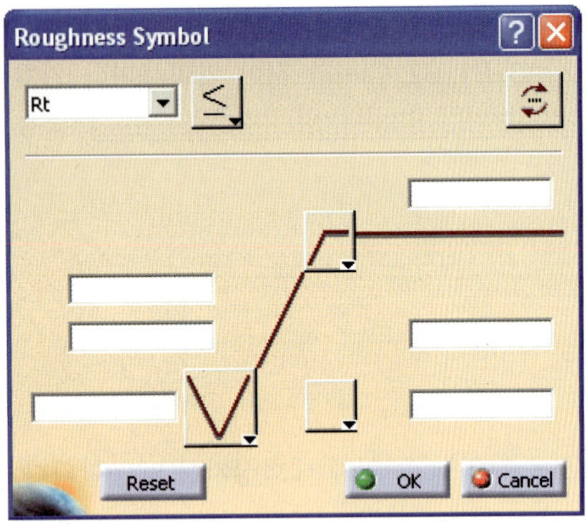

그림 11-50 Roughness Symbol

Roughness

요약: 거칠기 정보를 생성합니다.

이 명령은 그림 11-50과 같은 Roughness Symbol 대화상자의 다양한 그래픽 옵션을 통해 선택한 대상의 표면 거칠기 정보를 정의해 줄 수 있습니다.

DIMENSIONS

치수 생성 명령들은 모두 Dimension Toolbar에서 확인이 가능합니다. 다음의 세 가지 치수 명령들은 작업 방식이 동일합니다.

사용 순서:

명령을 실행한 후: 치수를 생성하고자 하는 첫 번째 요소를 선택합니다.

첫 번째 요소를 선택한 후: 치수 생성을 위한 두 번째 요소를 선택합니다.

두 번째 요소를 선택한 후: 치수를 더할 요소를 선택할 동일한 타입의 요소를 선택하거나 치수를 생성합니다.

Dimensions

요약: Dimension을 생성합니다.

그림 11-51 Dimensions

이 명령은 선택한 하나 또는 복수의 요소들로부터 치수를 생성합니다. 그림 11-51과 같이 두 개 이상의 요소를 선택하면 치수는 항상 마지막 선택된 두 요소 사이에 생성됩니다.

Cumulated Dimensions

요약: 연이어 생성되는 치수를 생성하고자 할 때 사용합니다.

이 명령은 그림 11-52과 같이 공통된 기준으로부터 동일 선상으로 연이어 정의되는 치수를 생성하고자 할 경우에 사용합니다.

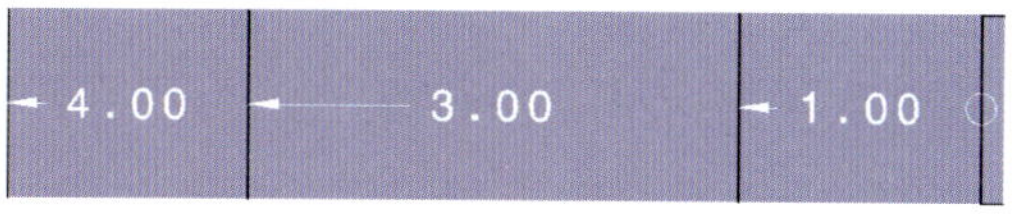

그림 11-52 Cumulated Dimensions

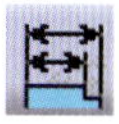

Stacked Dimensions

요약: 겹겹이 쌓인 치수를 생성하고자 할 경우에 사용합니다.

이 명령은 그림 11-53과 같이 하나의 기준 요소로부터 여러 개의 치수선을 가지는 치수 표기를 할 경우에 사용합니다.

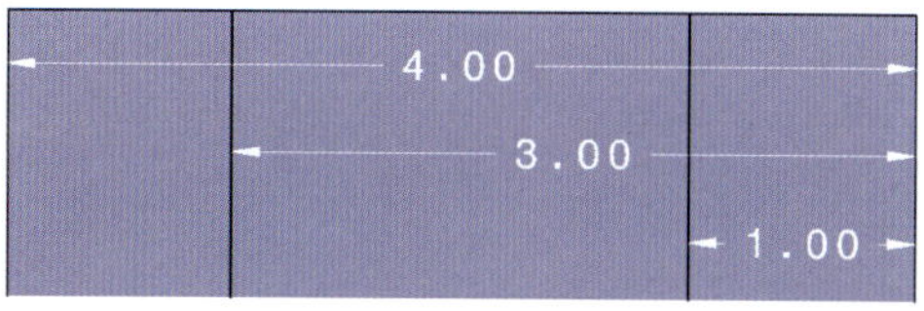

그림 11-53 Stacked Dimensions

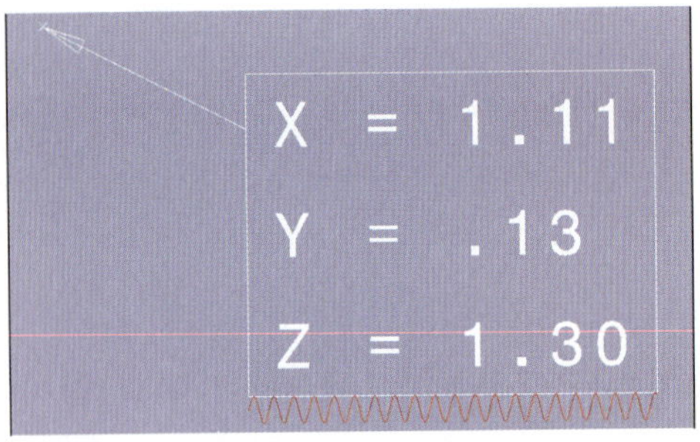

그림 11-54 Coordinate Dimensions

Coordinate Dimensions

요약: 포인트의 위치를 좌표 방식으로 정의되는 치수를 생성합니다.

사용 순서:

명령을 실행한 후: 한 개 또는 복수의 포인트를 선택합니다.

포인트를 선택한 후: 포인트를 치수가 생성될 위치를 지정해 줍니다.

이 명령은 그림 11-54와 같이 포인트 요소의 위치를 직교 좌표계를 기준하여 좌표로 정의해 줍니다. 또한 여러 개의 포인트를 선택하여 동시에 치수 생성이 가능합니다.

Curvilinear Dimensions

요약: 곡선 요소의 길이를 치수로 생성합니다.

사용 순서:

명령을 실행한 후: 치수를 생성하고자 하는 대상 요소를 선택해 줍니다.

대상 요소를 선택한 후: 치수가 생성될 위치를 지정해 줍니다.

이 명령은 그림 11-55와 같이 형상의 곡선 성분의 길이를 치수로 생성합니다. 이 치수는 다른 색상으로 출력됩니다.

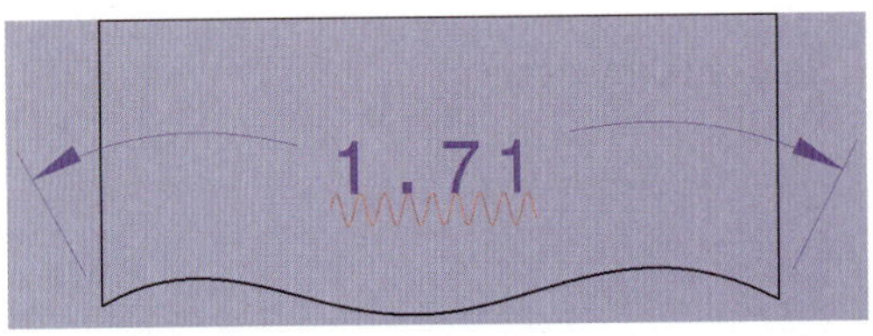

그림 11-55 Curvilinear Dimensions

OTHER USEFUL THINGS TO KNOW - 알아두면 유용한 기능들

경우에 따라 원하는 모든 형상 요소를 필요에 맞게 선택하는 것은 불가능할 수 있습니다. 이럴 때 그림 11-56과 같이 Geometry Connection Management를 사용할 수 있습니다. 그러나 이 옵션이 항상 지정된 치수의 Semantic Format을 유지하는 것은 아닙니다.

이 옵션을 실행하면 그림 11-57과 같은 대화상자가 나타나는데 여기서 치수가 들어갈 형상 요소를 선택할 수 있으며 Context Menu를 통하여 형상을 추가해 줄 수 있습니다.

이 명령을 사용하면서 추가한 형상 요소를 검증하는 데 Check Validity 기능을 사용하면 유용합니다.

또 다른 경우로 주어진 치수나 DRF가 원하는 방식으로 정보나 자릿수를 표시하지 않을 수 있습니다. 이런 경우에는 그림 11-58, 11-59와 같이 요소의 속성에서 DRF의 자릿수 표시 및 지시선의 표시 방식을 원하는 값으로 설정할 수 있습니다.

기본 치수 정의가 항상 쉬운 것만은 아닙니다. 이럴 때 그림 11-60과 같이 치수에 프레임을 추가해주는 방법을 생각해볼 수 있습니다. 이 치수가 Semantic이 아닐 수도 있지만 적어도 표시만은 바르게 될 것입니다.

마지막으로 매우 작거나 큰 Part를 다룰 경우 치수가 올바른 크기의 비율로 보이지 않을 수

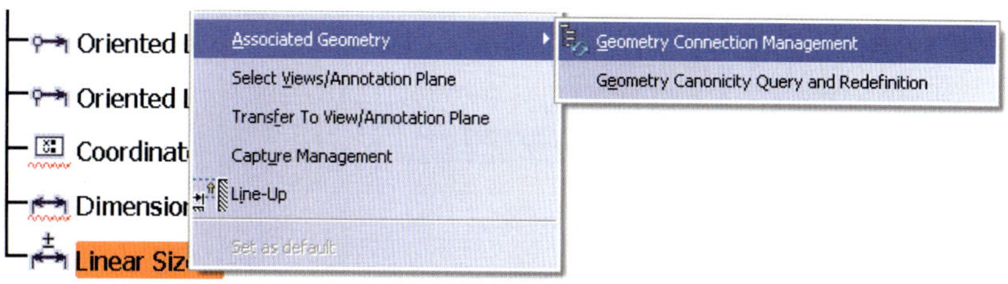

그림 11-56 Geometry Connection Management 도구

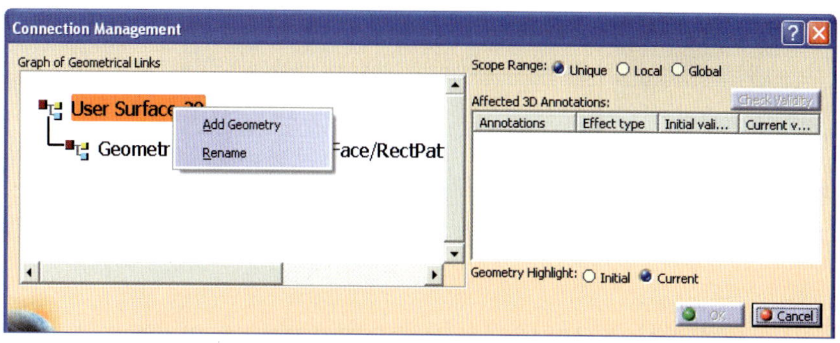

그림 11-57 Connection Management

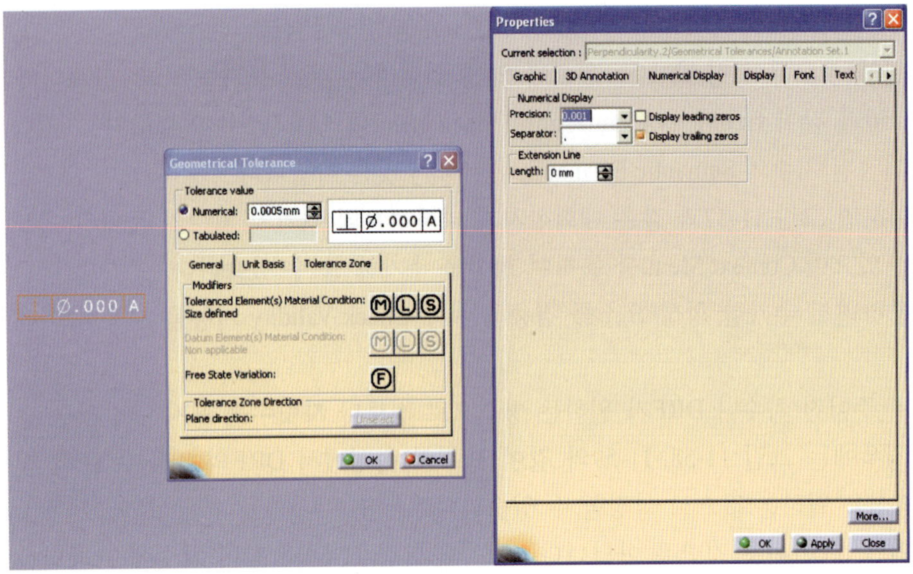

그림 11-58 DRF Numerical Display 속성

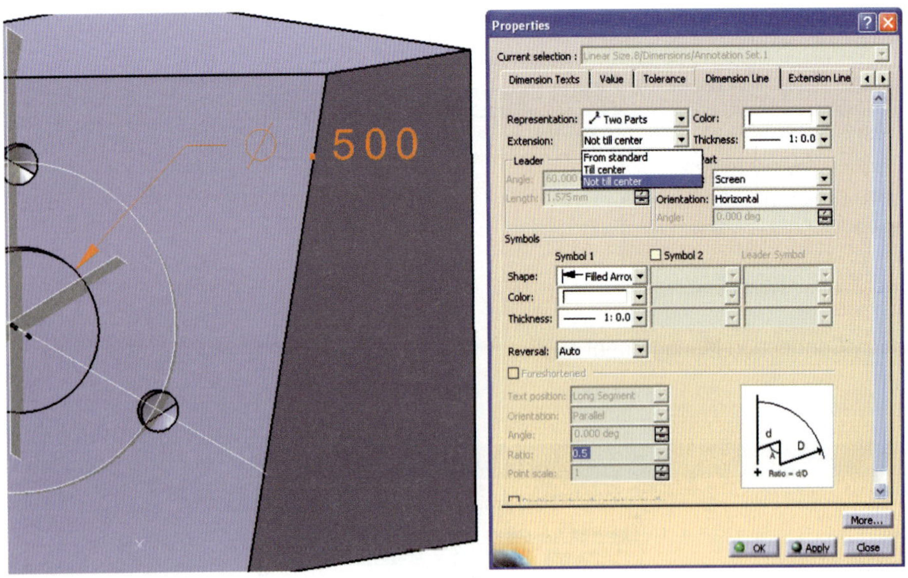

그림 11-59 Leader Line Representation 속성

있습니다. 이런 경우 그림 11-61과 같이 주석의 View 속성에 들어가 Ratio를 변경해줄 수 있습니다. 이러한 설정은 선택한 View의 모든 주석에 적용됩니다.

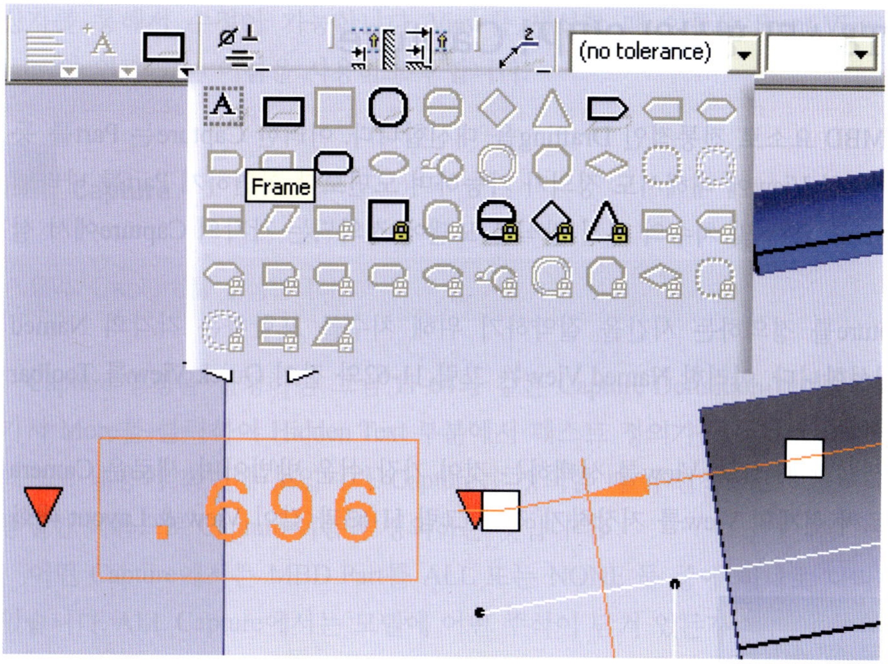

그림 11-60 Frame에 Dimension 추가하기

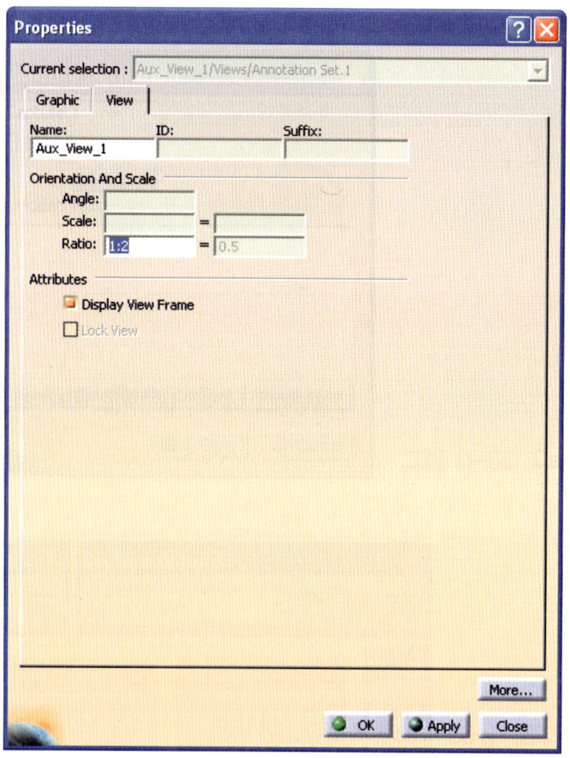

그림 11-61 View 속성에서 Ratio 설정

OK를 눌러 Capture를 생성할 때 사용자 환경은 그림 11-65와 같이 몇 개의 명령을 변경합니다. 일부의 명령만이 Capture를 수행하는 도구로 사용되며 나머지는 Capture 환경을 나가거나, 선택하여 Named View를 생성하는 데 사용됩니다.

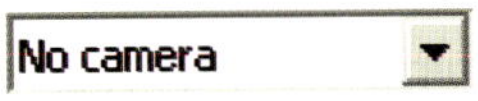

Camera Selection

원하는 Camera를 선택해 주어야 하며 Capture 환경을 나가기 전에 지정을 해야 .CATPart 파일에 원하는 Camera로 저장이 됩니다. 선택은 그림 11-66과 같이 Capture 옵션 Toolbar에서 원하는 Camera를 드롭다운 리스트에서 선택해주면 됩니다.

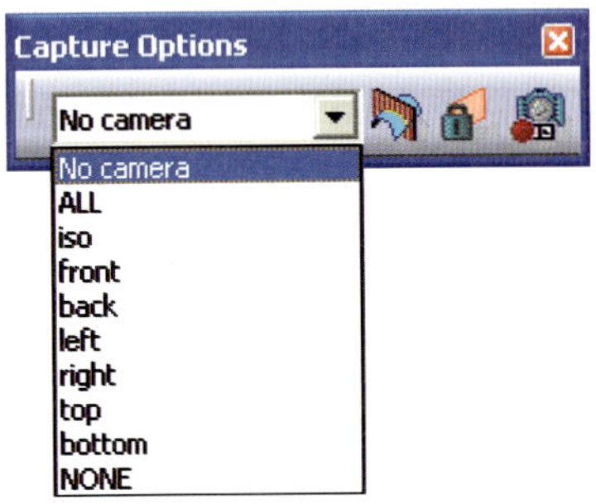

그림 11-66 Capture Options 툴바

Current State

요약: Capture 현재 상태를 알려줍니다.

Dimension은 Capture에서 그것들이 생성되거나 이동될 때 표시됩니다. 원하는 Capture에서 Dimension 파트를 생성하기 위해서 해당 Capture를 Current로 설정해 주어야 합니다. Current로 지정된 Capture의 Specification Tree 아이콘에는 빨간 점 표시가 됩니다.

새로운 Capture를 정의할 때, Current State를 통해 손쉽게 Capture를 Current로 하이라이트 되게 할 수 있습니다. 그리고 나서 Capture를 나가자마자 새롭게 생성된 Dimension이 Capture에 나타날 것이며 그렇지 않으면 의도적으로 숨겨질 것입니다.

만약 Capture를 Current가 아닌 상태에서 Capture 정의 창을 나와 저장되었더라도 그림 11-67과 같이 Capture의 Context Menu에서 Set Current 사용이 가능합니다.

한 가지 기억하면 좋은 것은 한 개 이상의 복수의 Capture가 동시에 Current로 지정이 가능하다는 것입니다. 예를 들어 데이텀이 TOP Capture에서 가장 잘 보인다면, 이어지는 다음의 TOP, DATUMS, 그리고 ALL의 Capture들을 Current로 정의하여 적절한 출력을 만들어낼 수

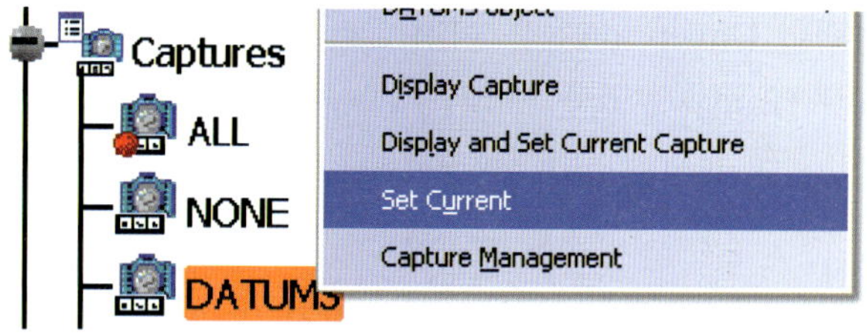

그림 11-67 Capture에서 Set Current Context 옵션

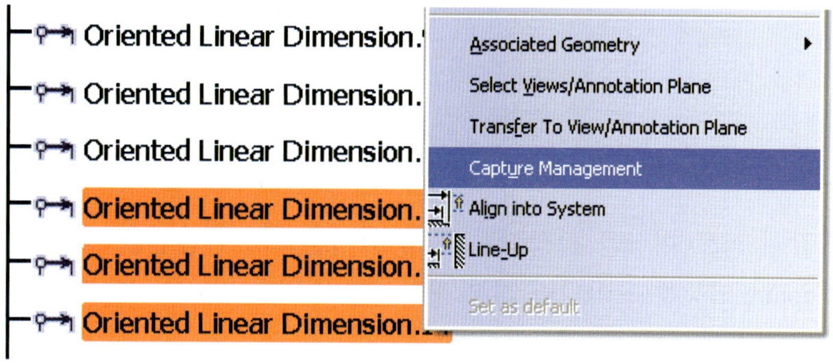

그림 11-68 Capture Management Context 옵션

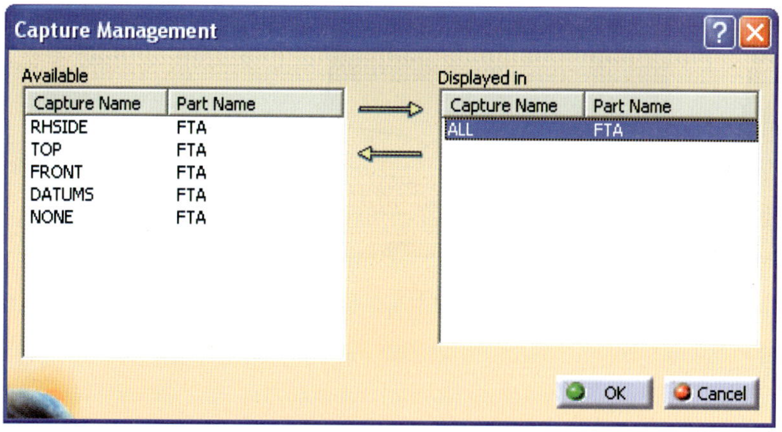

그림 11-69 Capture Management

있습니다. 사실 ALL Capture는 항상 Current로 지정되어 있어야 합니다.

반면에 Annotation이나 Dimension이 한 개나 한 개 이상의 Current Capture 없이 만들어졌다면 그림 11-68과 같이 Dimension의 Capture Management Context 옵션을 통하여 적절한 Capture로 지정해줄 수 있습니다.

Capture Management 옵션을 사용할 때, 선택한 Dimension들을 어떤 Capture로 적용 가능한지 그림 11-69과 같이 보여주며 Available에서 Display in으로 원하는 Capture를 우측 방향의 화살표로 이동하면 됩니다. 만약에 해당 Capture를 제거하고자 할 경우에는 반대 방향 화살표를 이용하면 됩니다.

이렇게 Annotation이나 Dimension들은 Capture와 함께 생성되거나 그러지 않아도 되며 원하는 Capture에 재지정이 가능합니다.

Clipping Plane

요약: 활성화된 View 또는 Annotation Plane에 대해서 절단면을 생성합니다.

이 명령은 그림 11-70과 같이 파트 형상을 활성화된 View를 기준으로 절단면을 생성하는 기능을 합니다. 이 명령은 Capture 기능뿐만 아니라 기본 작업환경의 Visualization Toolbar에서도 사용 가능합니다.

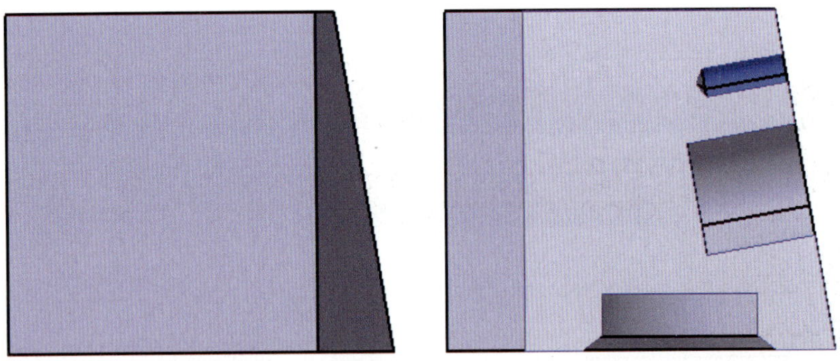

(a) Deactivated (b) Activated

그림 11-70 Clipping Plane 양상

Hide/Show

임의의 Capture의 Construction 요소나 Dimension 표시는 Hide and Show를 통하여 정의할 수 있습니다. 이러한 Hide/Show는 활성화된 Capture 안에서만 사용이 가능합니다.

START-UP FILE

Start-Up File은 그림 11-71과 같이 일반적 또는 반복적으로 각 모델들에 사용되는 모든 View와 Capture들을 포함하도록 생성하여, 이를 사용할 경우 시간을 절약할 수 있는 이점이 있습니다.

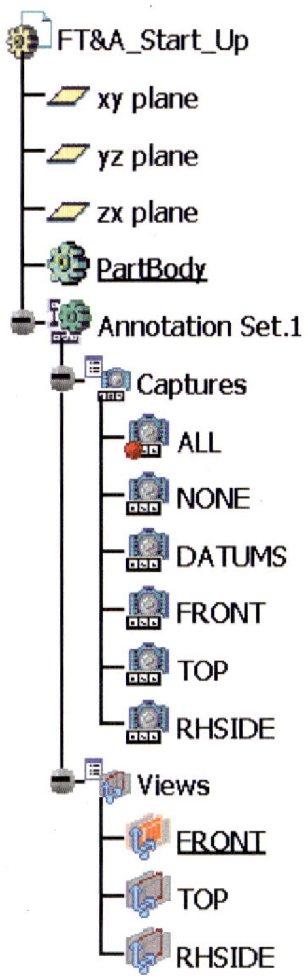

그림 11-71 Prottoype 파일 구조

11.8 형상 모델을 체크하고 필요한 경우 수정

처음 만든 모델이 전부 올바를 수는 없습니다. 만약 Dimension, Geometric Tolerance, Annotation들이 Part의 FT&A에 관한 모든 작업이 설정된 후에 추가되어야 한다면 다음 일련의 과정을 따라야 합니다.

- 새로운 Annotation이나 Dimension이 생성될 View를 활성화합니다.
- 그림 11-72와 같이 원하는 Capture를 선택하여 Context Menu에서 Display and Set Current Capture를 선택합니다.
- Dimensioning 작업이 끝난 후 Current Capture를 비활성화하기 위하여 Unset Current를 Context Menu에서 선택해 줍니다.

만약 Dimension이 올바른 View나 Capture에 생성되지 않은 경우 Dimension의 Context Menu에서 원하는 View나 Capture로 재정의가 가능하다는 점을 기억하기 바랍니다.

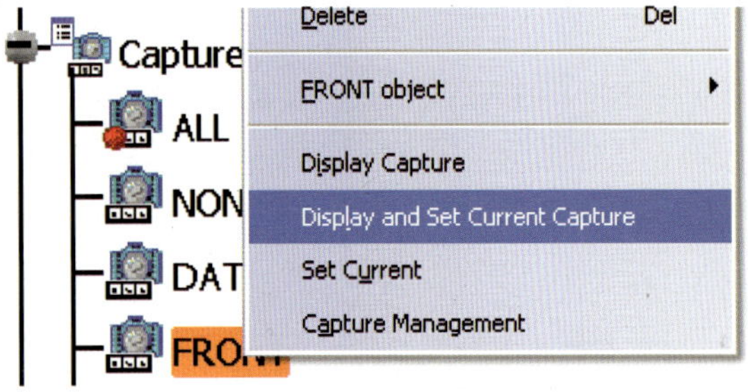

그림 11-72 Display 그리고 Set Current Context 옵션

11.9 형상 모델의 적절한 저장하기

FT&A 트리 구조는 Specification Tree에서 상당한 길이를 차지하게 됩니다. 따라서 Model을 정의하기에 앞서 트리에서 표시를 꺼둘 수 있습니다. 그림 11-73과 같이 Annotation Set의 Context Menu에서 Annotation Set Switch On/Switch Off 옵션을 사용하여 Annotation Set을 숨겨줄 수 있습니다.

이렇게 숨겨진 Annotation Set의 요소들은 다시금 Model을 불러와 수정할 경우 출력하도록 Switch On을 해주어야 합니다.

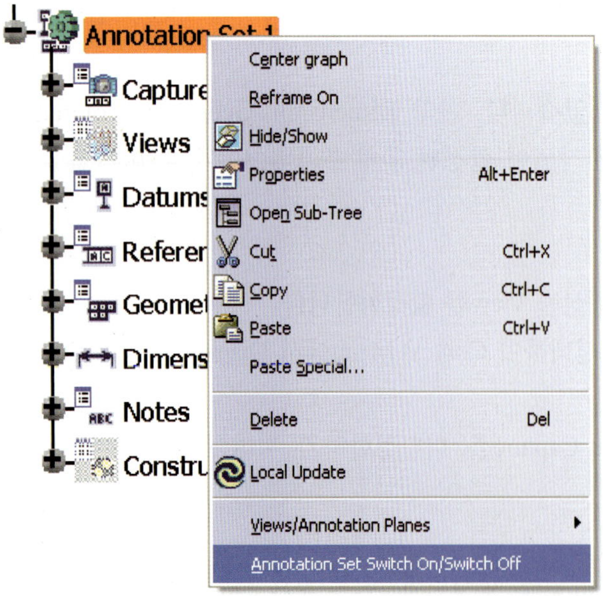

그림 11-73 Annotation Set Switch ON/Switch OFF 옵션

Chapter 12

Aerospace Sheet Metal Design

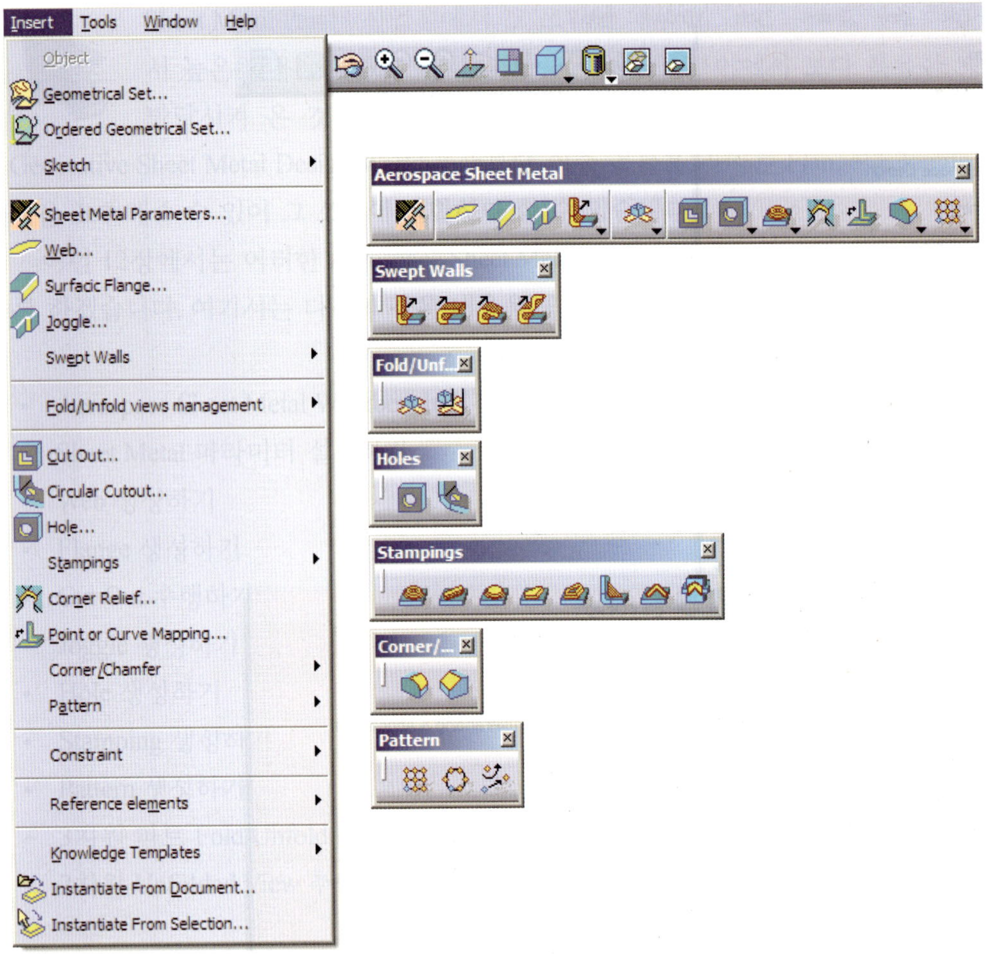

그림 12-2 Aerospace Sheet Metal 툴바 그리고 Insert 풀다운 메뉴

12.2 Sheet Metal 파라미터 설정하기

Sheet Metal Part의 제작에는 재질과 함께 시트 메탈의 두께에 의해 결정됩니다. 따라서 올바른 형상 모델링을 위해서 Parameter를 적절하게 정의해 주어야 합니다.

Sheet Metal Parameters

요약: Part의 Sheet Metal Parameter를 생성하고 수정합니다.

Sheet Metal Parameter는 사용자가 제작을 위한 데이터를 Part에 정의하는 것이라 할 수 있

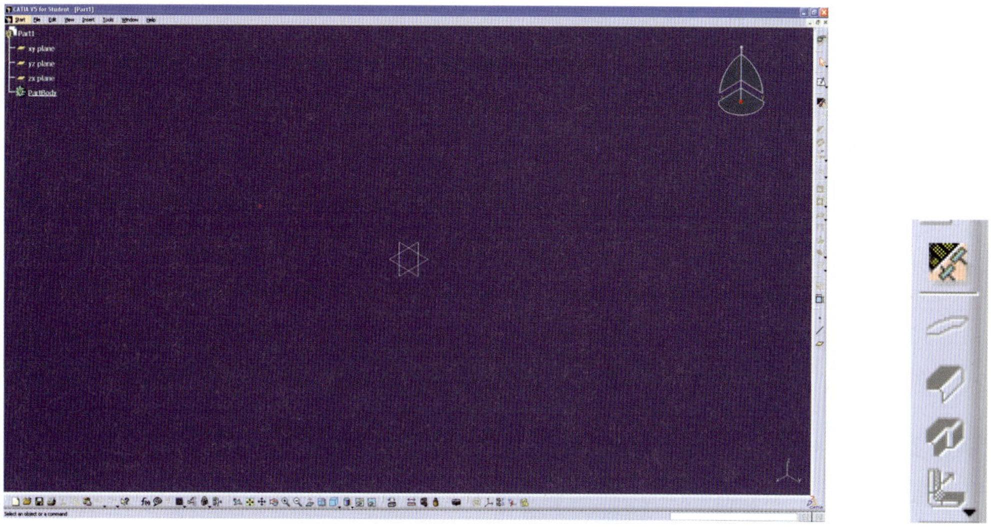

(a) Interface (b) Inactive 도구

그림 12-3 Aerospace Sheet Metal Workbench 실행 시

습니다. 그림 12-4와 같이 대화상자를 확인할 수 있으며 3개의 탭을 통해 정의가 가능합니다.

산업계 환경에서는 일정한 표준 재질과 형상이 이미 개발되어 Catalog로 정의되어 있어 쉽게 정의가 가능하도록 제공되고 있습니다(교육용 버전에서는 이러한 표준이 제공되지 않습니다).

Parameter Tab에서는 기본적으로 판재의 Thickness와 Default Bend Radius를 입력합니다. Bend Allowance Tab에서는 K Factor라는 것이 있는데, 이는 주어진 다른 파라미터에 의해 정의됩니다. 기본 값은 알루미늄에 대해서 설정되어 있습니다. 필요한 경우 Catalog에 정의된 재

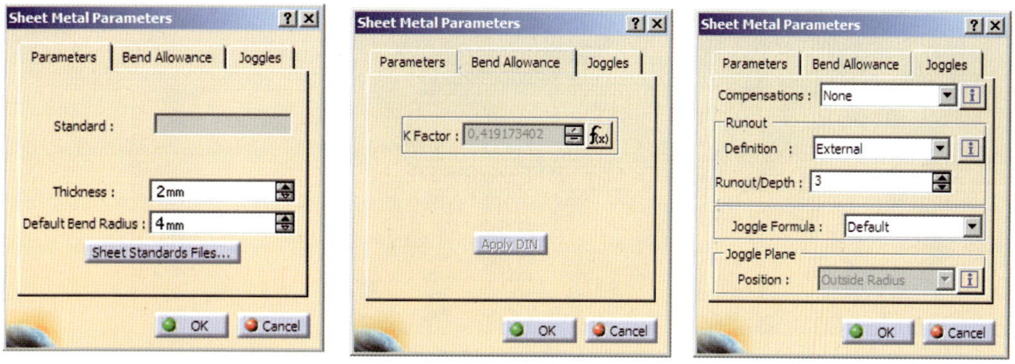

(a) Parameters (b) Bend Allowance (c) Joggles

그림 12-4 Sheet Metal Parameter

질을 통하여 재설정이 가능합니다.

Joggle Tab에서는 Joggle 형상을 제작하는 데 필요한 정보를 기입합니다. 산업계의 방법론에 따라 이 값은 수정될 수 있습니다. 이 마지막 Tab에서 Joggle 모델링 파라미터에 대해서 i자의 Information 버튼을 클릭하여 다이어그램으로 확인이 가능하며 그림 12-5와 같이 표시됩니다.

일단 주어진 재질에 대한 모든 파라미터가 설정되었다면 OK를 눌러 파라미터 설정을 마무리하고 그림 12-6과 같이 모든 기능들이 활성화된 상태를 확인할 수 있습니다.

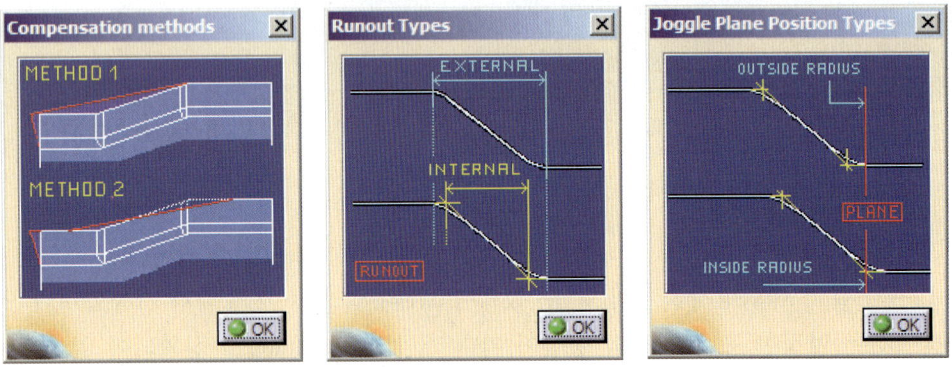

(a) Compensation Methods (b) Runout Types (c) Joggle Plane Position Types

그림 12-5 Parameter Information 다이어그램

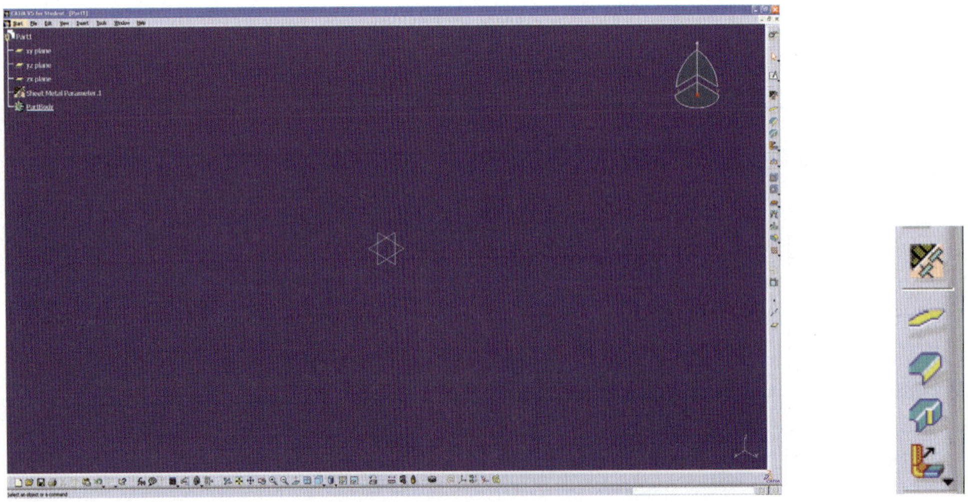

(a) 사용자 환경 (b) 활성화된 명령들

그림 12-6 Aerospace Sheet Metal Design 작업 환경

12.3 Web 생성하기

Sheet Metal을 정의하는 가장 첫 번째 형상 요소가 Web이 있습니다. Web 형상은 평면이나 서피스(선직면)를 Support로 만들어질 수 있으며 다른 서피스나 평면, 스케치 등으로 경계를 정의할 수 있습니다.

Web

요약: 평면과 닫혀있는 윤곽선을 기준으로 Web을 생성합니다.

사용 순서:

명령을 실행한 후: Support: 기준이 될 평면이나 서피스(선직면) 또는 닫혀있는 스케치 프로파일을 선택합니다.

Support를 선택한 후: Limit(s): Web의 경계가 될 부분을 정의하기 위한 커브나 스케치, 서피스 요소를 선택해 줍니다.

Web 명령은 우선 평면이나 선직면 서피스를 선택하여 기준면(Support)를 설정합니다. 그리고 나서 Web의 경계를 정의하기 위한 폐곡선의 프로파일을 선택해 줍니다. 여기서 경계 요소로 선택된 프로파일이나 스케치 요소는 반드시 Support 위에 놓여 있어야 하며 경계 요소가 서피스나 평면 요소의 경우에는 Support와 교차되어야 합니다. 서피스의 경우에는 최소의 값으로-일반적으로 Default Bend Radius의 두 배의 값-양단이 연장되어 Geometry의 충돌이 없도록 해야 합니다.

그림 12-7과 같이 경계선 요소들은 Web Definition 대화상자에 목록으로 나타나며 필요한

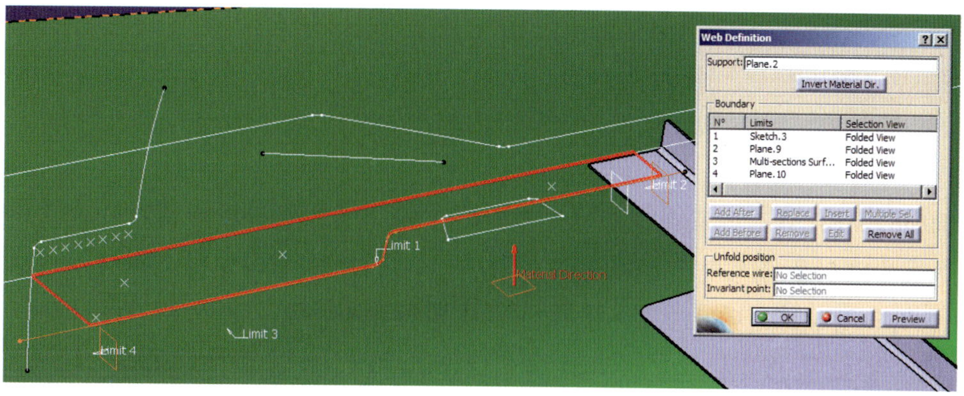

그림 12-7 Web 정의

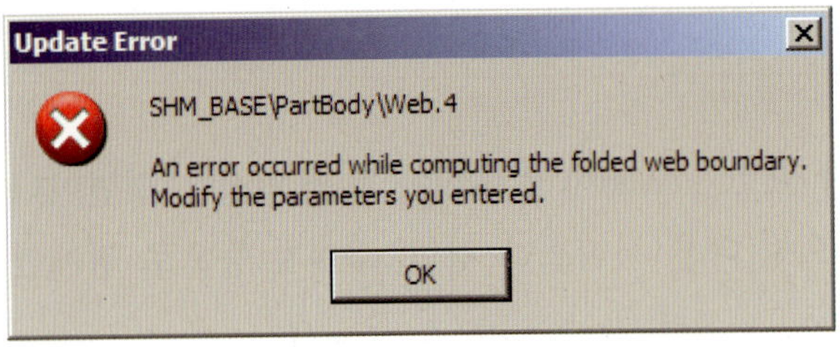

그림 12-8 Web 생성 에러 메시지

경우 수정이 가능합니다.

만약 선택한 경계선 요소들이 폐곡선을 만들어내지 못하면 그림 12-8과 같은 에러 메시지 창을 나타내며 폐곡선 선택 과정을 다시금 수행해 주어야 합니다.

12.4 Flange 생성하기

새로운 Flange는 Web 형상이나 기존에 존재하는 Flange에 이어 생성이 가능합니다. Flange 역시 Support 요소로 평면이나 서피스 요소를 필요로 합니다. 이미 언급한 바와 같이 서피스가 Support 요소로 사용될 경우 형상의 충돌을 피하기 위해 서피스 요소는 반드시 최종적으로 만들어질 Flange 형상의 치수보다 커야 합니다. 평면의 경우는 무한대로 인식되기 때문에 이러한 문제를 고려할 필요는 없습니다.

Surfacic Flange

요약: 서피스나 커브 요소로부터 Surfacic Flange를 생성합니다.

사용 순서:

명령을 실행한 후: Base Feature를 실행합니다.

Base Feature를 실행한 후: 서피스를 선택합니다.

Surfacic Flange 명령은 복잡한 플랜지 형상을 정의하는 데 다양한 옵션을 적용할 수 있습니다. 원하는 플랜지 형상을 정의하기 위해 필요한 옵션을 올바르게 정의하기 위해서는 그림 12-9와 같이 솔리드 형상에 나타나는 정보를 주의 깊게 확인하여야 합니다.

플랜지를 생성하는 데 필요한 모든 정보를 입력했음을 확신한다면 하나의 Tab에서 다른 Tab으로 이동해 보기를 권장합니다. 왼쪽의 Base Feature Tab에서부터 말이죠.

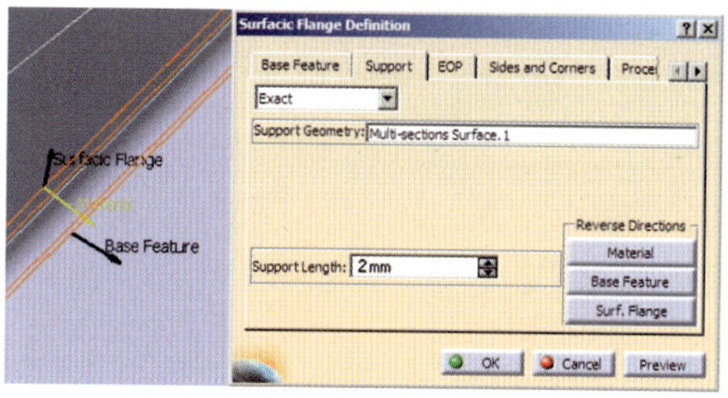

(a) Support 변수

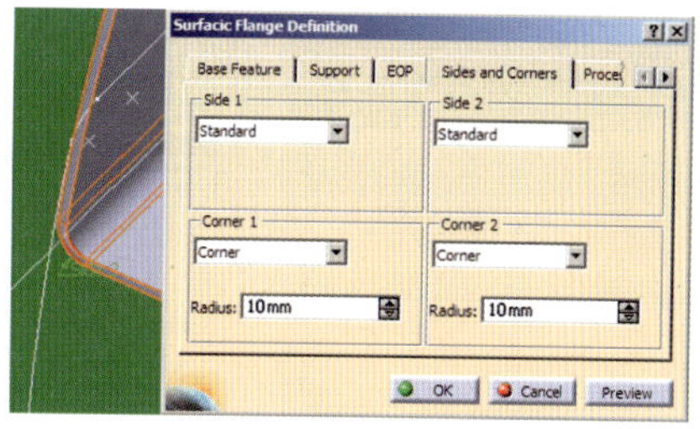

(b) Side and Corners 변수

그림 12-9 On-Part에 표시된 변수

그림 12-10(a)의 Base Feature Tab에서는 Base Feature를 선택하기 위하여 앞서 만들어진 Web이나 Flange를 선택하도록 되어 있습니다.

Support Tab을 선택하면 Base Feature 위치를 잡아주기 위하여 Flange Support를 따라 세 개의 화살표가 표시되며 어떤 방향으로 Flange가 만들어질지와 추가될 Flange Material을 정의할 수 있습니다. 화살표의 방향은 화살표를 클릭해서 방향 변경이 가능하며, 그림 12-10(b)에서 적절한 버튼을 클릭하여 정의가 가능합니다. Support Length는 Geometric Limit를 보완하기 위해 사용합니다.

EOP Tab은 사용자가 Flange의 높이를 정의하는 데 형상 요소나 Part의 Outside Mold Line(OML) 거리를 사용합니다. 그림 12-10(c)와 같이 사용자는 3가지 중에 하나의 값을 선택해야 합니다. Element FD는 Flange의 높이를 형상 요소가 Fold된 상태에서 정의하는 방식이며 Element FP는 Flange의 높이를 Part의 평평한 상태의 패턴에서부터 정의하는 방식입니다.

Side and Corners Tab에서는 그림 12-10(d)와 같이 Base Feature에 수직인 Flange 모서리를 높이값을 통하여 정의하거나 Geometry 요소를 선택하여 정의합니다. 이 Tab에서 Side 1과 Side 2에 대한 표시가 Part에 나타나 작업자가 손쉽게 선택할 수 있도록 도와줍니다. Corner를 정의하기 위하여 Corner 1과 Corner 2에 Flange의 최외각 모서리를 선택할 수 있습니다. 만약 내부 Corner가 필요하다면 Limiting Geometry 요소를 선택하거나 나중에 Corner 명령에서 정의가 가능합니다.

Process Tab에서는 그림 12-10(e)와 같이 Part를 제작하기 위한 과정을 정의하게 됩니다. BrakeFormed는 단순한 평면 사이의 단일 각도를 가지는 형상의 경우에 사용합니다. Hydropressed의 경우에는 Joggle, Flange Hole, Bead 등과 같이 복잡한 형상을 정의하는 경우에 사용합니다.

그림 12-10(f)의 마지막 Compensations Tab은 사용자가 Joggle 형상을 정의하기 위한 표준을 정의하게 됩니다. 여기서 산업계의 방법론이 필요합니다.

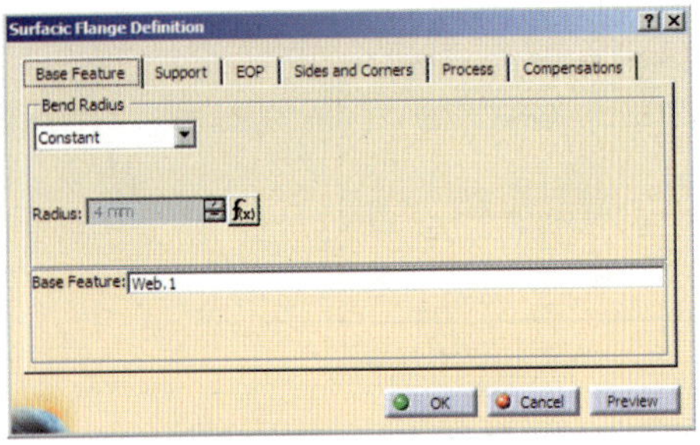

(a) Base Feature 탭

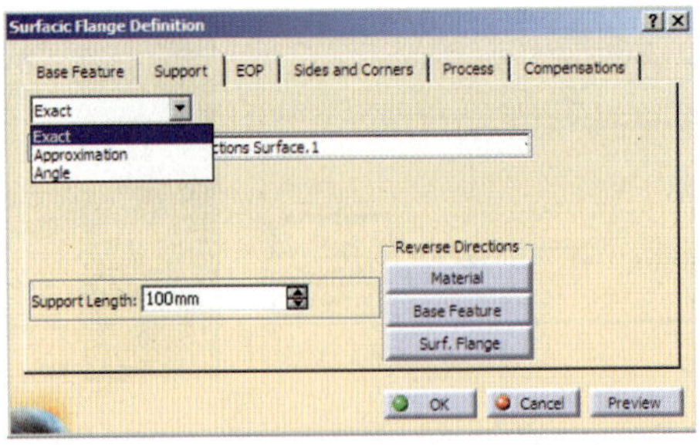

(b) Support 탭

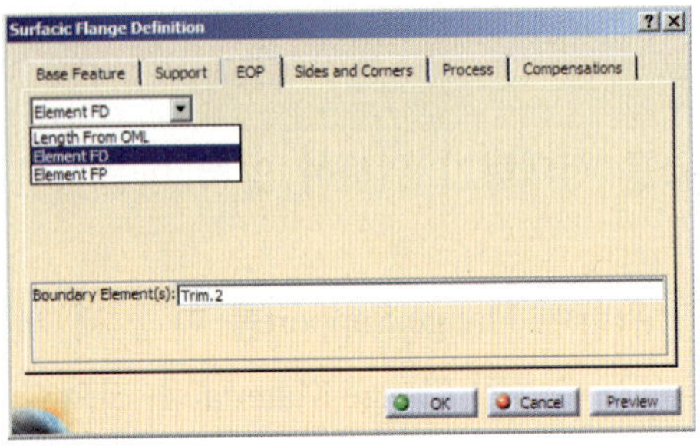

(c) EOP 탭

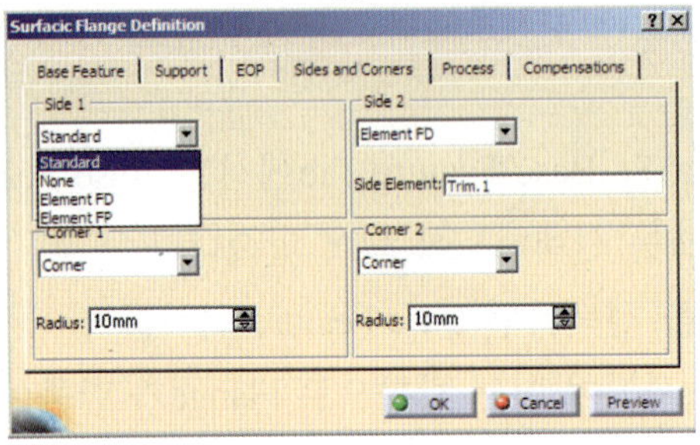

(d) Sides and Corners 탭

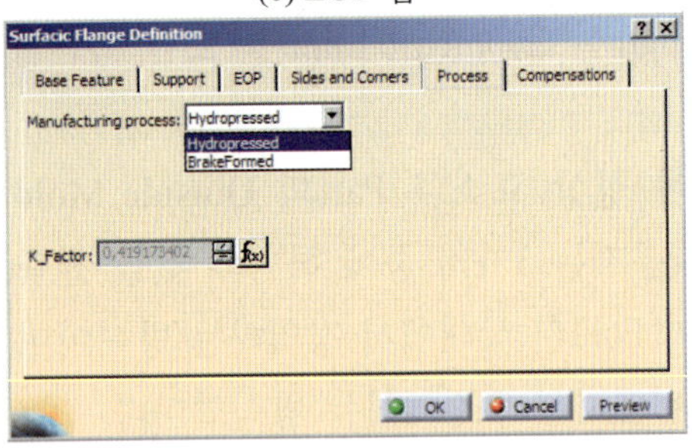

(e) Process 탭

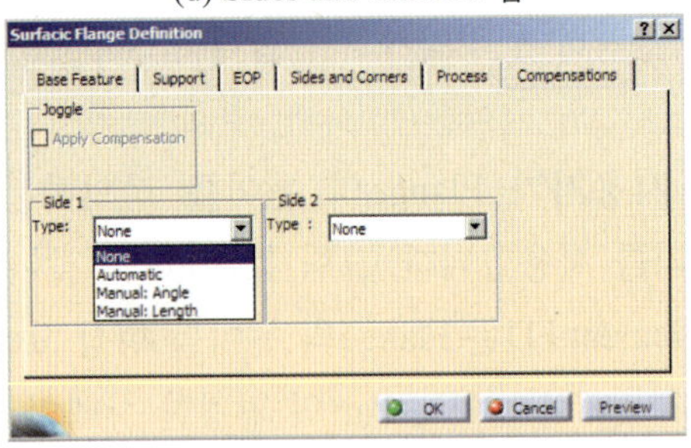

(f) Compensations 탭

그림 12-10 Surfacic Flange 정의 변수

12.5 Cut Out 수행하기

Cut Out 기능은 Part Design의 Pocket과 작업 방식과 결과가 유사합니다. 그러나 유용한 점이라 할 수 있는 부분은 제거하고자 하는 형상의 표준을 Catalog로 저장하고 있어 필요할 때 언제든 불러와 사용이 가능하다는 점입니다.

Cut Out

요약: Cut Out을 생성합니다.

사용 순서:

명령을 실행한 후: 프로파일 형상을 선택합니다.

프로파일을 선택한 후: 파라미터를 입력 또는 수정한 후 OK를 선택합니다.

Cut Out 명령은 그림 12-11처럼 닫혀있거나 또는 열려있는 프로파일 형상에 대해서 시트 메탈의 솔리드를 제거하는 역할을 합니다. Pocket 명령과 마찬가지로 반드시 프로파일 형상의 수직 방향으로만 Cut Out이 가능한 건 아닙니다.

12.6 Joggle 생성하기

이 명령은 오로지 Aerospace Sheet Metal Design Workbench에서만 가능한 명령으로 Part에 다른 Part가 다른 물리적 접촉 없이 겹칠 수 있도록 Joggle을 생성합니다.

Joggle

요약: 평면이나 서피스 플랜지로부터 Joggle을 생성합니다.

사용 순서:

명령을 실행한 후: Surfacic Flange나 Web 형상을 Joggle의 Base Feature로 선택해 줍니다.

Base Feature를 선택한 후: 평면 또는 평면 요소를 Joggle Plane으로 지정해 줍니다.

평면 요소를 선택한 후: Joggle Parameter를 입력해 줍니다.

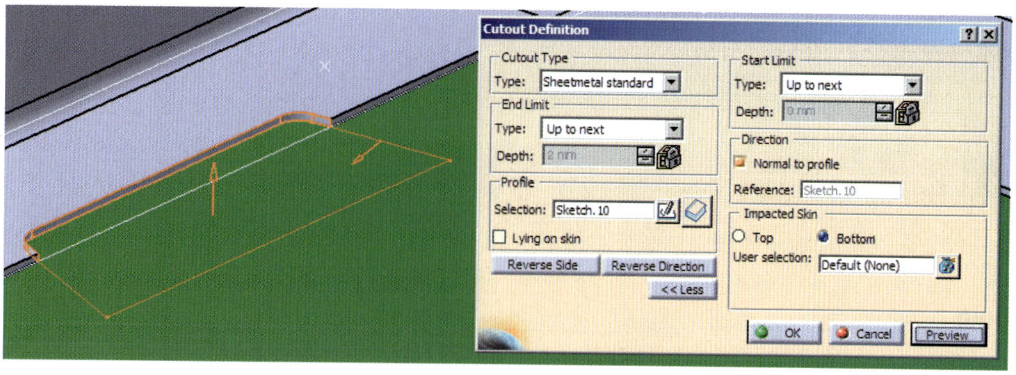

그림 12-11 Cut Out 정의

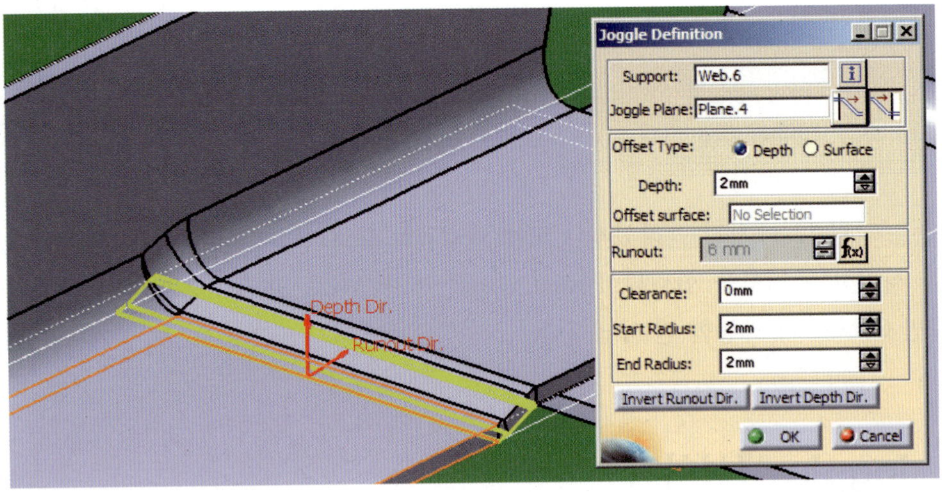

그림 12-12 Joggle 정의

Joggle 명령을 실행하면 우선 변형될 Support 요소를 선택해주고 다음으로 변형이 시작될 위치를 정의할 Reference Plane을 선택해 줍니다. 원하는 요소들을 선택한 후, 두 개의 화살표 요소가 나타나게 되는데, 그림 12-12와 같이 하나는 재료가 변형될 방향을, 다른 하나는 Joggle이 전파될 방향을 정의하게 됩니다. 이 화살표는 직접 클릭하여 방향을 반전할 수 있으며 또는 대화상자에서 방향 반전이 가능합니다.

Clearance는 평면과 Joggle 시작 위치에 대한 수치적인 공차 값을 입력할 수 있습니다.

12.7 Hole 생성하기

원형 구멍을 생성하기 위하여 두 가지 명령이 사용 가능합니다. Hole 명령은 Part Design Workbench의 그것과 동일한 기능을 하며 Circular Cutout 명령은 특별한 Opening 형상을 사용자 정의에서 생성하는 기능을 합니다.

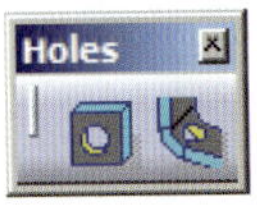

HOLES TOOLBAR

Hole

요약: Hole을 생성합니다.

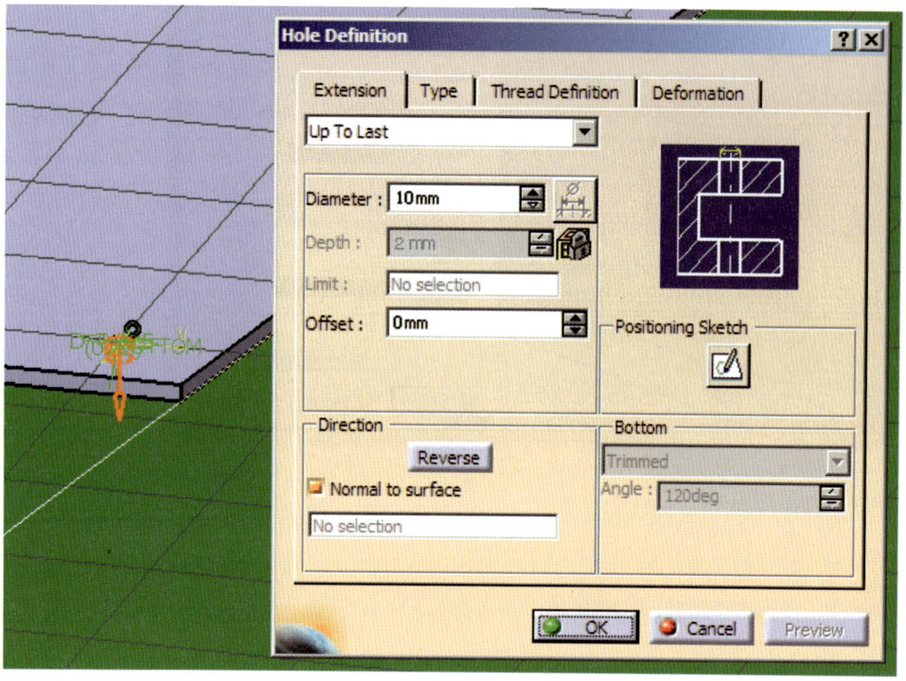

그림 12-13 Hole 정의

사용 순서:

명령을 실행한 후: 면 또는 평면을 선택해 줍니다. 선택적으로 원의 중점이 될 포인트나 선을 선택해 줍니다.

선택을 마친 후: Hole을 정의하는 추가적인 데이터를 입력해 줍니다.

앞서 언급한 것처럼 그림 12-13과 같이 이 명령은 Part Design의 Hole 명령과 동일한 방식으로 형상 정의가 가능합니다. 필요할 경우 4장과 6장을 다시 참고하시기 바랍니다. 그러나 많은 방법론에 있어서 판재의 리벳 Hole의 위치를 정의하는 데 포인트와 파트 서피스에 수직인 선으로 표시를 통해 3차원 형상에 대한 메모리를 최소화할 수 있습니다.

 Circular Cutout

요약: Circular Cutout을 생성합니다.

사용 순서:

명령을 실행한 후: 포인트 또는 포인트를 정의하기 위한 서피스 요소를 선택합니다.

그림 12-14 Circular Cutout 정의

포인트를 선택한 후: Support 요소를 선택합니다.
Support를 선택한 후: Circular Cutout을 정의하는 추가적인 데이터를 입력해 줍니다.

Circular Cutout 명령은 그림 12-14와 같이 Clearance, Index, Manufacturing(Tooling), Fastener 등의 특성화된 Hole을 생성합니다. 여기서 정의한 이런 Type은 나중에 Drafting에서 정보를 나타냅니다.

이 명령을 사용하기 위하여 Support 위에 Hole의 위치를 정의하기 위한 포인트가 필요합니다. 그러고 나서 Support에 Cutout이 만들어질 면을 선택하고, 마지막으로 Hole의 Type을 정의해 줍니다. 포인트 요소들을 미리 선택해주면 시간을 절약할 수 있습니다.

12.8 Stamping 생성하기

부분적인 강성을 증가하기 위한 몇 가지 형상 기능이 있습니다. 여기서는 대표적인 Flanged Hole과 Bead 형싱에 대해서 알아보도록 하겠습니다.

STAMPINGS TOOLBAR

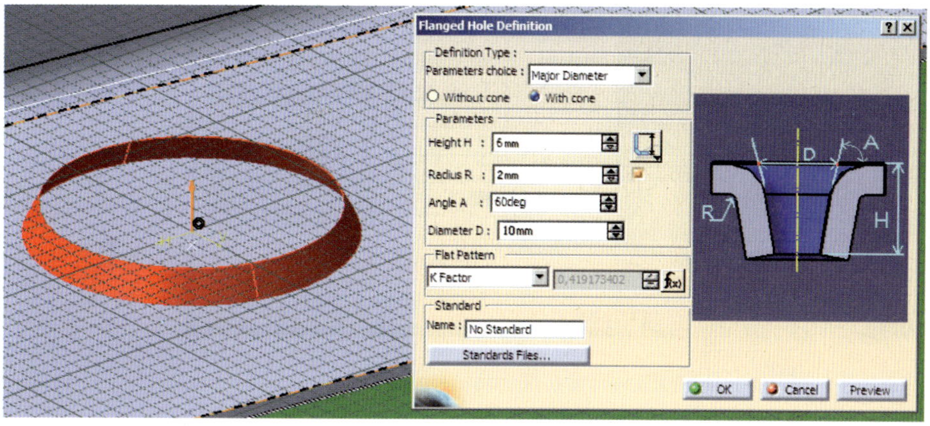

그림 12-15 Flanged Hole 정의

Flanged Hole

요약: Flanged Hole을 생성합니다.

사용 순서:

명령을 실행한 후: Flange Hole을 생성할 면 또는 평면 요소, 포인트를 선택합니다.

포인트나 면 요소를 선택한 후: 대화상자에서 입력 요소를 정의합니다.

Flanged Hole 명령은 그림 12-15와 같이 Support 위에 높인 포인트를 선택한 후, 화면에 나타나는 화살표 방향을 통하여 Hole이 만들어질 방향을 정의합니다. Parameter로는 Hole의 Diameter, Flange의 Angle 및 Height 등을 정의하게 됩니다. Standard에서는 사용자 정의된 형상을 불러와 적용해줄 수도 있습니다.

Bead

요약: Bead를 생성합니다.

Bead 명령은 시트 판재 형상에 돌출된 보강 형상을 만드는 기능을 합니다. Bead 형상은 선택된 직선 요소나 커브 형상을 따라 정의되고 Radius와 Height 값의 Parameter를 정할 수 있으며 이 값들은 Catalog를 통한 정의도 가능합니다.

Bead 명령을 사용하면 그림 12-16과 같이 화면상의 오렌지색 화살표를 통하여 Bead가 생성될 방향을 정의할 수 있습니다.

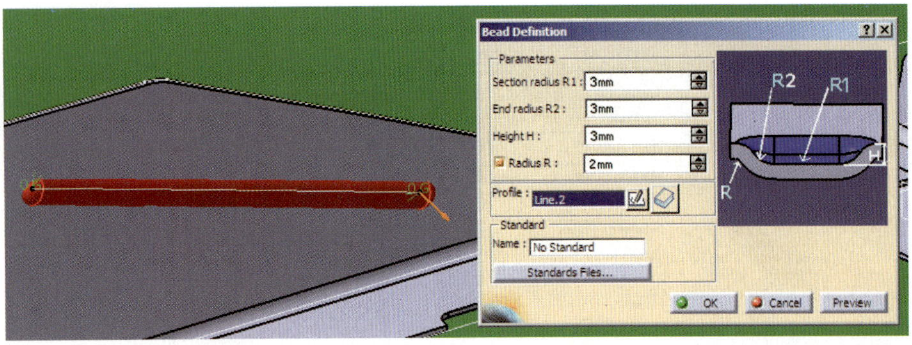

그림 12-16 Bead 정의

12.9 Pattern 생성하기

Pattern 기능은 Part Design Workbench에서와 동일한 방식으로 적용이 가능합니다. 여기서는 Rectangular, Circular, User 방식의 Pattern을 사용할 수 있습니다.

PATTERN TOOLBAR

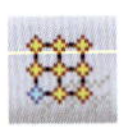

Rectangular Pattern

요약: 반복되는 형상을 정의하기 위하여 Rectangular Pattern을 정의합니다.

사용 순서:

명령을 실행한 후: Pattern될 형상을 선택합니다.

형상을 선택한 후: Pattern된 방향을 정의해 줍니다.

Pattern 방향을 정의한 후: Pattern될 간격이나 수에 대한 Parameter를 정의해 줍니다.

Rectangular Pattern 명령은 사용자가 반복해서 동일한 형상을 정의하는 것을 피하기 위하여 손쉽게 동일 형상을 배열하는 기능을 합니다. 대화상자는 그림 12-17과 같습니다.

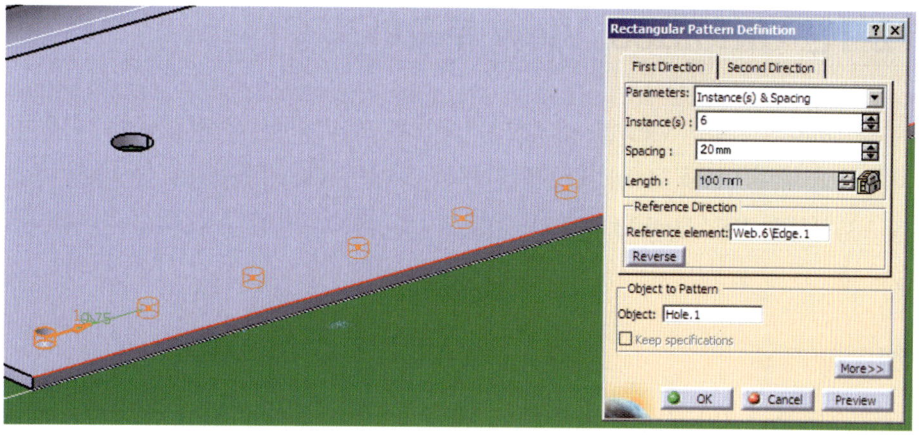

그림 12-17 Rectangular Pattern 정의

12.10 3차원 파트 Fold/Unfold 수행하기

Sheet Metal의 경우 제작을 고려해서 성형된 상태에서 전개를 시킬 수 있는 기능이므로 필수적이라 할 수 있습니다.

FOLD/UUFOLD TOOLBAR

Fold/Unfold

요약: Sheet Metal Part를 전개하거나 다시 원래 접힌 상태로 돌려놓습니다.

Fold/Unfold 명령은 그림 12-18과 같이 3차원 공간상에서 Sheet Metal Part의 전개된 상태로 만들어줄 수 있습니다.

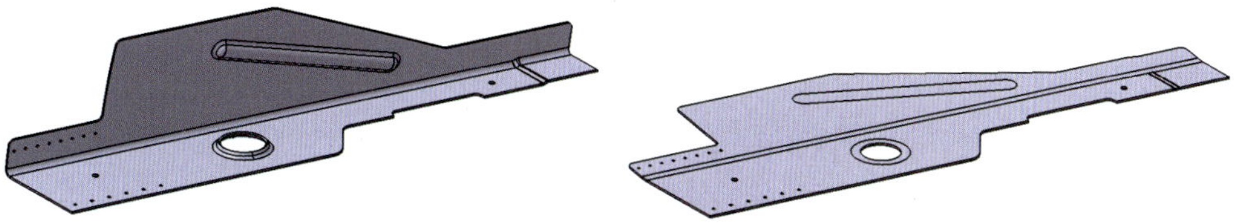

(a) Folded part (b) Unfolded part

그림 12-18 Solid Part 전개

12.11 2차원 Unfolded View 추출하기

Sheet Metal로부터 Draft의 2차원 View를 생성하는 작업은 크게 다를 게 없습니다. 다만 한 가지 핵심적인 차이라 한다면 Sheet Metal 형상을 전개한 상태의 View를 필요로 한다는 것입니다. 이런 경우에 3차원상의 Fold/Unfold 명령과 같이 2차원상에서 전개된 View를 생성할 수 있는 기능이 있습니다.

PROJECTION TOOLBAR

Unfolded View

요약: Sheet Metal의 전개된 View를 생성합니다.

사용 순서:

명령을 실행한 후: 3차원 형상의 기준 평면을 선택합니다.

평면 요소를 선택한 후: Sheet를 선택하여 Unfold된 View를 불러와 방향을 정의하여 생성을 완료합니다.

Unfolded View 명령은 Front View와 유사한 방식으로 정의가 가능합니다. 그러나 Sheet Metal로 정의된 형상에 대해서만 형상의 완전 전개된 View를 생성한다는 점이 다릅니다. 접힌 부분에 대해서는 그림 12-19와 같이 접선으로 표시가 나타납니다. 현업에서는 추가적인 제조 기술에 대해서 정의할 수 있도록 표준을 만들어 사용하기도 합니다.

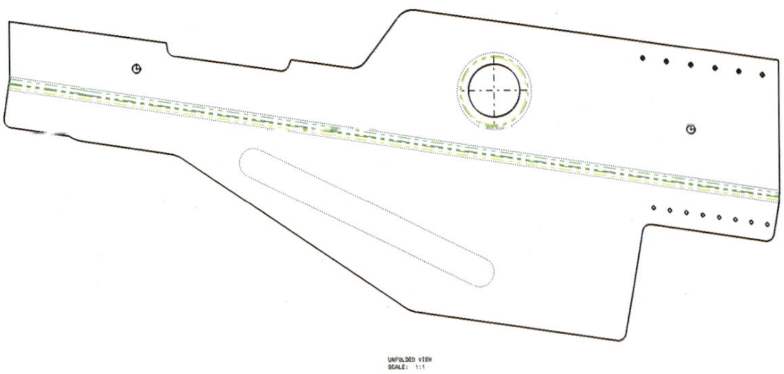

그림 12-19 Unfolded 2D View

Chapter 13
Composites Design

복합 소재는 항공우주 산업을 비롯한 경량화 설계를 필요로 하는 수송이나 건축 산업 분야에서 사용 비중이 높아지고 있습니다. CATIA® Composites Design Workbench는 이러한 복합 소재에 대해서 Part 구조를 Ply나 Zone을 기반으로 접근하여 정의하는 것이 가능하고, Ply를 적층하는 것을 사전 검토할 수 있으며, 또한 Ply를 재단하기 위해 평평하게 펴는 것도 가능합니다. 또한 이를 기반으로 솔리드로 나타낼 수 있으며, 전개한 Ply를 NC 가공에 바로 사용할 수 있도록 DXF 형식으로 파일을 내보낼 수도 있습니다.

이번 장에서는 다음과 같은 내용을 다루게 됩니다.

- Composites Design Workbench 시작하기
- Composites Parameter 설정하기
- Part 준비하기
- Ply 정의하기
- Ply 펴기
- 기존의 Ply 복제하기
- Digital Mock-Up(DMU)을 위한 솔리드 생성하기
- Flattening한 Ply Export하기

13.1 Composites Design Workbench 시작하기

Composites Design Workbench는 그림 13-1에서와 같이 Mechanical Design 그룹에서 선택 및 사용 가능합니다.

Workbench에 들어가면 그림 13-2와 같은 툴바 및 풀다운 메뉴의 Insert에서 동일한 명령어들을 확인할 수 있을 것입니다.

여기서 Workbench를 실행하고 나면 그림 13-3과 같이 일부의 명령만이 활성화된 것을 확인할 수 있습니다. 모든 기능을 활성화하려면 Composites Parameter에 대한 Part 설정을 수행해 주어야 합니다.

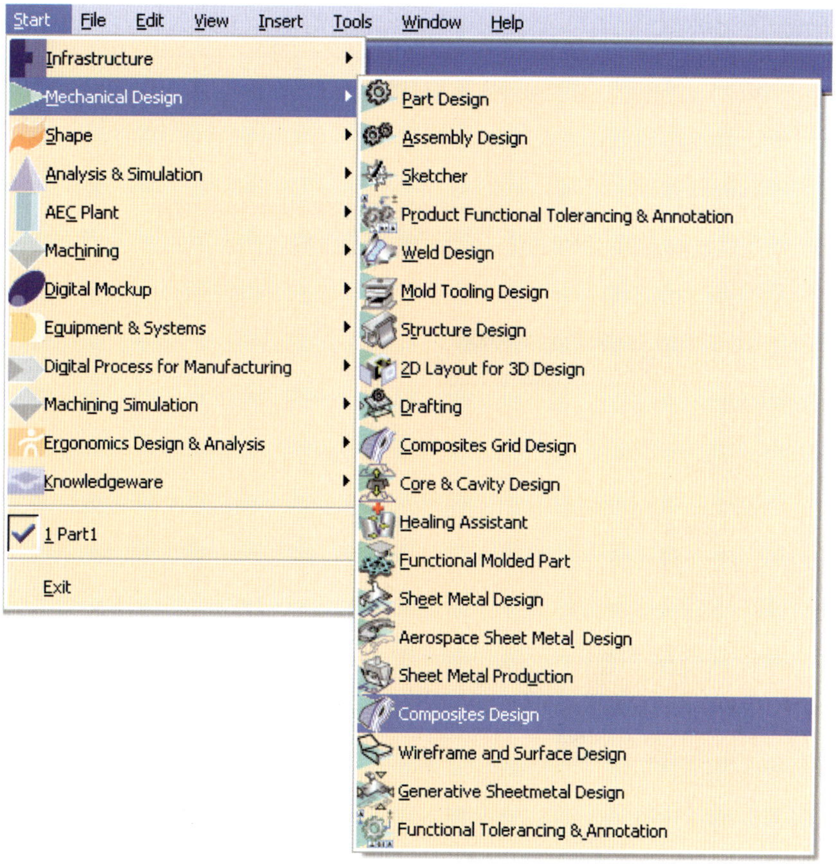

그림 13-1 Composites Design Workbench 들어가기

13.2 Composites Parameter 설정하기

Composites Parameters

요약: Composite Parameter를 생성하고 수정할 수 있습니다.

사용 순서: Material Catalog와 방향을 설정합니다.

Composites Parameter 명령은 Part의 재료 데이터베이스를 정의할 수 있습니다. 그림 13-4와 같은 대화상자가 나타나면 각각의 서로 다른 Ply의 종류에 따라 속성을 정의할 수 있습니다.

Parameter를 정의하기 위해서 우선적으로 할 일은 Add Material 버튼을 클릭하여 Part에 사용될 재질을 선택하는 것입니다. 이 버튼을 실행하면 그림 13-5와 같은 Add Materials 선택상자가 나타납니다.

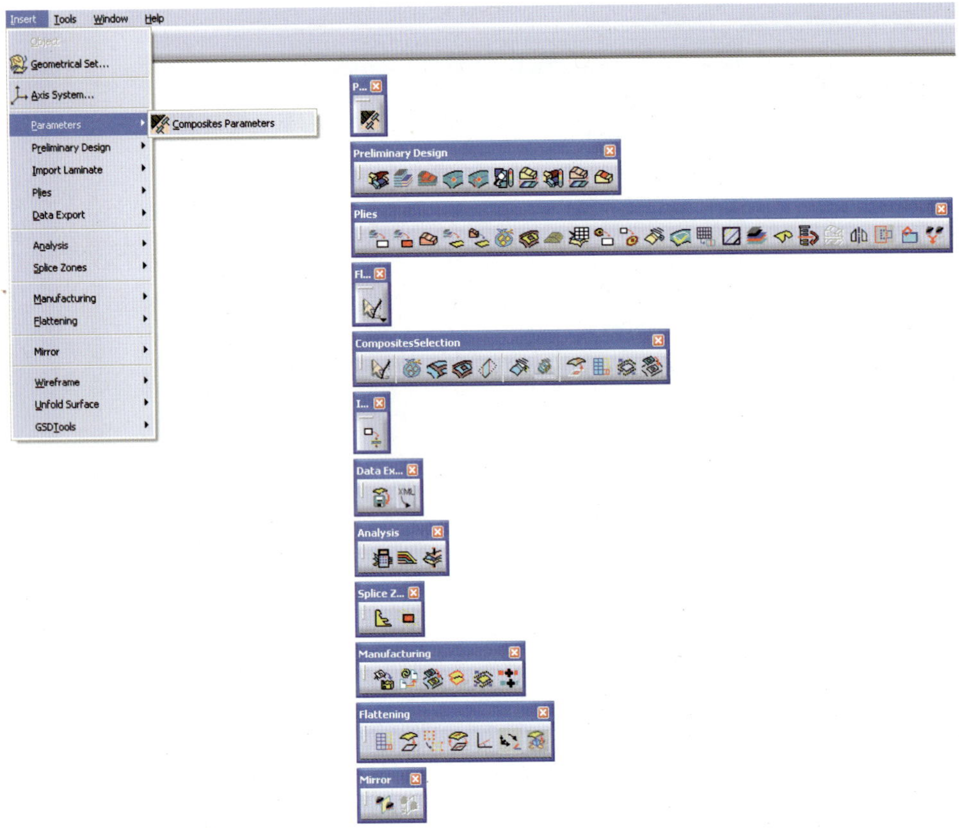

그림 13-2 Composites 툴바 그리고 Insert 풀다운 메뉴

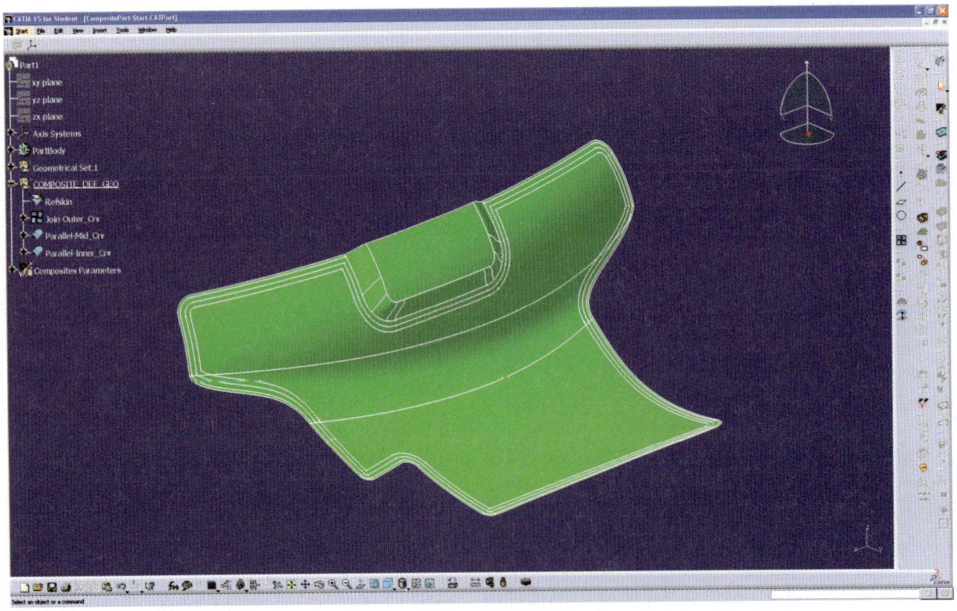

그림 13-3 Composites Design Workbench 실행 시

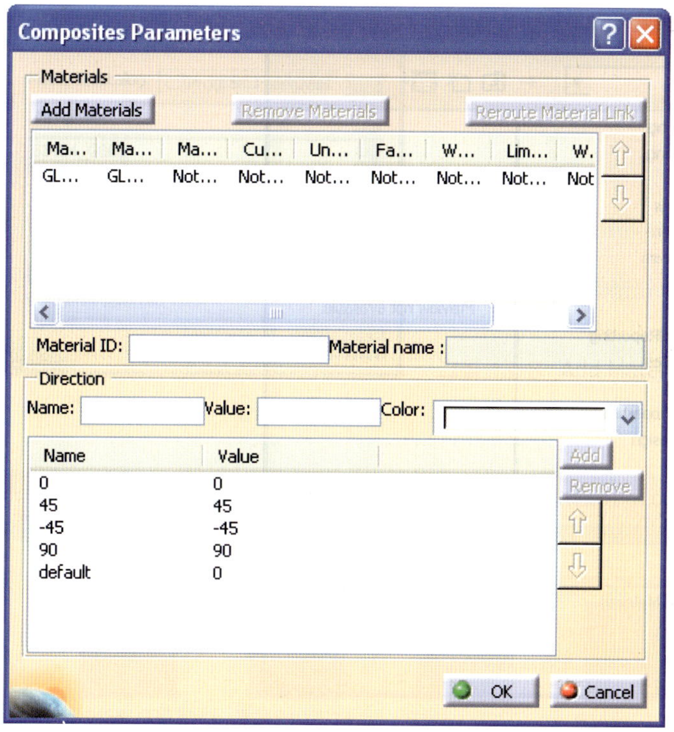

그림 13-4 Composites Parameters

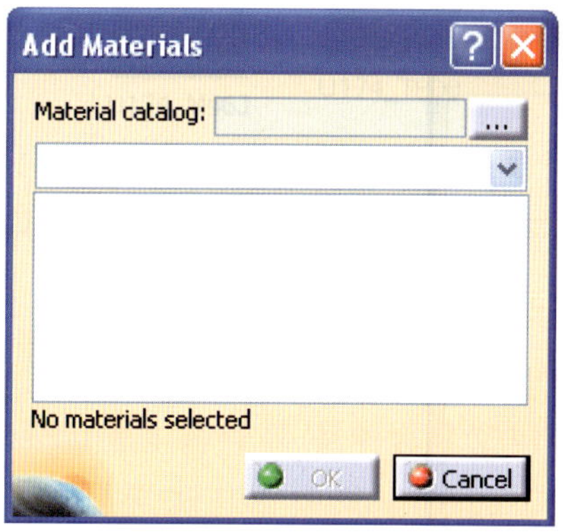

그림 13-5 Add Materials

Composite Part는 일련의 재질들과 재질 타입들(Fiberglass, Carbon Fibers, Unidirectional Material, Fabric, Cores, Adhesive Films, etc.)로 만들어지게 됩니다. 위 재질 정의상자에 앞으로 정의될 모든 Part의 재질이 저장되며, 설계 변경의 경우 Part의 재질을 수정하거나 추가하는 것이 가능합니다.

재질 데이터베이스로 접근하기 위해서는 그림 13-6과 같이 (...)모양의 아이콘을 클릭하여 File Selection 창을 띄워야 합니다.

현업에서는 모든 재질에 대한 데이터베이스에 대한 사용이 Composite Design에서 가능할 것입니다. Composite에 대한 기본 데이터베이스는 Composite 폴더에서 확인이 가능합니다. 그림 13-7과 같이 CompositesCatalog.CATMaterial 파일을 불러와 확인할 수 있습니다.

일단 Catalog가 선택되었다면 그림 13-8과 같이 사용 가능한 재질이 나타나 선택할 수 있게 됩니다.

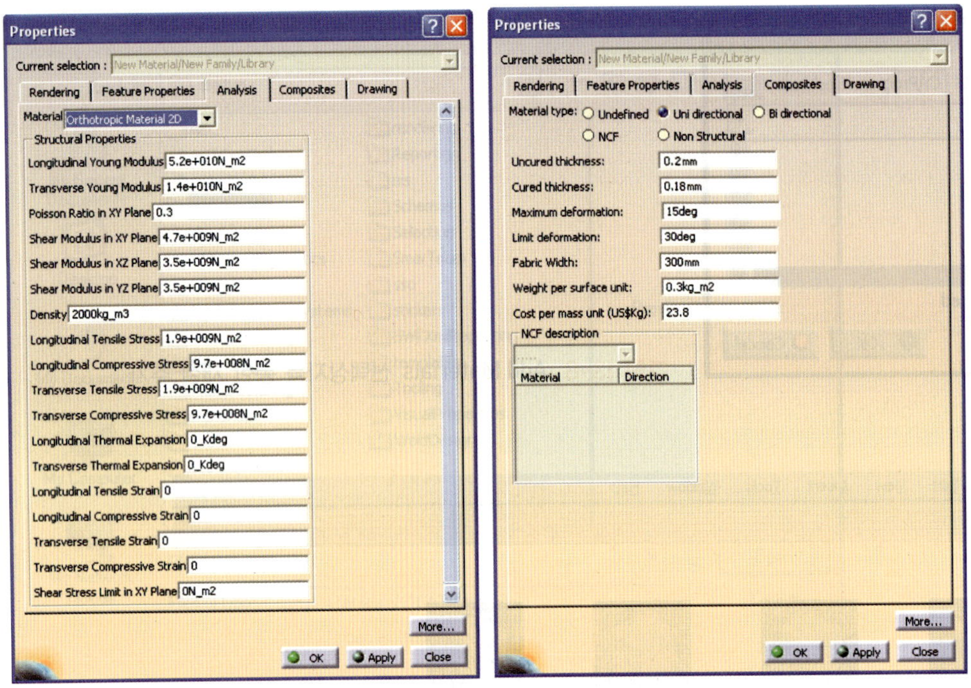

(a) Analysis 탭　　　　(b) Composites 탭

그림 13-10 Composite의 속성

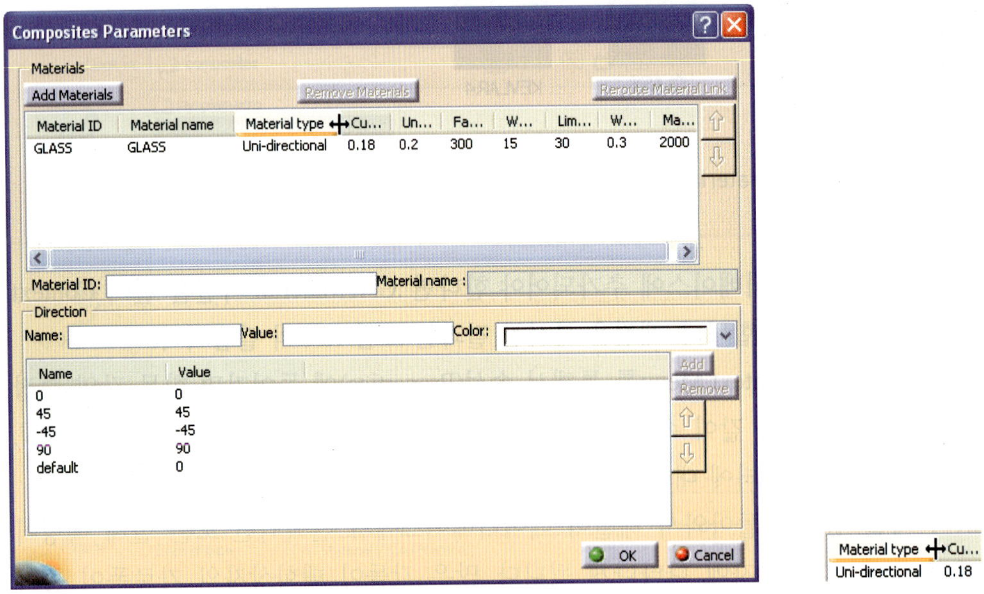

(a) Column Width 조정　　　　(b) Relimitation 커서

그림 13-11 재질이 포함된 Composites Parameters

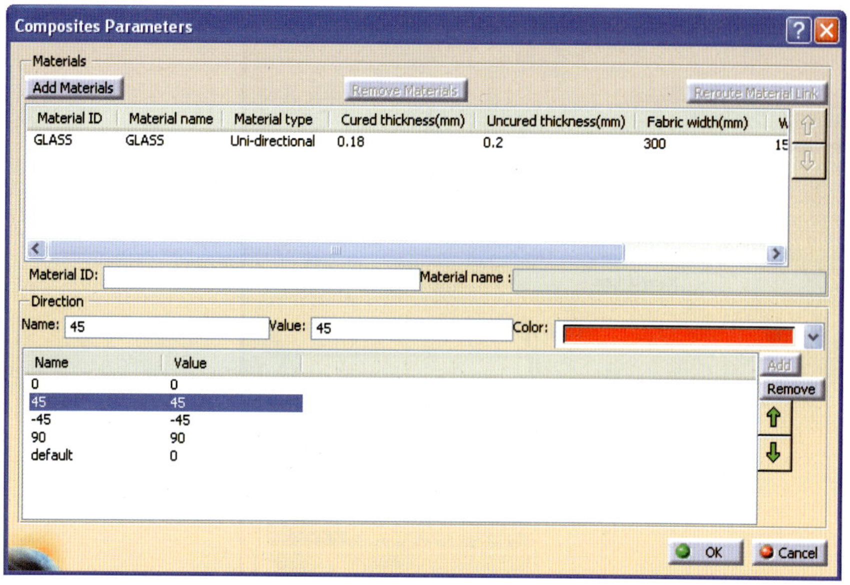

그림 13-12 Verifying Ply Orientation 변수들

필요가 있는데, Part Definition에서 정의할 수 있습니다. 각각의 방향 성분에 대해서 그림 13-12와 같이 색깔이 적용되어 모델에서 인식이 용이하게 합니다.

필요할 경우 재질의 Orientation을 추가할 수 있습니다. 이런 경우 새로운 Orientation 이름과 값을 입력해야 하며, 다른 값과 구분되는 색상을 정의해 주어야 합니다. 그림 13-13과 같이 색상은 미리 정의된 값을 비롯하여 추가적인 색상을 구성할 수 있습니다. 가급적 이미 정의된 색상을 다시 선택하지 않도록 피하는 게 좋습니다.

새로운 Orientation에 대한 정의가 모두 끝났다면 Add 버튼을 클릭하여 Part의 Material Parameter로 저장이 가능합니다. 새로운 Orientation은 그림 13-14와 같이 목록의 가장 마지막에 나타날 것입니다. 여기서 위와 아래를 나타내는 화살표를 통하여 목록을 재정렬하는 것도 가능합니다.

그림 13-15와 같이 재질 정의를 모두 마치게 되면 Specification Tree에서 Composite Parameter와 미리 정의된 Orientation이 나타나며, 항상 재질의 Parameter에 대해서 Properties와 Orientation으로 Parameter가 구분되어 나타나게 됩니다.

Parameter에 대한 정의를 모두 마친 후 그림 13-16과 같이 사용 가능한 명령어들이 활성화됩니다. R21 버전을 이전 버전과 비교하였을 때 다른 점은 선택한 요소에 사용 가능한 기능만 활성화된다는 점입니다.

기본적인 명령어들이 사용 가능할 때 Toolbar가 인식 가능해집니다. Basic Part를 위해서는 다음의 툴바들이 필요합니다.

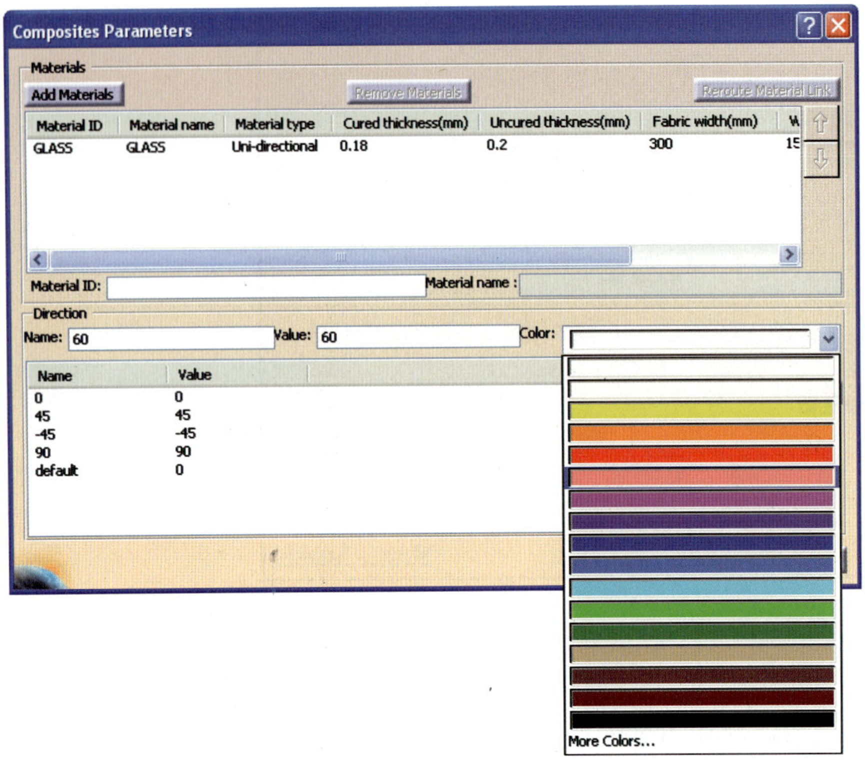

그림 13-13 새로운 Ply Orientation 추가하기

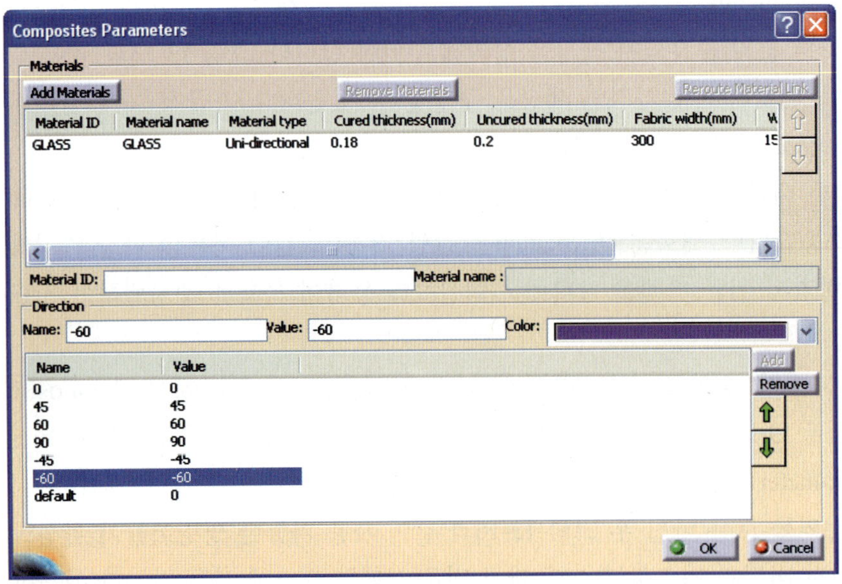

그림 13-14 Ply Orientation List 재정렬하기

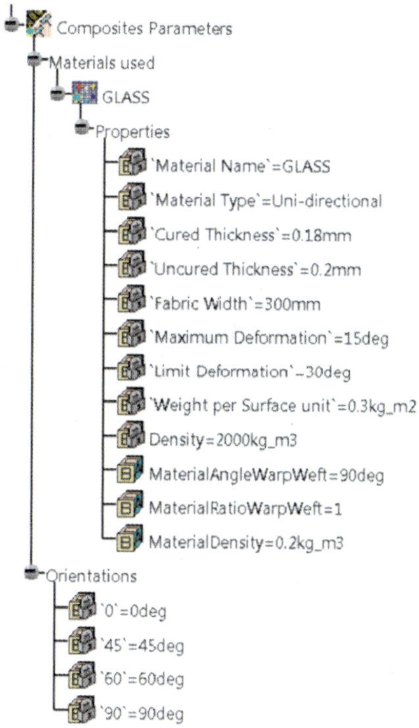

그림 13-15 Part Specification Tree에서 Composite 요소들

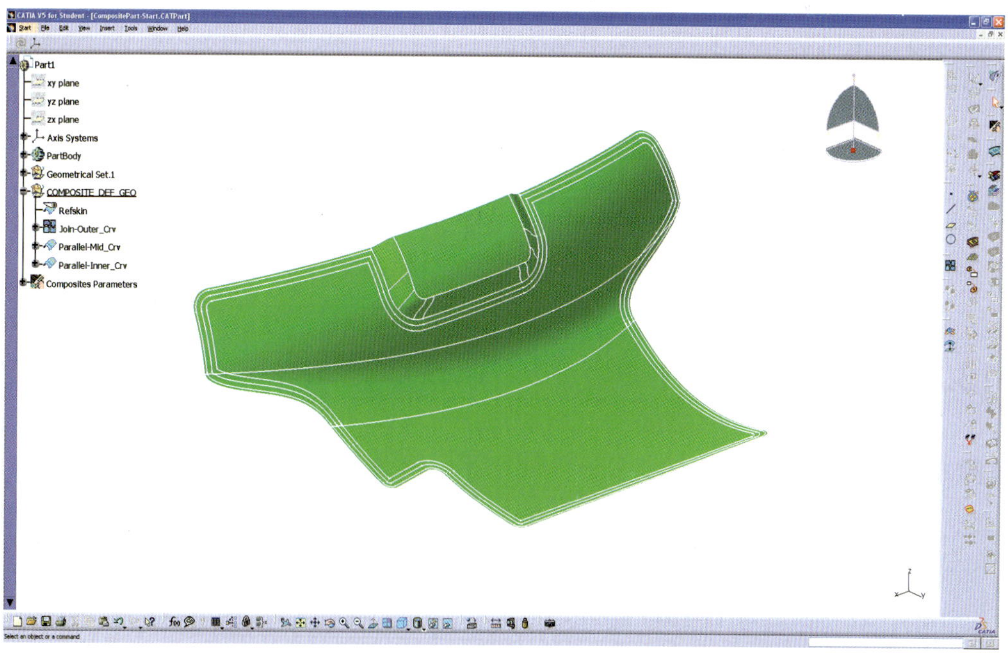

그림 13-16 Material 정리 후 사용 가능한 명령들

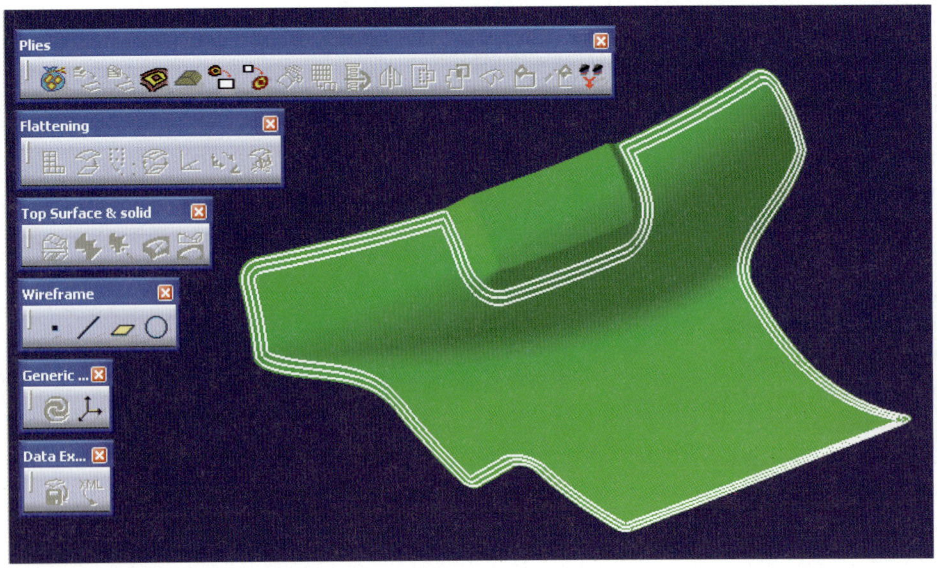

그림 13-17 작업 환경 설정

- Wireframe: Seed Point와 Flattening Reference를 정의하기 위한 포인트와 평면의 생성.
- Generic Shape: Rosette 형상을 정의하기 위한 Axis System을 생성
- Plies: Composite Part 구조를 생성
- Flattening: Ply에 대한 생산성 분석 및 플래트닝
- Top Surface & Solid: 솔리드 생성
- Data Export: 플래트닝 형상을 DXF 포맷으로 변환

기본적인 툴바 상태는 그림 13-17을 참고 바랍니다.

13.3 Part 준비하기

FLATTENING PRINCIPLE

플래트닝 작업은 가볍게 주어진 Ply 폐곡선으로부터 일련의 기준 포인트를 생성하는 작업으로 인식될 수 있습니다. 분명히 이 작업은 재질의 탄성, 방향성 등을 고려해야 하기 때문에 복잡할 것입니다. 그러나 그림 13-18과 같이 개괄적인 과정을 확인할 수 있습니다.

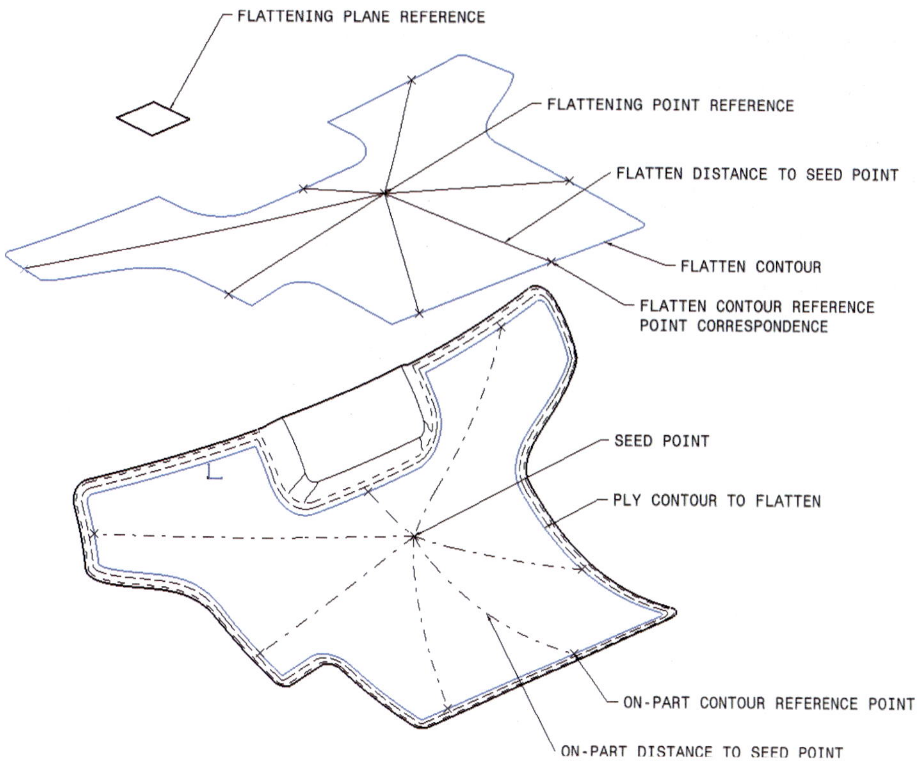

그림 13-18 Flatten Contour 생성

MISSING GEOMETRY

복합 소재 Part를 정의하기 위해서는 우선적으로 Tool Surface를 정의하기 위한 단일 서피스가 필요하며 Ply 형상의 외곽을 정의하기 위한 커브 형상을 필요로 합니다. Ply 형상을 정의하기 위한 폐곡선을 선택하기 위한 쉬운 방법은 Ply 폐곡선이 단일 요소로 Join 명령 등으로 하나의 커브 선택이 가능해야 합니다. 그러고 나서 Ply 형상과 Flattened 폐곡선을 정의하기 위해 Seed Point, Rosette, Flattening Plane, Flattening Location Point 등, 이 네 가지 항목을 정의해 주어야 합니다.

Seed Point Seed Point는 Ply 해석의 기준 및 플래트닝을 설정하기 위해 사용합니다. 실제의 섬유 Part 형상이 금형과 접하는 지점을 정의해 줌으로써 선택이 가능합니다. 이러한 정보는 실제의 복합 소재 Part를 가공하기 위해 레이저 투영 시스템에서 사용이 가능합니다. 여기서 Ply 폐곡선과 Seed Point는 금형 서피스에 투영되어 적절한 위치 정의 및 Ply를 배치하기 위한 기반으로 사용됩니다.

Seed Point의 위치는 섬유 형상의 방향성 정의 및 펼친 패턴 형상에

그림 13-19 빠진 Geometry의 추가

영향을 줄 수 있습니다. 생성된 포인트들은 서피스와 직접적인 링크가 있어야 합니다. 이는 포인트를 생성할 때 On Surface 또는 Intersection 방식으로 생성하면 가능합니다.

Rosette Rosette는 섬유 형상의 방향성을 정의하는 기준으로 사용됩니다. Rosette를 정의하기 위해서는 Axis System이 필요한데, Axis를 특정한 방향으로 정의하고자 한다면 선 요소가 반드시 필요할 것입니다.

Flattening *Plane* Flattening Plane은 Part를 따라 Flattening된 Ply를 위치하고자 할 경우에 사용합니다. 3차원 환경에서 평면 요소가 정의되지 않았다면, 평면 요소에 대한 정의가 필요합니다.

Flattening *Location Point* Flattening Location Point는 Part를 따라 모든 Flattened된 Ply의 위치를 정의합니다. Seed Point와 함께라면, 생성된 포인트들은 평면과 직접적인 연관 관계가 있어야 합니다.

그림 13-19는 Part Geometry에서 추가된 네 개의 요소를 보여줍니다.

13.4 Ply 정의하기

복합 소재 Part는 여러 개의 Ply로 구성됩니다. 두 가지 접근 방식으로 정의할 수 있는데, Ply 기반의 접근 방식은 사용자가 수동으로 각각의 Ply에 대해서 정의를 해주어야 하며, Zone 기반의 접근 방식은 사용자로부터 자동으로 Zone으로 지정된 영역 안에서 Ply를 생성합니다. 이번 장에서는 Ply 기반의 접근에 대해서 다루도록 할 것입니다.

Ply

요약: 새로운 Ply를 생성합니다.

사용 순서:

명령을 실행한 후: 서피스 요소를 선택합니다.

서피스 요소를 선택한 후: Geometry 형상을 선택합니다.

Geometry를 선택한 후: Wireframe 또는 폐곡선을 선택해 줍니다.

Geometry가 선택되고 Attribute Tab이 선택된 후: Attribute 항목을 정의하거나 Resette를 선택하거나 Draping 방향을 재설정해 줍니다.

Ply 명령은 사용자가 Ply를 정의하기 위하여 개체들을 선택하고 Draping Orientation을 정의해 주어야 합니다. 사용자는 우선 Part에서 Tool Face로 정의할 서피스 요소를 선택해 줍니다. 서피스 요소를 선택하면 그림 13-20과 같이 붉은색 화살표가 그 위에 나타나는데, 이는

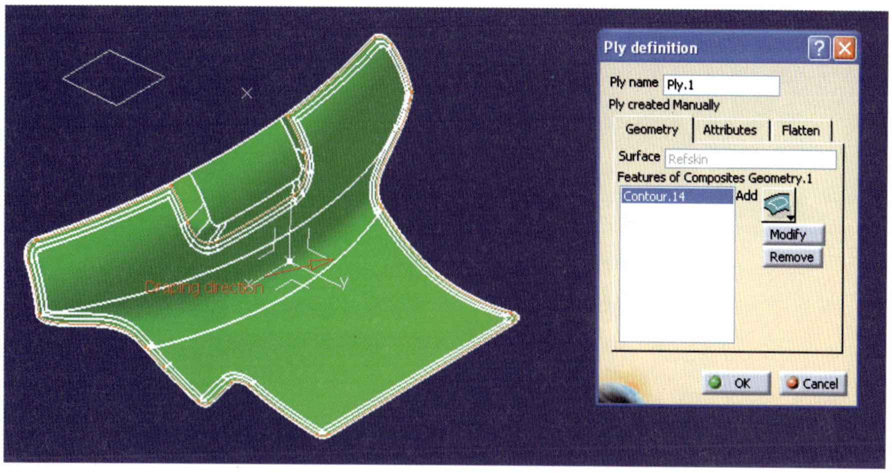

그림 13-20 곡면 선택

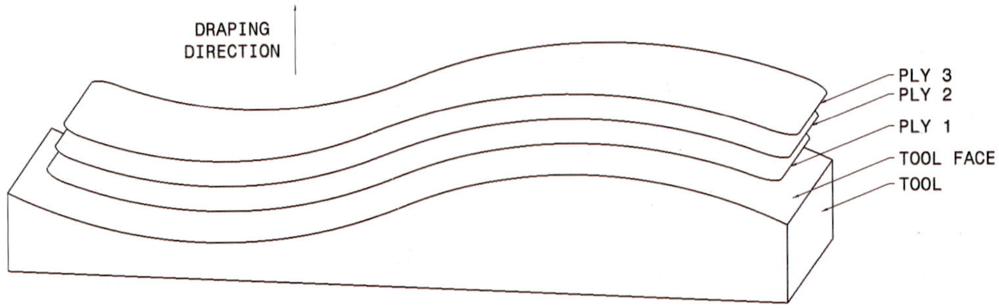

그림 13-21 Ply 오프셋 효과

Draping Orientation을 가리키며, 이 방향은 Ply가 금형에 추가되는 방향이 됩니다. 이 방향은 적층되어 가는 Ply들에 영향을 주기 때문에 중요한 성분이라 할 수 있으며 그림 13-21과 같이 같은 Tool Face상에서 Top Ply는 Bottom Ply보다 짧게 또는 길게 정의됩니다.

서피스를 선택한 후, Add Contour 아이콘으로 Ply의 Contour Curve들을 선택해줄 수 있습니다. 커브 요소들은 폐곡선으로 만들어진 경우 개별로 선택이 가능하기 때문에 시작에 앞서 커브 요소들을 Join하면 좋습니다. 선택한 커브들이 폐곡선을 이룰 경우 그림 13-22와 같이 Contour 대화상자에서 녹색 체크 표시가 나타납니다.

그러고 나서 Attributes Tab으로 이동이 가능한데, 여기서 원하는 재질 및 방향을 선택할 수 있습니다. 여기서 그림 13-23과 같이 Rosette의 Part에 생성한 새로운 Axis System을 선택해 주어야 합니다. Reverse Direction 버튼은 Draping Direction을 반전시킬 경우에 사용합니다.

새롭게 만들어진 Ply는 그림 13-24와 같이 Part의 Specification Tree에 정의됩니다.

그림 13-22 Contour 선택

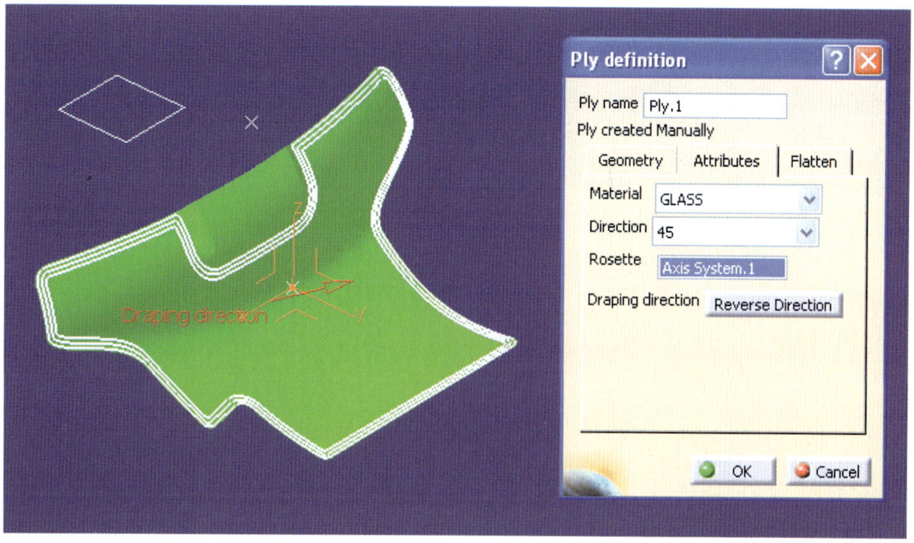

그림 13-23 Ply Attribute 정의

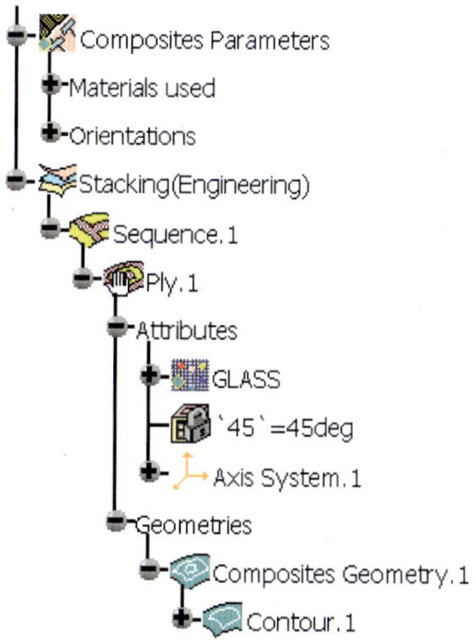

그림 13-24 Part Specification Tree에서 Ply Structure

13.5 Ply 펴기

서피스의 곡률을 따라 정의된 Ply의 제조를 고려해 펴기 위해서 금형에 걸쳐진 방식을 고려해야 합니다. 이러한 분석은 형상에 적용된 재료의 탄성 물성치를 함께 고려합니다. 그리고 받아들일 수 있는 결과가 나올 경우 Ply를 Flattening할 수 있게 됩니다.

Producibility

요약: Ply의 Producibility 여부를 분석합니다.

사용 순서:

명령을 실행한 후: Ply 또는 Sequence, Plies Group, Stacking을 선택합니다.

Ply를 선택한 후: Seed Point를 선택합니다.

Seed Point를 선택한 후: Seed Curve를 선택합니다.

Producibility 명령은 Ply의 금형에 걸쳐진 거동을 예측하는 데 사용합니다. 이러한 거동은 형상과 Seed Point의 위치 등에 의존하며 수용할 수 있는 결과가 나올 때까지 많은 시도들을 가지게 될 것입니다. 그림 13-25의 대화상자에서 보는 바와 같이 Seed Point를 선택하고 Warp과 Weft Mesh Parameter를 설정하여 거동을 확인해볼 수 있습니다.

Warp와 Weft는 그림 13-26과 같이 섬유가 말려 있는 Roll 형상으로부터 방향이 정의됩니다. 섬유 재질에서 Warp 방향은 Weft 방향보다 높은 기계적 특성을 가집니다. 이것이 적절한 Ply Orientation을 잡아 주어야 하는 이유입니다. Warp 및 Weft에 대한 기본 Grid 값은 1mm입니다. 이러한 Grid 크기는 매우 작은 값으로 많은 계산 시간을 필요로 합니다. 따라서 이런 경우 5~7mm 정도의 값으로 작업을 시작해보길 권장하며, 매우 좋은 품질의 결과를 원한다면 Grid

그림 13-25 Producibility 체크

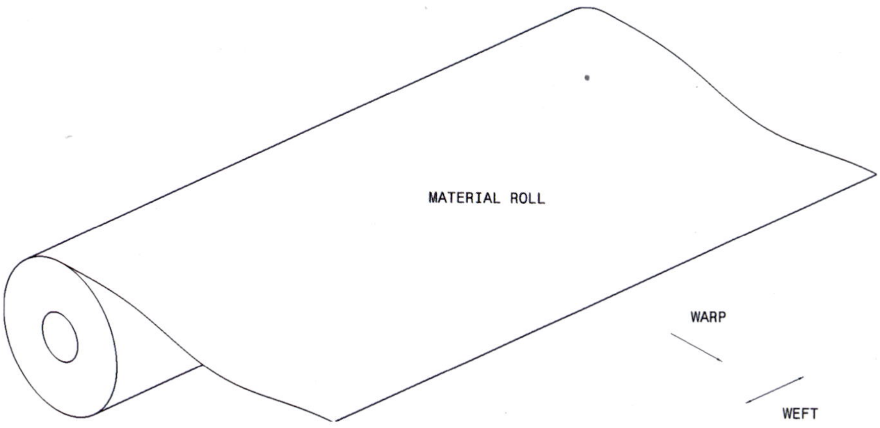

그림 13-26 Weft 그리고 Warp 방향

크기를 작게 해주어야 합니다. Warp과 Weft 값이 다른 경우 종종 에러가 발생할 수도 있습니다.

분석하는 동안 Mesh 형상은 Ply의 국부 변위와 Warn, Limit Angle 값에 대해 상대적으로 세 가지 서로 다른 색상으로 출력이 되는데, Blue는 변형 범위가 0°에서 Warn Angle까지이고, Yellow는 Warn Angle에서 Limit Angle까지이며, Red는 Limit Angle 이상의 범위를 나타냅니다. 일반적으로 Blue Mesh가 가능한 많고 Yellow나 Red Mesh가 적은 경우가 좋습니다.

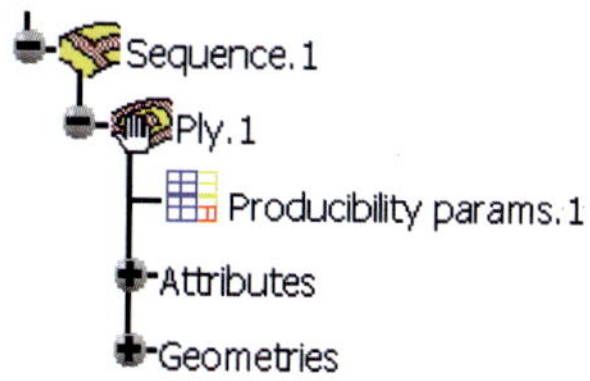

그림 13-27 Part Specification Tree에서 Producibility 아이템

Producibility 분석이 끝나면 그림 13-27과 같이 Part Specification Tree에 나타나며 Ply를 Flatten이 가능함을 나타냅니다.

Flattening

요약: Producibility를 마친 Ply를 Flattening합니다.

사용 순서:

명령을 실행한 후: Ply 또는 Sequence, Plies Group, Stacking을 선택합니다.

Ply를 선택한 후: 평면을 선택합니다.

평면을 선택한 후: 선택한 평면 위에 놓인 포인트를 선택합니다(선택적).

Flattening 명령은 그림 13-28과 같은 대화상자의 항목을 채워주어야 합니다. 한 개 또는 복수의 Ply에 대해서 Flattening이 놓일 Plane과 Flattening이 생성될 Location Point를 바르게 선

그림 13-28 Flatten Ply 준비

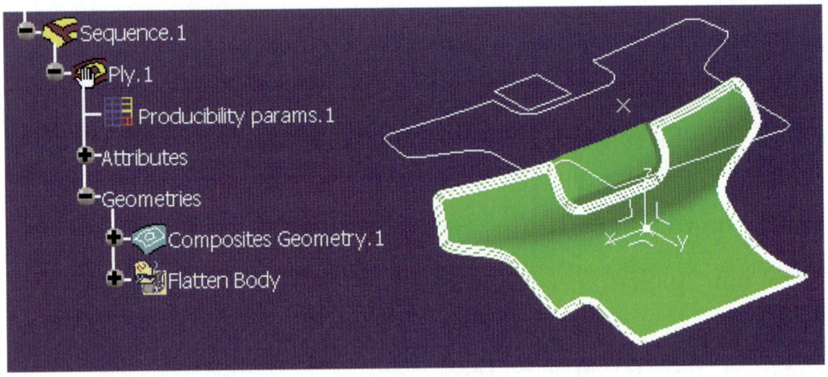

그림 13-29 Part Specification Tree에서 Flattened Ply 그리고 Flattened Body

택하여야 합니다.

Flattening 작업의 결과는 그림 13-29에서처럼 Plane 위에 펼쳐진 상태의 Ply 폐곡선이 생성되며 Specification Tree에서 Flatten Body가 나타납니다.

13.6 기존의 Ply 복제하기

새로운 Ply를 생성하기 위해서 앞서 수행한 일련의 과정을 반복할 수 있겠지만 간단하게 이미 생성된 Ply를 복사하여 붙여넣기 한 후 Ply Definition을 수정하여 재사용하는 것도 좋은 방법일 수 있습니다. 복사하여 붙여넣기 한 Ply들은 그림 13-30과 같이 Specification Tree에 나타납니다. 붙여넣기 한 Ply들은 수정을 통해서 원하는 Ply로 변경해 주어야 합니다.

Contour를 변경하기 위해서는 Geometry Tab에서 Contour 이름을 선택한 후에 Modify 버튼을 클릭하여 커브를 변경해줄 수 있습니다. 만약 재질이 다른 경우라면 Attribute Tab에서 변경이 가능합니다.

Rosette는 일반적으로 주어진 Part에서 Ply 수에 상관없이 동일합니다. Ply의 수정 과정은 그림 13-31과 같습니다. 마지막으로 Ply 이름을 수정하기 위해서 Context Menu의 Properties 옵션에 들어가 수정합니다.

복사된 Ply를 펼쳐보면 모든 항목들이 복사되어 있음을 확인할 수 있

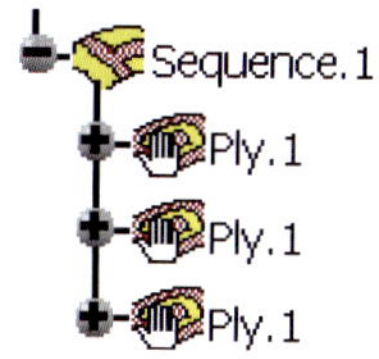

그림 13-30 Ply의 복제

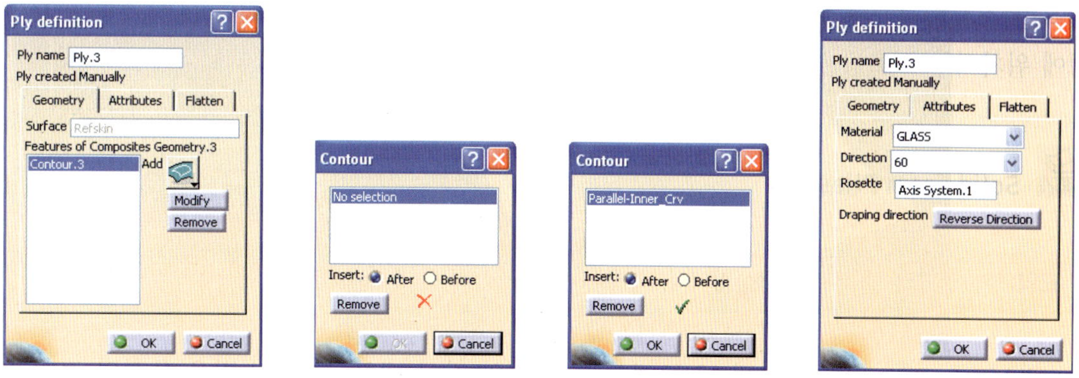

(a) Contour 수정하기 (b) Contour 제거하기 (c) 새로운 Contour 추가하기 (d) Fiber 방향 변경하기

그림 13-31 Ply Attributes 변경하기

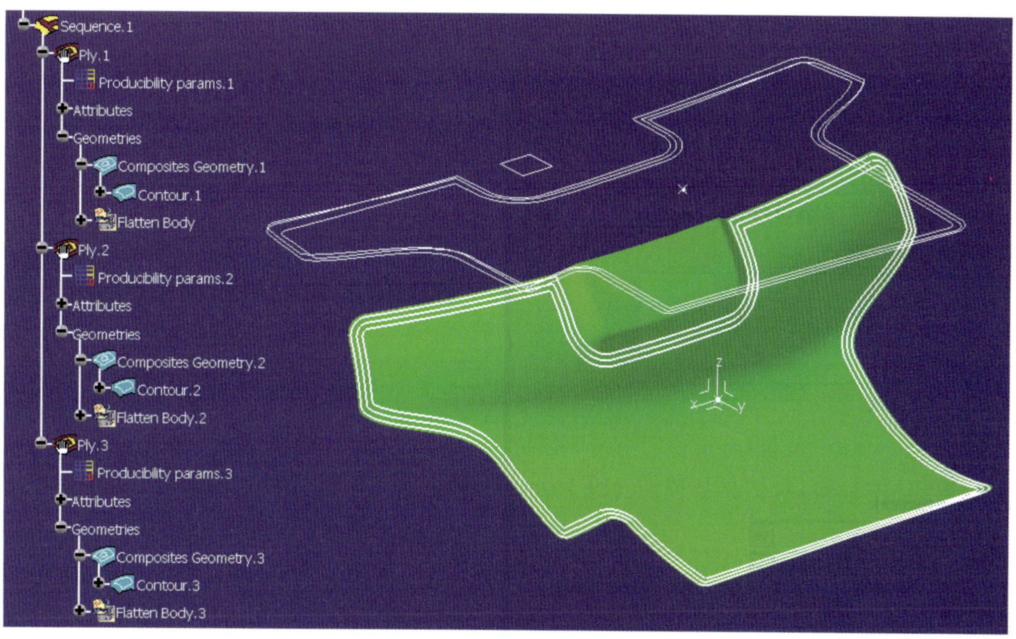

그림 13-32 Part Specification Tree에서 복제된 항목

Chapter 14
Reverse Engineering

Reverse Engineering은 최근 형상 데이터 획득 기술의 발전에 따라 점점 더 디자인과 분석이 가능해지면서 주목받는 설계 능력이 되었습니다.

그렇다고 이번 14장에서 CATIA®의 모든 기능과 방법론을 다루지는 않을 것입니다. 다만 간단하게 전체적인 프로세스나 과정을 다루어 보도록 할 것입니다. Reverse Engineering에 관련된 기본적인 네 개의 Workbench를 다루게 될 것이며 필요할 경우 이 네 개의 Workbench–Digitized Shape Editor, Quick Surface Reconstruction, Free Style, Generative Shape Design–들의 기능을 적절히 모아 새로운 Workbench를 정의하겠습니다.

 DSE: Digitized Shape Editor

 QSR: Quick Surface Reconstruction

 FR : Free Style

 GSD: Generative Shape Design

이 각각의 Workbench에서 사용하고자 하는 기능들은 툴바 또는 풀다운 메뉴의 Insert에서 선택 및 사용이 가능할 것입니다. 이번 14장에서 설명하는 기능이 속한 Workbench는 명령어나 툴바 뒤에 괄호( )를 사용하여 표시할 것입니다.

어떤 명령어들의 기능이나 거동을 보이기 위해서는 STL 파일이 필요한데, 이 STL 파일은 3차원 레이저 스캔 등으로 얻어진 제품 형상의 외형을 Cloud Point로 가지고 있거나 외부 프로그램으로부터 만들어진 파일 형식이 될 것입니다.

이번 14장에서 다루는 내용을 정리하면 다음과 같습니다.

- Cloud of Points Import 또는 Export하기
- 스캔된 Model 정렬하기
- Cloud of Points로부터 Geometry 생성하기

14.1 Cloud of Points Import 또는 Export하기

우선적으로 해줄 일은 작업하고자 하는 Cloud of Points를 Part로 불러오는 것입니다. 데이터 파일 자체를 CATIA®에서 직접 여는 것은 불가능하기 때문에 새로운 Part를 실행시킨 후, Digitized Shape Editor Workbench로 이동하여 관계된 명령을 실행해 주어야 합니다. Cloud of Points 데이터는 Product에서도 Import가 가능합니다.

CLOUD IMPORT TOOLBAR(DSE)

Import(DSE)

요약: Cloud File을 Import합니다.
사용 순서: Format과 단위, 스케일 등을 설정한 후 Import할 경로를 지정하여 파일을 불러옵니다.

이 명령은 그림 14-1과 같은 Import 대화상자를 통하여 스캔한 점 데이터를 가진 파일을 CATIA® 3차원 환경으로 불러오는 기능을 합니다.

대화상자에서 우선적으로 Format을 설정해 주어야 원하는 파일 확장자를 선택할 수 있습니다. 여기서는 일반적으로 가장 많이 사용되는 STL 파일을 선택하였습니다. 여기서 파일의 경로를 먼저 선택한 후 불러오는 작업을 이어서 수행하게 됩니다. 상단의 (...) 버튼을 클릭하고 파일 경로를 선택하여 원하는 디렉토리를 선택해 줍니다. 다음으로 Scale Factor를 조절하여 스캔된 대상을 단위나 측정 장비 특성으로 인한 크기 조절을 Import하면서 바로 적용합니다. 마지막으로 Create Facets를 체크하여 Cloud of Points에서 세 지점씩을 연결해서 면을 생성하도록 정의합니다. 설정을 마치고 Apply를 눌러주면 Import 결과를 미리보기 할 수 있으며 OK를 눌러 작업을 마무리하게 됩니다. 스캔한 데이터 파일을 불어오게 되면 그림 14-2와 같이 보일 것입니다.

Export(DSE)

요약: Cloud 데이터를 Export합니다.

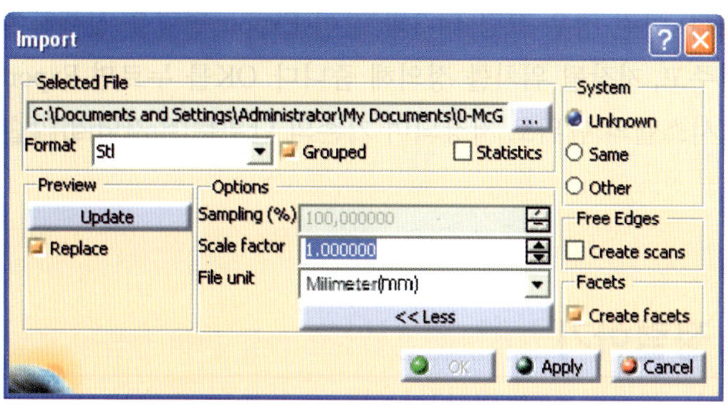

그림 14-1 Import 하기

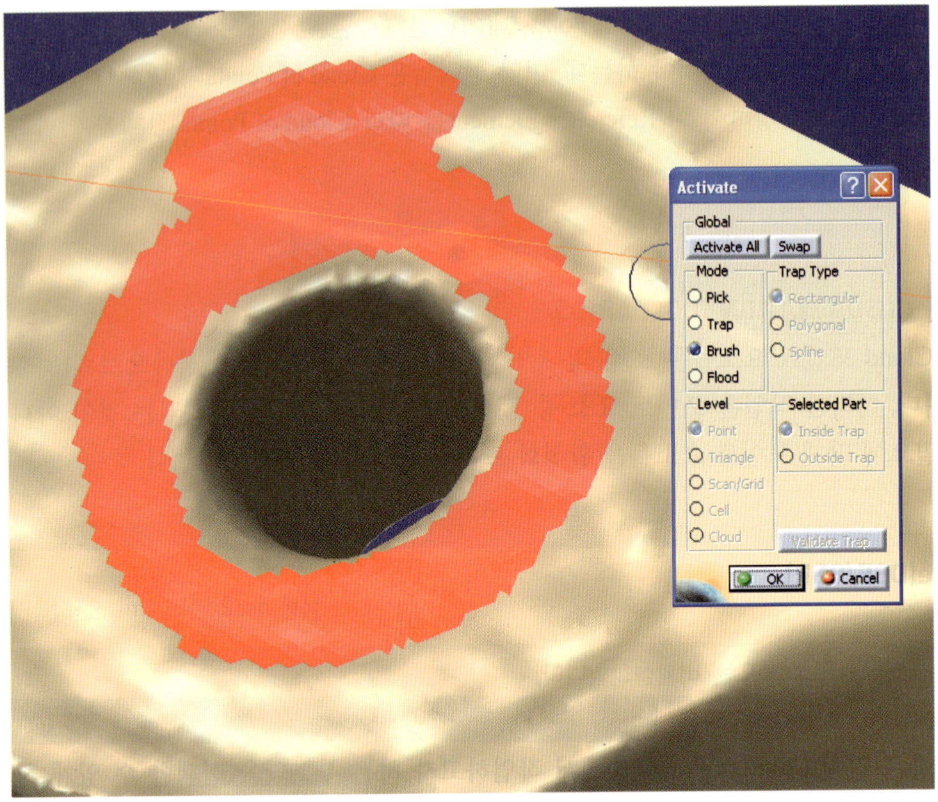

그림 14-4 Activate

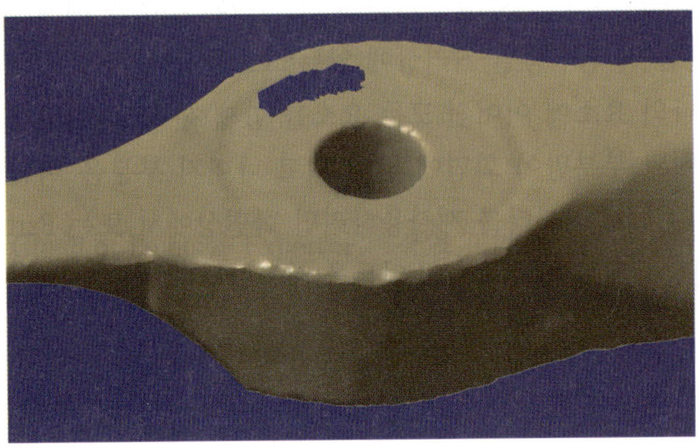

그림 14-5 Scan으로부터 제거된 Points

약 제거한 부분을 다시 사용해야 할 경우 Cloud of Points를 처음으로 불러와야 합니다.

이 명령은 그림 14-6와 같이 Activate와 유사한 대화상자 구조를 가지고 있습니다.

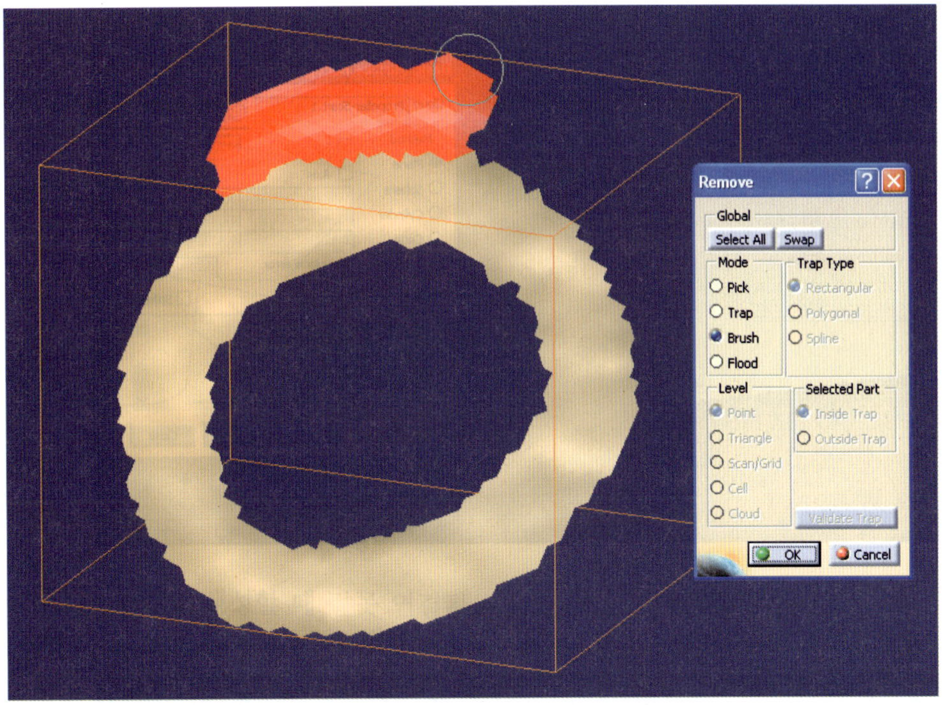

그림 14-6 Remove 하기

SURFACE CREATION TOOLBAR(QSR)

Cloud of Points를 Part의 Coordinate System을 따라 재정렬하기 위해서는 우선적으로 Reference Elements를 생성해야 합니다.

Basic Surface Recognition(QSR)

요약: Base Surface를 인식하여 생성합니다.
사용 순서: 분석하고자 하는 Cloud를 선택하고 Axis의 선이나 포인트 등을 선택하여 방향 성분을 정의합니다.

Base Surface Recognition 명령은 미리 정의된 기본 형상에 맞추어 Cloud 데이터로부터 서피스 형상을 추출해 냅니다. Plane 옵션을 사용할 경우, 그림 14-7과 같이 녹색 화살표가 서피스 경계에 나타나며 크기 조절이 가능합니다. 또한 서피스를 둘러싼 녹색 원을 사용하여 3차원 공간상에서 생성된 서피스를 회전시킬 수도 있습니다.

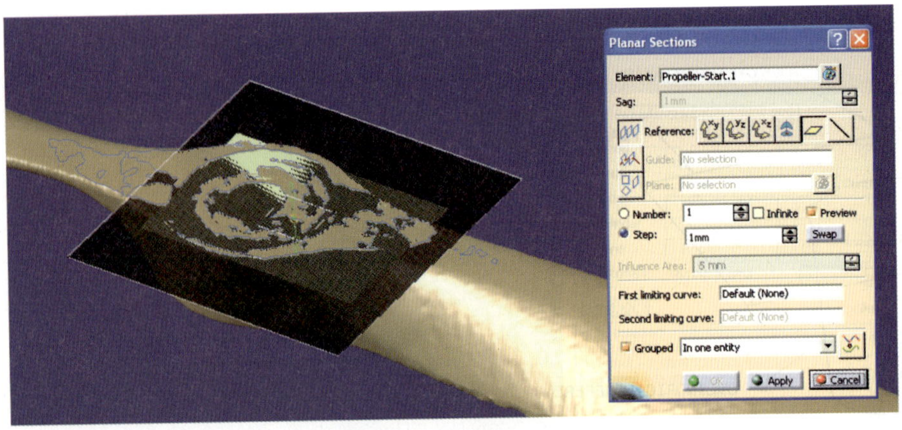

(a) 명령을 실행한 경우

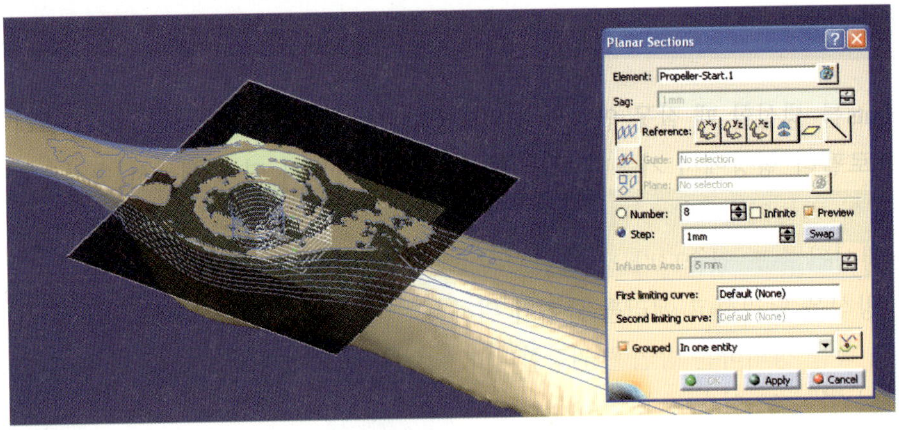

(b) 다중 선택 시

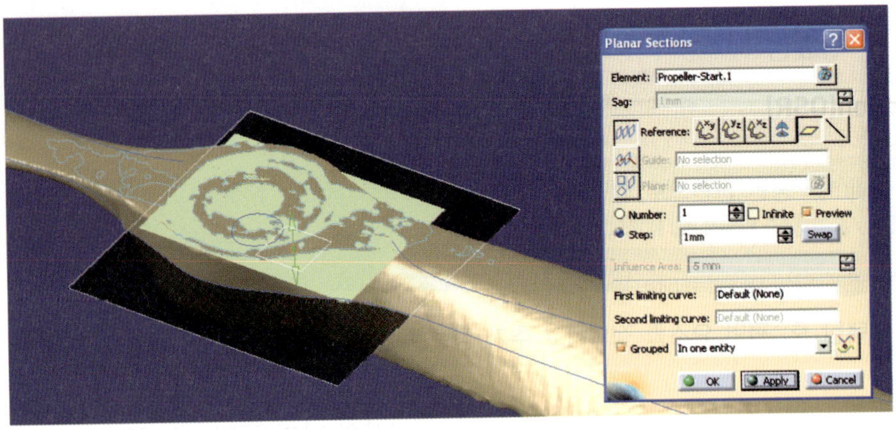

(c) 원하는 위치로 드래그하기

그림 14-10 Planar Section 사용하기

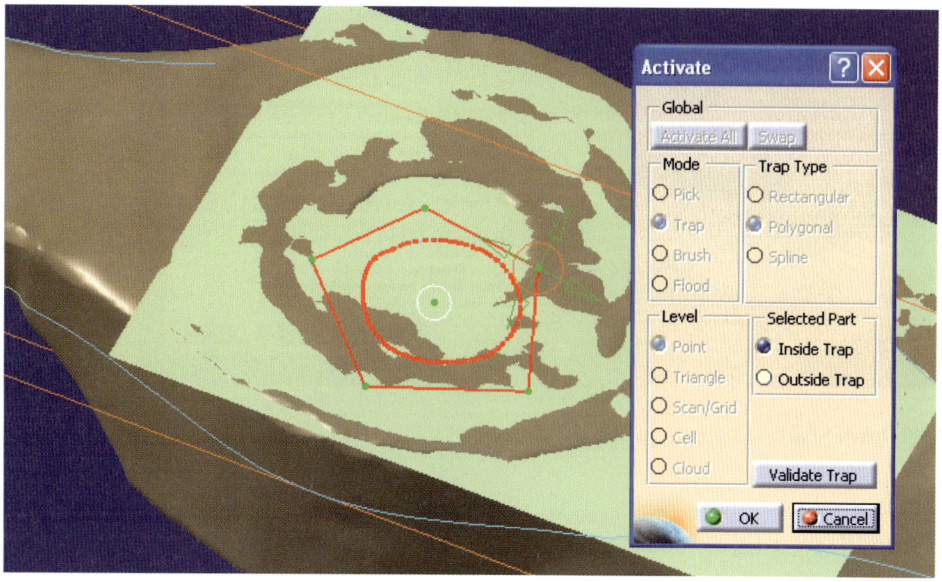

그림 14-11 Planar Section의 부분적인 활성화

단면의 위치를 동적으로 변경해줄 수 있습니다. 대화상자에서 필요에 따라 등간격으로 여러 개의 단면을 정의하는 것도 가능합니다.

생성된 단면은 필요 이상으로 많은 정보가 포함되어 있어 Activate 명령을 사용하여 필요한 부분만을 사용하게 설정할 수 있습니다. 그림 14-11과 같이 Planar Section에서 내부 형상 요소가 있을 경우 대화상자에서 Inside Trap 옵션을 사용하여 쉽게 걸러낼 수 있으며, 이러한 Filter를 사용하기 위해서 Polygonal Trap Type을 사용할 수 있습니다. Trap 기능은 원하는 마지막 위치에서 더블클릭하여 완료가 되며, Trap으로 선택된 단면 영역은 Hole과 Center를 정의하는 데 재사용됩니다.

CURVE CERATION TOOLBAR(QSR)

Sketch From Scan(QSR)

요약: Scan 또는 Scan Set으로부터 스케치를 생성합니다.

사용 순서:

명령을 실행한 후: Scan 또는 Mesh를 선택합니다.

Scan을 선택한 후: 생성하고자 하는 형상 Primitive를 선택하고 추가 옵션을 정의하여 명령을 마무리합니다.

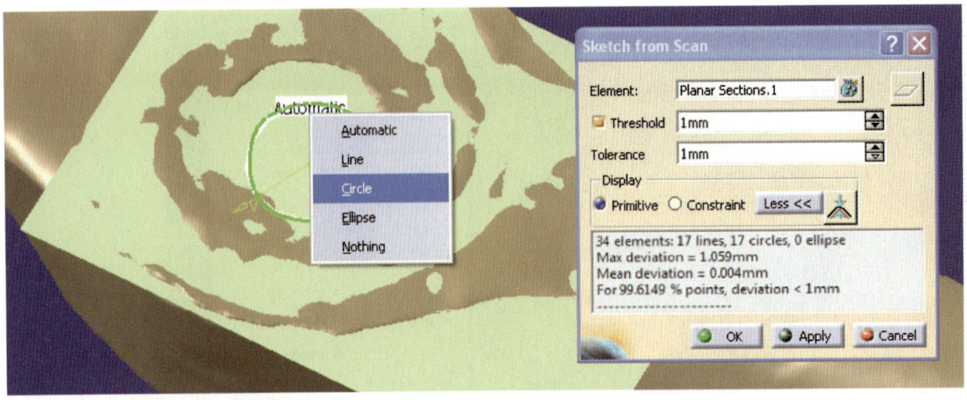

그림 14-12 Sketch from Scan

Sketch From Scan 명령은 사용자가 Planar Section으로부터 기본 Primitive 스케치 요소를 생성하는 기능을 합니다. 명령을 실행하면 대화상자에서 Primitive 옵션을 사용하여 Automatic 등으로 Geometry 성분을 생성할 수 있습니다. Tolerance 값은 Apply 전에 정의해 주어야 하며 그림 14-12와 같이 More 버튼을 클릭하여 생성되는 Geometry에 대한 정보를 확인할 수 있습니다.

Cloud of Points로부터 형상 요소가 만들어질 경우 Wireframe Reference 요소가 함께 생성될 수 있습니다. Wireframe 요소는 DSE, QSR, FS, GSD 등의 Workbench에서 Wireframe 명령을 통해 생성해도 됩니다.

WIREFRAME TOOLBAR

(DSE/QSR/FS)

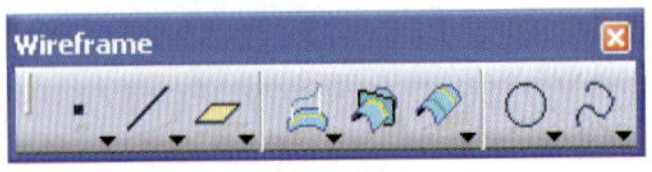

(GSD)

Cloud of Points를 이용해 형상을 정의하는 과정에서 Wireframe Toolbar 요소들을 추가하여

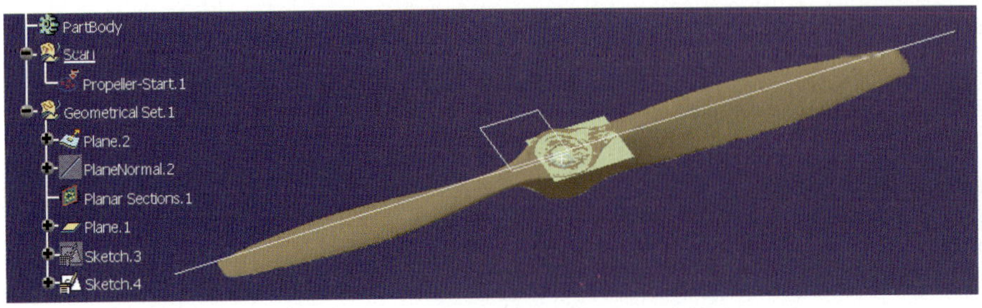

그림 14-13 Wireframe Geometry 추가

도움을 얻을 수 있습니다. 이렇게 정의된 Wireframe 요소들은 그림 14-13과 같이 Specification Tree에서 Geometrical Set에 저장되게 됩니다. 모든 기준 요소가 생성된 후에는 Cloud of Points를 원점으로 이동시키는 게 가능합니다.

CLOUD REPOSIT TOOLBAR(DSE)

Align with Constraints(DSE)

요약: Constraints의 선택과 함께 Cloud 요소를 정렬합니다.

사용 순서:

명령을 실행한 후: 정렬하고자 하는 Cloud 요소를 선택합니다.

Cloud 요소를 선택한 후: Add 버튼으로 Constraint를 선택한 후 Apply를 클릭합니다.

Add 버튼을 클릭한 후: 정렬하고자 하는 첫 번째 Constraint 요소를 Cloud 요소에서 선택합니다.

첫 번째 요소를 선택한 후: 두 번째 Constraint 요소를 Reference에서 선택합니다.

두 번째 요소를 Reference에서 선택한 후: Add 버튼을 사용하여 Constraint를 추가하고 Apply를 눌러 이를 업데이트합니다.

원점으로 Cloud 데이터를 이동시키는 가장 효율적인 방법이 Align with Constraints입니다. 이 명령은 기본적으로 Assembly에서와 같이 요소들 사이에 Constraint를 추가하여 작업을 수행하며 그림 14-14와 같이 대화상자를 통하여 정렬할 요소를 정의할 수 있습니다.

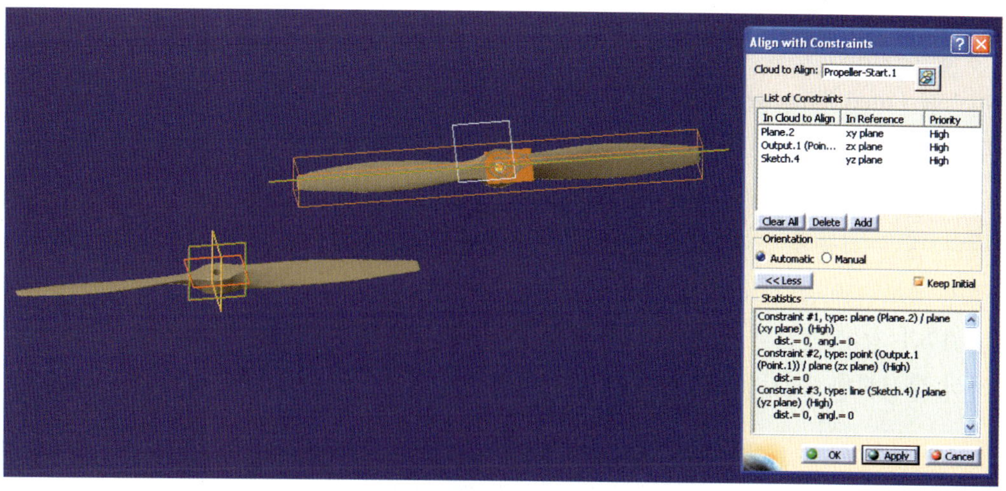

그림 14-14 Apply를 사용한 후 Aligned with Constraints

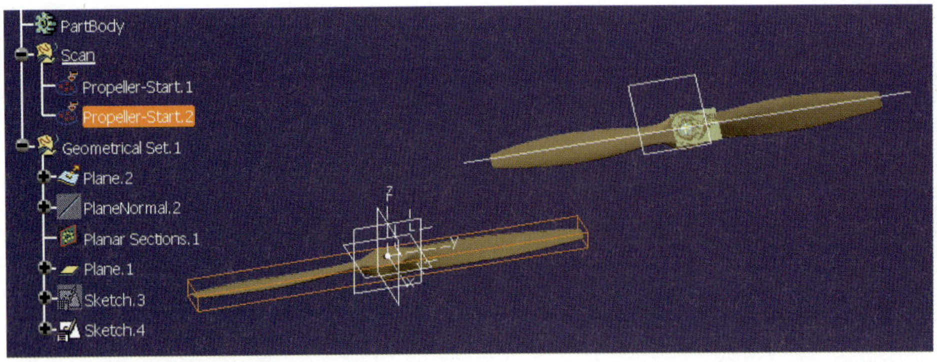

그림 14-15 새로 정렬된 Cloud

이 명령을 사용하면 Cloud of Points의 원본을 이동시키지 않습니다. 대신에 그림 14-15와 같이 구속하고자 하는 위치로 적절히 Cloud를 생성합니다. 원본 Cloud of Points와 Axis System이 생성되는데, Axis System은 필요 없을 경우 삭제가 가능합니다.

14.3 Cloud of Points로부터 Geometry 생성하기

Cloud of Points가 적절히 위치되었다면, Part의 Reference를 기준으로 쉽게 Geometry를 생성하는 작업이 가능합니다.

만약 형상이 비정형적이라면(각진 형상이 아닌 경우) Rough Material Part는 실제로 생성이 안 될 것입니다. 이런 경우 서피스는 Cloud of Points의 일부로부터 생성이 가능하며, 서피스의 부위들을 Extract 또는 Blend 등으로 마무리하게 됩니다. 그러나 그림 14-16과 같이 Rough Solid가 생성이 가능하다면, 이는 Cloud of Points로부터 얻은 서피스 형상을 따를 것입니다. 이것이 서피스를 Fitted, Trimmed, Filleted, Untrimmed 등을 수행하는 기본적인 상호 작용 과정의 시작이라 할 수 있습니다.

이어지는 설명에서는 전체 Cloud of Points로부터 Geometry를 생성하기 위한 작업을 설명할 것입니다. 많은 기능들이 제9장에서 설명한 GSD Workbench의 내용을 포함하고 있기 때문에 추가적인 정보는 이를 참고 바랍니다.

그림 14-17과 같이 적절한 서피스를 맞추기 위한 시각적인 분석을 하기 위해서 관심 영역을 정의하여 활성화할 필요가 있습니다.

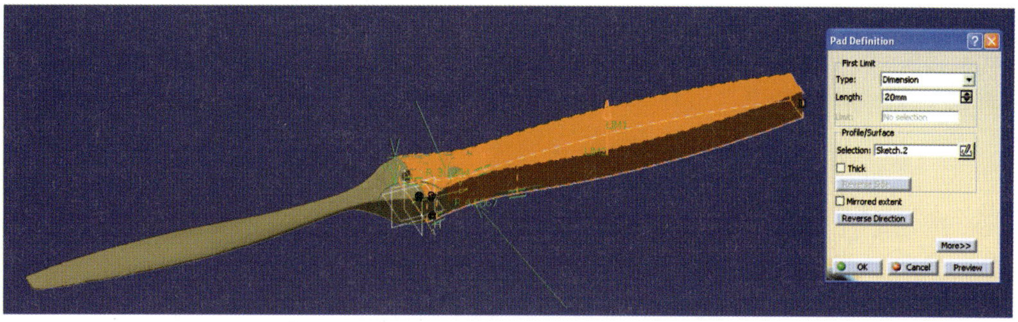

그림 14-16 Rough Solid

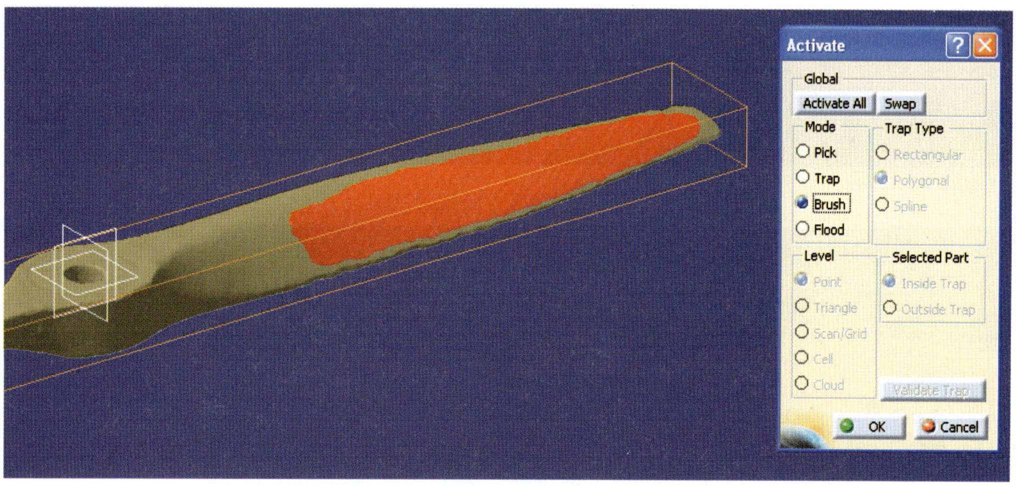

그림 14-17 Zone to Consider

SURFACE CREATION TOOLBAR(QSR)

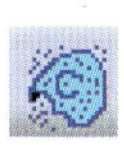

Power Fit(QSR)

요약: Cloud 데이터로부터 Power Fit을 수행합니다.

Power Fit 명령은 선택된 Cloud of Points로부터 이에 가장 근접한 서피스를 생성하는 기능을 합니다. 명령을 실행하고 우선 Cloud of Points를 선택해 주어야 합니다. 그림 14-18(a)에서와 같이 Preparation Tab의 Activate 버튼은 작업할 영역을 지정해 주는데 반드시 필요합니다. 만약 선택하고자 하는 영역이 이미 다른 Power Fit에 의해 활성화되었더라도 여전히 새로운 Power Fit을 위해서 Activate해 주어야 합니다. 이때 Brush 명령을 사용하여 선택을 쉽게 하기 바랍니다.

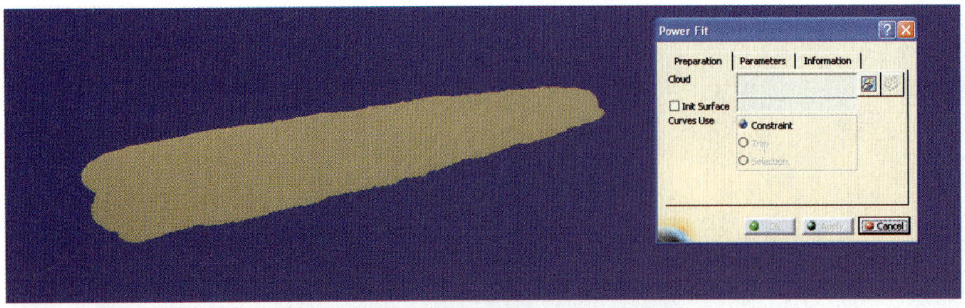

(a) Preparation 탭

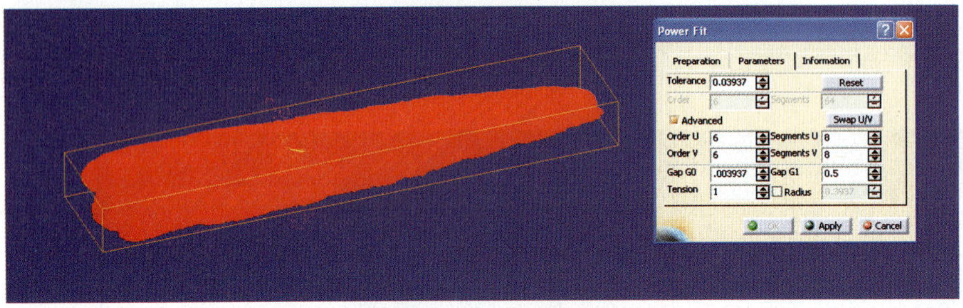

(b) Parameters 탭

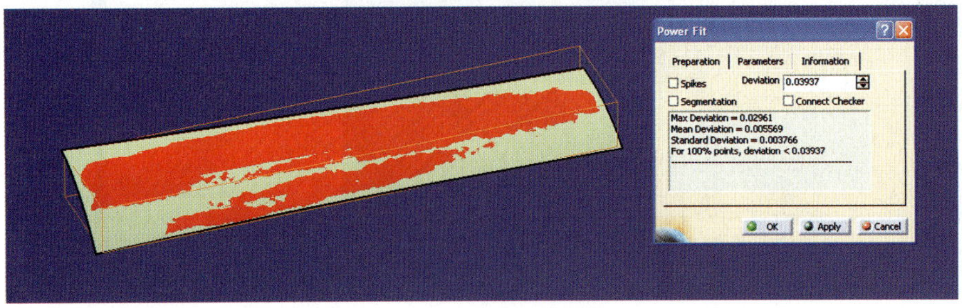

(c) Information 탭

그림 14-18 Power Fit 도구

일단 영역이 선택되었다면 Parameter Tab에서 생성될 서피스 요소에 대한 변수를 정의해 주도록 합니다. 완성될 서피스의 품질을 위해 사용자는 그림 14-18(b)에서와 같이 Tolerance, Order, Segment 값을 정의해 주도록 합니다. 이러한 설정을 정의한 후에는 반드시 Apply를 통해 완성될 서피스의 결과를 확인해보기 바랍니다.

마지막으로 그림 14-18(c)와 같이 Information Tab에서 생성되는 결과물에 대한 정보를 확인하는 습관을 가지길 권장합니다. 허용되는 Tolerance 값의 정도에 따라서 서피스 요소가 만들어질 수도, 실패할 수도 있습니다. 명령을 마무리할 때는 반드시 OK를 눌러주기 바랍니다.

Cloud of Points를 따라 생성된 서피스의 품질을 검증하기 위해서 여러 개의 명령들이 사용될 수 있습니다. 가장 사용이 높은 기능으로는 스캔한 점들과 서피스 사이의 간격 차이를 비교하는 것입니다.

CLOUD ANALYSIS TOOLBAR(QSR)

Deviation Analysis(QSR)

요약: 형상 데이터 사이의 편차를 분석합니다.

사용 순서:

명령어를 실행한 후: Reference Data를 선택합니다.

Cloud Point를 선택한 후: 측정하고자 하는 서피스를 선택합니다.

비교할 서피스를 선택한 후: 대화상자 값을 설정한 후 결과를 검토합니다.

Deviation Analysis 명령은 Cloud of Point와 생성된 서피스 사이에 편차를 시각적으로 정량화하여 분석해 주는 기능을 합니다. 명령을 사용하기에 앞서 View Mode를 Shading with Material로 반드시 변경해 주어야 합니다.

그림 14-19에 보이는 바와 같이 비교 대상 사이의 간격을 시각적으로 보여주며 그 결과는 나중에 Part Specification Tree에 저장됩니다. 이러한 분석 결과는 Specification Tree에서 숨기는 것도 가능합니다.

여기서부터 서피스 정의 과정은 매우 상호 작용적으로 변하게 됩니다. 작업하고자 하는 형상에 따라 사용자는 Power Fit을 통해 서피스 패치를 생성하거나, 서피스 요소를 자르기 위해 서피스 위에 커브를 정의하는 등의 작업을 하게 될 것입니다.

이어지는 장에서는 이러한 작업을 하기 위해 필요한 기능을 담고 있습니다.

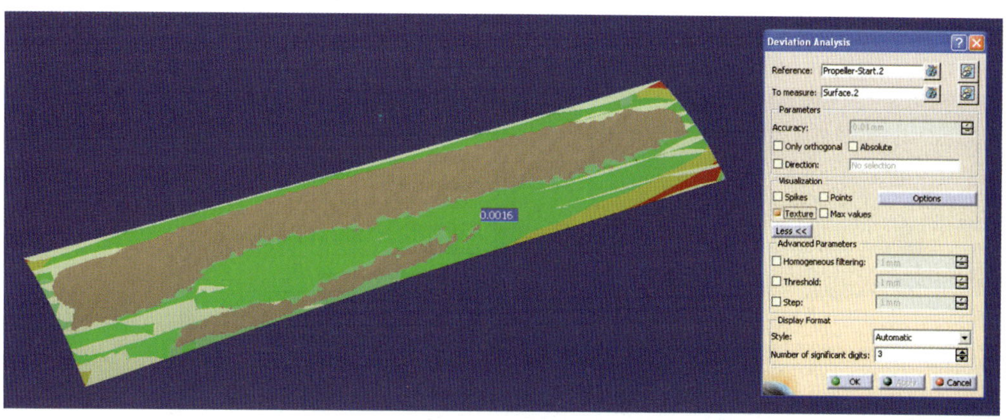

그림 14-19 Deviation Analysis

OPERATION TOOLBAR(QSR)

OPERATION TOOLBAR(GSD)

Extrapolate(QSR/GSD)

요약: 서피스나 커브 요소를 경계를 기반으로 연장하는 데 사용합니다.

사용 순서:

명령을 실행한 후: 연장하고자 하는 경계 부분을 선택합니다(서피스는 모서리, 커브의 경우 끝점).

모서리나 끝점을 선택한 후: 연장하고자 하는 커브나 서피스 전체 형상을 선택합니다.

연장할 대상을 선택한 후: 대화상자에서 길이값 및 연속성 등을 원하는 값으로 정의합니다.

Extrapolate 명령은 형상의 경계를 기반으로 추가적인 연장이 필요한 경우 유용하게 사용할 수 있습니다. 그림 14-20과 같이 경계와 대상을 선택한 후에 연장될 길이값, 연속성, 연장된 부분이 원본 형상과 Trim할 것인지의 여부를 정의할 수 있습니다.

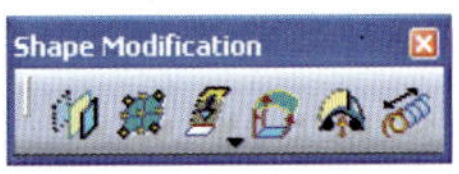

SHAPE MODIFICATION TOOLBAR(FS)

Extend(FS)

요약: 주어진 길이만큼 서피스나 커브를 연장합니다.

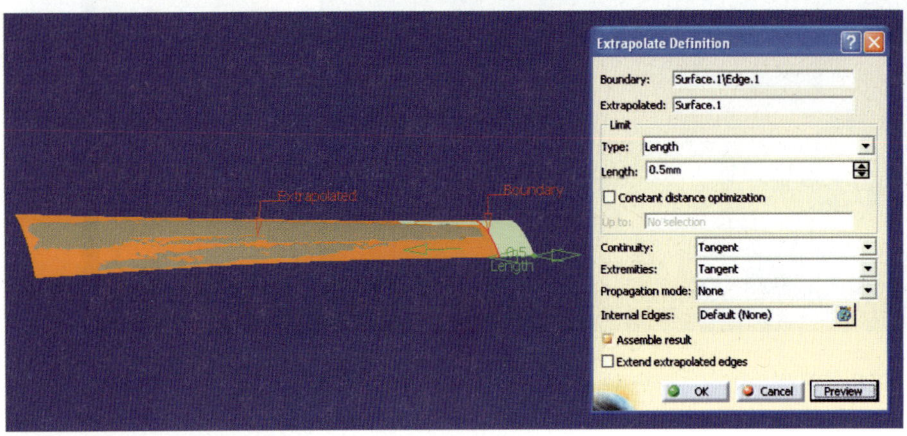

그림 14-20 Extrapolate 정의

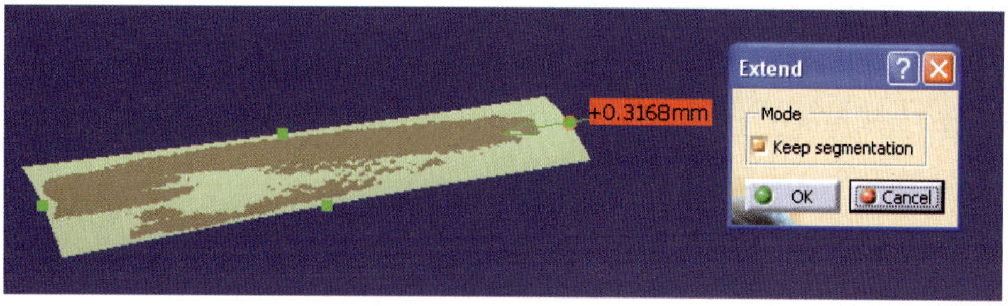

그림 14-21 Extend 정의

Extend 명령은 서피스나 커브 요소를 곡률을 유지한 상태로 경계를 지정한 길이만큼 연장해 줍니다. 요소가 선택되면 녹색 사각형 모양의 Grip을 드래그하여 해당 경계 방향을 연장할 수 있습니다. 그림 14-21과 같이 관계된 대화상자 역시 나타납니다.

CURVE CREATION TOOLBARS

(DSE)

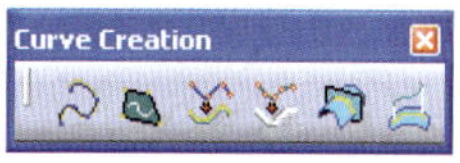

(QSR)

(FS)

3D Curve(DSE/QSR/FS)

요약: 3차원 공간상의 포인트나 기존 Geometry의 경계로부터 3D Curve를 생성합니다.

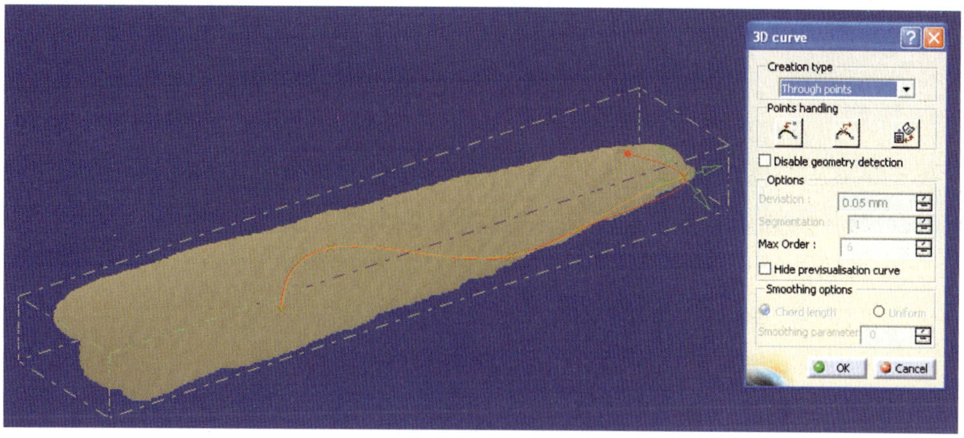

그림 14-22 3D Curve 정의

3D Curve 명령은 3차원 공간상에 존재하는 포인트나 형상의 꼭짓점 등을 연결하여 커브를 생성하는 명령입니다. 커브가 끝나는 지점은 반드시 더블클릭 하여야 하며 커브를 서피스 위에 정의할 경우 포인트가 없어도 포인트 지정이 가능합니다. 그림 14-22와 같이 대화상자에서 다양한 옵션을 정의할 수 있습니다.

Curve on Mesh(DSE/QSR)

요약: Mesh상에 3D Curve를 생성합니다.

사용 순서:

명령을 실행한 후: Mesh를 선택합니다.

Mesh를 선택한 후: Mesh상에서 내부 또는 외부의 포인트들을 선택하여 커브를 생성하며 SHIFT 키를 눌러 현재의 지점에서 구속 방식을 변경해줄 수 있습니다.

Curve on Mesh 명령은 스캔한 데이터 Mesh로부터 직접적으로 포인트들을 선택하여 커브를 생성할 수 있습니다. 그림 14-23과 같이 입력 파라미터를 정의하여 커브를 정의하며 마지막 지점에서는 더블클릭으로 마무리해 주어야 합니다.

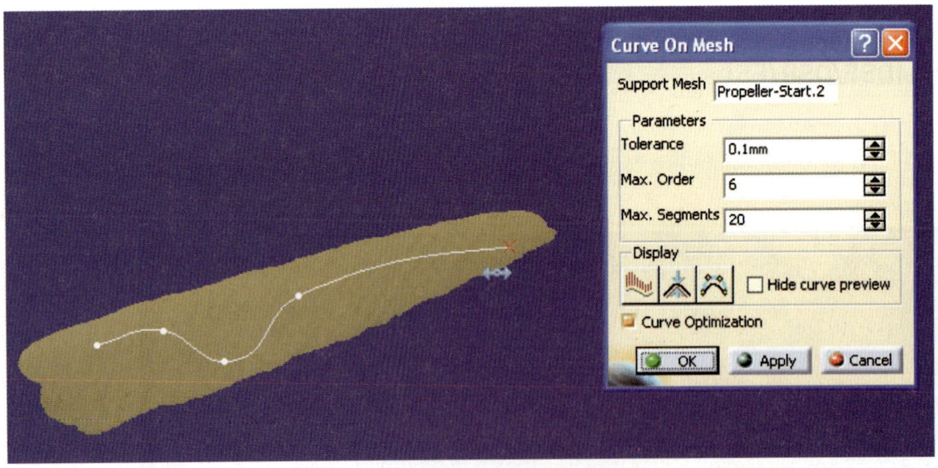

그림 14-23 Curve on Mesh

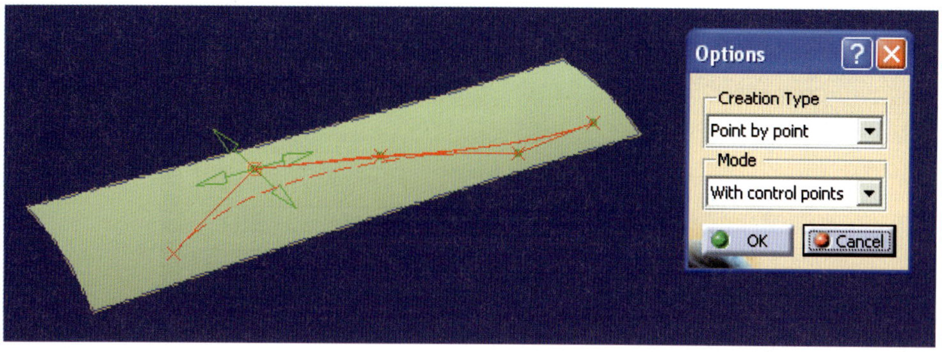

그림 14-24 Curve on Surface

Curve on Surface(FS)

요약: 서피스 위에 놓인 커브를 생성합니다.

사용 순서:

명령을 실행한 후: 커브가 정의될 면 요소를 선택합니다.

면 요소를 선택한 후: 면 요소 위에 지점을 선택하여 커브를 생성합니다.

Curve on Surface는 서피스 위에 커브를 생성하는 명령으로 그림 14-24와 같이 Point by Point 방식으로 포인트를 직접 지정하여 커브(Spline 방식)를 생성하거나 Isoparameter 방식으로 커브 생성이 가능합니다.

Isoparametric Curve(FS)

요약: Isoparametric Curve를 서피스 위에 생성합니다.

Isoparametric Curve 명령은 그림 14-25와 같이 서피스 위에 클릭한 지점(붉은색 점으로 표시)을 기준으로 커브를 생성합니다. 여기서 대화상자의 Direction 부분의 아이콘을 통해 U, V 방향으로 변경이 가능합니다. Isoparametric Curve는 별도의 커브를 정의하기 위한 제어 포인트를 정의할 필요 없이 서피스 자체의 특성으로 커브 형상이 정의됩니다.

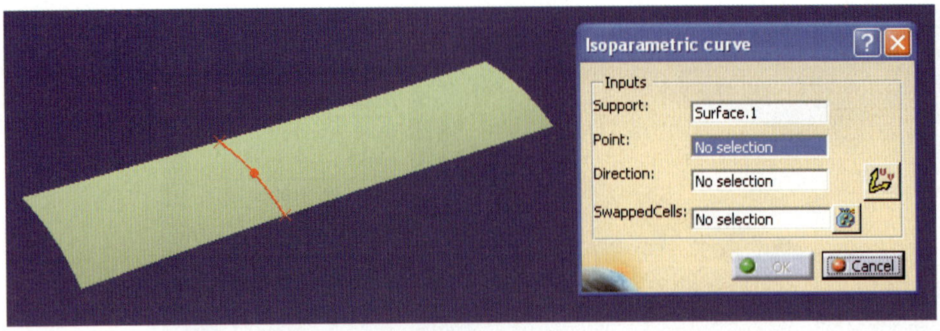

그림 14-25 Isoparametric Curve

SURFACE OPERATION/CREATION TOOLBARS

SLPIT/TRIM TOOLBAR (QSR)

TRIM-SPLIT TOOLBAR (GSD)

OPERATIONS TOOLBAR (GSD)

SURFACE TOOLBAR (GSD)

SURFACE TOOLBAR (FS)

많은 수의 서피스 모델링 기능들이 Cloud of Points 데이터로부터 서피스나 솔리드를 만드는 데 사용됩니다.

그림 14-26과 같이 꼼꼼한 노력을 통해 작업 History도 없는 스캔한 데이터로부터 완벽한 서피스 또는 솔리드 데이터를 생성할 수 있을 것입니다.

이번 제14상에서는 역설계 도구들을 사용하여 스캔으로 얻은 데이터로부터 형상을 완성할 수 있는 방법을 공부하였습니다. 원하는 품질만큼의 결과물을 얻기 위해서는 시간과 경험이 요구될 것입니다.

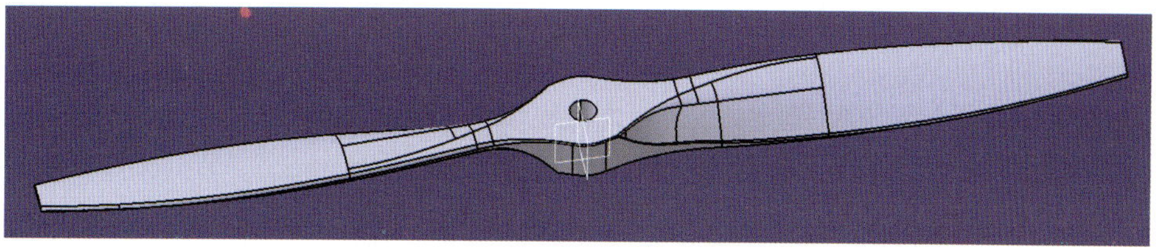

(a) Solid 형상

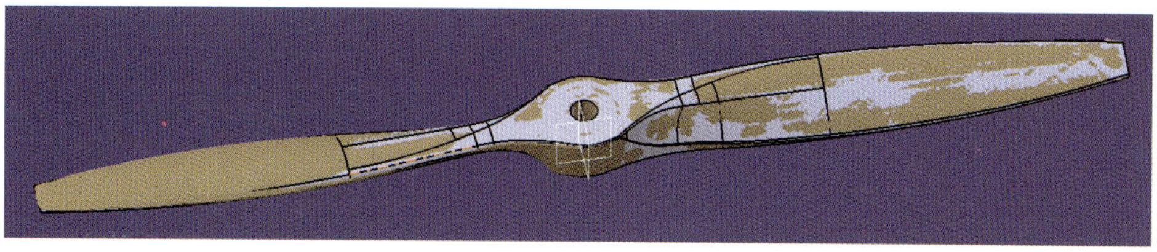

(b) Cloud와 중첩 출력 시

그림 14-26 완료된 작업

Chapter 15
Cool Tools

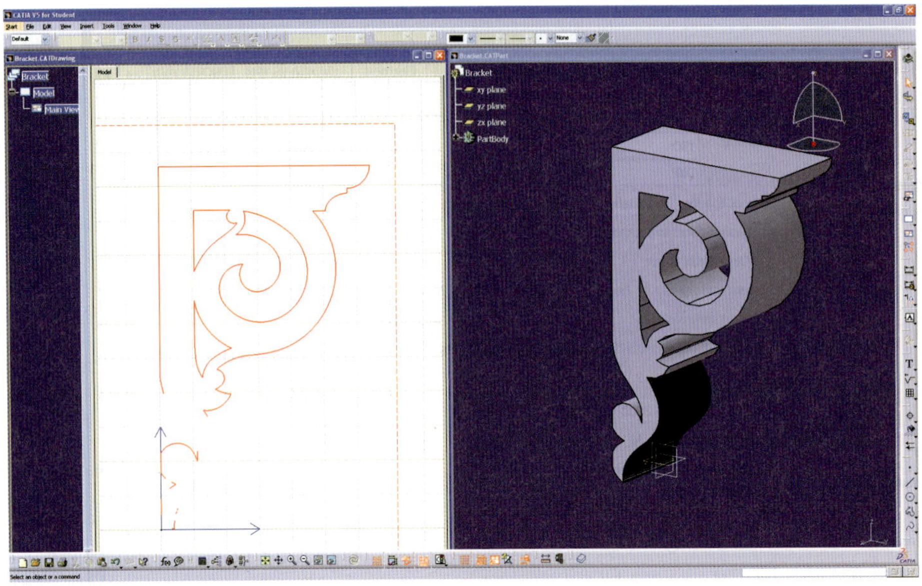

(a) Profile Contours

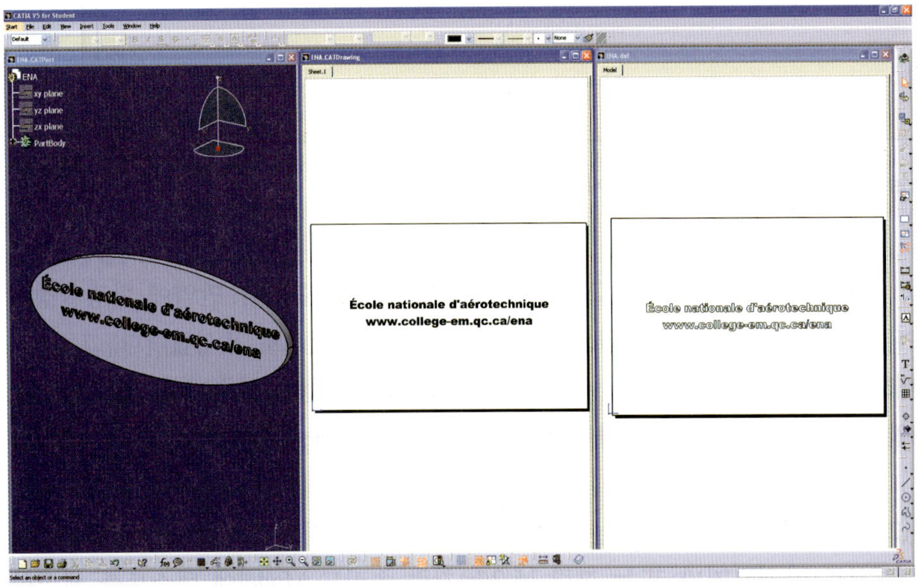

(b) Text

그림 15-2 DXF 파일의 응용

파일을 DXF 포맷 파일로 저장할 수 있으며, DXF 파일은 File ⇨ Open 풀다운 메뉴를 이용하여 다시 열 수 있습니다. 이것은 복사해서 솔리드 Feature에 사용될 Sketch에 붙여넣을 수 있는 일련의 문자 윤곽선을 화면에 표시합니다.

텍스트로 작업할 때 고려해야 할 두 가지 잠재적 문제가 있습니다: 첫 번째는 그림 15-3처

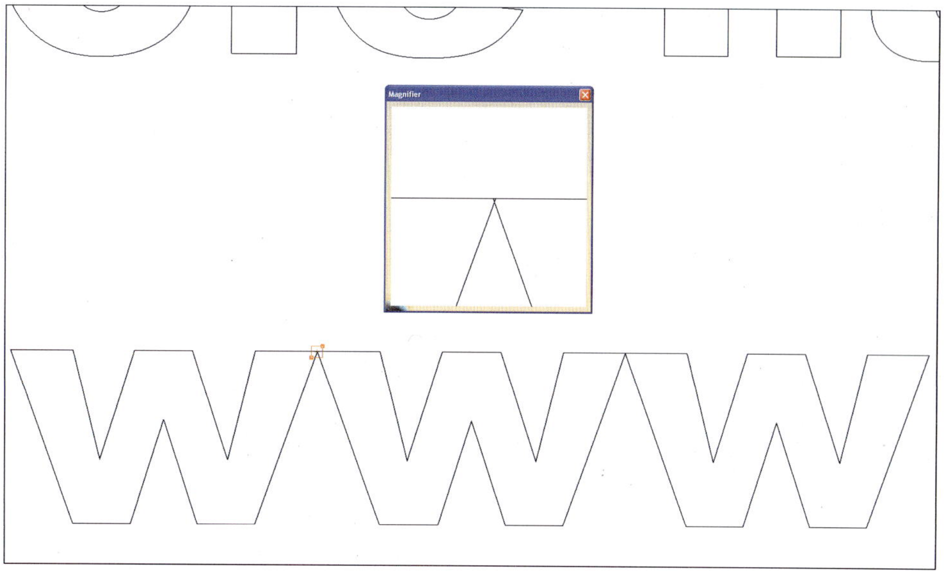

그림 15-3 문자의 중첩

럼 .CATDrawing 파일이 저장될 때 얻어진 DXF 포맷이 다른 문자 윤곽선을 교차하는 문자를 표시할 수 있다는 것입니다. 이런 경우에는 문제가 되는 세로 맞춤이 유지되는지 확인하면서 문자의 윤곽선을 이동시키는 것이 가장 쉬운 해결 방법입니다.

두 번째 문제는 트위스트된 글꼴에 관련되어 있으며 해결하는 데 시간이 걸릴 수 있습니다: 그림 15-4처럼 몇몇 글꼴들은 자동으로 교차하는 윤곽선으로 전환될 것입니다. 이런 경우,

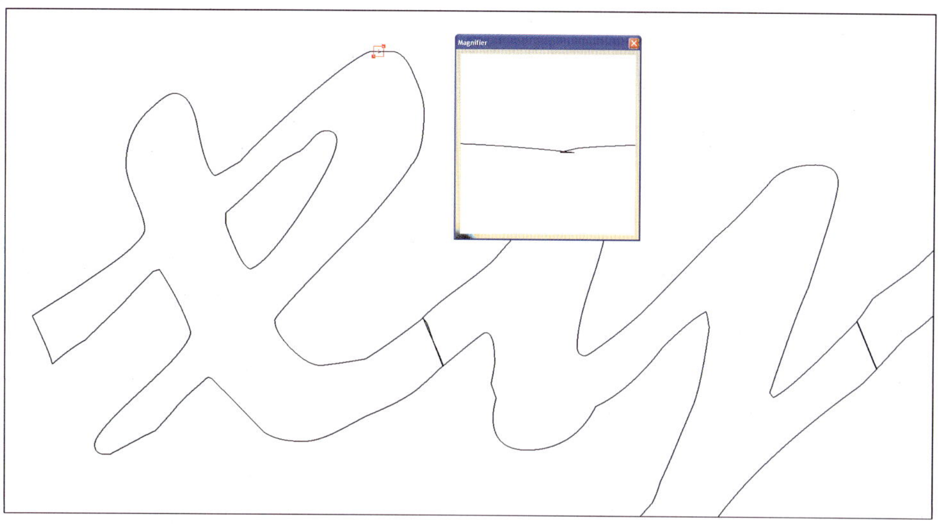

그림 15-4 폐곡선이지만 Auto-Crossing되는 문자

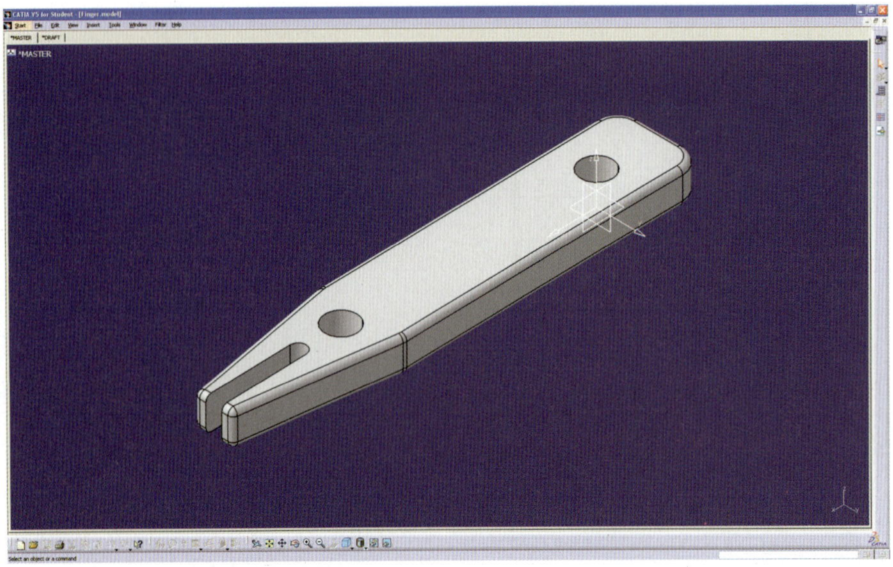

그림 15-5 CATIA® V4 File 포맷을 CATIA® V5에서 열었을 때

xyz 단어 중에 x 문자는 트위스트된 오른쪽 분기 상단에 거의 보이지 않게 중첩됩니다. 만약 글꼴을 다른 방법으로도 바꿀 수 없다면 계속하는 유일한 방법은 Letter Geometry를 Explode 시키고 수동으로 문제를 해결하는 것입니다. 이러한 자동 교차 영역을 배치하고 문제를 해결하려면 시간이 걸릴 수 있으므로 지금 알고 있는 것이 좋습니다.

.MODEL FILE FORMAT

.Model 파일 포맷은 고유 CATIA® V4 포맷입니다. 이러한 모델은 .CATProduct 파일에 삽입되거나 CATIA® V5에서 열릴 수 있지만, 그림 15-5처럼 사용될 수 있는 Geometry를 포함하고 있지 않습니다.

Geometry를 변환하기 위해서는 다음 단계를 따라야 합니다.

1. .Model 파일을 엽니다.
2. 새로운 .CATPart 파일을 생성합니다.
3. Part 창이 나란히 놓이도록 수직으로 배열합니다.
4. .Model 파일의 Part Specification Tree에 있는 *MASTER 항목에 마우스 커서를 놓고, 오른쪽을 클릭하여 Context Menu에 접속한 후 Paste Special 옵션을 선택합니다.
5. CATIA_SPEC 또는 CATIA_RESULT를 이용하여 Geometry를 붙여넣으면 Paste Special 대화상자가 뜹니다. 두 옵션 모두 사용자가 Geometry를 변환할 수 있게 하지만 CATIA_SPEC은 몇몇 History를 옮길 수도 있기 때문에 첫 번째 방법으로 사용되어야 합니다.

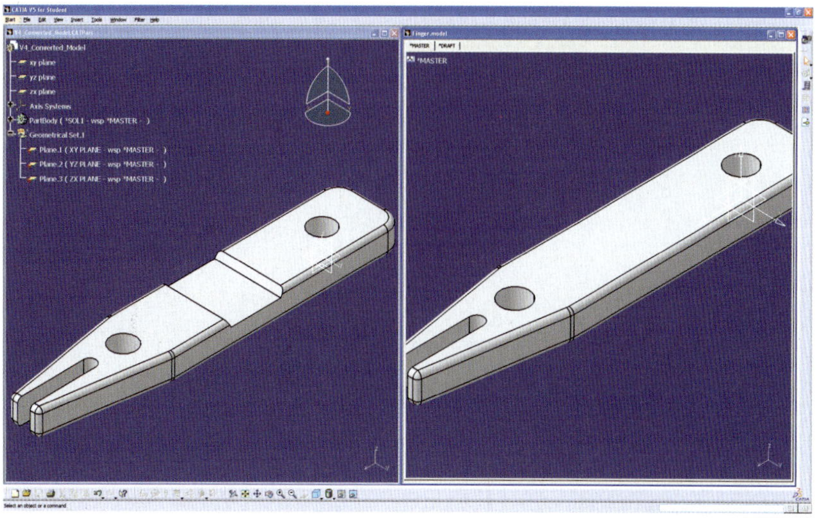

그림 15-6 V4 Model의 V5 변환

그림 15-6처럼 변환의 결과는 솔리드 Feature를 이용하여 재가공될 수 있는 솔리드 Object가 될 것입니다.

IGES FILE FORMAT

IGES는 Initial Graphics Exchange Specification의 약자이며, Geometry 변환을 가능케 하기 위해 1980년대 초에 개발되었습니다. 전체 ASCII 파일 포맷 Structure를 다루지는 않으며 다섯 가지 섹션으로 이루어져 있습니다.-Start, Global Directory Entry, Parameter, Data, 그리고 Terminate. 여기서 Terminate 섹션은 그림 15-7처럼 각 이전 섹션들의 Line의 수를 요약한다고 할 수 있습니다.

IGES 파일은 File⇨Open 시퀀스를 이용하여 자동적으로 변환해 불러올 수 있습니다. 그림 15-8처럼 Converting Data 상태상자가 화면에 표시되지만, 파일의 크기에 따라 그냥 팝업 될 수도 있습니다.

변환된 모델은 그림 15-9처럼 일반적으로 닫힌 볼륨을 구성하는 독립된 Datum 서피스의 그룹으로 생성됩니다.

만약에 솔리드 Model이 필요하다면 모든 Datum 서피스들은 Generative Shape Design Workbench에서 찾을 수 있는 Join 명령을 이용하여 그룹화될 수 있습니다. 그런 후 솔리드는 Part Design Workbench의 Close Surface 명령을 이용하여 생성할 수 있습니다.

Join Element 생성을 가능케 하기 위해 Join 도구의 Merging Distance 한도가 증가될 수도 있습니다(최대 0.1mm). 만약에 Close Surface Element가 생성될 수 없다면 변환된 Model을 검토하여 Surface 요소들 사이에 있을 수 있는 간격(Gap)을 찾도록 노력해야 할 수도 있습니다. Generative Shape Design Workbench의 Fill 도구는 해당 Model을 완성하는 데 매우 유용합니다.

```
START RECORD GO HERE.                                                  S      1
1H,,1H;,4HCube,8HCube.igs,44HDASSAULT SYSTEMES CATIA V5 R20 - www.3ds.coG      1
m,27HCATIA Version 5 Release 20 ,32,75,6,75,15,4HCube,1.0,1,2HIN,1000,  G      2
1.0,15H20110417.115259,3.937007874E-005,393.7007874,14HAdministrateur,  G      3
13HSPFA193CONS99,11,0,15H20110417.115259,;                              G      4
     108       1       0       0       0       0       0      001010001D      1
     108       0       0       1       0                             0D      2
     110       2       0       0       0       0       0      001010001D      3
     110       0       0       1       0                             0D      4
     110       3       0       0       0       0       0      001010001D      5
...
...
     142      47       0       0       0       0       0      001010001D     93
     142       0       0       1       0                             0D     94
     144      48       0       0   10000       0       0      000000000D     95
     144       0       0       1       0             PartBody        0D     96
108,0.0,-0.03937007874,0.0,0.0,0,0.0,0.0,0.0,1.0,0,0;                  1P      1
110,0.0,0.0,2.0,2.0,0.0,2.0,0,0;                                       3P      2
110,2.0,0.0,2.0,2.0,0.0,0.0,0,0;                                       5P      3
110,2.0,0.0,0.0,0.0,0.0,0.0,0,0;                                       7P      4
110,0.0,0.0,0.0,0.0,0.0,2.0,0,0;                                       9P      5
...
...
142,0,81,0,91,2,0,0;                                                  93P     47
144,81,1,0,93,0,0;                                                    95P     48
S      1G      4D      96P      48                                     T      1
```

그림 15-7 IGES File 예시

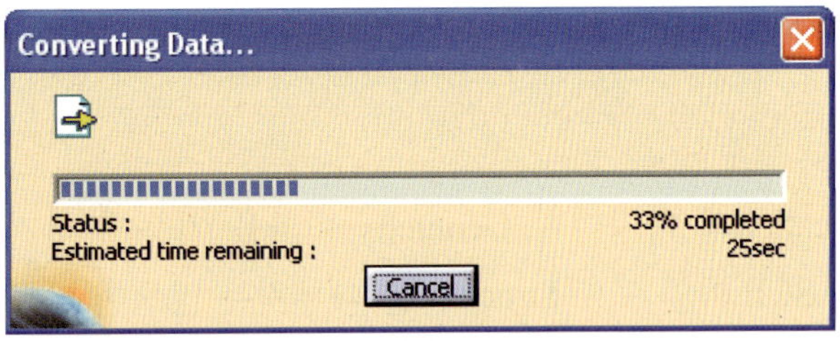

그림 15-8 데이터 변환 상태상자

그림 15-9 변환된 IGES Model

STEP FILE FORMAT

STEP은 STandard for the Exchange of Product model data의 약자이며, 1980년대 중반에 개발되었습니다. 이것은 그림 15-10처럼 IGES보다 더 복잡한 ASCII Structure를 보여줍니다. 여기

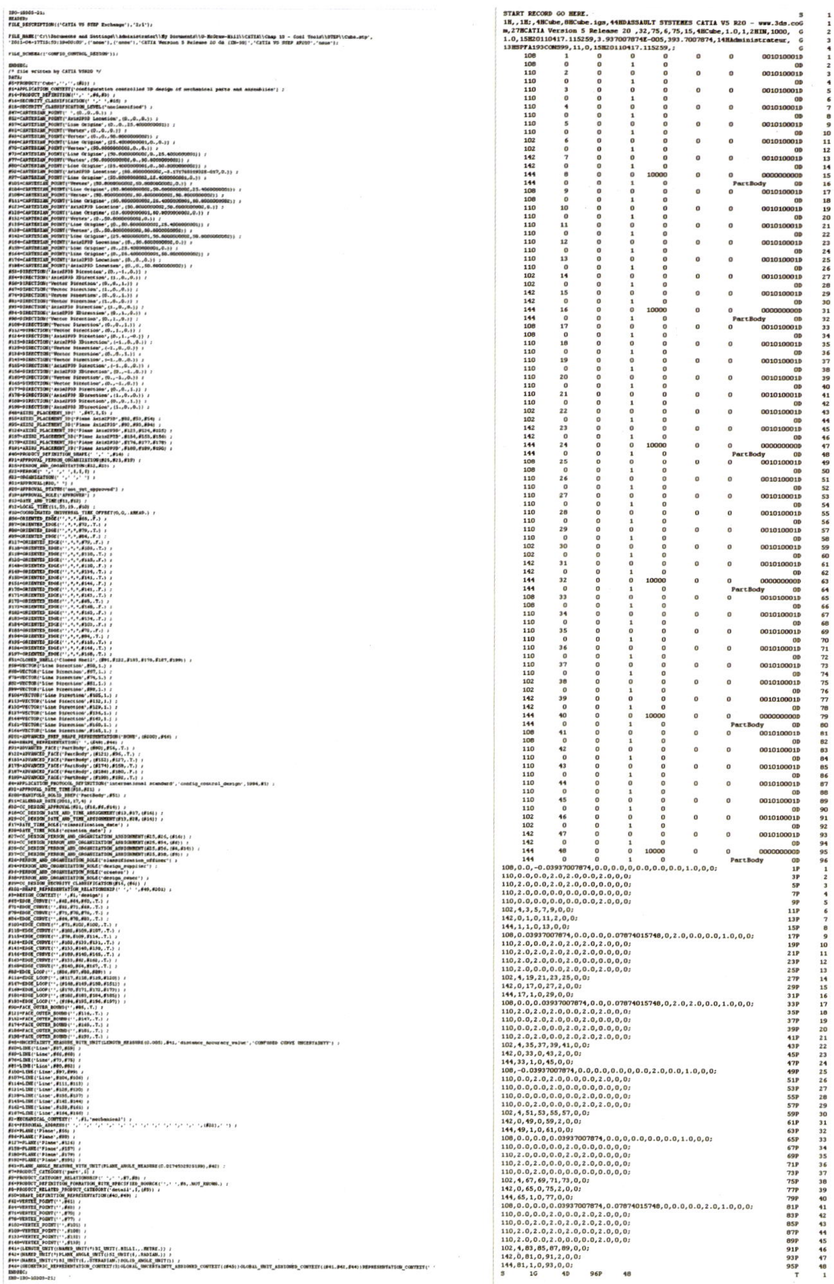

(a) STEP File (b) IGES File

그림 15-10 STEP과 IGES 파일 비교

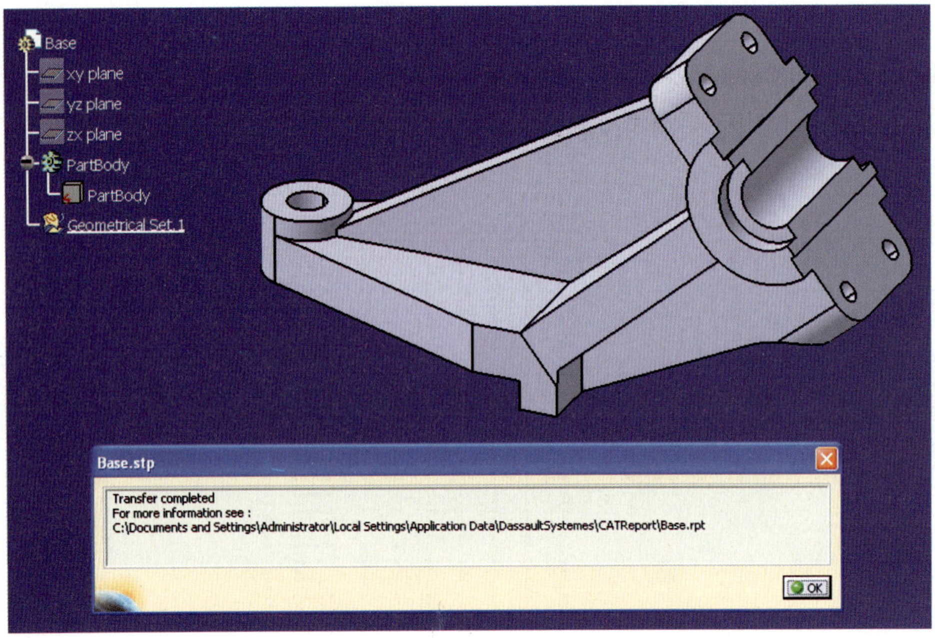

그림 15-11 변환된 STEP Model

서 두 파일 모두 간단한 정육면체 형상을 나타내고 있습니다: IGES 파일은 서피스 외형 정보를 설명하고 있는 반면, STEP 파일은 솔리드 Structure를 설명하고 있습니다. 지금은 이것이 문자열 ISO-10303-21로 시작되고 문자열 END-ISO-10303-21로 끝난다는 것 정도만 아시면 됩니다.

IGES 파일 포맷과 마찬가지로 STEP 파일 포맷은 File⇨Open 시퀀스를 이용해 자동으로 변환될 수 있습니다. 또한 상태상자가 화면에 표시되지만, 파일의 크기에 따라 그냥 팝업될 수도 있습니다. 변환이 끝나면 그림 15-11처럼 확인 대화상자가 표시됩니다. 모든 기능으로 변경될 수 있는 솔리드 Body의 결과 개체를 그림 15-11에서 볼 수 있습니다.

3DXML FORMAT

3D Extensible Markup Language(3DXML)은 CATIA®에서 큰 파일을 로드하는 데 매우 유용합니다. Product를 이 포맷으로 저장함으로써 각 Part 파일은 Parts의 외형 정보만을 사용하여 그 결과 Assembly 데이터를 훨씬 가볍게 만드는 CATIA® Graphical Representation 포맷(CGR)으로 변환합니다. 예를 들어, 폴더에서 .CATParts와 .CATProduct 파일로 4Mb 이상의 용량을 차지하는 Assembly는 200kb 이하 .3dxml Assembly 파일로 저장될 수 있습니다. 사용자가 Part 또는 Sub-Product를 보이거나, Scenes를 사용하거나, 차원 해석을 할 수 있도록 하기 때문에 검사를 위해 큰 Assembly들을 로드하는 게 좋은 방법입니다.

CGR FORMAT

CATIA® Graphical Representation(.CGR)은 3차원 외형 정보를 생성하기 위해 여러 Workbench에서 사용됩니다. 만약에 CGR 파일이 Product에 Representation으로 로드된다면, Hole Axis나 Center Point와 같은 Construction Element를 검색하는 데에는 사용할 수 없습니다.

그림 15-12처럼 DMU Workbenches 그룹에 있는 DMU Optimizer Workbench를 이용하여 .CGR 포맷 파일을 .Model 포맷 파일로 변환시키는 것이 가능합니다. 그리고 .Model 파일로 변환된 형상은 나중에 Part로 복사하여 붙여넣기가 가능합니다.

그림 15-12 DMU Workbenches Group

DMU OPTIMIZER TOOLBAR

Simplification

요약: 형상을 단순화하여 CGR 또는 Model 형식 등으로 저장합니다.
사용 순서: 단순화시키고 싶은 컴포넌트를 Product에서 선택한 후 한도를 정의합니다.

이 명령을 사용하기 위해서는 사용자가 새 Product를 생성하고 .CGR 파일이나 Part를 기존 컴포넌트로 불러와야 합니다. 그런 다음 단순화시키기 위해 전환할 때 Simplification 도구를 사용할 수 있습니다. 활성화되면 Simplification 대화상자가 화면에 뜨면서 사용자가 단순화시킬 Product를 선택하고 전환의 정밀도를 설정할 수 있게 합니다. 그림 15-13처럼 Preview Display Box에서 결과를 미리 볼 수 있습니다.

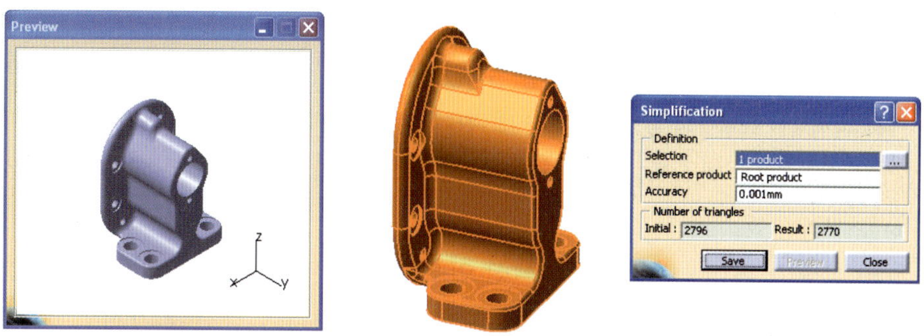

그림 15-13 Simplification

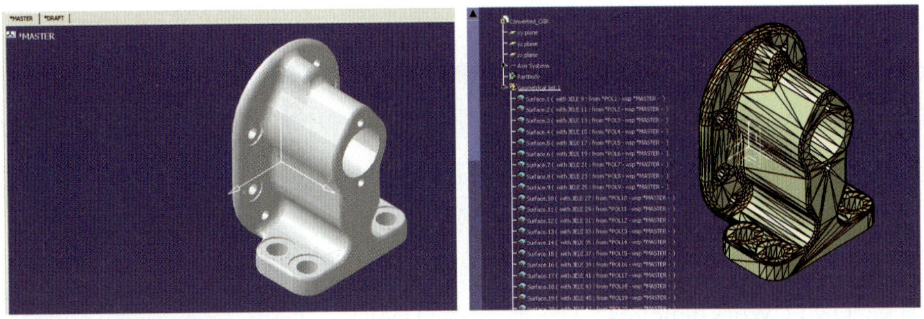

(a) Model 포맷 (b) CATPart 포맷

그림 15-14 변환된 File 포맷

대화상자에서 Save 버튼을 이용해 .Model 파일 형식으로 선택될 수 있는 Save As 대화상자가 나타납니다. 그런 다음 Close 버튼을 눌러 대화상자를 닫습니다.

이번 장에서 미리 설명했듯이 .Model 파일은 .CATPart 파일로 전환될 수 있습니다. .CATPart 포맷이 되면 결과 개체는 그림 15-14처럼 일련의 Datum 서피스 Elements로 구성됩니다. 해당 변환 작업 결과는 파일 크기를 증가시킵니다. 76kb의 .CGR 파일은 2859kb .CATPart 파일로 전환되며 262kb의 .Model 파일이 됩니다.

15.2 File 충돌

파일 손상: IGES와 STEP 포맷 파일을 위한 기본 ASCII Structure를 설명하는 목적은 사용자에게 방법만 알면 쉽게 해결될 수 있는 잠재적인 문제에 대해 알려주려는 것입니다. 몇몇 업체들은 웹상에서 자신들의 제품에 대한 3D 모델들을 제공하며, 그중 많은 것들이 표준 포맷은 물론 CAD 소프트웨어의 전용 포맷으로 되어 있습니다. 만약에 CATIA® V5 전용 포맷이 사용 가능하다면, 보통은 첫 번째로 사용 가능하지만 웹에 파일을 옮길 때 파일이 손상될 수 있습니다.

전용 포맷은 일반적으로 암호화되어 바로 읽을 수 없습니다. 그것을 복구하려고 하는 것은 무의미한 일입니다. 따라서 표준 파일로 대체하게 됩니다. 만약에 IGES 또는 STEP 파일이 CATIA®에서 열리지 않는다면 텍스트 편집기를 이용해 파일 구조를 살펴보는 데 시간을 쓰는 것도 가치가 있습니다.

IGES 파일은 Start 섹션 이전 또는 Terminate 섹션 이후에 어떤 데이터나 공간을 가지면 안 되고, STEP 파일은 ISO-10303-21 Limit 이전 또는 후에 어떤 데이터나 공간을 가지면 안 됩니다.

만약 어떤 www.xxxx 데이터가 파일에 나타나면 그것을 성공적으로 열기 전에 삭제하고 파일을 새로운 이름으로 저장할 수 있습니다.

15.3 Basic Feature Recognition

표준 파일을 이용하여 솔리드 Model을 전환하는 것은 유용하지만, 불행히도 그것은 단일 솔리드 Body를 결과로 내놓습니다. 그런 솔리드는 다른 솔리드 Feature들을 추가하여 변경될 수 있지만 업체로부터 가져온 표준 Part들을 다룰 때 특히 논리적으로 변환되어야 됩니다. 예를 들어, 만약에 Part가 1mm 구멍 직경으로 전달되어 왔는데 설계자가 그것을 더 크게 1.25mm 직경으로 확대하고 싶어 한다면 그것은 쉽게 행해질 수 있습니다. 하지만 그것을 .75mm 직경으로 만드는 일은 여러 부가적인 작업을 행하지 않고는 물리적으로 불가능합니다.

PART DESIGN FEATURE RECOGNITION TOOLBAR

Manual Feature Recognition

요약: 수동으로 Feature를 식별합니다.

사용 순서:

명령을 실행한 후: 인식하고자 하는 Feature를 선택합니다.

원하는 Feature 옵션을 선택한 후: 인식되어야 하는 부분을 형상에서 직접 선택해 줍니다.

STEP 또는 작업 History를 내포하지 않은 결과물로만 데이터를 전달받은 경우 형상을 정의하는 데 사용한 기능을 CATIA®에서 인식한 후 그것을 단일 솔리드 묶음에서 고유한 Feature로 분리하는 것이 가능합니다. 시작하려면 사용자가 솔리드 Object(회색 육면체와 빨간 번개 모양으로 표시된 항목)를 Part Specification Tree에 있는 Body 항목에서 마우스 커서를 가져와 Context Menu에 들어가서 Define In Work Object로 정의하는 것이 중요합니다(Body를 선택하는 것이 아니라 그 안에 솔리드 요소를 직접 Define하는 것입니다). 이렇게 하지 않는다면 그림 15-15처럼 시작하기도 전에 오류 메시지가 뜹니다.

그 이후에 Feature Recognition 대화상자를 표시하는 명령을 실행할 수 있으며, 이것은 사용자가 원하는 기능에 관련된 체크상자를 활성화시키고 Feature를 정의하는 솔리드 Face를 선택할 수 있게 합니다. 그림 15-16에는 Hole Feature와 솔리드 Hole Face 한 개가 선택되었습니다.

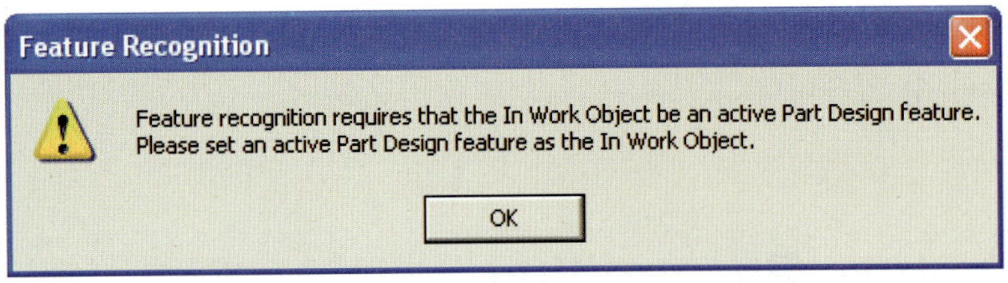

그림 15-15 Feature Recognition 경고 메시지

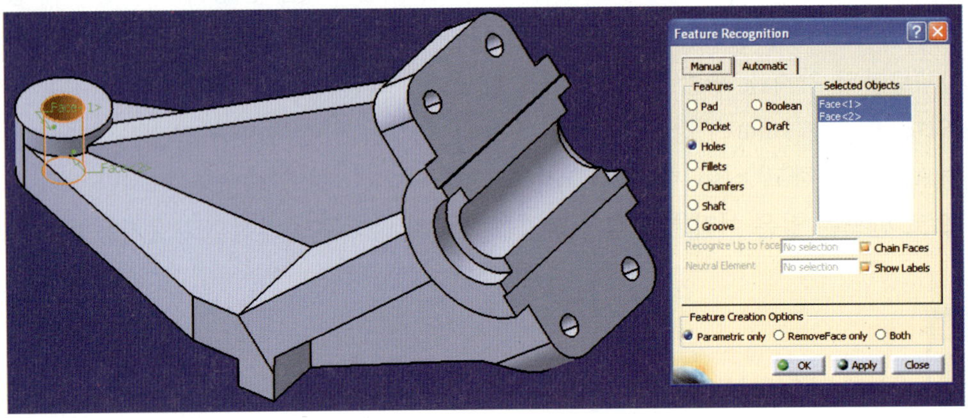

그림 15-16 Hole Feature 인식

B-REP 실린더의 표현은 항상 두 개의 면으로 정의되기 때문에 둘 다 자동으로 선택됩니다.

형상이 바르게 인식되어 변환된 후에는 그림 15-17처럼 솔리드는 업데이트되고 Hole Feature는 수정할 수 있게 됩니다. 그런 다음 Feature들은 수동적으로 식별되고 사용자의 필요에 따라 변경할 수 있습니다.

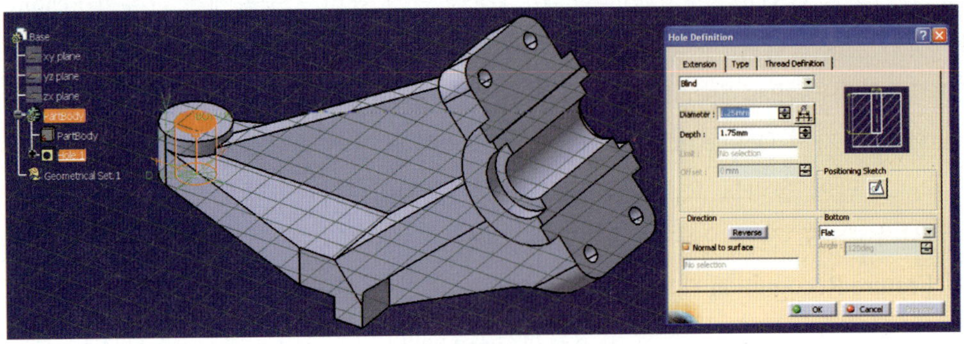

그림 15-17 Hole의 수정

15.4 Parameters

Parameters는 Relations를 통해 최소 입력으로 하나 또는 여러 다른 작업을 효율적으로 변경, 업데이트하기 위해 3차원 Model 또는 Drawing에 추가될 수 있는 변수입니다. 두 종류의 Parameters, Relations 항목은 만약 적절한 설정이 선택되었다면 생성되자마자 Part 또는 Product Specification Tree에 표시됩니다.

Parameters와 Relations가 Part Tree에 나타나도록 하기 위해서는 Options 대화상자에 들어가 그림 15-18처럼 Product Structure Solution의 Tree Customization 탭 아래 리스트에 있는 Parameters와 Relations 옵션을 선택해 활성화시켜야 합니다.

매개 변수와의 관계를 만들기 위해서는 Part Specification Tree에 표시되며, 옵션 대화상자에 접근매개 변수와의 관계는 그림 15-19와 같이 Part Infrastructure의 Display 탭에서 선택해야 합니다.

이전의 설정이 완료되면 Parameters는 Specification Tree에 나타나지만, 그 옆에 값이 표시되지 않습니다. Value와 그것들을 만드는 Formula가 나타나도록 하기 위해서는 그림 15-20처럼

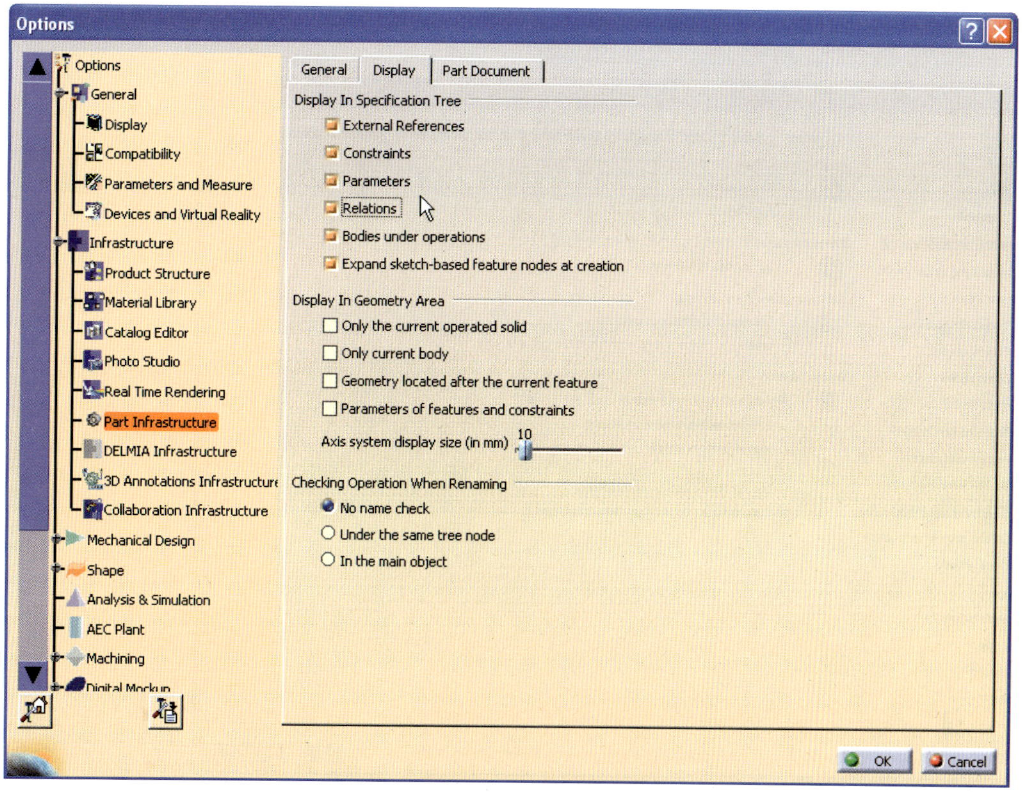

그림 15-18 Option 대화상자-Part Infrastructure-Display 탭

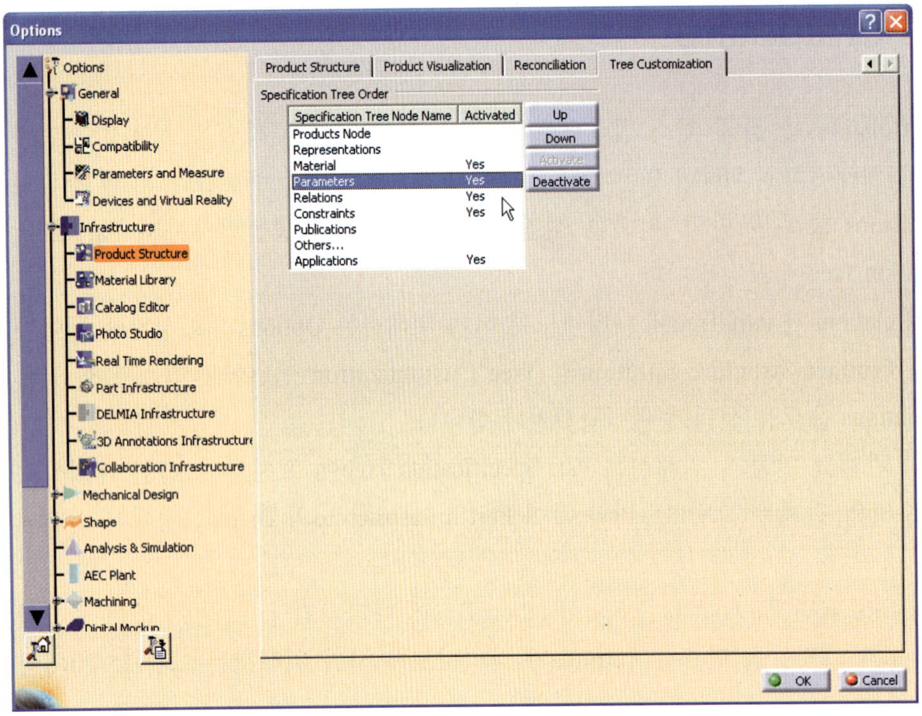

그림 15-19 Option 대화상자–Product Structure–Tree Customization 탭

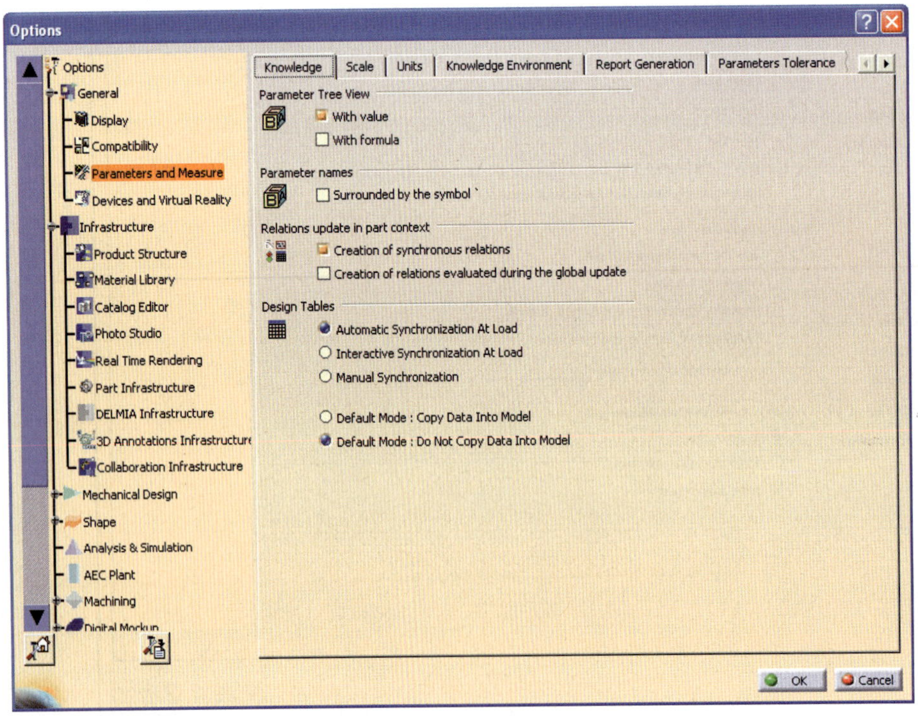

그림 15-20 Options 대화상자–Parameters and Measure–Knowledge 탭

Parameters and Measure 솔루션의 Knowledge 탭에서 적절한 체크상자를 선택하는 것이 중요합니다.

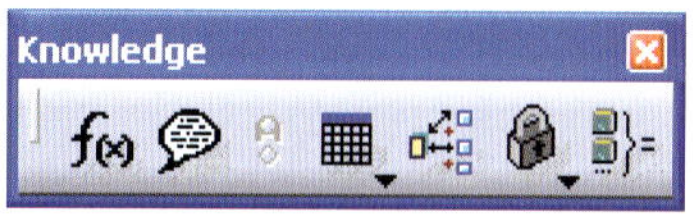

KNOWLEDGE TOOLBAR

Formula

요약: 요구 사항과 디자인 제약 조건을 설계 형상에 통합하기 위해 Formulas와 Parameters를 생성합니다.

Formula 도구는 Knowledge 툴바의 Part 또는 Product 모두에서 사용할 수 있습니다. 이것을 실행함으로써 사용자는 그림 15-21처럼 파일에 있는 Geometry를 정의하기 위해 CATIA®에서 이미 사용된 모든 변수를 확인할 수 있는 대화상자에 접근할 수 있습니다.

Parameters는 필요에 따라 여러 유형으로 생성될 수 있습니다: Constant, Iterative Step, Text, Condition, Dimensions 등, New Parameter of Type 드롭다운 리스트를 통해 사용자가 사용 가능한 유형을 선택하여 생성할 수 있습니다. 이는 다음과 같습니다.

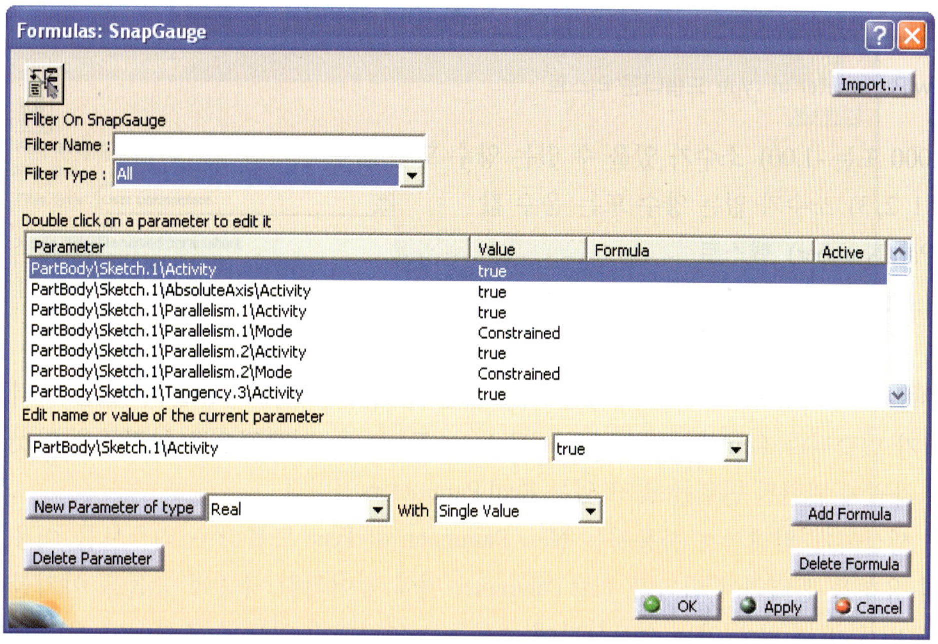

그림 15-21 Formulas

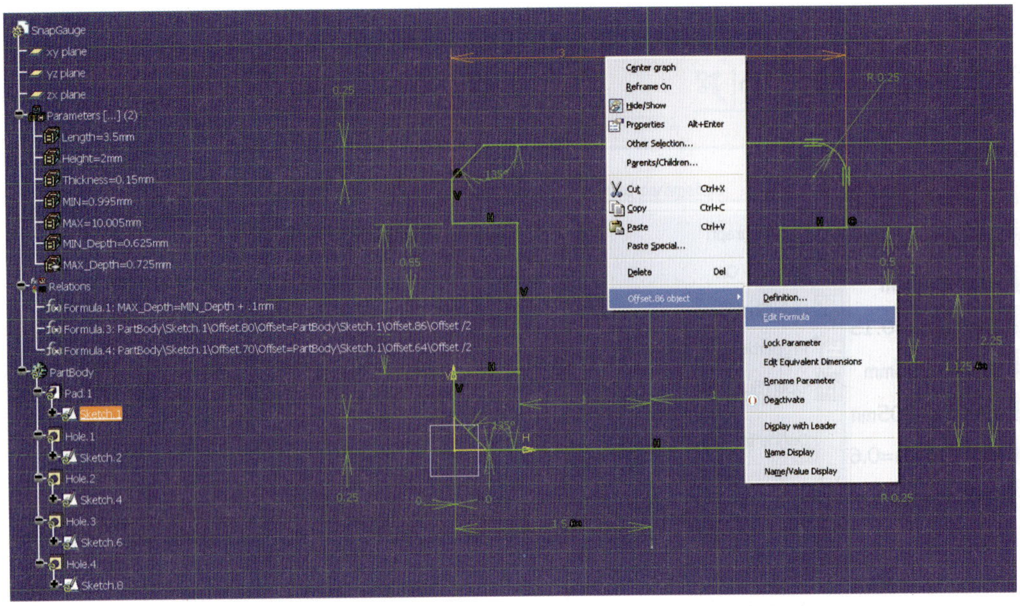

그림 15-29 Sketch 구속의 Formula 수정

록 하거나 Edit 버튼을 이용해 값을 변경할 수 있습니다.

Parameter는 많은 용도로 사용될 수 있습니다. 만약에 Sketch에서 사용된다면 Parameter들이 관련되도록 Sketch Constraints를 만들 필요가 있습니다. 그런 다음 그림 15-29처럼 Constraint의 Context Menu에서 관련 옵션을 이용해 각 Constraint의 Formula를 수정할 필요가 있습니다. Formula Editor 대화상자가 표시되면 사용자가 생성한 Parameter는 Specification Tree에 있는 Parameter 항목을 클릭해서 원하는 Constraint에 지정할 수 있습니다. 그럼 그림 15-30처럼 해당 Parameter가 수정상자에 표시됩니다.

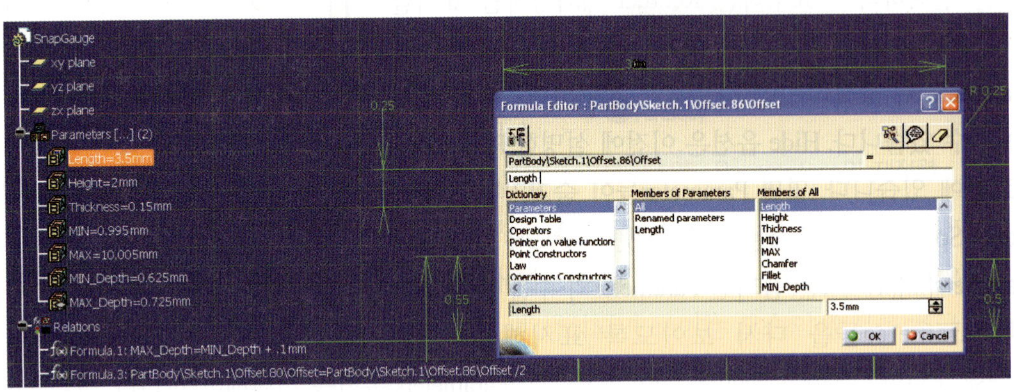

그림 15-30 Sketch 형상의 구속에서 Parameter 지정

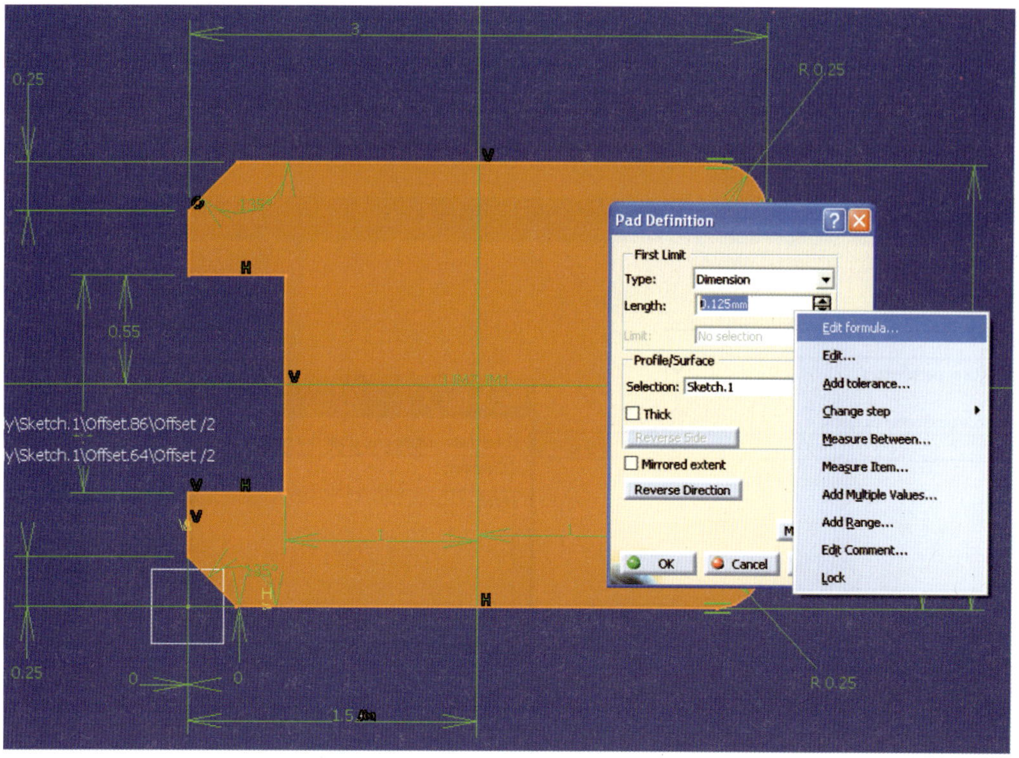

그림 15-31 Feature의 Formula 수정

만약에 Parameter가 Feature 변수에 지정되어야 한다면, 그림 15-31처럼 해당 수정상자를 오른쪽 클릭하여 Context Menu에 있는 Edit Formula 옵션을 이용해 변수 Formula에 접근할 수 있습니다.

마지막으로 만약에 이미 Constraint 또는 Feature에 지정된 Parameter가 삭제되었다면, 모든 관련 Relations는 Specification Tree에 유지되고 Deleted_Size를 명시하는 순서로 이름이 변경됩니다. 그럼 이 Relation들은 쓸모가 없게 되고 삭제되어야 합니다.

SPECIAL CASES

Parametric 3D Model 또는 Drawing을 이용하는 것은 생산성을 향상시킬 좋은 방법입니다. 하지만 Parameter의 사용을 최적화하기 위해 몇 가지를 추가할 수 있습니다.

Multiple Values

만약 Parametric Model를 사용할 때 미리 설정할 수 있는 옵션들이 제한되어 있다면 선택 목록으로 Parameter를 생성하는 게 가능합니다. 그것을 만들려면 생성하고자 하는 Parameter의 유형에 따라 With 드롭다운 리스트에서 Multiple Values를 선택합니다. New Parameter of

Type 버튼이 클릭되면 그림 15-32처럼 사용자가 다른 값들을 입력할 수 있도록 Value List 대화상자가 표시됩니다. 그 이후 그림 15-33처럼 Parameter를 Model에서 수정할 때, 사용자가 미리 입력된 선택 값들로 되돌아올 수 있게 됩니다.

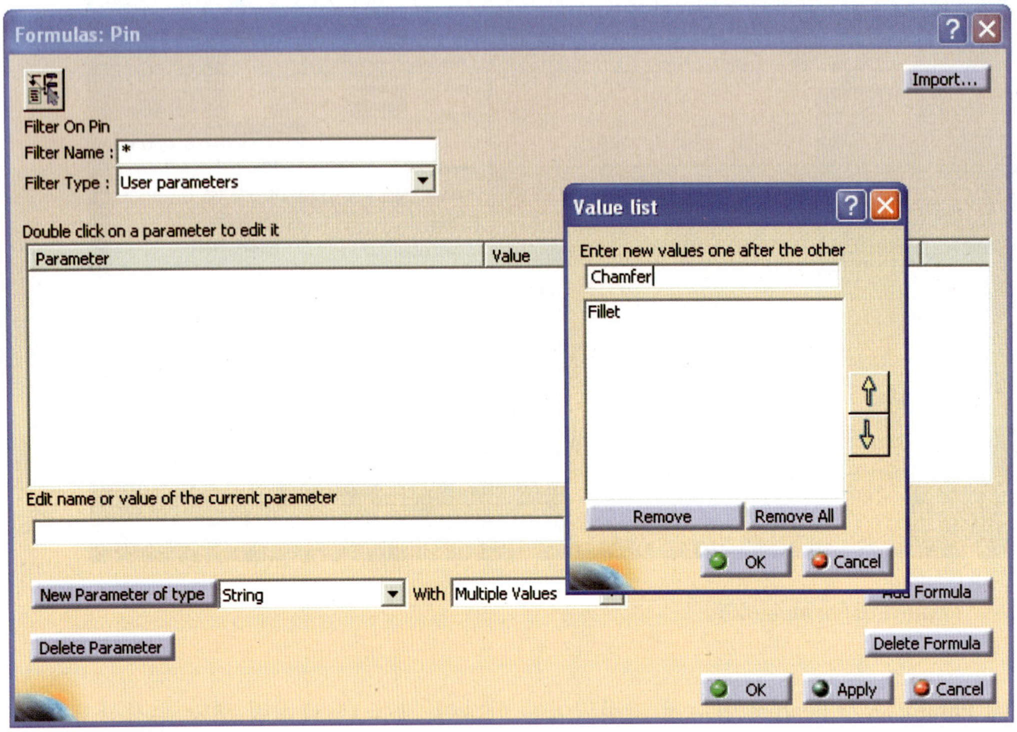

그림 15-32 Multiple Values Parameter 생성

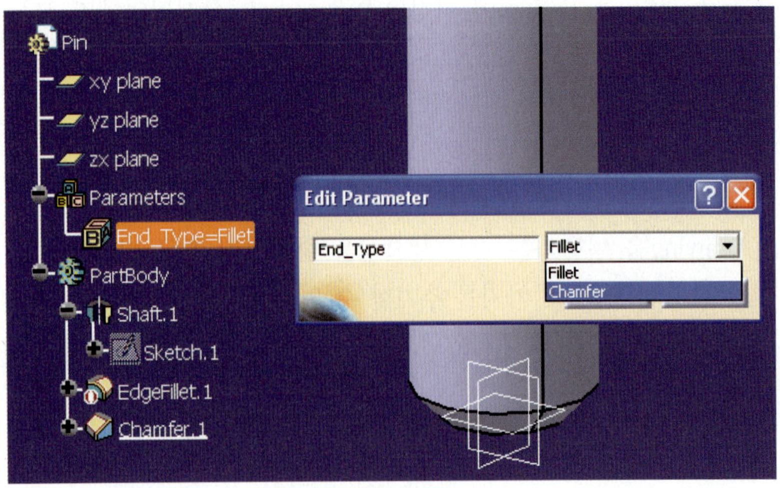

그림 15-33 Multiple Values Parameter 선택

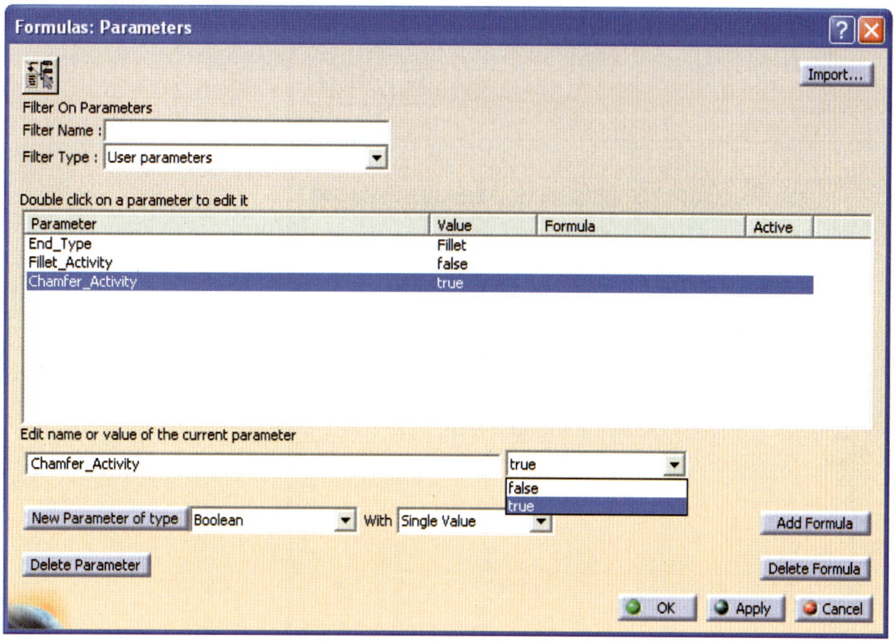

그림 15-34 Boolean Parameter의 생성

Boolean Parameters

Boolean Parameter는 오직 true 또는 false 값을 가질 수 있습니다. 그리고 그것들은 Parametric Model에서 조건문을 만드는 데 사용될 수 있습니다. 이러한 Parameter를 생성하기 위해서는 그림 15-34처럼 New Parameter of Type 드롭다운 리스트에 있는 Boolean을 선택하여 미리 정의된 두 값들 중 하나를 지정해야 합니다.

Conditional Statement

깊은 프로그래밍 지식이 없어도 Parametric Model에 조건문을 만드는 것은 가능하며, 다른 Dictionaries를 통해 여러 다른 도구를 사용할 수도 있습니다. 그림 15-35에서 End_Type Parameter가 Chamfer로 설정되어 있을 때 Chamfer_Activity에 True 값을 부여하는 조건부 테스트를 생성하기 위해 Operators Dictionary가 사용됩니다. End_Type == "Chamfer": 문자열 변수로 가리키는 명령문의 포맷에 주의하십시오.

Feature Activity

모델에 있는 모든 기능은 그림 15-36처럼 Feature의 Context Menu를 이용하여 활성화되거나 비활성화될 수 있습니다.

어떤 Feature의 Activity Parameter를 쉽게 접근하기 위해서는 Formula 도구를 실행하기 전에 원하는 Feature를 미리 선택합니다. 그러면 그림 15-37처럼 오직 Feature의 Parameters가

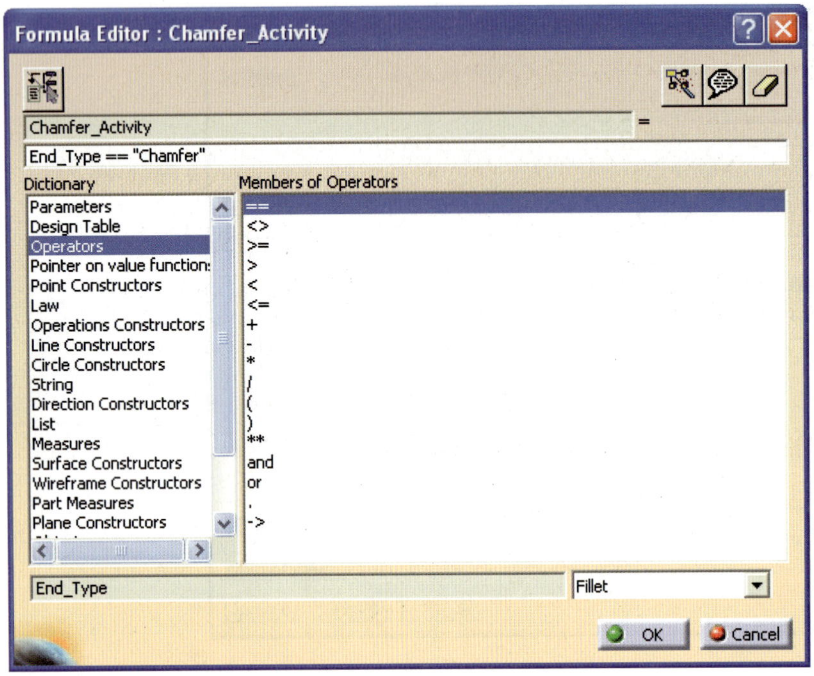

그림 15-35 조건문의 정의

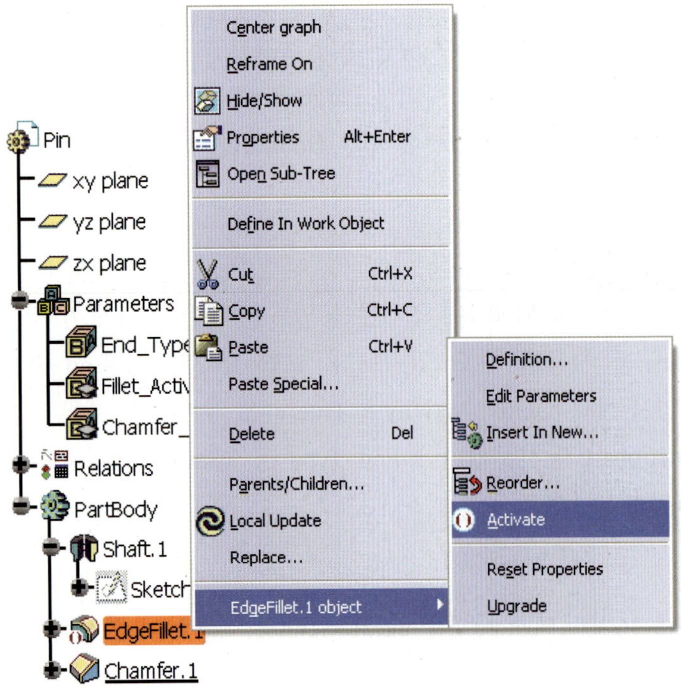

그림 15-36 Feature Activity의 수동 설정

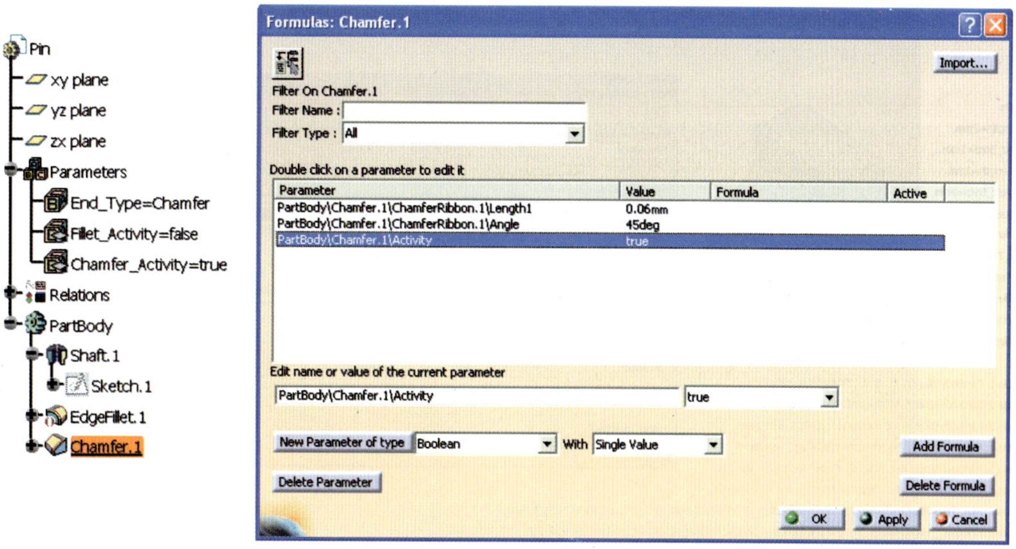

그림 15-37 Feature Activity Parameter의 접근

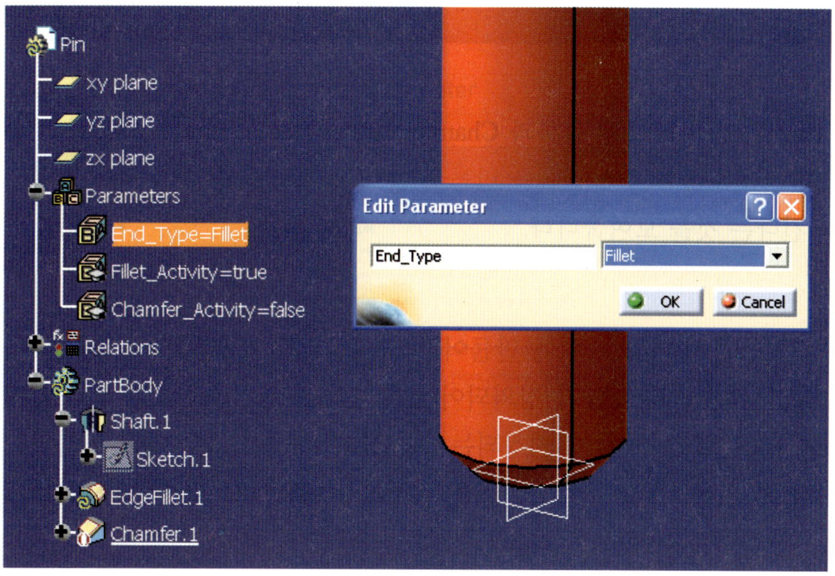

그림 15-38 정의한 Feature Condition의 사용

Parameter 목록에 나타나 있게 됩니다. Feature가 무엇이든 간에 Activity Parameter는 일반적으로 목록 끝에 있습니다. Sold Model의 경우 해당 포맷은 일반적으로 PartBody\Feature.x\Acitivity이며, Feature.x는 선택된 Feature에 관련되어 있습니다.

완료되면 조건부를 수행하는 Parameter에 행해진 모든 변경은 그림 15-38처럼 관련된 Parameter의 응용과 Part의 업데이트를 강제로 실행합니다. 그림 15-39의 다음 Part 예시는 L의

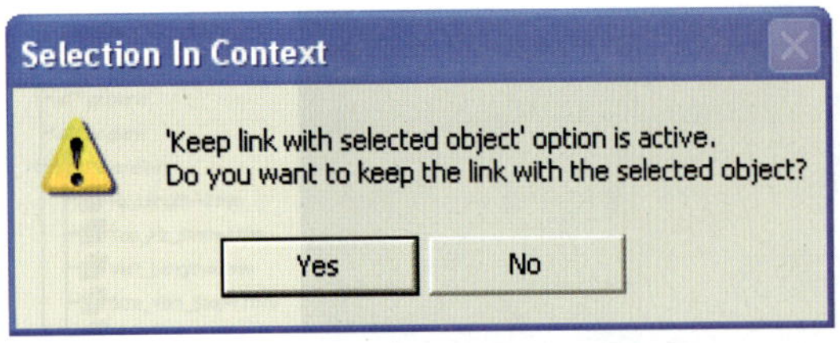

그림 15-42 Selection In Context 대화상자

솔루션의 General 탭에서 찾을 수 있습니다.

활성화할 첫 번째 옵션은 Keep Link with Selected Object입니다. 이 옵션을 선택하지 않고서는 한 파트에서 다른 파트로 Geometry와 정보를 변환하는 것이 가능하지만 링크가 유지되지 않습니다. 해당 정보는 수동적으로 입력된 것처럼 사용되며, Geometry는 No Show 공간에 복사됩니다. 그 후 두 Part 사이에 Link를 생성할 때 다음 옵션을 활성화시키는 것이 좋습니다: Confirm when creating a Link with selected object. 이렇게 하여 그림 15-42처럼 새로운 Live Link가 생성될 때마다 정보를 요구하며 Selection In Context 대화상자가 표시됩니다.

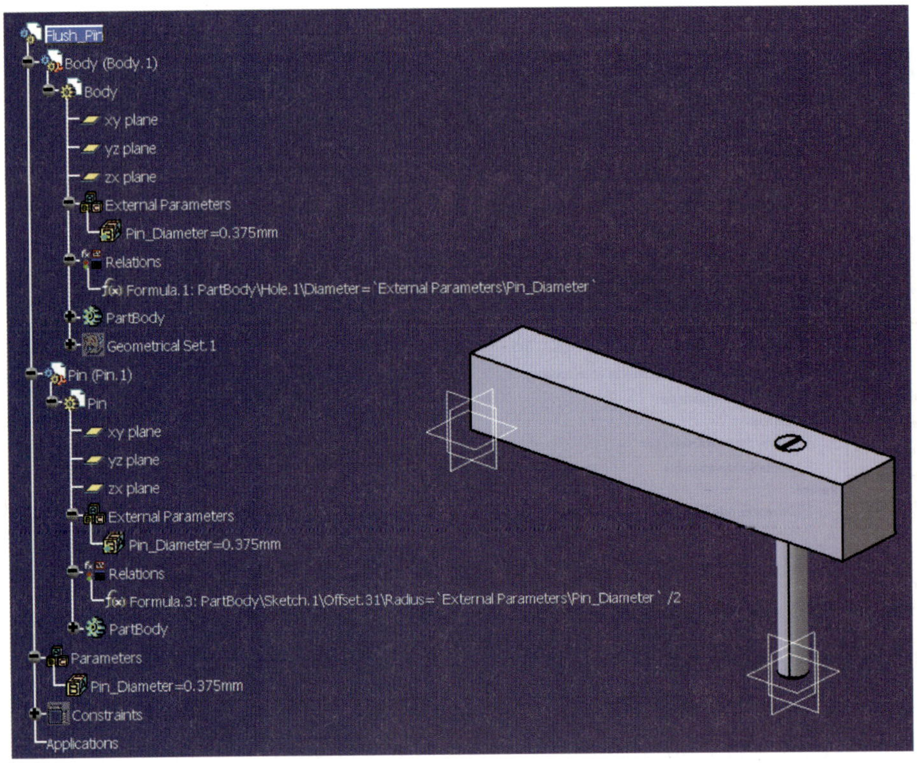

그림 15-43 External Parameters

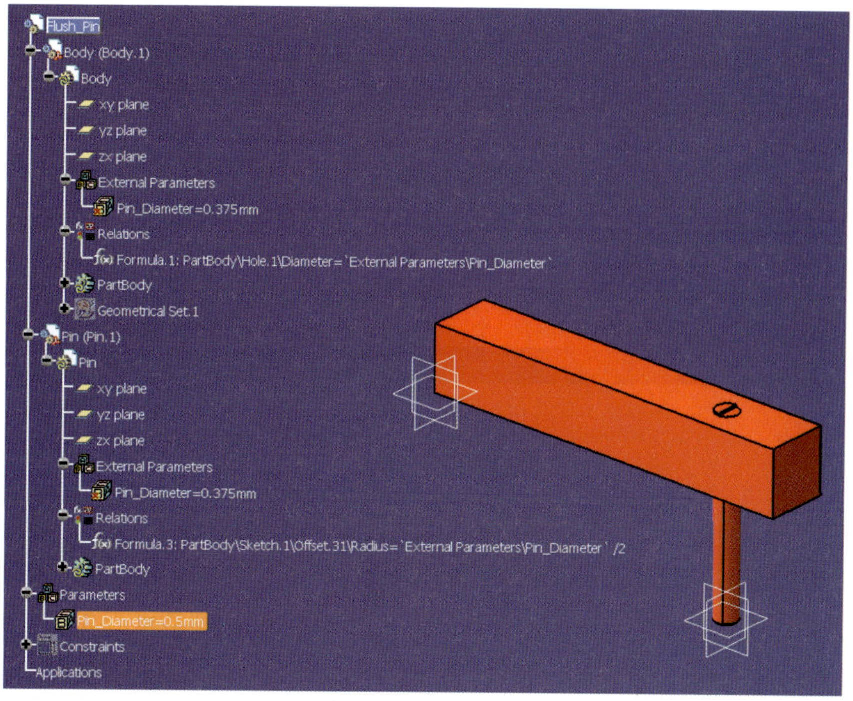

그림 15-44 업데이트가 필요한 Models

In Context 링크를 정의할 때 그림 15-43처럼 다른 Part 또는 Product에 속하는 Parameter에 의해 구동되는 각 컴포넌트의 Specification Tree에서 External Parameter로 이름 지어진 새로운 그룹이 표시됩니다. 이런 경우에는 Product에 원래 있던 Parameter는 그것을 구성하는 두 Part들로 인해 사용됩니다.

일반적 Parameter가 변경될 때, Parameter에 관련된 모든 Part들은 업데이트를 필요로 하며 빨간색으로 변합니다. 한편 그림 15-44처럼 External Parameter 항목 아이콘에 표시되는 초록색 점은 붉은색 X 표시로 대체됩니다.

15.5 Design Table

Design Table은 Parametric Model를 추가하는 데 유용한 도구입니다. 이것은 그림 15-45처럼 Part에 다중 항목을 테이블로 관리할 수 있는 구조를 Microsoft Excel 파일을 기반으로 사용합니다. 이것은 몇 가지 다른 방법으로 생성될 수 있으나 여기서 제안된 방법은 일반적으로 간단하고, Model에 Design Table 항목을 생성하기 이전에 Excel 파일에 데이터를 준비해야 합니다.

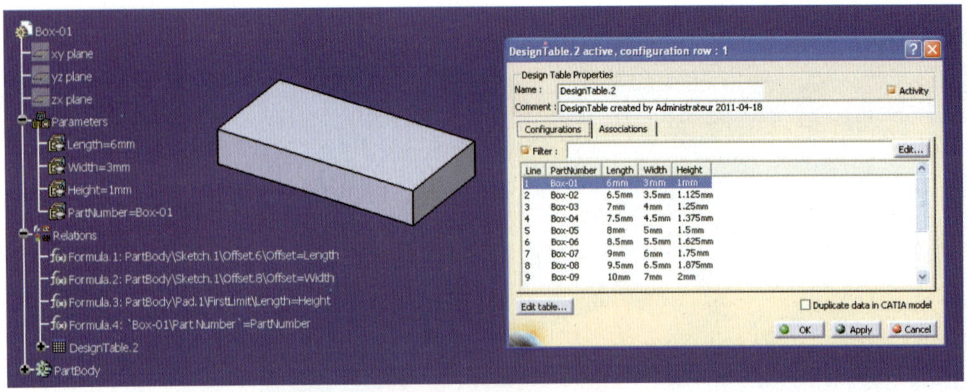

그림 15-45 Design Table

시작하려면 사용자는 Parametric Part를 모델링하고, 요구된 Parameters를 생성하며, 그것에 관련된 변수에 지정해야 합니다. 그후에 String 유형 Part Number로 지정된 Parameter를 생성해야 합니다. 나중에 Design Table과 Catalog의 생성에 영향을 끼칠 수 있기 때문에 문자에 주의할 필요가 있습니다. 이 새로운 Parameter는 그림 15-46처럼 XXX가 처음에는 Part Specification Tree의 헤더이지만 지정된 이후에 Part Number Parameter의 값이 되는 'Box Part Number'로 표시된 내부 Part Parameter로 지정되어야 합니다.

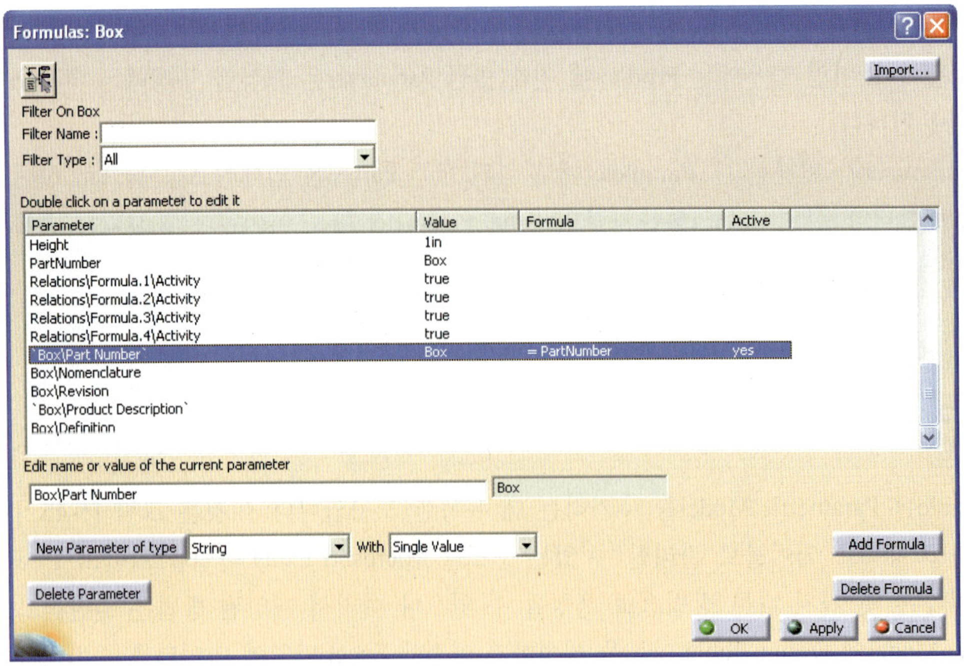

그림 15-46 Part Number Parameter의 지정

	A	B	C	D
1	PartNumber	Length(mm)	Width(mm)	Height(mm)
2	Box-01	6.000	3.000	1.000
3	Box-02	6.500	3.500	1.125
4	Box-03	7.000	4.000	1.250
5	Box-04	7.500	4.500	1.375
6	Box-05	8.000	5.000	1.500
7	Box-06	8.500	5.500	1.625
8	Box-07	9.000	6.000	1.750
9	Box-08	9.500	6.500	1.875
10	Box-09	10.000	7.000	2.000
11	Box-10	10.500	7.500	2.125
12	Box-11	11.000	8.000	2.250
13	Box-12	11.500	8.500	2.375
14	Box-13	12.000	9.000	2.500
15	Box-14	12.500	9.500	2.625
16	Box-15	13.000	10.000	2.750

그림 15-47 Excel File Format

Excel 파일은 그런 다음 생성될 수 있습니다. 그것은 그림 15-47처럼 모든 Parameter의 이름들은 Column Header로 되어 있어야 합니다. 모든 Length Type Parameter는 CATIA®에 명시된 대로 괄호 안에 배치된 각 단위를 지니고 있어야 합니다. 그러지 않으면 Metric Value들이 잘못 해석되어 Model의 큰 왜곡으로 이어질 수 있습니다. 일반적으로 Excel 셀 포맷에 관련된 설정 값 때문에 General에서 Text와 Number로 바꾸는 게 좋습니다. 그런 다음 파일은 저장한 후 닫고, 깨진 링크와 같은 문제를 피하기 위해 항상 CATIA® 파일과 동일한 폴더에 보관되어야 합니다.

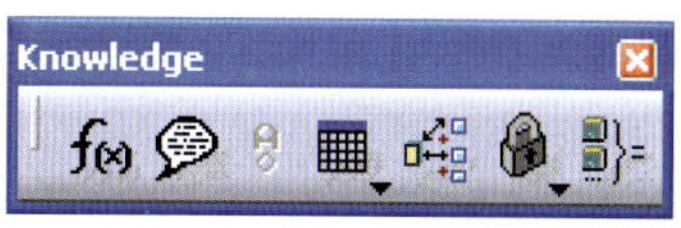

KNOWLEDGE TOOLBAR

Design Table

요약: Design Table을 생성합니다.

사용 순서: Design Table의 이름과 주석을 정의하고 생성 옵션을 진행합니다.

모든 데이터 값이 생성되면 사용자는 Design Table 명령을 활성화시킬 수 있습니다. Creation of a Design Table 대화상자가 화면에 표시되면서 사용자가 Model에 있는 Parameter 또는 기존에 있는 데이터 파일로부터 Table을 생성할 수 있도록 합니다. Excel 파일이 이미 생

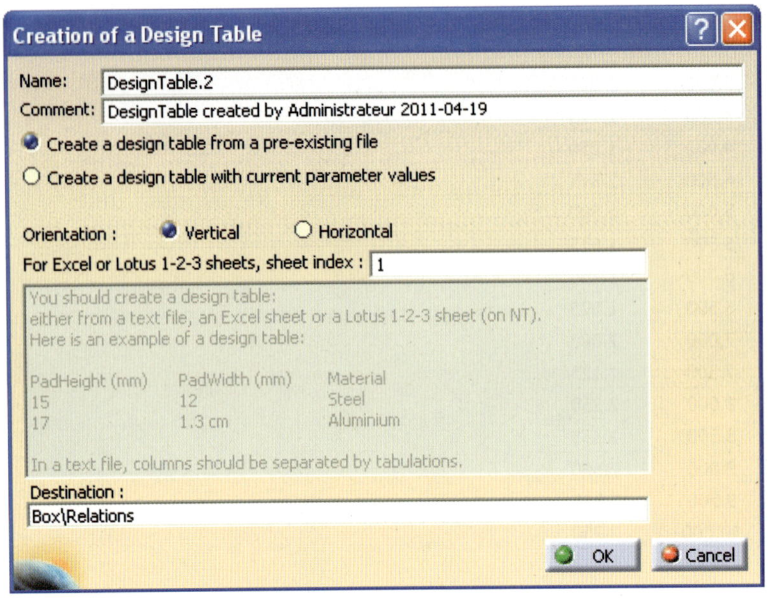

그림 15-48 Creation of a Design Table 대화상자

성되어 있으므로, 그림 15-48처럼 Create a design table from a pre-existing file 옵션을 체크하는 것이 중요합니다. File Selection 대화상자가 표시되며, 사용자는 원하는 Excel 파일을 찾을 수 있도록 검색할 수 있습니다. 그런 다음 선택이 이루어져야 하며, Open 버튼이 클릭되어야 합니다.

그림 15-49처럼 Part Parameter들이 같은 이름을 가진 Excel 파일 Parameter에 지정되어야 하는지를 묻는 'Automatic association' 대화상자가 화면에 표시됩니다. 만약 Parameters가 정의된 동일한 방법으로 Excel Column Header를 입력할 때 주의한다면, 대화상자에 Yes를 클릭해서 Design Table 생성을 완료할 수 있습니다. Table은 Model에 나타나 사용될 준비가 되어 있을 겁니다. Model 설정은 Apply 버튼을 이용해 선택하고 업데이트할 수 있습니다.

만약 Part Parameters는 Excel 파일 헤더와 동일한 방법으로 레이블 되지 않았더라도 Design Table은 생성되지만 그림 15-50(a)처럼 Parameter와는 연결되지 않을 것입니다. 사용자는 그림

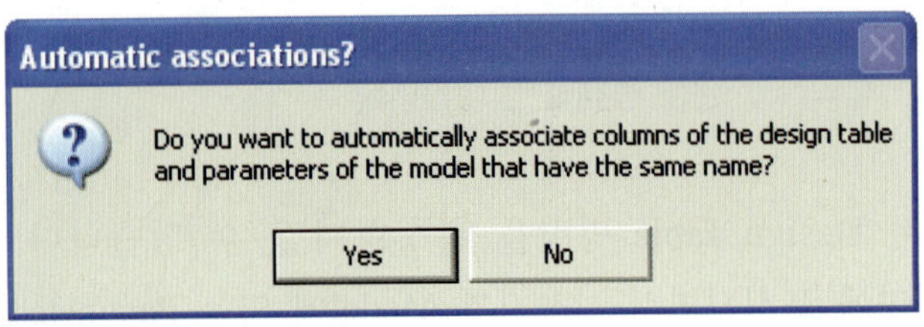

그림 15-49 자동 동기화 확인 대화상자

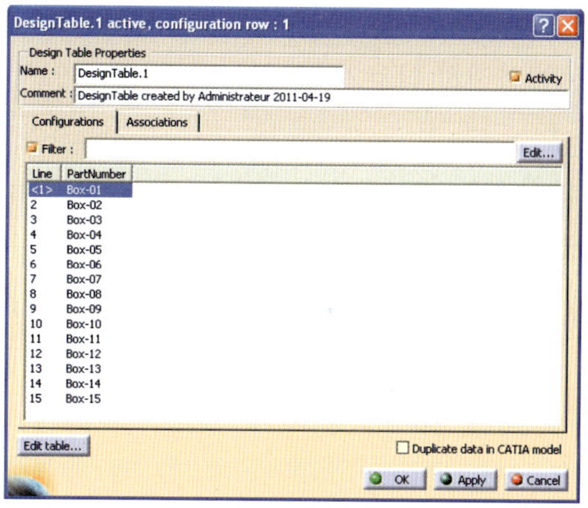

(a) Configuration 탭

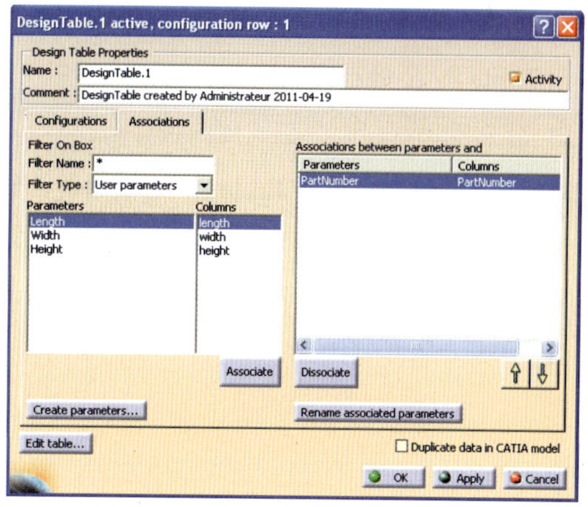

(b) Associations 탭

그림 15-50 Parameters 이름이 불일치하는 경우

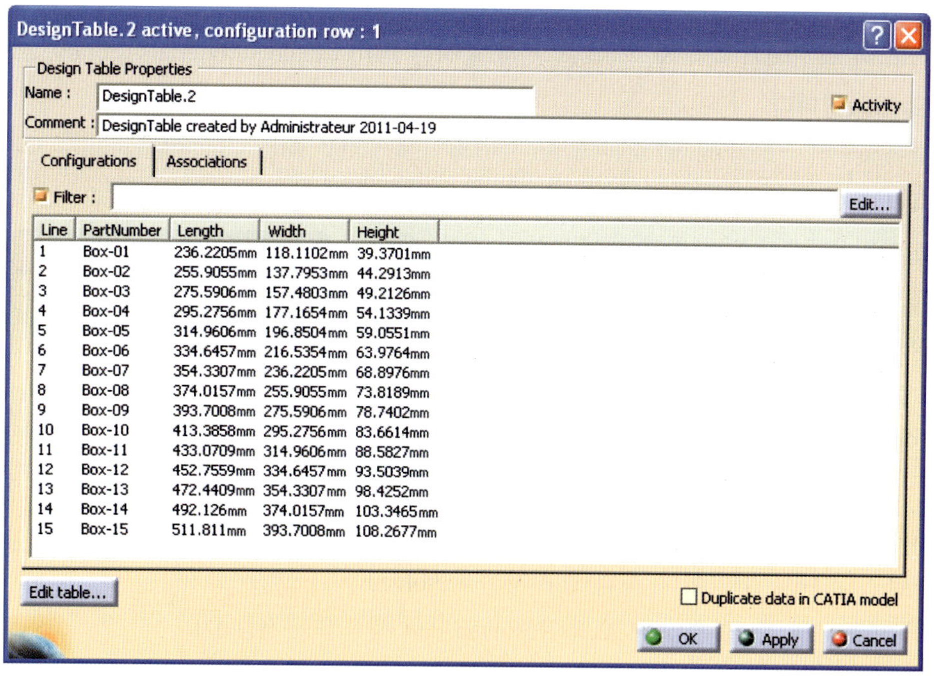

Line	PartNumber	Length	Width	Height
1	Box-01	236.2205mm	118.1102mm	39.3701mm
2	Box-02	255.9055mm	137.7953mm	44.2913mm
3	Box-03	275.5906mm	157.4803mm	49.2126mm
4	Box-04	295.2756mm	177.1654mm	54.1339mm
5	Box-05	314.9606mm	196.8504mm	59.0551mm
6	Box-06	334.6457mm	216.5354mm	63.9764mm
7	Box-07	354.3307mm	236.2205mm	68.8976mm
8	Box-08	374.0157mm	255.9055mm	73.8189mm
9	Box-09	393.7008mm	275.5906mm	78.7402mm
10	Box-10	413.3858mm	295.2756mm	83.6614mm
11	Box-11	433.0709mm	314.9606mm	88.5827mm
12	Box-12	452.7559mm	334.6457mm	93.5039mm
13	Box-13	472.4409mm	354.3307mm	98.4252mm
14	Box-14	492.126mm	374.0157mm	103.3465mm
15	Box-15	511.811mm	393.7008mm	108.2677mm

그림 15-51 스케일된 Table 항목들

15-50(b)처럼 Associations 탭에 들어가 Parameters와 Columns 목록에서 짝지어야 할 Parameter들을 선택한 후, Associate 버튼을 클릭해야 합니다. 만약에 몇몇 Parameter들이 수동으로 지정되어야 한다면 이 작업은 매우 오래 걸릴 수 있습니다. 그래서 처음 헤더 항목을 만들 때 시간을 들여 제대로 하는 것이 중요합니다.

만약에 사용자가 Excel 파일 헤더에 올바른 단위를 추가하는 것을 잊는다면, 그림 15-51처럼 Design Table은 올바르게 삽입되지만 지정된 값들은 완전히 다르게 됩니다. 예를 들어 인치 값이 미터 값으로 해석될 수도 있습니다.

마지막으로, 만약 Design Table를 지정하는 것이 실패한다면, Structure에 추가될 Design Table이 있을 수 있기 때문에 Specification Tree의 Relations 블록을 자세히 보는 것이 중요합니다. 이 항목은 Design Table 정의 간의 충돌을 피하기 위해, 새로운 시도를 하기 전에 삭제되어야 합니다.

15.6 Catalogs와 Libraries

Catalogs는 정보를 효율적으로 관리하는 데 사용됩니다. 다음 단락은 쉽게 쓰일 수 있는 몇몇 Catalog 생성 도구를 다룰 것이지만, 더 깊은 Catalogs 어플리케이션은 적절한 디자인으로 만들 수 있습니다. 이 섹션에서 다루게 될 다른 문서 형식은 Parts Catalog, Materials Library, 그리고 Drafting Catalog입니다.

PARTS CATALOG

Parts Catalog 파일은 File⇨New 풀다운 메뉴에서 바로 생성될 수 있습니다. 그림 15-52처럼 Catalog Document 항목을 선택할 수 있는 New 대화상자가 표시됩니다.

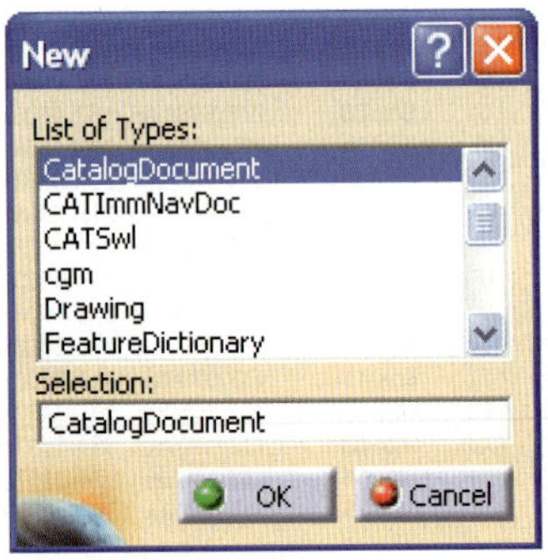

그림 15-52 새로운 Catalog File 생성하기

다음으로 그림 15-53처럼 새로운 Catalog Document 인터페이스는 사용자에 표시됩니다. Catalog 항목들을 생성하기 이전에 Part들을 검색할 때 시간을 절약하기 위해 논리적인 Catalog Structure를 디자인하는 데 공들일 필요가 있습니다.

Catalog 인스턴스는 단일 파일이나 폴더에 저장된 Resolved Part 파일로부터 만들어질 수 있습니다. 오직 Resolved Part 생성만이 이 섹션에서 다루어지고 있습니다.

적절한 폴더에 Part들을 생성하기 위해서는 그림 15-54처럼 Options 대화상자에 들어가 Catalog Editor 솔루션을 선택하고, Instantiate only resolved family components 옵션을 체크한 후, Folder 수정상자의 오른쪽에 있는 아이콘을 클릭해 원하는 폴더를 검색합니다.

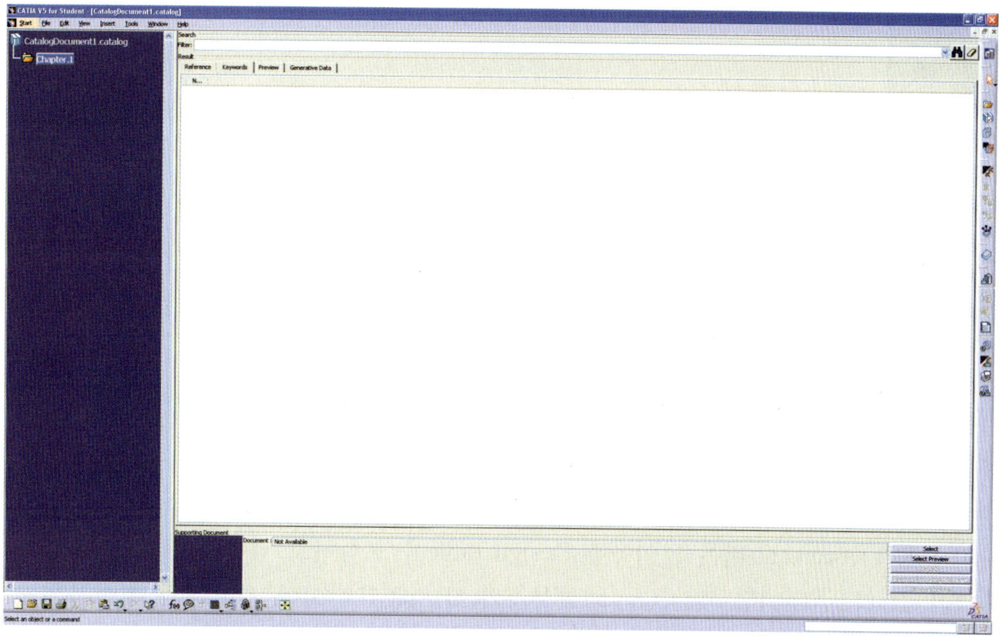

그림 15-53 Parts Catalog Document 사용자 환경

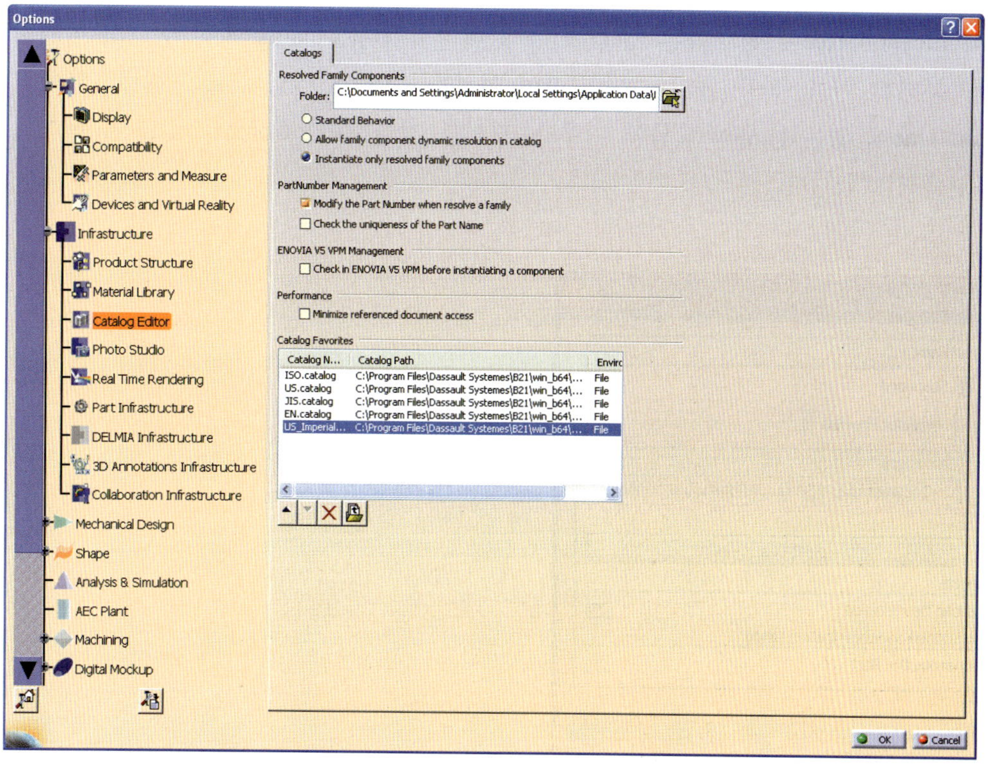

그림 15-54 Options 대화상자–Catalog Editor

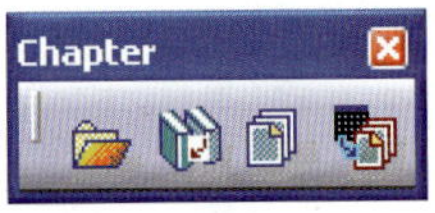

CHAPTER TOOLBAR

Add Part Family

요약: Part Family를 생성합니다.

사용 순서: Panel에 Family 정보를 입력합니다.

Add Part Family 도구는 사용자가 Catalog의 Chapter에 Structure Element를 생성할 수 있도록 합니다. 그림 15-55처럼 명령이 실행될 때, Part Family Definition 대화상자가 뜨면서 사용자에게 Name 수정상자에 문자열을 입력함으로써 새로운 Family를 식별할 것을 요구합니다. 또한 사용자가 Select Document 버튼을 이용해 Design Table을 포함하고 있는 문서를 첨부할 수 있도록 합니다. 그 다음에는 File Selection 대화상자가 화면에 표시되며, 사용자가 폴더들을 검색하고 Parametric 파일을 열 수 있도록 합니다.

파일이 선택되면 새 Family 생성을 완료하기 위해 OK 버튼을 클릭할 수 있습니다. 새 미리보기 형식의 이미지는 새로운 Family를 식별하기 위해 Preview 탭에 추가되며, Family 항목은 Catalog Specification Tree에 활성화된 Chapter 아래 나타납니다. Catalog 개체 생성의 마지막 단계에서는 분해한 다음, 전용 폴더에 다른 Part 설정을 만드는 것입니다. 그림 15-56처럼 Specification Tree에 있는 Family 항목에 마우스 커서를 갖다 대고 Context Menu에 들어가 Resolve 옵션을 선택합니다.

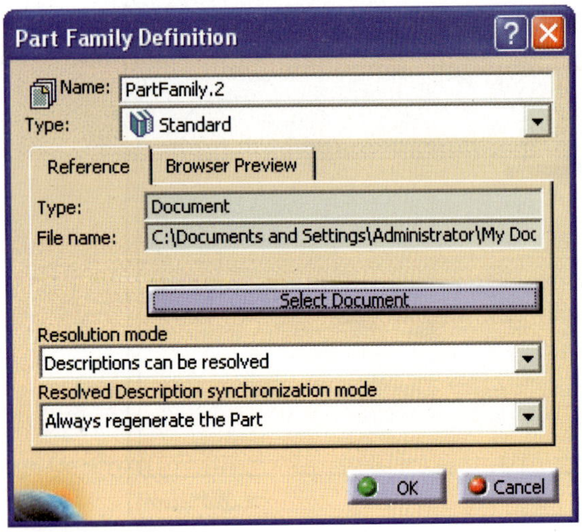

그림 15-55 Part Family 정의

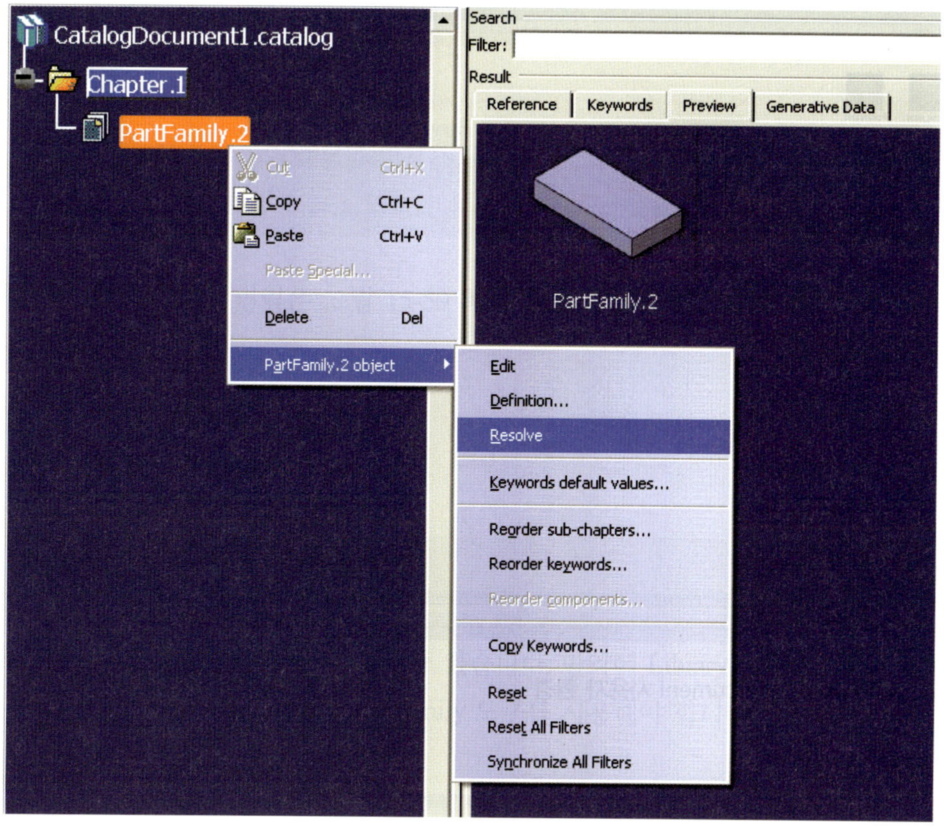

그림 15-56 Resolving Parts

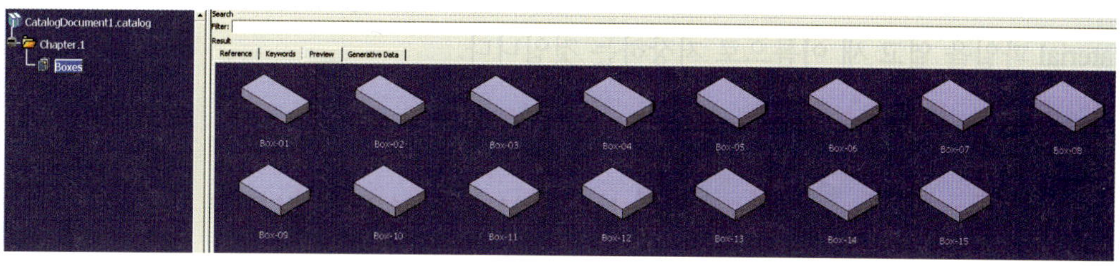

그림 15-57 Resolved Parts

분해 시간은 Parametric Part의 복잡성과 고려해야 할 설정의 수에 따라 오래 걸릴 수도 있습니다. 완결이 되면 그림 15-57처럼 Catalog Specification Tree에 있는 Family 항목을 더블클릭하여 Family 항목 하나하나를 식별하는 미리보기 이미지를 볼 수 있습니다. 그런 다음 Catalog 문서는 File⇨Save 풀다운 메뉴를 이용해 저장될 수 있으며, 새로 만들어진 Parts 중 하나에 삽입할 Product에 사용될 수 있습니다.

New Material

요약: 새 재질을 생성합니다.

New Material 도구는 사용자가 선택된 Family에 새 Material 항목을 생성할 수 있게 합니다. 이 새 Material은 Material의 Context Menu에 있는 Properties 옵션 또는 Edit Material 도구를 사용하여 접근할 수 있는 속성들을 갖고 있습니다. Material의 속성들은 그림 15-60처럼 Rendering, Feature, Analysis, Composites, 그리고 Drafting과 관련되어 있습니다. 생성하고자 하는 Material에 따라, Material 드롭다운 메뉴와 Analysis, Composites 탭에 있는 Material Type 체

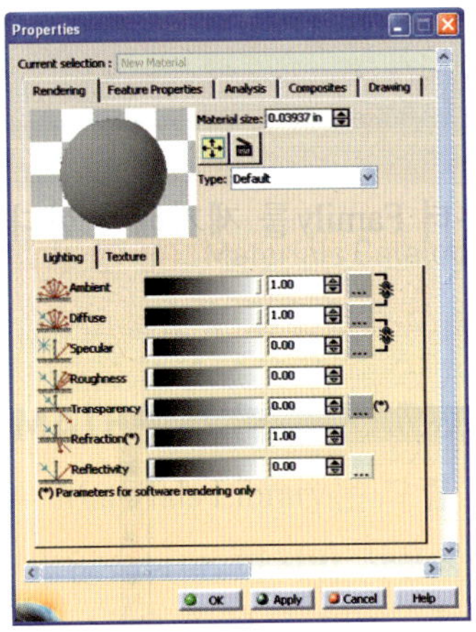
(a) Rendering

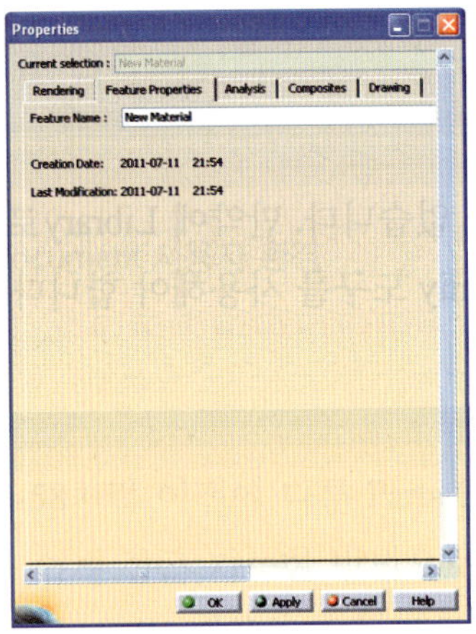
(b) Feature Properties

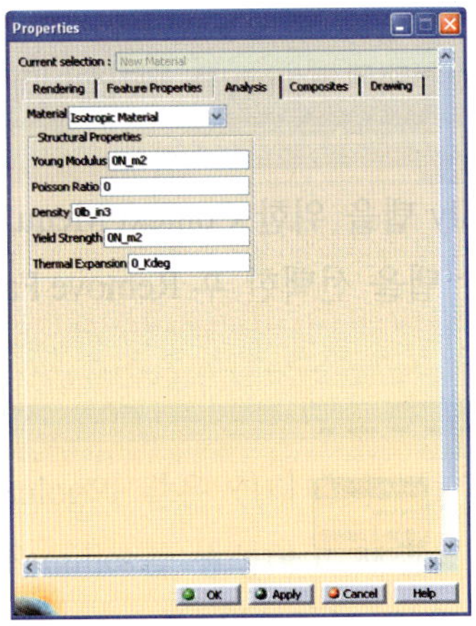
(c) Analysis

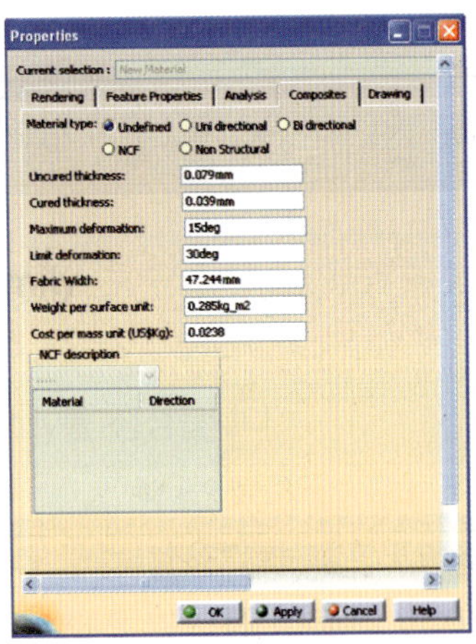
(d) Composites

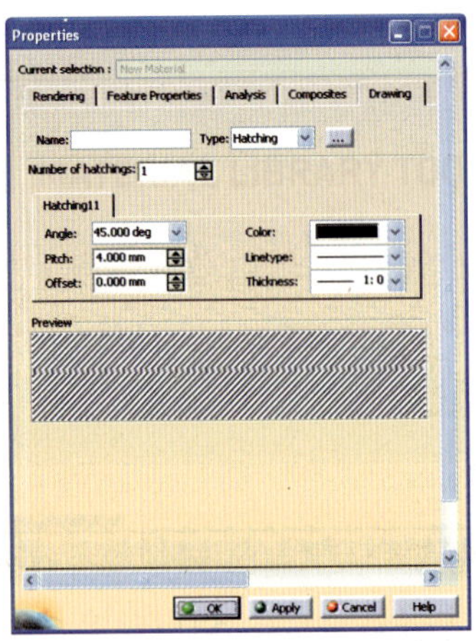
(e) Drawing

그림 15-60 Material 속성

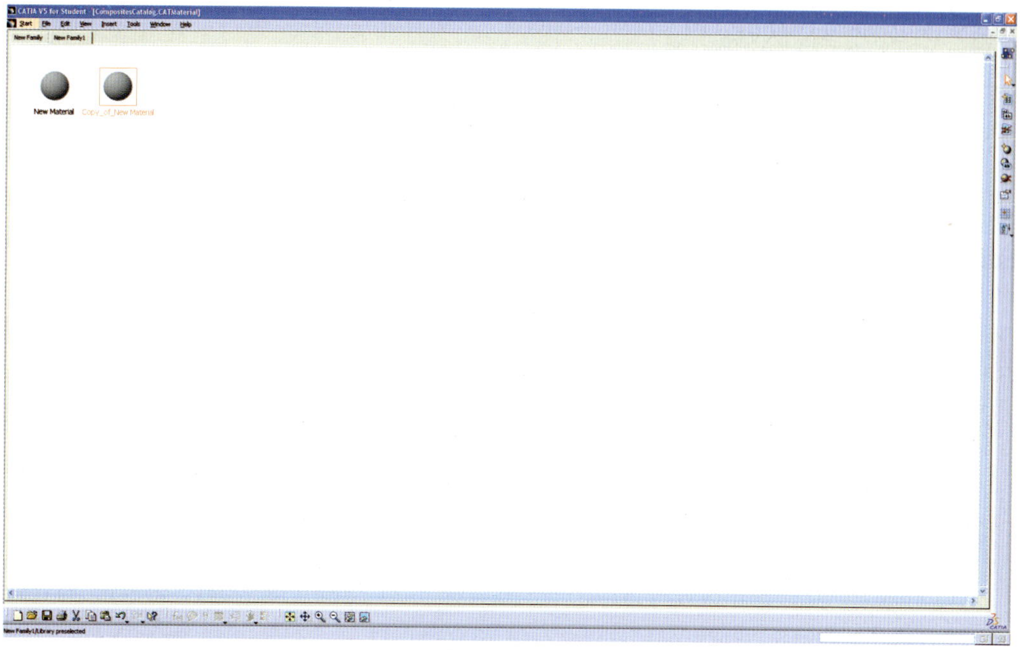

그림 15-61 Material 복사하기

크상자 내에서 적절한 선택을 해야 합니다.

Family의 첫 번째 Material이 정의된다면, 그림 15-61처럼 새 Material을 빠르게 생성하는 방법은 기존에 있던 것을 복사해 붙여넣은 후, Properties를 올바르게 정의하기 위해 복사된 것을 수정합니다. 이것은 하나의 Family 또는 여러 Families 내에서 할 수 있습니다.

Rename Material

요약: 선택된 재질의 이름을 변경합니다.

사용 순서: 새 재질 이름을 입력합니다.

Rename Material 도구는 Rename Family와 동일한 방법으로 사용됩니다. Material의 새 식별을 입력할 수 있도록 New Name 대화상자를 표시합니다.

Remove Material(s)

요약: 선택된 재질을 제거합니다.

Families로는 Context Menu를 이용하여 Material을 제거하는 것은 불가능합니다. Remove Material(s) 도구는 이 작업 전용이며, 탭에 미리 선택하여 한 번에 여러 재질을 삭제할 수 있는 옵션을 제공합니다.

Edit Properties (Alt-Enter)

요약: 선택된 개체의 속성을 표시 및 편집합니다.
사용 순서: 탭 페이지를 선택해 속성을 보거나 편집합니다.

Edit Properties 도구와 Material의 Context Menu의 Properties의 옵션 또한 사용자에게 제공되는 다섯 가지 다른 탭 페이지를 통해 Material Properties의 값을 변경하는 데 사용될 수 있습니다. 또한 Library의 변경을 유지하기 위해서는 파일을 닫기 전에 File⇨Save 풀다운 메뉴를 이용해 .CATMaterial 파일을 제대로 저장하는 것이 중요합니다.

DRAFTING CATALOG

Drafting Catalog은 특별한 방법으로 포맷되어 있는 .CATDrawing 파일로부터 생성됩니다. 이것은 그림 15-62처럼 ISO, ASME 등과 같은 적절한 치수 규격 설정을 사용하여 새로운 드로잉 파일을 생성하는 것으로부터 시작합니다.

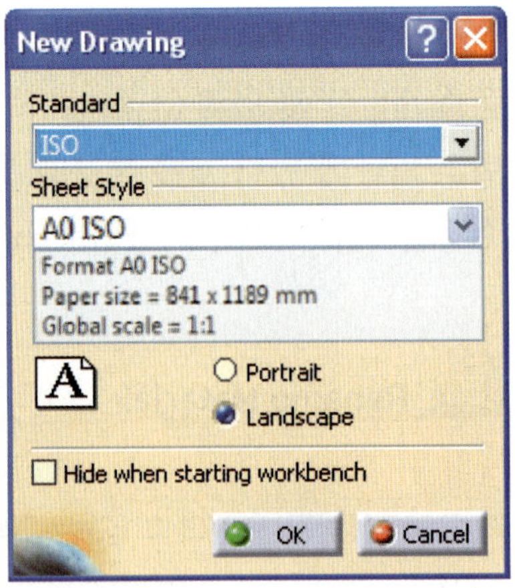

그림 15-62 New Drawing File

새로운 드로잉 파일이 생성되면, 그림 15-63처럼 2D 컴포넌트의 새 Family를 생성하기 위해 Insert⇨Drawing⇨Sheets⇨ New_Detail_Sheet 풀다운 메뉴를 사용하여 문서에 새 Detail Sheet 삽입을 하는 것이 중요합니다. 각 새 Detail Sheet는 Drafting Catalog에 다른 Family로 간주됩니다.

2D 컴포넌트를 생성하기 위해서는 Details Sheet에 전용 View를 생성한 후, 삽입 지점으로 사용되기 때문에 View의 원점을 참조로 사용하여 컴포넌트의 Geometry를 그리는 것이 중요합니다.

Catalog Document의 더 나은 표시 방식을 갖기 위해서 Drawing Specification에 있는 각 Sheet 식별 항목을 더블클릭하여 그림 15-64처럼 활성화시키고 2D Axis가 Sheet의 View에 보이지 않는 것을 확인하는 것이 좋습니다. 이것은 Catalog에 있는 각 2D 컴포넌트의 선명한 버전을 보여줄 것입니다.

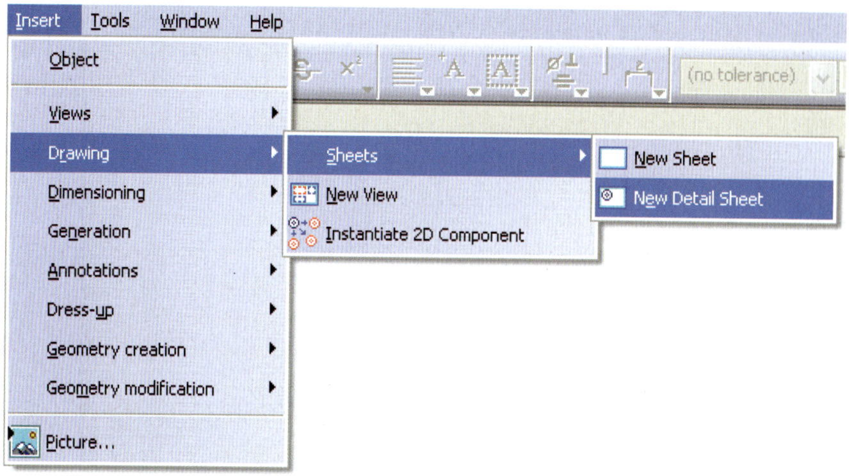

그림 15-63 New Detail Sheet 삽입하기

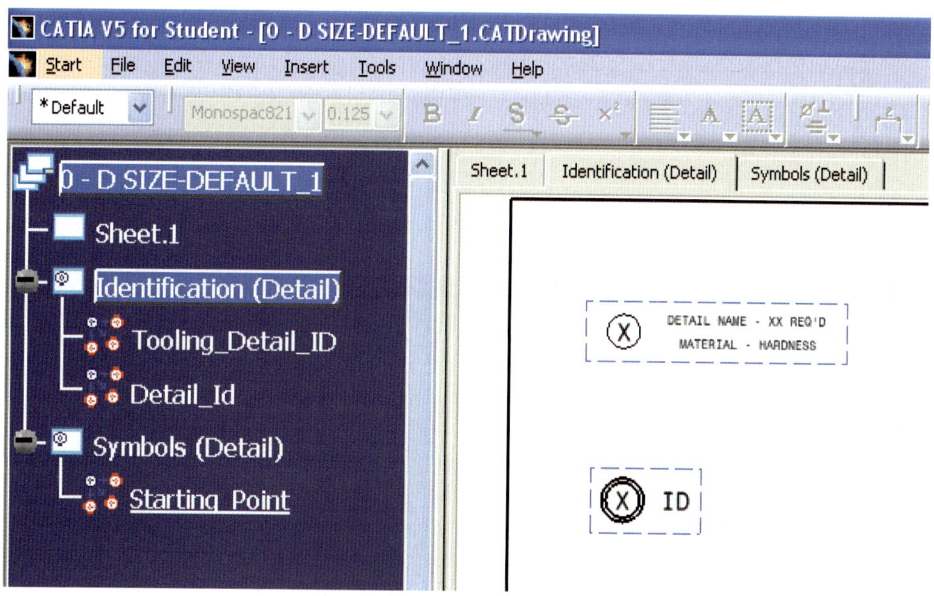

그림 15-64 2D Catalog Component 구조

Drafting File은 그림 15-65처럼 드롭다운 목록에서 적적한 항목을 선택하여 Catalog 문서로 저장될 수 있습니다.

그런 다음 해당 문서는 Catalog Browser 도구를 이용해 Drawing File에서 접근할 수 있습니다. Catalog 문서가 배치되고 열리면, 그림 15-66처럼 Catalog 인터페이스에 있는 Family 항목의 어떤 2D Component를 접근할 수 있습니다.

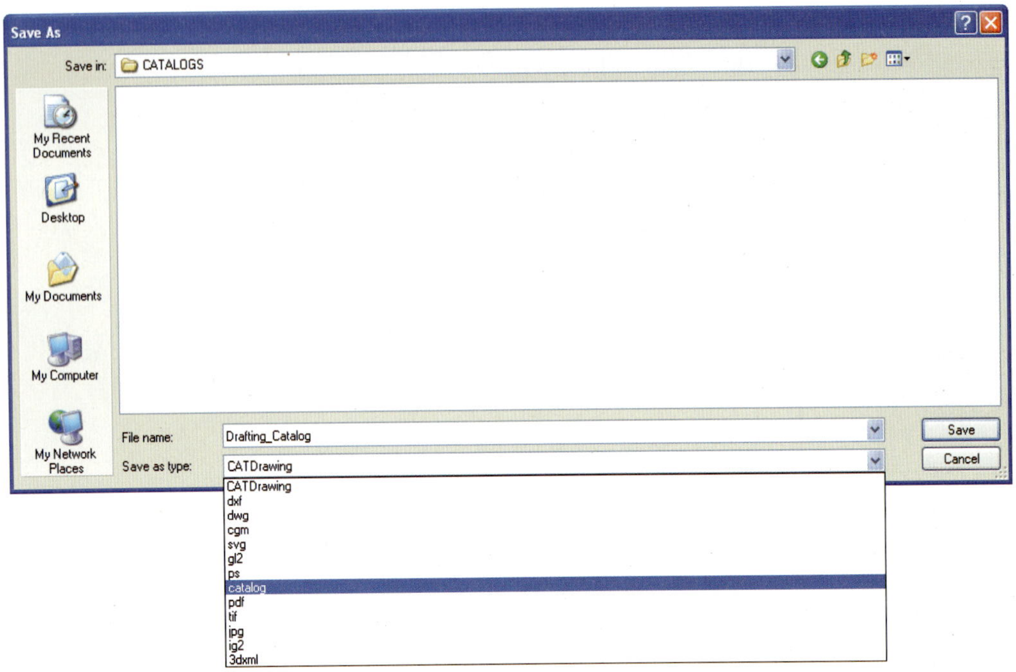

그림 15-65 Saving 2D Catalog Document

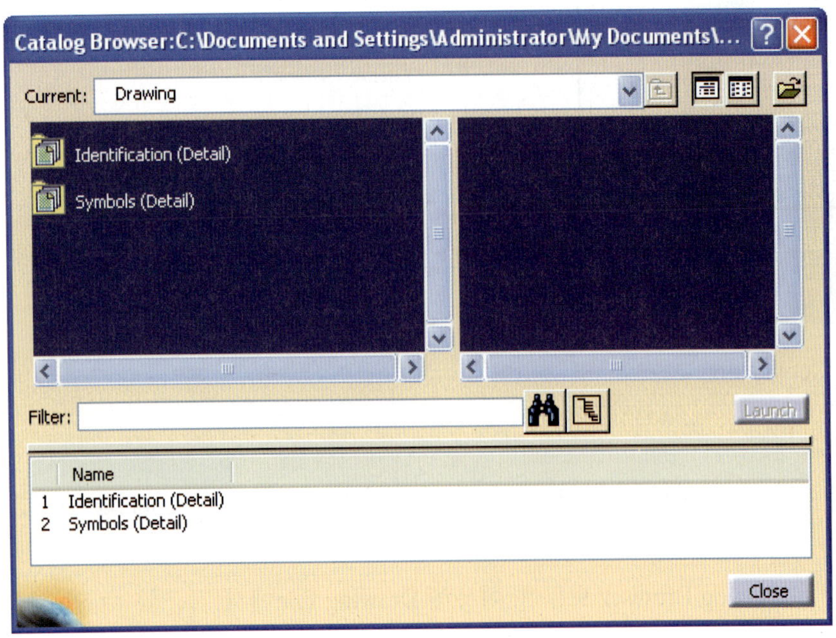

그림 15-66 2D Catalog Document 사용자 환경

15.7 Assembly Skeleton Structure

Skeleton Structure는 In-Context 모델링의 기초이며, Part들 사이의 링크를 사용하는 다른 방법입니다. 아이디어는 Skeleton 컴포넌트에 저장된 전용 Reference Part의 많은 Assembly 구성원들로 인해 재사용되는 Geometry를 만드는 것입니다. 그런 다음 Assembly 환경에 대한 참조와 Machine Tool, 몇몇 특정 Part 정의 데이터 등을 지니도록 여러 다른 Skeleton Part들을 생성할 수 있습니다.

Skeleton Structure를 만들기 이전에 먼저 확인해야 할 것은 In-Context 링크들이 유효하도록 적절한 설정이 되어 있는지입니다. Options 대화상자의 Part Infrastructure 솔루션에서는 그림 15-67처럼 Keep link with selected object와 Confirm when creating a link with selected object 체크상자가 선택되어 있는지 확인하는 것이 중요합니다.

그 이후에 Skeleton Structure는 Main Assembly에 생성될 수 있습니다. 그림 15-68에 제공된 예시에서는 기본 Die-Tool Skeleton Structure가 .CATProduct 파일에 생성되어 있습니다. 그것은 두 컴포넌트를 포함하고 있는데, 그중 한 가지는 Die Geometry 환경으로부터 정의된 Cast

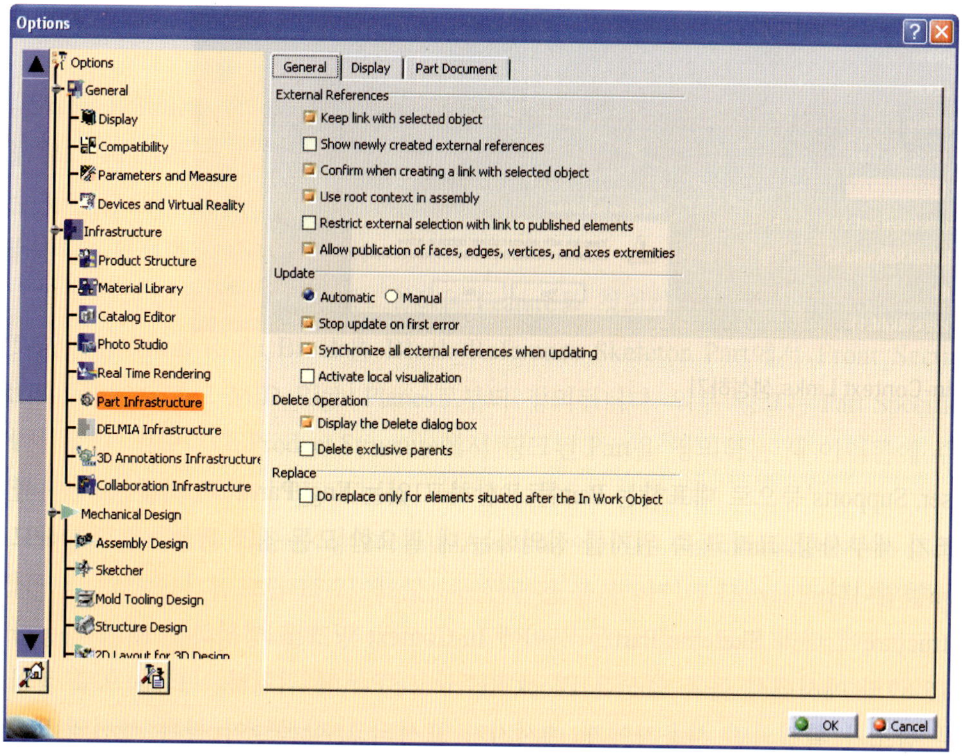

그림 15-67 In-Context Modeling 설정 옵션

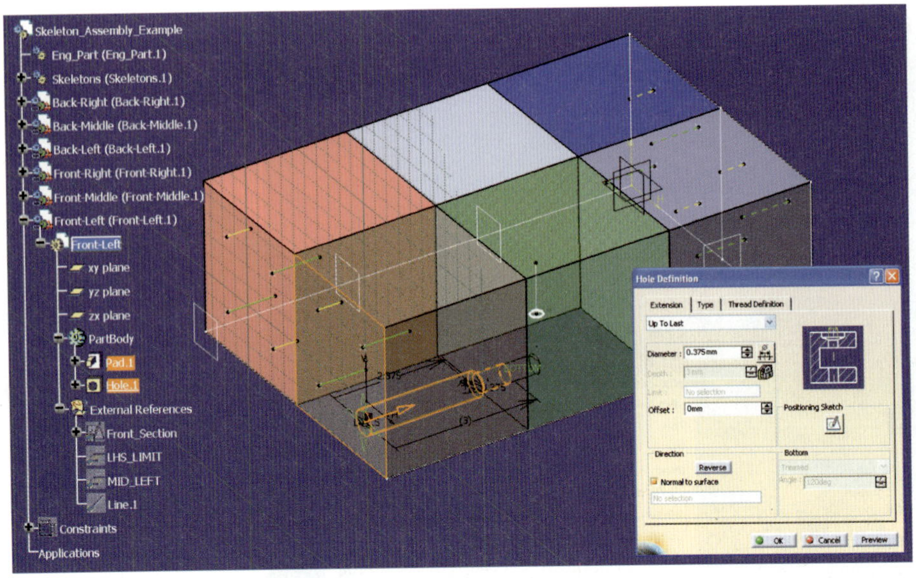

그림 15-71 In-Context상에서 Hole Parameters 정의하기

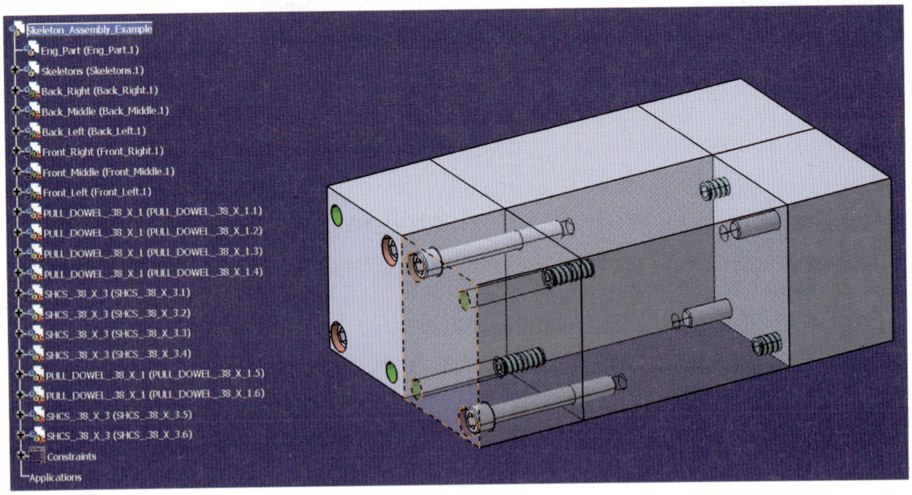

그림 15-72 완성된 Skeleton Structure

정의는 Contact Planes 또는 고르지 못한 축들 사이의 간섭이나 위험 없이 몇몇 Skeleton Part들로부터 변경될 수 있습니다.

그림 15-72는 완성된 Geometry를 보여주고 있습니다.

15.8 Power Copy

Power Copy는 한 Part에 유지되거나 또는 Catalog을 통해 제공되는, 즉시 사용할 수 있는 모델링 배열의 집합으로 간주될 수 있습니다. 여기에 관련된 Geometry는 필요에 따라 매우 복잡할 수 있습니다. 모든 경우에는 사용자가 결과 Geometry를 제어할 수 있도록 정의되는 Model을 주의해서 준비하는 게 필요합니다.

Power Copy Structure에 대한 아이디어는 독립된 Skeleton에 정의 Context에서 다른 Part의 비슷한 Context로 변환될 수 있는 연결된 Element들의 일련을 만드는 것입니다.

첫 번째 예시에는 15개의 등거리 점들을 이용해 멀티세그먼트 곡선으로부터 Spline Curve를 재정의하기 위해 Power Copy Element가 생성됩니다. 이것은 그림 15-73처럼 몇몇 경우에는 더 나은 서피스 품질을 얻기 위해 사용될 수 있습니다.

Create Datum

요약: Datum Feature는 한 번의 클릭으로 한 Feature를, 더블클릭으로는 모든 Feature를 생성합니다.

Create Datum 스위치형 도구는 사용자가 History가 없고, Part Specification Tree에 빨간색 번개 기호가 있는 항목으로 표시되는 Geometry Element를 생성할 수 있게 합니다. 링크가 안 된 Element를 생성하기 위해서는 이전에 도구를 On으로 전환하거나 원하는 Datum Element를 생성하는 동안에 전환해야 합니다. 정보 메시지에 언급했듯이, 여러 Element들은 해당 아이콘을 더블클릭하여 생성될 수 있습니다. 그림 15-74는 공간에 네 개의 점으로부터 생성된 Datum 곡

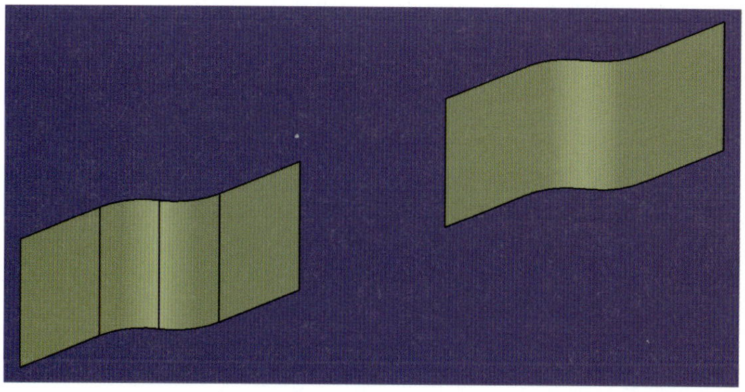

그림 15-73 서피스 Quality 비교

선을 보여줍니다. 만약 점들이 History를 유지하고 있더라도, 곡선은 이제 그것들의 위치로부터 독립되어 있습니다.

필요한 모든 Datum Element가 생성되면, 사용자가 나중에 재사용되어야 할 링크된 Geometry

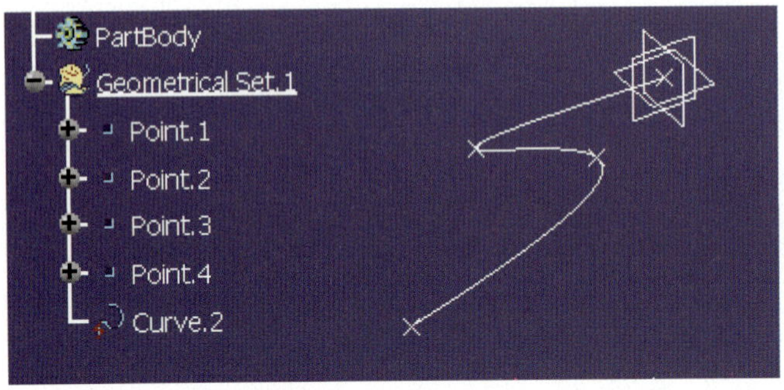

그림 15-74 Datum Curve

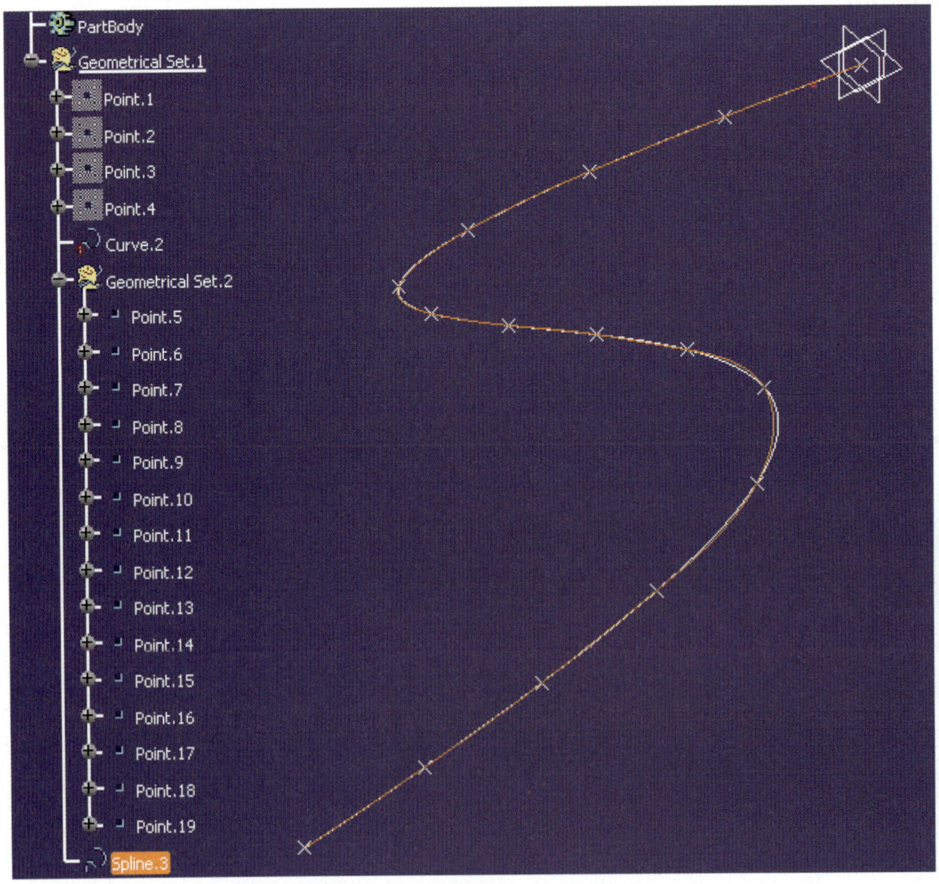

그림 15-75 Power Copy Geometry

Elements를 생성하는 것이 가능합니다. 프로세스의 반복을 가능하게 하기 위해서는 Element를 논리적인 순서로 생성하고 선택하는 데 주의해야 합니다. 주어진 예시에는 Datum Curve로부터 Endpoint를 포함하여 15개의 등거리에 점들이 생성되며, 그림 15-75처럼 점들은 스플라인 곡선에 접합니다. 다른 숫자의 Point를 통해 정의되므로 정의된 곡선과 스플라인 곡선 사이에는 일부 편차가 존재할 수 있다는 점에 유의합니다. 더 복잡한 곡선이 있는 유사한 상황에서는 일부 Power Copy 도구들은 20, 25, 30 등, Defining Points를 사용하기 위해 생성될 수 있습니다.

REPLICATION TOOLBAR–GENERATIVE SHAPE DESIGN

PRODUCT KNOWLEDGE TEMPLATE–PART DESIGN

Create a Power Copy

요약: Power Copy를 만듭니다.
사용 순서: 포함할 Element를 선택합니다.

Create a Power Copy 도구는 사용된 Workbench에 따라 다른 툴바에서 찾을 수 있습니다: 여기서는 GSD와 Part Design Workbench의 툴바들이 소개되었습니다.

이 도구는 최소한의 또는 포괄적 데이터 입력을 할 수 있으며, 멀티 탭 요소를 가진 대화상자 형태로 제시됩니다. 도구가 실행되면 Definition 탭이 표시됩니다.

도구를 활성화할 때 사용자가 먼저 해야 할 것은 원하는 최종 결과 Element를 선택하는 것입니다. 이것은 Selected Components 창에 선택된 Element를 표시하며, 그림 15-76처럼 자동적으로 컴포넌트 창에 입력된 정의 Element들을 모두 표시합니다.

정의 Element들은 Power Copy의 재사용을 가능하게 하기 위해 일반적으로 최소로 유지되어야 합니다. 이런 경우에는 최종 스플라인 곡선을 생성하기 위해서는 이것에 Datum Curve 하나와 15개의 점들이 연결되어야 합니다. 그런 다음 Power Copy 도구를 사용해 생성하기 위해 Selected Components 창에 있는 링크된 정의 Element들을 움직이는 것입니다. 마지막에는 그림 15-77처럼 오직 Datum Curve만이 Inputs of Components 창에 표시됩니다. Powercopy Definition 대화상자는 많은 양의 Element들을 선택할 수 있도록 크기를 조절할 수 있습니다.

Power Copy에 하나 또는 여러 Inputs이 있으면, 이름을 변경하기 위해 Inputs 탭에 접근하는 것은 좋은 연습이 됩니다. 그림 15-78처럼 창에서 Input Element를 선택하여 Name 수정상자에 입력해 식별을 가능케 할 수 있습니다.

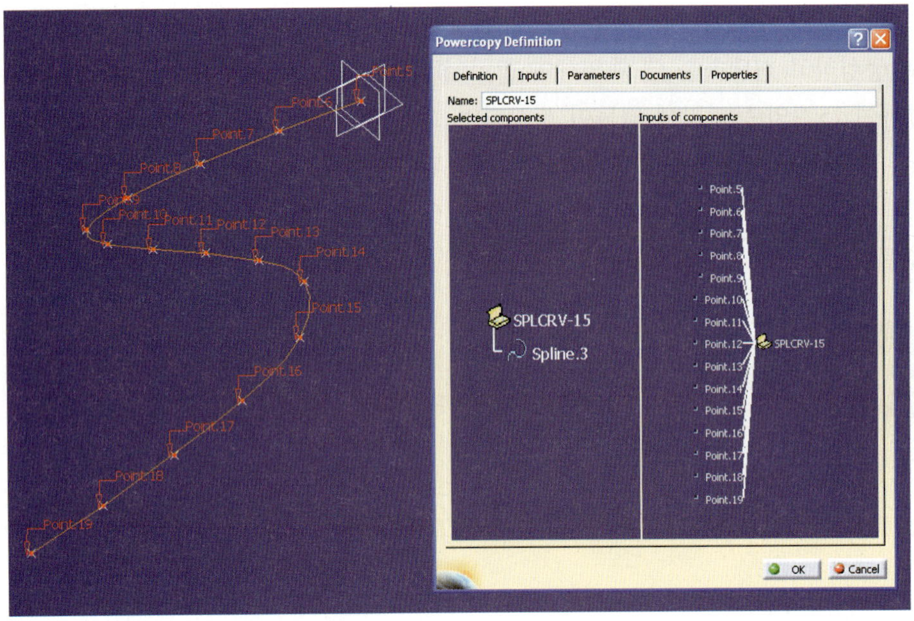

그림 15-76 Power Copy 원본 정의

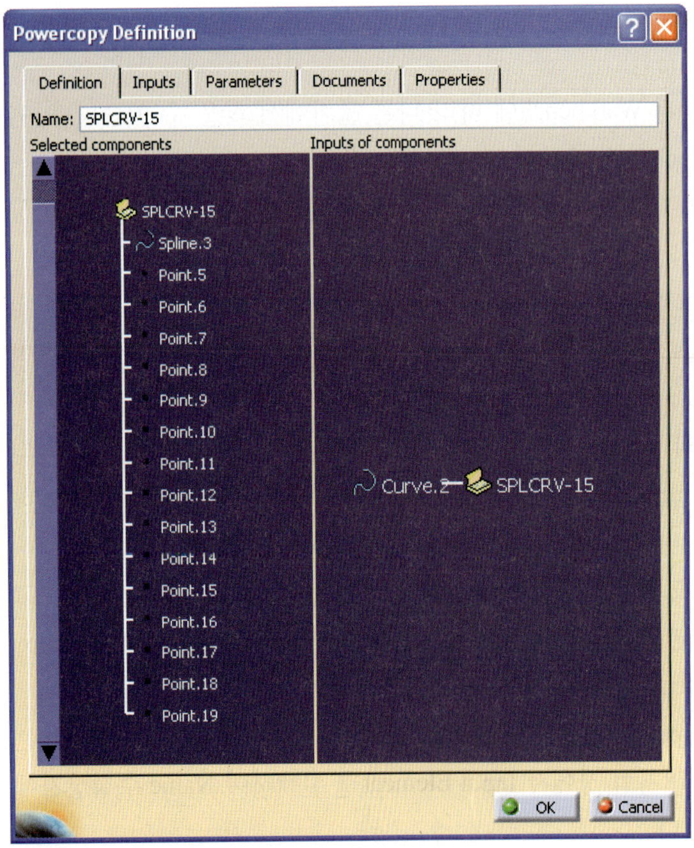

그림 15-77 Definition Element 구성

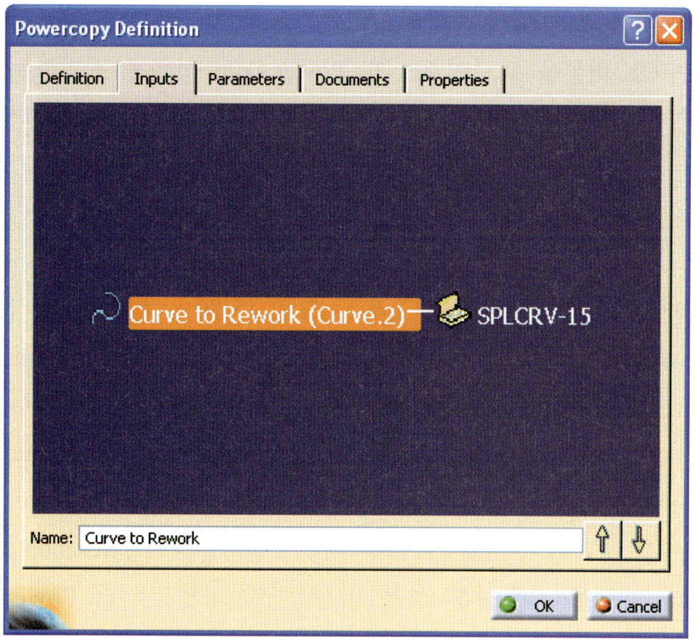

그림 15-78 Inputs 요소 이름 재정의하기

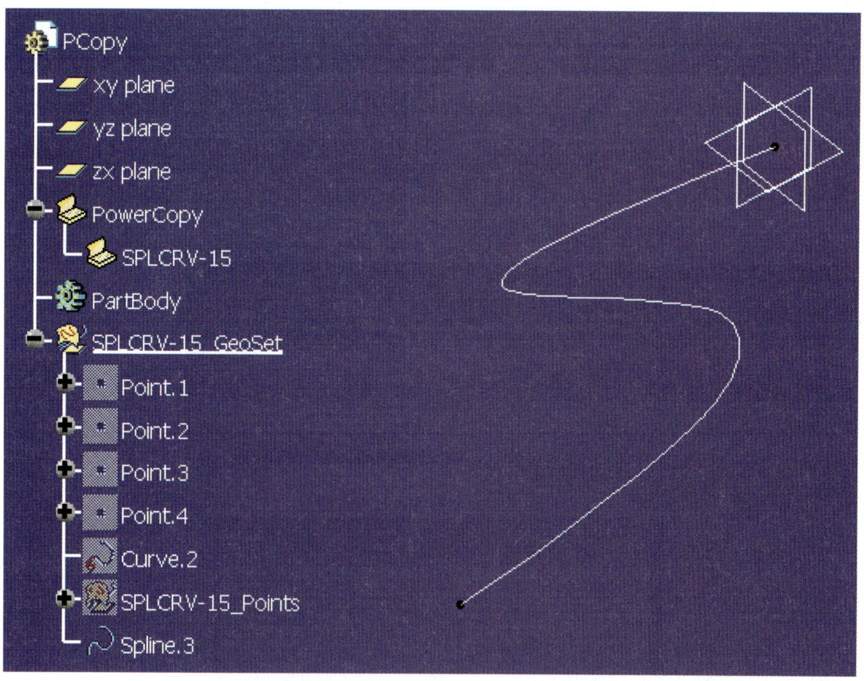

그림 15-79 완성된 Power Copy

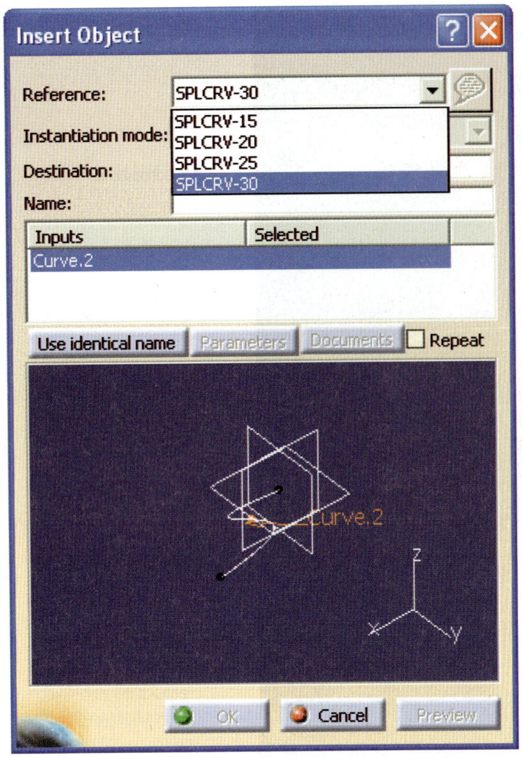

그림 15-83 다중 Power Copy 정의 파일 사용하기

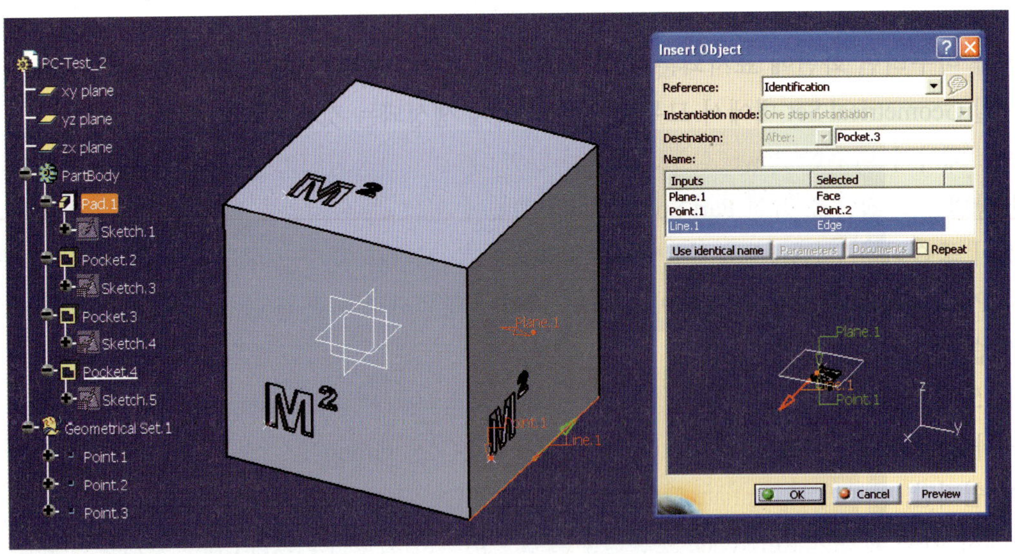

그림 15-84 Identification 예시

15.9 Customized Toolbars and Commands

툴바를 사용자 지정하면 다른 툴바에서 사용 가능하며, 자주 사용하는 명령을 찾는 시간을 단축할 수 있습니다. 맞춤형 툴바를 생성하기 위해서는 제2장에 설명된 방법으로 Customize 대화상자에 들어가야 합니다. 대화상자가 표시되면, 그림 15-85처럼 사용자는 Toolbars 탭을 선택 후, New 버튼을 눌러 툴바 생성 대화상자를 실행합니다.

New Toolbar 대화상자는 화면에 표시되며, 사용자는 제안된 이름을 좀 더 자세한 것으로 바꿀 수 있으며, 심지어 그림 15-86처럼 Model로 사용하기 위해 Workbench로부터 기존 툴바를

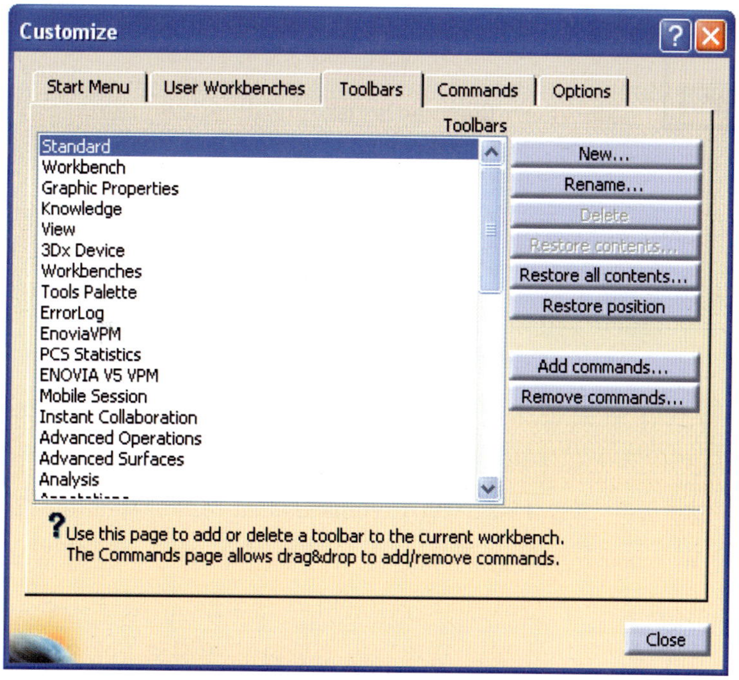

그림 15-85 Customize 대화상자–Toolbar 탭

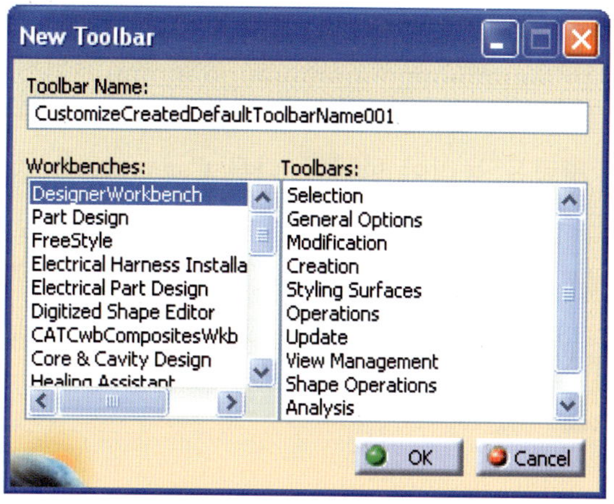

그림 15-86 New Toolbar 대화상자

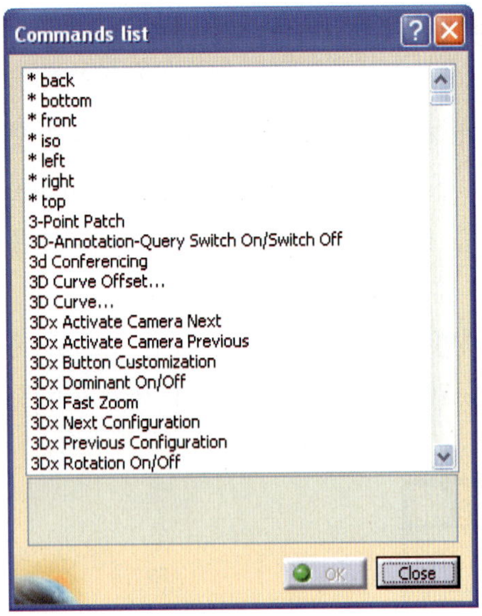

그림 15-87 Commands List

그림 15-88 Customized 툴바

선택할 수 있습니다. OK 버튼을 누르면 빈 툴바가 생성되며, Add Commands 버튼을 클릭해서 명령을 추가할 수 있습니다.

모든 사용 가능한 CATIA®의 명령들은 그림 15-87처럼 Commands List 대화상자에 표시됩니다. 사용자는 여러 가지 툴바나 Workbench를 찾는 데 시간을 낭비할 필요 없이 그날의 필요를 완전히 충족하는 다른 옵션들을 검색할 수 있고 맞춤화된 툴바를 생성할 수 있습니다. 그림 15-88에 보인 툴바는 목록의 첫 부분으로부터 몇몇 명령들을 선택하여 예시로 만들어졌습니다.

또 다른 유용한 맞춤화 노하우는 일반 명령에 단축키 또는 별명 지정하는 것을 포함합니다. 이것은 Customize 대화상자의 Commands 탭에 들어가서 할 수 있습니다. 단축키를 지정하려면 대화상자를 확장시키기 위해 Show Properties 명령을 눌러야 합니다. 다른 Categories를 검색함으로써, 그림 15-89처럼 별명 또는 단축키를 지정하고자 하는 명령을 찾을 수 있을 것입니다. 이런 경우에 Hide/Show 명령은 View 범주에서 검색될 수 있습니다.

키보드 단축키를 지정하기 위해서는 그림 15-90처럼 Key 선택상자가 화면에 표시되도록 Other 버튼을 클릭해야 합니다. 그런 다음 사용 가능한 여러 옵션에서 선택할 수 있게 됩니다.

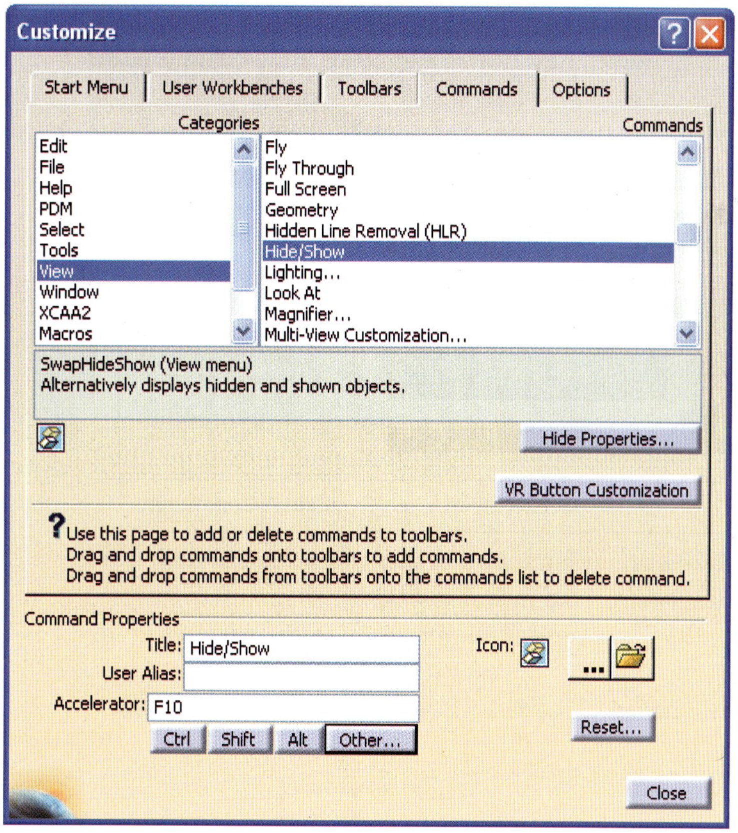

그림 15-89 Customize 대화상자–Command 탭

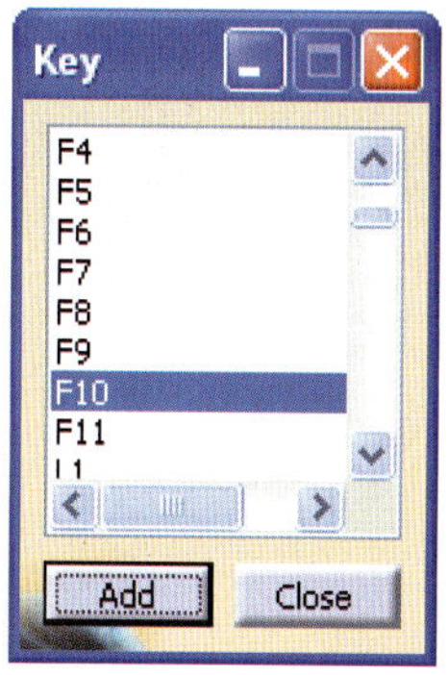

그림 15-90 Key 선택상자

15.10 Websites

웹사이트에 대한 작은 섹션입니다! 이미 몇몇 판매 회사 또는 사용자들의 웹사이트가 제공되며, 사용자에게 여러 가지 계산 응용프로그램, 표준 Part 파일들과 다른 것들을 제공하기 위해 계속적으로 개발되고 있습니다. 이 섹션에서는 Dassault Systemes 또는 CATIA® 커뮤니티로부터 직접 제공되기 때문에 네 개의 웹사이트를 강조할 것입니다. 그것들은 다음과 같습니다.

- http://www.coe.org/
- http://academy.3ds.com/
- http://www.3dcontentcentral.com/
- http://www.engineering.com/

그림 15-91 COE 홈페이지

HTTP://WWW.COE.ORG/

COE(구 CATIA® Operators Exchange)는 사용자에게 다음과 같은 Dassault Systemes 제품에 대한 정보를 제공합니다: CATIA®, ENOVIA®, DELMIA®, SIMULIA®, 그리고 3DVIA®. 이것은 Dassault Systemes 소프트웨어 솔루션 사용자들을 연결하는 유일한 국제적인 전문 조직이며, 가장 큰 독립적인 사용자 중심 커뮤니티입니다. COE는 실황과 온라인 모두에서 사용자가 그들의 Dassault Systemes PLM(Product Lifecycle Management) 솔루션 경험에 영향력을 끼쳐 주요 교육과 훈련을 통해 경쟁에 앞서도록 도와줍니다. 멤버십은 소프트웨어의 모든 라이센스 사용자에게 상업 및 교육 환경 모두에서 열려있으며, 또한 보완적인 제품과 서비스를 제공하는 타사 공급업체에도 열려있습니다. 학술 멤버십은 무료이며 100시간의 교육 섹션을 포함하고 있습니다. 그림 15-91처럼 회의 정보, 토론 포럼 등에 접근하려면 www.coe.org을 방문하세요.

HTTP://ACADEMY.3DS.COM/

3DS Academy 웹사이트는 Dassault Systemes에 의해 유지되고 있습니다. 이곳은 학생들이

Dassault Systemes 제품의 학생 버전을 구입 및 다운로드하고, 교육 자료를 찾을 수 있으며, 전 세계적으로 학생들이 만든 프로젝트와 실현들을 볼 수 있는 곳입니다. 또한, 교사가 Dassault Systemes의 e-learning 교재 전체 카탈로그에 무료로 접근할 수 있는 곳입니다. 그뿐만 아니라 그림 15-92처럼 같은 분야인 다른 사이트들과 가상 커뮤니티로 연결되는 링크들을 포함하고 있습니다.

그림 15-92 3DS Academy 홈페이지

HTTP://WWW.3DCONTENTCENTRAL.COM/

3D ContentCentral® 웹사이트 또한 Dassault Systemes에 의해 유지되고 있으며, 사용자가 자신이 모델링한 3D Part들을 등록하고 다른 사용자들과 교환하는 공유 사이트입니다. 그림 15-93처럼 제조업체의 웹사이트에서 볼 수 없는 3D Standard Part를 모델링해야 할 때 시작하기 좋은 장소입니다.

그림 15-93 3D ContentCentral® 홈페이지

HTTP://WWW.ENGINEERING.COM

ENGINEERING.COM은 인터넷에서 엔지니어링 사실들과 엔터테인먼트의 주요 목적지입니다. 그림 15-94에 표시된 대로 재미있고 유익한 동영상, 문서 및 직업 팁이 풍부한 이 사이트는 엔지니어들과 엔지니어링을 공부하는 학생들이 가장 마음에 들어하는 장소입니다.

그림 15-94 Engineering.com 홈페이지

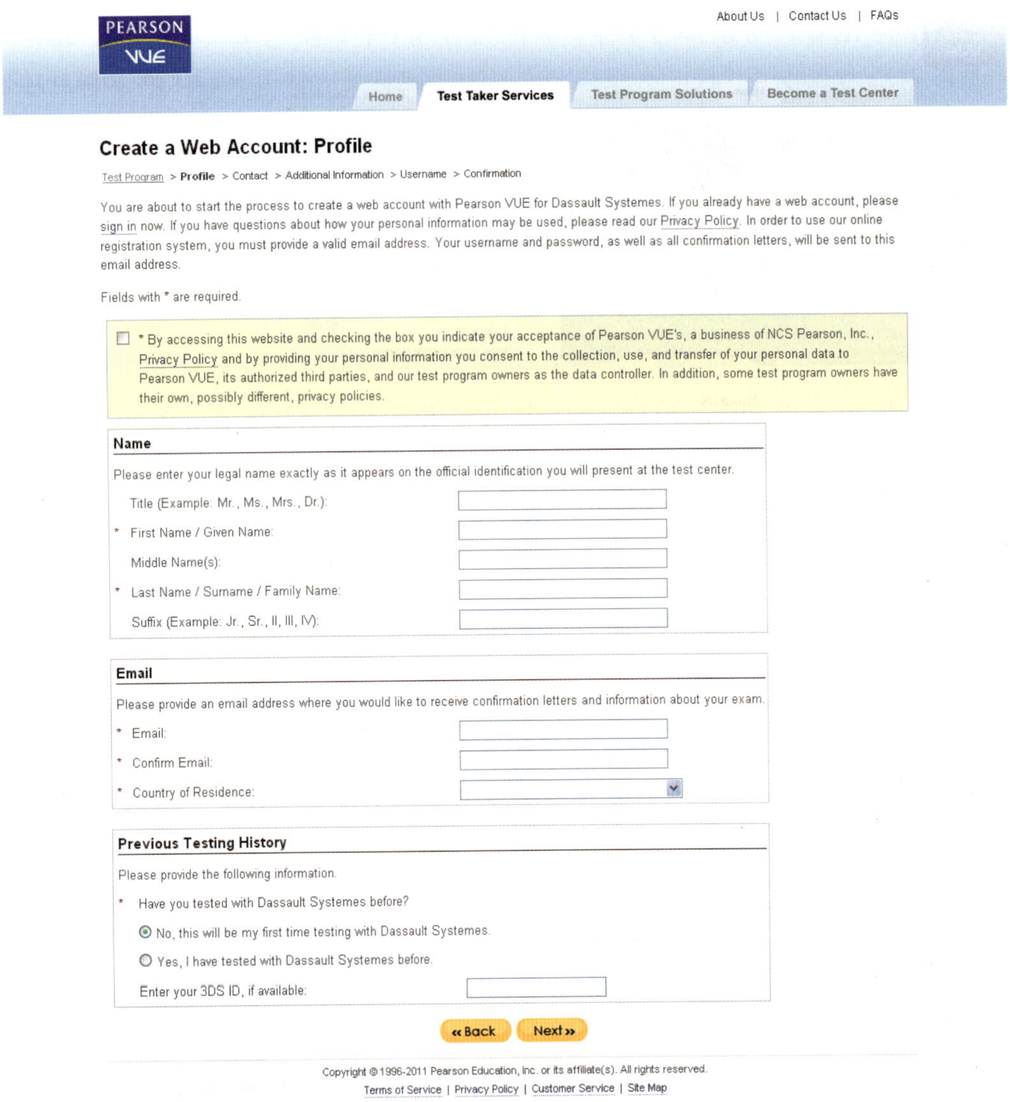

그림 15-97 계정 생성 페이지

그림 15-101에서 Schedule Exams 버튼은 CATIA® V5, CATIA® V6, DELMIA®, ENOVIA®, 3DVIA®, SIMULIA® 관련된 모든 Dassault Systems의 시험에 대한 접근을 제공합니다.

시험을 선택하면 시험 응시 장소를 선택하고 시험 일자를 설정합니다. 그림 15-102처럼 사용자의 주소를 기준으로 주어진 영역 내에서 몇몇 시험 장소가 주어집니다.

그런 후 그림 15-103처럼 가능한 일정에서 정확한 날짜와 시간 슬롯을 선택할 수 있습니다. 모든 응시 장소가 같은 시험 일정을 제공하지 않습니다: 만약 원하는 시간대로 구할 수 없다면 다른 응시 장소 일정을 참조하는 것이 좋습니다.

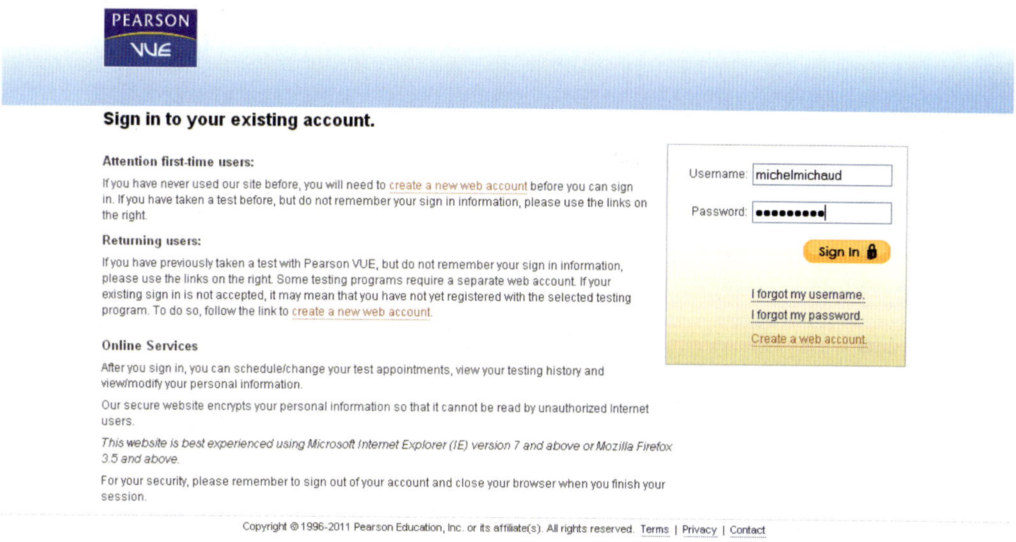

그림 15-98 로그인

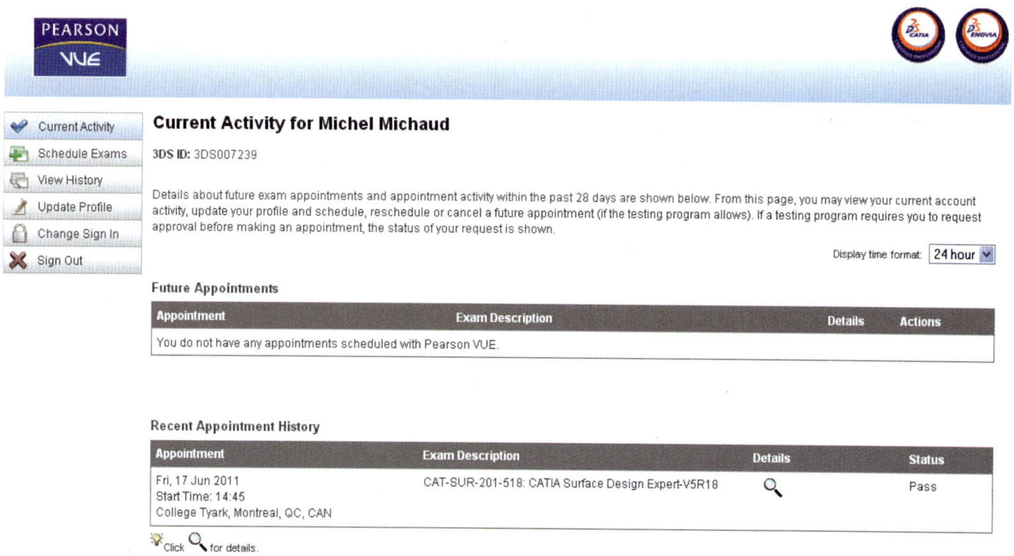

그림 15-99 Activity

그림 15-104처럼 모든 일정의 세부 정보는 전용 페이지에서 확인할 수 있으며, 수수료 지불은 그림 15-105처럼 주요 신용카드들 중 하나를 사용하여 완료할 수 있습니다.

그림 15-106에 보이는 대로 등록절차를 완료하기 위해 사용자에게 확인 메일이 보내집니다. 이메일을 프린트하여 인증시험을 보러갈 때 들고 가는 것이 좋지만 필수는 아닙니다.

인증시험은 모든 항목을 실시간으로 등록하는 컴퓨터에서 칩니다. 시험 끝 마지막 페이지

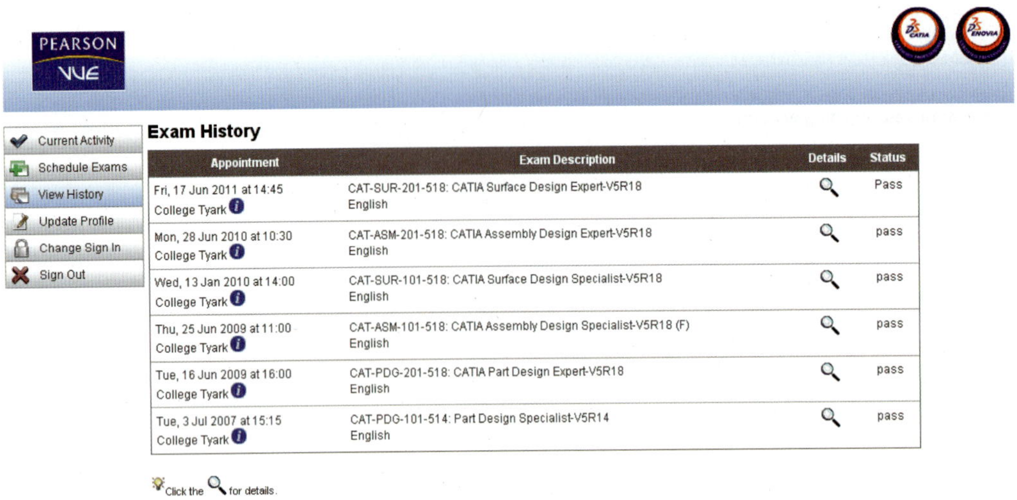

그림 15-100 Exam 내역 확인하기

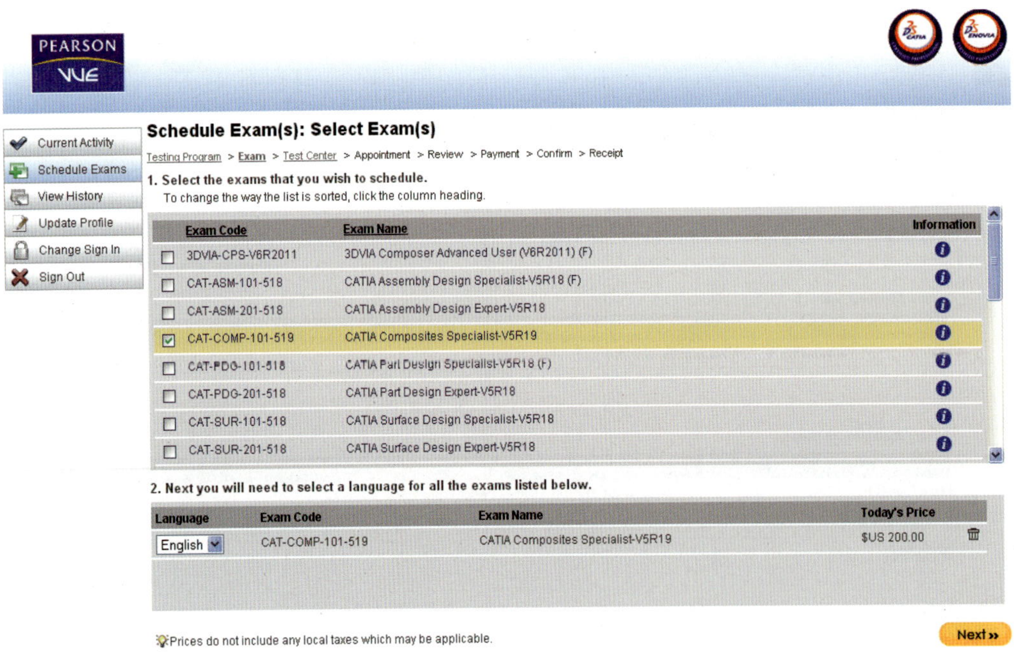

그림 15-101 Certification Exam 선택하기

에는 사용자에게 시간의 경과와 사용자 점수뿐만 아니라, 실제 인증 상황인 합격 또는 불합격이 표시됩니다. 그림 15-107처럼 시험실 밖에서 사용자는 시험 성적표를 받을 수 있습니다. 이것은 사용자에게 주어지는 시험의 세부 사항을 표시한 유일한 문서입니다. 여러 번 사용을 위해 이 종이를 스캔해 놓는 것이 좋습니다. 몇 달 후 그림 15-108처럼 인증이 완료되면 Dassault

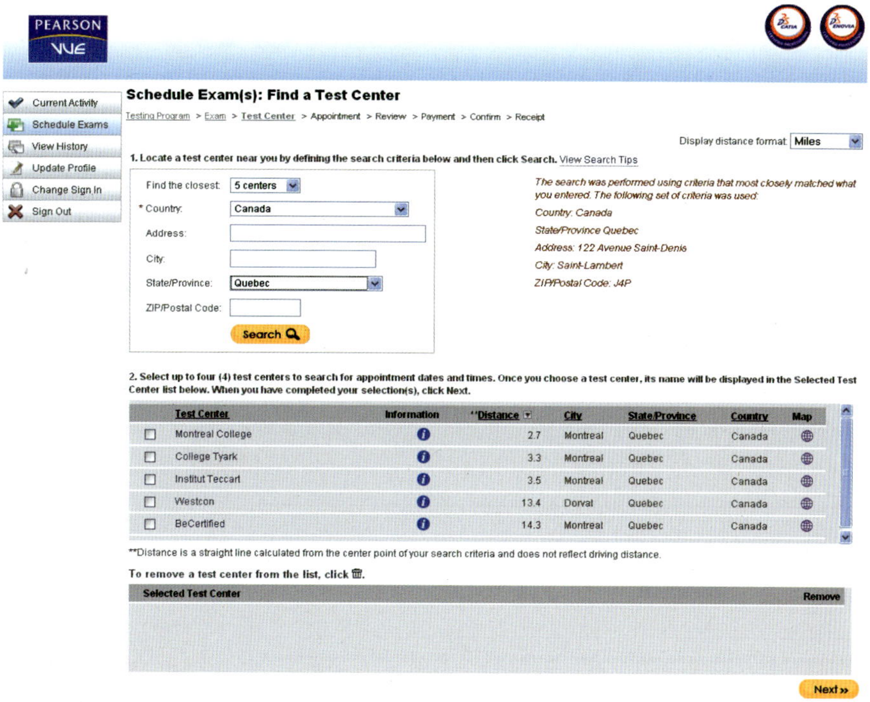

그림 15-102 Test Center 선택하기

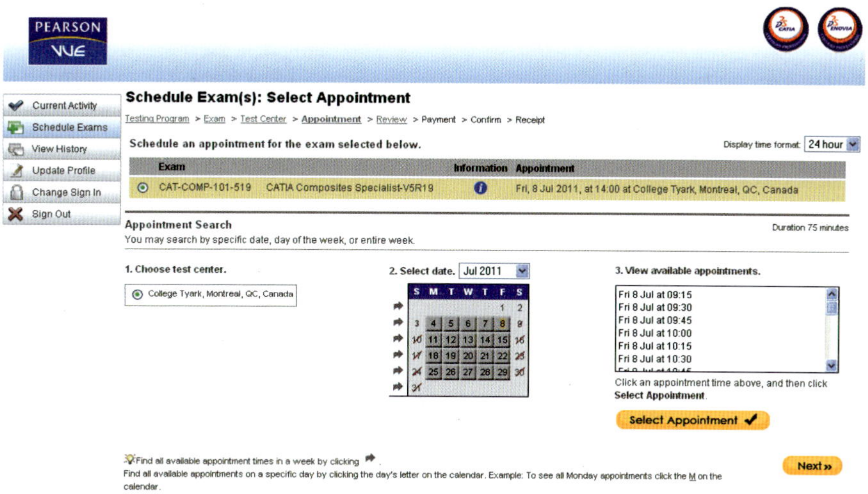

그림 15-103 예약하기

Systems이 사용자에게 공인 인증서를 보낼 것입니다.

시험 성적표는 증명 자격을 인증하기 위해 사용자가 고용인에게 보낼 수 있는 정보를 포함하고 있습니다. 그림 15-109처럼 다음 웹사이트 www.pearsonvue.com/authenticate에 접속하여 사용자의 등록과 확인 번호를 입력할 수 있습니다.

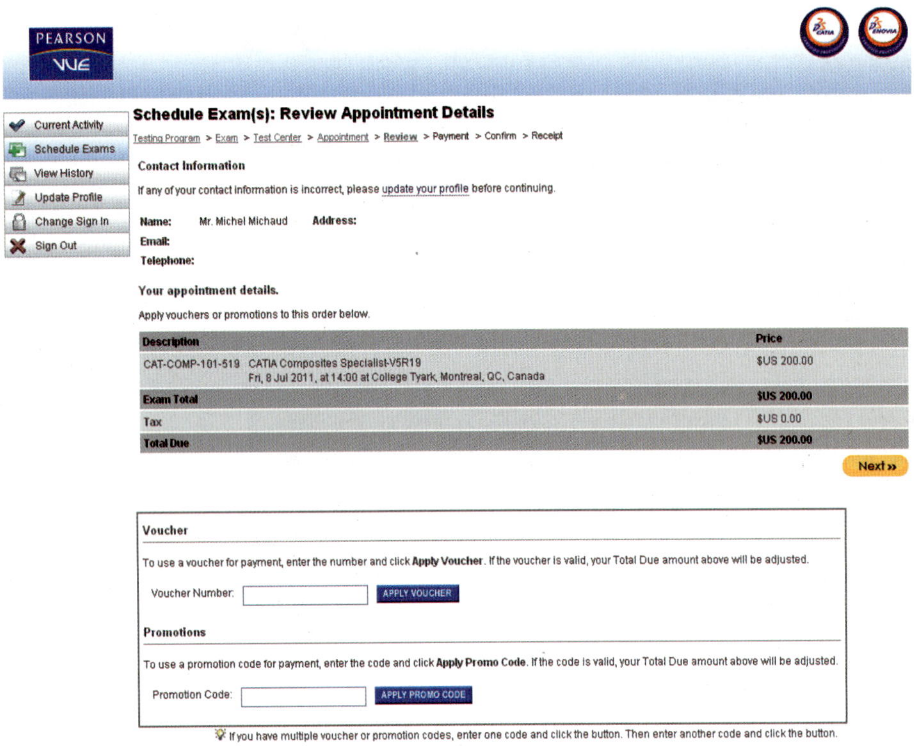

그림 15-104 상세 보기

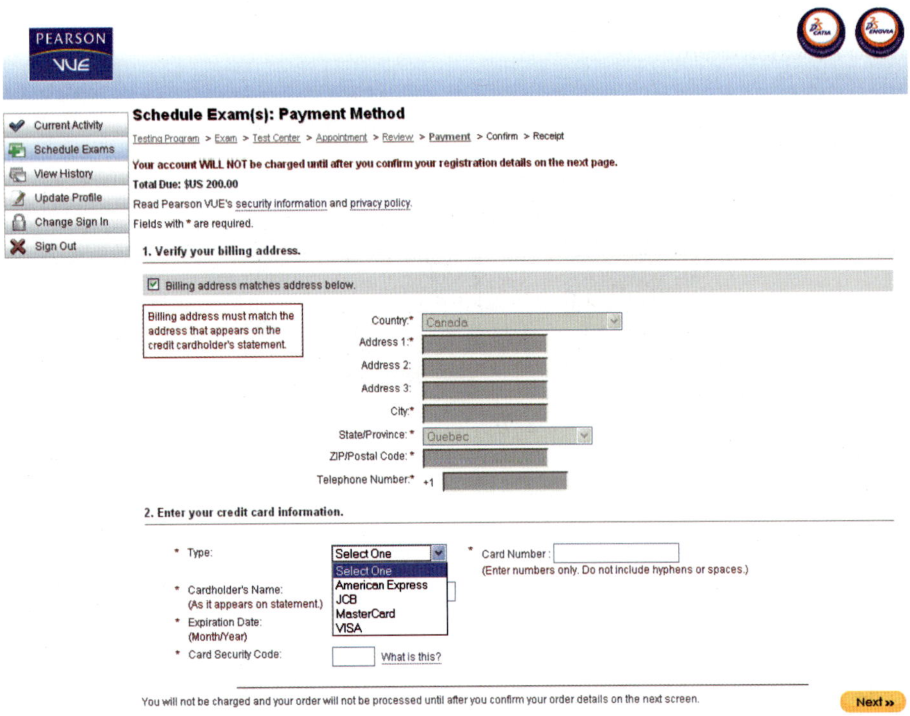

그림 15-105 결제

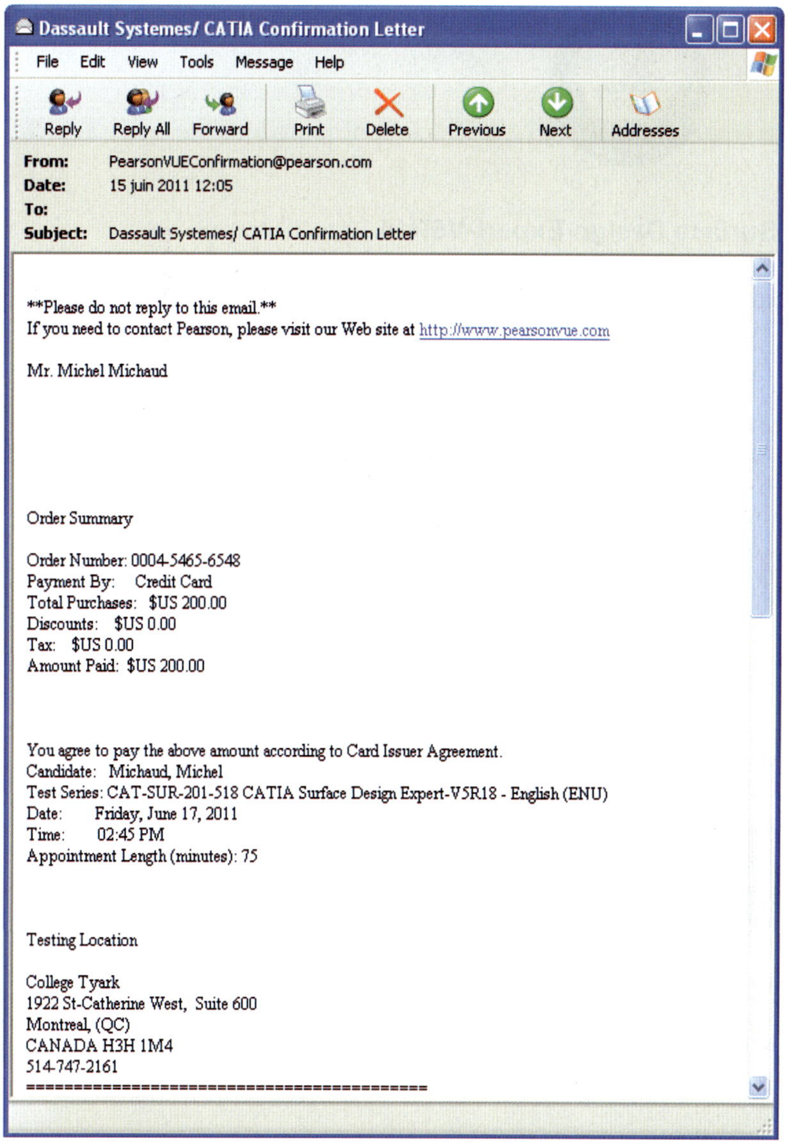

Dassault Systemes/ CATIA Confirmation Letter

File Edit View Tools Message Help

Reply Reply All Forward Print Delete Previous Next Addresses

From: PearsonVUEConfirmation@pearson.com
Date: 15 juin 2011 12:05
To:
Subject: Dassault Systemes/ CATIA Confirmation Letter

Please do not reply to this email.
If you need to contact Pearson, please visit our Web site at http://www.pearsonvue.com

Mr. Michel Michaud

Order Summary

Order Number: 0004-5465-6548
Payment By: Credit Card
Total Purchases: $US 200.00
Discounts: $US 0.00
Tax: $US 0.00
Amount Paid: $US 200.00

You agree to pay the above amount according to Card Issuer Agreement.
Candidate: Michaud, Michel
Test Series: CAT-SUR-201-518 CATIA Surface Design Expert-V5R18 - English (ENU)
Date: Friday, June 17, 2011
Time: 02:45 PM
Appointment Length (minutes): 75

Testing Location

College Tyark
1922 St-Catherine West, Suite 600
Montreal, (QC)
CANADA H3H 1M4
514-747-2161
==

그림 15-106 확인 E-mail

CATIA Surface Design Expert-V5R18

Examination Score Report

CANDIDATE: Michel Michaud
CANDIDATE ID: 3DS007239
REGISTRATION NUMBER: 242246519
VALIDATION NUMBER: 325457033
EXAM: CATIA Surface Design Expert-V5R18
EXAM NUMBER: CAT-SUR-201-518

DATE: 17-Jun-2011
SITE: 200049072

GRADE: Pass
YOUR SCORE:
PASSING SCORE: 560

Thank you for taking a Dassault Systemes Exam! For additional information visit http://www.3ds.com/certification

This examination was delivered at an authorized Pearson VUE Testing Center.
You can authenticate this score report using Pearson VUE's Digital Embosser!
To maintain the integrity of this testing program and the value of your certification, Pearson VUE introduces Digital Embossing!
Digital Embossing eliminates the possibility of unauthorised embossing of counterfeit score reports.

Registration Number: ***242246519*** *Validation Number: 325457033*

Authenticate this score report at: ***www.pearsonvue.com/authenticate.***

그림 15-107 시험 결과 시트

그림 15-108 인증서

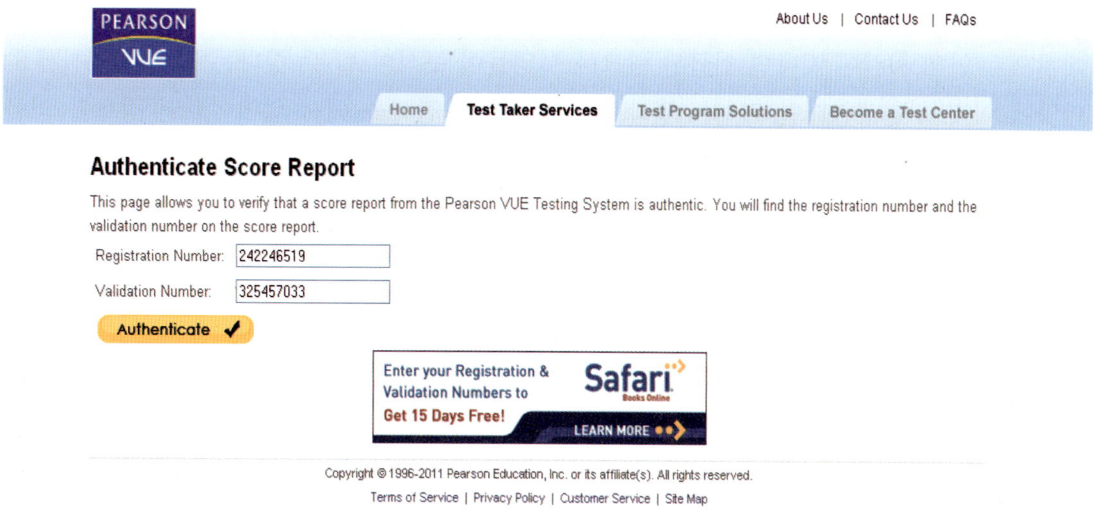

그림 15-109 Authentication 페이지

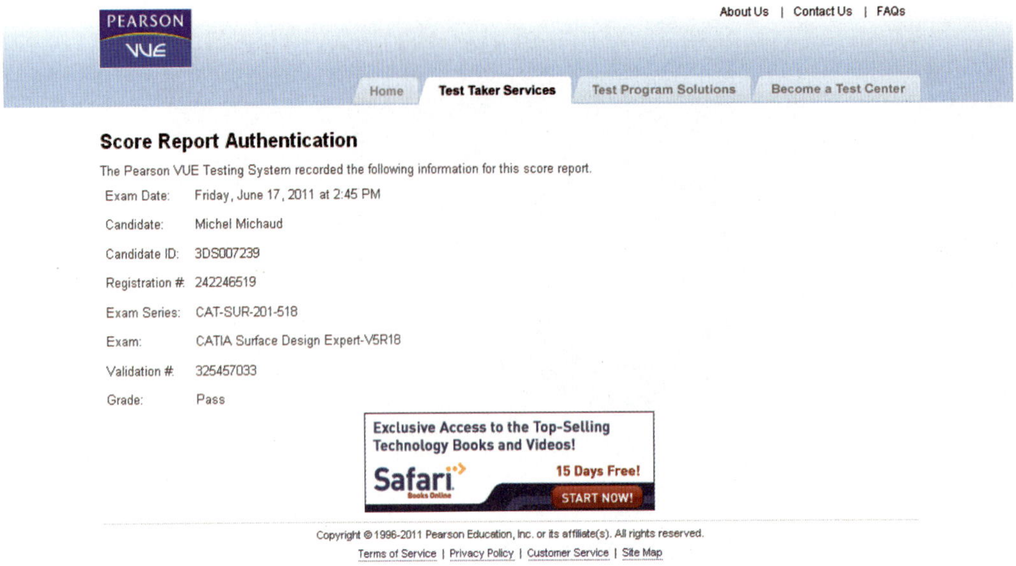

그림 15-110 Authentication

그런 다음 그림 15-110처럼 관련 인증 정보를 사용할 수 있습니다. 이 인증서에는 시험 이름과 날짜, 사용자 ID, 그리고 합격 여부가 표시되지만, 점수는 표시되지 않습니다.

이것으로 웹사이트에 관련된 섹션을 마무리 짓습니다. 지속적인 발전과 이런 웹사이트들의 개선으로 인해 시간이 지나면 언급된 링크나 설명들이 구식이 될 수 있다는 점에 유의하세요. 만약에 이것이 발생한다면, 사이트 홈페이지에서 빠른 검색을 해서 업데이트된 정보를 얻을 수 있습니다.

찾아보기

〈한글〉

〈기타〉

〈영문〉

A

B